BRICS

金砖国家法律评论

BRICS LAW REVIEW

西南大学金砖国家法律研究院主办

Sponsored by

Academe of BRICS Laws

Southwest University

主编　邓瑞平

第4卷（2018年）

VOL.4，2018

厦门大学出版社　XIAMEN UNIVERSITY PRESS　国家一级出版社　全国百佳图书出版单位

图书在版编目(CIP)数据

金砖国家法律评论.第4卷/邓瑞平主编.—厦门:厦门大学出版社,2019.12
ISBN 978-7-5615-7279-5

Ⅰ.①金… Ⅱ.①邓… Ⅲ.①法学—文集 Ⅳ.①D90-53

中国版本图书馆CIP数据核字(2018)第289258号

出 版 人 郑文礼
责任编辑 甘世恒
封面设计 李嘉彬
技术编辑 许克华

出版发行 厦门大学出版社
社　　址 厦门市软件园二期望海路39号
邮政编码 361008
总　　机 0592-2181111 0592-2181406(传真)
营销中心 0592-2184458 0592-2181365
网　　址 http://www.xmupress.com
邮　　箱 xmup@xmupress.com
印　　刷 厦门兴立通印刷设计有限公司

开本 720 mm×1 000 mm 1/16
印张 31
插页 2
字数 560千字
版次 2019年12月第1版
印次 2019年12月第1次印刷
定价 92.00元

本书如有印装质量问题请直接寄承印厂调换

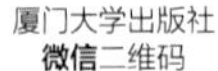
厦门大学出版社
微信二维码

厦门大学出版社
微博二维码

《金砖国家法律评论》
学术顾问委员会

（以姓氏汉语拼音首字母先后为序）

一、中国专家

二、外国专家

BRICS LAW REVIEW
Academic Counselor Commission

《金砖国家法律评论》
编辑委员会

（以姓名汉语拼音首字母先后为序）

通信单位：西南大学金砖国家法律研究院《金砖国家法律评论》编辑部

通信地址：重庆市北碚区天生路2号

邮政编码：400715

电子邮箱：bricslawreview@126.com，bricslegalreview@126.com

BRICS LAW REVIEW
Editorial Committee

Address: Academe of BRICS Laws, Southwest University

No.2, Tiansheng Avenue, Beibei District, Chongqing, China

Post Code: 400715

E-Mail: bricslawreview@126.com, bricslegalreview@126.com

目录
CONTENTS

✲ 张　建*

评印度仲裁制度改革的得与失

——以2015年《仲裁与调解法(修正案)》为中心**

内容提要:商事仲裁是一类注重国际化并敏于适应商业变迁的诉讼外争议解决机制,相应地,仲裁立法与仲裁规则亦当因应实践的需求而适时调整。印度2015年《仲裁与调解法(修正案)》对1996年立法作了诸多革新,不但突出仲裁的程序高效、意思自治、中立透明等优势,而且试图弱化法院对仲裁实施过度的司法干预。不过,在延长审限、指定仲裁员、承认与执行外国裁决等具体细节方面,修正案由于过于突出仲裁的效率价值,而可能牺牲争议解决最为核心的公正价值,且在排除法院干预方面造成适得其反的效果。以印度法院开展仲裁司法审查的典型案例入手,不难发现,其立法根植于《国际商事仲裁示范法》的基础上,这使得其在管辖权/管辖权原则、质疑仲裁员独立性与公正性等制度运用上符合国际主流实践。对于赴印度仲裁的中国企业而言,不仅要深入了解印度关于可仲裁性与公共政策的规则,而且要清晰把握中印在相互承认与执行仲裁裁决方面的双边合作。

关键词:印度仲裁法;加速程序;司法监督;管辖权/管辖权原则

---

* 张建,中国政法大学国际法学院博士研究生、瑞士比较法研究所访问学者。

** 本文系国家留学基金委(留金发〔2016〕3100号)联合培养博士生项目"国际投资仲裁管辖权研究"(项目编号:201607070108)的阶段性成果;中国政法大学博士生创新基金项目"国际电子商务纠纷管辖权问题研究"(项目编号:2016BSCX16)的阶段性成果。

目次

作为南亚最大的经济体，印度不仅是“一带一路”倡议的重要沿线国，而且是“金砖五国”之一，且长期与中国保持紧密的经贸联系。为了确保在印度开展的投资与交易处于稳定与安全的法制环境中，投资者注重交易地争议解决制度的灵活性、开放性、中立性。总体而言，印度的仲裁制度几经变迁，符合国际商事争议解决的发展规律。通过研究印度仲裁的最新发展，不仅为中国企业走出去时寻求仲裁救济提供重要参考，而且有助于以国别研究作为镜鉴，透析全球化商业环境下现代仲裁的发展历程。为了使讨论更具实践性，本文的论述采取实证立场，以印度仲裁法律的演变与制度的构建为中心，同时选取印度仲裁机构运作及仲裁司法监督的典型案例，以此来为中国企业参与印度仲裁提供有效指引。

一、2015年《仲裁与调解法》对印度仲裁制度的新发展

仲裁在印度的发展可谓源远流长，其滥觞于古代印度等级森严的社会体系。[①] 而当代的印度仲裁制度可追溯至1991年经济自由化政策的出台，为了

① 据考证，在古印度，商人之间的争议通常交由库拉（Kula）以仲裁方式解决。所谓库拉，即由同族内部具有血亲关系的男性组成的团体，只有他们有权对纠纷作出裁决并予以执行。但库拉的裁判并非终局的，还要受到行会（Sreni）的审查，行会是由隶属于不同部落但彼此密切关联的商人与工匠组成的集团。当然，行会的裁决还将受到其上一级裁判组织，即普伽（Puga）的审查，普伽是由隶属于不同宗派及不同部落但居住于同一区域的民众所组成的。而普伽的裁决仍然可以上诉至普拉达瓦卡（Pradvivaca）。在整个权力体系中，拥有最终裁决权的裁判者是国王。See Harsh Sethi and Arpan Kr Gupta, *International Commercial Arbitration: Its Indian Perspective*, New Delhi: Universal Law Publishing Co. Pvt. Ltd, 2011, p.6.

促进对外经贸关系健康、良性发展,印度以体现国际商事仲裁立法主流价值理念的《联合国国际贸易法委员会国际商事仲裁示范法》(简称《国际商事仲裁示范法》)为蓝本,制定并颁布了1996年《仲裁与调解法》,以此取代之前的1940年《仲裁法》。自1996年《仲裁与调解法》实施二十年来,印度的仲裁实践因应国际经贸交往与跨国商事交易需求而不断取得新的突破,但立法却相对滞后,因此各界修法呼声不断。就修法的具体背景来看,一方面,印度最高法院作出的若干判决被认为对印度仲裁制度造成了消极影响,亟待通过修法予以纠偏;另一方面,1996年《仲裁与调解法》存在某些制度空白,例如,旧法未规定当仲裁地在印度境外时如何向印度法院申请临时措施救济、未考虑如何有效控制仲裁的时间及费用成本、未明确法院对仲裁进行监督的合理界限等。[①] 在商贸需求与各界呼吁的共同作用下,印度仲裁法制迎来了新世纪的再度更新。

2015年10月23日,印度总统在参考国家法律委员会提案的基础上,颁布了《仲裁与调解(修正)条例》,借此来对不符合实践需求的条款进行有针对性的修正,并为法律的正式修订提供过渡期。[②] 2015年12月31日,印度议会正式通过了《仲裁与调解法(修正)》(简称"修正案"),该修正案已于2016年1月1日起正式生效实施。新法充分反映了印度法律委员会在2014年8月6日提交的第246号报告及2015年2月6日提交的关于公共政策的补充报告中给出的提案,对1996年的法律规定作了全面而系统的修订。同时,新法废止了总统于2015年10月23日颁布的《仲裁与调解(修正)条例》,但就规则来看,新法除了在溯及力方面做了进一步明确外,其他的修订要点基本与总统条例保持一致。

首先,就文本来看,修正案除了对既有的条款进行修补外,还增设了若干新条款,既有益于契合实践所需,又颇具现实意义。尤其值得注意的是修正案新增第29A条,该条第1款规定,仲裁庭应当自程序启动之日起12个月内作出裁决。根据该款的立法解释,所谓仲裁程序启动之日,特指仲裁庭的全部组成人员被正式任命,即仲裁庭完成组庭之日。这对于提升以仲裁方式解决争议的效率,解决程序拖沓的问题,具有明确的针对性。

其次,修正案新增第12条第1款b项要求,每一名仲裁员在接受任命时有义务披露任何可能影响其充分履行职责的情势,以确保裁决书自组庭之日

---

① 上海国际仲裁中心:"印度仲裁法律制度的最新发展",《东方律师》,2016年第2期。

② 根据印度的国内立法程序,在议会休会期间,总统有权力在必要的情况下采取相应的立法行动,因此印度总统于2015年10月23日颁布了《仲裁与调解(修正)条例》,其法规全称为"The Arbitration and Conciliation(Amendment) Ordinance,2015"(No.9 of 2015)。

起12个月内能如期作出。同时,修正案对12个月的审限作了适当的灵活调整,既包括加速作出仲裁裁决,也包括审限的延长。具体而言,如果仲裁庭能够自组庭之日起6个月内作出裁决,其有权要求当事人按约定支付额外的费用(第29A条第2款);各方当事人也可以约定将审限在12个月的基础上进行延长,但至多不能超出6个月(第29A条第3款);如果仲裁庭未能在12个月内作出裁决,也未能在当事人合意延长的审限内作出裁决,则仲裁程序应当终止,除非经过法院审查认定有合理的理由进一步延长审限,并且,一旦法院认定程序拖延是仲裁庭的怠惰所造成的,将会视情形扣减仲裁员报酬,每延期一个月,报酬的扣减额度不超出5%(第29A条第4款)。视情形,在延长审限的同时,法院还有权决定替换仲裁员,为了避免仲裁员替换后造成程序拖沓,新任命的仲裁员应基于业已记录在册的证据和材料继续进行仲裁程序(第29A条第6款)。

再次,修正案新增第29B条确立了加速仲裁程序(fast track procedure),这一程序创新契合了近几年国际仲裁发展的主流。具体而言,当事人可以在选定仲裁员之前或选定仲裁员的过程中合意约定适用加速仲裁程序,此时仲裁庭由一名独任仲裁员组成,为了确保案件审理的高效性,加速程序通常不进行口头庭审,而是由仲裁庭在当事人双方所提交的书面文件、证据资料、书面答辩的基础上进行审理。除了当事人主动提交的书面文件外,仲裁庭还有权向当事人要求任何进一步的案件信息或说明。当且仅当各方当事人共同请求,或仲裁庭认为确有必要时,加速程序中才会组织开庭审理和口头抗辩。之所以称之为加速程序,主要体现在审限方面的优势,即仲裁庭原则上应当在组庭后6个月内作出裁决,如因特殊情况未能在法定时限内审结案件,则适用普通仲裁程序的期限延长规定,由当事人合意延长6个月或由法院批准延长6个月。加速程序中的仲裁费用收费标准及支付方式,可由仲裁员与案件当事人具体约定。

二、印度仲裁制度改革的特点及其出现的问题

(一)印度仲裁法律改革的主要特点

如上文所述,印度仲裁法律改革的要点非常鲜明,这着重体现为以下四个方面。

第一,以国际主流标准为参照,突出印度仲裁的国际化和法律制度的务

实化。

印度的仲裁立法自始即建立在《国际商事仲裁示范法》的蓝本基础上,修正案承继了这一特色。尤其是,对仲裁地位于印度的国际仲裁,国内法的更新凸显出仲裁独有的高效优势,且修正案在最大限度上与国际一流仲裁实践相契合,给印度的仲裁制度与实践带来了新活力,同时也为其他亚洲国家的仲裁法制变革提供了有益的启发。特别值得一提的是,修正案中新增加的第 31A 条,为印度法院及仲裁庭在全面衡量各项因素的基础上对仲裁费用作出裁决提供了清晰的法律基础,堪称法制创新者制胜的法宝。[①] 此外,修正案从仲裁实务的需要出发,新增了四项附表,分别明确了国际商事仲裁庭收取报酬的标准、质疑仲裁员独立性与公正性的标准、仲裁员信息披露的书面格式、仲裁员与当事人、代理人、案件争议有关的利益冲突等事项,为印度仲裁实践提供了符合国际标准的指南。

第二,修正案秉承仲裁程序公正、高效、透明的目标,优化了仲裁员制度。国际仲裁界有格言称:仲裁之好坏取决于仲裁员(The arbitration is only as good as its arbitrators),此言不谬。考虑到仲裁员在仲裁过程中的重要作用,没有当事人满意的仲裁员制度,就绝不会有令人满意的仲裁制度。仲裁员被认为是活的仲裁法,是仲裁的水源,毫不过分。[②] 2015 年《仲裁与调解法》的改革着重调整了仲裁员制度,包括仲裁院的遴选、仲裁庭的组成、仲裁员指定、仲裁员回避、仲裁员披露利益冲突的有关信息等。其中,修正案第 11 条规范了仲裁员的委任与仲裁庭的组成方式,该条明确了当事人拥有指定仲裁员的权利,但为了避免当事人利用此种权利来达到恶意拖延仲裁程序的目的,立法中设定了时限要求与候补方法。第 11 条第 4 款中规定,如果当事人未能在收到

---

① 在过去,尽管印度诉讼与仲裁实践中,在仲裁费用问题上遵循英国法的传统规则,即败诉方向胜诉方支付费用,但根据《民事诉讼法典》,费用的计算以可预见的费用为基础,因此败诉方通常只需对胜诉方承担实际支付费用中很少的一部分。由于败诉后向对方支付法律费用的风险较小,导致一些当事人采取了滥用程序的策略,提出大量无事实依据的仲裁请求,或在任命仲裁员时恶意拖延,或在仲裁庭作出对己方不利的裁决后不分缘由地向法院申请撤销。2015 年《仲裁与调解法(修正案)》新增第 31A 条,使仲裁庭及法院可以基于胜诉一方实际支出的法律费用,对费用分摊作出自由裁量,从而间接惩戒滥用仲裁或诉讼程序的当事人。See Aditya Singh and Dipen Sabharwal, Arbitration and Conciliation (Amendment) Ordinance, 2015, A contribution by the ITA Board of Reporters, at http://www.kluwerarbitration.com/document/kli-ka-15-49-003, June 6th, 2017 last visited.

② 宋连斌:《理念走向规则:仲裁法修订应注意的几个问题》,载《北京仲裁》2004 年第 2 期,第 5 页。

另一方仲裁请求之日起30天内选定仲裁员，或者两名被选定的仲裁员未能在其被任命之日起共同指定第三名仲裁员，则任何一方当事人可以请求法院协助委任仲裁员以组成仲裁庭。而根据新增的第11条第13款，法院在收到当事人请求协助委任仲裁员的请求后，亦必须于将该项通知送达另一方之日起60日内尽力处理相关组庭事宜。特别应注意的是，根据修正案，应由高等法院而非首席大法官来行使指定仲裁员的权力，且法院在指定仲裁员时只能审查仲裁协议的存在与否，而不得借助仲裁员指定的程序来扩张审查范围。

同时，修正案更加注重在组庭前的仲裁员委任环节，借助披露程序预先保障仲裁员的公正性和中立性。例如，第11条第8款即规定，最高法院，视情况而定，也可能是高等法院，或这类法院指定的个人或机构，在委任仲裁员之前，应当要求待任命的仲裁员以书面形式披露本法第12条第1款中规定的任何情形，而且应适当注意：a. 当事人间约定的仲裁员需满足的任何资格要求；以及b. 其他可能确保仲裁员独立性及公正性的披露内容及注意事项。[①] 具言之，修订后的第12条第1款，要求潜在的待任命的仲裁员应当通过书面方式主动披露如下事项：a. 其过去或现在与案件当事人或标的存在任何直接或间接的关系，或对案件标的存有利益，无论是财务上、商业上、职业上或任何其他类型的关系，只要其可能使他人对仲裁员的公正性及独立性产生合理怀疑，即应予以披露。b. 可能会对其能否在仲裁案件上投入足够的时间产生影响的事宜，尤其是影响到其能否在12个月内完成整个仲裁程序的事宜，均应主动予以披露。为了确保仲裁员有效履行披露义务，修正案新增附表五为可能对仲裁员独立性或公正性产生合理怀疑的情形提供了指南，附表六为仲裁员填写披露事项列明了书面格式的要求，而附表七则明确了如果存在该表中的任何利益冲突，无论当事人事先是否存在相反的约定，相关人士都不得在本案中担任仲裁员。

此外，修正案尽管没有对仲裁程序进行中的仲裁员替换制度进行明显调整，但修订使法律的措辞趋于准确，如果确认仲裁员事实上未能或法律上无法正常履行职务，则其仲裁员的授权将即行终止，并由另一名仲裁员对其进行替换。相比之下，旧法并未明确一名仲裁员终止职能后的替换问题，尽管实践中不存在障碍，但第14条第1款的立法语言经修订后更符合文字表述的一般规律与规则制定的逻辑要求。

---

① 2015年《仲裁与调解法(修正案)》第11条第12款中明确了，本条中提及"视情况而定，最高法院或高等法院"处，当争议事项发生于国际商事仲裁案件中，则特指最高法院，当争议事项发生于其他仲裁案件中，则特指高等法院。

第三,此次印度仲裁法律改革,旨在控制法院对仲裁的过度干预和介入,还原印度仲裁的独立性、民间性与自治性。

以典型案例入手进行审视,不难发现,印度仲裁近些年的发展轨迹以 2012 年 9 月的 Bharat Aluminium Co v. Kaiser Aluminium Technical Services 案(简称"BALCO 案")为分水岭。在本案之前,印度司法对仲裁的介入相对明显,以 Bhatia International v. Bulk Trading SA 案①(简称"Bhatia 案")与 Venture Global Engineering v. Satyam Computer Services Ltd 案②(简称"Venture 案")为代表的法院判决遭到了社会各界的激烈批判。在这些案件中,法院提出,尽管 1996 年《仲裁与调解法》是以《国际商事仲裁示范法》为基础制定的,但除非当事人另有特别的明示约定,否则对于仲裁地在印度境外的案件,印度法院仍然可以就相同诉因产生的纠纷行使管辖权。在 Bhatia 案中,印度法院对仲裁地在境外的案件当事人发布了临时措施,而在 Venture 案中,印度法院则撤销了仲裁地在境外的案件裁决。多数意见认为,这种司法对仲裁的过度干预有悖于商事仲裁自治的理念与当事人选择仲裁的初衷,亟待改革。而 2012 年的 BALCO 案与此后的 Reliance Industries 案则扭转了之前的局面。在 BALCO 案中,法院不仅推翻了 Bhatia 案及 Venture 案的裁判意见,而且提出《仲裁与调解法》第一部分并不适用于仲裁地在印度境外的仲裁案件。特别是,在新近的案件中,法院澄清了两项重要观点:其一,《国际商事仲裁示范法》的适用范围仅及于仲裁地在印度境内的案件;其二,仲裁地是仲裁程序的"重力中心地",因此,既然当事人选择在印度境外仲裁,仲裁程序原则上应适用仲裁地法而非印度法。值得关注的是,有观点对 BALCO 案的裁判意见表达了担忧,认为法院减少对仲裁的介入的做法就如同愚蠢的妇人在倒洗澡水的同时,将浴盆中的婴儿一同倒出去了③,使得印度法院无法再对国际仲裁案件发布临时措施并提供协助。④

为了消解印度仲裁界及商人对印度司法与仲裁关系的疑虑与困惑,2015

---

① Bhatia International v. Bulk Trading SA,(2002)4 SCC 105.

② Venture Global Engineering v. Satyam Computer Services Ltd,(2008)4 SCC 190.

③ 在历史上,费尔巴哈对黑格尔哲学采取了形而上学的否定态度,它在否定黑格尔哲学的唯心主义体系时,连同其中辩证法的合理内核,也不加分析地一概抛弃掉了。列宁批评费尔巴哈时称,这种否定就好像倒洗澡水的同时,将盆里的孩子也一起倒掉一样。

④ Ashish Chugh,The Bharat Aluminium Case:The Indian Supreme Court Ushers In a New Era,Kluwer Law International,at:http://kluwerarbitrationblog. com/2012/09/26/the-bharat-aluminium-case-the-indian-supreme-court-ushers-in-a-new-era/, June 8th 2017 last visited.

年修正案以《国际商事仲裁示范法》为参照，对法院与仲裁的关系进行了“正本清源”式的纠偏。具言之，印度法院通常不宜介入仲裁地在印度境外的国际商事仲裁程序，但存在若干法定例外：其一，根据第 9 条，印度法院可在必要时发布临时措施，以协助国际仲裁的顺利展开；其二，根据第 27 条，印度法院可协助仲裁庭调取证据，以弥补仲裁庭欠缺强制力这一困境；其三，当事人可在特定情形下就国际商事仲裁中的不法程序向印度法院提出异议；其四，提升审理与国际仲裁相关的诉讼案件的法院审级，构建仲裁友好的司法环境。

相比于国内仲裁案件，修正案提升了有权管辖与国际仲裁相关诉讼的法院审级，以营造对国际商事仲裁友好的司法环境，有利于构建起稳定、清晰、明确的司法监督界限。具体而言，2015 年《仲裁与调解法(修正案)》明确各个地区法院是受理与仲裁相关诉讼请求的初审法院。而对于国际商事仲裁，修正案第 2 条第 1 款 e 项则规定，印度高等法院作为受理当事人提起与仲裁有关之诉请的初审法院。与仲裁相关的诉讼请求包括了仲裁管辖权异议、指定仲裁员、对仲裁员提出回避申请、申请中止仲裁程序、寻求临时措施、证据开示、申请撤销仲裁裁决等。概括分析，修正案之所以将与国际商事仲裁有关的诉讼集中交由高等法院管辖，其一方面旨在提升相关案件的审理效率，另一方面旨在通过提高审级保障相关裁判的准确度和公信力。① 毕竟，高等法院相较于地区法院拥有更多商事审判经验娴熟的法官，其对国际商事仲裁制度的把握也更为可靠。

(二)印度仲裁法律改革暴露的弊端与未决问题

不过，结合各界的意见以及修正案颁布后的实施效果来看，印度仲裁法的改革也暴露出一些弊端，本文将其归结为如下几个方面：

首先，法院对仲裁的介入程度没有得到适当的控制，这不符合仲裁自治的理念。例如，修正案新增的第 11 条第 14 款，允许高等法院在必要时参考附表四所列明的费率，确定仲裁庭可收取的费用及支付方式。尽管立法解释中明确该款并不适用于国际商事仲裁案件及当事人对仲裁费用另有约定的非国际商事仲裁案件，但仍然体现出法院对仲裁庭费用决定权的褫夺，不符合国际上

---

① 在 2015 年修正案发布之前，与国际商事仲裁有关的诉讼案件由地区法院审理，这造成了大量的拖延，有些涉及仲裁协议效力认定、申请撤销裁决的案件甚至长达 6 至 10 年才作出裁决，严重拉低了仲裁程序的效率，颇受诟病。修订后，由高等法院统一行使对国际仲裁相关案件的诉讼管辖权，高等法院作为各邦内部最高级别的法院，审结效率与质量相对有明显改观。

由仲裁庭依据规则自行确定收费事项的主流实践。

其次,有观点对新增的第 29A 条提出了批判与质疑,尽管该条款旨在控制仲裁庭裁判个案的时间成本,从而实现仲裁程序的高效化,但客观上,具体的仲裁个案情形各异,案件标的额、争议复杂程度、纠纷类型多种多样,为所有类型的案件设定统一的时限要求,忽视了案件的多元化。此外,修正案的主要目标之一是最大限度地简化法院对仲裁的干预,但由法院来审批延长时限的请求,却有可能事与愿违。更何况,印度法院本身受理的诉讼案件量已经远超负荷,将申请延长仲裁时限的请求交由法院审理,或将导致已被拖延的仲裁程序更为耗时。①

再次,修正案第 29A 条第 4 款允许法院在认定仲裁程序的拖延是因仲裁员的懈怠行为导致时,扣减仲裁员的报酬,这就如同在仲裁庭头上高悬"达摩克利斯之剑",使仲裁庭宁肯仓促地作出裁决,也不愿因超出法定仲裁时限而被扣减报酬。换言之,这种情况的存在,使仲裁庭在高效与公正之间难以抉择。正如有些学者所言,相比于诉讼,仲裁是以效率作为其首要价值取向的制度。② 但过于突出效率而忽视裁决结果的公正性,却与当事人选择仲裁的初衷背道而驰。笔者认为,尽管没有哪种制度设计能够完全消除效率与公正二者在仲裁中的矛盾,但裁决的公正性始终是当事人解决争议的预期。这也就不难理解,为何各国都设立了仲裁的司法监督,监督的目的一方面旨在防范仲裁权的滥用,另一方面也试图平衡效率与公正的价值目标。可以说,印度仲裁法中对仲裁程序时限的严格约束,在一定程度上漠视了复杂案件难以在短期内作出裁决的客观事实,确有"效率有余而公正不足"的价值取向失准问题。

另外,修正案新增的第四附表对仲裁费用的收取比例作了明确规定,这对于指导法院和仲裁庭确定收费额度有现实指导意义。但是,该附表中确定仲裁费用的唯一标准仅仅取决于案件争议的标的金额,这在仲裁实践中很可能引发歧义:一方面,如何确定案件争议的标的金额?是仅包括仲裁申请人所主张的金额,还是也涵盖被申请人所提出的反请求中涉及的金额?抑或引发争议的合同金额?另一方面,附表四所适用的案件范围包括哪些?是所有在印度仲裁的案件?还是仅限于第 11 条中的案件范围?第 29B 条规定的简易程序是否也要受附表四订立的费率约束?这些有争议性的问题,并不能直接从

---

① Prakash Pillai and Mark Shan, Persisting Problems: Amendments to the India Arbitration and Conciliation Act, Kluwer Arbitration Blog, http://kluwerarbitrationblog.com/author/prakash-pillai, March 10th, 2017 last visited.

② 杨玲:《仲裁法专题研究》,上海三联书店 2013 年版,第 108 页。

立法条款中推断，而有待仲裁实践进一步澄清。

三、印度的仲裁与调解

印度律师 Mahatma Gandhi 曾一语道破仲裁与调解等诉讼外争议解决方法在印度的重要影响。其称："我深刻意识到一名律师的真正功能是将各方当事人联合在一起，而不是使各方当事人反目成仇。这一观念在我二十多年的从业生涯中留下了不可磨灭的印象，我绝大多数的工作都是在数百起案件中为私人当事方提供妥协的机会。而事实上，在化解争议的过程中我并未失去什么，包括金钱，当然也并未失去我的灵魂。"[①]特别是近年来，随着印度司法系统遭遇史无前例的"诉讼大爆炸"，以仲裁、和解和调解为代表的替代性争议的作用就更为突出了。

从实践层面来看，印度调解机构的工作承继了古代纠纷解决的理念与传统，特别是其人民法庭（Lok Adalat），可溯源至古印度的潘查亚特。[②] 具体言之，人民法庭是由一名法官或多名律师组成的专家团以中立的身份为争议双方出具和解方案，由于其权威性被公众所认可，因此其和解方案通常会被各方当事人所接受，进而案结事了。印度 1987 年《法律服务法案》规定了人民法庭的权力与地位，并且由政府及法院对该法庭提供出资，因此人民法庭并不需要向当事人收取和解费用。但人民法庭受案范围是有限的，其仅限定于涉及金钱赔偿的案件，包括保险纠纷、机动车交通事故纠纷等。从运作效果来看，人民法庭为法院久拖不决的积压案件提供了重要的分流手段，且其公信力为社会所肯定，调解结案的效果较好。

不过，由人民法庭所主导的和解程序与《仲裁与调解法》所规定的调解程序存在一定的差异。通常认为，调解是由中立的第三方使用专业的沟通和谈判技巧来协助当事人化解纠纷，在这一过程中，调解员尽可能探求各方当事人潜在的共同利益所在，调解程序关注争议的事实背景、当事人的当前状况、彼此间未来可能的合作机会。相比之下，人民法庭尽管最终也以和解形式结案，但其经费来源与法定职能决定了其所主导的是公共评估程序，仅在简要听取事实背景的前提下提出金钱和解方案，当事人之间的沟通与协商在一定程度

---

① Danny McFadden，Developments in International Commercial Mediation：USA，UK，Asia，India and the European Union，http://www.cedr-asia-pacific.com/cedr/uploads/articles/pdf/ARTICLE-20151015103818. pdf，June 30th，2017 last visited.

② Panchayat system of justice，即印度村务委员会，也称五人长老会。

上被弱化。为了强化调解在国际商事争议解决中的角色,印度最高法院自2005 年启动了设立调解与调停项目委员会的试点工程,不仅成立了新德里调解中心,随后又在 Tis Hazari 与 Karkardooma 的法院内部设立了常设调解中心,适用特殊的调解规则,专门处理司法调解案件,获得了商事交易从业者的普遍认可。[①] 如上可知,调解在印度的发展受到了立法与司法机构的广泛支持,不过,其发展特指司法调解或单独的调解程序,这与中国将仲裁与调解结合使用的方式有所差异。众所周知,将调解与仲裁方法相结合,或称仲裁中调解的方式系中国国际经济贸易仲裁委员会在 20 世纪 50 年代首创的,在逐步向全球推广的过程中一度被誉为"东方经验"。[②] 而印度的调解方式,尽管与仲裁规定在同一部立法中,但不属于仲裁中的调解,而是自成一体的商事调解。

四、印度仲裁的三类程序

(一)普通程序

为了使案件的处理符合当事人的具体需求,提升争议解决的高效性,印度仲裁制度参考《国际商事仲裁示范法》的内在要义,区分设置了三类仲裁程序,即普通程序、简易程序和临时措施程序。就普通程序而言,原有的立法凸显了当事人未作另行约定时仲裁庭享有广泛的程序裁量权,而修订案则进一步彰显了贯穿于整个仲裁庭审环节的高效价值。依据 1996 年《仲裁与调解法》,除非另有约定,仲裁程序自被申请人收到申请人要求将争议提交仲裁的通知后开始。当事人可自由约定仲裁程序、仲裁语言、仲裁地点以及仲裁庭的审理方式(书面或开庭)等。未能达成上述约定的,仲裁庭有权按其认为适当的方式进行仲裁,有权决定证据的可采性、关联性和证明力,有权决定仲裁地、仲裁语言以及是否进行开庭审理等事项。2015 年《仲裁与调解法(修正案)》在保留上述规定的基础上,作出了相应的补充。新法允许答辩人针对申请人提出仲裁反请求,如反请求未超出仲裁协议范围,仲裁庭应当进行审理并作出裁决。应一方当事人请求,仲裁庭进行开庭审理时,仲裁庭应尽可能举行听审,以便当事人举证和进行口头辩论。在听审过程中,除非当事人有充分理由,否则,

---

① http://www.delhimediationcentre.gov.in/,June 10th,2017 last visited.

② 张建:《仲裁中的调解与和解问题刍议》,载《南都学坛》2017 年第 1 期,第 88 页。

仲裁庭不应许可任何要求暂停仲裁的请求，并且，仲裁庭有权对缺乏充分理由的申请方作出罚款处罚。

（二）简易程序

而简易程序的确立则堪称修正案对现有印度仲裁制度的一项创举。新增的简易程序更加尊重当事人的意思自治，并致力于提高仲裁效率。具体而言，新法允许当事人在任何阶段（仲裁庭组成前或组成后）达成书面协议，通过简易程序解决争议。简易程序以书面审理为原则，开庭审理为例外：仅在双方当事人一致要求下或仲裁庭认为必要时，方对特定问题进行听审；在举行听审时，仲裁庭可采取方便纠纷快速解决的技术措施。简易程序还要求仲裁庭在仲裁庭组成后 6 个月内作出裁决，如仲裁员未能在规定的时间内作出裁决，应承担与普通程序相同的法律后果。①

（三）临时措施程序

同时，与各国仲裁法的基本框架一致，印度仲裁法也专门规定了临时措施程序，包括临时措施的申请、发布与执行程序。具体而言，印度仲裁法中的临时措施体现出以下特征：首先，一方当事人往往在商事仲裁程序正式启动之前或者进行期间，或者直到最终仲裁裁决作出之前，寻求对仲裁协议项下的争议或会对仲裁协议项下争议产生影响的事项采取临时措施，请求仲裁庭或法院对与争议相关的财产或行为采取保全措施；其次，这些措施都具有临时性，是在情况紧急时请求仲裁庭或法院所作的应急措施；再次，临时措施的种类比较固定，一般可分为证据保全、财产保全、行为保全等；最后，临时措施的发布是为了确保最终的仲裁裁决能够顺利得到执行。综合上述特征，临时措施大体上可定义为在最终仲裁裁决作出之前，仲裁庭或法院为了保障仲裁裁决价值的实现及当事人利益的保护，应一方当事人请求所做出的保全诉争事实及调整行为的决定。

实务中，对仲裁临时措施探讨较多的话题是，在仲裁庭与法院均有权决定采取临时措施的前提下，如何确定二者的权力？对这一问题的回答，首先取决于仲裁程序进行的阶段。毫无疑问的是，在仲裁庭组成之前，当事人通常只能向法院提出临时措施的申请。而在仲裁庭组成后，印度仲裁立法赋予了仲裁

---

① 杨剑壕：《印度仲裁制度的发展与困境》，载《人民法院报》2016 年 7 月 29 日，第 8 版。

庭有作出临时措施的权力,但其权力的行使不得与当事人之间的约定相冲突。普遍认可的观点是,只要仲裁协议没有明确排除仲裁庭作出临时措施的权力,则默示同意授予仲裁庭此项权力,这也是符合当事人选择仲裁一揽子解决争议以及能够切实实现最终裁决的初衷。但存在疑问的是,如果当事人在仲裁程序进行中主动向法院申请临时措施,而不是向仲裁庭申请临时措施,这是否构成对仲裁协议的违反呢?对该问题的回答,需要立足于司法权与仲裁权不同的法律基础之上。根据《仲裁与调解法》第9条,法院在仲裁程序启动前、仲裁程序进行期间甚至仲裁裁决作出前的任何时间,均有权决定采取临时措施;而仲裁庭只有在仲裁程序进行期间,应一方当事人的请求,在其认为必要的情况下才有权命令另一方当事人采取临时措施,并且,除非当事人另有约定,仲裁庭发布的临时措施只能及于案件标的。

印度最高法院曾在Fiem Ashok Traders and Another v. Gurumukh Das Saluja案中对上述问题给出了如下判决:"《仲裁与调解法》第9条中规定法院可以采取临时措施的权力,属于法院根据立法授权所取得的权力,而非根据当事人的合同约定所取得的权力。根据《仲裁与调解法》第9条,有权向法院申请临时措施救济的,必须是仲裁协议的当事人。但是申请人的主体资格,与申请采取临时措施的类型,以及支持采取仲裁临时措施据以保障的实体权利并非同一问题,彼此互不相关。"①此外,《国际商事仲裁示范法》第9条也明确规定,当事人在仲裁程序进行期间,申请法院发布临时措施,并不构成对仲裁协议的违反。②

为了使仲裁符合程序正当与自然公正的要求,2015年《修正案》对1996年《仲裁与调解法》第17条进行了重要修订。根据修正后的第17条第1款第1项,任何一方当事人可以在仲裁程序进行中,或仲裁裁决作出后、执行前,申请仲裁庭为未成年人或精神失常者指派一名监护人,由该监护人参与仲裁程序。同时,第17条第1款第2项规定,当事人可申请仲裁庭发布临时措施,包括保全、临时保管或变卖仲裁协议标的的货物、担保仲裁争议标的物的金额、扣留、保存或验收财物、为收集证据或信息所必要的检验和试验、临时禁令或指定财产代管人、仲裁庭认为合适且方便的其他此类临时保全措施等。

此外,修正案第17条第2款中明确了仲裁庭与法院在临时措施发布权与执行权方面的权力归属。毋庸置疑的是,仲裁庭作为民间组织,不享有公权力

① Fiem Ashok Traders and Another v. Gurumukh Das Saluja and Others: MANU/SC/0026/2004; AIR, 2004 SC 1433.

② Tushar Kumar Biswas, *Introduction to Arbitration in India: The Role of the Judiciary*, Kluwer Law International, 2014, p.39.

机关独享的执行权,只有法院可对临时措施及仲裁裁决予以强制执行,但第17条允许仲裁庭与法院共享临时措施的决定权只要不违反本法第37条的上诉程序,仲裁庭发布的任何临时措施命令均视为与法院作出的命令无异,且应当依据1908年《印度民事诉讼法典》予以执行。

为了避免当事人滥用临时措施的申请程序拖延争议解决,修正案要求当事人在法院作出临时措施裁定后90日内或法院确定的延长期限内启动仲裁。新法还明确法院与仲裁庭关于临时措施的分工:"一旦仲裁庭组成,法院就不应当再受理当事人的临时措施的申请,除非法院认为存在阻碍当事人通过仲裁庭实现救济的情形。"这使得法院和仲裁庭的权力分工更加有序,有利于防止法院和仲裁庭互相推诿,提高仲裁效率。

五、印度仲裁实践及典型案例评析

(一)涉及仲裁庭管辖权/管辖权原则的典型案件

1996年《仲裁与调解法》第16条确立了管辖权/管辖权原则与仲裁协议独立性原则。这两项原则在2015年修正案中未作变动,其为仲裁庭审理与自身管辖权相关的异议提供了重要的法律基础。根据该条款,仲裁庭可以对其自身的管辖权作出认定,包括对当事人提出的仲裁协议的存在与否或有效性提出的异议进行裁决。为此,构成合同一部分的仲裁条款应当被视为独立于合同其他条款的一项协议,且即使仲裁庭认定主合同无效或不成立,也并不在法律上当然导致仲裁条款无效。同时,当事人对仲裁协议的有效性存在异议或对仲裁庭的管辖权存在异议时,该项异议至迟应在提交答辩状期间提出,否则将视为放弃异议权。但如果当事人仅仅是参与了仲裁员的委任,并不能视为放弃异议权。对于该条的理解与适用,印度长期的仲裁与司法实践中积累了大量有指导意义的典型案例。

对仲裁协议的独立性与可分性原则,在Premier Fabricators诉重型工程公司案中,印度最高法院认定:"立法要求仲裁员首先对可仲裁性的问题进行裁定,而本案仲裁员却在将可仲裁性与实体问题一并裁决,这种裁判方式损坏了整个裁决,因为从裁决中看不出仲裁庭将仲裁协议效力异议作为一项独立问题进行专门处理。"①在K.V. Aerner Cementation India Led. v. Bajranglal

① Premier Fabricators. v. Heavy Engineering Corporation Ltd., AIR 1997 SC 3603.

Agarwal案中,印度最高法院合议庭的三名法官一致认为:"1996年《仲裁与调解法》制定并颁布以后,第16条已经明确仲裁庭有权就仲裁庭管辖权或仲裁协议的存在及有效性提出的异议作出裁决,毫无疑问,民事法院不得再对此类问题行使管辖权。从第16条的字面意义来看,即使管辖权异议是针对仲裁协议的无效或不存在提出的,仲裁庭仍然有权对此作出认定。而结合第16条第2款、第4款、第6款进行体系解释,规则就更清晰了,即仲裁庭所作出的管辖权裁定,应受到本法第34条裁决撤销程序的约束。"①对仲裁庭管辖权/管辖权原则,印度最高法院在Konkan Railway Corp. Ltd v. Rani Construction Pvt. Ltd.案中作出了明确认可,法庭称:"第16条已经规定了该项原则,即仲裁庭有权对其自身的管辖权作出认定,仲裁庭也有权对仲裁协议存在及有效性的任何异议作出认定,这就意味着仲裁庭根据第16条获得的权限并不限于其管辖权,也不限于代理律师所提出异议,而是触及管辖权的根基。所以,当事人也能够以仲裁员委任程序不合法、仲裁庭组庭不合法为由提出管辖权异议,此时仲裁庭也有权作出裁定。"②不过,在SBP & Co. v. Patel Engineering案中,印度最高法院否决了Konkan案的裁判意见。本案中,由于按照当事人所约定的仲裁庭组庭方式未能成功组成仲裁庭,因此当事人申请由最高法院的首席大法官协助组成仲裁庭,法院出于实践需要而介入了该案的仲裁程序。为了顺利推进程序的展开,法院认定首席大法官有权处理管辖权异议,对是否存在有效仲裁协议这一先决问题作出认定。法院称:"首席大法官对仲裁管辖权异议作出的裁定及其对存在有效仲裁协议作出的认定,对当事人具有约束力,除非当事人在后续程序中申请法院撤销或不予执行,否则仲裁庭应尊重法院的管辖权认定。尽管第16条确立了管辖权/管辖权原则,但其发挥作用的前提是,相关管辖权异议是直接对仲裁庭提出的。而如果管辖权异议是向首席大法官提出的,则仲裁庭不能通过援引第16条来漠视首席大法官对管辖权异议作出的决定。"③

类似地,在DHV BV v. Tahal Consulting Engg. Ltd.(Israel)案中,最高法院需要解决的核心争议是当事人之间的仲裁协议是否可予执行。法院认定,首席大法官及其代理人根据1996年《仲裁与调解法》第11条所履行的职能属于司法职能,因此首席大法官有权对属地管辖权及是否存在有效的仲裁

---

① Kvaerner Cementation India Ltd. v. Bajranglal Agarwal,(2012)5 SCC 214.

② Konkan Railway Corp. Ltd. & Anr. v. Rani Construction Pvt. Ltd.,(2000)8 SCC 159.

③ SBP & Co. v. Patel Engineering Ltd. and Anr,(2005)8 SCC 618.

协议作出认定。[①] 可见,印度仲裁立法中虽确立了管辖权/管辖权原则,但仲裁实践中,法院与仲裁庭共享仲裁管辖权异议的认定权,且如果法院在先对仲裁管辖权异议作出了有效认定,则仲裁庭不得以第16条为抗辩质疑法院的认定结论。因此,印度仲裁实践中的管辖权/管辖权原则,并非仲裁庭绝对的权限,而是受到一定的制约。

与第16条的理解与适用相关的典型案例还包括2009年的National Insurance v. Boghara Polyfab案。本案中,仲裁申请人提出的仲裁请求起因于被保险财产的损失,但仲裁申请提出后不久,当事人双方就达成了和解协议,和解的赔偿金额明显低于仲裁请求所主张的金额。和解后,原仲裁申请人向法院提出,和解协议的达成是基于对方的强制而做出的,因此仍然应当根据保险合同中的仲裁条款以仲裁方式解决争议。而保险公司则抗辩称,保险公司业已根据和解协议清偿了债务,从而使合同有效解除,因此申请人亦不得再援引合同中的仲裁条款。印度最高法院认定,对于上述仲裁协议是否仍然有效存在的异议,应当由仲裁员指定机构加以裁决。但是考虑到SBP & Co. v. Patel Engineering案的先例意义,最高法院在本案中指出,指定机构的核心职能是为了确保仲裁庭的顺利组成,其权限不应当无限扩张,因此,至少有两类争议是不能由仲裁员指定机构进行裁决的:其一,仲裁请求是否在仲裁条款范围内;其二,仲裁中所涉及的任何事实或实体请求。同时,最高法院在本案中还明确指出:"根据第16条,如果当事人之间存在异议,首席大法官必须对以下事项作出认定:其一,属地管辖权;其二,当事人之间是否存在仲裁协议;其三,当事人的仲裁请求是否因已经达成和解协议而失去实际意义。"该案的判决进一步明确了《仲裁与调解法》第16条中管辖权/管辖权原则的适用范围。值得一提的是,2015年《仲裁与调解法(修正案)》中,对既有的管辖权/管辖权原则进行了强化。在修正案颁布前,当一方当事人向法院提出申请确认仲裁管辖权时,法院经审查确定案件争议属于仲裁协议范围时,则必须将案件交由仲裁庭审理。在将案件交付仲裁庭之前,法院将对是否存在有效的仲裁协议、争议事项是否属于仲裁协议范围内进行实质性的审查和判断。而第8条第1款则规定,只要表面(prima facie)证据显示存在有效的仲裁协议,法院即应当将争议交由仲裁庭。可见,法院应充分尊重仲裁庭对仲裁协议的存在及仲裁管辖权作出认定的"管辖权/管辖权原则"。

---

① See Harsh Sethi and Arpan Kr Gupta, International Commercial Arbitration: Its Indian Perspective, New Delhi: Universal Law Publishing Co. Pvt. Ltd, 2011, p.160.

(二)质疑仲裁员独立性与公正性的典型案例

仲裁员独立、公正、高效地行使裁判权是仲裁程序与仲裁裁决正当性的重要保障。通常,仲裁立法和仲裁规则对仲裁员的任职资格与条件设定了一定的标准,只有满足了任职资格,仲裁员才能合法地行使职权。但值得反思的是,在仲裁程序进行过程中,当事人对仲裁员的资质存在异议,应当向法院提出还是仲裁庭提出?印度最高法院在 Konkan Railway Corp. Ltd. v. Mehul Construction Co.案中给出了回应。[①] 在该案中,最高法院明确指出,为了提升印度商业从业者选择以仲裁方式解决争议的信心,并满足印度政府新自由化政策的需求,印度议会颁布了1996年《仲裁与调解法》,这部立法与1940年《印度仲裁法》的区别不仅是条文上的更新,还体现了价值理念的变革。具体而言,根据现行的印度仲裁法,法院应最大限度地支持仲裁,尽可能最少地介入和干预仲裁,因此,如果在仲裁过程中当事人对仲裁员的资质存疑,应直接向仲裁庭提出,而不是转而向法院提出。[②]

需要注意的是,独立性与公正性是对仲裁员行为规范的两个不同要求,前者特指其与任何一方当事人、当事人的代理人不存在利益关系;后者则指在个案裁判中,仲裁员不对任何一方持有偏见或不公正对待。简言之,前者要求仲裁员对当事人不存在任何法律上的关系,包括存在雇佣关系、同事关系、血缘关系、亲属关系、经济或业务往来等,程度较高;后者则要求仲裁员不存在偏见,系针对个案的裁判而言,主要偏重仲裁员的主观与心理状态。从逻辑上分析,公正性是更抽象的标准,独立的仲裁员也可能不公正,不独立的仲裁员也可能公正。但就标准而言,相比于公正性,独立性的水平对仲裁员的要求更高。[③]

当然,质疑仲裁员公正性和申请仲裁员回避是当事人正当的程序性权利,但不应当成为一方当事人拖延仲裁程序的借口。对此,在 Ace Pipeline Contract Pvt. Ltd. v. Bharat Petroleum Corporation Ltd.案中,法院认定,一旦当事人已经达成了仲裁协议,就不能以声称对方指定的仲裁员不公正或不客观为借口来逃避遵守仲裁协议。然而,如果当事人确有证据表明仲裁员在仲裁程序中存在偏见,或有失公正性或独立性,其可通过《仲裁与调解法》第

---

① Konkan Railway Corp. Ltd. V Mehul Construction Co.,(2000)7 SCC 2001.

② J.K. Das and Anirban Roy,*Legal Framework for Engineering Arbitration in India*,Kolkata:R. Cambray & Co. Private Limited,2005,p.160.

③ B. P. Saraf and S. M. Jhunjhunuwala,*The Law of Arbitration and Conciliation*,5th edition,Snow White Publication,2009,p.341.

34 条规定的裁决撤销程序请求救济。

六、中国企业选择印度仲裁的重要考量:可仲裁性与公共政策

据统计,以印度境内的地点作为仲裁地的案件,有 90%是基于临时仲裁程序①,仅有 10%是机构仲裁;而在印度境内的机构仲裁案件中,国际商会仲裁院(ICC)、新加坡国际仲裁中心(SIAC)是最为常用的机构;此外,由迪拜国际仲裁中心(DIAC)、印度仲裁协会(ICA)、印度国际国内仲裁中心(IDAC India)管理的机构仲裁案件在印度也颇为普遍。② 由于印度境内的本国仲裁机构数量有限,无法满足国内商业交易从业者的争议解决需求,因而有大量的当事人寻求临时仲裁或约定境外机构在印度仲裁,这使得印度国内的仲裁业市场相对复杂。但以仲裁立法所确立的标准入手,印度的仲裁可区分为国内仲裁、国际仲裁和外国仲裁。其中,国内仲裁指争议双方无外国当事人且仲裁地在印度的仲裁程序,国际商事仲裁则指仲裁地在印度,但争议当事人中至少一方是外国主体(包括外国个人、外国法人、外国政府),外国仲裁则特指在印度认可的《纽约公约》其他缔约国境内作出的裁决。③ 值得注意的是,暂不考虑案件所适用的仲裁规则,单从法律条款来看,以印度作为仲裁地的国际商事仲裁案件,其与印度的国内仲裁案件并不存在本质区别,差异仅仅在于仲裁员的委任程序上。④ 而对"一带一路"背景下走出去的中国企业而言,不仅可能接触到在印度境内进行的国际商事仲裁案件,还有可能涉及在印度境外作出的外国仲裁裁决在印度的承认与执行问题。对前者而言,中国企业必须充分

---

① 临时仲裁,即 ad hoc arbitration,亦称为"特设仲裁""专案仲裁",特指仲裁庭为审理个案而设立,处理完争议案件后即自行解散。在临时仲裁中,整个仲裁程序的安排都由当事人保持完全的控制,当事人有权决定仲裁员的指定方式及管辖范围,也有权决定仲裁地点和仲裁程序的进行,还可以约定法律适用、仲裁语言、适用的仲裁规则等各类事项。

② N. G. Khaitan, A Paradigm shift in the mindset required to turn ad hoc arbitration to institutional arbitration: ICA Chief, http://knnindia.co.in/news/newsdetails/sectors/a-paradigm-shift-in-the-mindset-required-to-turn-ad-hoc-arbitration-to-institutional-arbitration-ica-chief, June 6th, 2017 last visited.

③ 参见 2015 年《仲裁与调解法(修正案)》第 2 条第 1 款 f 项、第 44 条。

④ 2015 年《仲裁与调解法(修正案)》第 11 条第 12 款明确了,在当事人未在规定期限内指定仲裁员,或各方当事人指定的仲裁员无法在规定期限内就首席仲裁员的任命达成一致意见时,国际商事仲裁案件的仲裁员由印度最高法院指定,国内仲裁案件的仲裁员则由印度高等法院指定。

掌握根据印度仲裁立法,哪些争议可以通过仲裁方式解决,即可仲裁性的问题;对后者而言,中国企业必须清晰地界定,印度法律体系中承认与执行外国仲裁裁决的法律条款规定如何,仲裁裁决在哪些情形下可能会遭遇拒绝承认与执行的问题。

对于前一项问题,如前文所述,各国关于可仲裁性事项的范围宽窄界定不一,这在一定程度上体现出了国家整体的宏观经济政策及对外政策的开放性。具体而言,依 2015 年《仲裁与调解法(修正案)》第 2 条第 1 款 f 项,国际商事仲裁意指用于解决商事争议的仲裁程序,无论产生争议的法律关系是契约性或非契约性,但根据印度法被视为商事关系即可。而印度仲裁实践中通常排除了以下争议的可仲裁性:(1)刑事案件;(2)知识产权争议;(3)根据《公司法》停止营业的案件与涉及破产的案件;(4)超出当事人合意的税收争端;(5)公共利益事项。特别值得一提的是,自印度现任总理纳伦德拉·莫迪(Narendra Modi)发起打击黑钱的运动后,其采取了诸多必要的经济手段,除了废止 500 与 1000 卢比的纸币在印度的可流通性之外,还取消了信托争议的可仲裁性。在 Shri Vimal Kishor Shah & Ors v. Mr. Jayesh Dinesh Shah & Ors 案[①]中,印度最高法院以判决的方式明令宣布信托争议不可以约定仲裁方式加以解决,如果约定了仲裁,此类仲裁条款将归于无效。[②] 此外,中国企业选择在印度仲裁时,要深入了解印度当地的仲裁市场。如前文所述,在印度开展的仲裁程序中,90%以上是临时仲裁,而当选择印度的仲裁机构时,宜优先遴选经验丰富、办案效果较好、裁决在境外执行率较高的国际仲裁机构,例如,2016 年成立的孟买国际仲裁中心(Mumbai Centre for International Arbitration,简称 MCIA)。[③] 此外,根据印度法院实施仲裁司法监督的先例,涉及欺诈的财

---

① See Shri Vimal Kishor Shah & Ors. v. Mr. Jayesh Dinesh Shah & Ors,(2016)8 SCALE 116.

② 特别是,印度最高法院明确,信托契约并不属于普通的商事合同,其中也不能涵盖仲裁条款。法院的论证思路是,信托契约是在委托人与受托人之间签署的,信托受益人并未签署,也不应受其约束。但有观点认为,法院的论证忽视了一项重要因素,即签字并非成为仲裁程序当事人的必要前提,根据《仲裁与调解法》第 8 条,仲裁协议也可能约束未签字的当事人。See Mohit Mahla, Trust Disputes Non-Arbitrable in India, http://kluwerarbitrationblog.com/2017/03/27/trust-disputes-non-arbitrable-in-india/, June 29th, 2017 last visited.

③ Shubhangi Khapre, First International Arbitration Centre Comes Up in Mumbai, http://indianexpress.com/art-icle/india/india-news-india/first-international-arbitration-centre-comes-up-in-mumbai-3072913/, July 5th, 2017 last visited.

产纠纷也不能提交仲裁解决。①

对后一项问题，主要围绕着《承认及执行外国仲裁裁决公约》（简称《纽约公约》）在印度的适用而展开。众所周知，1958 年 6 月 10 日，在美国纽约召开的联合国国际商事仲裁会议上，各国通过并签署了《纽约公约》，该公约为处理外国仲裁裁决的承认和仲裁条款的执行问题提供了重要的法律基础。印度作为公约的创始缔约国，已于 1960 年 7 月 13 日批准公约，公约于 1960 年 10 月 11 日正式对印度生效。不过，与多数缔约国不同的是，印度并未承认所有《纽约公约》缔约国的仲裁裁决，而是有选择地执行部分被印度政府所认可的国家的仲裁裁决。目前，在《纽约公约》157 个缔约国②中，印度政府通过其官方公报（Official Gazatte）只承认 48 个国家的仲裁裁决可以适用公约得到承认和执行，其中包括英国、美国、法国、澳大利亚、日本、新加坡和中国等。2012 年，印度正式批准认可中国（包括香港和澳门特别行政区）的仲裁裁决可以适用《纽约公约》在印度法院申请承认与执行，这为提升两国在相互承认与执行仲裁裁决方面的司法协助提供了重要基础。

不过，有观点指出，即使中国被印度公报列入可根据《纽约公约》执行裁决的名单，这并不能确保具有中国国籍的仲裁裁决一定能够得到印度法院的承认与执行，而是仍然受制于各项拒绝承认的法定事由的审查。③ 实践中，执行程序的被申请人频频对合同中仲裁条款的效力提出异议，以此要求法院拒绝承认或执行仲裁裁决。在 2015 年修订仲裁法之前，1996 年仲裁法并未明确立法的第一部分是否适用于外国仲裁，因此法院会对仲裁地在境外的仲裁案件发布临时措施，这在一定程度上阻却了外国当事人选择印度仲裁的信心。而在 Max India Limited v. General Binding Corporation 案中，印度德里高等法院拒绝了印度当事人提出的对境外仲裁发布临时措施的申请，而是认定既然当事人选择在新加坡国际仲裁中心仲裁，就应视为已经默示排除了将仲裁法第一部分适用于其仲裁程序，法院应充分尊重仲裁条款的效力，不应轻易认

---

① See Parul Kumar, Is Fraud Arbitrable? Examining the Problematic Indian Discourse, *Arbitration International*, Vol.33, No.2, 2017, p.249.

② 安哥拉于 2017 年 3 月 6 日提交了其加入《承认及执行外国仲裁裁决公约》（即《纽约公约》）的申请文件，生效日期为 2017 年 6 月 4 日。截至 2017 年 5 月 31 日，该公约共有 157 个成员国。

③ Gard News, Enforcement of Chinese and Hong Kong Arbitration Awards in India, http://www. gard. no/web/u-pdates/content/20651798/enforcement-of-chinese-and-hong-kong-arbitration-awards-in-india, June 18th, 2017 last visited.

定其无效。但是,当仲裁裁决违背印度的公共政策时,法院在拒绝执行外国裁决的问题上将不再具有充分的自由裁量权。在 Oil & National Gas Corporation Ltd v. Saw Pipes 案中,印度最高法院认定,本案仲裁裁决违背印度的国家利益与基本政策,并且触犯了印度的公共秩序,因此裁决将被拒绝承认与执行。由此可见,当中国企业试图在印度仲裁或裁决将来可能在印度执行时,其必须慎重拟定合同中的仲裁条款,且在仲裁程序中应避免触及公共利益问题。

此外,为了避免法院滥用对仲裁裁决的司法监督权,2015 年《仲裁与调解法(修正案)》将第 48 条中拒绝承认及执行外国裁决的公共政策抗辩具体限定为三类理由:(1)仲裁裁决是通过欺诈或腐败的方式获得的,或者仲裁程序违背了第 75 条及第 81 条中的调解信息保密性条款;(2)仲裁裁决违背了印度法律的基本政策;(3)仲裁裁决与最基本的道德或正义观念相冲突。由此可见,根据 2015 年修正案,以违背公共政策作为抗辩裁决执行的理由,只能在有限的情况下被援引。

Review on the Loss and Gain in the Reform of Indian Arbitration System
——Focusing on *The Arbitration and Conciliation*(*Amendment*)*Act* 2015

ZHANG Jian

Abstract: Commercial arbitration is a type of alternative dispute resolution mechanism which emphasizes internationalization and is sensitive to adjust according to the changes of commercial activity. Correspondingly, arbitration legislation and arbitration rules should be revised duly to meet the practical needs. *The India Arbitration and Conciliation*(*Amendment*) *Act* 2015 made many updates to the 1996 Act, not only highlight the advantages of arbitration such as procedural efficiency, party autonomy, neutrality and transparency, but also attempt to weaken excessive judicial intervention by Indian courts. In terms of extension of trial time-limit, appointment of arbitrator, recognition and enforcement of foreign awards and so on, however, the amendment overly concern efficiency value of arbitration, as a probable consequence of sacrificing the most core value of fairness, as well as achieving counter-productive effect on the matter of precluding the judicial intervention. Through reviewing typical judicial supervision cases by Indian courts, it is obvious to note that on the matters such as competence/competence principle, challenging arbitrator ' s independence and imparity, Indian arbitration accords with international mainstream practice, which can be attributed to base its legislation on *Uncitral Model Law* on International Commercial Arbitration. For Chinese enterprise which may arbitrate in India, they need to get a clear knowledge of Indian legislation on arbitrability as well as bilateral cooperation on mutual recognition and enforcement of awards between China and India.

Keywords: Indian Arbitration Act; fast-track procedure; judicial supervision; competence/competence principle

✲朱　茜*

金砖国家BITs中“投资”定义研究**

内容摘要：金砖国家作为世界重要新兴市场国家，在国际投资中占据重要地位，通过签订双边投资条约促进和保障其外国投资和对外投资。这些条约中都有投资定义条款。投资定义既是界定被缔约双方纳入BITs项下进行保护的内容和范围，又是国际投资仲裁庭确定其管辖权的重要依据。金砖各国在其BITs中，对投资定义的规定有较大差异，主要表现为过于狭窄或过于宽泛。本文较深入、全面、系统地研究了金砖国家BITs中投资定义的条款，探讨了金砖国家间协调BITs中投资定义的必要性和可行性，并提出了相关意见和建议。

关键词：金砖国家；BITs；投资定义

目次

---

* 朱茜，西南政法大学国际法学院国际法学专业2014级硕士研究生，西华大学空天学院教师。

** 本文在作者2017年6月硕士学位论文基础上修改而成。

引言

在全球化日益加深的大背景下，国家之间的相互投资日益频繁，金砖国家作为世界主要新兴市场国家，从一个经济学概念发展成为一个新兴经济体国家间重要的合作机制已有 11 年。近年来金砖国家发展势头良好，各国缔结了大量的双边投资条约（以下简称 BITs）。这些 BITs 是国际投资法的重要法律形式，在调整国际投资关系、吸引外资和便利资本输出、保护投资者利益和保护东道国利益等方面发挥着越来越重要的作用。

投资定义反映投资者母国和东道国希望保护和限制的投资资本的种类和范围，是 BITs 的基础性条款，也是国际仲裁机构行使投资仲裁管辖权的重要依据，决定投资者可以在多大程度上受到条约的保护。由于学理上的"投资定义"是笼统概括且不具有实际可操作性，各国签署的 BITs 文本和以 ICSID 为主的国际仲裁实践中，对于 BITs 中的投资定义作出了不同的解释。研究金砖国家 BITs 中投资定义条款是将投资定义限定在金砖国家这个合作机制中，研读金砖各国 BIT 范本和已经签订的 BITs，结合金砖国家涉及的国际投资仲裁案件进行分析，有助于为金砖国家间投资定义的协调提供理论指导，有助于金砖国家在未来签订 BITs 时能够合理界定，更好地促进各国发展。

本文拟采用历史分析、比较分析、规范分析及实证分析等方法，分析金砖国家现有 BITs 文本中对投资的定义，结合仲裁庭实践，对金砖各国 BITs 中投资定义进行系统性研究，试图找出相关条款中存在的不足，并提出金砖各国及相互间有关投资定义条款的协调方案。

一、金砖国家 BITs 中"投资"定义的模式

概念是通过反映对象的特有属性来指称对象的思维形式，一个概念既有"所谓"也有"所指"，也即是一个概念中包含了内涵和外延。概念的内涵，就是凝聚在概念中、它所指称的那类对象具有的特有属性，也是它所指称的对象有别于其他对象、因而能够同其他对象区别开来的根本特征。概念的外延是客观世界里具有这个概念内涵方面构成性质的对象，表明概念指称的对象范围。[①] 金砖国家 BITs 中投资这一概念同样包括内涵和外延。在内涵方面，分

① 雍琦：《法律逻辑学》，法律出版社 2004 年版，第 29 页。

为以“资产”为基础、以“企业”为基础和以“企业和资产组合”为基础三种模式；在外延方面，分为“开放式”、“封闭式”和“混合式”三种模式。

(一)“投资”定义内涵模式

1. 以“资产”为基础的模式

这种模式的定义方式是最传统的方式，可以追溯到 20 世纪 60 年代，资本输出国为保护其投资者在资本输入国的大量投资，①同时也是目前国际投资条约中使用最为频繁的方式。以“资产”为基础的定义方式是指规定缔约一方投资者在缔约另一方领土内所投入的各种资产，既包括金融资产和经济意义上的资本，又包括具有生产能力的有形或者无形的资产。2006 年中国—俄罗斯 BIT 中对投资的定义采取的就是这种以“资产”为基础的模式，具体论述见下文第二部分。

2. 以“企业”为基础的模式

这种模式的定义方式是指投资者为获得持续性收益而在东道国“拥有”或“控制”一家企业，这家企业可以是新设立的，也可以是购买的东道国既存企业。这种定义下的投资通常只包括了国际直接投资。这种模式因严格地将投资限定在直接投资中而受到了发展中国家的青睐，但因发达国家与发展中国家在投资自由化上存在分歧，这种定义模式不为发达国家所接受，采取这种模式定义投资的 BITs 并不多见。印度 2015 年 BIT 范本采取的就是以“企业”为基础的内涵定义模式，具体论述见下文第二部分。

3. 以“企业和资产组合”为基础的模式

这种模式的定义方式是在前面两种模式的基础上发展而来，具体是指除了传统上属于投资的资产类型以外，还将“企业”作为一种资产类型，纳入投资。换言之，除了限定在投入“企业”中的各种资产以外，投资还包括其他不属于投入“企业”而单独列举出来的资产。中国与加拿大 2012 年签订的 BIT 中就是采取的这种定义模式，具体论述见下文第二部分。

4. 对内涵模式的分析

从文本上来看，以“资产”为基础的定义模式在适用范围上比较宽泛。发达国家作为主要资本输出国常使用这种模式。其优势在于它的灵活性和开放性，不仅能够为最大范围的资产提供保护，而且允许资本输入国自行决定如何

---

① Kavaljit Singh, “An Analysis of India's New Model Bilateral Investment Treaty”, in Kavaljit and Burghard Ilge, eds., Rethinking Bilateral Investment Treaties: Critical Issues and Policy Choices, Netherlands and India: Both Ends, Madhyam and Somo, 2016, p. 84.

处理特定资产，但同时，这样的优点也正是它最大的缺点。在以“资产”为基础的定义模式中，构成投资的资产是“各种资产”，这就意味着资产的种类可以无限多，定义如此之宽泛，很可能将一些缔约方在订立条约时不打算纳入的资产包括在其中，或者是将条约签订之后新出现的新型资产纳入其中，存在一定的不确定性，仲裁庭在解释投资定义时被赋予了极大的自由裁量权。因此，片面追求投资者利益保护有可能会损害东道国的公共利益。①

以“企业”为基础的定义模式将投资缩小为投入企业的各种资产，种类有限，保护的范围较为狭窄，便于东道国管理外国投资，也有利于吸引急需的资金和技术。为了减少投资自由化推进的阻力，投资者母国和东道国更倾向于将资产的范围限定为直接投资，即以“企业”为基础的投资定义模式。②

以“企业和资产组合”为基础的定义模式是近年来在以“资产”为基础和以“企业”为基础的定义模式上发展而来，在此种内涵模式下对资产的列举，始于“企业”，同时包括类似知识产权这样无论是否与东道国既存企业相关的资产。这种模式定义的投资范围较以“企业”为基础的定义模式更加宽泛，趋同于以“资产”为基础的定义模式，③但在结尾处对列举的资产有明确的限定。因此，从文本上看，以“企业和资产组合”为基础的定义模式包含的投资范围介于其他两种模式之间。

(二)“投资”定义外延模式

1. 开放式

这种模式从文本上看是包含范围最广的定义模式，通常采用“包括但不限于”的表述方式，进行非穷尽式的列举，几乎涵盖所有类型的投资，典型表述为“投资是……的所有资产，包括但不限于……(具体投资类型的列举)”。其定义结构是在对投资定义进行内涵界定后再对投资的外延进行列举，并且规定这样的列举是非穷尽的。④ 这种方式不仅考虑到了当前已经出现的投资种

---

① 石慧:《中国对外签订新式双边投资条约需要注意的问题》，载《湖南文理学院学报(社会科学版)》2008 年第 2 期。

② 陈安主编:《国际投资法的新发展与中国双边投资条约的新实践》，复旦大学出版社 2007 年版，第 36 页。

③ Huan Qi, The Definition of Investment and its Development: for the Reference of the Future BIT between China and Canada, *Revue Juridique Themis*, Vol. 45, No. 3, 2011, p. 553.

④ 于文婕:《双边投资协定“投资”定义之范式解析——兼论中美双边投资协定之取舍》，《现代经济探讨》2015 年第 2 期。

类，也为将来随着经济和科技发展，有可能会出现的新型投资类型提供了被囊括入内的可能性。例如 1994 年印度—英国 BIT 中采取了“开放式”的定义方式，具体阐述见下文第三部分。

2. 封闭式

此种方式是对投资类型进行穷尽式的列举，仅仅保护列举中的投资类型，对于列举以外的投资类型不予保护。其典型表述为“投资是指：……（具体投资类型的列举）”。①这种方式是在“开放式”的基础上发展而来，是美国和加拿大追求投资自由化的结果。因为开放式的定义模式对投资的外延界定相对模糊，美国和加拿大在继承“开放式”的基础上，对其进行了改革，通过详细而准确的列举，排除了不希望保护的投资类型，使要保护的投资类型更加清晰。这样的方式也缺乏扩展范围以涵盖未来可能出现的投资类型的可能。1995 年南非—加拿大 BITs 中对投资的定义就采取了“封闭式”的定义方式将投资限定在五种资产类型当中，具体见下文第三部分。

3. 混合式

此种方式通常先采用“包括但不限于”的表述方式，对投资类型进行非穷尽式的列举，然后再对投资类型加以限制。通常采用规定“投资特征”和进行反向列举的方式，也即是列举“负面清单”等方式进行限定，从而排除一些投资类型。“包括但不限于”表现了开放的一面，尽量囊括更多的投资类型，“符合某某特征”及“负面清单”则是表现出了封闭的一面。巴西 2015 年 BIT 范本中采取的就是“混合式”的定义方式，明确排除了特定的投资类型，具体阐述见下文第三部分。

4. 对外延模式的分析

比较以上三种 BITs 文本中对投资定义的外延模式，可以发现，这一种模式的条约适用数量差异为：“开放式”＞“混合式”＞“封闭式”，从文本上来看，三种模式涵盖的范围大小差异为：“开放式”＞“混合式”＞“封闭式”。②“开放式”投资定义方式产生于第一个 BITs，1959 年德国—巴基斯坦 BITs 中对投资的定义。资本输出国为保护本国投资者在进行海外投资时免遭东道国国有化和征收带来的经济损失，因此最大限度地将尽可能多的投资类型囊括其中。这种定义方式通过对投资内涵的界定和对投资类型的非穷尽式列举，既包括

① 于文婕：《双边投资协定“投资”定义之范式解析——兼论中美双边投资协定之取舍》，载《现代经济探讨》2015 年第 2 期。

② 于文婕：《双边投资协定“投资”定义之范式解析——兼论中美双边投资协定之取舍》，载《现代经济探讨》2015 年第 2 期。

已列举出来的类型，也包括符合投资内涵以及未来可能出现的投资类型。这种定义方式的弊端同样也来源于它的广泛性。因为包含的范围过于宽泛导致东道国无法排除对其不利的投资类型，增加了被诉风险。

"封闭式"投资定义方式产生于1994年《北美自由贸易协定》中对投资的定义。这种方式明确了具体想要保护的投资类型，通过对投资类型封闭式的列举，避免了界定的抽象以及不确定性，降低了缔约双方，特别是东道国的金融风险。但因为列举清单包含类型的明确性，涵盖的投资类型也仅限于其所列举出来的类型，在经济发展日新月异的当代，很难跟上时代发展的步伐。

"混合式"投资定义方式是在"开放式"定义方式的基础上发展而来的。相较于"开放式"定义方式范围有所收紧，将特定的投资类型排除在外；相较于"封闭式"定义方式的范围略广。

（三）对定义模式的整体分析

在早期的国际投资条约中，投资定义基本采用以"企业"为基础的定义模式。例如，1961年经合组织（OECD）《资本移动自由化守则》附件A中规定，直接投资包括：(1)建立或扩建拥有完全控制权的企业、附属机构或分支机构，或收购现有企业的全部所有权；(2)参股新设企业或现有企业；(3)5年或5年以上的贷款。除此以外，投资还须是为了设立持久的经济关系，并可能对企业管理行使有效影响。① 而晚近签订的BITs中对投资的定义方式选择更加多样。

由于发展水平的差距，发展中国家BITs范本大多是参考发达国家BIT范本，并在此基础上发展而来。② 欧式BITs以德国BIT范本为典型，采用的是以"资产"为基础的开放式定义方式。美国2004年版和2012年版BITs范本对投资的定义采用了以"企业和资产组合"为基础的混合式定义方式。加拿大2004年BITs范本也采用了以"企业和资产组合"为基础的定义模式，区别在于加拿大BITs范本采用"封闭式"的方式列举了一个封闭的清单囊括意图保护的投资。实践中，只有极少数BITs采用了以"企业"为基础的定义方式。

以"企业"为基础定义投资的BITs包含的投资类型相较于其他两种模式的定义方式更为狭窄，但以"资产"为基础的内涵定义模式和以"企业和资产组合"为基础的模式哪个范围宽泛哪个范围狭窄以及上文讨论的"开放式"的定

---

① 季烨：《国际投资条约中投资定义的扩张及其限度》，全国博士生学术论坛（国际法）论文集，湖北武汉，2008年10月，第275页。

② 曾华群：《论双边投资条约范本的演进与中国的对策》，载《国际法研究》2016年第4期，第62页。

义方式涵盖范围大于“封闭式”和“混合式”都仅具有相对性。仅仅从 BITs 文本范式来看，上述结论或许成立，但在实际所涵盖的具体投资类型来看，通过具体类型的描述及取舍，不存在绝对的宽泛和狭窄模式之分。

（四）小结

投资条约中对投资的定义，是界定投资的内涵和外延的过程。本文将金砖国家 BITs 中投资的内涵分为三种模式，分别是以“资产”为基础的模式、以“企业”为基础的模式和以“企业和投资组合”为基础的模式，将投资的外延分为“开放式”、“封闭式”和“混合式”三种。金砖各国在签订 BITs 时，选择哪种模式来定义投资通常是根据当时该国在国际投资中所处地位和经济发展状况等各方面因素决定的。虽然从文本上来看，各模式都有其利弊，且有宽泛和狭窄之分，但即使是采用同样模式的 BITs，因描述的语言不同、具体限制条件不同等因素，其包含的投资范围也有所不同。因此，在分析一个 BIT 的投资定义包含哪些投资类型时，应该结合其具体语言的描述和各种限制因素具体分析。

二、金砖国家 BITs 中“投资”定义的内涵

BITs 中投资定义的内涵包括以“资产”为基础、以“企业”为基础和以“企业和资产组合”为基础三种模式。金砖各国在签订 BITs 时，根据不同时期和不同经济环境等因素在选择定义模式上会有所差异。

（一）各国对内涵的规定

1. 巴西 BITs 中“投资”定义内涵的规定

巴西作为南美洲最重要的经济体，位于南美洲东南部，是世界第五大国。巴西以其独特的地理优势、资源优势、市场优势和投资环境优势充分展现出对全球投资的吸引力，成为外国投资最为关注的拉美国家之一。虽然近年来有大量外资进入巴西进行国际投资，巴西也与他国签署了 20 项 BITs，但目前这些 BITs 全部都尚未生效。在这些已经签署但尚未生效的 BITs 中，从最早的 1994 年巴西—葡萄牙 BITs 到 1999 年巴西—比利时卢森堡经济联盟 BITs，基本都采取了以“资产”为基础的内涵定义模式。

2015 年，巴西制定了 2015 年 BITs 范本，其中对投资的定义采取了以“企业”为基础的内涵定义模式，规定“投资是指缔约一方投资者根据东道国法律法规要求在东道国境内的直接投资，是允许投资者直接或间接拥有或控制的

商品或服务”。该范本强调投资必须是直接投资且投资者需要有绝对的管理权。[①] 在此之后，巴西签订的 BITs，例如，2015 年巴西—马拉维 BITs 中对投资的定义就采取了以“企业”为基础的内涵定义模式，要求投资是以长期与经济有关的企业为基础。[②]

2. 俄罗斯 BITs 中“投资”定义内涵的规定

俄罗斯是世界上领土面积最大的国家，从 1989 年起先后与 78 个国家签署了 BITs。[③]在这些 BITs 中，全部都采取了以“资产”为基础的内涵定义模式，将投资限定在有形的或者无形的具有经济价值的资产中。例如，2006 年俄罗斯—中国 BITs 就采取了这种模式定义投资。[④]

3. 印度 BITs 中“投资”定义内涵的规定

联合国贸易和发展会议给出的数据表明，印度签署了 84 个 BITs，目前生效的有 72 个。[⑤] 印度签订的传统 BITs 都采用以“资产”为基础的内涵定义模式。[⑥] 如 1994 年印度—英国 BITs[⑦] 和 2013 年印度—阿联酋 BITs[⑧] 中都规定了投资包括任何类型的资产。

但在 2015 年，印度制定了 2015 年 BIT 范本。在此范本中，投资定义发生了重大变化，做出了与 1993 年版和 2003 年版 BIT 范本中的以“资产”为基础的内涵定义模式截然不同的选择。2015 年 BIT 范本采用了以“企业”为基础的模式来定义投资，规定投资是指投资者依据东道国法律法规在东道国境内善意设立、组建和经营的企业。而这里的“企业”是指在东道国境内设立、组建和经营的任何法律实体，包括任何公司、有限责任合伙和合资企业以及依照其法律和业务开展，在该缔约国境内设立的任何该实体的分支机构。

---

① 2015 年《巴西 BIT 范本》，第 3 条第 3 款。

② 2015 年《巴西—马维拉 BIT》，第 2 条第 1 款。

③ Russia Federation-Bilateral Investment Treaties (BITs), http://investmentpolicyhub.unctad.org/IIA/CountryBits/175#iiaInnerMenu, last visited on Jan. 01, 2017.

④ 2006 年《中国—俄罗斯 BIT》，第 1 条第 1 款规定：“投资是指缔约一方投资者依照缔约另一方的法律法规在其境内投入的资产。”

⑤ India-Bilateral Investment Treaties (BITs), http://investmentpolicyhub.unctad.org/IIA/CountryBits/96#iiaInnerMenu, last visited on Jan. 03, 2017.

⑥ Saurabh Garg, Ishita G. Tripathy and Sudhanshu Roy, The Indian Model Bilateral Investment Treaty: Continuity and Change, in Kavaljit and Burghard Ilge, eds., *Rethinking Bilateral Investment Treaties: Critical Issues and Policy Choices*, Netherlands and India: Both Ends, Madhyam and Somo, p. 77.

⑦ 1994 年《印度—英国 BIT》，第 1 条第 2 款。

⑧ 2013 年《印度—阿联酋 BIT》，第 1 条第 1 款。

4. 中国 BITs 中"投资"定义内涵的规定

中国目前已经签订了 145 个 BITs。① 根据商务部条法司截至 2016 年 12 月公布的数据看,现行生效的有 104 个。② 中国签订的大多数 BITs 采用了以"资产"为基础的内涵定义方式,例如,中国与外国签订的第一个 BITs,1982 年中国—瑞典 BITs 中对投资的定义采取了这种方式。③

2003 年中国—德国 BITs 中罕见地采用以"企业"为基础的内涵定义方式。虽然在协定正文中对投资定义采取了以"资产"为基础的定义模式,但《中德议定书》中补充规定投资是建立在与企业有经济联系的基础上,且间接投资仅仅包括对公司的投资。④ 中国近年来签订的 BITs 中也有以"企业和资产组合"为基础的内涵定义模式的倾向,例如,2012 年中国—加拿大 BIT 采取的就是类似加拿大 BIT 范本中对投资的定义模式。⑤

5. 南非 BITs 中"投资"定义内涵的规定

目前南非签署的 BITs 有 49 个,其中仅有 15 个生效。⑥ 在这 49 个 BITs 中,绝大多数采用了以"资产"为基础的内涵定义模式,与南非 1998 年 BITs 范本类似。1998 年 BITs 范本中规定:"投资"是指任何一种资产。⑦

但在 2008 年签署的,至今尚未生效的南非—埃塞俄比亚 BITs 中,一反常态地采用了以"企业"为基础的内涵定义模式。规定"投资是指缔约一方投资者在缔约另一方境内通过拥有或控制企业而拥有的资产。"⑧将投资限定在了投入企业的各种资产。

---

① China-Bilateral Investment Treaties (BITs), http://investmentpolicyhub.unctad.org/IIA/CountryBits/42#iiaInnerMenu, last visited on Jan. 01, 2017.

② 商务部条法司,我国对外签订双边投资协定一览表 Bilateral Investment Treaty, http://tfs.mofcom.gov.cn/article/Nocategory/201111/20111107819474.shtml 最后访问时间:2017/3/1。

③ 1982 年《中国—瑞典 BIT》,第 1 条第 1 款规定:"投资包括缔约一方投资者在缔约另一方境内、依照其法律和规章用于投资的各种形式的资产。"

④ 2003 年《中国—德国 BIT 议定书》,第 1 条第 1 款规定:"(1)"投资"是为了建立与企业持久的经济联系,特别是允许在企业管理上有一定控制权;(2)"间接投资"是指缔约一方投资者通过其全部或部分拥有的且住所地为缔约另一方境内的公司所进行的投资。"

⑤ 2012 年《中国—加拿大 BIT》,第 1 条第 1 款。

⑥ South Africa-Bilateral Investment Treaties (BITs), http://investmentpolicyhub.unctad.org/IIA/CountryBits/195#iiaInnerMenu, last visited on Jan. 01, 2017.

⑦ 1998 年《南非 BIT 范本》,第 1 条第 1 款。

⑧ 2008 年《南非—埃塞俄比亚 BIT》第 1 条第 1 款。

(二)比较分析

对于BITs的缔约国来说,由于各自的经济发展程度、水平,本国国内经济法律、法规和政策不同,在进行国际投资时,其愿意予以鼓励和保护的投资会有不同。[①] 纵观金砖五国签署的BITs可以发现,早先各国基本都是移植了传统投资协定中以"资产"为基础的内涵定义模式,大部分是抽象描述规定投资包括所投入的所有类型的资产。近年来也有少数BITs采用以"企业"为基础的内涵定义模式和以"企业和资产组合"为基础的内涵定义模式,这些都是出于各国在签订条约时对自身利益的考虑。

20世纪90年代以来,印度作为重要的资本输入国,在制定BITs时,对投资的定义更为自由和开放,以期望能够吸引更多的外国投资进入本国,从而发展经济。虽然并没有直接的证据证明签订BITs会带来更多的国际直接投资。[②] 这样的做法没有兼顾对国际投资的保护和对东道国外资管制政策的保护,在遭遇了White Industrial v. India一案败诉后,印度意识到了此前对本国利益保护的缺失。2013年印度启动了对2003年BITs范本的审查,期望可以通过此次审查修正近来因发展带来的问题,对既存BITs重新谈判时提供更好的范本。[③] 值得注意的是,并非只有印度启动了对BITs范本的审查,很多发展中国家都在质疑此前签订的BITs是否真的对吸引外国投资起作用。例如,南非基于一个为期三年的审查终止了和德国、瑞士以及西班牙的BITs,决定用国内立法来取代BITs以达到保护投资者权利和国内政策安全。2015年印度制定的BITs范本草案严重削弱了对外国投资者及其投资的保护。[④] 印度2015年BITs范本将对投资的定义回归到了最狭窄的以"企业"为基础的外国直接投资,排除了不伴有企业经营管理控制权的各种投资,极大地缩小了BITs的保护范围,从而减少东道国政府的义务,降低投资条约仲裁的风险,保证了适

---

① 张庆麟:《评晚近国际投资协定中投资定义的扩大趋势》,提交"全球化时代的国际经济法:中国的视角国际研讨会"(湖北武汉)的论文,武汉大学国际法研究所,2008年5月,第2页。

② Prabhash Ranjan,"India's Bilateral Investment Treaty Programme-Past, Present and Future", in Kavaljit and Burghard Ilge, eds., Rethinking Bilateral Investment Treaties: Critical Issues and Policy Choices, Netherlands and India: Both Ends, Madhyam and Somo, 2016, p. 104.

③ Kavaljit Singh,"An Analysis of India's New Model Bilateral Investment Treaty," in Kavaljit and Burghard Ilge, eds., *Rethinking Bilateral Investment Treaties: Critical Issues and Policy Choices*, Netherlands and India: Both Ends, Madhyam and Somo, 2016, p. 81.

④ 王彦志、王菲:《印度2015年双边投资条约范本草案评析——White Industries v. India案裁决阴影下的重大立场变迁》,载《国际经济法学刊》2015年,第22卷第2期。

用其国内争端解决的最大可能性，将其他的投资和权益交由东道国国内法来保护和救济。这样的变化主要来源于印度在国际投资中身份的变化。印度的这一变化会对国际社会中其他国家今后在签署 BITs 时产生一定的影响。

2012 年中加 BITs 中对投资定义采取的以“企业和资产组合”为基础的内涵定义模式应该说是中国在 BITs 投资定义的一次新的突破。这样的模式不同于以“资产”为基础的模式那样宽泛地将投资定义为“各种资产”，也不同于以“企业”为基础的模式仅仅将投资限制在与企业的所有权和控制权相关，如在新设一个企业或者购买已存企业的多数股权。以“企业和资产组合”为基础的内涵定义模式使用了更高水平的定义方式，一方面保持了投资定义的全面性，另一方面确保了投资定义的严谨。

（三）小结

金砖国家现有 BITs 中对投资内涵的定义多采取以“资产”为基础的定义模式，因其通常以类似“各种形式的资产”的表述，而指代不明，容易在涉及国际仲裁时被仲裁庭作扩大解释。以“企业”为基础的内涵定义模式囊括的投资类型较少，大多不为发达国家所接受，不利于推进 BITs 谈判进程，迄今为止使用较少。以“企业和投资组合”为基础的内涵定义模式应该是今后 BITs 投资定义领域发展的新趋势。

三、金砖国家 BITs 中“投资”定义的外延

金砖国家 BITs 中投资定义的外延包括“开放式”、“封闭式”和“混合式”三种模式。在各自的投资类型列举列表中对具体的投资类型有所取舍，一些采用“混合式”的投资定义中包含了各种限制性条件。

（一）各国对外延的规定

1. 巴西 BITs 中“投资”定义外延的规定

巴西签订的 BITs 虽全部尚未生效，但在对投资的定义上，基本上也是采取了国际上通用的“开放式”即非穷尽式定义方式，特别是在以“资产”为基础的内涵定义模式的 BITs 中，也即是 2015 年之前签署的文件。2015 年之后签订的 BITs 多采取“混合式”的外延定义模式。值得注意的是，2015 年巴西—莫桑比克 BIT 中对投资定义的外延采用了“开放式”的定义方式，并且只列举了三项。①

① 2015 年《巴西—莫桑比克 BIT》，第 3 条第 1 款规定：“投资包括公司和公司权益；财产权；商业特许。”

巴西签订的BITs中也包括了五项基本投资类型：物权、公司权益、合同权利、知识产权和商业特许。但是，2015年巴西—莫桑比克BITs中只包括了三种类别的投资类型。此外，根据2015年巴西BITs范本签订的BITs中还包括“公司和企业”，并明确排除了不属于投资的投资类型。①

2. 俄罗斯BITs中“投资”定义外延的规定

俄罗斯签订的BITs中对投资的定义基本都采用了“开放式”的定义模式，通过列举清单和“包括但不限于”的表述定义投资。在内容上，基本包括了动产、不动产及其他财产权利、公司权益、合同权利、知识产权和商业特许五种类型的投资。在对具体条款的规定中，早期1989年苏联—加拿大BIT②和1989年苏联—荷兰BIT③中规定投资包括直接投资和由第三国投资者经手的间接投资，且在投资类型的列举清单中明确列出投资包括债券。晚近签订的BITs中要求作为投资的金钱请求权要与投资有关，例如，2013年俄罗斯—危地马拉BIT④中就有此规定。此外，还要求只有当投资形式的变化不会违反东道国法律法规时，这样的变化才不会影响其作为投资的效力。

3. 印度BITs中“投资”定义外延的规定

印度签署的BITs基本也是采用了最为常见的“开放式”定义方式，如最早签订的1994年印度—英国BIT中的投资是指依法律法规投入的各种资产。⑤ 2009年印度—哥伦比亚BIT中采用了“混合式”的定义方式，在列举投资类型之后规定了不属于投资的资产类型。⑥

印度签订的BITs项下关于投资的列举清单中同样包含了5种类型的资产。在最新签订的2013年印度—阿联酋BIT中，列举清单中对依法或根据合同授予的特许权排除了任何关于碳氢化合物的权利。⑦ 1996年印度—韩国BIT中投资的列举清单中包括了租赁的货物同时排除了特定的投资类型，区分了原本属于服务贸易领域的请求权和投资领域的请求权，排除了单纯来源

---

① 2015年《巴西—哥伦比亚BIT》第3条第2款规定：“投资不包括(1)国债；(2)投资组合；(3)一方投资者在东道国境内根据商品或服务销售的商业合同产生的信用权利。”

② 1989年《苏联—加拿大BIT》，第1条第2款。

③ 1989年《苏联—荷兰BIT》，第1条第2款。

④ 2013年《俄罗斯—危地马拉BIT》，第1条，第2款。

⑤ 1994年《印度—英国BIT》第1条第2款。

⑥ 2009年《印度—哥伦比亚BIT》，第1条第2款。

⑦ 2013年《印度—阿联酋BIT》，第1条第1款。

于货物销售合同和服务合同的即时金钱请求权。① 2009 年印度—哥伦比亚 BIT 中进一步明确将国债排除在外。② 在以“企业”为基础的内涵定义模式中，列举清单包括企业、股权、债券、动产与不动产、合同权利、知识产权、依法授权权利和金钱请求权。

4. 中国 BITs 中“投资”定义外延的规定

中国签署的 BITs 投资外延基本采用“开放式”，即以“特别是，但不限于……”或者“投资是指……，主要是……”这种非穷尽式的列举使得 BITs 涵盖的投资范围及其广泛。少数 BITs 采用了“混合式”的方式，在“开放式”的列举之后对投资类型加以限制。1988 年中国—马来西亚 BIT 中在对投资定义时要求在马来西亚境内的投资和在中国境内的投资要经过各自国家审批通过。③ 2011 年中国—乌兹别克斯坦 BIT 和 2013 年中国—坦桑尼亚 BIT 都规定了投资需要满足一定的投资特征，同时，2013 年中国—坦桑尼亚 BIT 还明确列举了不属于投资的“负面清单”。④ 较为特殊的是，2012 年中国—加拿大 BIT 采用了“封闭式”的方式对投资一词所包含的投资类型进行了列举。⑤

内容上，中国签署的 BITs 对投资定义广泛并保持一致，1982 年中国—瑞典 BIT 中对投资的外延采用开放式的定义方式包括了 5 种类型的投资，即物权、公司权益、合同权益、知识产权和商业特许。⑥ 此后中国与他国签订的 BITs 中基本包括了相同类型的投资。2003 年中国—德国 BIT 中将“间接投

---

① 1996 年《印度—韩国 BIT》第 1 条第 1 款规定：“投资包括根据租赁合同项下的货物；投资不包括仅来源于企业销售货物或提供服务的商业合同的金钱请求权，与商业有关的信用展期以及其他金钱请求权。”

② 2009 年《印度—哥伦比亚 BIT》，第 1 条，第 2 款。

③ 1988 年《中国—马来西亚 BIT》第 1 条第 1 款规定：“在马来西亚领土内的投资，系指根据马来西亚立法和行政实践，在由马来西亚适当的部门归类为‘批准项目’中进行的全部投资；在中华人民共和国领土内的投资，系指根据中华人民共和国立法和行政实践，由中华人民共和国适当的审批机构批准的全部投资。”

④ 2013 年《中国—坦桑尼亚 BIT》第 1 条第 1 款规定：“投资特征系指资本或其他资源的投入、对收益或利润的期待或者对风险的承担。投资不包括：不具有投资性质的金钱请求权；原始到期期限为 3 年以下的债券、信用债券和贷款。”

⑤ 2012 年《中国—加拿大 BIT》第 1 条第 1 款。

⑥ 1982 年《中国—瑞典 BIT》第 1 条第 1 款规定：“投资包括：(1)动产、不动产及其他物权；(2)公司的股份或其他形式的权益；(3)金钱的请求权或具有经济价值的任何行为的请求权；(4)版权、工业产权、工艺流程、商名和商誉；(5)商业特许权，包括勘探或采掘和提炼自然资源的特许权。”

资”纳入了投资的范畴，[①]从而保护投资者通过全部或部分拥有住所地在东道国境内的公司所做的投资。1992 年中国—希腊 BIT、2005 年中国—葡萄牙 BIT 将租赁的货物纳入投资范围。[②] 1990 年中国—土耳其 BIT 中的投资包括再投资。[③] 1992 年中国—土库曼斯坦 BIT 中规定“有偿服务”也属于投资的一种。[④] 2008 年中国—墨西哥 BIT[⑤] 和 2012 年中国—加拿大 BIT[⑥] 将“企业”纳入定义的列举清单之中。

5. 南非 BITs 中“投资”定义外延的规定

南非签订的 BITs 也是以“开放式”定义方式为主，偶有“封闭式”和“混合式”定义方式。例如，按 1995 年南非—古巴 BIT 规定，投资包括了“封闭式”列举的五种类型。[⑦] 又如，1995 年南非—加拿大 BIT 中，对投资的定义先是使用了“开放式”“包括但不限于”的列举，随后规定投资不包括不符合预期或不用于经济收益或其他商业目的的有形或无形的不动产或其他财产，属于“混合式”的定义方式。[⑧]

南非签订的 BITs 项下投资总体上也包括了五种基本投资类型。还有少数 BITs 中包含有其他投资类型。1998 年南非—阿根廷 BIT 中规定贷款只有在直接与特定投资相关时才能被算作投资。[⑨]

(二)投资定义范围的分类

1. 动产和不动产

上述定义涵盖的第一类资产就是动产、不动产及其他财产权利。这样的定义明确了在几个世纪前就受国际习惯法保护的商品和其他有形财产属于投资的范围。同时，房屋作为不动产也被囊括其中。除了所有权的其他法律权

---

① 2003 年《中国—德国 BIT 议定书》第 1 条规定：“间接投资是指缔约一方投资者在缔约另一方境内直接或间接投入的各种财产。”

② 1992 年《中国—葡萄牙 BIT》第 1 条第 1 款规定：“投资包括在一方境内根据其法律法规，按照租赁协议置于承租人支配之下的货物。”

③ 1990 年《中国—土耳其 BIT》第 1 条第 3 款规定：“投资包括收益的再投资及与投资有关的贷款协议发生的本金和利息支付款项的再投资。”

④ 1992 年《中国—土库曼斯坦 BIT》第 1 条第 1 款。

⑤ 2008 年《中国—墨西哥 BIT》第 1 条第 3 款。

⑥ 2012 年《中国—加拿大 BIT》第 1 条第 1 款。

⑦ 1995 年《南非—古巴 BIT》第 1 条第 1 款。

⑧ 1995 年《南非—加拿大 BIT》第 1 条第 6 款。

⑨ 1998 年《南非—阿根廷 BIT》第 1 条第 1 款。

利也可以属于投资,例如,有些 BITs 中列举多一些的,包括抵押权、留置权、质权、用益权及类似权利;有些列举少一些的,只包括抵押权和质权。

2. 公司权益

第二类权利包括对公司的各类权益。这种类型的投资不要求投资者对公司有占有、控制的地位。有些 BITs 的列举清单上明确包括了公司的债券,因此,债券也可以作为投资的一种类型。投资不仅包括直接投资,也包括投资组合(Portfolio)。另外,债券投资也可能包括公共实体发行的债券。如果一个 BIT 对公司的定义包括公共实体,意味着投资包括公共实体发行的债券。

3. 金钱请求权和合同权利

投资定义包括的第三类权利是货币请求权和合同权利,即金钱请求权和基于合同项下有经济价值的权利。这表明投资不仅包括产权,也包括契约权利,例如,管理合同、交钥匙合同、建设合同等合同衍生出来的权利。但这容易导致一个问题,即无法有效区分服务贸易和投资。部分 BITs 明确规定作为投资的金钱请求权必须是与投资有关的,从而排除了不具有投资特征的其他金钱请求权。

4. 知识产权

第四类权利是知识产权,包括商标、商业秘密、工艺流程、专利和版权等。有些 BIT 投资定义中,知识产权包括技术,这说明投资至少可以在某种意义上包含有价值的信息。知识产权中包含商誉说明受保护的公司资产不仅包括有形资产,也包括其名誉。

5. 特许协议及类似权利

第五类权利是特许协议及类似权利,包括对自然资源的特许权。此类权利说明投资有时包括东道国政府通过特殊的行政许可授予投资者特权或许可。大部分 BITs 中的特许权包括勘探、提炼或开发自然资源的特许权,还有一些 BITs 将“耕作”也囊括其中。

(三)比较分析

纵观金砖五国签订的 BITs,早期绝大多数采取了“开放式”的外延模式定义投资,仅有个别采取了“混合式”和“封闭式”。相比之下,俄罗斯在定义模式的选择上没有太大的变化,前后签订的 BITs 对投资定义的差别主要体现在具体条款的规定中。南非签订的 BITs 在投资定义上虽然出现过使用“封闭式”和“混合式”的例子,大体上还是遵循着一贯做法,使用了“开放式”。中国早期的 BITs 多使用“开放式”,但晚近的 BITs 中或多或少加入了对投资的限制性因素,因此有步入“混合式”的趋势。巴西和印度在 BITs 的投资定义上前后变化较大。通过制定 BIT 范本,将早前一贯使用的“开放式”定义方式转变为“混合式”。这些变化的主要原因可能在于金砖五国作为发展中国家,早期在签订 BITs 时更多地扮演了资本输入国的角色,一方面在 BIT 谈判中因自身发展有限而话语权不足,另一方面本着期望吸引外资促进本国经济发展的目的,因此,在对投资进行定义时,采用了宽泛的定义方式。这也与目前 BITs 的发展趋势是趋向于宽泛的定义方式,力求能够为更多的投资类型提供保护相一致。

把投资的定义内涵和外延结合起来看,在金砖五国签署的 BITs 中,最为普遍适用的,首先是以"资产"为基础的"开放式"投资定义。这样的方式能够最大范围地囊括投资类型并为其提供保护,在文本中使用诸如"各种资产""一切资产""所有类型的资产"等表述,自动涵盖了未来有可能会出现的新的类型的资产,从而避免了在新的资产类型出现后不能被纳入其中导致的关于投资定义重新谈判的局面。然而,过度的自由、过于宽泛的定义可能会产生负面的影响,增加东道国被诉的可能性,影响东道国经济发展和参与国际投资的积极性。其次,是以"资产"为基础的"混合式"投资定义,以一个非穷尽式的列举加上限制性条件。限制性条件可以是排除一些具体的投资类型,即列举出一个不被囊括在投资中"负面清单"或是要求投资需要满足一定的特征,以此缩小范围。这种方式更加容易将投资与其他类似投资但本质上不被 BITs 囊括在内的不属于此 BIT 所定义的投资的经济活动区分开来。再次,是近年来兴起的以"企业和资产组合"为基础的"混合式"的定义方式。最后,是以"企业"为基础的"封闭式"投资定义,涵盖的投资范围相对狭窄一些。相比之下,在投资定义扩展的基础上进行一定的限制,一方面保证了投资的广泛性,有助于资本输出国保护海外投资,另一方面有利于东道国对其国内外资的监管,有利于防止国际仲裁庭在过于宽泛的投资定义下滥用自由裁量权。

无论是采取哪种方式定义投资,在宽泛的定义中想要对囊括的投资类型进行限定,无外乎采取以下几种方式:

1. 直接投资与间接投资

传统观点中国际投资法主要调整的是国际直接投资关系。因此,早期的 BITs 中明确规定投资仅限于直接投资,将间接投资排除在外。英国学者 Ian Brownlie 则认为,国际法在对直接投资和间接投资的保护方面不应该区别对待,因为他们所面临的风险是一样的。晚近的 BITs 中不再区分直接投资和间接投资,而是试图将它们都纳入保护的范围之内。从实践而言,区分直接投资和间接投资的实质意义已经不再那么明显。[①] 20 世纪后期,随着经济的发展,股票、债券等证券投资迅速发展起来,如前所说,国际直接投资已经不能满

① 季烨:《国际投资条约中投资定义的扩张及其限度》,全国博士生学术论坛(国际法)论文集,湖北武汉,2008 年 10 月,第 274 页。

足投资的需求，间接投资兴起，财产类型日益增多，越来越多的 BITs 中对投资的定义出现了如知识产权一类的无形财产，为了适应这种经济发展的趋势，投资的定义也就不断地扩张。金砖国家签订 BITs 的起步时间较晚，大多数 BITs 于 20 世纪 90 年代签署，基本上越过了早期单纯以“企业”为基础的内涵定义方式规定投资仅限于直接投资，直接进入了以“资产”为基础的内涵定义模式时期，即更加扩张的定义趋势中，不仅包括直接投资，也包括间接投资。但有少数 BITs 在定义条款中明确表示不希望将间接投资纳入 BIT 保护的范围。

2. 符合东道国法律

“符合东道国法律”这一要求常见于金砖国家签署的 BITs 投资定义中。该条款的目的在于确保投资的合法性，给东道国留下对外资进行监管的空间。一般表述为投资是指根据东道国的法律和法规在其领土内作为投资的各种资产。要求对投资的定义和范围进行界定，强调一项投资符合东道国法律才能构成 BITs 项下适格的投资，希望投资者能够严格遵循东道国的国内法律、法规，目的在于排除非法投资滥用 BIT 及其争端解决机制。以我国为例，我国签署的 BITs 中对投资的定义大部分采取了宽泛的定义方式，在投资定义条款中，“符合东道国法律”几乎成了对投资范围唯一的限制，然而，这仅有的限制在与某些国家签订双边投资条约时也被放弃。

3. 排除特定的投资类型

金砖国家中有不少 BITs 采用“混合式”投资定义，在对投资进行非穷尽式的列举之后，排除一些具体的投资类型，适当地缩小了投资定义涵盖的范围。排除一些具体的投资类型，也即列举出一个不被囊括在投资中的“负面清单”。金砖国家签署的 BITs 中使用“负面清单”排除的具体投资类型：特定的商业合同、特定的贷款和债券、非为商业目的财产。

投资者在东道国的投资必然会通过合同的形式体现出来，并借用合同来保障权益的实现，约定双方的权利义务。通常情况下，合同中那些具有经济价值的金钱权利都会被认为是投资，这就导致了在产生纠纷之后，仲裁庭将一次性的销售合同或者服务合同也当作是投资，无形中扩大了对投资的定义，从而滥用自由裁量权，损害东道国权益，所以在签订 BITs 时，缔约国会通过加入限制性的表述将这部分合同排除在外。在上文 2009 年印度—哥伦比亚 BIT 中，将与投资无关的（例如商品销售合同、劳务合同以及因婚姻、继承等原因取得的）金钱请求权排除在外。国债也在金砖国家 BITs 中为数不多的“负面清单”上。BITs 的条文设置和宗旨都十分明确，是要促进资本的流动，增加经济价值的。显然这就要求排除那些不为商业目的而使用的财产。

4. 符合投资特征

金砖国家签署的 BITs 中在对投资进行定义时，出现了要求投资符合投资特征的条文。此种 BITs 虽然不多,但这种方法是值得借鉴的。采用要求符合投资特征才能成为适格的投资可以将那些表面上与投资相似,但实际上不具有投资特征的财产或者经济活动排除在外。在金砖国家签署的 BITs 中适用投资特征来限定投资类型时,投资特征包括资本或其他资源的投入、对收益或利润的期待以及对风险的承担。事实上,在早期对投资特征有重大意义的 Fedax 诉委内瑞拉一案中,仲裁庭列出的投资的基本特征有五:特定的持续期、风险承担、实质性的承诺、对东道国发展的意义和利润与回报率规律。[①] 其中前四点在 Salini 诉摩洛哥案中得到了明确的展示。值得注意的是,不同的 BITs 中,有的对投资特征列举时采用"or"(或)连接,有的则采用"and"(和)连接。采用"或"连接的表明确认一项投资是否符合投资特征时,仅要求其满足至少一项要素即可,而采用"和"连接的则要求一项在满足所列出来的所有特征时才能成为适格的投资。

(四)小结

金砖各国签订的 BITs 中大多采用了"开放式"的定义方式,极少数采用了"封闭式"的定义方式,但近年来,不乏使用"混合式"定义方式的 BITs 出现。大多数的 BITs 中包含了物权、股权、金钱请求权、知识产权和商业特许权五种权利,虽然各自表述会有不同,但基本囊括了上述权利。在投资定义的外延中,一般可以采取区分直接投资和间接投资、要求符合东道国法律法规、排除特定的投资类型和要求投资需符合投资特征等方式来对投资类型进行限制,以此保障东道国利益。

四、金砖国家 BITs 中"投资"定义的国际仲裁庭解释

在投资条约的争端解决条款中,常见的规定是双方合意将纠纷提交到 ICSID 解决,当然除了 ICSID 仲裁庭,常常还允许缔约国将争端提交到其他仲裁机构,例如,国际商会(ICC)国际仲裁院、斯德哥尔摩商会(SCC)仲裁院以及 UNCITRAL 机制下的特别仲裁庭。[②]

事实上,金砖国家中也有不少案件提交到这些仲裁庭。根据联合国贸易

---

① [德]鲁道夫·多尔查、[奥]克里斯托弗·朔伊尔:《国际投资法原则》,祁欢、施进译,中国政法大学出版社 2014 年版,第 69 页。

② 赵骏:《国际投资仲裁中投资定义的张力和影响》,载《现代法学》2014 年,第 36 卷第 3 期。

和发展会议披露的数据，截至2017年1月，巴西尚未涉及投资条约仲裁案件；①俄罗斯涉及的案件共有38个，其中俄罗斯投资者作为申请方的有14个，②俄罗斯作为被申请方的有24个；③印度涉及的案件共有25个，其中印度

---

① UNCTAD，Database of Investment Dispute Settlement，http://investmentpolicyhub.unctad.org/ISDS/FilterByCountry，last visited on Jan. 04，2017.

② 俄罗斯投资者作为申请方的仲裁案件分别是：(1)Deripaska v. Montenegro，data not available，2016；(2)Tatarstan v. Ukraine，data not available，2016；(3)TSIKinvest v. Moldova，SCC，SCC Emergency Arbitration No. EA 2014/053，2014；(4)Bogdanov v. Moldova(IV)，SCC，SCC Case No. V091/2012，2012；(5)Gazprom v. Lithuania，PCA，2012；(6)Nadel v. Kyrgyzstan，data not available，2012；(7)Tenoch Holdings v. India，PCA，PCA Case No. 2013-23，2012；(8)MTS v. Turkmenistan，ICSID，ICSID Case No. ARB(AF)/11/4，2011；(9)Bogdanov v. Moldova(III)，SCC，SCC Case No. V(114/2009)，2009；(10)Tatneft v. Ukraine，data not available，2008；(11)Kaliningrad v. Lithuania，ICC，2007；(12)Paushok v. Mongolia，data not available，2007；(13)Bogdanov v. Moldova(III)，SCC，2005；(14)Bogdanov v. Moldova(I)，SCC，2004.

③ 俄罗斯作为被申请方的仲裁案件分别是：(1)Naftogaz and others v. Russia，data not available，2016；(2)Oschadbank v. Russia，PCA，2016；(3)Rafikovich Amalyan v. Russia，data not available，2016；(4)Aeroport Belbek and Kolomoisky v. Russia，PCA，PCA Case No. 2015-07，2015；(5)Everest and others v. Russia，PCA，PCA Case No. 2015-36，2015；(6)Lugzor and others v. Russia，PCA，PCA Case No. 2015-29，2015；(7)Privatbank and Finilon v. Russia，PCA，PCA Case No. 2015-21，2015；(8)Pugachev v. Russia，PCA，2015；(9)Stabil v. Russia，PCA，PCA Case No. 2015-35，2015；(10)Ukrnafta v. Russia，PCA，PCA Case No. 2015-34，2015；(11)Financial Performance Holdings v. Russia，PCA，PCA Case No. 2015-02，2015；(12)Luxtona v. Russia，data not available，2014；(13)Yukos Capital v. Russia，data not available，2013；(14)Sana Consulting v. Russia，data not available，2012；(15)Cesare Galdabini v. Russia，data not available，2009；(16)Valle Esina v. Russia，data not available，2009；(17)Quasar de Valores SICAV and others v. Russia，SCC，SCC Case No. 24/2007，2007；(18)Hulley Enterprises v. Russia，PCA，PCA Case No. AA 226，2005；(19)RosInvest v. Russia，SCC，SCC Case No. V 079/2005，2005；(20)Veteran Petroleum v. Russia，PCA，PCA Case No. AA 228，2005；(21)Yukos Universal v. Russia，PCA，PCA Case No. AA 227，2005；(22)Berschader v. Russia，SCC，SCC Case No. 080/2004，2004；(23)UK Bank v. Russia，SCC，2000；(24)Sedelmayer v. Russia，SCC，1996.

投资者作为申请方的有 4 个,[①]印度作为被申请方的有 21 个。[②] 中国涉及的案件共有 6 个,其中中国投资者作为申请方的有 4 个,[③]中国作为被申请方的有 2 个;[④]南非涉及的案件有 4 个,其中南非投资者作为申请方的有 3 个,[⑤]南非作为被申请方的有 1 个。[⑥]

(一)ICSID 仲裁庭

1. 基于 ICSID 仲裁实践的"投资"定义

在国际投资实践中,经常会出现各种各样的投资争端。国际社会为了解决这些争端,曾经采取过外交保护、武力索债和国内救济等方式。但随着国际

---

① 印度投资者作为申请方的仲裁案件分别是:(1)IMFA v. Indonesia,PCA,PCA Case No. 2015-40,2015;(2)Flemingo DutyFree v. Poland,PCA,2014. (3)Sancheti v. UK, data not available,2006;(4)Sancheti v. Germany,data not available,2000.

② 印度作为被申请方的仲裁案件分别是:(1)Astro and South Asia Entertainment v. India,data not available,2016;(2)Rakia v. India,data not available,2016;(3)Strategic Infrasol and Thakur Family Trust v. India,data not available,2016;(4)Vedanta v. India,data not available,2016;(5)Cairn v. India,data not available,2015;(6)LDA v. India,PCA,PCA Case No. 2014-26,2015;(7)Vodafone v. India,data not available,2014;(8)Deutsche Telekom v. India, data not available,2013;(9)KHML v. India,data not available,2013;(10)Devas v. India,PCA, PCA Case No.2013-09,2012;(11)Tenoch Holdings v. India,PCA,PCA Case No. 2013-23,2012;(12)White Industries v. India,ICC,2010;(13)ABN Amro v. India,data not available,2004;(14) ANZEF v. India,data not available,2004;(15)BNP Paribas v. India,data not available,2004;(16)Credit Lyonnais v. India,data not available,2004;(17)Credit Suisse v. India,data not available,2004;(18)Erste Bank v. India,data not available,2004;(19)Offshore Power v. India, data not available,2004;(20)Standard Chartered Bank v. India,data not available,2004;(21) Bechtel v. India,data not available,2003.

③ 中国投资者作为申请方的仲裁案件分别是:(1)Beijing Urban Construction v. Yemen,ICSID,ICSID Case No. ABR/14/30,2014;(2)Ping An v. Belgium,ICSID,ICSID Case No. ARB/12/29,2012;(3)China Heilongjiang v. Mongolia,PCA,PCA Case No. 2010—20,2010;(4)Tza Yap Shum v. Peru,ICSID,ICSID Case No. ARB/07/6,2007.

④ 中国作为被申请方的仲裁案件分别是:(1)Ansung Housing v. China,ICSID,ICSID Case No. ARB/14/25,2014;(2)Ekran v. China,ICSID,ICSID Case No. ARB/11/15,2011.

⑤ 南非投资者作为申请方的仲裁案件分别是:(1)Burmilla Trust and others v. Lesotho,PCA,PCA Case No. 2016-2,2016;(2)Besserglik v. Mozambique,ICSID,ICSID Case No. ARB(AF)14/2,2014;(3)Swissbourgh and others v. Lesotho,PCA,PCA Case No. 2013-29,2012.

⑥ 南非作为被申请方的仲裁案件是:Foresti v. South Africa,ICSID,ICSID Case No. ARB(AF)/07/1,2007.

投资的日益增多，随之而来的国际投资纠纷也日益增多，为了解决这些纠纷，推动世界经济的发展，建立一种大多数国家都能认可接受的争端解决机制来处理这些国际投资争端就显得特别重要了。1965 年在美国华盛顿缔结的《解决国家与他国国民之间投资争端公约》（又称《华盛顿公约》，以下简称《公约》），同时成立了“解决投资争端国际中心”（ICSID），其宗旨在于“为解决各缔约国和其他缔约国国民之间的投资争端提供调解和仲裁的便利，以此增进相互信任的气氛；尤其要排除投资者母国政府的介入，使投资争端解决非政治化，从而促进私人投资的跨国流动”，受理的是仅限于东道国政府与外国投资者之间直接因国际投资而引起的法律争端。ICSID 仲裁需考虑当事人同意的法律文本中对投资的定义，同时还要参考《公约》中对投资的规定。然而，《公约》并未明确规定投资的定义，究其原因是各国在国际投资中立场不同，一方面有些国家希望扩大投资的定义以寻求最大化保护本国的海外投资，另一方面有些国家希望能够限定投资定义的范围以维护东道国的主权。因此，在《公约》第 25 条中，ICSID 放弃了对投资进行明确的界定，而是将管辖权延伸至“直接因投资而产生的任何具有法律性质的纠纷”。[①]《公约》对投资定义的缺失给 ICSID 仲裁庭的自由裁量权提供了广阔的空间。尽管 ICSID 仲裁机构的裁决不受先例的约束，但实践表明，先前的仲裁裁决大多会被之后的仲裁庭考虑，其对后来案件裁决的说服力不容忽视。仲裁庭一方面会考虑之前案件的裁决解释，另一方面会结合案件的具体情况进行考虑。

仲裁庭对投资定义的解释，根据 Walid Ben Hamida 的观点，一般可以分为主观主义和客观主义两种解释方法。主观主义的解释方法主要是对投资定义进行扩张性的解释，扩大其范围；客观主义的解释方法则是对投资进行限制性解释，缩小其范围。[②]

（1）主观主义解释

主观主义解释的主要内容是当争端双方就某个案件达成合意提交到 ICSID 仲裁时，仲裁庭即认为双方均已承认该投资争端符合《公约》中规定的投资。这样的方式尊重了当事方在国际投资条约中对投资的定义。世界银行总顾问、《公约》的主要起草人 Aron Broches 指出，“纠纷须产生于投资这一要

---

① The ICSID Convention, Article 25.

② Walid Ben Hamida, “Two Nebulous ICSID Featuers: The Notion of Investment and the Scope of Annulment Control”, *Journal of International Arbitration*, vol. 24, issue 30, 2007, p. 290.

件与双方管辖权合意的要求相混合”①,因此,当事方在对提交 ICSID 仲裁这一问题上达成合意时,默认了争议事项是属于投资争端,此时 ICSID 仲裁庭就已经获得了解决该争端的管辖权。

具体到仲裁实践中,ICSID 在投资定义解释问题上这种主观主义的解释来源于 Fedax 诉委内瑞拉案。在该案中,仲裁庭认为,“《公约》没有对投资做出各缔约国均能接收的定义,而是将这个概念交由缔约国自行定义,这就决定了应该对投资做出广义的解释,因为缔约国可以将任何交易界定为符合 ICSID 公约管辖的投资。如果缔约国想要对投资做出狭义解释,可以根据《公约》第 25 条第 4 款的规定作出声明。”②

(2)客观主义解释

客观主义解释是指仲裁庭采用一定的客观标准界定投资定义,如果争议的资产符合这些标准,则认定属于投资。也就是说,客观主义解释的方法设置了符合投资定义的条件,在一定程度上限制了投资的范围,而不是像主观主义解释那样,仅凭双方的合意就可以确定争议的资产是否是一项投资。

Salini 诉摩洛哥一案中仲裁庭提出投资的基本特点应该是:(1)实质性承诺;(2)特定的持续期;(3)风险承担;(4)对东道国的发展意义。③ 该案仲裁庭认为虽然《公约》未对投资进行明确的定义,但也不应该将是否属于 ICSID 适格投资的决定权交给缔约双方决定。上述四项投资的基本特征后来被称为“Salini 投资标准”,是之后仲裁庭在决定一项争议是否是适格的投资争议时经常会参考的标准。但在 Biwater Gauff 诉坦桑尼亚一案中,仲裁庭对 Salini 标准进行了正面攻击。④ 该案仲裁庭认为 Salini 标准主要存在两点缺陷:一

---

① A. Broches, “The Convention on the Settlement of Investment Disputes: Some Observations on Jurisdiction”, *Columbia Journal of Transnational Law*, vol. 5, issue 2, 1996, p.268.

② Fedax N.V. v. The Republic of Venezuela, ICSID Case No. ARB/96/3, *Decision of the Tribunal on Objections to Jurisdiction*, July 11, 1997, para. 21-22.

③ Salini v. Morocco, *Decision on Jurisdiction*, 23 July 2001, para. 56.

④ [德]鲁道夫·多尔查、[奥]克里斯托弗·朔伊尔,《国际投资法原则》,祁欢、施进译,中国政法大学出版社 2014 年版,第 70 页。

是《公约》中没有提及 Salini 标准，而《公约》的谈判历史[①]表明对投资定义的留有空白是刻意为之的，所以使用 Salini 标准属于强加在投资定义上的标准；二是 Salini 标准有可能将特定类型的投资排除在外，违反缔约方之间的协议。因此，该案仲裁庭认为应该采取更加灵活的方法，同时参考其他案件的仲裁情况。其他案件中也有有别于 Salini 标准的其他构成投资的要素。Joy mining 诉埃及案中，除了 Salini 标准的四个构成要素以外，仲裁庭认为投资应该包括“具有预期利润和回报”。[②] Fakes 诉土耳其一案，仲裁庭认为投资只有三个标准，即“贡献、时间、风险”。[③] Phoenix 诉捷克一案，仲裁庭提出了六要素：一定的持续期、具有预期利润和回报、风险承担、对某项具体经济活动的开展、投入的资产必须符合诚信原则以及符合东道国法律法规。[④]

总之，客观主义解释主要指给投资设定一些特征，要求只有满足这些特征的资产才能被称为投资，但是不同的仲裁庭可能会基于不同的情况作出不同的认定投资的特征。

2. 金砖各国 ICSID 仲裁案件情况

(1)巴西

巴西目前签订的双边投资条约都尚未生效，因此无论是巴西政府还是巴西国内投资者都没有成为 ICSID 仲裁庭的被申请方或申请方。

(2)俄罗斯

俄罗斯涉及的 ICSID 案件是 2011 年 Mobile TeleSystems OJSC 诉土库

---

① 《华盛顿公约》的制订分为三个阶段。第一阶段是 1962 年起草《公约》草案，其附带的评论中称明确、精准的投资定义会使缔约国对《公约》的适用难以达成一致，从而削弱保护外国投资者这一目的，因此《公约》没有对“投资”定义进行明确的界定是故意为之的；第二阶段是 1963 年起法律专家咨询会议对 ICSID 能解决的纠纷种类分成了两大阵营，以发达国家为主主张对 ICSID 仲裁庭享有广泛的管辖权，以发展中国家为主的要求限制 ICSID 仲裁庭的管辖权，以保护东道国主权；第三个阶段是 1964 年投资争端解决法律委员会中，以发达国家为主的阵营再一次反对对投资进行界定。《公约》最后采纳的是英国代表提出的 ICSID 仲裁庭享有广泛的管辖权，同时基于各国自身考虑，可以通过例外条款对 ICSID 管辖权进行限定。

② Joy Mining Machinery Limited v. The Arab Republic of Egypt, ICSID Case No. ARB/03/11, *Award on Jurisdiction*, August 6, 2004, para.53.

③ Saba Fakes v. Republic of Turkey, ICSID Case No. ARB/07/20, *Award on Jurisdiction*, July 14, 2010, para. 110.

④ Phoenix Action, Ltd. v. The Czech Republic, ICSID Case No. ARB/06/5, *Award on Tribunal*, April 15, 2009, para. 114.

曼斯坦。① 此案申请人于 2012 年 6 月 25 日申请停止审理，仲裁庭于 2012 年 9 月 21 日中止了程序。因本案详情并未披露，故不赘述。

(3)印度

目前提交到 ICSID 仲裁庭的案子尚未涉及印度。

(4)中国

中国在接受 ICSID 仲裁管辖这一问题上一直持有谨慎的态度。因此中国涉及 ICSID 仲裁的案件较少。目前在 ICSID 仲裁庭，中国作为被申请方的案件一共有两起：2011 年 Ekran 诉中国案和 2014 年 Ansung Housing 诉中国案。② 中国投资者作为申请方提起仲裁的有三起，分别是：2007 年 Tza Yap Shum 诉秘鲁案，2012 年 Ping An 诉比利时案以及 2014 年 Beijing Urban Construction 诉也门案。③Tza Yap Shum 诉秘鲁案是第一起涉及中外投资条约的投资争端，争议重点在适格投资者和征收补偿款范围，不在本文投资定义的讨论范围中。Ekran 诉中国案也未涉及投资定义的问题。2012 年 Ping An 诉比利时案是中国企业因为国有化和征收争端而起诉东道国政府的第一案，ICSID 仲裁庭于 2015 年 4 月 30 日作出裁决书，以仲裁庭缺乏管辖权为由裁决驳回 Ping An 的诉求，终结了仲裁程序，因此案不涉及投资定义问题，故不赘述。2014 年 Ansung Housing 诉中国案和 2014 年 Beijing Urban Construction 诉也门案也不涉及投资定义。目前，中国在 ICSID 仲裁庭仲裁的案件还没有涉及投资定义的，但随着全球经济发展的步伐，中国在对外签订 BIT 时应充分考虑到本国利益和投资者在海外的权益。

(5)南非

南非在 ICSID 仲裁庭中涉及的案件有 2007 年 Foresti 诉南非案和 2014

---

① UNCTAD, Database of Investor-State Dispute Settlement (ISDS), http://investmentpolicyhub.unctad.org/ISDS/CountryCases/175? partyRole = 1, last visited on Jan. 03, 2017.

② UNCTAD, Database of Investor-State Dispute Settlement (ISDS), http://investmentpolicyhub.unctad.org/ISDS/CountryCases/42? partyRole=2, last visited on Jan. 03, 2017.

③ UNCTAD, Database of Investor-State Dispute Settlement (ISDS), http://investmentpolicyhub.unctad.org/ISDS/CountryCases/42? partyRole = 1, last visited on Jan. 03, 2017.

年 Besserglik 诉莫桑比克案。① 其中 2014 年 Besserglik 诉莫桑比克案还在审理中，故不赘述。2007 年 Foresti 诉南非案中涉及投资定义，但此案已在申请方的申请下中止审理，故不赘述。

(二)其他仲裁庭

1. White Industral v. India 案

(1)案情介绍

1989 年，澳大利亚投资者 White Industries 与印度 Coal India 签订了一份为印度提供装备和开发煤炭的合同，双方同意排除 1940 年《印度仲裁法》，其中包含将争议提交到 ICC 国际仲裁院的条款。双方就合同履行发生争议，White Industries 按照合同约定向 ICC 国际仲裁院申请启动仲裁程序。在仲裁庭做出有利于 White Industries 的裁决之后，White Industries 随即向印度国内的德里高级法院申请执行仲裁裁决，同时 Coal Industries 向印度加尔各答高级法院申请禁诉令以阻止仲裁裁决的执行。White Industries 对禁诉令的裁定上诉但被驳回后，于 2004 年 7 月向印度最高法院提起上诉，印度最高法院将其搁置，直到 2009 年，在向印度政府反映无果的情况下，White Industries 对印度政府提起了仲裁。该案第一个争议点是 White Industries 是否是基于 1999 年印度—澳大利亚 BIT 项下的适格投资人以及是否做出了一项投资。②

(2)当事方主张

White Industries 认为，自己属于 1999 年印澳 BIT 项下的适格投资者且争议事项属于适格投资，主张仲裁庭在评估争议事项是否属于投资的范畴时，应该充分考虑两国签订的 BIT 文本中的应有之意。White Industries 提出他们的投资包括：(1)合同项下的合同权利；(2)有关银行担保的权利；(3)仲裁裁决的有关权利。1999 年印澳 BIT 中对投资定义的规定第(iii)项和第(iv)项包括了其合同项下的权利(包括银行担保)，该合同已经明确赋予 White industries 金钱请求权，满足 BIT 第(iii)项的要求，并且满足“进行经济活动”这一要素，与 BIT 第(iv)项相符。White Industries 还强调其合同项下的承诺

① UNCTAD, Database of Investor-State Dispute Settlement (ISDS), http://investmentpolicyhub.unctad.org/ISDS/CountryCases/195? partyRole = 2, last visited on Jan. 03, 2017.

② White Industries Australia Limited v. The Republic of India, *Final Award*, November 30, 2011, para. 6.1.1.

远不止提供装备和技术服务(例如,还包括提供担保)。White Industries 不认同印度适用 Salini 标准来定义投资,Salini 标准是基于 ICSID 规则制定出来的,不应该用于本案。White Industries 向 Coal India 发放的数百万澳元保证金属于 BIT 项下的金钱请求权。White Industries 基于合同的权利体现在此前 ICC 的仲裁之中,而 BIT 中对投资定义包括金钱请求权或其他具有经济价值行为的请求权,所以,ICC 仲裁也属于投资。①

印度认为,与 White Industries 之间的合同是一份普通的提供商品和服务的商业合同,这样的合同并不构成投资。在界定投资时不能仅仅依靠 BIT 文本,同时还要考虑《维也纳公约》第 31 条第(1)款。评估一项合同权利是否是投资时应该考虑其是否来源于业主权益。显然,White Industries 并不拥有任何可以描述为有"适当基础"的合同权利或银行担保的权利。因此,White Industries 基于合同的权利不能构成投资,因为它仅仅是没有适当基础(proprietary foundation)的对人权利(in personam)不符合双边投资条约规定,并且它不满足仲裁案例法中投资的要素。对于银行担保,正如 White Industries 自己所说是"基于合同下的一项权利",鉴于合同权利不构成投资,故银行担保也不是投资。印度还援引 GEA Group AG 诉乌克兰案证明 ICC 的裁决仅仅是一份法律文件,与经济活动无关,因此不属于投资。②

(3)仲裁庭裁决

仲裁庭认为,1999 年印澳 BIT 中对投资采用了宽泛的定义。在评估是否作出投资时,仲裁庭不但要参考 BIT 文本中的应有之意,还要考虑是否符合 BIT 的目的和宗旨。印度主张 White Industries 没有投资主要是基于 Zachary Douglas 关于投资组成要件的观点。Douglas 认为投资需要包含一定的法律和经济特征。但是 1999 年印澳 BIT 中并没有规定投资一定要是对物权利或者一定要满足 Douglas 观点中的经济特征。事实上,1999 年印澳 BIT 中规定了"金钱请求权或任何具有经济价值的行为的请求权",而这正好是 White Industries 基于合同拥有的权利。仲裁庭做出了 White Industries 基于合同的权利属于投资的裁定。③ 但同时仲裁庭不认为银行担保构成 BIT 项下的投资,因为它不能创造实际权利。④ 仲裁庭指出,正如 White Industries 所

---

① White Industries Australia Limited v. The Republic of India, *Final Award*, November 30,2011, para. 4.1.7-4.1.9.

② ibid. paras. 5.1.8-5.1.19.

③ ibid. para. 7.4.7.

④ ibid. para. 7.5.7.

说的，此前的仲裁庭裁决代表的是一项投资，并援引 Saipem S.P.A 诉孟加拉一案的裁决说明“ICC 裁决包含的权利不是由裁决产生，而是由合同产生。ICC 裁决是基于原始合同的各方权利义务的体现。”[①]据此，仲裁庭认为基于仲裁的权利是包含在 White Industries 的投资中的。[②]

（4）简要评论

印度签署的 BIT 中对投资定义普遍包含“基于合同的金钱请求权或其他具有经济价值的行为请求权”。本案中，White Industries 提出了三项属于投资的权利，即合同项下的金钱请求权，有关银行担保的权利和基于仲裁的权利，仲裁庭肯定了其中两项，否定了有关银行担保的权利属于投资定义。

在肯定合同项下的金钱请求权和基于仲裁的权利属于投资时，仲裁庭认为这两项不仅符合印度和澳大利亚 BIT 中对投资定义的文本含义，同时符合投资的特征。值得注意的是，仲裁庭否定了 White Industries 提出的 Salini 标准只能适用于 ICSID 仲裁庭的说法，虽然仲裁庭并没有对这一裁定做出过多的解释。[③] 据此，ICSID 仲裁庭的案例虽然不存在“遵循先例”这样的制度，但在实践中，不管是 ICSID 仲裁庭还是其他国际投资仲裁庭，都会在一定程度上参考这些判例，特别是像 Salini 标准这样的具有典型意义的案例。

2. Berschader v. Russia 案

（1）案情介绍

申请人是比利时公民，也是 Berschader International S.A.（以下简称：BI）唯一的股东。BI 是根据比利时法律建立的公司，从事建筑业和总承包业务。1994 年，BI 通过公开招标的方式与俄罗斯联邦最高法院签署了一份关于建设位于莫斯科的法庭设施和重建一栋大楼的合同。BI 履行合同义务之后，最高法院没有按照约定付款导致工程的延误。BI 随即要求根据俄罗斯民法典保留其对所重建的大楼的权利，直到款项付清为止。2001 年 8 月，俄罗斯政府发函称撤销延误工程的合同。BI 随即发函称上述行为违反了 1989 年俄罗斯—比利时卢森堡经济联盟 BIT。2001 年 10 月，俄罗斯联邦内政部驱逐了 BI 的员工，最高法院占据了大楼。2001 年 12 月，双方签订了一份“补充协议”，规定了最高法院的应付额，也就是协议一致债务（Agreed Debt），最高法院只支

---

① White Industries Australia Limited v. The Republic of India, *Final Award*, November 30, 2011, para. 7. 6. 4.

② ibid. para. 7. 6. 10.

③ Aniruddba Rajput, “Defining Investment- A Developmental Perspective”, *Indian Journal of Arbitration Law*, vol. 2, issue 1, 2013, p. 22.

付了其中一部分。2002年7月,莫斯科商事法院撤销了BI的建筑执照。2003年BI破产倒闭。2004年申请人向斯德哥尔摩商会仲裁院申请仲裁。①

(2)当事方主张

申请人(Berschader)认为,俄罗斯法律无权规定BIT项下投资的定义。俄罗斯意图将投资限制在资本投资中是对俄语词汇的曲解,不符合法语版BIT文本。法语版"investissement和investir"是来源于英语中的"investment和invest",鉴于法语版文本和俄语版文本意思一致,按照《维也纳公约》,应该充分考虑条约的目的和宗旨,如此看来,俄语版更加限制的定义不符合条约保护投资的目的,因此不应该被采纳。事实上,俄语版的"kapitalovlozhenie和vlozhit"在俄罗斯与其他国家签署的BITs中也是被翻译成"investment和invest"的(例如1995年挪威—俄罗斯BIT)。莫斯科法庭的判决本身不合法且构成了征收,因此不能说其投资是非法的,况且,建筑工程在这项判决前九个月已经完工。② 综上所述,本案中存在BIT项下的投资。

被申请人(俄罗斯)认为,俄语版BIT文本中使用"kapitalovlozhenie和vlozhit"等词汇,将投资限制为资本投资。资本投资是指根据俄罗斯法律、法规设立的合资企业的注册资本。故本案中争议的资产不满足以上要素。虽然法语版BIT中对投资定义没有这样的限制,但鉴于两个版本的BITs都是具有法律效力的,应该根据《维也纳公约》第33条选择更加符合条约目的和宗旨的解释。因此,应该选择更具限制性的俄语版投资定义。同时,BIT规定了投资应该遵守东道国法律规定,也就是说BIT只保护按照俄罗斯法律规定的投入的资本投资,而BI的建筑执照已经被撤销,其所谓投资是非法的,不满足BIT的规定。③ 因此,被申请人认为本案申请方没有BIT意图保护的投资。

(3)仲裁庭裁决

首先,仲裁庭否定了俄罗斯将投资定义限制在合资企业注册资本的资本投资这一说法,认为:在众多俄英词典中"kapitalovlozhenie和vlozhit"都是翻译成"investment和invest"的,且有大量同时使用俄语和英语签订的BITs可以证明上述观点,因此这两个俄语词汇更多地应该使用其宽泛的含义。在法语版和俄语版BITs同时有效的情况下,法语版中的"investissement和investir"本身起源于"investment和invest",因此被申请方的观点不成立。其

① Berschader v. Russian Federation, SCC Case No. 080/2004, *Award*, 21 April 2006, paras.1-11.

② Ibid, paras. 76-79.

③ ibid. paras. 55-58.

次，仲裁庭认为：被申请方提出的关于投资的合法性不属于仲裁庭管辖问题，而是一个实质性的问题，不应该在这个环节讨论。再次，仲裁庭指出：在涉案 BIT 中，包含了对投资的宽泛的定义，规定投资是投入东道国境内的任何资产，并列举了一个非穷尽式的清单，清单中包括了财产、金融信用、股份、具有经济价值的行为请求权和知识产权，还包括缔约一方投资者在东道国境内通过第三国投资者作为中间人的间接投资。因此，投资须是由适格投资者在东道国境内投入。[①] 申请方提出的本案涉及的投资包括：(1)BI 中的股份；(2)合同；(3)申请人对重建大楼的产权；(4)协议下的债务。仲裁庭肯定了上述四项都属于资产，由于 BI 是在比利时法律下设立的公司，申请人在 BI 中持有的股份是对一个比利时公司的投资，因此，(1)不能被认为是在俄罗斯境内的投资。由于 BI 才是合同的当事方，所以(2)(3)(4)项为间接投资。[②] 仲裁庭考察了涉案 BIT 是否以及在何种程度上保护间接投资，认为这是第一个“唯一的申请人是外资公司的外国股东，在没有任何直接投资的情况下寻求 BIT 保护”的案件，在缺少判例的情况下，不能推断出 BIT 包含的保护对象包括间接投资。[③] 从 BIT 文本本身分析，文本中提到的间接投资仅指“缔约一方投资者在东道国境内通过第三国投资者作为中间人的间接投资”，而 BI 是在比利时境内设立的，而非在第三国设立，故不能推断出 BI 的资产属于条约保护的投资。仲裁庭还指出，如果缔约双方意图将间接投资纳入 BIT 保护的范围时，其在文本中会有直接的表述，就像他们各自在其他 BITs 中明确规定了包括间接投资一样。综上，申请方提出的资产不属于涉案双边投资条约对投资的定义。[④]

(4)简要评论

本案涉及投资定义这一问题时，主要的争议点在于(1)两个不同语言版本，同时有效的 BITs 应该采纳哪一个对投资的定义；(2)资产的构成；(3)间接投资是否属于 BITs 项下保护的投资。从仲裁庭对上述问题的裁决分析中可以看出，仲裁庭在解释第一个问题时，援引了其他 BITs 中对投资定义的表述，通过类推的方式表现其倾向于更加宽泛的解释方式，目的是将扩大仲裁庭的管辖范围。在界定资产时，将合同权利归属为“具有经济价值的行为请求权”，同时援引了其他仲裁裁决将建筑合同纳入可构成投资的资产当中。同样

---

① Berschader v. Russian Federation, SCC Case No. 080/2004, *Award*, 21 April 2006, paras.109-113.

② Ibid, paras. 114-123.

③ Ibid, para.135.

④ Ibid, para.150.

被纳入资产的还有协议项下的债务。虽然这些资产最后因为属于间接投资而不具备 BITs 可保护的投资范围,但足以看出,仲裁庭对投资定义的解释还是趋于泛化。

(三)整体评论

ICSID 仲裁庭对投资定义的两种解释方法归根结底是国际社会对 ICSID 仲裁管辖范围的不同主张。《华盛顿公约》本身对投资定义的缺失和 BIT 项下宽泛的投资定义,使得仲裁庭在裁决时对投资定义有了很大的自由裁量权。主观主义解释的方法无形中扩大了对投资的定义,造成中心管辖权的扩张,即使是相对具有限制作用的客观主义解释,也因明显缺乏理论和文本依据,各仲裁庭标准不统一而具有较大的不确定性。

金砖国家涉及的有关投资定义的国际仲裁案件中,其他仲裁庭在考察争端是否属于投资时,通常也会借鉴 ICSID 仲裁庭对投资的解释。上文提到的 White Industries 诉印度案中,仲裁庭就否定了 White Industries 提出的 Salini 标准只能适用于 ICSID 仲裁庭这种说法。上文两个仲裁案件中,仲裁庭都将合同权利作为一项投资予以了保护,并认为这些合同的履行符合投资的特征。在 White Industries 诉印度案中,仲裁庭最终将 ICC 此前的仲裁认定为投资,认为 ICC 裁决包含的权利是由合同产生的,这在之后引发了印度 2015 年 BIT 范本的巨大改变。印度 2015 年 BIT 范本对投资的定义中明确地将"任何司法、管制、行政或仲裁程序中所寻求或做出的命令或判决"排除在投资定义之外,有学者将其称为"这是基于印度遭遇控股公司和投资公司对其提起投资条约仲裁请求的亲历教训而作出的回应"。[①] 事实上,在定义投资时,将司法、管制或行政命令、裁决排除在外也是美国和加拿大等国家的一贯做法。

(四)小结

金砖国家国际仲裁实践中,无论是 ICSID 仲裁庭,还是其他仲裁庭,在考察争议事项是否属于投资范畴时,都赋予了仲裁庭极大的自由裁量权。当事双方签订的 BITs 中对投资多采取了宽泛且开放的定义,表面上看来是最大限度地为投资提供保护。实际上,因为仲裁庭极大的自由裁量权,可能会将双

① 王彦志、王菲:《印度 2015 年双边投资条约范本草案评析——White Industries v. India 案裁决阴影下的重大立场变迁》,载《国际经济法学刊》2015 年第 22 卷第 2 期,第 146 页。

方本来意图保护的投资类型排除在外，或者将本不属于保护范畴的投资类型算入保护范围，从而违背 BITs 签订的真实意图，给投资者和东道国带来经济风险。仲裁庭自由裁量权的不确定性表明金砖各国应该重视 BITs 文本，在签订 BITs 时对投资定义进行合理限制。只有各国在签订 BIT 时充分考虑本国的实际情况和利益追求，尽可能全面、精准地定义投资，才能最大程度维护本国和本国投资者的利益。

五、金砖国家间 BITs 中“投资”定义的协调

上文对金砖国家 BITs 中投资定义的文本和仲裁实践分析旨在为金砖国家间 BITs 中投资定义的协调提供基础。在充分把握当代世界 BITs 中投资定义的发展趋势的基础上，遵循协调的原则，吸收金砖国家 BITs 投资定义中较为完善的规定和发达国家的先进规定，才能结合理论和实际对投资定义进行协调。

（一）当代世界 BITs 中“投资”定义的发展趋势

1.“投资”定义发展趋势的具体表现

早期的国际投资条约中，对投资的定义大致可以分为两种：一种是旨在提倡资本和资源的跨境自由流动的投资条约经常采用的狭义定义方式；另一种是旨在提供投资保护的投资条约多采用的广义的定义方式。随着国际投资形势的发展，上述区分逐渐模糊，通过宽泛的投资定义保护并促进各种类型的跨国投资成为当代国际投资条约的主流趋势。① 由于 BIT 的宗旨和目的是促进和保护投资，因此条约从形式到内容大都是以保护投资者的利益为核心的，基本上没有或者很少考虑到维护东道国的权益问题。② 当代的 BITs 多采用以“资产”为基础的“开放式”定义方式，趋向于采用宽泛的定义方式，为尽可能多的投资类型提供保护，促进投资发展。

传统的国际投资法调整的对象是直接投资，早期 BITs 中的投资也仅包括直接投资，强调的是投资者对投资的控制。晚近的 BITs 逐渐模糊了直接投资和间接投资的界限，涵盖了包括证券投资等的间接投资。此外，投资也不

---

① 季烨：《国际投资条约中投资定义的扩张及其限度》，载《全国博士生学术论坛（国际法）论文集》，湖北武汉，2008 年 10 月，第 275 页。

② 余劲松：《国际投资条约仲裁中投资者与东道国权益保护平衡问题研究》，载《中国法学》2011 年第 2 期。

仅仅只是传统的动产、不动产或者公司权利，也包括了知识产权、商誉这类无形资产，甚至还将投资扩展到了与贸易有关的领域，步入了投资与贸易之间的“灰色领域”。①尽管当代世界的大多数BITs对投资定义采取了宽泛的定义方式，但不能否认在这个泛化的大趋势中已经出现对投资定义进行一定限制的例子。

美国自1982年开始，先后制定了五个BITs范本，分别是1982年范本、1994年范本、1998年范本、2004年范本和2012年范本。其中，1982年版、1994年版到1998年版中的投资类型不断扩充，具体而言就是包含的间接投资范围不断扩大，合同项下权利范围不断扩大，知识产权的范围也在扩大，大力促进投资保护和投资自由化。② 自2004年范本开始，引入了“企业”这一概念，明确“企业”本身属于投资，而此前的BITs范本使用的是“公司”这一个概念。“企业”这一概念较“公司”包含的范围更加广泛，“企业”明确包括“企业的分支机构”，因此没有独立公司存在形式的企业分支机构也可以算是一个“企业”。③ 同时，在2004年范本中对投资的定义明确提出了投资需满足投资特征，包括资本或其他资源承诺、利润预期以及风险承担。一定程度上在此前三个版本的BIT范本的基础上对投资进行了限制。美国BIT范本的发展，总的来说是在扩大中进行了一定的限制。

加拿大早期签订的BITs中对投资定义大多采取的是以“资产”为基础的“开放式”定义，2004年BIT范本则采取了与同时期美式BIT范本相似的以“企业和资产组合”的定义方式，以一个封闭式的投资类型清单列举期望保护的投资。具体而言，就是将资产类型进行细化，明确列举构成投资定义的各项资产，并将纯粹的贸易行为排除在投资范围之外。④ 自1982年中国签订第一个BIT起，中国的BITs发展已经进入第三代。第一代“保守型”大约在1982年到1996年，这一时期中国的BITs以吸引外资和提供有限的国际投资保护为主导原则，注重保护东道国主权。第二代“自由型”BITs从1997年到2008

① 季烨：《国际投资条约中投资定义的扩张及其限度》，全国博士生学术论坛（国际法）论文集，湖北武汉，2008年10月，第276页。

② 何鹏程：《美国国际投资定义研究——兼论中国双边投资协定的投资定义及完善》，中国青年政治学院硕士学位论文，2014年5月，第12页。

③ 单文华、王璐：《美国2012年BIT范本中的投资定义条款及中国的对策研究》，载《国际经济法学刊》第20卷第3期，第85页。

④ 高美隆：《中美加双边投资协定法律问题研究》，中国政法大学硕士学位论文，2009年3月，第13页。

年左右，采取更加开放的态度，扩大了 BITs 保护的范围，反映在投资定义上就是定义的范围出现了宽泛式的定义方式。第三代“平衡型”BITs 是从 2008 年开始，这一时期中国在签订 BITs 时不仅考虑作为资本输入国的立场，同时兼顾了资本输出国的身份，倾向更高标准的保护措施，平衡投资者和东道国利益。①

2.“投资”定义发展趋势的形成原因

当代 BITs 中投资定义扩张的原因主要在于经济活动的自身，也是国际投资法价值取向的反映。对于资本输出国来说，签订 BITs 旨在保护其本国投资者在海外的投资免受侵害以此获得经济利益，宽泛的投资定义可以将更多的投资类型包含在 BITs 的保护范围内，有利于资本输出国扩大资本输出。对于资本输入国来说，签订 BITs 是为了寻求更多的外国投资，以此来发展本国经济，也要防止这些投资对本国经济造成不利的影响。典型的 BITs 是发达国家作为资本输出国与作为资本输入国的发展中国家之间签订的。由于国家综合实力和自身经济发展水平有限等种种原因，在签订 BITs 时，资本输入国不得不做出一些妥协，将尽可能多的投资类型囊括在投资定义中。其次，随着科技的不断发展，投资的形式也随之增多，种类不断扩大，出现了金融产品及其衍生产品，直接投资往往伴随着间接投资，导致不能轻易将直接投资抽离出来，其界限也越来越模糊。

近年来以美国、加拿大为主的国家对 BITs 中投资定义有所限制主要是随着经济发展，这些往日单纯作为资本输出国、一味强调扩大投资范围的国家在国际投资中身份发生了转变。他们不再仅仅是资本输出国这个单一的身份，同时具有资本输出国和资本输入国的双重身份，因此不得不重新考虑在签订 BITs 时如果投资定义范围过大，是否会给本国作为资本输入国带来冲击。由此可以说，近年来 BITs 中对投资定义的扩展又有了一定的限制。

(二)金砖国家间协调 BITs 中“投资”定义的必要性和可行性

1. 必要性

在经济全球化的大背景下，国家间的经济往来日渐频繁，国际投资发挥着越来越重要的作用。金砖国家作为发展中国家，在早期参与到这种国际投资中时，更多的是站在资本输入国的角度上，期望通过更加自由开放的投资环境

---

① Norah Gallagher, Wenhua Shan: Chines Investment Treaties: Policies and Practice, Oxford: Oxford University Press, 2009, pp. 166-167. 转引自鲁臻:《国际投资自由化趋势下的双边投资协定若干法律问题研究》，外交学院硕士学位论文，2015 年 6 月，第 5 页。

吸引外国投资以促进经济增长,忽略了由此带来的对本国外资监管的消极作用。近年来,金砖五国,特别是中国,随着在国际投资上的身份和利益的变化,以往单纯作为资本输出国或资本输入国的情况不复存在。因此,金砖五国在签订 BITs 时,应该同时考虑保护投资和东道国公共利益。

截至 2017 年 1 月,国际上一共签订了 2958 个 BITs,其中生效的有 2323 个。[①] BITs 因缔约方只有两方,可以更加灵活地平衡双方利益,提供更好的投资环境,推进谈判进程,成了大多数国家参与国际投资的选择。投资定义是 BITs 中的一个重要内容,也是基础内容。投资定义一方面可以界定被缔约双方纳入双边投资条约项下进行保护的内容和范围,另一方面,是 ICSID 仲裁庭在确定管辖权时的关键。ICSID《公约》没有对投资定义做出确切的规定,由于缺少权威的对投资的定义,在金砖国家签订的 BITs 中,对投资定义的规定各有不同,特别是印度 2015 年 BIT 范本,较其 2003 年 BIT 范本,甚至是当前国际主流定义方式有了巨大改变。这就会导致金砖各国在与他国签订 BITs 时,难以就条约保护对象的范围界定达成一致,影响谈判进程。另一方面,对于已经签订并生效的条约,对投资定义的扩大解释可能会导致金砖各国陷入仲裁的旋涡。目前巴西还尚未与其他金砖国家签订 BITs,金砖国家也尚未形成多边投资条约,对各国的 BITs 中的投资定义进行研究和协调为将来签订更高水平的投资条约打下基础,因此具有必要性。

2. 可行性

随着 ICSID 和其他仲裁庭中涉及投资定义的仲裁越来越多,各国也越来越重视投资条约中投资定义这一问题。投资条约中的投资定义因其重要性,成为各国在进行对外投资、签订 BITs 时重点谈判的内容,为金砖各国就这一问题进行协调提供了条件。

金砖国家之间的合作硕果累累。2011 年,金砖国家经贸部长年度会议机制建立;2013 年通过《金砖国家贸易投资合作框架》;2014 年进一步提出了《贸易投资便利化行动计划》;2015 年在乌法会晤中通过了《金砖国家经济伙伴战略》。《金砖国家经济伙伴战略》要求为了达到促进金砖国家内贸易和投资的目的,各国要加强法律框架的交流、合作以及信息交换,为金砖国家就促进国际投资协调 BITs 投资定义这一问题提供了依据。例如,一位南非政府官员表示,要根据金砖国家协定框架来提高中国投资的保护水平,在金砖集团的背

① UNCTAD, International Investment Agreement, http://investmentpolicyhub.unctad.org/IIA, last visited on Feb. 01, 2017.

景下处理与中国的 BIT。[①]

（三）金砖国家间 BITs 中“投资”定义的协调方案

1. 协调的原则

对金砖国家间 BITs 中投资定义进行协调，必须要遵循一定的原则，才能更好地从整体上实现对金砖各国利益的平衡，力求进一步促进金砖各国间今后的共同发展。因此，在对金砖国家间 BITs 中投资定义协调时，应该遵循以下三项原则。

（1）兼顾投资者利益保护和东道国利益保护

这本身是 BITs 中对投资定义的一个难点，也是促进公平、互利互惠的双边投资的基础。金砖各国属于发展中国家，都有着发展中国家所固有的经济结构和发展模式，这些相似性证明了金砖国家未来开展合作的潜力巨大。[②]近年来，发展中国家，包括金砖国家在全球对外投资中的比重不断上升，传统的资本输入国和资本输出国之间的界限逐渐模糊。[③] 因此，在协调 BITs 中投资定义时，要兼顾资本输出国和资本输入国的双重身份，平衡投资者利益保护和东道国利益保护。

（2）维护金砖国家切身利益，促进金砖国家共同发展

金砖国家在全球投资中的地位在近年来迅速提升，但金砖各国之间的投资有待提高。因此，金砖国家内部投资仍有巨大的发展空间。协调金砖国家间 BITs 中对投资的定义，要充分考虑各国的切身利益，以此促进金砖国家的共同发展。

（3）在金砖国家共同发展中兼顾中国特殊的发展现状

近年来，中国对其他金砖国家的直接投资增长较快，且中国已经成为全球第三大对外投资国，对外投资能力大幅提升。因此，在协调金砖国家间 BITs 中对投资的定义时，应充分考虑到中国现阶段已成为资本输出大国这一现状。

2. 协调的依据

（1）金砖国家 BITs“投资”定义中的较完善规定

---

① 韩秀丽：《中非双边投资条约》，载《厦门大学学报（哲学社会科学版）》2015 年第 3 期。

② 范振禄：《金砖国家 BIT 中投资者与国家争端解决条款研究》，西南政法大学 2015 年硕士论文，第 27 页。

③ 李杨、黄宁：《金砖国家投资合作机制的发展与对策》，载《河北学刊》第 36 卷第 5 期。

金砖国家现有的 BIT 范本和已签订的 BITs 都是各国结合自身实际情况确定的，因此，在协调金砖国家 BITs 投资定义时，参考、借鉴这些既存定义中较完善的规定有利于维护金砖国家的切身利益。

在投资定义中规定投资要符合东道国法律、法规的要求在限制投资定义扩张方面有积极的作用。金砖国家的 BITs 中对投资的定义大多包含这一要求。金砖五国作为世界经济舞台上活跃的发展中国家，规定投资要符合东道国法律要求，实质上是对自己经济主权的保护，避免盲目扩大投资的定义，影响国内外资监管。以中国为例，中国对外签订的 BITs 中绝大多数包含了这一要求。目前中国与美国的 BIT 谈判中，一个重要的分歧就是美国的 BIT 范本排除了投资要符合东道国法律这一要求。就中国而言，投资符合东道国法律更加符合保护和促进投资的宗旨。

(2)发达国家 BITs“投资”定义中的先进规定

发达国家自 BITs 问世以来，一直都扮演着资本输出国的角色，其 BIT 范本或签订的 BITs 在长期的实践中趋于完善。参考发达国家在 BITs 中对投资的定义，有利于金砖国家 BITs 中相关条款的完善。

美国 2012 年 BIT 范本中对投资定义采用了“企业加资产组合”的方式，并要求投资符合投资特征。美国范本对资本输出国及其海外投资者特别关注的这一重要概念进一步澄清和细化了规定，力图解决以往条文的不确定性，为外资和外国投资者提供了更加充分的保护。①

3. 协调的内容

根据上述协调的原则和依据，金砖各国在制定本国 BIT 范本和对外签订 BITs 时，不仅可以借鉴金砖国家 BITs 中较为完善的做法和发达国家的先进规定，也可以在金砖国家内部探讨是否能够达成共识，形成一个示范条款。

以下就金砖国家间 BITs 中投资定义示范条款提出建议稿。

投资是指缔约一方投资者依照缔约另一方的法律、法规，在缔约另一方领土内投入的具有投资特征的财产。投资特征包括资本或其他资源的投入、利益期待、风险承担等要素，具体包括但不限于：

(1)包括国有企业在内的企业；

(2)企业中的股份、股票和其他形式的参股；

(3)原始到期时限至少为三年的债券、信用债券、贷款及其他形式的债以

① 曾华群:《论双边投资条约范本的演进与中国的对策》，载《国际法研究》2016 年第 4 期。

及其衍生权利；

（4）金钱请求权或其他行为请求权；

（5）知识产权；

（6）法律或合同授予的商业特许权。

为进一步明确，投资不包括：

（1）仅源于缔约一方境内的国民或企业向缔约另一方境内的企业销售货物或提供服务的商业合同的金钱请求权；

（2）因婚姻、继承等原因产生的不具有投资性质的金钱请求权。

作为投资的财产发生任何符合东道国法律法规的形式上的变化，不影响其作为投资的性质。

本条款中的投资包括本条约签署之前或之后缔约一方投资者在缔约另一方领土内的投资。

（四）小结

当代世界 BITs 中投资定义总体呈现扩张的趋势，但近年来发达国家如美国、加拿大在其 BITs 范本和签订的 BITs 中使用各种限制性因素，一定程度上限制了投资定义的扩张。究其原因，主要是因为随着世界经济的发展，发达国家在国际投资中一家独大的资本输出国角色受到了冲击，身兼资本输出国和资本输入国的双重角色让发达国家必须重新审视投资定义这个 BITs 中的基础问题。综合前面几部分，金砖国家现有 BITs 中对投资的定义存在一定问题，为更好地促进金砖国家内部的共同发展，金砖国家间协调投资定义势在必行。协调具有必要性和可行性，本文在金砖国家现有的较为完善的规定和发达国家的先进规定的基础上，提出了协调的方案。

结语

金砖国家作为世界重要的新兴市场，在国际投资，特别是双边投资领域占据了重要的地位，但 BITs 中对投资这一概念至今没有世界通用或权威的定义，现有的 BITs 中对投资定义大多受占据经济强势地位的发达国家的影响，且使用语言模糊，概念不清晰。本文通过研究金砖国家现有 BITs 中投资定义的分类方式，区分了不同模式及其优劣，结合国际投资仲裁庭对金砖国家 BITs 中关于投资定义的解释，分析了当代世界 BITs 投资定义的发展趋势，提出了金砖国家间 BITs 中投资定义的协调方案，有助于金砖各国今后拟定出更高水平的投资定义条款，更加科学、合理地界定投资，以促进本国对外投资和保障本国利益。

A Study on the Definition of Investment in BRICS' BITs

ZHU Xi

Abstract: BRICS as an important emerging market, takes an important role in international investment, using the way of signing bilateral investment treaties (BITs) to promote and protect foreign investments. All these treaties include the definition of investment, which on the one hand makes sure the content and scope protected by the treaties and, on the other hand, is the key for International Arbitration Tribunal to determine whether the case belongs to their jurisdiction or not. However, each country of BRICS has its own way to define investment. It is not good for attracting international investment if the definition is too narrow, while the increasing risks to be accused if it is too broad. In order to promote the development of BRICS' international investment and make more scientific definition in the future BITs, it is important to study on the definition of investment in BRICS' BITs. This paper studies the definition of investment in BRICS' International Arbitration Tribunal cases, and in the BITs BRICS have already signed, discusses the necessity and feasibility to coordinate the definition of investment among BRICS and finally make a suggestion.

Key words: BRICS; BITs; Definition of Investment

✲ 孙唱阳*

金砖国家国家开发银行贷款投资模式法律问题研究**

内容摘要:金砖国家各国国家开发银行具有使用金融工具的高度灵活性,对基础设施和其他重要项目建设具有重要意义并发挥着重要作用,但因各国国情、国内法的不同,限制了其支持对外投资的能力。鉴于 BRICS 各国开行之间合作的重要性,本文采取实证规范、比较分析、规范分析等研究方法,对 BRICS 各国开行贷款投资模式及其存在的法律问题、各模式的优劣分析、理想模式的构建进行了较为深入、系统的研究,指出“贷款换资源”和“贷款换能源”投资模式宜作为各国开行与其他金砖国家投资合作的主要模式,以及对中国国开行开展“贷款换技术”模式具有重要指导意义和示范作用;提出“贷款换资源”模式可作为 BRICS 各国开行间贷款投资合作的常规模式;在任何模式下,BRICS 各国开行间合作的重要法律形式是明确各方具体权力的贷款投资协议,从法律上保障其正常有效运行,预防、减少法律风险和其他风险。

关键词:金砖国家;国家开发银行;贷款投资模式;法律问题

---

* 孙唱阳,西南政法大学国际法学院国际法学专业 2014 级硕士研究生,美国印第安纳大学麦肯尼法学院知识产权专业硕士,美国印第安纳大学麦肯尼法学院 JD 博士研究生。

** 本文系由本卷编辑在作者 2017 年 6 月硕士学位论文基础上修改而成。

目次

引言

随着金砖国家对全球经济贡献的日益增大，金砖国家概念从一个经济概念发展成为一种新的国际合作平台，金砖各国间的国家开发银行合作是国际金融合作的新形式。各国中央财政对其开发银行的研究与开发予以大力支持。为适应此种合作形势，本文拟对金砖各国国家开发银行贷款投资模式及其法律问题进行研究。

2014 年 7 月 15 日“金砖国家新开发银行”成立，其旨在通过各成员国国家开发银行投资功能的法定性、具体的投资功能、投资功能的比较，抽象出三种不同的贷款投资模式；对三种投资模式下存在的法律问题进行探讨，为各国国家开发银行，特别是中国国家开发银行（作为“贷款换资源”模式的首创）提供研究成果。这些投资模式是因为客观需要而建立，满足这些需要的手段是开发、贸易，而开发、贸易中需要贷款支持，遂国家开发银行作为一种开发性金融机构，起到了贷款支持作用，并由此创建了这些投资模式。但是，这些投资模式本身是否存在法律问题？运行中又有什么法律问题？这些是本文的研究重点。

本文的理论意义在于：（1）契合中国国际发展战略布局。BRICS 的全面机制化为金砖国家的可持续发展提供了制度保障。金砖国家的合作从开始就不单单是为了维护 BIRCS 各国的利益，还更深入地参与全球经济发展进程，并维护发展中国家利益。“金砖”的含义已跨越了提出时的单纯的经济范畴，逐渐成了新兴经济体，在全球经济体系中获取话语权的重要平台。BRICS 对积极参与全球经济，并对国际秩序改革的做出了重要贡献。（2）适应中国对外经济贸易发展现状与未来趋势。近年来，金砖国家对全球经济增长的贡献率仍超过 50%[①],充分显示了金砖国家强大的经济基础和在世界经济中的重要地位。BRICS 建立后,中国的货物和服务进出口总额从 2010 年的29849亿美元到 2015 年的44739亿美元币逐年递增[②],中国对外经济贸易发展在 BRICS 框架下呈现良好态势。(3)拟填补了国内法学理论与法律实务界的研究空白。目前国内的研究重点多集中于对金砖国家新开发银行(NDB)方面,对于 BRICS 各国国开行的研究基本很少。

本文的实践意义在于:(1)对国家开发银行所采用贷款投资模式的重构或完善有一定的指导意义。(2)对中国国家开发银行继续坚持和完善贷款投资起一定理论促进作用。(3)可能对 BRICS 各国国家开发银行、其他非 BRICS 国家的国家开发银行、国开行以外的开发性金融机构在参与国际资源、能源、技术贷款投资时起参考作用。

本文主要通过实证分析、比较分析、规范分析的方法对 BRICS 各国国家开发银行的投资功能、中国国家开发银行与巴西和俄罗斯间"贷款换资源"和"贷款换能源"两种投资模式、BRICS 各国的"贷款换技术"投资模式的设想、三种贷款投资模式优劣分析与理想模式进行研究。

一、BRICS 各国国家开发银行的投资功能

国家开发银行在国家经济建设中起着举足轻重的作用,金砖国家为了发展本国经济,纷纷成立了国家开发银行。金砖各国国家开发银行遵循国际经济法和国内法,本着互利共赢的原则,以本国的基础设施建设为投资重心,继而不断拓展投资领域。中国国家开发银行更是在引导和推动基础设施建设、基础产业发展和民生工程建设等领域发挥着重要作用。金砖各国国家开发银行在其功能上既具有共性又各具特色。

(一)国家开发银行投资功能的法定性

开发银行,指为经济开发提供投资性贷款的银行。有一国自己设立的,如中国国家开发银行(CDB)、巴西国家开发银行(BNDES)、俄罗斯开发和对外经济银行(VEB);有多个国家共同设立的,如南部非洲开发银行(DBSA);有一国拥有多个开发银行的,如印度;还有世界性的开发银行,如金砖国家新开发银行(NDB)。

---

① 罗建波:《金砖合作给世界带来了什么》,载《学习时报》2016 年 10 月 17 日。

② 国家统计局:《金砖国家联合统计手册(2016)》,第十四章对外经济关系,2017 年 2 月 15 日发布。

1. 巴西国家开发银行

巴西国家开发银行(BNDE)依据第1628号法律(Law 1628)于1952年6月20日成立,其性质为政府机构,以依据巴西国内经济发展政策而调整其投资功能为目的。1971年6月21日,依据第5662号法律(Law 5662),巴西国开行性质转变为依托私法(private law)的国有公司①,使得巴西国开行避开了过多的政治干预,在融资和投资功能方面更具灵活性。巴西国开行自成立以来,作为巴西国内重要的金融机构,在促进巴西工业和基础设施建设方面发挥了根本性作用。随着巴西国内经济政策的调整和世界经济环境的变化,巴西国开行的投资功能从原先单一的工业和基础设施建设,拓展至出口、技术创新、可持续社会环境发展和公共行政现代化方面的投资②。21世纪以来,巴西国开行逐步明确其主要任务,将其投资功能与经济全球化的趋势相协调,不但注重继续加强巴西国内基础设施建设投资,而且为外国公司提供资金支持,并努力在国际市场上寻求资金来源多样化。巴西国开行于2013年在非洲约翰内斯堡设立了代表处③,极大地方便了与BRICS成员国南非间的经济合作。

巴西国开行依据巴西国内法设立,其投资功能的后期改变也以巴西国内经济政策及世界银行相关政策为依托,尽管巴西国开行不同于中国国开行由中国国务院直接领导的性质,其仍为国有的性质,投资功能的拓展依旧具有法定性。

2. 俄罗斯开发与对外经济银行

俄罗斯开发与对外经济银行(VEB)成立于2007年5月。此前,俄罗斯并没有统一的开发性金融机构。随着俄罗斯国内经济的发展、上海经合组织中俄罗斯的参与、与中国国家开发银行的合作,俄罗斯联邦政府认识到政策性银行作为政府的调控工具,在基础设施建设、吸引外资、宏观经济调控中可发挥的巨大作用,俄罗斯总统普京签署《开发银行法》合并对外经济银行、俄罗斯发展银行、俄罗斯进出口银行,成立集团性质的"俄罗斯开发与对外经济银行"④,至此俄罗斯有了真正意义上的国家开发性金融机构。

---

① BNDES,"History",http://www.bndes.gov.br/SiteBNDES/bndes/bndes_en/Institucional/The_BNDES/history.html,last visited on 3/5/2017.

② NDES,"History",http://www.bndes.gov.br/SiteBNDES/bndes/bndes_en/Institucional/The_BNDES/history.html,last visited on 3/5/2017.

③ BNDES,"History",http://www.bndes.gov.br/SiteBNDES/bndes/bndes_en/Institucional/The_BNDES/history.html,last visited on 3/5/2017.

④ VEB,"VEB Profile",http://www.veb.ru/en/about/today/,last visited on 3/5/2017.

《开发银行法》规定[①],俄罗斯开发与对外经济银行是由俄罗斯联邦政府设立的国家集团性质的开发性金融机构,其投资功能和权力受该联邦法的调整和规范。其规定了俄罗斯开发与对外经济银行的投资功能。《开发银行法》为开发银行业务运作提供了最大限度的自由度和灵活性保障,使银行逐渐发展成为真正意义上的开发性金融机构。俄罗斯开发与对外经济银行(VEB)是俄罗斯第一家真正意义上的开发性金融机构,也是俄罗斯联邦政府管理和发展经济的政策性金融工具。俄罗斯开发与对外经济银行依托国家政策和法律的支持,在俄罗斯国内基础设施建设投资、创新科技、支持出口、引进外资等方面发挥了重要作用,成为连接俄罗斯政府与其投资功能所涉及方向的纽带。

3. 印度的开发银行

印度的开发性银行共有四个:印度工业开发银行(IDBI)、印度农业开发银行(NABARD)、印度进出口开发银行(EXIM)和印度房屋规划开发银行(NHB)。其中,印度工业开发银行(IDBI)作为参与国际经济合作的开发性金融机构发挥了重要功能 。印度工业开发银行(IDBI)成立于1964年。根据《2003工业开发银行法案》规定[②],该银行作为协调在印度从事投资、促进、发展工业领域活动的主要开发性金融机构并参与国际经济合作。1976年印度政府百分之百持有印度工业开发银行股份。印度工业开发银行依据《2003年工业开发银行法案》确定了其经济地位和投资功能,并且由印度政府主要控股从事工业领域经济建设。印度工业开发银行的投资功能具有较强的法定性。

4. 中国国家开发银行

中国国家开发银行(CDB)成立于1994年,是直属中国国务院领导的政策性金融机构。2008年12月改制为国家开发银行股份有限公司。2015年3月,国务院明确中国国开行定位为开发性金融机构。中国国开行股东之一是中华人民共和国财政部[③]。中国国开行是全球最大的开发性金融机构之一,中国最大的对外投融资合作银行。中国国开行目前在境外设有莫斯科、里约

---

① Federal Law "On Bank for Development"(2007.5.17), Articles I, II.

② The Industial Development Bank Act 2003, Chapter 1 Section 2(c), Chapter 2 Section 3, https://www.idbi.com:8443/pdf/about-us/repealact030709.pdf, published on December 30, 2003.

③ 中国国家开发银行:"开行简介",中国国家开发银行官网,http://www.cdb.com.cn/gykh/khjj/,2017年3月5日访问。

热内卢、加拉加斯、伦敦和万象等6家代表处①。

中国国开行作为中国财政部控股的政策性银行，其投资功能根据中国不同时期的经济发展需要而拓展。中国国开行为地方政府提供资金和贷款支持，用于大型城市基础设施建设项目。进入21世纪，中国国开行的投资功能“走了出去”，不仅向外国购买者提供购买中国产品的信贷业务外，还以优惠条件向各国提供贷款以换取长期石油或天然气供应协议。从2005年6月成立上合银联体工作组为开端，大力开拓“走出去”业务②；到2007年6月成立中非发展基金，致力于投资非洲基础设施建设项目，扶持非洲经济发展；再到2009年2月成功运作250亿美元中俄石油合作项目③，开创中俄油气合作新局面，于世界首创以“贷款换石油”为内容的“贷款换资源”投资模式并取得巨大成功。2015年3月20日，国务院批复国开行深化改革方案，明确了国开行开发性金融机构定位及相关政策支持和制度安排④。

2016年11月24日，国务院审定批准《国家开发银行章程》⑤。该《章程》规定，中国国开行是直属国务院领导的政策性金融机构，其主要任务是按照国家的法律、法规和方针、政策，筹集和引导社会资金，支持国家基础设施、基础产业和支柱产业大中型基本建设和技术改造等政策性项目及其配套工程的建设，从资金来源上对固定资产投资总量进行控制和调节，优化投资结构，提高投资效益，促进国民经济持续、快速、健康地发展⑥。《章程》还规定了国开行的业务包括办理有关的外国政府和国际金融组织贷款的转贷，经国家批准在国外发行债券，根据国家利用外资计划筹借国际商业贷款等；以及向国家基础设施、基础产业和支柱产业的大中型基本建设和技术改造等政策性项目及其配套工程发放政策性贷款⑦。

---

① 中国国家开发银行：“开行简介”，中国国家开发银行官网，http://www.cdb.com.cn/gykh/khjj/，2017年3月5日访问。

② 中国国家开发银行：“发展历程”，中国国家开发银行官网，http://www.cdb.com.cn/gykh/fzlc/，2017年3月5日访问。

③ 中国国家开发银行：“发展历程”，中国国家开发银行官网，http://www.cdb.com.cn/gykh/fzlc/，2017年3月5日访问。

④ 中国国家开发银行：“发展历程”，中国国家开发银行官网，http://www.cdb.com.cn/gykh/fzlc/，2017年3月5日访问。

⑤ 中国国家开发银行：“发展历程”，中国国家开发银行官网，http://www.cdb.com.cn/gykh/fzlc/，2017年3月5日访问。

⑥ 《国家开发银行章程》第1、2条。

⑦ 《国家开发银行章程》第8条第(3)、(4)项。

中国国开行秉承着国家相关政策，支持国有企业“走出去”，针对俄罗斯、巴西、印度、南非国内基础设施建设水平落后的特点，结合中国自身的需求，开发出“贷款换资源”和“贷款换能源”的投资模式，依托上合组织的法律框架解决争端，逐渐形成了具有特色的投资模式。

5. 南部非洲开发银行

南部非洲开发银行(DBSA)成立于1983年。成立之初，仅仅是为了宏观调整当时的经济发展。1997年，随着《南部非洲开发银行法案》的颁布，南部非洲开发银行作为开发性金融机构重组[①]。重组后的南部非洲开发银行的首要目的是通过调动国家和国际私营、公共部门的财政及其他资源，促进南非和非洲大陆的经济发展与增长、人力资源开发和城市基础设施建设。《南部非洲开发银行法案》特别强调了南部非洲开发银行对于南非的基础设施建设投资的重要性。并且，南部非洲开发银行董事会章程和董事会行为由《南部非洲开发银行法案》(1997年第13号法案)规定与调整，同时《公共财政管理法案》(PFMA)也对此作出了更详尽的规定。

《南部非洲开发银行法案》规定南部非洲开发银行的主要投资功能是支持南非国内和其他南部非洲地区的基础设施建设的发展。南部非洲开发银行在南部非洲发展共同体(SADC)的各个国家中均发挥了这一作用，目前专注于私营和公共部门内的大型基础设施项目投资，主要投资方向包括市政基础设施建设、其他社会实体(非市政)基础设施建设、经济基础设施三方面。其中，市政和其他社会实体的基础设施建设项目集中在水、能源和交通运输方面[②]。一国政府在向该国公民和企业提供基本服务方面发挥着重要作用，因此，改善和增加市政当局的基础设施至关重要，因为预计现有和新基础设施的需求将增加，更多的人迁移到大城市和城镇寻找就业机会，以及扩大利用当前现有基础设施。其他公共实体为基础设施投资提供了更多机会，特别是在用水方面，学生宿舍和大学校园成为基础设施建设投资的主要方向。经济基础设施需要采取综合办法以最大限度地发挥投资的影响。对诸如卫生、住房和教育等社会基础设施的投资应通过投入大量有利的基础设施，如能源、水和交通来刺激经济增长和创造就业机会。因为目前南非的能源供应限制，南部非洲开发银行的一个重点投资领域是能源发电，包括可再生能源、煤炭和燃气。南部非洲

---

① DBSA, "Governance", http://www.dbsa.org/EN/About-Us/Pages/Governance.aspx, last visited on 3/5/2017.

② DBSA, "Financing: South Africa", http://www.dbsa.org/EN/Products-Services/Pages/Financing-in-South-Africa.aspx, last visited on 3/5/2017.

开发银行依托《南部非洲开发银行法案》重组，后者对银行在投资方向、事务管理、董事会等方面作出详细的规定，使得南部非洲开发银行与中国国开行、巴西国开行、俄罗斯开发和对外经济银行类似，其投资功能也具有法定性。

（二）BRICS 各国国家开发银行投资功能比较

1. 投资功能的共通性

BRICS 各国国家开发银行基本都是国家或政府依据相关法律、法案成立的政策性银行，成立初期基本都是以本国的基础设施建设为投资重心，而随着各国经济的发展变化与国际经济形势的改变，纷纷拓展其他方面的投资功能。具体来说，有以下三点共通性。

第一，BRICS 各国国家开发银行能够在地方政府和私营部门等参与者之间发挥关键作用。比如，巴西国家开发银行（BNDES）的参与为公私合作建立一个成功的监管和投资框架，其政府扶持的性质有助于为可能参与国家开发银行主导项目的私人投资者提供更多的保障。因为它拥有政府的支持，还有助于消除部分潜在的监管或许可障碍。BRICS 各国国家开发银行在帮助政府经济性、社会性发展规划中的作用，可以改变开发银行自身在对外基础设施建设投资项目的影响能力。BRICS 各国国家开发银行大都设有部长级职位，这是设计政府发展战略的关键角色。因此，地方政府和国内私营部门投资者更容易接受技术援助，并对项目设计和实施进行投入，这被视为国家发展战略的重要部分。

第二，BRICS 各国国家开发银行对于金融工具的使用具有相对高度的灵活性。BRICS 各国国家开发银行是以中长期贷款的形式对基础设施建设项目进行投资，这对许多重要的基础设施项目十分必要。同时，各国国开行还可以灵活地获得股权，购买公司或项目债券，提供担保，或通过商业银行从事二级贷款。这种业务的灵活性在私人投资伙伴方面，具有非常强的吸引力。各国国开行可以针对特定项目的需求，量身定制自己的投资方式，包括前期股权投资。一旦项目渡过高风险建设阶段，即可将其出售给私营部门。

第三，BRICS 各国国家开发银行的投资功能具有较强的法定性，从而限制了其支持在国外的基础设施建设项目的投资能力。一国国开行在其他国家，由于缺少其他国家政府支持，或未与其他国家规划部门和职能部门建立正式联系，使得该国国家开发银行这样的政策性银行，在外国不具有与其他国家地方政府官员或私营部门行为者相同的可信性和影响力。因此，影响了一国国开行以帮助其他国家基础设施建设投资项目为目标，所设计的预算框架和监管力度。因而，不能期望一国国家开发银行在其他国家的基础设施建设中发挥重要作用。

2. 投资功能的差异性

BRICS各国国家开发银行均存在一个关键的限制因素，即其“国有性”。国家开发银行设立的宗旨为支持本国国家的基础设施建设发展。因此，在后期的跨境投资方面，其差异性因综合国力、法律法规、财政能力就显现出来。

第一，除中国国家开发银行(CDB)外，BRICS其他成员国的国家开发银行均暂时无法实现中国国开行(CDB)首创的“贷款换资源”投资模式。其原因在于，中国国开行(CDB)从成立之初就一直由中国国务院直接领导，拥有强大的法律支持和财力支持，加上中国综合国力雄厚，且中国国开行(CDB)自身发展良好，使得中国国开行在BRICS成员国间的互惠互利方面发挥了独特的积极作用。

第二，投资功能涉及范围有差异。中国国家开发银行(CDB)实施“走出去”战略，投资模式主要集中在对于BRICS成员国的“贷款换资源”投资，因为中国已具有较高的基础设施水平，所以中国国开行集中投资其他国家的基础设施建设。其他BRICS成员国的国开行还致力于促进本国的基础设施建设中，主要手段为利用外资进行本国投资，后期以还款或放弃所有权为对价。在中国国开行(CDB)首创并进行“贷款换资源”投资模式后，BRICS成员国国开行通过向中国国开行(CDB)贷款投资本国基础设施建设，后期以本国丰富的资源和能源代替金钱进行偿还的方式进行国内建设，还不具有像中国国开行(CDB)那样贷款给别国的能力。

3. 与金砖国家新开发银行投资功能的差异

2014年7月15日金砖国家领导人第六届峰会上，成员国签署了金砖国家新开发银行(简称为“新开发银行”，英文缩写为NDB)的章程《福塔莱萨宣言》(以下简称“《宣言》”)，授权资本为1000亿美元，由5个创始成员平均出资，总部设在中国上海。根据该《宣言》，新开发银行(NDB)的主要投资功能集中在基础设施和可持续发展两个方面。基础设施发展是经济和社会发展的主要驱动力，在发展中国家的背景下，基础设施建设水平落后是一个令人关注的问题，新开发银行致力于弥合“需求”和“资金”之间的差距，并促进各成员国实现成为真正全面发展和可持续发展的合作伙伴。

从金砖国家新开发银行(NDB)的业务重点可以看出，新开发银行主要在宏观上对基础设施建设进行指导，而BRICS各成员国国开行的投资功能更具灵活性。因为各国国开行对于本国的情况较新开发银行而言了解得更为透彻，且能根据不同情况的出现随时进行调整。新开发银行因为是五国共同创立，指导政策的微小更改就会对五国产生不同程度的影响。因此，BRICS 各国国家开发银行的投资功能更为灵活和具体。

(三)小结

BRICS 各国国家开发银行基本都是国家或政府依据相关法律、法案成立的政策性银行，各国的相关法律法规对各国国开行的投资内容或多或少进行了规定或调整，BRICS 各国国开行的投资功能均具有较强的法定性和部分相似性。但 BRICS 各国法律规定、综合国力、财政能力的不同，各国国开行的投资功能存在差异，并通过与金砖国家新开发银行(NDB)比较，突出了 BRICS 各国国开行的投资功能的具体性和灵活性。通过对比，中国国家开发银行(CDB)在银行规模、风险应对、资金来源方面，具有针对其他 BRICS 国内基础设施建设水平落后的特点并结合中国自身需求，开发并运作的“贷款换资源”和“贷款换能源”投资模式的能力。这对于 BRICS 各国间未来的“贷款换技术”投资模式具有借鉴作用。

二、中国与巴西的“贷款换资源”投资模式

“贷款换资源”是中国国家开发银行(CDB)首创的贷款投资模式，为国家开发银行与合作国开展合作、满足两国直接需要发挥了重要作用，并为以后创新贷款投资模式起到了示范引路的作用。此处的资源指石油资源。

(一)本模式的内容与运行机制

1. 内容

“贷款换资源”，是中国通过中国国家开发银行对资源丰富的国家进行一定数额的贷款投资，以换取该国资源储备里中国所需资源，从而代替货币还款的国际资源合作方式。中国国家开发银行作为中国基础设施建设项目投资的主力银行，积极拓展“走出去”业务，用贷款换取资源，用资源锁定风险，促进了中国资源供应多元化，实现了国家和各方利益最大化，并逐渐形成了“贷款换资源”的基础设施建设项目投资模式。“贷款换资源”投资模式的开发，促进了协议两国国家间的共同发展，实现了互补互利、合作共赢。

其中，“贷款换石油”作为“贷款换资源”最主要的基建项目投资模式，使用得最广泛。BRICS 各国中，煤炭资源最丰富的是中国、印度与南非，三国的煤炭消耗量也高，巴西、俄罗斯主要出口石油，中国、印度主要进口石油。BRICS

各国中，既有资源出口国，又有资源进口国。“贷款换石油”投资模式的合作逐渐成为金砖国家间资源合作的主要内容。

2. 运行机制

从2009年开始，中国与巴西、俄罗斯签订了以“换石油”为内容的“贷款换资源”模式投资协议，仅协议上约定的金额达到450亿美元。根据协议内容，中国通过中国国家开发银行（CDB），向巴西和俄罗斯提供贷款供其进行本国国内基础设施建设，来获取中国所需的石油资源。

以巴西为例。巴西国土辽阔，拥有天然气、石油等丰富的资源，但缺少资金；中国虽然地大物博，资金充足，但资源紧张，这种差异构成了两国合作的平台基础。2009年5月19日，中国国家开发银行和巴西国家石油公司（Petroleo Brasileiro SA）签订了100亿美元的贷款协议，并约定在十年之间，巴西每年定期向中国提供石油，第一年为750万吨，后续每年均为1000万吨①。此次“贷款换石油”投资，促成了中石化与巴西国家石油公司所提供的两个深海石油区的合作，促成了中国企业首次进入巴西深海石油领域的勘探开发。2016年3月1日，巴西国家石油公司与中国国家开发银行签署了一份新协议，内容为国开行将向巴西国家石油公司提供100亿美元贷款以换取等价值的石油，具体细节仍在商讨之中②。

“贷款换石油”是中国国家开发银行基建项目投资的模式创新。与在国际石油市场上直接购买的“贸易油”和在海外市场直接投资获取的“份额油”不同，中国在使用“贷款换石油”模式时，选择的合作国主要是内外部政治、经济环境相对稳定，且对外国又有较高资本需求的国家。

（二）本模式的意义与面临的制约

1. 意义

（1）缓解中国石油需求压力

中国正致力于加快建立和完善现代石油储备制度。中国对石油的对外依存度已达50%左右，建立战略石油储备，成为缓解中国石油需求压力的关键。“贷款换石油”模式的出现，相当于中国在海外石油生产国进行了一定规模的石油储备，缓解了中国石油市场进口供应的不稳定性，降低了中国石油供应短

---

① 《巴西石油公司与中国签署协议，获得100亿美元贷款》，人民网—国际频道，http://world.people.com.cn/n1/2016/0301/c1002-28160275.html，2016年3月1日发布。

② 《巴西石油公司与中国签署协议，获得100亿美元贷款》，人民网—国际频道，http://world.people.com.cn/n1/2016/0301/c1002-28160275.html，2016年3月1日发布。

缺发生的风险，摆脱了中国石油单一的储备方式，促成了国家储备体系与海外储备体系的结合。

(2)保障中国石油安全

中国石油进口长期依赖中东到亚太地区的海上石油生命线，然而中东地区政局动荡，导致石油价格波动频发，并且海上运输安全程度不稳定，中国急需解决近距离陆路运输石油问题。中国作为石油消费大国，实现石油多元化进口是实现中国石油安全的关键。通过中国国家开发银行与BRICS各国(如俄罗斯、巴西)间的“石油换贷款”投资模式的投资协议，建设了远东管道中国支线，这是中国第二条陆上石油运输管道，年输油量达1000万吨，可有效降低中国对于中东石油的依赖，尽量避开了安全程度脆弱的海运通道，从而保障了中国石油运输的安全，部分实现了石油进口路线多元化。

2. 面临的制约

(1)合作国选择难度大

“贷款换资源”的模式具有显著的政府参与性，因此，中国在运用该投资模式时应合理选取合作国。首先，要尽量选择那些与中国双边关系良好、该国国内政局稳定、法律环境较好、资源拥有量丰富的国家，从而避免出现协议中途无法执行的问题。其次，在选择合作国时，尽可能地选择那些和中国签订双边或者多边条约的国家(如：自由贸易协定、双边投资保护协定)，或已加入世贸组织的国家。最后，要尽量与中国的邻国签署合作协议，比如资源丰富的俄罗斯，这种做法可以增强中国与周边国家的联系，还可有效降低中国对石油海上运输的依赖。

(2)国际石油公司排挤

“贷款换资源”投资模式首创于中国国家开发银行，但是并非只有中国能够使用，该贷款投资模式会受到部分国际性石油企业的排挤。例如，尼日利亚由于市场原因导致整个国家陷入金融危机中，使得该国的油价大幅降低，政府财政产生严重危机，无法继续履行所签署的投资石油项目，需要外部力量来帮扶。面对这一形势，壳牌石油公司当即做出决定，向尼日利亚输送31亿美元的贷款资金，用于帮扶尼日利亚政府，继续履行之前签署的油气合作项目协议。尼日利亚也表示，可以修改相应的石油项目合作条款，放大绝对控股的基本要求，使得外资石油公司持有的股权大幅提升①。面对类似情况时，中国可

---

① 张广荣：《“贷款换资源”模式的作用与问题》，《中国经济时报》，http://theory.people.com.cn/ GB/13786813.html，2011年1月21日发布。

从现有实践中汲取经验，在今后签订“资源换贷款”投资模式的投资协议时，对于可能出现的不同类型的不正当竞争，在协议条款中分类规定详细的争端解决机制。

(3)与合作国的文化制度差异

以巴西为例。巴西曾经是葡萄牙殖民地，殖民时代葡萄牙大量征用巴西当地的劳动力，并对当地的各项资源进行大肆开发，使得巴西的自然环境遭到了严重破坏，巴西的经济发展陷入困境。而现在，巴西以资源大国自居，认为自己理应享有“资源主权”，并痛思殖民时代巴西人民遭受的苦难，因此巴西不愿意自身资源遭到外部力量的干预。巴西土著民对资源维护的热情尤为高涨，使得资源民族主义大行其道，阻挠了以开采巴西国内资源方式的外资进入。尽管巴西在很早以前就已经独立，但是由于之前受到过资本主义国家的奴役，使得巴西人民到现在仍然记得那段不堪的岁月，把那些图谋开发巴西资源的国家都视为敌人。并且西方国家对中国经济崛起所散布的“中国威胁论”，也对巴西民众的思想产生了一定的影响，巴西保守派因而提出，巴西经济发展不能过度依赖中国的口号。而且，巴西主要讲葡萄牙语，讲英语的人很少，在中国与巴西的“贷款换资源”投资模式的合作中存在着语言交流障碍。

(三)本模式下存在的法律问题及其解决

1. 贷款投资协议缺乏强制性

(1)合作国相关法律细则缺失

中俄、中巴等国所签订的协议，均是由两国政府所签订的双边或是框架协议，这些协议的突出特性就是缺乏具体的执行规则。投资协议往往停留在指导层面，协议的具体实施和条款的完善，则是逐步由相关企业通过进一步谈判来实现，在协议落实和实施方面缺乏强制性。

(2)合作国法律体系复杂

以巴西为例。巴西是一个联邦共和制国家，其法律体系为大陆法系，因受美国影响也引进了英美法系的判例法要素，使得其法律体系较为繁杂，并不是单纯的大陆法系，并且临时措施较多。巴西是世界上第十大产油国，其丰富的石油资源是世界闻名的，尽管国外石油公司可以在巴西开展业务，但是政府对这些国外公司的开采权等有极大的限制，石油归属与交易等均实行国家垄断，并经常性地颁布临时性法令。巴西法律体系的烦琐复杂，临时性法令的效力问题，增加了中国及其他 BRICS 国家在与巴西进行“贷款换资源”投资时会面临的障碍和风险。

2. 风险担保责任承担不足

"贷款换资源"协议的运作是中国贷款先行付出,合作国的资源随后向中国输送。然而该投资模式中,中国面临着很大的风险因素,即中国的贷款已经发出,但是对国方的资源没有及时输送到中国。所以,中国在签署"贷款换资源"投资协议时,必须要合作国政府提供担保,从而降低合作协议运作中面临的风险。在今后签订"资源换贷款"模式投资协议时,中国应力争要求对方提供高质有效的贷款担保。比如,合作国申请贷款的企业为国有公司,中国有权利要求该国政府进行担保,因为仅凭一个企业自身的担保是无法降低中国自身所面临的风险的。

3. 解决建议

针对该投资模式的法律问题,中国方面必须对中巴"贷款换资源"投资模式运作中遇到的各类问题进行总结,从而对合作机制进行完善与优化,为今后采用"贷款换资源"模式在其他 BRICS 国家(如印度、南非)或其他非 BRICS 国家投资时,提供借鉴。中国政府相关部门,特别是国家商务部、国家发展改革委,应虑及长远,积极发挥政府主导型经济体制的优势,处理好中国与资源丰富国家的双边、多边关系,充分利用中国国开行政府控股的特点,认真研究"贷款换资源"投资模式有效满足资源需求的积极作用和风险防范措施,以维护中国国开行等开发性金融机构和中国企业在"贷款换资源"投资模式下的合法权益。中国应采取积极主动的外交策略,增进对合作国资源市场和国内相关法律规范体系的熟练程度,学习借鉴其他国家的贷款投资经验,处理好中国与合作国的双边互动关系。

(四)小结

资源具有不可再生性,加强 BRICS 各成员国间"贷款换资源"投资模式的合作,特别是"贷款换石油",不但有利于降低一国对中东石油进口的依赖,而且有利于实现一国石油供应多元化。巴西作为首个与中国建立"贷款换资源"投资模式合作关系的国家,其国内资源储备和技术优势决定了两国资源合作的互补互利性,促进了两国的国内经济发展和"贷款换资源""贷款换能源"两种投资模式的开发。尽管中国对巴西"贷款换资源"模式的投资存在着投资协议规定太宽泛、具体争端解决方法太缺乏、风险责任承担不确定的问题,随着合作国国内法律体系的不断完善,中国对合作国国内资源市场认知的不断清晰,BRICS 各国国际经济合作的不断发展,"贷款换资源"投资模式凭借其独特的优势与金砖国家经济体的依托,必然会受到世界其他国家的青睐与认可。

三、中国与俄罗斯的"贷款换能源"投资模式

继"贷款换资源"之后，随着中国对能源需求的不断增大，中国国家开发银行(CDB)在"贷款换资源"的基础上，开发了"贷款换能源"模式，有效补充了中国的能源需求，改善了能源结构，促进了能源的清洁利用。

(一)本模式的内容与运行机制

1. 内容

对一个国家而言，能源是其发展过程种必不可少的因素，所以能源安全通常会被作为一个国家的战略，中国在"贷款换能源"投资模式中，"贷款换天然气"作为最主要的投资模式，运用得最为广泛。在 BRICS 各国中，俄罗斯、巴西具有丰富的油气、天然气资源，所以两国也是主要的石油与天然气输出国，BRICS 各国中有能源出口国，也有能源进口国，能源合作自然成为 BRICS 间合作的必然，中国"贷款换能源"投资模式具备了可能性，"贷款换能源"投资模式成为可选择的国际资源合作方式之一。

中国地域辽阔，煤炭等资源非常丰富，但是由于中国长期处于高速发展期，使得中国的能源生产跟不上能源消耗，继而产生供不应求的局面，对能源的需求不断攀升，参与国际间能源合作成为中国能源战略的首选。中国国家开发银行根据国情制定了针对俄罗斯、巴西等能源丰富国家的投资政策，通过为合作国国内基础设施建设项目提供贷款投资，要求合作国以本国能源而非金钱还款的模式偿还，从而满足中国的能源进口需求。这一贷款投资模式可总结为"贷款换能源"投资模式。以俄罗斯为例。俄罗斯能源储量丰富，是能源大国。2016 年俄天然气开采量达到6400亿立方米，同比增加了 0.7%。其中俄罗斯石油公司(ROSNEFTI)天然气开采量增加了 22%，增幅位列第一①。俄罗斯虽然国土面积大，但地理环境复杂多变，公路交通状况十分落后，铁路、航空和水运设施多为苏联时期建造而陈旧不堪。尽管俄罗斯政府加强了本国基础设施建设力度，然而效果并不理想，除莫斯科、圣彼得堡等大城市外，俄罗斯国内其他城市基础设施状况依旧落后。2011 年，俄罗斯交通运输货物周转量 4.91 万亿吨公里，同比增长 3.4%；在 2011 年，俄罗斯政府对外宣称，俄国将

① 《2016 年俄石油、天然气开采量均实现增长》，中国新闻网，http://www.chinanews.com/gj/2017/01-03/8111739.shtml，2017 年 01 月 03 日发布。

在未来十年大力发展交通基础设施建设，加大对铁路、公路、航空等交通运输方式基础设施的投资力度，并实现各运输方式的有效衔接与优化①。最近几年，中国与俄罗斯之间的联系更加密切，两国的战略合作关系更加紧密，市场的互补性使得中俄两国资源合作得以顺利展开。中国国开行“贷款换能源”的基础设施建设项目投资模式，无疑也是改善俄罗斯基础设施滞后现状的一剂良药。

在2014年上半年，中俄两国正式签订《中俄关于全面战略协作伙伴关系新阶段的联合声明》，提出中俄两国将加大资源合作力度，并重点以石油资源合作为核心，由俄罗斯向中国大量输送天然气资源，以此换取中国对俄罗斯交通运输事业的支持，同时拓展煤炭资源的合作模式，由中方探索在俄罗斯建设发电设施，从而实现对中国的电力输出②。这一声明的签署，标志中国与俄罗斯在资源合作方面迈向了新的台阶，为中俄两国能源合作法律体系的构建提供了基础。

2. 运行机制

早在1996年，中国与俄罗斯便签订了《中俄共同开展能源领域合作的政府间协定》，中国与俄罗斯的能源合作正式开始，该协议约定俄方通过伊尔库茨克州维克塔气田向中方输送天然气的战略合作方案③。2002年12月初，中俄两国发表联合声明，推动已达成合作协议的中俄天然气管道合作项目按期实施④。2007年下半年，中俄两国的天然气公司签订重要协议，并约定在两国边境地区建设两条输气管线，并分别于2011年（西线）和2016年（东线）分别向中国供气，2020年供气总量预计达到每年680亿立方米⑤。2009年10月，中俄达成《关于俄罗斯向中国出口天然气的框架协议》，规定从2014年起，东、西两条天然气管道开通后，在30年内通过管道每年向中国供气700亿立方米⑥。2013年，中俄正式签订《俄罗斯通过东线管道向中国供应天然气的框架协议》，在该协

① 《俄罗斯的基础设施情况》，黑龙江省人民政府网，http://www.hlj.gov.cn/ztzl/system/2014/07/04/010667683.shtml，2014年7月4日发布。

② 《中俄关于全面战略协作伙伴关系新阶段的联合声明》，新华社，http://politics.people.com.cn/n/2014/0520/c1001-25042551.html，2014年5月20日发布。

③ 《中俄能源合作20年大事记》，人民网—能源频道，http://energy.people.com.cn/n/2014/0522/c71661-25049224.html，2014年5月22日发布。

④ 《中俄能源合作20年大事记》，人民网—能源频道，http://energy.people.com.cn/n/2014/0522/c71661-25049224.html，2014年5月22日发布。

⑤ 《中俄能源合作20年大事记》，人民网—能源频道，http://energy.people.com.cn/n/2014/0522/c71661-25049224.html，2014年5月22日发布。

⑥ 徐洪峰、施佳敏：《中俄能源合作综述》，http://www.globalview.cn/html/economic/info_3012.html，2015年5月8日发布。

议中,对输气总量、输气条件等诸多细节问题进行了明确的规定①。在2014年,中国与俄罗斯又相继签订了以《中俄天然气合作项目备忘录》为代表的若干合作协议,这些协议交易总金额达到4000亿美元,为中俄资源合作奠定了坚实的基础②。"贷款换能源"模式持续不断地应用于中俄能源合作中。

(二)本模式的意义与面临的制约

1. 意义

(1)促进金砖国家间深化能源合作

在能源发展方面,BRICS各国鲜明的特色有效促进了BRICS各国建立更为紧密的能源合作关系,各国之间相互促进,共同进步,极大地推动了世界的能源发展。中国与巴西作为经济互补的大国,在能源领域的合作不断加深,中巴先后签署《中华人民共和国政府与巴西联邦共和国政府2010年至2014年共同行动计划》等合作协议,并就能源的开发、利用和可持续发展等方面的内容作了详细的规定③。印度也积极同中国及俄罗斯开展了能源对外合作交流,并且在2008年的印俄峰会上与俄罗斯签署了《民用核能合作协议》,协议中规定,未来俄罗斯将在印度建立四个新的核反应堆④。印度与俄罗斯在2010年首次签署了有关石油开采、运输、加工、销售等领域的油气合作协议。中印两国于2013年签署的《中印战略合作关系未来发展愿景的联合声明》中指出,两国将针对能源的开发、利用和安全等方面展开全面的协商和合作⑤。2010年11月17日,中国国家开发银行与南非能源部签署《能源领域合作谅解备忘录》⑥。2013年俄罗斯针对工业和核能等方面与南非建立了战略合作

---

① 徐洪峰、施佳敏:《中俄能源合作综述》,http://www.globalview.cn/html/economic/info_3012.html,2015年5月8日发布。

② 《中俄能源合作20年大事记》,人民网—能源频道,http://energy.people.com.cn/n/2014/0522/c71661-25049224.html,2014年5月22日发布。

③ 《中华人民共和国政府与巴西联邦共和国政府2010年至2014年共同行动计划》,中国驻巴西联邦共和国大使馆,http://br.china-embassy.org/chn/zbgxgs/t684731.htm,2010年4月22日发布。

④ 《印俄签署加强民用核能合作协议》,新华网,http://news.xinhuanet.com/world/2007-01/25/content_5654465.htm,2007年1月25日发布。

⑤ 《中印战略合作伙伴关系未来发展愿景的联合声明》,人民网—人民日报,http://politics.people.com.cn/n/2013/1024/c1001-23307274.html,2013年10月24日发布。

⑥ 《中国南非签署4项政府间合作文件》,新华网,http://news.xinhuanet.com/world/2010-11/18/c_12787208.htm,2010年11月18日发布。

伙伴关系,并承诺为后者建立大型核电站①。金砖国家根据本国需要和合作国的能源优势,普遍采用“贷款换能源”的模式,不断深化在能源领域的合作。

(2)拓宽金砖国家间能源合作领域

BRICS经济的快速增长导致了能源需求的快速攀升。BRICS各国为满足经济发展需要,积极加强在能源领域合作,并将能源合作视为经济发展的必然选择。BRICS各国在“贷款换天然气”的基础上就新能源开发展开了密切的沟通和交流合作。在核能开发和利用方面,中国也同南非、印度等国开展了合作和交流:中、俄、印、南非四国将就核能合作达成一致意见,并各自签署了多份协议文件②。中国在先进技术领域也开始和巴西进行合作,涉及的领域包括新能源开发、生物智能等。BRICS各国积极参与和其他国家间关于能源合作的重要议题,逐步增强自身在全球能源合作中的参与能力和引导作用。

2. 面临的制约

(1)经济依存度不足

金砖国家经济依存度不高,无法满足BRICS合作关系深入发展的要求。地理上,BRICS各国并不集中,这在一定程度上使得能源运输方面投入的资金不断增加,增加了供给中断的风险,不利于结成能源一体化;贸易上,BRICS各国并未密切联系和交流,除巴西、南非与其他国家在贸易上展开了紧密合作外,中国并未密切联系其他BRICS成员国来开展资源合作;整体上,BRICS各国并未形成良好的能源互补关系,其更多地表现为内部能源竞争③。若不发挥BRICS各国能源需求互补优势,加强BRICS各国的沟通和合作,对BRICS各国内部进行利益的分配、整合,BRICS各国则会因缺少深化经济贸易合作的动力而阻碍BRICS各国间能源合作的发展。

(2)诉求差异较大

金砖国家能源禀赋不同,在能源贸易方面,中国同俄罗斯的贸易合作并未达到顶峰,存在地域重叠的竞争关系。有关数据统计表明,在2010年中国分别有21%和42%的石油是由非洲和中东地区进口而来,而仅15%的石油是

① 《南非与俄罗斯签署核能战略合作伙伴协议》,人民日报,http://world.people.com.cn/n/2014/0924/c1002-25720648.html,2014年9月24日发布。

② 《印俄签署加强民用核能合作协议》,新华网,http://news.xinhuanet.com/world/2007-01/25/content_5654465.htm,2007年1月25日发布。

③ 武敬云:《金砖国家的贸易互补性和竞争性分析》,载《对外经济贸易大学学报》2012年第2期。

从独联体地区进口而来;而印度石油进口在上述地区分别为21%、62%、0.6%[①]。中俄两国在能源方面尚未建立良好的合作关系,两国并未就天然气的价格及运输方案达成统一意见,在能源谈判上也尚未取得实质性进展。目前,中俄两国在能源合作方面主要通过"贷款换煤炭"和"贷款换核电"投资模式的部分实现,两国在价格、经济、政治等方面的友好竞争与合作关系尚未建立。俄罗斯相关部门曾经向外界宣传,其未来要把握自身能源优势,最大程度提高能源资源利用率,突出其在能源市场上的竞争力和领导力,最大程度提升能源经济价值或收益,实现其能源战略目标[②]。对印度而言,其国家的经济发展离不开能源的支撑,其对能源的需求量远远超过其自身能源储备量,因此有限的能源在一定程度上阻碍了该国的发展,进口能源成为其国家发展的必经之路[③]。所以,为提高本国的能源储备,印度势必会与中国进行能源的争夺,不仅包括对俄罗斯天然气的争夺,还包括对南非和中亚能源的争夺。由此可见,BRICS各国间的能源合作仍然存在较为激烈的利益冲突,必将削弱BRICS各国间对于能源合作的需求。

(3)中国能源方面的国内法不完善

第一,尚未完善能源法律制度。尽管在世界范围内中国的能源进口量名列前茅,但中国尚未就能源贸易和合作制定有效的《能源法》或其他法律文件。虽然中国一直强调和支持能源企业拓展海外市场,改进和调整现有能源结构,但是在具体实践过程中并未制定与之有关的政策或法律法规,且在风险保障、税收优惠、争端解决等方面存在法律规范的空白,既无法适应当前能源领域发展现状,又无法满足中国对国际能源合作方面的要求。中国尚未及时制定与能源发展相适应的法律法规,主要体现在以下几个方面:其一,缺乏统一的能源法律规范体系。在能源发展过程中,由于涉及的环节较多,与之相关的产业政策、相关法和专业法在某种程度上存在重叠现象,换言之,能源立法尚未集中或统一起来,即缺乏能覆盖能源发展的完善的统一法律法规;其二,法律效力不足。如今中国的能源工业专业立法的主要内容依然仅仅停留在各级政府部门的规章制度和行政法规层面,尚未上升到更高级别、更高效力的法律层面,难以从根本上解决中国的能源法律保障问题;其三,缺乏完善的监管机制或体系。中国在能源法律保障方面尚未明确具体的监督和执行主体及其相关

---

① BP, *BP Statistical Review of World Energy*, June 2012, p. 18.

② 陈小沁:《解析〈2030年前俄罗斯能源战略〉》,载《国际石油经济》2010年第10期。

③ 《印度拓展能源合作渠道》,人民日报,http://finance.people.com.cn/GB/11208171.html,2010年3月24日发布。

的管理职责和法律地位；其四，竞争机制依然是推动能源产业转型发展的重要力量。同国有企业相比，中国民营资本在能源方面缺乏竞争力，部分企业甚至无法顺利进入能源市场，难以撼动国有企业在能源方面的霸主地位，这种实力差距无可避免地形成了垄断，不利于国际能源市场的发展。

第二，能源产业环境污染严重，能源利用效率较低。虽然中国 1989 年就颁布了《环境保护法》，由于过去长期以来的环境保护意识落后，管理措施刚性不足，没有从源头上根治环境污染。20 世纪 80 年代颁布的法律中，许多条文不能与时俱进地及时修订，无法完全适用于预防和治理能源造成的环境污染。而缺乏完善的能源产业环境污染的责任体系和惩罚机制，使企业污染环境所需承担的责任或付出的代价较低，行政主管部门仅给予其适当的行政处罚，未明确规定其应当采取的措施，对企业造成的环境污染问题无法根本解决。

（三）本模式下存在的法律问题及其解决

1. 能源管道运输争端类型繁杂

以中国与俄罗斯“能源换天然气”为例。中俄天然气运输为管道运输，根据能源管道运输所涉及的客体不同，可将争端划分为技术性争端、商务类争端、生态保护类争端和合同类争端四种类型。关于技术性能源争端，中国与俄罗斯两国间技术标准存在差异、应对机械故障方法或有不同，且两国间能源运输管道长度超过 1030 公里，加之两国之前在该领域合作经营经验并不丰富，技术性争端产生不可避免。商务类争端通常由关税、过境费的收取、过境权的自由使用所引起。因为天然气等能源蕴藏于地底，在天然气勘探、开发、运输环节对管道经过地区的生态环境所造成的不利影响不可避免，生态保护争端渐起。在天然气管道建设和天然气运输过程中，因为对合同的理解不同而出现中国与俄罗斯对与合同条款的执行和解释产生分歧，从而引发合同争端。在能源管理建设和能源管道运输中，争端繁杂，相互交错，对“贷款换能源”模式的运行造成了一些障碍。

2. 能源合作的法律约束力脆弱

中国与俄罗斯两国在能源合作上的框架性的指导文件，主要包括协议、谅解备忘录、纪要、声明等法律文件，这些法律文件有效保障了两国的能源合作。但必须清楚地认识，这些仅仅是法律效力较低的法律文件，这些框架协议制定的最初目的只是为了宏观指导两国的合作，可执行性和可操作性不强。这些声明、协议、纪要、谅解备忘录等文件所涵盖的内容较为狭窄，并没有覆盖能源合作的所有范畴，也没有明确规定合作国间的具体义务以及责任等内容。要构建完善的能源合作法律体系，就应当出台与能源贸易、运输和投资等各个方面有关的法律法规，保障能源合作参与国的切实利益。但是中俄两国并未建立完善的能源合作法律规范体系。中俄能源合作主要集中在传统能源领域，在新能源领域虽然不断拓宽，但仍然偏少；合作方式主要以能源贸易为主，能源技术合作仍处于起步阶段。中国与俄罗斯在能源法律约束力低、法律机制不健全的情况下开展能源合作，必然存在着一定的风险，因此构建完善的法律保障机制是当前资源合作参与国的首要任务，只有这样才能有效保障“贷款换能源”投资模式下参与国的合作顺利和权益稳定，让能源合作有完善的法律保障，让合同纠纷通过法律途径解决。相关司法部门和机构也可以根据法律文件规定内容给予“贷款换资源”投资模式下过错方一定的制裁或处罚。现今，中俄两国已经开始尝试运行已经建成的原油管道，并且已经开始协商建设天然气管道，所以中俄两国的能源合作必须尽快建立起完善的法律规范体系，确保两国在“贷款换天然气”管道建设和运行中的合法权益。

3. 缺乏全球性资源领域法律框架

目前，国际能源机构(IEA)①、《能源宪章条约》(ECT)及石油输出国组织(OPEC)是最具代表性的世界多边能源合作组织。国际能源机构主要通过石油分享机制来实现石油供给平衡，并通过各种途径极力倡导节约能源，开发新能源并实现全球能源的安全稳定。由于中国和俄罗斯并非 IEA 的成员国，使中俄失去部分参加国际能源合作的机会。《能源宪章条约》(ECT)是国际能源领域具有法律约束力的多边条约，中国于 2001 年成为《能源宪章条约》的观察国，俄罗斯基于自身利益的保护于 2009 年正式拒绝加入其中，因此《能源宪章条约》主要对成员国的石油政策进行协调，确保各成员国的利益不受损失。由于地域的局限，中国、俄罗斯可能加入的成功率不高。由于中国与俄罗斯目前尚未加入共同的国际性能源组织，不存在两国均适用的全球性多边法律框架，对于能源合作中可能出现的争端无法通过此方式寻求解决途径，增加了两国能源合作的难度。

4. 解决建议

中国与俄罗斯间“贷款换能源”模式的投资合作属于国际经济法的调整范

---

① 国际能源机构成立于 1974 年，在世界范围内有重要的影响，具备最全面的多边合作模式。《国际能源纲领协议》是其最根本的文件，具有法律效力，对成员国具有法律约束力。国际能源机构建立之初是为了西方主要能源消费国与石油输出国组织相抗衡，而实际上国际能源机构是以一个研究机构在发挥作用，着眼于审查成员国的能源法律制度和制定石油市场透明度的报告，并进行能源供给关系的有关判断和能源环境问题的探究。

畴,两国间的能源合作应遵循和适用国家经济主权原则、公平互利原则与合作共谋发展原则。由于两国间的投资合作客体为能源,可适用国际能源法中能源主权原则、能源安全原则和能源可持续发展原则。在合作形式上,中国与俄罗斯间“贷款换能源”模式的投资合作以签订合作协议为主要方式,合同类能源争端为常见争端;在合作需要上,两国间的能源合作仍要遵循和适用国际经济法中关于国际贸易合同、跨国投资的相关法律规范。对中国与俄罗斯间“贷款换能源”模式投资合作的风险担保、仲裁效力、争端解决等方面,《多边投资担保机构公约》《解决国家与他国国民之间投资争端公约》《承认及执行外国仲裁裁决公约》等国际公约为两国间的能源合作提供了国际条约的相关保障。除利用国际公约和 WTO 争端解决机制外,作为上合组织的成员国,两国还应遵循 2001 年《上海合作组织成立宣言》这一法律依据和此后签订的相关法律文件。由于中国与俄罗斯没有共同加入任何形式的国际能源组织,中国只是国际能源署的合作国而非成员国,所以各能源组织的争端解决机制无法完全适用于中国与俄罗斯间的能源合作争端,只可作为参照。两国间能源合作的开展与能源争端的解决,主要还是依靠上合组织这一平台,上合组织框架下关于能源合作的一系列法律文件构成了中国与俄罗斯能源合作的基本法律框架。

(四)小结

从中国与俄罗斯“贷款换能源”的发展过程看,两国间的能源合作法律机制并没有完全建立起来,在实践中存在着多类型的能源管道运输争端;“贷款换能源”模式的投资合作还停留在基础合作协议的层面,成熟度低,缺乏对于解决具体问题行之有效的部门法、专门法的规定;中国与合作国没有共同加入的能源领域国际组织,无法完全参照其他国际组织的争端解决方法。现今只有通过国际经济法的相关基本原则、国际组织、国际条约,在宏观上进行指导,并依托上合组织进行法律调整。

四、BRICS 各国的“贷款换技术”模式

创新是发展的驱动力,技术是创新的核心和基础,中国迫切需要技术创新,尤其需要核心技术。在技术原创性不强的情况下,若把“贷款换资源”模式引入到技术引进上来,创造“贷款换技术”模式,将会成为中国技术创新发展的一条捷径。

(一)本模式的内容与运行机制

目前,中国国家开发银行在开发性金融方面的发展重心在“贷款换资源”与“贷款换能源”投资两方面。

关于技术方面主要集中在中国国内科技发展。中国与BRICS其他国家间虽有科技合作,但其形式多为两国间的技术合作,即合作国间的技术切磋,单纯地以投资别国基础建设项目从而换回技术的模式,中国国家开发银行还未进行①。

科学技术日益渗透到经济建设和社会发展的各个领域,也在很大程度上促进了中国经济的快速发展。虽然中国在宇航技术等尖端科学技术领域都取得了较快的发展和可喜的成绩,但不可否认的是,中国同世界先进科学技术的水平相比,劣势仍较为明显。因此,未来中国还必须不断发展生产力,积极学习国外的先进技术,提高科学技术水平,以更好地促进中国经济发展,因此拓展中国参与国际科技合作的合作方式十分必要。

(二)本模式的国家实践

BRICS各国是新兴发展中国家间最重要的合作机制。近年来,BRICS各国合作日益深化,形成了以BRICS各国领导人会晤为引领、以各相关部门和领域的高层会议等为辅助的多领域多层次合作机制。

1. 中国与BRICS其他成员国合作实践

中国科技部牵头金砖国家框架下的科技创新合作,通过部长级会议、高官会议、工作组会议三个层次的工作机制参与国际科技合作。2015年3月第2届部长级会议上,BRICS各国签署了《金砖国家政府间科技创新合作谅解备忘录》,《备忘录》规定了各国以新能源、可再生能源及能效、纳米技术等19个优先合作领域。② 2015年10月第3届金砖国家科技创新部长级会议发表了《莫斯科宣言》,《宣言》将科技合作领域扩大到10个③。为进一步务实推动金

---

① 中国国家开发银行:“开行简介”,中国国家开发银行官网,http://www.cdb.com.cn/gykh/khjj/,2017年3月5日访问。

② 中国科技部:《科技部国际合作司关于推动金砖国家框架下科技创新合作的通知》,http://www.cistc.gov.cn/Project_Center/Project_Center_4a.asp? column=228&id=90709,2016年5月27日发布。

③ 中国科技部:《科技部国际合作司关于推动金砖国家框架下科技创新合作的通知》,http://www.cistc.gov.cn/Project_Center/Project_Center_4a.asp? column=228&id=90709,2016年5月27日发布。

砖国家间科技创新合作，2016 年 BRICS 成立科技创新资金资助方工作组，签署了《金砖国家科技创新框架计划》及《实施方案》，规定在该框架下联合征集多边研发项目①。

（1）中国与巴西科技合作

中国与巴西的科技需求具有很强的互补性，合作潜力大。2009 年两国签署《中国科技部和巴西科技部科技与创新合作工作计划书》开始科技合作；2010 年两国宣布建立"巴中技术革新、气候变化及能源中心"，共同迎接环境污染、气候变化、清洁能源、能源效益、核能等方面的挑战；2012 年中国纳米技术研究中心与巴西国家纳米实验室共同宣布启动纳米技术合作计划；同年，"中巴农业科学联合实验室"揭牌标志着两国政府将全面推动农业科技合作；2013 年中国国家电网公司与巴西政府达成合作协议；2014 年底中国和巴西成功将第四颗联合研制的地球资源卫星发射升空②。中国与巴西的科技合作处于黄金时期。

（2）中国与俄罗斯科技合作

1992 年 12 月中俄两国正式签订《中华人民共和国政府和俄罗斯联邦政府科学技术合作协定》开始科技合作；2000 年 11 月中俄两国正式签署《创新领域合作的谅解备忘录》加深合作；2006 年、2007 年中俄互办"国家年"，两国政府表明"做共同创新的科技合作伙伴"；2010 年中俄科技合作分委会例会讨论并开展了中长期大规模科技合作项目③。《2020 年前俄罗斯创新发展战略》中阐明扩大国际科技合作是提升俄罗斯创新能力的基础条件之一④。中俄两国的科技合作对两国意义重大。

（3）中国与印度科技合作

1988 年两国签订第一个政府间科技合作协定，至今已有 20 多个科技合作协议和备忘录。2006 年 9 月中印两国科技部签署《科技合作谅解备忘录》成立部长级中印科技合作指导委员会，协调解决双边合作问题，指导促进两国

---

① 中国科技部：《科技部国际合作司关于推动金砖国家框架下科技创新合作的通知》，http://www.cistc.gov.cn/Project_Center/Project_Center_4a.asp? column=228&id=90709，2016 年 5 月 27 日发布。

② 《综述：中国与巴西科技合作硕果累累》，新华网，http://news.xinhuanet.com/world/2015-06/21/c_1115682060.htm，2015 年 6 月 21 日发布。

③ 吴庆峰：《中俄科技合作及技术转移前景展望》，《西伯利亚研究》，2010 年第 2 卷。

④ 中国驻俄罗斯联邦大使馆经济商务参赞处："新闻"，http://ru.mofcom.gov.cn/article/jmxw/201112/20111207887367.shtml2011 年 12 月 20 日发布。

科技合作走向[①]。2006年两国发表了《联合宣言》，规定两国“促进科技领域合作”[②]。通信科技方面，2015年3月3日印度最大电信运营商Bharti Airtel与中国移动签署合作协议共同开发5G通信服务[③]。中国与印度的科技合作不仅存在直接合作，还存在间接合作。印度呼吁应该像中国一样更加重视需求，通过为企业提供更多的补贴，鼓励企业自己生产可再生能源，而不是只关注能源供应方或大型公用事业项目[④]。

（4）中国与南非科技合作

中国与南非的科技合作开始于1999年，今已硕果累累。1999年3月中国与南非政府正式签署双边科技合作协定；2000年10月举行了中国—南非科技合作联合委员会第一届会议，决定进一步发展深化两国科技合作，支持两国开展长期研究开发项目合作；2016年10月13日中国—南非科技合作联委会第六次会议暨中南双边国家委员会科技分委会第六次会议举行，根据中南两国科技政策和科技发展现状制定了下一阶段中南科技合作的主要形式和重点领域[⑤]。

2. BRICS其他成员国合作现状

（1）俄罗斯与巴西、印度科技合作

1997年俄罗斯巴西高级合作委员会（CAN）的成立，开始了两国的科技合作；2012年两国签署在防空系统和海事监控的合作协议[⑥]；2013年两国通过网络安全和空间技术合作深化了科技合作关系；2014年4月1日两国在签署延长科技合作时间的协议；2015年9月16日俄巴战略领域合作企业论坛闭幕式上，两国表明继续加强合作的希望。俄罗斯对于巴西、巴西对于俄罗斯，都是一个具

---

① 中国科学技术部：《中印两国签署关于中印科技合作谅解备忘录》，http://www.most.gov.cn/tpxw/200609/t20060908_35912.htm，2006年9月8日发布。

② 《印度驻华使馆官员称中印科技合作步入快速路》，中国网，http://www.china.com.cn/tech/txt/2008-01/14/content_9525865.htm，2008年1月14日发布。

③ 中国驻印度大使馆：《印度Bharti Airtel公司与中国移动合作开发5G通信服务》，http://www.fmprc.gov.cn/ce/cein/chn/zygx/zykj/kjfzdt/t1253746.htm，2015年4月10日发布。

④ 中国驻印度大使馆：《印呼吁学习中国到2020年增加100%生产和使用可再生能源企业数量》，http://www.fmprc.gov.cn/ce/cein/chn/zygx/zykj/kjfzdt/t1265503.htm，2015年5月20日发布。

⑤ 中华人民共和国科学技术部：《中国—南非政府间科技合作联委会第六次会议在南非举行》，http://www.most.gov.cn/kjbgz/201611/t20161108_128735.htm，2016年11月9日发布。

⑥ 《俄与巴西公司签署战略技术合作协议》，中国新闻网，http://www.chinanews.com/mil/2014/04-01/6017800.shtml，2014年4月1日发布。

有大量机会的巨大市场①。

1994年12月俄印签署涉及经济、贸易、航天科技和军事技术的合作协议，开始了科技合作；2007年10月12日两国举行第13次俄印政府间经贸、科技与文化合作委员会会议并签署了合作议定书，加强科技合作②。《议定书》中指出，两国将加强贷款机构与银行之间的沟通和合作，鼓励和支持两国公司建设经济特区，并共同推进核能领域的开发和利用，两国也就进一步研究印度公司在俄东西伯利亚等地区的燃料能源开发工作达成了一致意见③。

(2)印度和巴西科技合作

在1990年，印度与巴西在科技合作方面签署协议，在1996年，巴西总统对印度进行访问，并重申了两国科技合作的意义与作用。2000年，巴西与印度两国共同签订了谅解备忘录；2001年，印度与巴西两国共同组建"巴印专题研究组"，该研究组的主要职能是，对双边的信息合作进行深化，并在两个国家电子贸易、信息安全、银行自动化等多个方面进行深入的探讨与合作，并试图借助教育的方式来实现人力资源的开发。这些在信息领域的深入合作无疑为印度和巴西两国信息化的发展提供了非常大的发展契机。

(3)印度、巴西和南非科技合作

巴西、印度和南非于2003年创办"伊巴斯"论坛(IBSA)，旨在加强三国的交流与合作。科技合作从一开始就被IBSA确立为主要的合作领域，其确定的科技合作重点为生物技术、替代能源、外层空间、航空、信息技术和农业方面。2006年9月召开首届南非—印度—巴西对话论坛峰会强调将加强三边科技合作；同年，IBSA召开第四次部长会议，深入讨论未来三国科技合作④。会后发表《新德里部长公报》，强调将继续致力于规划三国在能源、科技等方面的合作。2011年10月18日至19日三国召开首脑峰会，共同研发卫星成为主要议题⑤。

BRICS作为一个新的国际合作平台，在技术合作方面前景广阔，建立并

---

① 中国商务部：《俄罗斯与巴西推动双边合作》，http://www.mofcom.gov.cn/article/i/jyjl/l/201509/20150901117117.shtm，2015年9月18日发布。

② 《俄罗斯与印度签订合作议定书》，新华网莫斯科，http://news.xinhuanet.com/newscenter/2007-10/12/content_6872813.htm，2007年10月12日发布。

③ 《俄罗斯与印度签订合作议定书》，新华网莫斯科，http://news.xinhuanet.com/newscenter/2007-10/12/content_6872813.htm，2007年10月12日发布。

④ 中国科技部：《南非加快与印度、巴西科技合作步伐》，http://www.most.gov.cn/gnwkjdt/200708/t20070828_52805.htm，2006年8月29日发布。

⑤ 《巴西印度南非三国将讨论联合研发卫星》，新华网，http://news.xinhuanet.com/world/2011-10/16/c_122163598.htm，2011年10月16日发布。

完善金砖国家科技合作模式及平台,有利于 BRICS 各国快速从外部获得短缺的技术要素。尽管 BRICS 各国科技资源具有互补性,仍缺乏多边合作协调机制。中国可根据“贷款换资源”“贷款换能源”投资模式的实践,开发“贷款换技术”投资模式作为 BRICS 各国科技合作的主要模式,研究“贷款换资源”“贷款换能源”投资模式下存在的法律问题,为“贷款换技术”制定出成熟的相关规定。

(三)本模式下存在的法律问题及其解决

1. 专有技术侵权问题

知识产权侵权是科技争端所涉及的突出的法律问题。知识产权包括三个部分:版权(copyright)、商标权(trademark)、专利权(patent)。国际科技合作最主要的争端,就是专利权争端。以中国从俄罗斯购买苏-35 战斗机为例,在苏-35 战斗机贸易上,中国和俄罗斯经历了马拉松式的谈判:2014 年,起初中国提出的条件是只想购买 24 架苏-35 战斗机,但是俄罗斯一直坚持中国必须购买至少 48 架这种飞机;直至 2015 年,中国从俄罗斯进口苏-35 战斗机的数量定格在了 24 架①。据俄媒的估计,考虑到飞机本身、武器、零配件、飞行员培训、维护和其他费用,合同总金额可能超过 30 亿美元。两国之所以僵持如此之久,在于俄罗斯担心一旦中国购买苏-35 战斗机之后,将像之前的苏-27 战斗机那样进行国产化。为此,俄罗斯坚持在未来将要签署的合同中规定,一旦中方仿制苏-35 战斗机,必须支付巨额的违约罚金②。据俄罗斯塔斯社 2016 年 9 月 15 日报道,俄罗斯将向中国提供 4 架苏-35 战机;2016 年 12 月 25 日俄罗斯正式交付中国 4 架苏-35 战斗机,至此,拖延两年之久的购买苏-35 计划落下帷幕③。从中国购买俄罗斯苏-35 战斗机中可以看出,俄罗斯认为中国通过购买其技术产品为依托,实质为对其相关技术专利的侵权,中国购买了产品不代表俄罗斯转让了技术,如果中国将该技术国产化并生产出相关技术产品,则其与俄罗斯的贸易将受到极大影响。俄罗斯的担心及反复对于中国的国际科技合作具有不利影响,甚至有可能造成其他国家对于中国“知识产权保护力度不大”的错误印象,从而影响中国的科技发展速度。尽管中国具

---

① 《深度:俄卖华苏 35 设巨额罚金没用,中国看上俄飞控技术》,新浪军事,http://mil.news.sina.com.cn/2015-07-23/1507835670.html,2015 年 7 月 23 日发布。

② 《深度:俄卖华苏 35 设巨额罚金没用,中国看上俄飞控技术》,新浪军事,http://mil.news.sina.com.cn/2015-07-23/1507835670.html,2015 年 7 月 23 日发布。

③ 《深度:俄卖华苏 35 设巨额罚金没用,中国看上俄飞控技术》,新浪军事,http://mil.news.sina.com.cn/2015-07-23/1507835670.html,2015 年 7 月 23 日发布。

有系统的知识产权保护体系,但是技术的转让、核心技术的认定具有不确定性,很容易出现像俄罗斯苏-35战斗机购买中的误解。

2. 技术的原创性和保密性或存在技术欺诈

金砖国家间的科技合作主要是在两国之间开展,缺乏多边合作。由于金砖国家间的政治、经济关系,导致多边合作少,合作领域不宽。当前的国际科技合作总体上还处于粗放式发展阶段,各国间科技合作工作缺乏协调沟通机制,资源共享少,没有真正形成合力。虽然签订了一些合作协议,但缺乏科技信息平台和资源共享机制,不能共享相关资料和信息,包括科技合作国别信息、领域信息和海外顶尖人才信息等。以巴西为例。为维护其在深水钻井技术上的世界领先优势,巴西对该技术进行"特别把控",防范外国公司获得核心知识产权。如果中国决定与巴西进行"贷款换技术"模式的投资合作,则势必会付出更高的经济成本。同时,由于核心技术的保密性和原创性,即使中国付出较高的经济成本,也存在无法换回相关技术的情况;或是其他国家以次充好、以旧替新、以其他技术冒充所需技术进行技术欺诈从而获得贷款的情况。

3. 解决建议

对于该模式下可能出现的法律问题,合作国可在订立"贷款换技术"模式投资协议时定义"技术侵权"的基本内容;选择两国认可的权威性专有技术鉴定机构;订立解决侵权问题的途径,如通过仲裁或利用国际条约等,可参考中国《涉外民事关系法律适用法》第50条规定:"知识产权的侵权责任,适用被请求保护地法律,当事人也可以在侵权行为发生后协议选择适用法院地法律。"该立法模式吸收了当事人意思自治原则,避免了外国法查明的负担,尊重了当事人选择适用法律的权利。技术欺诈因为前期不易发觉,无法建立有效的预防机制,建立相关的惩罚机制十分必要,如合作国一方发现另一方存在技术欺诈,该惩罚机制应赋予利益受损国相应的补救手段。

(四)小结

从世界科技发展趋势和中国国情实际出发,中国发展到现阶段,不仅从别国那里拿到关键核心技术不可能,即使想拿到一般的高技术也是很难的,所以中国的立足点一定要放在自主创新上,并且要高度重视新一代信息技术以及围绕新能源、气候变化、空间、海洋开发的技术创新和新兴产业发展①。技术

① 《习近平科技创新思想的科学内涵与时代特征》,中国共产党新闻网,http://theory.people.com.cn/n1/2017/0123/c40531-29044082.html,2017年1月23日发布。

具有原创性和保密性，并且核心技术具有极高的经济价值，如果未来中国采用“贷款换技术”投资模式进行与他国的国际科技合作，一定要保证中国的主导地位。同时，要防止出现其他国家对于本国所持核心技术“坐地起价”，或是其他国家对于所持技术进行“以次充好”“以旧充新”“技术欺诈”的情况。

五、三种模式优劣分析与理想模式

“贷款换资源”和“贷款换能源”投资模式，以及未来的“贷款换技术”投资模式，作为中国国家开发银行对外基础设施建设贷款投资的首创模式，以中国国开行为依托，并结合 BRICS 各合作国本国特点，取得了较为显著的成效。

（一）优劣分析

这三种模式的优势在于能够直接满足国家利益需要。一是从投资回报形式上看，“贷款换资源”“贷款换能源”和“贷款换技术”投资模式是“以投资换物资”，而不是“以钱生钱”，再“以钱购物”。二是这三种模式下的国家开发银行的贷款投资是国家之间利益需要的等价交换，不是普通银行之间的贷款投资与收益。三是从这三种模式下的合作国利益直接互补，投资国与合作国以国家开发银行为媒介，以国家需要为出发点，根据本国与合作国之间的资源余缺和需求，在满足合作国如资源大国、能源大国、技术强国的资本需求的同时，满足本国的资源、能源和技术需求，实现需求互补、互利双赢。

“贷款换资源”“贷款换能源”和“贷款换技术”三种投资模式都存在投资协议法律基础薄弱且缺乏争端解决方式的规定。现阶段，三种模式均通过与 BRICS 合作国签订合作声明、协议、纪要、谅解备忘录的形式来确定两国的权利义务，虽然这些声明、协议、纪要、谅解备忘录作为重要的法律基础，在宏观上对争端的解决具有指导作用，然而缺乏实践中行之有效的可操作性和针对性。对于应该如何充分利用这些法律文件开展投资谈判、怎样依法公平公正地签订投资合同、怎样保证投资合同的完全履行、怎样应对合同变更、怎样承担违约责任等方面，这一系列的声明、协议、纪要、备忘录并没有作出详细规定。

除此以外，三种投资模式因为投资客体的不同，各自存在着复杂程度不同的法律问题。“贷款换资源”和“贷款换能源”投资目前实践集中在石油和天然气两方面，然而中国当前的能源法律体系中关于石油和天然气的专门法是缺失或不完善的，而合作国（如巴西、俄罗斯）国内法情况亦较为混乱，若与合作国之间出现争端，除了依靠国际法和国际条约进行粗略的调解外，依旧“无法可依”，也无法为三种投资模式中可能出现的具体问题提供防范、预期和行之有效的解决规则。“贷款换技术”投资模式中涉及更加复杂的知识产权侵权和技术欺诈问题，因为技术属于智力成果，对于智力成果的认定不同于对一般物体的认定，特别是专有技术认定，各国都有不用的技术标准，若产生纠纷，适用哪国的技术标准进行认定、由谁认定、如何认定都会产生更加复杂的问题。由此，“贷款换能源”和“贷款换资源”投资模式不会出现资源或能源的“侵权”“欺诈”，并且对于资源或能源种类的认定并不复杂，“贷款换技术”下存在的法律问题更为复杂，出现的风险更高。

(二)理想模式

“贷款换资源”和“贷款换能源”投资模式带有较强的政府参与色彩。资源具有不可再生性，各国对于本国的资源出口均有严格把控，很有可能会出现：即使一国国内基础设施建设水平十分落后，该国仍然拒绝使用“贷款换资源”模式，从而保证本国的资源储备量不会减少。能源则涉及能源安全问题，可靠和安全的石油供应是一国能源安全的基本保障，也是确保一国整体安全必不可少的重要条件。由此可见，“贷款换资源”和“贷款换能源”投资模式下存在的法律问题主要集中于合作国违约或拒绝履行合同时的责任承担问题。而“贷款换技术”投资模式中，因为技术的原创性及核心技术的保密性，使得知识产权中的专利侵权尤为突出，加之核心技术极高的经济效益，极有可能出现“技术欺诈”。加之专利权侵权纷争中，相似专利权的辨别、专利权侵权的认定、侵权后救济措施的实施都是较为复杂的法律问题。

“贷款换资源”投资模式作为中国首先创造并使用的模式，在俄罗斯和巴西两国取得了很大的成功。根据“贷款换资源”投资模式的运行经验而复制的“贷款换能源”投资模式，在俄罗斯和巴西也取得了良好的成效。两种投资模式的成功运行，加上南非和印度落后的基础设施建设水平，易化了这两种投资模式在南非和印度的推广。作为中国国家开发银行(CDB)对外基础设施建设项目投资的首创模式，这两种模式对“贷款换技术”模式的开展具有较高的借鉴作用。技术因为自身的独特性、保密性和高利性，很难成为“以钱换物”投资模式中的客体，因此“贷款换技术”模式近期内无法马上开展。

据上，“贷款换资源”和“贷款换能源”是中国国家开发银行(CDB)目前较为理想的贷款投资模式，应该继续坚持并与时俱进。在实践中应当主要采取以下措施来解决投资条款和争端解决机制缺失、不具体、合作国相关领域国内法不完善、国际法律框架不存在等法律问题：一是要在总结经验、取得共识的基础上，制定贷款投资规则和争端解决机制，形成投资国与合作国之间双边或多边共同遵守的具体行为指南。二是要在“贷款换资源”和“贷款换能源”双边或多边规则之下，推进投资国与合作国国内法的补充和完善。三是要在资源禀赋和价格相当的情况下，优选法律完善、政治社会稳定、合作信用较高的国家开展合作。四是要根据国内、国际经济社会发展情况和需要，持续不断地总结、提升和完善贷款投资模式。

（三）小结

通过对“贷款换资源”、“贷款换能源”和“贷款换技术”三种贷款投资模式下存在法律问题的风险大小进行比较，并结合三种贷款投资模式下因投资客体不同而产生各自特有的法律问题，可以得出“贷款换资源”和“贷款换能源”两种投资模式适合作为现阶段 BRICS 各国国家开发银行进行贷款投资的理想模式。

结语

中国国家开发银行（CDB）秉承着“走出去”政策的指导，针对俄罗斯、巴西、印度、南非国内基础设施建设水平落后，结合中国自身的需求，开发出“贷款换资源”和“贷款换能源”投资模式，不但解决了合作国缺乏资金进行本国国内基础设施建设的困境，而且换回了中国需要的资源和能源，实现了互利共赢。但两种投资模式都存在着投资协议法律基础薄弱、合作国相关领域国内法混乱或缺失、争端解决机制空白等法律问题，因为投资模式不成熟并没有形成固定的运行体制，所以只能从宏观上提出解决建议。通过对“贷款换资源”和“贷款换能源”投资模式的总结，提出了在国际科技合作里中国国开行（CDB）未来可采用的“贷款换技术”模式。

A Research on the Legal Issues of Loan Investment Mode of BRICS' National Development Banks

SUN Changyang

Abstract: All National Development Banks of the BRICS (“NDBs of BRICS”) possess high flexibility in the use of financial instruments, and play significant role in the construction of infrastructure and other essential projects, nevertheless, the differences in BRICS' national situations and domestic laws have restricted NDBs of BRICS' ability of investments abroad. In view of the importance of cooperation among BRICS, this article adopted research methods such as empirical norms, comparative analysis, and normative analysis, and made an in-depth and systematic study of three investment models of NDBs of BRICS, the legal issues, pro and cons, and establishment of ideal model, presented that it is appropriate to apply "loan-for-resources" and "loan-for-energy" investment models as main models between NDBs of BRICS and other BRICS members, and its instructional significance and demonstration effect to "loan-for-technology" model of China Development Bank; proposed that it is appropriate to apply the "loan-for-resources" investment model as regular model between NDBs of BRICS; within each model, the crucial form of law is the loan investment agreement that with explicit and specific legal rights of all parties; guarantee the loan investment agreements will be implemented legally and effectively, and prevent and reduce legal risks and other possible risks.

Keywords: BRICS; National Development Banks; loan investment model; legal issues

✽ 周柳含 *

金砖国家电子商务中个人信息保护法律制度研究 **

内容摘要:在"互联网+"时代,电子商务中个人信息安全问题十分严重,网民提交给互联网电商的个人信息经常被非法转卖、窃取和泄露,以至于其自身受到侵扰,权利受到损害。随着斯诺登"棱镜门"事件的持续发酵,金砖国家愈来愈重视保护个人信息,但均存在法律保护制度不完善的问题。本文采取规范分析方法、比较分析方法、历史分析方法,主要研究了金砖国家电子商务中个人信息保护(PPIEB)的法律模式、法律关系主体与客体、个人信息权、经营者义务、法律责任,提出了金砖国家间在电子商务个人信息保护方面的法律协调和构建共同保护规则的设想。

关键词:金砖国家;电子商务;个人信息保护;法律制度

目次

---

* 周柳含,西南政法大学国际法学院国际法学专业 2014 级硕士研究生,重庆猪八戒网络有限公司财税产品在线法律实务专员。

** 本文系由本卷编辑在作者 2017 年 6 月硕士学位论文基础上修改而成。

引言

在当今社会，电子商务中个人信息安全问题日趋严重，网民提交给互联网电商的个人信息经常被非法转卖、窃取和泄露，以至于其自身受到侵扰，权利受到损害。在个人信息泄露事件日益频发的背景下，金砖各国电子商务中个人信息安全问题都十分严峻。随着斯诺登"棱镜门"事件的持续发酵，金砖各国越来越重视保护互联网上的个人信息。如巴西在斯诺登揭露美国监听巴西总统的丑闻后①，通过《网络民法》②保护个人信息，要求跨国互联网公司作出承诺，在国外存储巴西公民信息时，应遵守巴西相关法律，以防这些信息被窃取；俄罗斯颁布《信息、信息技术与信息保护法修正案》③，规定俄罗斯公民有权要求搜索引擎删除有关自己的不实信息链接。金砖各国的法律中都有保护电子商务中个人信息的规定，但目前法律还需进一步完善。

本文的理论意义在于：(1)加深对隐私权内涵外延的探讨。美国学者沃伦(Wallen)和布兰代斯(Brandeis)于1890年在其《论隐私权》一文中将隐私界定为一种"免受外界干扰的、独处的"权利④。经过多年发展，人们对隐私权的概念达成了一些基本共识，但关于隐私权的内涵与外延始终处于不确定的状态，随着时代进步，隐私权的内容也将发展变化，本文的研究有助于促进对"互联网+"时代隐私权内涵外延的认识。(2)加深对个人信息权内涵外延的探讨。电子商务中个人信息保护(Protection of Personal Information in the E-Commerce，以下简称PPIE)问题背后的理论主要是个人信息权和隐私权。个人信息权常常被称为"信息自决权"，最初是1971年德国学者Wilhelm Steinmüller和Bernd Lutter-beck提出的概念⑤。所谓的信息自决权(das Recht auf in-formationelle Selbstbestimmung)，在德国法中含义是"个人依照法律控制自己的个人信息并决定是否被收集和利用的权利。"一般认为，个人

---

① Jonathan Watts, "Brazilian President Postpones Washington Visit over NSA Spying", *the Guardian*, September 17, 2013.

② "Marco Civil da Internet Unofficial English Translation", March 28, 2014, Retrieved April 29, 2014.

③ 俄罗斯联邦2015年《信息、信息技术与信息保护法修正案》(2016年1月1日生效)。

④ See Samuel D. Warren & Louis D. Brandeis, "The Right to Privacy", 4 Harv. L. Rev., 1890, p.193.

⑤ Gola/Schomerus, Bundesdatenschutzgesetz (BDSG) Kommentar, 11. Auflage, Verlag C. H. Beck München 2012, Rn.9.

信息权包括信息所有权、信息获取权、信息保护权，是生产、查找、获得、转递、传播和保护个人信息的权利。但是各国对个人信息权内涵与外延的界定并不一致，通过本文的研究可加深对个人信息权内涵外延的探讨。（3）有助于厘清隐私权与个人信息权。隐私权与个人信息权虽是两个不同的概念，却有许多相通之处。厘清隐私权与个人信息权是世界范围内的立法难题。通过本文对金砖国家电子商务中个人信息保护（Protection of Personal Information in the E-Commerce of BRICS，以下简称 PPIEB）法律制度的研究，分析各国的法律保护模式中关于隐私权和个人信息权的规定，可促进对这两个概念的厘清。

本文的实践意义在于：（1）完善 PPIEB 法律制度。契合当前时代发展需要，本文对 PPIEB 法律制度进行研究，进行法律经验总结和困境分析，能为完善金砖各国 PPIE 法律制度提供建议。（2）促进 PPIEB 共同规则的构建。（3）在研究金砖各国 PPIE 法律制度的基础上，对比分析异同点与立法经验和困境，有利于求同存异，构建 PPIEB 共同规则。（4）增强在国际互联网治理法律制度构建中的话语权。发达国家极力反对新兴国家在“WSIS＋10”（信息社会世界峰会成果落实十年审查进程高级别会议）进程中提出的“联合国主导”、“网络监管”和“国家主权”原则。他们倡导“互联网自由”，“有力、创新和多利益攸关模式”。在两相博弈的背景下，金砖国家作为新兴发展中国家的代表必须完善国内立法，加强互联网安全合作，建立合作规制框架，再将制度推广到所有发展中国家乃至全球，才能增强自身在国际互联网治理法律制度构建中的话语权。因此，本文在研究金砖各国现有立法基础上，从互联网治理中的个人信息保护角度切入，研究 PPIEB 的法律协调机制的构建，探索共同规则，具有现实意义。本文拟采用历史分析、比较分析、规范分析、实证分析的方法，较深入、系统地探讨 PPIEB 法律制度，分析其存在的问题并提出解决之策。

一、若干基础性问题

在 PPIEB 法律制度的研究中，涉及的法律定义是“电子商务”与“个人信息”，对这两个术语的界定是进行后续研究的前提。从全球范围看，世界各国电子商务中个人信息法律保护在总体趋势上主要呈现两种模式——统一保护的“欧洲法模式”与分散保护的“美国法模式”。从金砖国家现有法律制度看，PPIEB 立法深受这两种法律模式的影响，涵盖民商法、行政法和刑法的相关法律制度。

(一)相关法律定义

1. 电子商务

根据《联合国电子商务示范法》,电子商务是指通过电子进行的商务活动。世界技术信息与服务联盟认为,电子商务是指以数据化手段提供货物、服务或信息的任何商业交易,或任何帮助上述交易实现的数据化中介职能。国际商会在1997年巴黎举行的"世界商务会议上"认为,电子商务是整个贸易活动的电子化。① 从以上定义可以看出,电子商务即为商务的电子化,是涵盖所有商务活动的电子化形式。就目前而言,电子商务按照参与主体划分,主要有四种形式:企业与企业之间(B2B)、企业与消费者(B2C)、个人与个人之间(P2P)、企业与政府之间(B2G)。公众接触互联网购买产品和接受服务中,最常见的是B2C模式和P2P模式。

2. 个人信息

早在1968年,联合国"国际人权会议"中就提出了"数据保护"。最早的个人信息保护国内立法是德国1970年《黑森林资料法》。在许多国际文件与国内立法中,个人信息与个人数据、个人资料是可以通用的概念。但长期以来关于个人信息,理论和实务界没有一致定义,主要有两种观点,一种是"隐私说",另一种是"识别说"。按照"隐私说"的观点,个人信息是个人不想透露给外界的或者极敏感、不愿为他人所知的信息②。按照"识别说"的观点,个人信息是指能够识别出信息主体本人的信息,所谓"识别"指个人信息与信息主体存在某一客观的可能性,简而言之就是通过这些个人信息把信息主体直接或间接地认出来③。两种观点各有其支持者,相较而言,采取识别说观点的国家更多。

由于自然人与法人差异较大,法人的个人信息保护有其本身的特点,若与自然人的个人信息保护放在一起研究难以阐述清楚此二者的具体规则。所以,本文研究的"个人信息"限定为"自然人的个人信息"。结合前文中电子商务的分类,本文研究的信息主体是电子商务(B2C和P2P)中的自然人消费者。因而,本文将集中分析金砖国家电子商务中对自然人个人信息的法律保护情况。

(二)全球PPIE法的总体趋势

从20世纪70年代开始,世界各国逐渐开始重视个人信息安全问题,先后

---

① 齐爱民:《电子商务法原论》,武汉大学出版社2010年版。

② William S. Davis and Allison Mccormack, *The Information Age*, 1979.

③ 齐爱民:《电子商务法原论》,武汉大学出版社2010年版。

从法律保护角度进行规制，如德国制定了《黑森州资料法》(1970 年)，瑞典制定了《瑞典资料法》(1973 年)。而进入 21 世纪以来，随着互联网与电子商务的发展，个人信息交流愈发频繁，个人信息安全问题也日益严峻。在这种形势下，各国为保护个人信息安全纷纷制定或修改法律以保护个人信息，适应时代发展需要。目前，全球 PPIE 法律制度总体上呈现两种形式。学者将制定统一的个人信息保护法为特征的称为“欧洲法模式”或者“统一模式”，而把以分散立法而不制定统一的个人信息保护法为特点的称为“美国法模式”或者“分散模式”[①]。欧洲法模式与美国法模式特点鲜明，代表目前全球 PPIE 法律的两种趋势。

“欧洲法模式”的特点是一般制定了专门的《个人信息保护法》对个人信息进行保护。[②] 在大陆法系中许多国家采取此模式，最为典型的是德国，早在 1977 年《联邦数据保护法 》就生效了。关于个人信息保护，欧洲议会和欧盟理事会在 1995 年颁布了《涉及个人数据处理的个人保护以及此类数据自由流动的指令》(以下简称《个人数据保护指令》)，2013 年《欧盟数据保护基本条例》。《个人数据保护指令》规定了个人对其个人信息享有的权利、有个人信息获取权(根据指令第 12 条，信息主体可以随时免费获得个人信息，并有权确认或改正个人信息)、自主决定权(根据指令第 15 条，自然人对他人使用其个人信息拥有否决权)、获得救济权(根据指令第 23 条，未经许可或违法使用个人信息的，信息主体有权要求侵权者承担经济赔偿等民事责任)。[③] 在 2013 年《欧盟数据保护基本条例》中，数据主体具有删除权，在一定条件下可要求数据控制人删除其个人信息或停止此信息的进一步传播。该条例还规定，欧盟成员国应设立一个监管条例是否被遵守的监管机关，信息主体的个人信息如果没有按照条例规定被处理，信息主体有权向此监管机关控诉，也可以向司法机关提起诉讼。但是，即使制定了专门的《个人信息保护法》，“欧洲法模式”下的国家也没有很好地区分个人信息与隐私的关系。在欧盟《个人数据保护指令》中，在确立个人信息保护的价值时，认为其包括“基本权利”“自由”以及“隐

---

① 王利明：《论个人信息权的法律保护——以个人信息权与隐私权的界分为中心》，载《现代法学》2013 年第 4 期。

② 周汉华：《个人信息保护法(专家建议稿)及立法研究报告》，法律出版社 2006 年版，第 79、80 页。

③ 何培育：《电子商务环境下个人信息安全危机与法律保护对策探析》，载《河北法学》2014 年第 8 期。

私”。可以看出，保护个人信息与隐私交织在一起，并未把这两类清晰分开。[①]

“美国法模式”通过各具体领域的法律以及准则对个人信息进行保护。美国对个人信息的保护集中体现在保护隐私上。美国没有制定专门的个人信息保护法，但在1974年制定了专门的《隐私法》，1986年颁布了《电子通信隐私权法案》。美国法采纳的是大隐私权的概念，其包括大陆法中的名誉权、肖像权、姓名权等具体人格权的内容，将个人信息包含在隐私内进行保护[②]，所以可将个人信息纳入隐私权的范围进行保护。按照《隐私法》规定，如果个人信息被非法泄露，可以向法院提起诉讼。美国还制定了《儿童在线隐私保护法》，儿童的个人信息可以通过此专门法进行保护。美国还制定了《家庭教育隐私法》《财务隐私法》，其中也涉及对个人信息保护的规定，按照其中的规定，除非双方签订了合同，否则信息主体的个人信息不能被提供给第三方。由此可见，美国对个人信息的法律保护确实较为分散。此外，市场和行业自律也在美国个人信息保护中发挥着重要作用[③]，通过三种方式进行：非强制性的商业指引、技术手段保护、网络隐私认证机制[④]。但不是所有个人信息都能归于隐私，如在美国，对已经公开的个人信息扩大公开范围并不被看作侵害隐私[⑤]。

这两种法律保护趋势产生的原因与大陆法系和英美法系的区分有关。在欧洲，大陆法系国家居多数，大陆法系的特点即为通过制定成文法来规制社会问题，以适应现实发展需要，因而面对日益严峻的个人信息安全问题，趋向于通过制定成文法——专门的个人信息保护法来解决。而美国则不同，其为英美法系的国家，判例法是英美法系的特征。因而，当面临个人信息安全威胁时，美国趋向于通过判例来解决，以适应社会新形势的需要，而不是通过制定统一的成文法，同时，避免国家统一立法规制的方式，也给行业协会、私主体在此领域制定规则发挥作用、进行监管留有余地。因而，美国对于个人信息的法律保护

---

① 欧洲议会和欧盟理事会1995年10月24日《关于涉及个人数据处理的个人保护以及此类数据自由流动的指令》(95 /4B/EC)，转引自王利明：《论个人信息权的法律保护——以个人信息权与隐私权的界分为中心》，《现代法学》2013年第2期。

② 《美国侵权法重述》(第二版)第652C节和652E节。

③ Joel R. Reidenberg, “Setting Standards for Fair Information Practice in the U.S. Private Sector”, *Iowa L. Rev.* 497, 1995, (80): 500.

④ 华劼：《网络时代的隐私权——兼论美国和欧盟网络隐私权保护规则及对我国的启示》，《河北法学》2008年第6期。

⑤ Ritzmann v. Weekly World News, 614 F.Supp.1336 (N.D.Tex.1985); Health v. Playboy Enterprises, Inc., 732 F. Supp. 1145 (S. D. Fla. 1990); Michaels v. Internet Entertainment Group, Inc., 5 F. Supp. 2d 823 (C. D. Cal. 1998).

呈分散保护的形式。统一保护的欧洲法模式与分散保护的美国法模式虽然差异较大，但不是泾渭分明，就目前发展来看，也出现了互相融合的趋势，两种模式互相借鉴从而更好地应对个人信息安全问题。采用欧洲法模式对个人信息进行保护的国家也开始逐渐重视行业协会、私主体的作用，在立法达不到那么具体之处让行业协会、私主体发挥作用进行规制，而采用美国法模式对个人信息进行分散保护的国家也开始探索在这一领域制定统一的法律制度以弥补对个人信息保护没有统一标准的缺陷，以达到对个人信息更好保护的效果。

(三)PPIE 立法简况

1. 现有立法

(1)巴西

巴西涉及 PPIE 的主要法律法规有《宪法》《民法典》《信息获取法》《消费者权益保护法》《反互联网犯罪法案》①和 2014 年《巴西互联网监管框架》。到目前为止，巴西尚未制定保护个人数据的专门法，但司法部在 2015 年已经将《个人信息保护法案草案》提交给公众讨论。对《巴西互联网监管框架》的条款修改的公众讨论也在进行之中。在这一领域最重要的法律制度是《巴西互联网监管框架》。

(2)俄罗斯

俄罗斯涉及 PPIE 的法律主要有：国际法层面的《斯特拉斯堡公约》②，国内法中的《宪法》《信息、信息技术和信息保护法》③《个人数据保护法》④。在这一领域最重要的立法是《个人数据保护法》。此外，一些部门法如《劳动法》《航空法》中也有关于个人信息保护的内容。

(3)印度

印度涉及 PPIE 的主要法律是《信息技术法》，部门法包括《电信法》《银行法》《医生职业伦理法典》等。《信息技术法》经过多次修正以适应发展需要，其在互联网环境下维护信息安全发挥着重要作用⑤。

---

① 该法案又称“卡罗琳娜·迪克曼法”。迪克曼为巴西女明星，2012 年 5 月，她的电脑遭黑客入侵并将其私密照片公布在网上。此事件引发公众关注，推动此法通过。

② 即 2005 年《关于个人数据自动处理保护的斯特拉斯堡公约》。

③ 2006 年第 149-FZ 号联邦法。

④ 2006 年第 152-FZ 号联邦法。

⑤ Shobhalata Udapudi, “The Information Technology Act of India: A Critique”, *International Journal of Business Economics & Management Research*, Vol.2, Issue 5, 2012.

(4)中国

中国涉及 PPIE 的主要法律有《宪法》《民法通则》《侵权责任法》《消费者权益保护法》《刑法》和 2016 年 11 月 7 日颁布在 2017 年 6 月 1 日生效的《网络安全法》。我国《民法通则》与《侵权责任法》对电子商务中个人信息采取的是归于隐私中间接保护的模式①。

(5)南非

南非涉及 EPIP 的主要法律有《宪法》《个人信息保护法》《截取通讯和提供与通讯相关信息法》。

2. 现状分析

(1)涉及个人信息保护的法律类别

从现有立法看,PPIE 立法以民商法为主,如巴西、俄罗斯《民法典》中涉及个人信息保护的规定;其次是行政法,如印度 2011 年《信息技术规则(IT 规则)》中关于敏感个人数据保护的规定;最后是刑法,如中国《刑法》中规定侵犯公民个人信息罪,让侵害公民个人信息者承担刑事责任。

(2)信息法发展情况

在金砖五国之中,俄罗斯的信息法律体系发展较早,最为完备,已经成为俄罗斯联邦法律体系里的一个独立门类②,俄罗斯 PPIE 主要规定在信息法框架之内。俄罗斯和南非已经有了专门的个人信息保护法。巴西也将《个人信息保护法案草案》提交给公众讨论,但中国和印度尚无专门的个人信息保护法。

(3)直接保护与间接保护

俄罗斯、南非趋向于对个人信息进行直接保护,类似统一保护的“欧洲法模式”,而巴西、印度与中国尚未有专门的个人信息保护法,因而趋向于将个人信息归入隐私进行间接保护,更贴近分散保护的“美国法模式”。

二、金砖各国 PPIE 的法律模式

金砖各国 PPIE 的法律模式包括“统一模式”和“分散模式”。两种模式以法律对电子商务个人信息进行分散保护还是统一保护而区分。俄罗斯与南非采取的是“统一模式”,巴西、印度、中国采取的是“分散模式”。在两种模式下,金砖各国的法律构架有自身特点。

---

① 王利明:《论个人信息权的法律保护——以个人信息权与隐私权的界分为中心》,载《现代法学》2013 年第 4 期。

② Копылов В А, Информационное право, Юристъ,2005.

(一)统一模式

"统一模式"以制定统一的个人信息保护法为特征。[①] 俄罗斯、南非都有专门的个人信息保护法,对个人信息直接保护,采取的是"统一模式"。

俄罗斯在2006年就通过了《个人数据保护法》,其可被看作是俄罗斯前期有关个人信息保护法律制度的总结,系统地建立了个人信息法律保护的具体制度。在此法中对个人信息保护主体"数据运营者"进行了界定,对个人信息保护客体——个人数据进行概括性加列举性定义,还对敏感数据做出了规定,还具体阐述了个人对其个人数据拥有的权利以及数据运营者在收集、处理个人数据的相应具体义务,规定了个人信息的保密义务、个人信息的跨境传输、个人信息的公开、个人信息的处理机制等相关规则。俄罗斯的信息法较为发达,对个人信息的保护不仅仅通过《个人数据保护法》,在《信息、信息技术和信息保护法》中也做出了相应规定。《信息、信息技术和信息保护法》是俄罗斯在1995年颁布框架性法律时,在《个人数据保护法》未通过前,对个人信息保护最为重要的立法。《信息、信息技术和信息保护法》颁布较早,为了适应时代发展需要已经历数次修改。如在2015年俄罗斯总统签署第264号联邦法律,在其中对《信息、信息技术和信息保护法》的内容进行修改,用构建义务的方式规定了被学界称为"被遗忘权"的内容;根据2014年对《信息、信息技术和信息保护法》第242-FZ号修正案的内容,所有数据运营商在收集相关个人数据(包括通过网络)的过程有义务确保使用位于俄罗斯联邦境内的数据中心对俄罗斯公民的个人数据进行记录、系统化、积累、存储、更改和提取俄罗斯公民的个人数据。此外,在俄罗斯《民法典》中涉及一些对个人信息保护的规定,如对某些个人信息删除的权利。分析俄罗斯PPIE法律模式可以看出,其"统一模式"的特点较为明显,主要通过《个人数据保护法》和《信息、信息技术和信息保护法》进行保护,与民法对个人信息的保护可以看作是特殊法与一般法的关系。若是需要修改法律以适应发展需要,俄罗斯一般采取的做法是在现有统一保护模式的法律框架基础上颁布法案,法案内容中规定相关法律规则应该如何更改。如为增加"被遗忘权"内容,在民法(一般法)与信息法(特殊法)的原有基础上进行修改,以维护整个法律模式的稳定性。

南非是非常典型的个人信息保护法的"统一模式"国家,主要通过南非《个

---

① 周汉华:《个人信息保护法(专家建议稿)及立法研究报告》,法律出版社2006年版,第79、80页。

人信息保护法》起到保护作用。在信息法体系上，南非不如俄罗斯发展完善。除《个人信息保护法》外，涉及信息的法律主要是《截取通讯和提供与通讯相关信息法》。《个人信息保护法》具体规定了个人信息处理者（责任方）的范围，对个人信息的内容作出定义和非常详尽的列举，还规定了需要更高保护层级的“特殊个人信息”，对“特殊个人信息”的内容进行了列举，也具体规定了信息主体的权利（权利内容主要包括获得信息权、个人信息修改删除权、反对个人信息处理权）和责任方保护个人信息的义务（义务内容主要包括遵守合法处理个人信息的八个条件、获得数据主体的同意义务、处理特殊个人信息应遵守的义务、获得事先授权义务、安全保密义务、第三方处理个人数据情况下的义务、将个人信息转移给在国外的第三方应遵守的义务、禁止直接营销义务等内容）。在《截取通讯和提供与通讯相关信息法》涉及一些保护个人信息的条文。由此可见，南非在个人信息法律保护上的“统一模式”体现得较为明晰。

（二）分散模式

“分散模式”以分散立法而不制定统一的个人信息保护法为特点，即在各个行业分别制定有关个人信息保护的法律规则、准则，而不制定统一的个人信息保护法律。[①] 巴西、印度与中国目前趋向于将个人信息归入隐私进行间接保护，更贴近“分散模式”。但巴西已将《个人信息保护法案草案》提交给公众讨论，可以预料这部法律出台后，巴西会由“分散模式”转向“统一模式”。

目前，巴西更倾向于用“分散模式”对电子商务中个人信息进行保护。在《宪法》和《民法典》中特别提及对隐私的保护，而且《宪法》中还专门规定个人的隐私、私生活、名誉和形象若受到侵犯，个人拥有因此造成金钱和非金钱损害的赔偿权。此外，巴西目前 PPIE 还可以通过被称为巴西“网络民法”的《互联网监管框架》，其中对受保护的个人信息范围作出了规定，还具体规定了个人对个人信息拥有的权利，涉及获得信息权、个人信息保护权等内容，互联网连接或互联网应用提供商的对应具体义务。虽然巴西目前尚无专门的个人信息保护立法，但是《互联网监管框架》里的具体规定已经有了专门的个人信息保护法的一些特色，其中规定了对个人数据、私人通信内容、连接和互联网应用访问日志的保护（不过没有对敏感个人数据与一般的个人数据进行区分），还规定了数据主体的获得信息权、个人信息保护权的内容以及处理个人信息时应遵守的义务、安全保密义务的具

---

① 周汉华：《个人信息保护法（专家建议稿）及立法研究报告》，法律出版社 2006 年版，第 79、80 页。

体规则。此外,巴西关于个人信息保护的规定还见于《免税法》等其他一些专门领域的分散的法律中。因而,目前巴西 PPIE 法律模式还是属于"分散模式"。

印度 PPIE 法律模式贴近"分散模式"。除通过隐私保护对个人信息进行保护外,印度主要通过《信息技术法》及其 2008 年修正案、2011 年《信息技术规则(IT 规则)》来规制,其中详细规定了敏感数据保护应该适用的规则、信息主体的权利及数据控制者的相应义务。最早是 2000 年《信息技术法》,根据当时情况对个人信息保护的部分问题做出规定,2008 年修正案根据时事发展修改了原法中过时的部分,增加了新内容以维护个人信息安全,如对网络服务供应商针对个人信息的违法免责条件做出了限制。在 2011 年,移动端病毒窃取个人数据的行为引起印度重视,因而 2011 年《信息技术规则(IT 规则)》对个人敏感数据保护做出了较为详细的规定。2011 年《信息技术规则(IT 规则)》由四个法规组成:《信息技术(合理的安全操作流程及敏感的私人数据和信息)法规》《信息技术(中介机构操作指南)法规》《2011 年信息技术(网吧操作指南)法规》和《信息技术(公共服务电子化)法规》。其中,《信息技术(合理的安全操作流程及敏感的私人数据和信息)法规》对能够采集、接收、占有、存储、处理个人信息的企业及团体进行了更加具体的规定,包括企业采集个人信息的目的、信息保存的时间、披露信息的要求及应承担的义务,并规定了此类团体应遵守 IS/ISO/IEC20071 国际质量标准,以保证信息安全。[1] 由此可见,虽然印度没有专门的个人信息保护立法,但许多属于个人信息保护法的内容已经被规定在其信息技术立法与法规中,尤其对个人敏感数据保护的规定较为细致具体。此外在《电信法》《银行法》《医生职业伦理法典》等法律中也有对个人信息进行保护的分散规定。因而,总的来说,印度 PPIE 法律模式还是属于"分散模式"。

中国 PPIE 法律模式目前贴近"分散模式",主要是通过《民法》《侵权责任法》将个人信息纳入隐私中进行保护。在 2017 年 6 月 1 日《网络安全法》生效前,法律中明确提到个人信息保护的主要就是《刑法》与 2013 年修改后的《消费者权益保护法》的规定。根据《刑法》第 253 条之一侵犯公民个人信息罪的内容,违反国家有关规定,向他人出售或者提供公民个人信息,情节严重的,处 3 年以下有期徒刑或者拘役。《消费者权益保护法》涉及对经营者收集、使用消费者个人信息以及保密的规定,其中明确规定了消费者具有个人信息依法

① 张睿:《印度〈信息技术法案〉研究及对我国信息技术立法的启示》,华东政法大学硕士论文,2013 年,第 104 页。

得到保护的权利，但是并没有阐述具体的权利内容，对经营者的相关义务规定得较为详细，阐明了经营者收集、使用消费者个人信息时应该遵守的原则、注意事项以及安全保密的义务。《网络安全法》对个人信息保护的内容部分，一方面沿用消费者权益保护法的规定，对个人信息收集、使用以及保密上应遵守的义务进行阐述，另一方面做出禁止性规定，任何个人和组织不得窃取或者以其他非法方式获取个人信息，不得非法出售或者非法向他人提供个人信息，也禁止恶意程序，任何个人和组织发送的电子信息、提供的应用软件，不得设置恶意程序，不得含有法律、行政法规禁止发布或者传输的信息。《网络安全法》规定了信息主体对个人信息的修改删除权（信息主体有权要求网络运营者予以更正错误信息），以及获得信息的权利（网络运营者在收集个人信息时要明示收集、使用信息的目的、方式和范围）。由此可见，虽然中国没有专门的个人信息保护立法，但是现在已经愈来愈重视这一问题，在修改后的《消费者权益保护法》以及新近颁布的《网络安全法》中都做出了规定。总体来说，对个人信息的法律保护仍较为零散，属于"分散模式"。

（三）比较分析

采取"统一模式"的俄罗斯、南非与采取"分散模式"的巴西、印度与中国在对电子商务中个人信息的法律保护上主要方式各有侧重。俄罗斯、南非倾向于用专门的个人信息保护法进行保护，巴西、印度与中国的法律倾向于对个人信息进行分散保护。两种模式的相同点是个人信息都能通过对隐私的保护实施，都没有厘清个人信息与隐私的关系，对两者的保护时有交叉。

俄罗斯、南非对个人信息的保护主体、客体、具体权利义务以及责任的规定较为集中且详细具体，涉及个人信息、保护主体的界定，有对个人信息的收集、处理、披露、转让等方方面面的规则。俄罗斯的信息法较发达，其除了通过《个人数据保护法》对个人信息进行保护外，还通过《信息、信息技术和信息保护法》进行规制。相较之下，南非通过《个人信息保护法》进行集中保护。

巴西、中国和印度对个人信息保护的法律规定并不是十分具体，实施分散保护。在巴西的《互联网监管框架》，印度的《信息技术法》，中国的《网络安全法》中涉及部分关于个人信息的法律规定，一些零散的具体法律中也会对该领域的个人信息保护作出规定，总体上较为碎片化。此外，通过纳入隐私范畴保护个人信息在"分散模式"的巴西、中国和印度也较为常见。因为没有具体细致的个人信息保护规定，巴西、中国和印度对个人信息的保护还较为薄弱。以中国为例。在法律规定中长期以来对个人信息保护并不重视，在对个人信息的刑法保护上，直到2009年的刑法修正案七中才增加了出售、非法提供公民个人信息罪和非法获取公民个人信息罪这两种侵犯公民个人信息的犯罪的规定，但限定了出售、非法提供公民个人信息罪的主体，仅为国家机关或者金融、电信、交通、教育和医疗等单位的工作人员，这在很大程度上限缩了惩罚的范围，直到2015年通过的刑法修正案九才扩大主体的范围，不对主体进行限制，直接规定为“违反国家有关规定，向他人出售或者提供公民个人信息，情节严重的，处3年以下有期徒刑或者拘役，并处或者单处罚金；情节特别严重的，处3年以上7年以下有期徒刑，并处罚金。违反国家有关规定，将在履行职责或者提供服务过程中获得的公民个人信息，出售或者提供给他人的，依照前款的规定从重处罚。窃取或者以其他方法非法获取公民个人信息的，依照第一款的规定处罚。”此外，2013年修改后的《消费者权益保护法》才明确规定了保护消费者个人信息的权利以及相关义务。2016年《网络安全法》在个人信息保护上，在沿用《消费者权益保护法》中关于经营者对个人信息保护相关义务的基础上，增加了信息主体对个人信息的修改删除权（信息主体有权要求网络运营者予以更正错误信息），以及获得信息的权利（网络运营者在收集个人信息时要明示收集、使用信息的目的、方式和范围）的规定，此外在相关义务上多为禁止性规定，而没有具体规定在收集、处理、转让、披露个人信息时所遵循的程序性义务和安全保密措施。可以看出，中国在个人信息法律保护上实施分散保护模式，起步较晚，法律制度不完善，通过隐私权保护并不能有力实现对个人信息的保护。总而言之，实施分散保护法律模式的巴西、中国和印度，在个人信息法律保护上缺乏专门统一的标准，法律规定较为零碎，容易出现对个人信息的保护缺乏力度的局面。

两种模式下的金砖国家关于个人信息保护的法律规定各有利弊。采取“统一模式”的俄罗斯、南非法律中对个人信息保护作出比较详尽具体的阐述，有利于为保护个人信息规定标准，但存在有些条文过于僵化的问题；采取“分散模式”的巴西、印度保护个人信息的法律条文没有那么繁多、具体，对个人信息的保护更为灵活，然而由于多数情况下没有统一的保护标准，存在保护力度不够的问题。

（四）小结

在金砖各国PPIE的法律模式上，俄罗斯、南非有专门的个人信息保护立法，对个人信息直接保护，采取的是“统一模式”。巴西、印度与中国尚未有专门的个人信息保护立法，目前趋向于将个人信息归入隐私进行间接保护，更贴近“分散模式”。

两种模式下的巴西、俄罗斯、印度、中国和南非的具体法律制度有其自身的国家特点。两种模式在进行个人信息保护上具有共同点——都能通过保护隐私对个人信息进行保护，且没有厘清个人信息与隐私的关系，主要区别在于对个人信息进行统一保护还是分散保护。两种模式下金砖国家的关于个人信息保护规定各有利弊。采取统一模式的俄罗斯、南非法律中对个人信息保护作出比较详尽具体的阐述，确立了保护个人信息的标准，但存在条文僵化的缺陷；采取分散模式的巴西、印度对个人信息的法律保护较灵活，然而由于没有统一的保护标准，存在分散保护导致的力度不够的问题。

三、金砖各国 PPIE 法律关系的主体

金砖各国 PPIE 法律关系的主体主要包括信息主体、互联网服务提供商、电子商务经营者。金砖各国法律中对主体的具体规定有差异。

（一）巴西 PPIE 法律关系的主体

巴西 PPIE 法律关系的主体集中体现在《互联网监管框架》中，主要为互联网用户和互联网服务提供商，如自主系统管理员、互联网连接提供商和互联网应用提供商。[①] 若上述主体为国外法律实体，只要满足为巴西公众提供服务或在巴西设立了同一经济集团的一个以上实体的条件，也是框架中涉及的个人信息保护主体。在某些具体的法律中规定了保护个人信息的特殊主体。如《信息获取法》中规定的保护主体是公共行政机构和可以从任何公共机构获取敏感或个人信息的任何个人或私人实体。《消费者保护法》中规定的消费者信息保护法律关系中的主体是消费者和供最终使用或消费的服务或商品供应商。第 12.414 号法律中规定的主体是管理信用数据库的私人实体。此外，巴西《宪法》和《民法典》中涉及的保护主体为巴西个人和实体以及居住在巴西的外国人。

（二）俄罗斯 PPIE 法律关系的主体

俄罗斯 PPIE 法律关系的主体主要规定在《信息、信息技术和信息保护

---

① 杨治武、李涛柱：《巴西网络空间安全建设管窥》，载《中国信息安全》2016 年第 7 期。

法》和《个人数据保护法》中。根据《信息、信息技术和信息保护法》,主体为数据主体和数据运营者以及数据运营者授权下实施行为的第三方。但是,在这部法律中没有关于"数据运营者"的定义。在《个人数据保护法》中有关于其的界定,按照此中规定,数据运营者可以是州或者法人或者自然人,但必须满足以下条件:组织或执行(单独或与其他人共同)处理个人数据、决定个人数据处理的目的、个人数据的内容以及与个人数据相关的操作。①

(三)印度 PPIE 法律关系的主体

印度 PPIE 法律关系的主体主要规定在 2000 年《信息技术法》和 2011 年《信息技术规则(IT 规则)》中。根据 2000 年《信息技术法》,主体包括数据主体和数据控制者和通信、信息技术部。根据 2011 年《信息技术规则(IT 规则)》个人信息的保护法律关系中的主体仅涉及位于印度的法人团体或个人。②

(四)中国 PPIE 法律关系的主体

中国 PPIE 法律关系的主体主要规定在《网络安全法》中,涉及的主体是任何个人或者主体,其中特别规定具体义务的主体包括网络运营者、依法负有网络安全监督管理职责的部门及其工作人员、国家网信部门和有关部门。此外,《消费者权益保护法》涉及的主体是消费者和为消费者提供其生产、销售的商品或者提供服务的经营者。

(五)南非 PPIE 法律关系的主体

南非 PPIE 法律关系的主体有信息主体和所有个人信息处理者(责任方),包括:公共和私有方、非营利组织、在南非处理个人信息的外国方③、住所在南非的主体④和相应的监管机构。《个人信息保护法》将信息主体定义为与个人信息有关的人。⑤

---

① 肖秋会:《俄罗斯信息法研究综述》,载《中国图书馆学报》2013 年第 6 期。

② 纪凡凯:《印度互联网管理立法及其对我国的启示》,载《经济与法》2011 年第1 期。

③ 除非信息仅经过南非而不是面向南非。

④ 但不一定在南非处理个人信息。

⑤ 见南非《个人信息保护法》第 12 章"一般规定"。

(六)比较分析

表1　金砖各国PPIE法律关系主体的比较分析

	巴西	俄罗斯	印度	中国	南非
主体	互联网用户和互联网服务提供商,如自主系统管理员、互联网连接提供商和互联网应用提供商。(巴西《互联网监管框架》) 消费者和供最终使用或消费的服务或商品供应商。(巴西《消费者保护法》) 巴西个人和实体以及居住在巴西的外国人。(巴西《宪法》《民法典》)	数据主体、数据运营者以及数据运营者授权下实施行为的第三方。(俄罗斯《信息、信息技术和数据保护法》和《个人数据保护法》)	数据主体、数据控制者和通信、信息技术部。[《信息技术法》和《信息技术规则(IT规则)》]	使用互联网的任何个人或者主体和网络运营者、依法负有网络安全监督管理职责的部门及其工作人员、国家网信部门以及有关部门。(《网络安全法》)消费者和为消费者提供其生产、销售的商品或者提供服务的经营者。(《消费者权益保护法》)	信息主体和所有个人信息处理者(责任方)。(南非《个人信息保护法》)

1. 互联网与信息法中涉及的主体

纵观金砖各国PPIE法律关系的主体,虽然具体表述不同,但共同点在于权利主体为一般信息主体(互联网用户),义务主体一般都涉及互联网服务提供商和行政机构。法律赋予上述义务主体的主要是作为性义务。对于这些主体以外的社会大众,法律赋予的是不作为义务,即不能进行某些行为来侵害个人信息。许多电子商务经营者实际上是互联网服务提供商,因而是保护个人信息法律关系的主体。

2. 其他法律中涉及的主体

除与PPIE直接相关的网络监管法律和个人信息保护法中规定的保护个人信息的主体外,一些金砖国家的其他法律,如消费者权益保护法、税法也涉及保护个人信息的其他相关主体。

3. 主体国籍

关于保护主体是否必须是本国人,一些法律中做出清晰规定,如巴西《互联网框架》中明确指出即使框架中涉及的活动是由国外法律实体进行的,只要国外法律实体为巴西公众提供服务或在巴西设立了同一经济集团的一个以上实体，则框架里的规定也适用；印度 2011 年《信息技术规则(IT 规则)》仅适用于位于印度的法人团体或个人；南非个人信息保护法规定保护主体是在南非处理个人信息的外国方，而另一些法律规定较为模糊。

(七)小结

金砖各国 PPIE 法律关系的主体为信息主体、互联网服务提供商和行政机构，金砖国家法律规定大同小异。巴西 PPIE 法律关系的主体主要为互联网用户和互联网服务提供商，如自主系统管理员、互联网连接提供商和互联网应用提供商。俄罗斯 PPIE 法律关系的主体主要为数据主体和数据运营者以及数据运营者授权下实施行为的第三方。印度 PPIE 法律关系的主体主要包括数据主体、数据控制者和通信、信息技术部。中国 PPIE 法律关系的主体为使用互联网的任何个人或主体和网络运营者、依法负有网络安全监督管理职责的部门及其工作人员、国家网信部门以及有关部门。南非 PPIE 法律关系的主体包括信息主体和全体个人信息所有处理者(责任方)。在保护主体是否必须是本国人的问题上，各国的规定有差异，部分国家的规定不够具体，需在修法中改进。在金砖各国 PPIE 法律关系的主体上的立法经验是，除规定互联网服务提供商对个人信息进行保护，还可以设定专门的行政机关进行监管。

四、金砖各国 PPIE 法律关系的客体

金砖各国 PPIE 法律关系的客体是个人信息，或称个人数据、个人资料，在法律文件或论文著述中，这三个名词在多数情况下可通用。金砖国家 PPIE 法律中对“个人信息”的定义大都采取的是“识别说”的观点，将个人信息界定为能够识别出信息主体本人的信息。

(一)巴西 PPIE 法律关系的客体

巴西法律对 PPIE 法律关系的客体(个人信息)主要规定在《互联网监管框架》中。《互联网监管框架》保护个人数据、私人通信内容、连接和互联网应用访问日志[①]，不区分敏感数据与一般个人数据，因此没有适用于敏感数据的特殊规则。此外，一些专门法律中规定了具体的个人信息保护客体，《消费者保护

① 见《互联网监管框架》第 10 条。

法》适用于保护在相关消费者数据库中注册的个人数据，第 12.414 号法保护的是有关个人或法人的信用行为和债务[①]的财务及还款信息。

个人信息还能作为一种隐私及其相关内容被保护，可以成为巴西《宪法》第 5 条[②]中规定的个人隐私、私生活、名誉和形象，而不可侵犯。根据巴西《民法典》，个人的私生活不可侵犯。巴西《宪法》第 5 条还专门规定了对通信和电报、数据和电话通信的保护。

(二)俄罗斯 PPIE 法律关系的客体

在俄罗斯法律中，个人数据概念的形成和对个人数据保护的重视是从 20 世纪 90 年代开始的[③]。1995 年《信息、信息化和信息保护法》中，个人数据被定义为可以直接或间接地确定或识别个人的相关信息[④]。

《个人数据保护法》对个人数据的定义是属于特定某人的或者可以依据此信息确定某自然人的任何信息，包括姓、名、父名、出生年月日、住址、家庭状况、社会状况、财产状况、教育程度、职业、收入及其他信息。其中没有对直接个人数据和间接个人数据进行区分，因此会根据实际情形来确定。《个人数据保护法》还对敏感数据做出了定义，是指与国籍、种族或族裔血统，政治观点，宗教或哲学信念以及个人健康或性生活状况有关的任何资料。[⑤]

个人数据也得到《税法》保护，其中个人数据被解释为包括姓、名、父名、出生日期、性别、住所地址、国籍护照和其他证明纳税人人格的文件的数据。[⑥]

(三)印度 PPIE 法律关系的客体

印度法律对 PPIE 法律关系客体的界定主要规定在《信息技术法》和 2011 年《信息技术规则》中。《信息技术法》对敏感数据做出了规定[⑦]，指：密码；财务信息，如银行账户或信用卡详细信息；身体、生理和心理健康状况；性取向；

---

① 2011 年 11 月 18 日第 12.527 号法律。

② 巴西《宪法》第 5 条规定："个人的隐私、私生活、名誉和形象是不可侵犯的，并保证因违反这些规定而造成的金钱和非金钱损害赔偿(精神损害赔偿)的权利"。

③ Ю.Г.Просвирнин,"Защита персональных данных",Вестник ВГУ.Серия Право,№.2.2008.С.174.

④ 2006 年该法被修改为《信息、信息技术和信息保护法》，个人数据的概念被删除。

⑤ 俄罗斯信息保护法中没有对管辖范围的规定。一般的观点认为，其适用于发生在或者针对俄罗斯的数据处理以及收集、储存或者使用俄罗斯公民的个人数据。

⑥ 涂咏松：《俄罗斯个人资料保护制度探析》，载《求是学刊》2014 年第 1 期。

⑦ 方婷：《印度网络安全法律法规与管理体制》，载《中国信息安全》2013 年第 2 期。

医疗记录和历史;生理特征信息。[①] 2011 年《信息技术规则》将个人信息定义为与自然人直接或间接相关的任何信息,与其他获得的或可能获得和法人团体直接或间接相关的信息,以至于能够识别此人[②]。

专门法还对特定的个人信息作出保护。《医生职业伦理法典》要求医生保持患者信息的机密性[③];《电信法》保护的是客户账户和用户信息,根据其规定,客户账户和用户信息(漫游信息除外)不能转移到海外或从海外远程访问;《银行法》涉及相关数据在海外被处理、储存或访问的规定。

(四)中国 PPIE 法律关系的客体

中国法律对 PPIE 法律关系客体的规定主要在《网络安全法》中,主要保护的是个人信息和用户信息,但其中未对个人信息进行具体定义。此外,《消费者权益保护法》保护与消费者相关的个人信息。

(五)南非 PPIE 法律关系的客体

南非法律对 PPIE 法律关系客体(个人信息)作出了较为详细的列举性规定。个人信息指与可识别的、活着的自然人以及可识别的现有法人有关的信息,包括:人的种族、性别、性、怀孕、婚姻状况、民族、族裔或社会出身、肤色、性取向、年龄、身体或精神健康、福利、残疾、宗教、道德、信仰、文化和出生信息;与人的教育、医疗、财务、犯罪或就业历史有关的信息;有关个人的任何特定分配的信息,包括可以识别号码、符号、电子邮件地址、物理地址、电话号码、位置信息、在线标识符或其他;人的生理特征信息;个人的个人意见,观点或偏好;由隐含或明示具有私人或机密性质的人发送的通信,或者将显示原始通信内容的下一步通信;另一个人对该人的看法或意见。姓名构成个人信息的条件是,如果姓名的出现与此人的其他个人信息相关,或者如果披露该姓名本身将披露有关此人的信息,但已被去掉识别标识不能再次识别以确定个人的信息排除在外[④]。

南非法律中规定了“特殊个人信息”。“特殊个人信息”是关于数据主体的个人信息:宗教或哲学信仰;种族或族裔出身、行业会员、政治信念、健康、性生

---

① 印度《信息技术法》第 43A 节规定了对敏感信息的适用规则,第 72A 节适用于所有个人信息。2011 年《信息技术规则》仅适用于敏感信息。

② 见印度 2011 年《信息技术规则(合理的安全操作流程及敏感的私人数据和信息)》第 2 节。

③ 但是如果对个人或社区存在严重的和明确的风险,则可以披露这些信息。

④ 见南非《个人信息保护法》第 1 章“定义与目的”。

活、生理特征信息、犯罪行为。

(六)比较分析

表2 金砖各国PPIE法律关系的客体对比分析

	巴西	俄罗斯	印度	中国	南非
客体	个人数据、私人通信内容、连接和互联网应用访问日志。 不区分敏感数据与一般个人数据。 在相关消费者数据库中注册的个人数据。 作为隐私内容加以保护。	个人数据:任何属于特定某人的或者可以依据此信息而确定某名自然人的信息。 对敏感数据进行区分。	个人信息:个人信息定义为与自然人直接或间接相关的任何信息,与其他获得的或可能获得和法人团体直接或间接相关的信息,以至于能够识别此人。 对敏感数据做出区分。	个人信息。没有区分敏感个人信息。 与消费者相关的个人信息。	个人信息:可识别的、活着的自然人以及可识别的现有法人有关的信息。 区分了特殊的个人信息。

1. 对个人信息的界定

巴西、俄罗斯、南非、印度的法律中对个人信息都作出了较为明确的定义,中国法律目前尚未界定个人信息这个概念。金砖各国法律对个人信息定义中的共同要求是能够识别某个特定人的信息,可以看出金砖国家对个人信息的定义采取的是"识别说"的观点。在对个人信息内容的列举中,一般包括姓、名、父名、出生日、住址、家庭状况、社会状况、财产状况、教育程度、职业、收入等内容。其中南非对个人信息的界定较为具体细致,还规定了姓名成为个人信息的条件。关于个人信息中的个人是否只包括自然人,一些法律作了明确规定,巴西《信息获取法》可以适用于私有实体,俄罗斯《个人数据保护法》、印度《信息技术规则》将"个人数据"中的"个人"明确限定为自然人。由此可见,在金砖国家法律制度中,个人信息主要指的是自然人的个人信息。这样规定具有合理性,因为法人实体与个人具有很多差异,如果把对其相关信息进行保护和对自然人的信息进行保护混在一起,容易导致规定不清晰。

2. 区分"敏感个人数据"或"特殊个人信息"

俄罗斯、印度和南非的法律中还对个人信息进行进一步区分,界定了"敏感个人数据"(印度、俄罗斯)和"特殊个人信息"(南非),基于的理由是在个人信息中有一部分因为其敏感与特殊性需要区分出来，获得更高层级的保护。印度与俄罗斯对“敏感数据”的定义重合度较大，但这两国的“敏感数据”和南非的“特殊个人信息”中相同的内容只有生理特征、健康信息以及与性有关的信息，其他内容并不一样。可见，这三国对需要获得更高层级保护的个人信息有或多或少的差异。

3. 客体中个人信息与隐私的关系

从金砖各国法律对 PPIE 客体的规定来看，均未厘清个人信息与隐私之间的关系，区别在于主要通过归入隐私内容进行保护，还是通过信息立法来保护。俄罗斯、印度和南非有相关信息保护立法，趋向于对个人信息直接保护，而巴西与中国尚未有专门的信息保护立法，因而趋向于将个人信息归入隐私予以间接保护。

（七）小结

金砖国家对个人信息的定义采取的是“识别说”的观点，规定个人信息是能够识别某个特定人的信息。在对个人信息内容的列举中，一般包括姓、名、父名、出生年月日、住址、家庭状况、社会状况、财产状况、教育程度、职业和收入等内容。其中南非对个人信息的界定较为具体细致，还规定了姓名成为个人信息的条件。金砖各国法律对 EPIP 客体的界定没有厘清个人信息与隐私之间的关系，个人信息的概念中包括能够识别某个特定人的信息以及俄罗斯、印度和南非法中的“敏感数据”（俄罗斯、印度）和“特殊个人信息”（南非）；个人信息中的“个人”在大多数情况下指的是“自然人”。

金砖各国 PPIE 法律关系客体之立法经验是，对个人信息进行归纳性加列举性定义，借鉴“识别说”对个人信息进行界定，区分普通个人信息和需要更高层级保护的敏感个人信息，并对敏感个人信息进行归纳性加列举性定义。

五、金砖各国 PPIE 法中的个人信息权

金砖各国电子商务相关法律中都没有对个人信息权做定义，但就个人对其个人信息拥有的权利范围作出了规定，一般包括获得信息权、损害求偿权、个人信息删除或修改权以及对于信息收集或处理的自主选择权。个人信息可通过保护隐私相关内容进行保护，因而个人对其个人信息拥有的权利也包括隐私权。

(一)巴西 PPIE 中的个人信息权利

巴西 PPIE 中的个人信息权利涉及的内容如下。

1. 获得信息权

《互联网监管框架》规定了在搜集个人资料时，个人可以获得有关服务协议的明确完整信息。这信息应该阐明关于保护连接和访问互联网应用日志的细节，以及可能影响所提供服务质量的管理流量的实践。[①] 用户必须收到关于用户个人数据的收集、使用、存储、处理和保护的清晰完整信息，这些信息只能用于证明收集的正当性，不是非法的，且在相关服务协议中或在互联网应用程序的使用条款中指定。[②]《消费者保护法》规定消费者权利中包括能够访问商业机构持有的与他们相关的任何个人数据，还可以访问此数据的来源。

2. 个人信息保护权

根据《互联网监管框架》，为了保护个人数据，互联网用户还具有如下权利：在双方之间的关系结束时，请求删除提供给某个互联网应用程序的个人数据，但强制日志保留的情况除外；要求互联网连接提供商和互联网应用提供商的使用条款的公开和清晰；用户的个人数据不得向第三方披露，这些数据包括连接和互联网应用访问日志，除非在明示、自由和知情前提下同意或根据法律规定的情况下；消费者保护规则在网上交易与消费者的互动中适用；选择巴西机制解决与巴西提供的服务相关的附带合同（“接收或离开”）引起的争议的权利。当个人信息作为隐私被保护时，《民法》规定了个人私生活受到侵犯后，受害方可以在相关法院禁止或阻止任何侵犯隐私权的行为，例如未经授权收集或使用个人信息。

3. 个人信息修改删除权

根据第 12.414 号法律，个人和实体的信息包含在信贷资料库中的，个人或实体可以要求其注销登记，从而删除他们的数据。消费者还能够要求更正由货物或服务供应商保存的与其相关的任何不准确的个人数据。在要求后的五天内，保存个人数据的实体必须进行更正并通知消费者。[③]

4. 求偿权

个人信息作为隐私被保护时涉及的求偿权规定在《宪法》和《民法》中。根据《宪法》第 5 条，个人的隐私、私生活、名誉和形象若受到侵犯，个人拥有因此造成的金钱和非金钱损害赔偿（精神损害赔偿）的权利。《民法》中也规定个人

---

① 见《互联网监管框架》第 7 条第 6 款。

② 见《互联网监管框架》第 7 条第 8 款。

③ 见巴西《消费者保护法》第 43 条。

私生活受到侵犯后，受害方可以寻求金钱赔偿和精神损害赔偿。

（二）俄罗斯 PPIE 中的个人信息权利

俄罗斯 PPIE 中个人信息权利涉及的内容如下。

1. 获得信息权

当个人数据被收集时，信息主体有权获得以下信息：数据收集或处理的目的、数据收集或处理量、数据收集或处理的项目、数据运营者（或根据数据运营者授权行事的第三方）的详细信息以及法律规定的其他信息。数据主体有权访问数据运营者正在处理的数据，并保留接收与数据处理相关的信息的权利，这些信息包括但不限于：数据运营者确认数据；数据处理的法律依据和目的；数据运营者使用的数据处理的目的和方法；数据运营者的名称和位置，有权访问个人数据的个人（雇员除外）的信息，或根据与数据运营者的协议或根据法律可能披露个人数据的信息；数据处理的持续时间，包括个人数据的存储持续时间；关于已发生或预期的跨境数据传输的信息以及由《个人数据保护法》和其他法律规定的信息。[①]《劳动法》中规定了获取、复制自己数据的权利。

2. 个人信息保护权

数据主体有权改正或阻断数据、反对数据处理、反对直接营销，反对仅仅基于自动化数据处理的决策、投诉数据运营商的行为或疏忽。《劳动法》也要求对个人数据进行保护，包括限制收集资料的内容和范围，规定了对在使用和移转其个人资料时雇员的权利的保障，规定了获取、复制和修改自己数据的权利。[②] 当个人信息作为隐私及其他相关权利被保护时，根据《宪法》，第 23 条保障个人和家庭隐私权，保护通信、电话交谈、邮递、电报等隐私[③]，第 24 条规定要经本人同意才能搜集、保存、利用和扩散有关其私生活材料，第 29 条保护公民的信息自由权[④]。

3. 个人信息修改删除权

《民法典》规定了两处个人信息删除权：如果有损公民名誉、尊严和业务信誉的资料在被传播之后成为互联网上可获取的资料，则公民有权要求删

---

① 涂咏松：《俄罗斯个人资料保护制度探析》，载《求是学刊》2014 年第 1 期。

② 涂咏松：《俄罗斯个人资料保护制度探析》，载《求是学刊》2014 年第 1 期。

③ 马海群、范莉萍：《俄罗斯联邦信息安全立法体系及对我国的启示》，载《俄罗斯中亚东欧研究》2011 年第 3 期。

④ 肖秋会：《俄罗斯信息法研究综述》，载《中国图书馆学报》2013 年第 6 期。

除相应信息，以及以可保障反驳传递到互联网使用者的方式反驳上述资料；如果违反《民法典》第152条第1款取得或者使用的公民肖像在互联网上被传播，则公民有权要求删除该肖像，以及制止或者禁止进一步传播[①]。此外，如果数据不完整、过期、不准确，或非法获取而来，或没有必需的处理数据目的的声明，数据主体可以要求删除数据。《劳动法》也规定了修改自己数据的权利[②]。

4. 求偿权

数据主体有权根据数据运营商的行为或疏忽索赔损失，包括精神损害赔偿。

(三)印度 PPIE 中的个人信息权利

印度 PPIE 中的个人信息权利涉及的内容如下。

1. 获得信息权

在收集敏感个人数据或信息之前，数据当事人有权获得以下信息：正在收集信息的事实；收集目的；信息的预期接收者；收集或保留信息的机构的名称和地址[③]。

2. 个人信息修改删除权

敏感个人数据或信息的数据主体有权审查所提供的信息，并要求更正不准确或不完整的信息[④]。

3. 自主选择是否提供个人信息的权利

在收集敏感的个人数据或信息之前，数据主体可以选择拒绝提供。此外，数据主体有权通过书面通知撤销同意。[⑤]

(四)中国 PPIE 中的个人信息权利

中国 PPIE 中的个人信息权利涉及的内容如下。

1. 隐私权等人格权中涉及的个人信息权

---

① 张建文：《俄罗斯被遗忘权立法的意图、架构与特点》，载《求是学刊》2016年第5期。

② 涂咏松：《俄罗斯个人资料保护制度探析》，载《求是学刊》2014年第1期。

③ 见印度2011年《信息技术规则(合理的安全操作流程及敏感的私人数据和信息)》，第5节。

④ 见印度2011年《信息技术规则(合理的安全操作流程及敏感的私人数据和信息)》，第5节。

⑤ 印度2011年《信息技术规则(合理的安全操作流程及敏感的私人数据和信息)》，第5节。

《宪法》规定了对人格权的保护①以及个人的通信自由和通信秘密受法律保护②。《民法通则》规定了对人格权的保护，规定了公民的姓名权、名誉权和荣誉权。③ 而《侵权责任法》中除了保护姓名权、名誉权、荣誉权，明确提出了对隐私权的保护。④ 根据这些法律，个人信息可以作为姓名权、名誉权、荣誉权或者隐私权的内容进行保护。

2. 个人信息修改删除权

《网络安全法》规定了个人要求删除或者更正个人信息的权利。个人发现网络运营者违反法律、行政法规的规定或者双方的约定收集、使用其个人信息的，有权要求网络运营者删除其个人信息；发现网络运营者收集、存储的其个人信息有错误的，有权要求网络运营者予以更正。网络运营者应当采取措施予以删除或者更正。⑤

3. 获得信息权

《网络安全法》规定网络运营者在收集个人信息时要明示收集、使用信息的目的、方式和范围。

4. 消费者具有个人信息保护权

此权利规定在《消费者权益保护法》中。⑥ 但是没有关于权利的具体阐述，这项权利更多体现在此法中的经营者义务部分。

（五）南非 PPIE 中的个人信息权利

南非 PPIE 中的个人信息权利涉及的内容如下所述。

1. 获得信息权

在收集个人数据时，数据主体有权获得以下信息：正在收集的信息内

---

① 中国《宪法》第 38 条："中华人民共和国公民的人格尊严不受侵犯。禁止用任何方法对公民进行侮辱、诽谤和诬告陷害。"

② 中国《宪法》第 40 条："中华人民共和国公民的通信自由和通信秘密受法律的保护。除因国家安全或者追查刑事犯罪的需要，由公安机关或者检察机关依照法律规定的程序对通信进行检查外，任何组织或者个人不得以任何理由侵犯公民的通信自由和通信秘密。"

③ 中国《民法通则》第 101 条："公民、法人享有名誉权，公民的人格尊严受法律保护，禁止用侮辱、诽谤等方式损害公民、法人的名誉。"

④ 中国《侵权责任法》第 2 条："本法所称民事权益，包括生命权、健康权、姓名权、名誉权、荣誉权、肖像权、隐私权、婚姻自主权、监护权、所有权、用益物权、担保物权、著作权、专利权、商标专用权、发现权、股权、继承权等人身、财产权益。"

⑤ 中国《网络安全法》第 43 条。

⑥ 中国《消费者权益保护法》第 14 条规定："消费者享有个人信息依法得到保护的权利。"

容，以及收集信息的来源；责任方的名称和地址；收集信息的目的；数据主体提供的信息是自愿或强制性的；未能提供信息的后果；授权或要求收集信息的特定法律；收集方打算将信息转移给第三国或国际组织的事实，以及第三国或国际组织对信息提供的保护程度；必须提供的进一步信息（例如：信息的接收者或类别；信息的性质或类别；获得和纠正收集的信息的权利；在某些情况下反对处理个人信息的权利；和向信息监管者提出投诉的权利以及信息监管机构的联系方式）。数据主体有权：要求责任方免费确认，不管对方是否持有关于数据主体的个人信息；请求责任方提供关于数据主体的个人信息的记录或描述，包括有权访问信息的第三方（责任方可以收取费用）。①

2. 个人信息修改删除权

数据主体有权要求责任方更正或删除不准确、不相关、过多、过期、不完整、误导或非法获取的个人信息、销毁或删除责任方不再有授权保留的个人信息记录。②

3. 反对个人信息处理权

数据主体有权反对对个人信息的处理③。

4. 隐私权

隐私权中也涉及对个人信息的保护。《宪法》中明确规定，每个人都拥有隐私权，隐私权的内容包括通信隐私。④

（六）比较分析

金砖各国 PPIE 中都没有对个人信息权做定义，而是以阐述主体对于信息具体有哪些权利的方式进行规定的，个人信息权与隐私权的界限也并不清晰，相关法律中规定的具体权利主要涉及隐私权、获得信息权、损害求偿权、个人信息删除或修改权以及对信息收集或处理的自主选择权。

1. 隐私权

金砖各国法律几乎都有隐私权的内容，主要规定在各国《宪法》与《民法》中，通过对隐私权的保护可以对电子商务中个人信息的保护起到促进作用。部分个人信息如姓名、名誉或荣誉不能当作隐私的，可以纳入姓名权、名誉权、荣誉权的范畴进行保护。

---

① 南非《个人信息保护法》第 5 节。

② 同上注。

③ 同上注。

④ 肖莹莹、袁正清：《非洲网络安全治理初探》，载《西亚非洲》2016 年第 3 期。

2. 获得信息权

关于获得信息权的规定，金砖各国不尽相同。其权利内容主要包括两方面，一方面是信息收集时，信息主体有权获得哪些信息，另一方面是除此之外信息主体有权查看哪些信息。通过比较可以发现金砖各国一般都要求信息主体在被收集信息时有权获得个人数据收集的内容、目的、处理以及处理者的相关信息。

表 3　金砖国家 PPIE 中信息主体的获得信息权对比分析

	巴西	俄罗斯	印度	中国	南非
信息收集时，信息主体有权获得的信息	1.有关服务协议的明确完整信息。① 2.关于用户个人数据的收集、使用、存储、处理和保护的清晰完整的信息。②	1. 数据收集或处理的目的、数据收集或处理量、数据收集或处理的项目。 2. 数据运营者（或根据数据运营者的授权行事的第三方）的详细信息。 3. 法律提供的其他信息。	1. 正在收集信息的事实。 2. 收集目的。 3. 信息的预期接收者；收集或保留信息的机构的名称和地址。	收集、使用信息的目的、方式和范围。	1. 正在收集的信息内容，以及收集信息的来源。 2. 责任方的名称和地址。 3. 收集信息的目的。 4. 数据主体提供的信息是自愿或强制的。 5. 未能提供信息的后果。 6. 授权或要求收集信息的特定法律。 7. 收集方打算将信息转移给第三国或国际组织的事实，以及第三国或国际组织对信息提供的保护程度。 8. 必须提供的进一步信息③。

① 此项信息应该阐明关于保护连接和访问互联网应用日志的细节，以及可能影响所提供服务质量的管理流量的实践。

② 这些信息只能用于证明收集的正当性，不是非法的，且在相关服务协议中或在互联网应用程序的使用条款中指定。

③ 例如：信息的接收者或类别；信息的性质或类别；获得和纠正收集的信息的权利；在某些情况下反对处理个人信息的权利；和向信息监管者提出投诉的权利以及信息监管机构的联系方式。

续表

	巴西	俄罗斯	印度	中国	南非
除上述外,信息主体有权查看的信息	消费者能够访问商业机构持有的与他们相关的任何个人数据,并且还可以访问此数据的来源。	1. 数据运营者正在处理的数据①。 2. 雇员可以获得、复制自己的数据。	法律中无明确规定。	法律中无明确规定。	1. 关于数据主体的个人信息的记录或描述。 2. 有权访问信息的第三方。

3. 损害求偿权

金砖各国 PPIE 所涉法律中或直接或间接地对个人信息受到损害的求偿权做出了规定,其中俄罗斯法律中直接规定数据主体可以索赔,还能获得精神损害赔偿。

4. 个人信息删除或修改权

金砖各国 PPIE 所涉法律中都对个人信息删除或修改权做出了规定,对比如下。虽然各国规定各有差异,但其中蕴含的法理相似,在信息有误或者违法取得,与运营商关系结束,运营商不再有权拥有个人信息时,个人有权要求删除获得更正。

① 这些信息包括但不限于:数据运营者确认数据;数据处理的法律依据和目的;数据运营者使用的数据处理的目的和方法;数据运营者的名称和位置,有权访问个人数据的个人(雇员除外)的信息,或根据与数据运营者的协议或根据法律可能披露个人数据的信息;数据处理的持续时间,包括个人数据的存储持续时间;关于已发生或预期的跨境数据传输的信息以及由《个人数据保护法》和其他法律规定的信息。

表 4　金砖国家 PPIE 中信息主体的个人信息修改删除权对比分析

	巴西	俄罗斯	印度	中国	南非
个人信息删除或修改权	1. 在与互联网运营商的关系结束时，请求删除提供给某个互联网应用程序的个人数据①。 2. 消费者能够要求更正由货物或服务的供应商保存的与其相关的任何不准确的个人数据。 3. 个人和实体的信息包含在信贷资料库中的，个人或实体可以要求其注销登记，从而删除他们的数据。	1. 如果数据不完整、过期、不准确或、非法获取而来或没有必需的处理数据目的声明，数据主体可以要求删除数据。 2. 如果有损公民名誉、尊严和业务信誉的资料在被传播之后成为互联网上可获取的资料，则公民有权要求删除相应信息，以及以可保障反驳传递到互联网使用者的方式反驳上述资料； 3. 如果违反《民法典》152 条第 1 款取得或者使用的公民的肖像在互联网上被传播，则公民有权要求删除该肖像，以及制止或者禁止进一步传播。 4. 雇员有权获取、复制和修改自己数据。	敏感个人数据或信息的数据主体有权审查所提供的信息，并要求更正不准确或不完整的信息。	1. 个人发现网络运营者违反法律、行政法规的规定或者双方的约定收集、使用其个人信息的，有权要求网络运营者删除其个人信息 2. 发现网络运营者收集、存储的其个人信息有错误的，有权要求网络运营者予以更正。	1. 数据主体有权要求责任方更正或删除不准确、不相关、过多、过期、不完整、误导或非法获取的个人信息 2. 销毁或删除责任方不再有授权保留的个人信息记录。

5. 对信息收集或处理的自主选择权

金砖各国 PPIE 所涉法律中规定信息主体在个人信息被收集或处理时拥有自主选择权，要求征求信息主体同意后进行，法律中构建此权利的内容多为义务性规定。

（七）小结

金砖国家 PPIE 中个人信息权利涉及的内容主要有隐私权、获得信息权、损害求偿权、个人信息删除或修改权以及对于信息收集或处理的自主选择权。金砖各国规定具有一定相似性，部分国家的条文内容还不够具体细致。获得

① 但强制日志保留的情况除外。

信息权的权利内容主要包括两方面，一方面是信息收集时，信息主体有权获得的信息，另一方面是除此外信息主体有权查看的信息。金砖各国一般都要求信息主体在被收集信息时有权获得个人数据收集的内容、目的、处理以及处理者的相关信息。金砖各国 PPIE 所涉法律中直接或间接地对个人信息受到损害的求偿权做出规定，俄罗斯法律中直接载明数据主体可以索赔，还能获得精神赔偿。金砖各国法律中都规定了个人信息删除或修改权，一般在信息有误或者违法取得，与运营商关系结束，运营商不再有权拥有个人信息时，个人有权要求删除获得更正。金砖各国规定信息主体在个人信息被收集或处理时拥有自主选择权，要求征求信息主体的同意后进行。在保护个人信息权利上的立法经验是，细化权利内容、具体规定获得信息权、损害求偿权、个人信息删除或修改权以及对于信息收集或处理的自主选择权。

六、金砖各国 PPIE 中的法律义务

金砖各国电子商务中保护个人信息的法律义务主要涉及对个人信息的收集、处理、披露、转让以及安全保密应当遵循的义务内容。由于国情尤其是互联网技术发展水平不同，金砖各国在此领域的构架与规定不尽相同，部分国家的义务设定还不够具体细致。

(一)巴西 PPIE 的法律义务

巴西 PPIE 的法律义务规定如下。

1. 尊重和保护隐私权及相关人格权的义务

根据巴西《宪法》第 5 条，个人的隐私、私生活、名誉和形象不可侵犯。根据巴西《民法典》，个人的私生活不可侵犯。据此，巴西电子商务经营者不能侵犯个人隐私，例如，不能未经授权收集或使用个人信息。《信息获取法》规定个人信息的处理应该是透明的，尊重个人的隐私、私生活、声誉和形象。

2. 处理个人信息应遵守的义务

《互联网监管框架》规定，当互联网连接或互联网应用提供商执行收集、存储、保护或处理注册表日志，个人或通信数据的任何行为应当按照框架里的规定进行。根据《互联网监管框架》，处理在线收集的数据不需要事先向任何机构注册，只需要互联网用户同意收集、使用、存储和处理其个人数据，此类同意

必须在相关合同的具体且突出的条款(例如使用条款)中陈述[①]。在处理个人数据之前,要求互联网用户明确同意收集、使用、存储和处理个人数据,以表达在突出的合同(例如,使用或提供服务协议)条款中,与其他合同条款分开[②]。这种同意不能是暗示的形式。在《互联网监管框架》中,没有关于未成年人同意使用其个人资料的特别规则,但是,作为一般规则,巴西《民法典》要求未满十六岁的未成年人在民事行为中要有代表,而超过十六岁但未满十八岁的未成年人则由其父母,导师或监护人协助其进行民事行为。根据《互联网监管框架》,未经用户许可,禁止处理数据,但有例外情形:(1)互联网应用程序的提供者必须保持互联网应用程序访问日志"安全环境"至少六个月[③],这可以成为是未经同意而处理此特定类型数据的理由;(2)司法命令,互联网服务提供商可以根据特殊的司法命令来处理个人数据,而无须用户事先同意。

3. 安全保密义务

《互联网监管框架》中声明,安全、保密措施和程序必须由服务提供商以清晰的方式通知服务用户,并符合法律中规定的标准,商业秘密的保密性[④]。《互联网监管框架》要求,互联网应用提供商有义务确保数据保密,并获得数据所有者的同意,才能进行数据存储、使用或传递给第三方。[⑤] 受保护的数据包括关于访问网站的信息[⑥],必须由互联网应用提供商保存在"安全环境"中,至少六个月[⑦]。当提供免费或付费的互联网连接或传输、交换或路由时,互联网连接提供商不能阻止、监视、过滤或分析数据包的内容[⑧]。在提供互联网连接时,自主系统管理员必须在受控和安全的环境中保密连接记录一年。此外,禁止保留访问互联网应用程序的用户记录。《互联网监管框架》要求互联网数据与交流保密,无歧视提供服务,必须提供互联网用户有关其个人数据的获取、使用、存储、处理和保护的清晰和完整的信息。而且,这些数据能被收集是有条件的,必须保证根据特定互联网站点的目的是必要的,目的不是非法的。数据收集及其目的必须用使用条款的语言进行说明[⑨]。互联网连接和应用提供

① 根据《互联网监管框架》第7条、第9条。

② 根据《互联网监管框架》第7条第9款。

③ 根据《互联网监管框架》第15条。

④ 根据《互联网监管框架》第10条第4款。

⑤ 根据《互联网监管框架》第7条的第7、8、9款。

⑥ 根据《互联网监管框架》第16条第1款。

⑦ 根据《互联网监管框架》第15条。

⑧ 根据《互联网监管框架》第9条第3款

⑨ 根据《互联网监管框架》第7条第8款。

商必须提供证据，表明他们遵守巴西有关数据收集、存储、保留和处理的立法，以及他们遵守通信规定的隐私和保密性①。《互联网监管框架》规定，即使巴西数据被收集并存储在国外服务器中，收集涉及巴西的数据必须遵守巴西的数据保护法律②。

4. 对数据和电话通信的保密义务

巴西《宪法》第5条专门规定了通信和电报、数据和电话通信的保密性，对权利人以外的相关主体是一种义务，因而对电子商务经营者也是一种义务。

5. 其他专门法律中规定的个人信息保护相关义务

第105号《免税法》规定了金融机构的银行保密规则。第12.414号法律规定了收集、使用和共享登记在信用数据库中信誉良好还款者的信息的规则，在电子商务中处理个人信息时应该遵守其中涉及的义务。

(二)俄罗斯 PPIE 的法律义务

俄罗斯 PPIE 的法律义务如下。

1. 处理数据时应遵守的义务

数据运营者在处理个人数据之前必须以纸质或者电子形式通知俄联邦通信监管局③。此通知必须包括数据运营者的名称、地址，处理个人数据的目的，个人数据的类别、数据主体的类别、处理个人数据开始的时间和持续期间等内容。俄联邦通信监管局必须在收到通知30天内对数据运营者进行登记。数据运营者在处理数据时应遵守如下义务：定义个人数据的种类，处理个人数据的目的以及期限；获得数据主体的同意④；指定数据保护人员，通过数据保护策略(和其他需要的文件)，同时采取适当的安全措施⑤，防止未经授权或非法的处理数据以及对数据保护法律的违反；在俄罗斯境内建立数据中心和服务器；通知俄联邦通信监管局进行注册。关于获得数据主体的同意更详细的规定如下所述。根据法律规定，这种同意必须是具体的、知情的以及有意愿的。同意的形式可以是包括在线同意在内的各种形式，法律另有规定的除外。

---

① 根据《互联网监管框架》第11条第3款。

② "Brazil passes 'internet constitution' ahead of global conference on web future". https://www.rt.com/news/154168-brazil-internet-freedom-law-conference/.

③ 除了一些法律规定的例外情形，都必须有通知。

④ 除非法律另有规定。

⑤ 尤其是技术和组织上。

只有在法律规定同意必须以书面形式的情况下①，暗示或推断的同意才无效。根据电子签名法律相关规定，以电子签名进行同意是被允许的。已收到数据主体同意的举证责任由数据运营者承担。《个人数据保护法》规定了必须书面同意的信息，包括：数据主体的名字、中间名、姓和地址、身份信息证明的编号（例如护照）、身份信息证明的发布日期和发布的权限；数据主体的代表的名字、中间名、姓和地址、身份信息证明的编号（例如护照）、ID 的签发日期和签发的机构、委托书或其他适用文档的细节（如果数据主体的代表已经给予同意）；数据运营者的名字、中间名、姓氏和地址；数据处理的目的；同意的个人数据列表；在数据操作者的授权下处理个人数据的第三方的名字、中间名、姓氏和地址；对个人数据进行的处理行为和方式；同意的期限与撤销的方法；数据主体的签名。其中，未成年人的数据可以通过其法定代理人的同意而进行处理。②

2. 处理敏感数据应该遵守的义务

敏感数据只能在以下情形下被处理：数据主体已对数据处理提供书面同意；个人数据已由数据主体公开提供；根据俄罗斯国际条约，重新入境（如移民返回该国）需要敏感数据处理；对全俄罗斯人口普查需要进行敏感数据处理；社会资助、就业或养恤金的法律规定中涉及敏感数据处理；在不可能获得数据主体的同意的情况下，对敏感数据进行处理是保护数据主体或其他个人的生命、健康或重要利益所必需的，可以进行敏感数据处理；在专业医疗人员遵守医疗保密的前提下，可以由从事各种医疗活动的人出于医疗目的对敏感数据进行处理；公共社团或宗教组织可以因为定义组织章程的目的而处理个人信息，但是要保证未经书面同意，不得扩散这些个人数据；需要处理敏感数据来构建或行使数据主体或第三方的权利以及司法活动；根据俄罗斯国防、安全、反恐怖主义、运输安全、反腐败、执法、执行、刑事调查和诉讼法而处理敏感数据；检察官办公室在特别起诉执行方面进行敏感数据处理；根据保险法律进行敏感数据处理；国家当局、市政机构或组织为了儿童得到收养而处理敏感数据；根据适用的公民法进行敏感数据处理。需要注意的是，如果处理的原因不再存在，敏感个人数据的处理将立即终止。

3. 对个人数据的安全保密义务

对个人数据的安全要求如下。数据运营者必须采取必要和充分的保护措施，以符合数据保护法规，包括以下内容：任命数据保护人员；实行数据保护政

① 例如处理生物数据必须获得书面同意。

② 肖秋会：《俄罗斯信息法研究综述》，载《中国图书馆学报》2013 年第 6 期。

策和其他文件,包括地方或公司规则,旨在预防和检测违反数据保护立法的行为。适用相关的法律、组织和技术安全措施;执行内部控制或审计,以确保数据处理符合数据保护立法和数据运营商的政策、文件、地方规则;评估在违反数据保护立法的情况下可能对数据主体造成的损害;向员工披露数据保护法律和数据保护要求的相关规定,这些规定确定了数据运营商对员工的政策、文件、地方规则。在任何情况下,数据运营商必须采取必要的法律、组织和技术措施,保护个人数据免受任何未经授权、非法或意外访问、破坏、修改、阻止、复制、提供或扩散以及其他未经授权的处理个人数据的行为。可通过以下方式建立其他安全措施:在相关IT系统里处理个人数据的过程中查找安全威胁;在相关IT系统中提供对处理个人数据的适当级别的保护;应用不同的个人数据保护方法(包括加密);在执行任何安全措施之前评估安全措施的效率;记录包含个人数据的任何计算机媒体;揭露未经授权的个人数据访问;修复因未经授权的访问而修改或销毁的个人数据;采用规则制度规制访问相关IT系统中处理的个人数据、在相关IT系统中注册和记录与个人数据相关的所有操作、操控有关个人数据和相关IT系统的保护级别的安全措施。如果定位或检测到未经授权处理个人信息的情况,数据操作者(或相关的授权人员)必须在3个工作日内终止处理。如果不可能将未经授权的个人数据处理改为合法的处理方式,数据操作者必须在10个工作日内销毁个人数据。在处理个人数据或销毁个人数据后,资料经营者必须通知数据主体(或其代表)。如果终止或销毁的请求是由俄联邦通信监管局提出的,则通知必须发送至俄联邦通信监管局。根据2014年《信息、信息技术和信息保护法》第242-FZ号修正案,所有数据运营商在收集相关个人数据(包括通过网络)的过程有义务确保使用位于俄罗斯联邦境内的数据中心对俄罗斯公民的个人数据进行记录、系统化、积累、存储、更改和提取俄罗斯公民的个人数据。

4. 第三方处理个人数据情况下的义务

如果第三方代表数据控制者处理数据,应遵守如下规定:数据主体必须同意将个人数据转移给第三方,第三方遵守与数据运营商相同的法律要求和义务,并且必须遵守法律规定的数据处理规则。数据运营商将对第三方的所有行为或不作为负责(根据数据运营商的授权行事),但第三方必须在数据运营商之前承担责任。将数据处理转让给第三方应该遵守如下义务,根据《个人数据保护法》,在数据主体同意的情况下,数据处理可以转移到第三方,他们将在相关协议的基础上根据数据运营者的授权而实施行为,或通过特殊的州或市政法令进行操作。

5. 进行跨境数据传输应当遵守的义务

根据《个人数据保护法》第 12 条，如果个人数据的国际转移，所有数据运营商必须在转移之前确保相应数据主体的权利和利益在相应国家得到充分保护。所有签署《斯特拉斯堡公约》的国家都被认为是对数据主体的权利和利益提供“充分保护”的管辖区。此外，俄联邦通信监管局还通过了可能为跨境转移个人数据的目的获得充分保护的国家的官方名单①。向具有“充分保护”的任何管辖区的国际数据传输不受任何限制，但必须已收到相应数据主体的同意。将个人数据跨境转移给没有提供充分保护的国家必须满足以下条件之一：已收到各数据主体的书面同意；根据俄罗斯加入的国际条约，允许跨境数据传输；适用法律允许的跨境数据传输符合以下目的之一：保护俄罗斯宪法制度；保护国防和国家安全，确保俄罗斯交通系统的维护，并保护个人、社会和国家在交通部门的利益免受非法入侵；跨境数据传输用于履行数据主体所缔结的合同；需要跨境数据传输以保护数据主体的生命、健康或其他重要利益，并且不可能获得事先书面同意。关于国际数据传输协议，其必须由相关数据运营商和数据主体以书面形式签订，以便有效和可执行。在数据主体同意并在协议中明确规定的情况下，数据转移协议足以使个人数据的国际转移合法化。此外，数据运营商必须在通知俄联邦通信监管局进行注册时告知其具有跨境数据传输的权利。

6.“被遗忘权”对应的义务

2015 年俄罗斯总统签署第 264 号联邦法律，对《信息、信息技术和信息保护法》的内容进行修改，用构建义务的方式规定了被学界称为“被遗忘权”的内容，条文内容如下：在互联网上传播旨在吸引位于俄罗斯联邦境内的消费者的广告的搜索系统管理者，按照公民（自然人，在本条以下简称申请人）的请求有义务终止提供关于可以获取有关申请人的违反俄罗斯联邦立法传播的信息、不准确的信息，以及由于后来的事件或者申请人的行为而对申请人而言丧失意义的不具有现实意义的信息，但是包含具有刑事处罚特征的且其刑事责任追溯期尚未届满的事件的信息，以及关于公民所实施的未被赦免或者撤销前科的犯罪行为的信息除外②。

7. 其他专门法律中规定的个人信息保护相关义务

如根据《电子文件法》，在电子文件交换时应对个人数据加以保护③。

---

① 包括澳大利亚、阿根廷、加拿大、以色列、墨西哥和新西兰。

② 张建文：《俄罗斯被遗忘权立法的意图、架构与特点》，载《求是学刊》2016 年第 5 期。

③ 李红枫、王福强：《俄罗斯联邦信息安全立法（下）》，载《信息网络安全》2007 年第 2 期。

(三)印度 PPIE 的法律义务

按印度相关法律规定,信息控制者承担以下法律义务:

1. 尊重和保护隐私的义务

信息控制者必须尊重隐私政策。处理敏感个人数据或信息的每个数据控制者必须有隐私政策,并在其网站上发布此类政策。隐私政策必须描述所收集的信息的类型、信息的使用目的、信息的披露方式、如何披露信息以及遵守的合理安全措施和程序以保护信息。数据控制人还必须任命一名投诉人,其姓名和联系方式必须在其网站上公布。投诉人在收到投诉后 30 天内必须对任何投诉采取行动。

2. 有获得同意和通知的义务

在收集或处理敏感个人数据或信息之前,需要数据主体的明确同意,网络在线同意是可以接受的①。数据控制者获得数据主体事先同意的条件下,才能收集敏感个人数据或信息。企业还必须在收集信息之前,给予数据主体选择不提供此类信息的选择。如果是这种情况,企业可以选择停止提供信息所需的商品和服务。企业还必须确保数据主体了解正在收集的信息、建议使用的信息和收集或接收信息的机构的名称和地址。

3. 遵守敏感个人数据或信息使用、保留和撤回的义务

数据控制者只能将个人信息用于收集目的,保留敏感个人数据或信息的时间不能超过信息可合法使用目的所需的时间,或任何其他法律要求的时间。

4. 遵守披露的义务

如果出现以下情况,可向第三方披露敏感的个人数据或信息:已经与数据主体在合同中达成一致;必须遵守法律义务;数据主体给出事先许可。

5. 遵守涉及转让的义务

如果第三方确保与印度规则规定的保护级别相同,无论其在印度或者海外,数据控制者可以将敏感个人数据或信息转移给对方。此外,如果这是向数据主体履行合法合同的必要,或者如果数据主体同意转让,则敏感个人数据或信息可以被转让②。

6. 遵守安全保密义务

在保护敏感个人数据或信息时要使用合理的安全措施和程序。合理的安

---

① 关于同意的形式没有具体规则。

② 与遵守披露义务有重叠和界分不明之处。

全措施和程序是指在现行法律中或当事人之间商定的安全措施和程序,或在没有此类法律或协议的情况下,中央政府通过的规则所规定的内容①。因此,各方可以自由约定合理的安全措施和程序规则,包括任何安全标准或隐私政策②。

7. 其他专门法律规定的个人信息保护义务

根据电信法律规定,所有客户的账目和用户信息(漫游信息除外)必须存储在印度,并且禁止从印度外部远程访问此类数据。《银行法》规定,银行可以外包其功能应遵守的基本原则,其中这导致数据在海外被处理、存储或访问。只要满足以下条件,在海外对数据进行以上处理是允许的:(1)离岸监管机构不妨碍安排或阻止印度储备银行(RBI)或审计师的检查。(2)管理层和印度储备银行的记录的可用性不受离岸供应商或印度银行清算的影响。(3)在数据正在海外进行处理时,离岸监管机构无法访问数据。(4)离岸地区法院的管辖权不扩展到印度银行的业务。(5)外包法规还要求隔离和明确识别客户数据,并禁止任何数据合并。此外,信用公司和信贷机构(包括银行)必须根据2005年《信用公司监管规则》采用与收集信息、处理此类信息、保护数据和访问方式和共享数据有关的原则③。

(四)中国 PPIE 中的法律义务

中国 EPIP 中的法律义务规定如下。

1. 安全保密义务

《消费者权益保护法》中对经营者收集、使用消费者个人信息以及保密做出了规定。经营者收集、使用消费者个人信息,应当遵循合法、正当、必要的原则,明示收集、使用信息的目的、方式和范围,并经消费者同意。经营者收集、使用消费者个人信息,应当公开其收集、使用规则,不得违反法律、法规的规定和双方的约定收集、使用信息。经营者及其工作人员对收集的消费者个人信息必须严格保密,不得泄露、出售或者非法向他人提供。经营者应当采取技术

---

① 印度 2011 年《信息技术规则(IT 规则)》,涵盖安全程序,并包含隐私保护的基本规则。IT 规则规定安全程序可以是:国际标准 IS / ISO / IEC 27001(信息技术 — 安全技术— 信息安全管理系统— 要求)或者由行业协会规定并经中央政府批准的程序。但到目前为止,中央政府还没有批准这样的程序。IT 规则没有规定任何强制性安全程序,上述程序仅仅是可以遵循的选项。

② 这通常具有排除应用 2011 年《信息技术规则(IT 规则)》的效果。

③ 这些原则不是由法律或监管机构制定,而由相关信用公司和机构制定。

措施和其他必要措施，确保信息安全，防止消费者个人信息泄露、丢失。在发生或者可能发生信息泄露、丢失的情况时，应当立即采取补救措施。经营者未经消费者同意或者请求，或者消费者明确表示拒绝的，不得向其发送商业性信息。① 根据《网络安全法》，网络运营者不得泄露、篡改、毁损其收集的个人信息；未经被收集者同意，不得向他人提供个人信息，但是，经过处理无法识别特定个人且不能复原的除外。网络运营者应当采取技术措施和其他必要措施，确保其收集的个人信息安全，防止信息泄露、毁损、丢失。在发生或者可能发生个人信息泄露、毁损、丢失的情况时，应当立即采取补救措施，按照规定及时告知用户并向有关主管部门报告。

2. 收集处理个人信息应该遵守的义务

《网络安全法》规定，网络运营者收集、使用个人信息，应当遵循合法、正当、必要的原则，公开收集、使用规则，明示收集、使用信息的目的、方式和范围，并经被收集者同意。网络运营者不得收集与其提供的服务无关的个人信息，不得违反法律、行政法规的规定和双方的约定收集、使用个人信息，并应当依照法律、行政法规的规定和与用户的约定，处理其保存的个人信息②。

3. 遵守禁止性义务

《网络安全法》还做出了禁止性规定。任何个人和组织不得窃取或者以其他非法方式获取个人信息，不得非法出售或者非法向他人提供个人信息。③《网络安全法》还对恶意程序做出了规定。任何个人和组织发送的电子信息、提供的应用软件，不得设置恶意程序，不得含有法律、行政法规禁止发布或者传输的信息。电子信息发送服务提供者和应用软件下载服务提供者，应当履行安全管理义务，知道其用户有前款规定行为的，应当停止提供服务，采取消除等处置措施，保存有关记录，并向有关主管部门报告。④

4. 特殊运营者的义务

《网络安全法》还对部分重要个人信息作出了特殊规定。关键信息基础设施的运营者在中华人民共和国境内运营中收集和产生的个人信息和重要数据应当在境内存储。因业务需要，确需向境外提供的，应当按照国家网信部门会同国务院有关部门制定的办法进行安全评估。⑤

---

① 中国《消费者权益保护法》第 29 条。

② 中国《网络安全法》第 41 条。

③ 中国《网络安全法》第 44 条。

④ 中国《网络安全法》第 48 条。

⑤ 中国《网络安全法》第 37 条。

(五)南非 PPIE 中的法律义务

南非对 EPIP 法律义务规定如下。

1. 按法定条件处理个人信息

南非法律中首先集中规定了合法处理个人信息的条件,类似于原则性规定。合法的信息处理需要满足以下八个条件。(1)责任。责任方应对遵守该法案负责。(2)处理限制。处理必须是合法和合理的,并且不得侵犯数据主体的隐私。(3)符合目的。处理必须具有具体、明确定义的合法目的。(4)进一步加工限制。进一步加工必须符合并与其收集的目的相一致。(5)信息质量。责任方必须采取合理可行的措施,以确保个人信息完整、准确、时新和不会导致误解。(6)开放。责任方必须采取合理可行的措施,以确保数据主体知道信息被处理。(7)安全保障。责任方必须采取适当、合理的技术和组织措施,确保个人信息的完整性和保密性。(8)数据主体参与。数据主体可以请求访问,更正和删除个人信息。

2. 获得数据主体的同意

在处理个人数据之前,需要数据主体的同意。要求数据主体同意处理个人信息,除非基于其他不需要同意的处理原因。同意必须是自愿,具体和知情的表达意愿,在处理个人信息方面给予许可。同意可以通过电子或在线方式提供(例如,勾选框)。没有要求一定书面同意,虽然这因为可用于证据目的而被推荐使用。对于儿童,需要得到法律上有权同意任何关于儿童的事项的行为或决定的人(例如,父母或法定监护人)的同意。未经同意,以下对信息的处理可以是正当的:对数据主体采取行动来完成或履行所缔约的合同所必要;符合法律对责任方规定的义务;保护数据主体的合法利益;公共机构适当履行法律职责所必要;实现责任方或得到信息的第三方的合法利益的需要。

3. 处理特殊个人信息应遵守的义务

禁止处理特殊个人信息①,除非特定或一般例外适用或从信息监管机构收到授权。禁止处理儿童的个人信息,除非有例外情况(例如,为了建立、行使或实现法律权利或义务而需要处理的情况)或获得相关人员的同意。

① 即敏感数据。

4. 获得事先授权

在处理信息之前，需要监管者授权的事项如下：处理用于信用报告目的的信息；将儿童（即 18 岁以下）的特殊个人信息（即敏感数据）或一般个人信息转移给国外的第三方，而这些国家对个人信息的处理不提供具有“充分保护标准”的保护。“充分保护标准”是指规则和协定，这些规则和协定能有效地维护与合理处理信息的原则，实际上与法律中规定的合法处理个人信息的条件相似，包括与法案中关于跨境转移的部分基本相似的条款，涉及将个人信息从接受者进一步转移到外国的第三方。

5. 安全保密义务

责任方必须通过适当、合理的技术和组织措施来确保个人信息的完整性和保密性，以防止个人信息的丢失、损坏或未经授权的破坏以及非法访问或处理个人信息。责任方必须采取合理措施：确定其拥有或控制的个人信息的所有合理可预见的内部和外部风险；建立和保持适当的保护措施，防止所确定的风险；定期验证保护措施是否得到有效实施；确保保障措施不断更新，以应对以前实施的保障措施中的新风险或缺陷；责任方必须适当考虑适用于一般或在特定行业或专业规则和法规中要求的普遍接受的信息安全实践和程序。在有合理理由相信数据主体的个人信息已被任何未经授权的人员访问或获取的情况下，责任方必须通知监管机构和受影响的数据主体[①]。

6. 第三方处理个人数据情况下的义务

如果第三方代表责任方处理数据，责任方必须以书面合同的形式确保第三方建立和维护所需的安全措施，仅在责任方的知晓或授权下处理个人信息，除非在法律要求或正确履行职责的情况下，不得披露信息。在有合理理由相信数据主体的个人信息已被任何未经授权的人员访问或获取的情况下立即通知责任方。

7. 将个人信息转移给国外第三方时应遵守的义务

责任方不得将个人信息转移给在国外的第三方（包括其集团内的其他公司），除非以下情况之一适用：第三方遵守法律，具有约束力的公司规则或协议提供程度足够的信息保护；数据主体同意传输；转移对于履行数据主体和责任方之间的合同或者为了实施根据数据主体的请求而采取的先于合同履行措施是必要的；转让对于缔结或履行为了责任方与第三方之间的数据主体的利益而缔结的合同是必要的；转移是为了资料当事人的利益（而且取得资料当事人

① 在数据主体可以确定的情况下。

的同意是不切实际的，而且如果在合理可行的范围内，资料当事人很可能会提供资料）。将与儿童有关的特殊个人信息或个人信息转移给不提供达到“充分保护标准”的外国第三方，需要监管机构的预先授权。

8. 禁止直接营销

禁止以直接营销为目的通过任何形式的电子通信（包括自动呼叫机、传真机、短信或电子邮件）处理个人信息，除非数据主体：已同意处理；是数据运营方的客户（在某些条件下，例如，联系方式必须是在销售产品或服务的情况下获得的）；数据主体只能接受一次同意接收电子直接营销通信；任何电子直接营销通信必须包含发送者的身份和接收者可以向其发送停止类似通信的请求的地址。

9. 其他专门法律中规定的个人信息保护义务

例如《截取通讯和提供与通讯相关信息法》中涵盖截取通信的内容，其中禁止移动网络运营商共享客户信息。

（六）比较分析

金砖各国 PPIE 的法律义务规定如下。涉及对个人信息的收集、处理、披露、转让以及安全保密应当遵循的义务内容。

1. 收集和处理时应当遵守的义务

金砖各国电子商务经营者在搜集和处理个人信息时必须尊重隐私规定，获得信息主体的同意。关于同意的规定各国有所差异，一般情况下并不是必需书面同意，可以是在线或电子签名的同意方式。巴西法律不允许暗示的同意，俄罗斯法律中规定在必须书面同意的情形下才不允许暗示同意。俄罗斯和南非具体规定了处理个人信息时应该遵守的义务，相较之下，俄罗斯法律的规定更为详细具体。关于举证责任，俄罗斯法律明确规定已收到数据主体同意的举证责任由数据运营者承担。在电子商务环境下，这样的制度设计较为合理，减轻了数据主体的证明责任。

表 5　金砖各国电子商务中收集处理个人信息时遵守的法律义务对比分析

	巴西	俄罗斯	印度	中国	南非
收集处理	1. 获得互联网用户同意,此类同意必须在相关合同的具体且突出的条款中陈述,同意不能是暗示的形式。 2. 数据收集及其目的必须用使用条款的语言进行说明。 3. 处理透明,尊重隐私。 4. 当提供免费或付费的互联网连接,或传输、交换或路由时,互联网连接提供商不能阻止、监视、过滤或分析数据包的内容,禁止保留访问互联网应用程序的用户记录。 5. 提供互联网用户有关其个人数据的获取、使用、存储、处理和保护的清晰和完整的信息。 6. 必须提供证据,表明他们遵守巴西有关数据收集、存储、保留和处理的立法,以及他们遵守通信规定的隐私和保密性。	1. 获得数据主体的同意 (1)这种同意必须是具体的、知情的以及有意愿的。 (2)包括在线同意、电子签名在内的各种形式。 (3)只有在法律规定同意必须以书面形式的情况下,暗示或推断的同意才无效。 (4)已收到数据主体同意的举证责任由数据运营者承担。 2. 在处理个人数据之前必须以纸质或者电子形式通知俄联邦通信监管局。 3. 处理数据时应遵守如下义务:(1)定义个人数据的种类,处理目的以及期限;(2)获得数据主体的同意;(3)制定数据保护人员,通过数据保护策略,同时采取适当的安全措施;(4)在俄罗斯境内建立数据中心和服务器;(5)通知俄联邦通信监管局进行注册。 4. 尊重敏感信息被处理的条件。 5. 如果个人数据的国际转移,所有数据运营商必须在转移之前确保相应数据主体的权利和利益在相应国家得到"充分保护"。	1. 收集敏感信息获得数据主体的事先同意。 2. 在线同意是可以被接受的。 3. 制定隐私政策。 4. 确保数据主体了解正在收集的信息、建议使用的信息和收集或接收信息的机构的名称和地址。 5. 只能将个人信息用于收集目的。 6. 数据控制人还必须任命一名投诉人。	1. 经被收集者同意。 2. 应当遵循合法、正当、必要的原则,公开收集、使用规则,明示收集、使用信息的目的、方式和范围。 3. 不得收集与其提供的服务无关的个人信息。 4. 不得非法出售或者非法向他人提供个人信息。 5. 关键信息基础设施的运营者在中华人民共和国境内运营中收集和产生的个人信息和重要数据应当在境内存储。	1. 在处理个人数据之前,需要数据主体的同意。可以通过电子或在线方式提供(例如,勾选框)。没有要求一定书面同意。 2. 合法处理的八个条件:(1)责任方应遵守法律规定。(2)处理必须是合法和合理的,并且不得侵犯数据主体的隐私。(3)处理必须具有具体、明确定义的合法目的。(4)进一步加工必须符合并与其收集的目的相一致。(5)责任方必须采取合理可行的措施,以确保个人信息完整、准确、时新和不会导致误解。(6)责任方必须采取合理可行的措施,以确保数据主体知道信息被处理。(7)责任方必须采取适当、合理的技术和组织措施,确保个人信息的完整性和保密性。(8)数据主体可以请求访问、更正和删除个人信息。 3. 禁止处理特殊个人信息,除非特定或一般例外适用或从信息监管机构收到授权。 4. 禁止以直接营销为目的通过任何形式的电子通信处理个人信息。

2. 披露和转让个人信息时应该遵守的义务

披露和转让个人信息时应该遵守的义务内容类似，因此放在一起比较。除了印度对个人信息的转让和披露分别应该遵循的义务进行了具体规定，其他国家的规定并没有进行如此细致的划分。关于将数据转让第三方应该遵循的义务，金砖各国规定中一般要求获得数据主体的同意，在数据运营方的授权下进行。俄罗斯的相关规定较为常规；南非法律中加大了数据运营方的义务，责任方必须以书面合同的形式确保第三方建立和维护所需的安全措施；印度法律中也规定数据运营方必须考虑第三方对个人信息的保护级别。

表 6　金砖各国电子商务中转让披露个人信息时遵守的法律义务对比分析

	巴西	俄罗斯	印度	中国	南非
转让披露	获得数据所有者的同意，才能将数据传递给第三方。	第三方处理数据应该遵守的义务：(1)数据主体同意将个人信息转移给第三方；(2)遵守与数据运营方相同的义务；(3)第三方在相关协议的基础上根据数据运营者的授权而实施行为，或通过特殊的州或市政法令进行操作。(4)数据运营方对第三方的行为负责，第三方必须在数据运营商之前承担责任。	1. 如果第三方确保与印度规则规定的保护级别相同，无论其在印度或者海外，数据控制者可以将敏感的个人数据或信息转移给对方。 2. 如果这是向数据主体履行合法合同的必要，或者如果数据主体同意转让，则敏感的个人数据或信息可以被转让。 3. 制定的隐私政策必须描述所收集的信息的披露方式、如何披露信息。 4. 如果出现以下情况可向第三方披露敏感的个人数据或信息：已经与数据主体在合同中达成一致；必须遵守法律义务；数据主体给出事先许可。	经营者不得泄露消费者个人信息。 网络运营者未经被收集者同意，不得向他人提供个人信息。 任何人不得非法出售或者非法向他人提供个人信息。	1. 责任方在一定情形①下才能将个人信息转移给在国外的第三方。 2. 将与儿童有关的特殊个人信息或个人信息转移给不提供达到"充分保护标准"的外国第三方，需要监管机构的预先授权。 3. 如果第三方代表责任方处理数据，责任方必须以书面合同的形式确保第三方建立和维护所需的安全措施，仅在责任方的知晓或授权下处理个人信息，除非在法律要求或正确履行职责的情况下，不得披露信息。 4. 符合特定条件，才能将个人信息转移给国外的第三方。

① 第三方遵守法律、具有约束力的公司规则或协议提供程度足够的信息保护；数据主体同意传输；这种转移对于履行数据主体和责任方之间的合同或者为了实施根据数据主体的请求而采取的先于合同履行措施是必要的；转让对于缔结或履行为了责任方与第三方之间的数据主体的利益而缔结的合同是必要的；转移是为了资料当事人的利益（而且取得资料当事人的同意是不切实际的，而且如果在合理可行的范围内，资料当事人很可能会提供资料）。

3. 安全保密义务

金砖各国PPIE中涉及的安全保密义务虽然纷繁复杂，但主要包括两方面，一方面是技术措施，另一方面是接受有关机构的监管。关于技术措施，巴西与俄罗斯的规定较为详细具体，可操作性强，可供其他国家借鉴；印度法律中的内容颇具特点，因其规定安全措施可以由各方约定，而不制定统一的规则。在接受有关机构的监管方面，俄罗斯的监管机构是联邦通信监管局，其法律中规定数据运营者在处理个人信息前向俄罗斯监管机构的通知义务；中国的监管机构是国家网信部门，法律规定了具体情形下的报告与通知义务。

表7　金砖各国PPIE安全保密义务对比分析

	巴西	俄罗斯	印度	中国	南非
安全保密	1. 安全和保密措施和程序必须由服务提供商以清晰的方式通知服务用户，并符合法律中规定的标准，商业秘密的保密性。 2. 受保护的数据包括关于访问网站的信息，必须由互联网应用提供商保存在"安全环境"中，至少六个月。 3. 当提供免费或付费的互联网连接，或传输、交换或路由时，互联网连接提供商不能阻止、监视、过滤或分析数据包的内容。 4. 在提供互联网连接时，自主系统管理员必须在受控和安全的环境中保密连接记录一年。	1. 数据运营者在处理个人数据之前必须以纸质或者电子形式通知俄联邦通信监管局。 2. 数据运营者必须对个人信息采取必要和充分的保护措施：任命数据保护人员；实行数据保护政策和其他文件；适用相关的法律、组织和技术安全措施；执行内部控制或审计；评估在违反数据保护立法的情况下可能对数据主体造成的损害；向员工披露数据保护法律和数据保护要求的相关规定。 3. 如国际转移个人数据，所有数据运营商必须在转移之前确保相应数据主体的权利在相应国家得到充分保护。国际数据传输协议必须以书面形式签订。 4. 在收集相关个人数据的过程有义务确保使用位于俄罗斯联邦境内的数据中心对俄罗斯公民的个人数据进行处理。	1. 在保护敏感的个人数据或信息时要使用合理的安全措施和程序，各方可以自由约定合理的安全措施和程序规则，包括任何安全标准或隐私政策。 2. 根据电信法律规定，所有客户的账目和用户信息（漫游信息除外）必须存储在印度，并且禁止从印度外部远程访问此类数据。 3. 如果第三方确保与印度规则规定的保护级别	1. 网络运营者应当采取技术措施和其他必要措施，确保其收集的个人信息安全，防止信息泄露、毁损、丢失。在发生或者可能发生个人信息泄露、毁损、丢失的情况时，应当立即采取补救措施，按照规定及时告知用户并向有关主管部门报告。 2. 任何个人和组织不得窃取或者以其他非法方式获取个人信息。任何个人和组织发送的电子信息、提供的应用软件，不得设置恶意程序。 3. 关键信息基础设施的运营者在中华人民共和国境内运营中收集和产生的个人信	1. 责任方必须采取适当、合理的技术和组织措施，确保个人信息的完整性和保密性。 2. 禁止处理"特殊个人信息"，除非特定或一般例外适用或从信息监管机构收到授权。 3. 禁止处理儿童的个人信息，除非有例外情况或获得相关人员的同意。 4. 责任方必须采取合理措施：确定其拥有或控制的个人信息的所有合理可预见的内部和外部风险；建立和保持适当的保护措施，防止所确定的风险；定期验证保护措施是否得到有效实施；确保保障措施不断更新，以应对以前实施的保障措施中的新风险或缺陷；责任方必须适当考虑适用于一般或在特定行业或专业规则和法规中要求的普遍接受的信息安全实践和程序。 5. 在有合理理由相信数据主体的个人信息已被

续表

	巴西	俄罗斯	印度	中国	南非
	5. 禁止保留访问互联网应用程序的用户记录。 6. 互联网连接和应用提供商必须提供证据表明其遵守通信规定的隐私和保密性。	5. 采取必要的法律、组织和技术措施,保护个人数据免受任何未经授权、非法或意外访问、破坏、修改、阻止、复制、提供或扩散以及其他未经授权的处理个人数据的行为。	相同,无论其在印度或者海外,数据控制者可以将敏感的个人数据或信息转移给对方。	息和重要数据应当在境内存储。因业务需要,确需向境外提供的,应当按照国家网信部门会同国务院有关部门制定的办法进行安全评估。	任何未经授权的人员访问或获取的情况下,责任方必须通知监管机构和受影响的数据主体。 6. 符合特定条件,才能将个人信息转移给国外的第三方,在一些情况下还需要监管机构的事先授权。

(七)小结

金砖各国 PPIE 的法律义务涉及对个人信息的收集、处理、披露、转让以及安全保密五个领域。金砖各国电子商务经营者在搜集和处理个人信息时必须尊重隐私规定,获得信息主体的同意。在披露和转让个人信息时,金砖一些国家为了维护个人信息安全,加大了数据运营方应当遵守的义务以确保第三方对个人信息的保护。关于安全保密,一方面是技术措施,另一方面是接受有关机构的监管,遵守向有关机构的通知报告等义务。

PPIE 法律义务是 PPIE 的重要内容,金砖五国的法律规定虽具体内容不同,但各有所长,宜相互借鉴,以更好地保护个人信息。金砖国家在此方面的立法经验可总结如下:

1. 设定 PPIE 的法律义务时分别对个人信息的收集、处理、披露、转让以及安全保密予以具体规定;

2. 在设定收集、处理、披露、转让个人信息时的义务会涉及获得信息主体同意的要求,在同意规则的设定上可详细规定同意的方式,书面或口头同意的规则,推断同意的条件,已获得同意的举证责任的承担规则;

3. 具体规定将个人信息交给第三方处理时转移方和第三方应该遵守的义务,可加大转移方的注意义务以保证信息安全;

4. 在安全保密义务的具体规定上,根据各国情况,制定符合技术发展水平的技术措施要求。

七、金砖各国 PPIE 中的法律责任

金砖各国 PPIE 中的法律责任包括民事责任、行政责任与刑事责任。关

于民事责任和行政责任的规定较类似，关于侵犯电子商务中个人信息在何种形式下会负担刑事责任，金砖各国的规定不尽相同。

(一)巴西 PPIE 中的法律责任

在巴西的电子商务中，如果侵犯了个人信息，根据以下法律承担责任。与上文巴西的个人信息权利对应，根据巴西《宪法》第 5 条，个人的隐私、私生活、名誉和形象若受到侵犯，个人拥有因此造成的金钱和非金钱损害的赔偿(精神损害赔偿)的权利，所以在电子商务中侵害个人信息的法律责任包括金钱和非金钱损害赔偿(精神损害赔偿)。此外，受害方还能向相关法院申请禁令，以保护自己的个人信息。《互联网监管框架》规定了违反数据保护的单独或者并用责任，包括警告①、罚款②以及中止互联网连接或互联网应用提供商收集、存储、保护或处理注册表日志，个人或通信数据的活动、禁止类似活动。如果是外国公司，其在巴西的子公司、分支机构、办公室或机构将共同承担缴付罚款的责任。《互联网监管框架》要求，对侵犯隐私造成的损害进行赔偿。

根据《信息获取法》，任何持有公共机构的信息(由于任何种类的关系)的个人或私有实体不遵守《信息获取法》将受到以下制裁：(1)警告；(2)个人罚款为1000雷亚尔至200000雷亚尔，私人实体罚款为5000雷亚尔至600000雷亚尔；(3)终止与公共机构的关系；(4)暂停参与公开招标，并在暂停时间内禁止与政府签订合同，暂停时间为不超过两年；(5)宣布无法参与公开招标或与公共行政部门签订合同，直到相关机构或实体实际偿还损害赔偿金。其中，警告、终止与公共机构的关系以及暂停制裁可以同时处以罚款，并在十天内有抗辩权。

违反《消费者权益保护法》将受到的一般性制裁如下：(1)罚款；(2)查封该产品；(3)销毁产品；(4)主管机构取消产品注册；(5)禁止产品制造。(6)暂停供应产品或服务；(7)暂时中止活动。(8)取消使用某种商品或服务的特许或许可。(9)取消企业或活动的牌照许可证。(10)全部或部分关闭企业，工作或活动。(11)行政干预。(12)在广告虚假或带有侮辱性的情况下向广告者强加反广告义务，以便使向公众传达的信息准确无误。此外，防止或阻碍消费者在记录、数据库、卡片和登记册中获取有关他们的信息，可被处以六个月至一年的监禁或罚款。如果该实体知道或应该知道这些信息是不准确的，不立即纠正记录、数据

---

① 必须确定采取纠正措施的最后期限。

② 在考虑到违法者的经济状况以及违约行为的严重性与罚款之间的相称性的情况下，最高罚款额为上一年度经济集团在巴西不含税总收入的 10%的罚款。

库、卡片或登记册中的消费者的信息，将受到一至六个月的监禁或罚款。

《反互联网犯罪法案》将入侵他人电脑、窃取信息和将信息在网上公布等行为定义为刑事犯罪。该法律规定，凡通过互联网入侵他人电脑并窃取其中内容者，将被判处 3 个月至 1 年的监禁；如果违法者还将窃取的信息用来出售或在网上公布，给相关机构、企业和个人带来损害，其刑期将增为半年至 2 年。

（二）俄罗斯 PPIE 中的法律责任

在俄罗斯，不遵守数据保护相关法律会受到以下处罚：民事制裁（例如，精神损害赔偿）、行政处罚（例如，行政罚款）、刑事制裁（例如，监禁）、纪律责任和法律规定的其他责任①。根据《信息、信息技术和信息保护法》第 15 条，信息资源的占有者违反信息工作规章要承担法律责任，第 24 条规定，非法限制信息索询和违反信息保护制度上有过错，应依照民法、刑法以及行政法的相关规定承担责任。同时，俄联邦通信监管局有一定的执行权力，负责以下事项。(1)向个人、法人提出请求并获得有关数据处理的必要信息。(2)进行检查和检查处理个人数据通知（由数据运营商提交）中包含的信息，或与其他州政府机构合作以达到此特定目的。(3)整改、封锁或销毁虚假的或非法获取的个人数据。(4)限制对违反《信息、信息技术和数据保护法》的处理数据的访问。(5)在违反数据保护法律时，暂停或终止相关个人数据处理。(6)在法院进行民事诉讼，以保护数据主体的权利，并在审判时代表数据主体的利益进行诉讼。(7)向 FSTEC、FSS 和其他国家机构提交申请暂停或取消相关许可证。(8)向检察官办公室和其他执法机构提交材料，以便启动数据泄露的刑事诉讼。(9)发布有约束力的命令，并使有罪的一方承担行政责任。

（三）印度 PPIE 中的法律责任

在印度电子商务中，如果侵害了个人信息，根据以下法律承担责任。

任何人在使用合理的安全措施和程序保护敏感个人数据或信息时，若有疏忽，对任何不当行为导致的损失或收益负赔偿责任②。

未经所有者或负责计算机、计算机系统或计算机网络的人的许可，从计算机、计算机系统或计算机网络下载、复制或提取任何数据、计算机数据库或信息的人，应承担赔偿和刑事处罚。非法入侵计算机系统犯罪的处罚均为三年

---

① 俄罗斯《个人数据保护法》第 24 条。

② 印度《信息技术法》第 43A 节。

以内,单处或并处 50 万卢比罚金[①]

如果某人违反合同或未经相关方同意披露个人信息,并且意图导致或知道该信息可能导致不当损失和收益,则该人可能受到刑事处罚[②]。

任何人如果在使用合理的安全措施和程序保护敏感个人资料或信息时有疏忽不当之处,应负责赔偿任何不当损失或收益[③]。

未经数据主体同意或违反与数据主体的协议而披露个人信息,且主观上是有意或知道可能造成不当收益或损失的服务提供商面临三年监禁或罚款高达 50 万卢比,或两者并处[④]。

根据《信息技术法》第 43A 节规定的低于 5000 万卢比的索赔,由相关邦政府信息技术部秘书裁决,5000 万卢比以上的索赔由民事法庭裁决。还规定了任何人在未经他人同意的情况下故意或明知拦截捕获、发行或传送他人隐私部位图像,此情况即为侵犯了他人隐私权,应被处以三年以内的监禁,单处或并处最高 20 万卢比的罚金。[⑤]

(四)中国 PPIE 中的法律责任

在中国的电子商务中,如果侵害了个人信息,根据以下法律承担责任。

根据《侵权责任法》的姓名权、名誉权、荣誉权或者隐私权的内容加以保护,承担责任的方式有:停止侵害;排除妨碍;消除危险;返还财产;恢复原状;赔偿损失;赔礼道歉;消除影响、恢复名誉。[⑥] 承担的责任还可以包括精神损害赔偿。[⑦]

《网络安全法》中规定,网络运营者、网络产品或者服务的提供者违反本法规定,侵害个人信息依法得到保护的权利的,由有关主管部门责令改正,可以根据情节单处或者并处警告、没收违法所得、处违法所得一倍以上十倍以下罚

---

① N. S. Nappinai, "Cyber Crime Law in India: Has Law Kept Pace with Emerging Trends ", *Journal of International Commercial Law and Technology*, Vol. 5, Issue 1 (2010), pp.22-28.

② 印度《信息技术法》第 72A 节。

③ 印度《信息技术法》第 43A 节。

④ 印度《信息技术法》第 72A 节。

⑤ 张睿.:"印度《信息技术法案》研究及对我国信息技术立法的启示",华东政法大学硕士论文,2013 年。

⑥ 按中国《侵权责任法》第 15 条,可以单独适用,也可以合并适用。

⑦ 中国《侵权责任》第 22 条:"侵害他人人身权益,造成他人严重精神损害的,被侵权人可以请求精神损害赔偿。"

款,没有违法所得的,处一百万元以下罚款,对直接负责的主管人员和其他直接责任人员处一万元以上十万元以下罚款;情节严重的,并可以责令暂停相关业务、停业整顿、关闭网站、吊销相关业务许可证或者吊销营业执照。[①] 窃取或者以其他非法方式获取、非法出售或者非法向他人提供个人信息,尚不构成犯罪的,由公安机关没收违法所得,并处违法所得一倍以上十倍以下罚款,没有违法所得的,处一百万元以下罚款。[②] 关键信息基础设施的运营者违反本法规定,在境外存储网络数据,或者向境外提供网络数据的,由有关主管部门责令改正,给予警告,没收违法所得,处五万元以上五十万元以下罚款,并可以责令暂停相关业务、停业整顿、关闭网站、吊销相关业务许可证或者吊销营业执照;对直接负责的主管人员和其他直接责任人员处一万元以上十万元以下罚款[③]。同时,《网络安全法》规定,有本法规定的违法行为的,依照有关法律、行政法规的规定记入信用档案,并予以公示。[④]

侵害个人信息,还有可能承担刑事责任。根据《刑法》第 253 条之一侵犯公民个人信息罪的内容,违反国家有关规定,向他人出售或者提供公民个人信息,情节严重的,处三年以下有期徒刑或者拘役。

(五)南非 PPIE 中的法律责任

在南非电子商务中,如果侵害了个人信息,将承担以下法律责任。

数据主体可以就损害赔偿提起民事诉讼,监管者还可以代表数据主体提起诉讼。

不遵守数据保护法律规定的行为是刑事犯罪,在地方法院受到审判,可以判处 12 个月至 10 年徒刑(视犯罪的严重程度而定)和罚金(未规定最高刑罚)。责任方可以选择在地方法院接受审判,而不是支付由监管机构发出的行政罚款。

监管机构可以接收和处理投诉,进行调查和评估,并发布:要求责任方提供有关其处理信息的通知;强制执行责任方在处理个人信息方面作为或者不作为的通知;对责任方不遵守法案规定进行行政罚款的通知。监管机构可以对违法行为处以高达一千万卢比的行政罚款。

---

① 中国《网络安全法》第 64 条规定了违反本法第 22 条第 3 款、第 41 条至第 43 条应承担的法律责任。

② 见中国《网络安全法》第 64 条,其规定了违反本法第 44 条的法律责任。

③ 见中国《网络安全法》第 66 条,其规定了违反本法第 37 条的法律责任。

④ 中国《网络安全法》第 71 条。

(六)比较分析

金砖各国电子商务中侵害个人信息的法律责任主要为民事责任与行政处罚,在一些情况下,侵害个人信息的行为还会承担刑事责任。

1. 民事责任

关于民事责任,金砖各国规定基本一致,受侵害的主体可以要求民事索赔,其中包括精神损害赔偿。其中南非法律规定,数据主体可以就损害赔偿提起民事诉讼,监管者还可以代表数据主体提起诉讼。这一条程序法上的规定有助于民事诉讼的提起,使侵权者承担民事责任,以保护公民的个人信息,具有借鉴意义。

2. 行政处罚

关于行政处罚,金砖各国的规定较为相似,包括要求提供信息、警告、整改、罚款、停业整顿、吊销营业执照等内容。其中较为有亮点的规定是中国《网络安全法》规定:有本法规定的违法行为的,依照有关法律、行政法规的规定记入信用档案,并予以公示。有了信用档案,人们在选择电子商务运营商时就可以排除掉那些有不良记录的运营商。只要这条得到落实,相信对保护个人信息会起到不小的作用。

3. 刑事处罚

金砖国家的法律中规定了侵犯个人信息应该受到的刑事处罚,刑期一般为三年以下,涉及的情形主要有非法获得或披露个人信息和阻止信息主体获得信息,具体规定如下。(1)巴西法律中规定,防止或阻碍消费者在记录、数据库、卡片和登记册中获取有关他们的信息,可被处以 6 个月至 1 年的监禁或罚款;如果该实体知道或应该知道这些信息是不准确的,不立即纠正记录、数据库、卡片或登记册中的消费者的信息,将受到 1 至 6 个月的监禁或罚款;将入侵他人电脑、窃取信息和将信息在网上公布等行为定义为刑事犯罪,凡通过互联网入侵他人电脑并窃取其中内容者,将被判处 3 个月至 1 年的监禁;如果违法者还将窃取的信息用来出售或在网上公布,给相关机构、企业和个人带来损害,其刑期将增为半年至 2 年。(2)俄罗斯法律中规定,侵犯个人信息可能受到刑事处罚。(3)印度法律中规定非法入侵计算机系统犯罪的处罚为 3 年以内,单处或并处 50 万卢比罚金;未经数据主体同意或违反与数据主体的协议而披露个人信息,且主观上是有意或知道可能造成不当收益或损失的服务提供商面临 3 年监禁或罚款高达 50 万卢比,或两者同时实行;任何人在未经他人同意的情况下故意或明知拦截捕获、发行或传送他人隐私部位图像,此情况即为侵犯了他人隐私权，应被处以3年以内的监禁刑，单处或并处最高20万卢比的罚金。(4)中国《刑法》中规定，违反国家有关规定，向他人出售或者提供公民个人信息，情节严重的，处3年以下有期徒刑或者拘役，并处或者单处罚金；情节特别严重的，处3年以上7年以下有期徒刑，并处罚金。(5)南非法律规定不遵守数据保护法律规定的行为构成刑事犯罪的，在地方法院受到审判，可以判处12个月至10年徒刑和罚款。

(七)小结

金砖各国电子商务中侵害个人信息的法律责任包括民事责任、行政处罚和刑事责任。其中，金砖各国关于民事责任和行政处罚的类型较为类似，民事索赔中可包括精神损害赔偿。行政处罚一般包括要求提供信息、警告、整改、罚款、停业整顿、吊销营业执照等内容。中国《网络安全法》中关于信用档案的规定对其他国家来说有借鉴意义，按照其规定，有违反本法行为的，依照有关法律、行政法规的规定记入信用档案，并予以公示，这样就有助于信息主体在电子商务中排出那些有不良记录的运营商以保护个人信息的安全。在刑事责任领域，因为各国对电子商务中个人信息的刑事保护发展不一致，各国设定为信息犯罪的情形但各有不同，就目前情况看主要涉及非法获得或披露个人信息和阻止信息主体获得信息上。

在金砖各国电子商务中侵害个人信息的法律责任上的立法经验是民事责任、刑事责任和行政处罚并用，细化规定承担法律责任的情形以及责任幅度，中国《网络安全法》中关于信用档案的规定可以推及其他国家，将侵害个人信息情节严重的行为如非法侵入计算机系统窃取披露个人敏感信息等行为规定为刑事犯罪，设定州事责任保障个人信息安全。

八、PPIEB存在的问题与解决之径

前面已经就金砖各国PPIE的主体、客体、权利、义务、责任进行分别比较分析，现总结金砖国家PPIE的立法、现有法律法规上和法律模式面临的具体困境，从借鉴金砖国家内部和域外经验上研究解决对策。

(一)困境分析

1. 个人信息保护的立法不全

涉及个人信息保护的立法不齐全，是使金砖各国电子商务中的个人信息

得不到有效保护的重要原因。电子商务中的个人信息保护立法涉及个人信息保护法、电子商务法、消费权益保护法、互联网监管法等多部法律。金砖各国关于PPIE的立法不齐全,不同时具备个人信息保护法、电子商务法、消费权益保护法、互联网监管法等涉及个人信息保护的多部法律。在上述法律中,能集中保护电子商务中的个人信息的是个人信息保护法。然而在金砖国家中,只有俄罗斯与南非制定了专门的个人信息保护法,中国和印度尚无专门的个人信息保护法,巴西的《个人信息保护法案草案》已提交给公众讨论,但尚未正式通过。而在电子商务法、消费权益保护法、互联网监管法上,金砖各国的立法同样不完备,缺乏针对其中某个领域的专门立法。

2. 现行法律法规的规定不具体

金砖各国法律规定的不具体是使现有立法在保护个人信息上得不到切实执行的重要原因。PPIE法律关系涉及主体、客体、权利、义务与责任。在主体上涉及对信息主体、互联网运营商的界定以及设立专门监管的行政机关;在客体上涉及对个人信息的界定,以及区分敏感的个人信息和一般的个人信息;在权利上涉及对获得信息权、损害求偿权、个人信息删除或修改权以及对于信息收集或处理的自主选择权以及隐私权内容的具体规定,其中不仅包括实体法上对权利的构建,还包括在程序法上对权利的构建;在义务上涉及个人信息的收集、处理、披露、转让应遵守的义务以及安全保密义务五个领域;在责任上民事责任、行政处罚和刑事责任。金砖各国在上述内容上的细化规定不够,缺乏对个人信息保护法律关系涉及主体、客体、权利、义务与责任的具体规定,如没有对个人信息的界定和对敏感个人信息的区分,没有制定安全保密义务的法律标准,以至于在实践中金砖各国EPIP法律的执行难以落实,个人信息得不到有效保护。

3. PPIE法律模式不统一,难以发挥共同规则的影响力

PPIE法律模式不统一,是难以发挥金砖国家共同规则的影响力的重要原因。俄罗斯、南非都有专门的个人信息保护立法,对个人信息直接进行保护,采取的是“统一模式”,在保护个人信息的保护主体、客体、具体权利义务以及责任的规定较为集中且详细具体,涉及个人信息、保护主体的界定,对个人信息的收集、处理、披露、转让等规则。巴西、印度与中国尚未有专门的个人信息保护立法,趋向于将个人信息归入隐私进行间接保护,采取“分散模式”,关于个人信息保护的规定碎片化分布在各法律之中。两种法律模式各有特色,差异较大,使金砖各国在此领域形成共同规则的难度较大,从而难以发挥共同规则影响力。

(二)解决对策

1. 借鉴金砖国家内部经验

比较分析后 PPIEB 所涉法律后,可以得到如下经验。

在电子商务中个人信息法律保护的主体的规定上,因为涉及的主要是数据运营商和相关行政机构,对此两者的规定需进行细化,根据国情需要,确定是否需要区分国外数据运营商和国内数据运营商,以及规定区分国外数据运营商和国内数据运营商的标准。此外,法律需要确定保护电子商务中个人信息的行政机关,避免规定不明、权责不分的情形,如俄罗斯法律明确规定了涉及的机构是联邦通信监管局。

在电子商务中个人信息法律保护的客体的规定上,金砖国家的法律中需要对个人信息的范围进行具体准确的界定,然后需区分敏感个人信息和一般个人信息,在此基础上才能加大对敏感个人信息的保护。在界定敏感个人信息的问题上一方面需要考虑本国国情,另一方面可以借鉴印度和南非的经验,将涉及个人财产安全、生理安全以及隐私的信息规定为敏感个人信息,以实施更高层级的保护。此外,宜将个人信息限定为自然人的个人信息,由于法人、商业团体与自然人毕竟有许多不同之处,对其信息进行保护更多是偏向知识产权和商业秘密领域的保护,不应混在一起规定。

在电子商务中法律保护的个人信息权利的规定上,金砖国家的法律中应进一步区分隐私权与个人信息权,因为隐私权与个人信息权的差异,宜将个人信息权进行单独规定,而非附属于隐私权之下[①]。与此同时,法律应当细化获得信息权、个人信息删除或修改权以及对于信息收集或处理的自主选择权、损害求偿权的规定,增强法律的可操作性。俄罗斯在权利的细化法律规定与研究上较为深入,且与时俱进,可供其他国家参考。尤其是个人信息删除或修改权中被学界称为"被遗忘权"的内容,俄罗斯是在欧盟法院在"谷歌西班牙公司案"[②]中首次在欧盟司法实践后确认被遗忘权后,在 2015 年迅速完成被遗忘权立法(第 264 号联邦法律)。此法案通过修改民法典的一般内容和信息法中的特殊内容来确定"被遗忘权",这种立法模式值得借鉴。在金砖各国电子商务经营者对应的法律义务的规定上,主要涉及对个人信息的收集、处理、披露、

① 王利明:《论个人信息权的法律保护——以个人信息权与隐私权的界分为中心》,载《现代法学》2013 年第 4 期。

② See Case C-131/12, Google Spain SLand Google Inc. v. Agencia Espa Nola de Protectón de Datosand Mario Coste-ja González.

转让以及安全保密五个领域义务的细化阐述。在获得数据主体的同意义务规定上可按照金砖一些国家法律规定的内容,允许以在线或电子签名的方式同意,以方便数据主体进行选择,但要注意的是,电子商务经营者宜将同意的信息范围、处理的方式、可能获取上述信息的主体等重要信息以明显准确的方式告诉数据主体,使其清楚自己同意的内容。此外,各国可以根据自身特点规定是否允许暗示的同意。电子商务经营者与数据主体相较,处于优势地位,因而按照俄罗斯法律的规定,获得同意的证明责任由电子商务经营者承担较为恰当。若个人信息转让给第三方,南非和印度法律中规定转让方需要采取措施确认第三方对个人信息的安全保护达到标准,这种方式可供借鉴。关于安全保密的义务,一方面涉及技术措施,另一方面接受有关机构的监管。关于技术措施,金砖国家的法律中宜采取规定基本的技术措施规则和约定安全规则相结合的方式。由于法律规定的技术措施的可行性和本国信息基础设施的建设水平有关,因而各国应根据自身情况在法律中制定本国技术措施的基本标准,然后学习印度可以由双方约定安全规则,但需规定双方约定的安全规则一定要高于基本标准。

在电子商务中侵害个人信息的法律责任上,金砖各国的法律中应进一步具体规定侵害个人信息将会承担的民事责任、刑事责任和行政责任,以及这些法律责任之间的关系。在民事责任上,清楚规定在哪些情形下可以索赔,使用精神损害赔偿的条件以及赔偿额的确定方式。在刑事责任上,应进一步明确侵害个人信息达到何种标准构成刑事犯罪,以及从轻、从重、加重、减轻情形,侵害信息将受到哪些刑事处罚,单用还是可以并用。在行政责任上,一方面是清晰规定受到行政处罚的情形,确定负责监管的行政机构,另一方面在实践中应落实处罚规则,让电子商务经营者看到侵害个人信息的成本。此外,借鉴中国法律规定,将有侵害个人信息行为的电子商务经营者记入信用名单,让公众可以查询,也是一个很好的处罚措施。在总结金砖各国 PPIE 法律经验基础上,金砖各国应根据本国国情,相互借鉴,撷取其他国家立法中的精华部分为己所用。

2. 学习域外经验

金砖五国仅在内部相互学习还不够,还需探索金砖国家外的其他国家 PPIE 法律制度,根据具体国情,学习域外的优秀经验,不断提升本国的法律制度水平以及构建金砖国家内部的法律协调机制。

(1)制定专门的个人信息保护法律

目前俄罗斯和南非已经有了专门的个人信息保护法,巴西也将《个人信息保护法案草案》提交给公众讨论，只有印度和中国尚无专门的个人信息保护立法，而放眼全球，制定了专门的个人信息保护法律的国家不在少数。欧洲将个人信息保护视为一项基本人权①，许多欧洲国家以及在欧洲外大陆法系的许多国家已经制定专门的个人信息保护法律。在中国，也有不少学者呼吁尽快制订专门的个人信息保护法。早在 2005 年齐爱民的《个人信息保护法示范法草案学者建议稿》就已经出现，2006 年周汉华主编的《个人信息保护法（专家建议稿）及立法研究报告》也紧接着问世。在互联网和电子商务飞速发展的今天，信息由于其本身的特殊性需要单独立法进行保护，制定专门的个人信息保护法律势在必行。

（2）在电子商务法、消费者权益保护法中对个人信息保护进行补充规定

个人信息保护法是针对所有个人信息进行的一般性规定，而电子商务中的个人信息有其特殊性，除涉及姓名、地址、联系方式等基本的个人信息外，还包括个人订单数据、账户数据、电子签名等信息，因而宜在电子商务法中，或者在消费者权益保护法中，对电子商务消费者的个人信息保护进行特殊规定。目前，巴西、中国的《消费者权益保护法》中已经有对个人信息保护的规定，但规定还不够细致。宜在电子商务法、消费者权益保护法中确立消费者的"个人信息权"，再具体规定电子商务经营者对应的义务，细化到电子商务中个人信息应如何保护。

（3）采用国家立法与行业自律结合的模式

发达国家采用的"多利益攸关方"模式，重视私主体、行业协会与社会的作用，有一定的合理性，在不适宜国家和政府调控之处，让私主体、行业协会等介入，可弥补国际立法保护个人信息的缺陷，如在国家规定的保护个人信息安全措施的基础上，私主体或行业协会根据自身技术条件制定出更高标准，能使电子商务中的个人信息得到更好保护。而且既然巴西已经偏向"多利益攸关方"模式，在坚持"国家主导"作用，允许私主体、行业协会等介入，可以缩小巴西与其他金砖国家在此问题上的分歧，求同存异，利于协调五个国家内部的法律机制。但弱化国家与政府作用的途径不可取，因为在此领域需要制定安全保密措施的基本标准，由国家制定，自上而下推行，较为容易，而如果将此内容放权给私主体、行业协会，缺乏强制力，推行较为困难，尤其在频发互联网信息事件后难以迅速反应，在立法与执行上难以应对。

---

① Christopher Kuner：《欧盟的隐私和数据保护》，温珍奎译，载周汉华主编：《个人信息保护前沿问题研究》，法律出版社 2006 年版，第 31 页。

(4)构建金砖国家共同保护规则

比较分析金砖各国 PPIE 法律之后发现,虽然法律具体规定有差别,但如前文阐述,也有许多类似和可以协调之处。在把握好这些的基础上,金砖国家之间可增加在这一领域的交流合作,求同存异,制定共同规则,将影响力辐射到其他发展中国家,然后利用联合国等国际组织在国际法律制度构建中的作用将符合新兴发展中国家的这些共同规则推广出去。目前金砖国家已经有这一领域的合作与尝试。2012 年 12 月,由于中国、俄罗斯等国的大力推动,国际电信世界大会最终通过具有约束力的新《国际电信规则》,明确要求成员国确保国际电信网络的安全和稳固。2014 年 3 月 24 日,参加海牙核安全峰会的金砖国家外长举行了会议,会后发表的联合声明中提及"共同面临的网络威胁",并认为需要在国内法和国际法的框架下来加以应对①。目前,巴西召开了"互联网治理的未来——全球多利益相关方会议"及之后创办了全球互联网治理联盟。中国已经连续举办三届互联网大会,邀请世界各国和地区的政府代表、国际组织负责人、互联网企业领军人物、互联网名人和专家学者等参加。在此基础上,金砖国家应在达成共识的基础上,深化合作,将符合金砖国家以及新兴发展中国家共同利益的规则推而广之。

结语

金砖国家作为新兴发展中国家的代表,在全球互联网信息规则构建中具有共同利益,面对发达国家坚持"多利益攸关方"模式的分歧,全球规则由碎片化到规则竞赛的转变的形势下,应在完善国内 PPIE 法律制度的基础上,加强合作,建立合作框架机制,发挥共同规则的作用,影响到其他发展中国家。在当今时代,谁掌握规则构建权谁就能制定出一套有利于自身发展的制度。当年在 WTO 规则的制定上中国的缺失导致了如今中国在使用 WTO 机制上的障碍和不利局面。在新一轮全球信息法律规则构建中,中国应联合金砖其他国家以及其他发展中国家,在构建符合发展中国家利益的共同规则的基础上,利用联合国和其他国际组织的平台发挥共同规则的影响力,进而争取在全球信息法律制度构建中的话语权。

---

① Chairperson's Statement on the BRICS Foreign Ministers Meeting held on 24 March 2014 in The Hague, Netherlands, http://www.dirco.gov.za/docs/2014/brics0324.html.

Legal Systems of Protection of Personal Information in BRICS' E -Commerce

ZHOU Liuhan

Abstract:In the era of "Internet +", the issue of personal information security in e-commerce is very serious. Personal information submitted by netizens to e-commerce operators is often illegally resold, stolen and leaked, so that they are invaded and their rights are damaged. Under the influence of Edward Snowden and "PRISM" incident, the BRICS countries have paid more and more attention to the protection of personal information, but there are problems of imperfect legal protection system. The author adopts the institutional analysis method, comparative analysis method and historical analysis method, mainly studies the legal model of BEPIP, the subject and object of legal relationship, the right of personal information, the obligation of the operator, the legal responsibility, proposes legal coordination proposals for the protection of personal information in e-commerce among BRICS countries and the idea of constructing common protection rules.

Key words:BRICS; e-commerce; personal information protection; legal systems

✲ 胡海燕[*]

金砖国家劳动仲裁裁决效力模式研究[**]

内容摘要:随着金砖国家合作机制的形成和不断深化,金砖国家在诸多方面取得了协同发展、合作共赢的成绩。“劳工和就业”是可探讨的新合作领域之一。金砖各国均重视对劳资和谐关系的维持和劳动者合法利益的保护,在劳动领域具有共同理念,存在共同利益,可加强对劳动法律的分享与交流。有必要重视金砖国家劳动法律制度的研究,其中对劳动争议解决方式的研究对于有效避免和解决劳动争议,维护和谐的劳资关系具有重要意义。劳动争议仲裁作为金砖国家解决劳动争议的共同手段之一,受各国价值理念不同的影响,在解决劳动争议中扮演重要但有差别的角色。研究金砖国家劳动仲裁裁决效力模式,既有利于金砖国家投资者充分了解和遵守金砖各国劳动法律,正确选择及运用劳动仲裁解决劳动争议,又有利于金砖国家之间相互借鉴与协调劳动仲裁制度和劳动争议解决机制,深化劳动领域的合作与交流。本文主要采取比较分析法、规范分析法、历史分析法、实证分析法等研究方法,较深入、系统地研究金砖国家劳动仲裁裁决效力的三种模式,即中国的“仲裁裁决前置”、巴西和印度的“或裁或审终局”、俄罗斯和南非的“部分仲裁终局”模式,比较了各模式的优势,提出金砖国家间协调劳动仲裁裁决效力模式的基本思路。

关键词:金砖国家;劳动仲裁裁决;效力模式;比较;协调

---

* 胡海燕,西南政法大学国际法学院国际法学专业2014级硕士研究生。

** 本文在作者2017年6月硕士学位论文基础上修改而成。

目次

引言

金砖国家作为快速崛起、发展的新兴国家，经济发展迅速，国内生产总值增长速度超过世界平均水平，在世界政治经济中占有重要地位，已成为很多投资者投资的重要选择地。

金砖国家在诸多领域有共同的利益诉求，目前合作框架已基本成型。金砖国家之间加强了关于“劳工”和“就业”方面的合作①，注重就业和劳工方面的信息分享与交流，并于 2016 年举行了首届金砖国家劳工就业部长会议。在此大背景下，重视金砖国家劳动法律相关制度的研究，可有效呼应其关于劳动领域合作的大趋势。其中对劳动争议解决方式的研究对于有效避免和解决劳动争议，维护和谐的劳资关系具有重要意义。劳动争议仲裁作为解决劳动争议的有效手段之一，已被很多国家采纳，国际劳工组织的第 92 号《自愿调解和仲裁建议书》主张采取自愿调解和仲裁的方式解决劳动争议。故为了妥善处理劳动争议，有必要在金砖语境下对劳动仲裁裁决效力模式进行研究，明确劳动仲裁在劳动争议解决机制中的角色和作用，对金砖国家劳动仲裁裁决效力模式予以评价与选择，并期望在金砖国家间作出有效协调，共同构建更有效的劳动争议仲裁制度。

本文的理论意义在于：(1)拓宽对金砖国家研究的新领域。有利于拓宽对金砖国家研究的新领域，将研究拓宽至对金砖国家的劳动争议解决和劳动仲

---

① 《金砖国家领导人第六次会晤福塔莱萨宣言》，2014 年 7 月 17 日，巴西福塔莱萨，“可探讨的新合作领域”第二项。

裁裁决效力模式的研究。目前国内外学者对金砖国家劳动仲裁裁决效力模式的系统化研究较少，本文通过对金砖国家劳动仲裁裁决效力模式的研究，系统化阐述不同模式的法律依据、内容、运行机制，并进行优劣分析，弥补在此领域研究的不足。(2)扩宽对劳动法律研究的国家范围。中国在劳动法律方面的学术成果大部分是针对西方发达国家，引进和借鉴西方发达国家的劳动法律制度。中国为金砖国家中的一员，金砖国家之间的合作促进了中国的发展，故有必要将研究范围扩宽至金砖国家，研究和引进金砖其他国家有益的法律制度和规则。(3)“抛砖引玉”。通过本文的研究，以期能引起国内外学者对金砖国家劳动仲裁及其劳动法的关注和进一步研究。

本文的实践意义在于：(1)有助于投资者了解有关国家劳动仲裁制度。金砖国家因受其他国家投资者的青睐，吸引了众多投资者。投资者和投资企业在金砖各国应忠实遵守该国的法律。其中，对投资者和投资企业尤为重要的为该国的劳动法律。本文的研究，有助于金砖国家投资者和投资企业了解金砖国家的劳动仲裁裁决效力模式和争议解决机制，为他们选择和正确运用劳动仲裁制度解决劳动争议提供建议和指引。(2)有利于金砖各国劳动仲裁制度的完善。本文通过对金砖国家劳动仲裁裁决效力模式进行系统梳理和对比评价，力图甄别出金砖各国现行最佳模式并对金砖各国的完善提出其他可行性建议，有利于金砖各国在结合具体国情的基础上进行反思和相互借鉴，促进金砖各国完善各自的劳动仲裁制度及劳动争议解决制度。(3)促进金砖国家间“劳工和就业”的合作。劳动争议仲裁制度作为一国劳动法律的重要组成部分，在金砖国家不断加强合作并积极开展“劳工和就业”新合作领域的大背景下，本文的研究或许有助于金砖国家之间在劳动法领域的沟通协调，促进“劳工和就业”方面的合作。

本文拟采取比较分析、规范分析、历史分析和实证分析等研究方法，较全面、系统地研究金砖国家劳动仲裁裁决效力的几种模式，加强相互间效力模式的协调，以期促进金砖各国和相互间劳动争端快速、有效仲裁解决。

一、关于劳动仲裁裁决效力模式的若干基础理论问题

在各国，发生劳动争议在所难免，需要有效的争议解决机制。劳动争议仲裁作为被广泛运用的一种争议解决方式，在劳动争议的解决上有不同于其他方式的优势。不同国家由于对劳动争议解决机制的构建有所差异，对劳动争议仲裁裁决效力的规定不一致，形成了劳动仲裁裁决效力的不同模式。

(一)劳动争议的仲裁解决

劳动争议的仲裁解决是解决劳动争议的一种形式,属发生劳动争议后的事后补救,目的是及时介入以防止争议的扩大,确定争议双方的具体权利义务,结束双方间的纷争。

1. 劳动争议

劳动关系中,雇员和雇主常因其在雇佣关系中的不同利益而发生冲突。劳动争议,即发生在劳动关系中,当事人之间由于对各自的权利义务无法达成一致,产生分歧而引发冲突。劳动关系中的工人与其雇主及各自机构,他们之间的关系时而和谐且相互合作,时而因产生分歧而相互冲突。与其他关系一样,劳动关系中冲突的产生亦无法避免,是客观存在的。虽然冲突不可避免,但决不意味着冲突可以被忽略,冲突发生后应得到重视,予以合理、及时处置,否则冲突可能持续和升级,将对劳资双方造成更大的消极后果。劳动争议比起其他领域的争议,可能对社会与经济的稳定进步产生更直接和更根本的影响,不仅对企业生产和劳动者生存产生消极影响,更可能危害社会与经济秩序。为防止上述消极后果,需要加强对劳动争议的防范,重视对劳动争议的合理处理。

按照争议之性质,劳动争议可分为权利争议和利益争议、个人争议和集体争议。“权利争议系指关于既存权利之执行、解释及侵犯引起的争执;利益争议系指对新权利之要求或既存权利之修改引起的争执。”①个人和集体争议的划分与权利和利益争议的划分有关联之处。不同类型的劳动争议,发生的原因和产生的后果均不相同,有必要加以区分。

劳动争议常见的解决方式包括:讨论和谈判、调解、调停、自愿仲裁、调查和事实认定、强制仲裁、法院诉讼和立法。②

促进和谐的劳动关系是有效劳动市场管理的关键部分之一,它需要有效的避免和解决劳动争议的机制。劳动争议相较于一般民事争议,有其特殊性。在劳动关系中劳动者一般处于较为弱势的地位,应在处理劳动争议时加以考虑,矫正劳动关系当事方事实上的不平等地位,实现实质性公正。

2. 劳动仲裁

劳动仲裁,是指“劳动争议发生后,双方不能自动解决其争执,将争议交付一中立者裁决,此中立者或为个人或为一机关”。③ 该中立者得依据争议的事

---

① 马超俊、余长河:《比较劳动政策》,商务印书馆 2013 年版,第 820 页。

② P. H. Sanders, “Types of Labor Disputes and Approaches to Their Settlement”, *Law & Contemporary Problems*, 1947, 12(2), p.214.

③ 马超俊、余长河:《比较劳动政策》,商务印书馆 2013 年版,第 846 页。

实与责任，按照相关规定，对劳动争议作出是非曲直的判断。[①] 仲裁在性质上具有司法性，不同于调停与调解依赖于双方之妥协与相互让步。[②]

劳动争议的处理方式，与一国社会、政治、经济等诸多因素相关，但目前多为通过司法、仲裁、调解等方式。在这些手段中，劳动仲裁认可争议以快捷、公平、具有成本效益的方式予以解决，且劳动仲裁无需具备诉讼的正式特性，若有效发挥其职能可以分担法院沉重的案件负荷。劳动仲裁受到很多国家的广泛推崇，均将其作为劳动争议解决的重要手段，成为争议解决机制的重要组成部分。国际劳工组织在其建议书中主张可采取自愿劳动仲裁的方式。

按照仲裁的性质不同，可将仲裁分为强制仲裁和自愿仲裁。"自愿仲裁指的是当事人愿意将争议置于第三方，根据当事人共同加入的提交争议条款请求第三方解决争议，当事人同意仲裁员的裁决对他们具有约束力。自愿仲裁下，通过当事方的协议确认仲裁员的裁判权和将提交至仲裁的争议事项。强制仲裁指的是未解决的劳动争议必须提交第三方作最终的具有约束力之裁决。"[③]两者主要区别为："在自愿仲裁下，劳动者是否将其争议交付仲裁，由双方当事人自己决定之，如有一方不同意，可以不必交付仲裁。而在强制仲裁下，则非将争议交付仲裁不可。"[④]强制仲裁制和自愿仲裁制体现了对劳动仲裁的不同价值选择。自愿仲裁制较为尊重劳动争议当事方对劳动争议处理程序的选择权，得依当事人协调一致选择仲裁而为劳动仲裁启动的程序。强制仲裁制对当事人的选择权予以限制，体现了国家对劳动争议处理的干涉和控制，规定必须提交仲裁，无论当事人愿不愿意。强制仲裁制运用了国家强权，限制了当事人的权利，在规定时必须严格控制范围，否则即为过度和不当干涉。

(二)劳动仲裁裁决效力

1. 劳动仲裁裁决

劳动仲裁裁决指的是劳动争议仲裁机构对提交至它的劳动争议案件按照法律的规定进行处理，对当事人之间的是非曲直作出判断，以裁决的形式确定劳动争议仲裁机构的处理结果。劳动仲裁裁决是劳动争议仲裁的外在成果表

---

① 王国社：《内地与香港劳动争议仲裁制度比较研究》，《现代法学》2008年第6期。

② P. H. Sanders, "Types of Labor Disputes and Approaches to Their Settlement", Law & Contemporary Problems, 1947, 12(2), p.214.

③ P. H. Sanders, "Types of Labor Disputes and Approaches to Their Settlement", Law & Contemporary Problems, 1947, 12(2), p.216.

④ 马超俊、余长河：《比较劳动政策》，商务印书馆2013年版，第850页。

现，确定了争议当事人之间的具体权利义务关系，是当事人履行各自权利义务的依据。

2. 劳动仲裁裁决效力

劳动仲裁裁决效力是指劳动仲裁裁决是否产生一定的法律后果，包括对劳动争议当事人以及对争议处理机构的法律后果。本文对劳动仲裁裁决效力的含义采取广义说①，包括“形式效力（终局力）、实质效力（既判力和执行力）”②。

（1）终局力

“劳动仲裁的形式效力，为终局力，也称之为‘程序终结力’，主要体现在程序上一经宣示即告结束，当事人不得提起诉讼废除裁决之效力。”③劳动仲裁裁决的终局力也是产生实质效力的前提和依据，仲裁的终局效力不允许当事人继续提起争议解决的程序，有利于快速结束对劳动争议的处理。终局效力是劳动仲裁裁决受到劳动争议当事人推崇的重要原因之一。

（2）既判力

既判力指的是一旦双方的争议已经为劳动争议仲裁机构的终局裁决所确定，该裁决就成为解决纠纷的最终判断，对争议当事人和争议处理机构均有约束力。对于当事人，其必须认可与服从该裁决的内容，不得再以其他方式申请处理同一争议；对于争议处理机构，其必须尊重自己的判断，在此之后处理其他争议时，应受到先前所作判断的拘束。④ 劳动仲裁裁决既判力，有助于确保劳动仲裁裁决具有确定当事人权利义务关系的作用，避免争议处于反复诉争状态，对维护仲裁机构的权威性和稳定性亦有益处。⑤

（3）执行力

执行力实际上指的是强制执行力，指生效劳动裁决能否得到“有力”的执行。劳动仲裁裁决的执行力是仲裁裁决中规定的义务人拒绝自觉履行裁决要

---

① 对仲裁裁决效力分为广义说和狭义说。广义说认为仲裁裁决效力系包括形式效力（终局力）和实质效力（既判力和执行力），可参见宋明志：《仲裁裁决效力论》，《北京仲裁》2010 年第 1 期。狭义说认为仲裁裁决效力仅指终局力，可参见乔欣：《仲裁权研究——仲裁程序公正与权利保障》，法律出版社，2001 年版，第 111 页。本文对劳动仲裁裁决的效力采取广义说。

② 宋明志：《仲裁裁决效力论》，载《北京仲裁》2010 年第 1 期。

③ 宋明志：《仲裁裁决效力论》，载《北京仲裁》2010 年第 1 期。

④ 李洪：《劳动仲裁裁决之既判力分析》，载《法制与社会》2012 年第 9 期。

⑤ 宋明志：《仲裁裁决效力论》，载《北京仲裁》2010 年第 1 期。

求其承担的义务时,另一方可向国家执行机构申请执行该劳动仲裁裁决,[①]国家执行机构依照法定程序,强制被执行人履行义务。若无强制执行力,仲裁裁决只得依赖于当事人的自觉履行方可实现,即使一方不执行,利益受损一方无权提请对其强制执行,无法获得有效救济,或造成为获得仲裁裁决的之前工作和努力付诸东流。劳动仲裁裁决的执行力,确保了当事人可依强制执行力保障自身权益,是仲裁裁决具有"有力性"特征的重要保障。[②]

(三)劳动仲裁裁决效力模式

尽管劳动仲裁作为一种劳动争议处理方式得到多国的认可和青睐,但因受不同国家劳动法的基本理念以及法律文化传统等因素的影响,劳动仲裁在不同国家的劳动争议解决体制中的地位不尽相同,因此劳动仲裁裁决产生的效力各异。以各个国家现有法律规定为依据,对劳动仲裁裁决效力予以抽象,将其归为不同类型,谓之劳动仲裁裁决效力模式,揭示出劳动仲裁裁决效力在不同国家的差异及其本质属性。[③]

对劳动争议仲裁模式的选择与评价通常综合不同目标来衡量。各国选择的劳动仲裁裁决效力的不同模式,体现了不同国家在处理劳动争议时的价值选择,其中主要考虑为效率与公平的平衡。效率主要是指劳动争议处理机构处理劳动争议的效率,包括争议处理的有效性,机构和当事人耗费的时间及成本;公平主要是指平等、无偏见地对待劳资双方,对劳动关系当事人予以平等保护与救济并注重实质公平,适当程度上对劳动者倾斜保护,特别注意保护劳动者的合法权益。

(四)小结

一国劳动争议解决机制的内容,受到一国社会、政治与经济等诸多领域因素的影响,应与其社会经济发展相适应。劳动争议仲裁作为有别于司法手段的一种争议解决方式,可有效解决劳资纠纷、促进劳资关系的和谐。劳动争议仲裁因其在不同国家争议解决制度中地位不同而使其产生的效力各异,将金砖各国劳动仲裁裁决产生的效力抽象并归类,谓之为"劳动仲裁裁决效力模式"。金砖各国实行的不同模式,体现了该国在劳动法方面的不同价值理念和

---

① 宋明志:《仲裁裁决效力论》,载《北京仲裁》2010 年第 1 期。

② 宋明志:《仲裁裁决效力论》,载《北京仲裁》2010 年第 1 期。

③ 陈丽萍:《论我国劳动争议仲裁模式》,苏州大学硕士专业学位论文,2006 年,第 31 页。

立法目的，在解决劳资双方矛盾和平衡劳资双方利益上产生不同效果。

二、中国的“仲裁裁决前置”模式

中国作为世界上第一人口大国，劳动力资源丰富，对劳动者合法权益的保护尤为重要。为有效保护劳动者合法权益，需构建公平有效的争议解决机制。中国目前的劳动争议解决机制，对劳动仲裁裁决效力采取“仲裁裁决前置”模式，主要特征为仲裁的非自愿性和仲裁的前置性。该模式为中国劳动争议仲裁裁决的独有特色。

(一)本模式的法律依据

中国《劳动争议调解仲裁法》规定：“发生劳动争议，当事人……可以向劳动争议仲裁委员会申请仲裁；对仲裁裁决不服的，除本法另有规定的外，可以向人民法院提起诉讼。”[①]该法还规定，当事人可在仲裁裁决后向人民法院提起诉讼，法定期限内一旦提起诉讼，仲裁裁决不产生法律效力，由人民法院对该劳动争议按照法定程序和规则重新审判，不对仲裁裁决内容维持或否定。反之，劳动仲裁裁决发生法律效力。故劳动争议仲裁机构作出的裁决是否具有法律效力，由争议当事人决定。生效仲裁裁决中规定承担义务的当事人，应按照法律规定履行裁决确定的义务，否则另一方当事人享有依规定提请人民法院强制执行的权利，法院如认为其符合规定，应对该仲裁裁决依法强制执行，这是仲裁裁决强制执行力的体现。

根据对上述法律条文的分析，在中国，劳动仲裁裁决作为提请诉讼的前置裁决，劳动仲裁作为劳动诉讼的必经前置程序，劳动争议当事方不得未经劳动仲裁而直接向法院提起诉讼。该模式谓之“仲裁裁决前置”模式。

需要指出的是，中国劳动仲裁裁决效力模式总体上采取“仲裁裁决前置”模式，但是在此基础上法律规定了可以一裁终局的部分案件，除非劳动者向法院提起诉讼[②]或用人单位向中级人民法院申请撤销裁决[③]。

(二)本模式的基本内容

本模式下，劳动争议仲裁和诉讼是两个相互独立的程序，其中仲裁为诉讼

---

① 中国2007年《劳动争议调解仲裁法》，第5条。

② 中国2007年《劳动争议调解仲裁法》，第48条。

③ 中国2007年《劳动争议调解仲裁法》，第49条。

的前置必经程序，法律强制当事人接受仲裁，不管其是否愿意。否则，将不得进入诉讼程序处理劳动争议，带有明显的国家强制性。

本模式的当事方应首先向劳动仲裁机构申请仲裁，仲裁机构对劳动争议作出仲裁裁决后，产生前置效力，无终局性。若当事方接受仲裁裁决且未在法定期限内向法院提起诉讼，该仲裁裁决即为终局裁决，对劳动争议当事方产生约束力，当事方应按照劳动仲裁裁决的内容履行义务，否则另一方可依仲裁裁决的强制执行力寻求法院救济，即此时劳动仲裁裁决产生的法律效力，包括终局力、既判力和执行力。若任一方当事人依相关规定并遵守时效的限制提起诉讼，该仲裁裁决即确定不产生约束力，法院应按照普通民事诉讼的程序对该劳动争议的是非曲直重新进行审理，不对仲裁裁决作任何评判。

（三）本模式的运行机制

林××与××砂石有限公司（以下简称砂石公司）间的争议案件为本模式下有代表性的案件。林××为砂石公司的工人，在工作过程中受伤，经鉴定为九级伤残。林××与砂石公司之间由于林××发生九级工伤后的赔偿问题产生争议。林××向当地劳动人事争议仲裁委员会申请劳动仲裁，该仲裁委员会作出砂石公司应当支付林××九级工伤待遇共计 105,188.72 元的仲裁裁决。砂石公司在收到该裁决书之日起 15 日内未提起诉讼又不履行该裁决书的裁决内容，故林××持该裁决书向人民法院申请强制执行，法院依法裁定对该裁决书立案执行。①

1. 决定机制

在本模式下，对劳动争议作出决定的主体有两种情况：一种为劳动仲裁机构；另一种为劳动仲裁机构和人民法院。当事人应首先将劳动争议提交劳动仲裁机构裁决，劳动仲裁机构按照相关规定作出仲裁裁决，此时仲裁裁决的效力仅产生可向法院提起诉讼的前置效力，对当事人的效力是待定的，它取决于当事方有无在法律规定的期限内将劳动争议提交法院。若当事方未在法定期限内将劳动争议提交法院，劳动仲裁裁决有效，具有终局性，该劳动仲裁裁决即为劳动争议的最后裁判结果。否则，仲裁裁决因当事人提起诉讼而不发生法律效力，法院应重新审理该劳动争议，由法院对劳动争议进行裁判，具体包

① 南充市顺庆区人民法院，顺庆仲执审他字第 7 号，http://wenshu.court.gov.cn/content/content? DocID = 6cd719cc-2f49-4f96-9a82-deec17947156&KeyWord =% E4% B8%8D%E5%B1%A5%E8%A1%8C|%E5%8A%B3%E5%8A%A8 /，最后访问日期：2017 年 3 月 6 日。

括“重新审理事实,裁定证据,并运用法律作出判决”[①]。

如在上述林××与砂石公司劳动争议中,两者无法对争议之解决达成有效共识,林××需首先向当地劳动人事争议仲裁委员会申请劳动仲裁,作出的劳动仲裁裁决因砂石公司未在该裁决书送达之日15日内提起诉讼而发生效力,明确了林××与砂石公司之间的权利义务,该裁决即为对林××与砂石公司劳动争议的最终处理结果,双方均无法提起上诉。

2. 监督机制

需要指出的是,在本文各部分中对劳动仲裁裁决效力模式的运行机制进行分析时,其中的“监督机制”仅指司法机构对劳动仲裁裁决的监督。

“仲裁裁决前置”模式下,司法机构对劳动仲裁的监督主要体现在两方面:(1)不服仲裁机构作出的不予受理决定的当事方可向法院提起诉讼,法院应该依法受理。[②] (2)当事方依法向法院申请强制执行劳动仲裁裁决时,法院可按照相关规定裁定不予执行。需要指出的是,当事方不服劳动仲裁裁决向法院提起诉讼的,法院对劳动争议仲裁裁决本身内容和程序均不作裁判,而是对劳动争议的实体权利义务关系进行重新审理与裁判。

以上述林××与砂石公司劳动争议为例,若他们申请仲裁争议,劳动仲裁机关不予受理,其有权向法院提起不服该不予受理决定的诉讼,此为法院对仲裁机关的第一种监督形式。第二种监督形式为:如上述案情所述,林××在依生效裁决申请强制执行时,法院若认为出现某些法定情形,可不同意林××强制执行的申请。

3. 执行机制

“仲裁裁决前置”模式下,劳动仲裁裁决作出后,争议当事方未在法定期限内将争议上诉的,该劳动仲裁裁决产生执行力。仲裁裁决为当事人执行各自义务的依据,且当当事人不履行义务时,仲裁裁决为利益受损方申请法院强制执行的依据。但在法律明确规定的特定情况下,法院也可裁定不予执行。

因砂石公司拒绝履行生效仲裁裁决中确定的它对林××的义务,林××可依仲裁裁决书申请法院执行,法院依法裁定对砂石公司强制执行该裁决书。

(四)小结

中国的“仲裁裁决前置”模式,除个别法定情形外,将劳动争议仲裁作为劳

---

① 林晓云主编:《美国劳动雇佣法》,法律出版社2007年版,第172页。

② 中国2007年《劳动争议调解仲裁法》,第29条。

动争议诉讼的前置必经程序，不管当事人愿意不愿意，均只能首先寻求仲裁机构仲裁解决，不得越过仲裁程序寻求司法程序的救济。该模式未尊重当事人的程序选择权，强迫当事人进入劳动仲裁程序，违背了应以当事人自己决定交付仲裁的仲裁本质特征。在司法实践中造成劳动争议解决机制过于体制繁杂、期限冗长，不利于劳动争议的及时处理，增加当事人的成本，浪费司法资源，严重时可激化劳资矛盾，引发更激烈的维权方式，这与中国将劳动仲裁前置是为及时处理劳动争议和缓解法院案件负荷的立法初衷与理念背道而驰。对于劳动者权益保护尤为重要的中国，应对“仲裁裁决前置”模式进行反思与重构，以及时、有效处理劳动争议，保护劳动者合法利益为导向，完善仲裁裁决效力的规定，构建出更高效、合理的避免和解决劳动争议的机制。

三、巴西和印度的“或裁或审终局”模式

巴西和印度采取的“或裁或审终局”模式属于自愿仲裁，需争议双方同意，具有自愿性的特征。[①] 自愿仲裁最早见于1863年的奥地利。[②]

（一）本模式的法律依据

1. 巴西的法律规定

巴西的劳动规则包括《宪法》和劳动部颁发的行政规章，其中最为重要的为《宪法》和《巴西统一劳动法》(CLT)。《巴西统一劳动法》于1943年生效[③]，它经多次修订[④]，至今仍然有效，只要其规定不与宪法规则相冲突。

对于个人劳动争议，当事方有权使用仲裁方式解决争端。但是因劳动法院不愿认可劳动权利是可任意处置的，仲裁很可能得不到劳动法院的认可，通过仲裁程序作出的裁决无法在劳动法院中得到强制执行，实际上是鼓励雇主和雇员运用司法手段，迫使雇主和雇员不愿意使用劳动仲裁解决个人争议，因而在巴西，运用仲裁解决个人劳动争议的情形非常罕见。对于集体劳动争议，

---

① 马超俊、余长河：《比较劳动政策》，商务印书馆2013年版，第846页。

② 指奥地利《工业裁判所法》。

③ Filho R F，“Resolving disputes over employment rights in Brazil”，*Comparative Labor Law and Policy Journal*，2013，p.929.

④ 姜朋、丽吉娅·毛拉·科斯塔、陈涛涛：《对外直接投资中的劳动法因素：巴西与中国的比较》，载《国际经济合作》2015年第1期。

巴西宪法明确规定允许通过仲裁解决集体劳动争议。① 集体谈判受挫的当事方可以选择将争端提交仲裁或劳动法院。通过仲裁程序发布的裁决与司法裁判具有相同地位并且可以通过法院强制执行。但在巴西,对劳动争端的解决极其抵制仲裁。② 因此在巴西,如果劳动争议当事方未通过自身解决劳动争议,基本都运用司法手段作为其解决争议的方式,这也导致了巴西劳动司法机构难以置信的巨大案件量。造成巴西仲裁裁决和劳动争议解决机制现状的一项重要原因是巴西的法律文化——从法官、律师到工人均极为抵制争议的非司法解决手段。③

故巴西采取的"或裁或审终局"模式,对于个人劳动争议和集体劳动争议,当事人均可将争议提交劳动仲裁处理。但法律对于个人劳动争议的仲裁与集体劳动争议的仲裁态度不一致。劳动仲裁裁决均具有终局力和既判力,强制执行力因个人劳动争议和集体劳动争议有所区别。选择对个人劳动争议仲裁处理的,仲裁裁决无强制执行力,除非当事人自觉履行裁决中的内容,否则无法得到强制执行,可能面临着因得不到执行而使劳动仲裁裁决毫无意义的情况,使先前为了解决个人劳动争议作出的劳动仲裁努力枉费。

2. 印度的法律规定

一个国家中最重要的劳动法是劳动关系法,它鼓励劳动者与贫穷做斗争,确保社会正义。④ 印度拥有相当复杂的劳动法律框架,其中最重要的是1947年《劳资纠纷法案》(Industrial Disputes Act,1947),它是印度劳动关系体系的支撑,在全国范围内适用。该法规定了对劳资争议的防范和解决、对工人的保护并规定了在工作场所中维护和提升劳资和平。后经1972年、1976年和1982年修正,逐步给予工人更大的保护力度。⑤ 它被期待通过提供有效的沟通方式以构建和平的劳资关系、减少劳资纠纷。⑥

---

① 巴西1988年《宪法》,第114条第1款。

② Filho R F,"Resolving disputes over employment rights in Brazil",*Comparative Labor Law and Policy Journal*,2013,p.946.

③ Filho R F,"Resolving disputes over employment rights in Brazil",*Comparative Labor Law and Policy Journal*,2013,p.940.

④ Advani R,Saini D S,"Labour Organization and Labour Relations Law in India",*Law and Poverty:Poverty Reduction and the Role of the Legal System*,2003,p.5.

⑤ T. S. Papola and J. Pais,"Debate on labour market reforms in India:A case of misplaced focus",2007,50(2),p.185.

⑥ T. S. Papola and J. Pais,"Debate on labour market reforms in India:A case of misplaced focus",2007,50(2),p.12.

该法建立了多层次的劳资争议解决体系，规定对所有权利（包括个人和集体）以及利益争议适用调解、仲裁和判决的模式。① 规定了自愿仲裁制度，当事人自由选择对其劳动争议（包括权利和利益争议）进行仲裁，但只能在政府将争议提交裁判前。② 如果存在劳动争议且雇主和工人同意将争议提交仲裁，他们可以在争议根据法律规定提交劳动法院、法庭或国家法庭之前的任何时间，通过书面协议将争议提交仲裁。③ 仲裁的提交应向可能指定在仲裁协议中的人员作出（包括劳动法院、法庭或国家法庭的审裁官）并以其为争议解决的仲裁员。④ 若劳动争议提交仲裁且已作出相应通知，主管政府组织应通过命令，禁止与提交之日可能存在的与争议相关的罢工或闭厂的继续。⑤ 仲裁裁决应在主管政府收到之日起 30 日内，以政府认为合适的方式公布。⑥ 公布的仲裁裁决是终局的且任何法院不能以任何方式质疑该仲裁裁决。⑦ 仲裁裁决将在公布之日起 30 日届满时具有执行力。⑧ 具有执行力的仲裁裁决对提交仲裁的协议当事方均有约束力。⑨

故印度在劳动争议的处理上一律采取"或裁或审终局"模式，劳资当事人可协商一致提交仲裁。仲裁裁决作出并经政府以合适方式公布后，即为终局裁决，法律不允许法院对其提出质疑。

巴西和印度在劳动仲裁裁决效力模式上虽然均采取"或裁或审终局"模式，但两国之间的模式亦有所区别。印度不分劳动争议类型，均认可通过仲裁解决争议，仲裁裁决效力包含强制执行力。而在巴西，个人劳动争议的仲裁裁决缺乏强制执行力。

（二）本模式的基本内容

"或裁或审终局"模式的特征为"自愿性"和"终局性"。它在处理劳动争议

① T. S. Papola and J. Pais, " Debate on labour market reforms in India: A case of misplaced focus", 2007, 50(2), p.5.

② T. S. Papola and J. Pais, " Debate on labour market reforms in India: A case of misplaced focus", 2007, 50(2), p.7.

③ 印度 1947 年《劳资关系法》，第 10A(1)条。

④ 印度 1947 年《劳资关系法》，第 10A(1)条。

⑤ 印度 1947 年《劳资关系法》，第 10A(4A)条。

⑥ 印度 1947 年《劳资关系法》，第 17 条。

⑦ 印度 1947 年《劳资关系法》，第 17(2)条。

⑧ 印度 1947 年《劳资关系法》，第 17A 条。

⑨ 印度 1947 年《劳资关系法》，第 18(2)条。

时采用仲裁和审判“双轨制”,以当事人的合意为基础,当事人可选择仲裁或诉讼其中一种作为解决争议的途径。一旦选择仲裁或诉讼,即丧失选择另一种争议处理程序的权利。劳动仲裁机构作出的裁决和法院作出的判决,均具终局力,是对劳动争议的最终判断,当事方不得再向仲裁机构或法院申请处理同一争议。本模式下的仲裁裁决的强制执行力,因不同国家劳动法院对于劳动仲裁的态度而有所差异。若法院不认可仲裁裁决,仲裁裁决无法获得强制执行效力,将导致在一方拒绝履行仲裁裁决时,另一方无法获得有效救济。

(三)本模式的运行机制

1. 决定机制

本模式下劳动争议的决定机构,可能为劳动争议仲裁机构或法院两者之一。实行裁审分轨、各自终局,即争议当事方将劳动争议交付仲裁或法院,由其自己决定。当事方一旦选择,即丧失通过另一种方式解决争议的可能性,劳动仲裁和法院对争议的处理成为两条分开的争议解决路线。若当事方选择仲裁,仲裁机构获得对劳动争议仲裁的权力,作出的仲裁裁决具终局力,仲裁裁决成为劳动争议的最终判断,当事方无法再将争议提交诉讼。相应地,若当事方选择诉讼,司法机构应对劳动争议作出相应裁判,法院判决成为劳动争议的最终解决结果,当事方不能再通过劳动仲裁解决争议。

2. 监督机制

在“或裁或审终局”模式下,劳动仲裁和劳动诉讼是两种彼此独立的争议解决方式。本模式下,劳动仲裁无法得到有效的司法监督。为防止权力滥用,须以权力制约权力。对仲裁外部监督的严重缺失,可能会影响仲裁的公正性,即使劳动仲裁裁决出现错误时,当事人亦无法通过司法救济矫正有误裁决。在没有适当有效的司法监督下,仲裁裁决难免因权力滥用而导致不公,使劳动争议无法得到公正的处理。

3. 执行机制

本模式下,当事方可以选择将争议提交仲裁或法院,两者对争议的解决均是终局的,对当事方具有约束力,当事人应按照劳动仲裁或法院判决履行自身义务。劳动争议仲裁机构处理争议后作出的仲裁裁决是终局的,当事方应按照仲裁裁决履行自身义务。是否具有强制执行力,取决于司法机构对仲裁裁决效力的态度。若司法机构认可仲裁裁决的效力,仲裁裁决可通过司法机构获得强制执行;反之,除非裁决义务人自觉履行仲裁裁决,否则该仲裁裁决将面临着无法通过司法机构强制执行的风险[①]，会因当事人的拒绝执行而使作出的仲裁裁决毫无意义。

（四）小结

巴西和印度的劳动仲裁裁决效力采取"或裁或审终局"模式。将仲裁和诉讼作为两个并行的处理程序，各自独立，尊重当事人自行选择争议处理方式的权利。当事人可在衡量自身实体和程序利益，权衡争议方式的利弊后作出争议处理方式的选择。本模式下，当事人选择的争议处理机构为仲裁机构或法院，法律尊重当事人自己的选择，也要求当事人应接受自己选择的方式即为对争议的终局处理方式，避免司法资源的浪费。本模式下，不同国家的劳动仲裁裁决是否具备强制执行力有所差异。若无强制执行力，仲裁裁决仅能依靠当事人的自觉履行，当事人拒绝履行时，仲裁裁决毫无意义。"或裁或审终局"模式对所有劳动争议笼统对待、未作区分，忽略了不同劳动争议本身具备的差异，未顾及不同劳动争议产生后果的迥异特征，一律使用无差别对待方式，在处理上未免过于简单和粗糙。

四、俄罗斯和南非的"部分争议仲裁终局"模式

俄罗斯和南非采取"部分争议仲裁终局"模式。其中，部分争议须强制仲裁终局，是法律对该部分劳动争议采取直接干涉政策，由法律规定必须将争议交付仲裁，当事人无选择的权利。对于该部分劳动争议，法律一般谨慎待之，一般是关系到国计民生的重大产业或职业。关于强制仲裁，新西兰首先实行，于 1894 年颁布最初的强制仲裁法。[②]

（一）本模式的法律依据

1. 俄罗斯的法律规定

俄罗斯劳动法[③]对个人劳动争议或集体劳动争议规定不同的争议解决程序。个人劳动争议，指工人和雇主间关于劳动立法、其他规范法，集体协议和

---

① 参见上文"巴西的法律依据"部分。

② 马超俊、余长河：《比较劳动政策》，商务印书馆 2013 年版，第 850～851 页。

③ 俄罗斯现行劳动法是 2001 年 12 月 30 日颁布的《俄罗斯联邦劳动法典》，于 2002 年 2 月 1 日生效。

其他关于劳动的协议,以及雇佣合同条件的适用有关的分歧。[①] 集体劳动争议,指工人和雇主间关于下列事项的未决分歧:建立新的或改变现有的工作条件(包括工资);集体协议的达成、变更和实施;在决定企业规范性质时,雇主拒绝考虑工人代表的意见。[②]

对于个人劳动争议的处理,在程序上须先经劳动争议解决委员会调解解决,若此程序未果,便可提交法院由民事法庭受理。对集体劳动争议的处理,调解是必经程序。如果当事方证明不能遵守调解委员会的决定,他们可将争议提交调停人或劳动仲裁[③],法院不受理集体劳动争议。[④] 在俄罗斯,劳动仲裁庭是以仲裁形式专门处理集体劳动争议的临时机构,在争议方书面同意对裁决的强制执行时建立。[⑤] 在处理劳动争议过程中,集体劳动争议当事方达成的协议应以书面形式形成,对集体劳动争议当事方具有约束力。协议的执行受集体劳动争议当事方的监督。[⑥] 劳动仲裁庭的组成、程序和权能由集体劳动争议中的雇主、工人代表和集体劳动争议处理服务体系(the Service for Settlement of Collective Industrial disputes,"CLDSS"[⑦])的共同决定所确定,在各方代表参与下自仲裁庭组成之日起 5 个工作日内将争议审理完毕。[⑧] 仲裁庭在审理案件时,应考虑双方的主张,掌握与案件相关的文件与信息,必要时通知集体劳动争议可能对其产生社会影响的国家和地方机构,并就集体劳动争议作出建议。[⑨]

劳动仲裁庭对集体劳动争议的处理分为自愿仲裁和强制仲裁。必须由劳动仲裁庭审理的情形有:当事方未能在 3 个工作日内对调停人候选人达成一致意见时;[⑩]法律禁止或限制罢工时;[⑪]争议任一方回避参加调解委员会的建

---

① 俄罗斯 2001 年《劳动法典》,第 381 条。

② 俄罗斯 2001 年《劳动法典》,第 398 条。

③ 俄罗斯 2001 年《劳动法典》,第 402 条。

④ 李德齐、郭军:《俄罗斯劳动关系与劳动立法现状及几点启示》,《中国劳动关系学院学报》,2001 年第 15(1)期。

⑤ 俄罗斯 2001 年《劳动法典》,第 404 条第(1)款。

⑥ 俄罗斯 2001 年《劳动法典》,第 408 条。

⑦ 它作为俄罗斯联邦的一个国家机构,是劳动行政机构中的一部分,分为联邦和地方政府行政机构。它旨在通过调解程序并参与其中以帮助解决集体劳动争议。

⑧ 俄罗斯 2001 年《劳动法典》,第 404 条第(4)款。

⑨ 俄罗斯 2001 年《劳动法典》,第 404 条第(5)款。

⑩ 俄罗斯 2001 年《劳动法典》,第 403 条第(1)款。

⑪ 俄罗斯 2001 年《劳动法典》,第 406 条第(3)款。

立或审理时。如果雇主拒绝建立劳动仲裁或拒绝实施劳动仲裁庭作出的决定,工人可以诉诸罢工。[①]

2. 南非的法律规定

"随着南非独立调解服务机构(IMSSA)于1984年组建,南非私人劳动仲裁出现在20世纪80年代。将仲裁作为劳动关系中适当的劳动争议解决机制是多种原因综合的结果。"[②]

南非在劳动仲裁裁决效力上实行的是"部分争议仲裁终局"模式,主要规定在南非《劳动关系法》[③]中。该法一直致力于促进经济发展(economic development)、社会公正(social justice)及在工场中的劳动和平与民主(labour peace and democracy in the workplace)。它是南非劳动法体系中最重要的一部法,也是对雇员、雇主乃至整个社会至关重要的一部法。该法创建了两个新的争议解决和裁判机构:调解、调停和仲裁委员会(the Commission for Conciliation,Mediation and Arbitration,简称CCMA)、具有劳动法律专属管辖权的劳动法院体系(劳动法院和劳动上诉法院)。CCMA是根据该法建立的主要劳动争议解决机构之一,目标是为了促进社会正义和工作中的经济公正和发展,致力于成为受社会公众信任的最佳争议处理机构。

通常情况下,应尝试通过调解解决争议,若通过调解争议仍未解决,当事方可以将争议提交仲裁或劳动法院,法律具体指明何种争议应提交仲裁或者法院。南非将劳动争议类型区分为权利争议和利益争议。"对于利益争议,调解未果,可诉诸产业行为,如果在必要服务部门,由CCMA或者经授权的谈判委员会或者集体协议或其他协议指定的私人机构仲裁。对于权利争议,调解未果的,可提交仲裁机关仲裁或者提交劳动法院审理"。[④] 仲裁是解决下列劳动争议的例行程序:因雇员的行为或能力而解雇的相关争议;工会组织权利相关的争议;集体协议的解释和某些个人不当劳动实践有关的争议。其他解雇情形(包括经营性要求、罢工解雇和涉嫌歧视的情形)均应提交劳动法院。2002年《劳动关系(修正)法》允许雇员将基于个人经营性要求的解雇提交仲裁。

在仲裁程序中,仲裁委员将给予所有当事方充分的陈述案件情况的权利。仲裁委员将对争议作出仲裁裁决,它结束争议且约束当事方,将在裁决作出

① 俄罗斯2001年《劳动法典》,第406条。

② Vettori Stella,"Enforcement of labour arbitration awards in South Africa: analyses",SA Mercantile Law Journal,Volume 25,Issue 2,Jan 2013,p.246.

③ 南非《劳动关系法》历经1996年、1998年、2002年和2014年四次修正。

④ 周益兰:"南非调解仲裁委员会研究",湘潭大学硕士学位论文,2009年,第26页。

14日内送达各当事方。

根据《劳动关系法》第143节规定，委员会作出的仲裁裁决在获得执行令后可以像劳动法院已经颁布文件的命令一样得到实施，除非它是一个建议性的仲裁裁决。仲裁员作出的裁决和决定最终通过劳动法院具有强制执行力。① CCMA仲裁程序的顺利进行以及仲裁生效文书的执行，需要劳动法院的支持。

该法规定了对CCMA作出的劳动仲裁裁决效力的救济，任何发布仲裁裁决的委员，自己主动地或在受影响的任何当事方的请求下，在特定情形下可以变更或撤销仲裁裁决。② 法律不允许对委员的劳动仲裁裁决提起上诉，受到委员裁决侵害之人可用的救济是在劳动法院提起复核程序。劳动法院可根据该法第145节的规定，对委员作出的仲裁裁决予以复核，复核限定在一定情形下，即争议当事人主张CCMA主持下仲裁程序中存在瑕疵。当事方向劳动法院主张对有误仲裁裁决进行复核的申请，不中止仲裁裁决的执行，除非申请人提供符合要求的担保。考虑到仲裁裁决可能对国家预算政策或意识产生不利影响，《劳动关系法》规定，独立仲裁员作出的对国家产生财政影响的关于国家的仲裁裁决应受到政策复核的约束，若议会通过仲裁裁决不具效力的决议，争议应重新提交CCMA并在争议当事方之间作进一步调解，未果的情况下争议的任何一方均可请求仲裁。③

《劳动关系法》规定，在一定情况下，原本需要交付仲裁的争议，法院可以在当事方同意的前提下行使管辖权，但只能做出委员或仲裁员原本有资格做出的命令。④

2002年《劳动关系法》在原有调解、仲裁程序的基础上，引进了“调解—仲裁”程序。“调解—仲裁”程序在有关下列两种情形下是强制的：一是关于试用期任何原因下的解雇；二是关于试用期的不当劳动实践。⑤ 如果未收到异议，“调解—仲裁”程序也可以用于其他任何争议，但是该程序不得用于有关不受

① 南非1995年《劳动关系法》，附件4。

② 具体包括下列情形：在受该裁决影响的任何当事方缺席的情况下，错误的寻求或错误的作出的；在裁决中存在模糊不清或者明显的错误或疏漏的情况下，但仅仅针对该模糊、错误或疏漏的程度；由于诉讼程序中当事方的共有错误发布的；在任何一方有正当理由缺席的情况下作出的。

③ 南非1995年《劳动关系法》，第74节。

④ 南非1995年《劳动关系法》，第158(2)节。

⑤ 南非1995年《劳动关系法》，第191(5A)节。

保护罢工的解雇。“调解—仲裁”程序融合了调解及调解后仲裁两个阶段，具有降低经济成本、提高争议解决效率的优势。该程序在南非取得了显著成功。

总体上，南非劳动仲裁旨在提供“便宜、易接近、快捷、非正式”的争议处理方式。CCMA 无可争议地承担了维护社会正义和雇员尊严的任务，尤其对被解雇者更为重要。它的权能和程序重视非技术性和非法律性的快速争议解决办法。CCMA 中劳动仲裁实行的是一裁终局。法律规定无法对仲裁裁决提起上诉，一经裁决即为有约束力的终局裁决，法律仅规定了在某些严格条件限制下劳动法院对劳动仲裁裁决的复核。劳动仲裁裁决的最终执行依靠劳动法院予以保障和支持。虽然提交至 CCMA 的案件量巨大，但仍然实现了在南非快速主持仲裁的目标。从争议首次提交调解起，到最后结束仲裁审理平均耗费 70 日。①

（二）本模式的基本内容

“部分争议仲裁终局”模式下，劳动争议被区分为一般争议和特定争议，对于不同争议实施不同的做法，对劳动争议处理采取自愿仲裁和强制仲裁相结合的方式。对于一般争议，实施自愿仲裁的原则，争议当事方可自由选择争议处理的方式，将争议提交仲裁或法院，法律对当事方的选择不作干涉，但一旦提交，则不再享有通过另一种方式解决争议的权利。对于法律规定的特定争议，实施强制仲裁，争议当事方必须依照法律规定将争议提交仲裁，当事方的选择权受到法律的限制。不论在自愿仲裁或强制仲裁中，劳动仲裁均有终局的效力，即一旦运用仲裁解决劳动争议，该劳动仲裁裁决即是争议的最终处理结果。

本模式中，法律对某些特定争议作出强制规定，要求该部分争议必须提交劳动仲裁。该部分实施强制仲裁的争议一般与公共利益或公共政策相关，是国家对劳动争议干涉的结果。对法定争议的强制仲裁裁决与法院的判决具有同等效力，当事人有权在一方未履行裁决时据此裁决申请强制执行。

（三）本模式的运行机制

该模式下一个典型案例为南非的 Z SIDUMO 一案（Case CCT [85/062007] ZACC 22）②。在该案中，雇员 Mr Z Sidumo 于 1985 年被南非一家

---

① Benjamin P，“Assessing South Africa's commission for conciliation，mediation and arbitration（CCMA）”，*Ilo Working Papers*，2013，35(4)，p. 62.

② http://www. ccma. org. za/Advice/Knowledge-Hub/Downloads/Case-Law，last visited on March 5，2017.

白金矿雇佣从事安全服务，于 2000 年 1 月他被转让到勒斯坦堡从事访问权限的控制。后于 2000 年 6 月 Mr Z Sidumo 被解雇，原因是粗心大意得未能适用已有的详细个人搜查程序，该搜查程序是为减少因盗窃蒙受损失的整体努力中的一部分，但该程序与他在被转移至勒斯坦堡前先前岗位适用的随机搜查有很大区别。Mr Z Sidumo 根据《劳动关系法》将该不当解雇争议提交 CCMA。经调解未果，提交了强制仲裁。CCMA 指定的委员认为 Mr Z Sidumo 在不当行为上确有过失，但解雇并非合适或公平的惩罚，故裁决恢复 Mr Z Sidumo 的职位。雇主向劳动法院申请复核和撤销裁决。劳动法院认为该裁决没有任何可复核的违规处，故拒绝雇主的申请。雇主遂上诉至劳动上诉法院，劳动上诉法院认为委员恢复 Mr Z Sidumo 的雇佣确实存疑，但他的裁决认为解雇过于严苛却并无不当，拒绝雇主的申请。

1. 决定机制

“部分争议仲裁终局”模式下，对劳动争议作出决定的机关分为两种情况：一种情况是对于一般争议，为仲裁机构或法院，根据当事人自己的选择；另一种情况是对于法律明文规定的特定争议，仅为仲裁机构。将劳动争议区分为不同的类型，对不同劳动争议实行不同的争议解决方式。一般争议下的劳动仲裁裁决是当事人选择仲裁的结果，与司法判决具有相同效力，仲裁裁决对当事人产生约束力；若当事人选择通过诉讼方式解决争议，相应的司法机构应依法对争议作出约束当事人的司法裁判。对于法律规定必须强制仲裁的争议，当事人无选择的权利，只能提交仲裁，仲裁机构对争议作出的仲裁裁决即为争议的最终处理结果。在上述 Z SIDUMO 一案中，Z SIDUMO 与其雇主间的争议是关于对 Z SIDUMO 的不当解雇，该争议属于南非《劳动关系法》明确规定若由 CCMA 调解未果，就应提交 CCMA 强制仲裁的争议。

2. 监督机制

本模式下，法院对仲裁的监督主要体现在特定情况下的复核。① 作为一般原则，仲裁人员作出的仲裁裁决不能通过通常的法律体系提起上诉。法院不能质疑仲裁裁决的是非曲直，只能审查仲裁程序以及明显不合规（如仲裁人员未给予争议一方适当的听审机会）或明显不合法（如仲裁人员作出的仲裁裁决超出了案件提交相关条款中规定的权力或者仲裁裁决违反了公共政策）基础上的仲裁结果。这样的监督机制，是在保障仲裁裁决权威性下对侵犯当事人权利的严重行为的合理救济。

---

① 南非 1995 年《劳动关系法》，第 145 节。

上述 Z SIDUMO 一案体现了南非“或裁或审终局”模式下法院对 CCMA 作出的仲裁裁决的监督，当事人一方不服 CCMA 的仲裁裁决的，可向劳动法院申请复核，劳动法院依规定复核仲裁裁决。

3. 执行机制

在本模式下，仲裁机构作出仲裁裁决后，该仲裁裁决即是对该劳动争议的最终处理结果，具有执行效力，当事方应自觉履行裁决内容，否则另一方可依据仲裁裁决通告申请强制执行获得救济。仲裁裁决的最终执行依赖于司法机构的支持。

（四）小结

劳动关系当事人双方的地位并不完全平等，调整劳动关系的法律被归入社会法的范畴。基于劳动关系的特殊性，法律不能一味地完全尊重劳动争议当事方的意思自治，应在特定情况下对当事人的意思自治作相应限制。这种在特定情况的限制应谨慎为之，应严格限制在对国计民生关系甚巨的特定领域或争议。该种制度设计，对于不同争议采取不同做法，既尊重了当事人的程序选择权，又体现了国家在特定情形下为了公共利益而采取的直接干涉政策。

五、金砖各国三种模式的比较

对于任何国家，经济的增长和社会的稳定均离不开处理劳动争议的有效机制，故国家需要有效的争议解决机制来管理劳动争议双方的利益。金砖各国在劳动争议解决方式上均将劳动仲裁作为重要方式之一。出于不同的考量，在对劳动仲裁裁决效力的规定上不尽相同，分别采取不同的模式，其中的优劣势也在劳动争议解决实践中凸显出来。金砖各国要完善自身的劳动仲裁裁决效力模式，需要在金砖国家内部相互比较和借鉴，甄别出金砖内部的最佳模式。有必要加强金砖国家间的相互交流，以最佳模式为参考，以期金砖各国完善自身模式，构建更佳的争议解决机制。

（一）“仲裁裁决前置”模式的优劣分析

1. 优势

“仲裁裁决前置”模式采取多元化处理争议的结构，以劳动仲裁裁决为前置程序，以诉讼程序为最后的司法救济，既能发挥劳动仲裁机构熟悉劳动法规处理劳动案件的优势，通过仲裁快速便利地解决劳动争议，在一定程度上缓解法院处理劳动案件的压力，又能使劳动仲裁机构得到法院的司法监督和司法保障。

2. 不足

“仲裁裁决前置”模式在中国广受诟病，它有如下不足之处：

(1)从争议处理机构角度。劳动仲裁机构为其必经的争议处理机构，法院在当事人不服裁决提起诉讼时也作为该模式下的争议处理机构。仲裁的非自愿性和非选择性特征忽略了仲裁应以自愿为前提的本质属性，实行的是强制仲裁；劳动仲裁的非终局性使仲裁机构裁决的权威性受到极大挑战，若当事人提起诉讼，仲裁机构之前对于案件的工作付诸东流；对于法院，若当事人向其提起诉讼，法院重新审理劳动争议，未达到欲分流法院案件的立法意图，法院负荷得不到减轻。

(2)从争议当事人角度。“仲裁裁决前置”模式未尊重当事人的劳动争议程序选择权，当事人被迫进入劳动仲裁，若不服劳动仲裁向法院诉讼，前置的仲裁裁决工作实属多余，当事人处理劳动争议在时间和花费上均不经济。

(3)从对劳动争议的处理角度。“仲裁裁决前置”模式由于劳动仲裁为其必经程序，结合中国劳动争议解决实践情况来看，劳动争议的解决可能需经过“一调一裁二审”，大大延长了争议解决程序，拖延了“定纷止争”的时长，劳动争议或得不到“及时”处理，恐造成更严重的劳资冲突及后果。

(二)“或裁或审终局”模式的优劣分析

1. 优势

(1)从争议处理机构角度。该模式下，争议处理机构为劳动仲裁机构与法院，取决于当事人的自由选择。当事人在权衡争议解决程序基础上，选择劳动仲裁机构或法院，并均赋予终局效力，有利于尊重两种争议解决程序，可使其各司其职，充分发挥各自优势，克服重复劳动和资源浪费的问题。且劳动仲裁机构或法院系当事人自己的选择，当事人更容易尊重和信服其裁判，有利于争议处理机构作出裁判的执行。

(2)从争议当事人角度。该模式下，当事人有较大的选择自由，尊重了当事人的程序选择权，当事人可根据具体情况权衡自身实体和程序利益，综合考量法律提供的两种争议解决程序机制——劳动仲裁和诉讼。且由于程序系当事人自由选择，当事人更易于接受争议处理机构作出的处理结果。

(3)从对劳动争议的处理角度。该模式下，赋予仲裁裁决和法院判决终局效力，无法再提交其他程序，使争议尽快得到解决，有利于减少争议处理环节，缩短争议处理时间，且由于该模式下当事人对程序选择权利较大，以双方协商一致为启动仲裁程序的前提，双方容易达成谅解，利于快捷、妥善解决争议。

2. 不足

(1)劳资双方事实上并非完全平等。“或裁或审终局”模式以当事人协商一致为劳动仲裁程序的启动前提，虽然在一定程度上有利于树立劳资地位平等的观念，但是基于劳动关系的特殊性，“劳动争议当事方并非完全平等，故以双方平等为前提达成的自愿仲裁的真实性值得怀疑”。① 若一味追求劳资双方形式上的平等，就会造成实质上的不公正。

(2)易造成法律适用的混乱。由于劳动仲裁机构和法院在对案件进行考量时适用不同的规则，可能导致劳动仲裁机构和法院因适用不同的法律对类似案件作出不同的甚至相互矛盾的裁决，易造成法律适用的不一致和混乱。

(3)仲裁裁决缺乏有效的司法监督。该模式下仲裁机构和法院为两条并行的劳动争议处理轨道，仲裁机构的仲裁裁决可能无法得到有效的司法监督，或导致权力滥用，很难保证劳动争议解决的公正性、合理性。

(三)“部分争议仲裁终局”模式的优劣分析

1. 优势

(1)从争议处理机构角度。“部分争议仲裁终局”模式下，可能的争议处理机构为法院和劳动仲裁机构。涉及一般争议时，当事人可选择法院或劳动仲裁机构之一作为其处理机构；涉及特定争议时，处理机构根据法律规定，强制由劳动仲裁机构担任。法律均赋予其终局性，有利于争议处理机构根据法律规定，各司其职、各自终局，保障了两种机构裁判的权威性。对于法律规定强制仲裁的，可发挥仲裁机构便利、快捷解决争议的优势。

(2)从争议当事人角度。在一般争议时，赋予当事人选择程序的权利，充分尊重当事人的意思自治；在特定争议时的强制仲裁，当事人直接进入仲裁程序，有利于争议的快速解决，避免当事人矛盾加深和冲突升级，防止因剧烈劳资冲突引起动荡而危害到争议当事人的利益。

(3)从对劳动争议处理的角度。对于大部分争议，法律不作限制，当事人可自由选择程序，当事人可根据不同争议选择适合的争议处理方式，有利于争议的有效、适当解决。对部分争议国家采取干涉政策要求强制仲裁，以国家权

① 王全兴、侯玲玲：《我国劳动争议处理体制模式的选择》，载《中国劳动》2002 年第 8 期。

力介入，可尽快解决争议，避免该部分争议严重升级波及公共利益，造成社会秩序的混乱。仲裁裁决和法院判决，均有终局效力，可避免劳动争议久而不决。

2. 不足

采取该模式，体现了对部分劳动争议的国家强行控制，限制了劳动争议当事人的自由选择权。若不对受强制仲裁的劳动争议进行合理限制，有滥用国家强权之嫌。故采取该模式的国家需在规定必须强制仲裁的争议时谨慎为之，以保护公共利益和维护公共秩序所必要为依据，切不可任意扩大必须强制仲裁终局的劳动争议范围，避免不当和过度的国家强制干预。

（四）三种模式中的最佳模式

金砖各国采取的每一种仲裁裁决效力模式均有其特定的依据。有效的劳动争议解决方式对确保高效和稳定的劳资关系具有关键作用。鉴于劳动争议仲裁对于劳动争议解决的重要性，本文希望在选择劳动仲裁裁决效力模式上能够甄别最佳模式，便于金砖各国针对自身国情，参考最佳模式以完善自身模式。本文认为"部分争议仲裁终局"模式是最佳模式，因为它有以下特点：

1. 对不同争议实行有区别的方式，符合劳动争议特点

"部分争议仲裁终局"模式，根据劳动争议的性质将劳动争议进行细分，并采取不同的做法，这符合劳动争议的特点。劳动争议可能是个人劳动争议，也可能是集体劳动争议；可能是权利劳动争议，也可能是利益劳动争议。不同性质的劳动争议产生的后果各异。对劳动争议，不可能一概而论，否则就罔顾其客观存在的差异，也不利于避免某些争议下可能造成的严重后果。为确保在解决不同劳动争议时的科学性，应根据劳动争议的性质和可能造成的后果，使用有区别的方式加以处理。"部分争议仲裁终局"模式正是满足了此种要求。对不同性质的劳动争议，分别适用于不同争议解决方式，避免了在争议解决时的粗糙性和任意性，可从制度上对可能波及公共利益的劳动争议予以控制。

2. 兼顾了当事人意思自治和国家对部分劳动争议的控制

俄罗斯和南非采取的"部分争议仲裁终局"模式，在不涉及公共利益的劳动争议时，实行"或裁或审终局"，尊重了当事人的意思自治，在当事方达成协议的基础上促进争议的自愿解决，有利于争议更快捷、更经济的解决，易于争议解决方案的实施，推动雇佣关系持续良好的发展。在涉及公共利益和公共政策的劳动争议时，法律规定对该部分争议必须实行强制仲裁终局，"强制仲裁的主要目的，在维持产业和平，严禁罢工停业。有一部分产业及职业对于国计民生关系甚巨，当其发生争议时，如政府不加干涉，则有妨碍产业发展及破

坏社会秩序之流弊。故国家对于此种争议宜采取直接干涉政策，由法律规定直接由仲裁机关主持仲裁事实"①，体现了国家对该部分争议的控制，使该部分争议通过仲裁得到"有力的"、快捷的处理。该模式有效地兼顾了当事人意思自治和国家在适当条件下对部分劳动争议的控制。

3. 可弥补其他两种模式的不足

中国的"仲裁裁决前置"模式最大的不足在于仲裁裁决的非终局性和非自愿性。巴西和印度的"或裁或审终局"模式对劳动争议一概论之，忽略不同劳动争议本身的不同性质。"部分争议仲裁终局"模式对上述两种模式做出了有效的弥补。赋予仲裁裁决终局效力，使争议尽快得以最终解决，弥补"仲裁裁决前置"模式的最大不足；对"或裁或审终局"模式予以完善，在大部分争议情况下尊重当事人自愿选择仲裁或诉讼的权利，又考虑到不同劳动争议的性质，将其分门别类处理，使不同劳动争议均能科学解决，克服"或裁或审终局"模式的不足。

（五）小结

金砖各国同为经济发展迅速的发展中国家，稳定、和谐的社会关系离不开高效、合理的劳动争议解决机制，包括劳动仲裁制度的合理构建。金砖各国在此问题上具有共识。为了金砖各国能有效完善其劳动仲裁制度，需加强金砖国家之间关于劳动仲裁的相互交流与借鉴。金砖各国三种效力模式中，"部分争议仲裁终局"为最佳模式。金砖各国可以以此为参考，反思与改善自己国家关于劳动仲裁裁决效力模式的规则，形成更有效、合理的劳动仲裁裁决效力模式，以期更有效地解决劳资争议，维护良好的劳资关系。

六、金砖国家间劳动仲裁裁决效力模式的协调

金砖国家之间的协调为的是吸纳好的经验，在内部力争达成共识，采取协调一致的做法，目的是为了强化防范和解决劳动争议的有效机制，实现更加和谐稳定的劳资关系。

（一）金砖国家间劳动仲裁裁决效力模式协调的必要性与可行性

金砖各国由于不同的国情和传统，在劳动仲裁裁决效力模式上的选择不同。金砖各国应意识到在劳动领域进行合作的动力和趋势是不可阻挡的，应

---

① 马超俊、余长河：《比较劳动政策》，商务印书馆 2013 年版，第 850 页。

在共同计划与战略框架内，开展对话与协调工作，对劳动仲裁裁决效力模式予以协调，协调具有必要性和可行性。

1. 必要性

（1）全球化给发展中国家带来挑战，金砖各国作为发展中国家，面临着巨大的挑战。金砖国家间必须积极开展对话和协调工作，形成有效合力，更好地应对挑战，这样才能在世界上有更多的发展，提高在世界上的影响力，为发展中国家争取更大的话语权。因此，金砖国家间开展合作与交流，进行协调具有必要性。

（2）一个国家劳动关系的和谐对雇员、雇主乃至整个社会至关重要，它需要有效的避免和解决劳动争议的机制。考虑到金砖各国的劳动争议解决机制均包含劳动仲裁以及劳动仲裁对解决劳动争议的重要作用，金砖各国有必要重视劳动争议仲裁。因此以劳动仲裁裁决效力模式作为金砖国家间协调的对象是必要的。

（3）金砖国家投资和劳动力交流日益频繁。对于投资者，了解当地的劳动法，尤其是作为解决劳动争议重要方式的劳动仲裁，有助于其及时、有效地解决劳资纠纷，维护良好的劳资关系；对于劳动者，劳动力之间的交流日益频繁，劳动者应遵守当地的劳动法规，如何利用当地法律正确解决劳资纠纷，维护自身的合法利益，是劳动者需要了解的内容。现实中投资和劳动力交流的频繁促使金砖国家间进行协调，以争取在某些规则乃至模式上达成共识。金砖国家间的协调势在必行。

2. 可行性

（1）金砖各国历来重视劳动法和对劳动者的保护。金砖各国均将劳动法作为一国最为重要的法律。在以往的实践中，均重视维护和谐的劳资关系，注重对劳动者权益的保护。故，金砖各国在实现社会和谐和保护劳动者权益方面有共同利益和共同诉求，将劳动仲裁裁决效力模式作为协调对象是可行的。

（2）金砖国家间的合作框架已经基本成型，合作前景光明。金砖各国同为发展迅速的新兴国家，开展合作以来，金砖国家在诸多方面都取得了协同发展、合作共赢的成绩。金砖国家已经成为促进世界经济增长、完善全球治理、推动国际关系民主化的重要力量。其内部制度呈现多样性，可以很好地互补。金砖国家在革新经济治理结构、一系列国际热点问题，实现可持续发展方面有相似的利益诉求。[①] 目前，金砖国家之间加强了关于“劳工”和“就业”方面的

---

① 李稻葵、徐翔：《全球治理视野的金砖国家合作机制》，载《中国与全球化》2015 年第 10 期。

合作,注重劳工和就业信息的交流和最佳实践的分享。加强劳工领域的合作有利于提升金砖国家解决劳动争议的整体能力,同时金砖国家之间的协调有利于金砖国家协同步伐,发出共同呼吁。

(二)金砖国家间劳动仲裁裁决效力模式协调应遵循的原则

金砖国家间关于劳动仲裁裁决效力模式的协调,应在遵循一定原则的情况下开展对话与协调工作。具体包括"效率与公平原则""深化劳动法领域的合作"和"适合各国国情"三个原则。

1. 效率与公平原则

金砖国家对劳动仲裁裁决效力模式的协调首先应遵守一个总原则,即"效率与公平原则"。

(1)效率原则

"效率"是指"有效使用稀缺资源",它体现在该机制下获得的效益与支出的比较,与争议处理机制的花费、速度和对有效就业的促进有关。"效率"的目的在于尽量降低处理机构和当事人的耗费,要快捷、及时处理劳动争议案件,应赋予仲裁裁决相应的法律效力,以保障仲裁机构作出权威性的判断,确保最合理的配置和最大限度利用有限的仲裁资源和司法资源。劳动争议的及时处理,可确保快速的定纷止争,避免劳资冲突由于得不到快速处理而不断升级造成更大的矛盾。

(2)公平原则

"公平"是指"公平和正义",是以适当方式确认提交争议各方的利益,作出无偏见的决定。"公平"的目的是平等有效地处理劳动双方的矛盾,维护劳资关系的稳定,实现公平公正的社会目标。对劳动争议的公平处理,可有效平衡劳动关系当事方的利益,缓和他们之间的矛盾,达成谅解和包容,弥合劳资双方的关系裂痕,利于和谐劳资关系的长远发展。

金砖国家之间关于劳动仲裁裁决效力模式的协调要兼顾"效率"与"公平",既要争取快捷及时处理劳动争议,降低当事人和争议处理机构在争议解决中的成本;又要疏导劳资双方的矛盾,平衡劳资双方的利益,实现公平的社会目标。

2. 深化劳动法领域的合作

金砖国家间的协调要以"深化劳动法领域的合作"为原则。金砖各国虽然在国情、历史传统等方面具有差异性,但是在劳动法领域具有维护劳资关系稳定,保护劳动者权益的共同愿望。金砖国家宜通过多方面的合作,充分利用金砖国家现有合作机制，包括金砖国家峰会、金砖国家劳工就业部长会议等平台，本着加强劳动领域交流与合作的意愿，多渠道推进金砖国家间劳动法领域的合作，加强劳动法和劳动关系方面的法律信息分享与交流，在共同计划与战略框架内，开展对话与协调工作，形成金砖国家之间双边或多边合作，巩固和发展在劳动法领域多方面的交流与协调。

3. 适合各国国情

金砖国家之间的协调要考虑自己的国情。金砖各国均作为重要的新兴发展中国家，社会经济发展有很多相似之处，对很多议题均有相近的立场。但是金砖国家之间的差异性和矛盾性不可否认和避免。在争取协调的过程中，不能盲目求同，应与自身国情相适应。劳动争议仲裁作为劳动争议的重要解决方式之一，由于每个国家的具体国情、劳动关系及历史传统各异，对劳动争议解决的制度设计立足点和偏重点有所区别。如果一味求同，不考虑各个国家特殊的国情，可能会使制度设计偏离实际国情，造成水土不服的严重后果，无法达到构建更合理劳动争议处理机构的目标。

（三）金砖国家间劳动仲裁裁决效力模式协调可参考的模式

金砖国家间的协调要注意区分内部和外部。[①] 金砖国家内部甄别最佳模式供参考和借鉴，外部要着眼于吸纳国际组织和其他国家模式中有益的规定和经验，从而在金砖国家间相互协调时了解趋势、把握全局，促进金砖国家间在此方面的有效合作。

1. 金砖国家内部的最佳选择

上文在对金砖国家三种模式对比分析中，指出金砖国家内部目前最佳模式乃是“部分争议仲裁终局”模式。金砖国家间的协调首先要注重内部，关注金砖内部的最佳模式，以该模式作为协调可参考的模式之一。

2. 国际劳工组织建议书规定的模式

国际劳工组织 1951 年第 92 号《自愿调解与仲裁建议书》建议对劳动争议的处理采取自愿调解与仲裁的方法，即由当事方自由决定是否诉诸调解和仲裁程序。若争议相关当事方一致同意以仲裁为争议的最终解决方式，应鼓励当事方接受仲裁裁决结果。国际劳工组织对仲裁采取的态度是实行自愿仲裁并赋予仲裁终局效力。金砖各国作为国际劳工组织的成员国，应该承认在国

---

① 杨晨冰：《金砖国家工业品外观设计法律保护模式研究》，西南政法大学法律硕士专业学位论文，2015 年，第 30 页。

际劳工组织原则下共同努力尊重工人权利的重要性，故在进行劳动领域制度协调时应考虑国际劳工组织在此方面的条约与建议，以此为协调可参考的模式之一。

3. 美国的劳动仲裁裁决效力模式

美国在劳动仲裁裁决效力上采取的是“部分争议仲裁终局”模式。美国对劳动争议的仲裁被认为是解决劳资纠纷的主要手段。在美国，仲裁裁决通常被遵守，少见对仲裁裁决的挑战。[①] 分为任意性仲裁和强制性仲裁。仲裁员通过当事人之间的协议或者法律规定获得授权处理争议事项，作出具有约束力的最终裁决。“美国对强制性仲裁的规定比较严格，仅对少数关系到国计民生的、社会影响重大的行业规定实行强制仲裁，最典型的是铁路交通行业。”[②] 综上，美国的劳动争议仲裁是在自愿仲裁基础上，辅以特定行业的强制仲裁，无论自愿仲裁或强制仲裁，法律均规定了其终局的效力。未得到遵守的仲裁裁决通常可得到法院的强制执行。[③]

综上，金砖国家之间效力模式的协调，对内可参考金砖各国中的最佳模式“部分争议仲裁终局”模式；对外可参考国际劳工组织要求实行自愿仲裁终局的建议，承担其作为国际劳工组织成员国的义务，也可参照劳动争议仲裁比较发达的美国采取的模式。只有对内相互参考、借鉴，对外吸纳和引进好的做法，金砖国家之间的协调才是科学的、有生命力的。

(四)金砖国家间劳动仲裁裁决效力模式协调的主要途径

金砖国家促进在劳动法领域的进一步协调，有助于金砖各国共同探索更好的劳动法律制度，满足对劳动者权益保护的需要。金砖国家要在劳动仲裁裁决效力模式进行协调，需要有效的实现途径。要始终关注两点：一是协调途径需要有效弥合金砖各国在此方面的差异；二是如要确保协调途径切实可行，万不可忽略金砖各国的客观差异性。可从两条途径考虑：一是金砖各国各自完善自己的劳动仲裁裁决效力模式，均以比较好的模式为参照，在较好模式的指引下共同朝着实现更好模式目标的道路上进发；二是在一些原则问题和大

---

① Getman J G, “Labor Arbitration and Dispute Resolution”, *Yale Law Journal*, 1979, 88(5), p.947.

② 郑祝君：《劳动争议的二元结构与我国劳动争议处理制度的重构》，载《法学》2012年第1期。

③ Getman J G, “Labor Arbitration and Dispute Resolution”, Yale Law Journal, 1979, 88(5), p.932.

方向上，沟通协商，力争达成共识，构建共同规则，各国均遵守构建的共同规则。本文就金砖国家间劳动仲裁裁决效力模式的协调提出如下主要途径：

1. 金砖各国分别完善自身模式

金砖各国的劳动争议机制中均包含劳动争议仲裁。各国的劳动仲裁裁决效力模式有所区别，为构建更完善的争议解决机制，金砖各国需要在自身国情基础上，进行反思与改善，反思与改善过程要注重促进金砖国家间的协调。金砖国家间协调的主要途径之一即各国各自完善自己的模式。各国的完善应在忠实遵循协调应坚持的“效率与公平原则”“深化劳动法领域的合作”和“适合各国国情”三个原则基础上进行。借鉴可参考的内部最佳模式和国际劳工组织及美国的模式。共同本着构建更佳劳动争议机制，维护劳动者权益的共同愿望，对其各自的现有规则和模式予以完善，共同朝着更佳模式的方向努力，在接近更佳模式的过程中弥合金砖各国的差距，可有效实现对劳动仲裁裁决效力模式的协调。

2. 金砖国家间构建共同规则

金砖国家间关于劳动仲裁裁决效力模式协调的主要途径之二为构建共同规则。金砖国家间在诸多领域的重大问题上的合作有广阔空间。在具有共同利益的问题上，需要明确自身目标，相互理解，做出符合共同利益的安排，通过共同规则的引进和构建解决共同关注的问题，减少金砖各国的不一致性。金砖国家可本着加强劳动领域合作与交流的意愿，加深在劳动领域的沟通。在共同计划与战略框架内，开展对话与协调工作，探讨更高效、更合理的规则与模式，力争达成共识。考虑到金砖各国内部存在的差异和矛盾的客观性，协调时不能不顾及各国具体的情况，应尽量在原则性问题上达成各国均可接受的规则。金砖各国需遵循共同构建的原则性规则，在共同原则性规则指引下，根据各国具体情况继续构建原则性规则下的具体规定，调整、完善自身模式，在协调道路上不断进步，以期在国际上发出共同声音，采取共同行动，实现在劳动法领域的共同利益。

结语

金砖各国同为最重要的发展中国家，合作框架已基本成型。目前，金砖国家开展了在“劳工和就业”方面的探索与合作。劳动仲裁作为金砖各国解决劳动争议的手段之一，由于各国历史文化、政治经济等具体国情的不同，劳动仲裁裁决效力具有差异性。本文通过对各国现有劳动法律制度的研究，指出中国采取"仲裁裁决前置"模式,巴西和印度采取"或裁或审终局"模式,俄罗斯和南非采取"部分争议仲裁终局"模式。

为构建更有效、合理的劳动争议解决机制,金砖各国实有必要对各自的仲裁裁决效力模式予以完善,参考和借鉴金砖国家间的最佳模式为有效的完善手段之一。"部分争议仲裁终局"模式为最佳模式,它可有效兼顾当事人的意思自治和国家对部分争议的控制,可克服其他两种模式的不足。

金砖各国在保护劳动者、维护劳资关系稳定方面具有共同利益和一致诉求。面对国际上的严峻挑战,金砖国家间应开展有效协调,力争达成共识,在国际上采取一致步伐。对于劳动仲裁裁决效力模式的协调,金砖国家从内可学习内部最佳模式,从外可参考外部较佳模式,以金砖各国分别完善自身效力模式和金砖国家构建共同规则两条途径实现协调。

限于篇幅、时间等因素,本文对金砖国家劳动仲裁裁决效力模式的研究尚有诸多不足之处,例如本文鲜有涉及金砖国家间协调需面对的困难与克服困难的方式。由于金砖各国的差异和矛盾客观存在,协调过程中的困难不可避免,应研究协调需面对的困难和解决方式,希望在以后的研究中进一步探索。

A Study on Effect Patterns of Labor Arbitration Award in BRICS

HU Haiyan

Abstract: With the formation and deepening continuously of the BRICS cooperation mechanism, BRICS achieves the collaborative development cooperation and win-win results in many fields. Currently, BRICS makes the "labor and employment" as one of the worth exploring new areas of cooperation. The countries in BRICS all pay much attention to maintain the harmonious industrial relationship and protect the legitimate interests of workers, and they have a common concept in the field of labor. There exist common interests in BRICS and they can strengthen sharing and communication of labor law. In view of this, it is necessary to value the labor law regulations in BRICS. Among them, the labor dispute resolution is vital to avoid and settle labor disputes effectively and maintain the harmonious labor relations. The labor arbitration, as the one shared means of labor resolution in BRICS, plays an important but a distinct role in the labor dispute settlement mechanism due to the affection by the different value ideas. Therefore, the study of the effect patterns of labor arbitration award in BRICS is of great theoretical and practical significance. It not only helps the investors in BRICS to fully understand and faithfully obey labor laws and apply labor arbitration to solve labor disputes correctly, but also helps the BRICS learn from each other and strengthen coordination on labor arbitration system and labor dispute resolution mechanism and deepen the cooperation and communication in the field of labor.

Key words: BRICS; labor arbitration award; effect patterns; comparison; coordination

✽唐　垚*

中印俄版权法技术措施规则比较研究**

内容摘要：数字环境下，大规模的非付费使用侵蚀了版权人的利益空间，版权人通过法律和技术的手段重新控制了作品却也"锁定"了作品，公众合理的使用空间受到了限缩，作者与公众逐渐走向了对立。中国、印度、俄罗斯相继制定了保护技术措施规则。不同的国情和文化背景使得中印俄三国保护技术措施规则呈现出不同的特点，但在现代错综复杂的网络环境背景下，应对方式仍然缺乏一定的灵活性。科技给人们带来的影响是相似的。本文参考知识产权国际保护条约的规定和欧盟、美国等已有的做法，建议采用技术措施的自愿开放与第三方介入相结合的机制，打开版权人和公众互动的通路，引入"三步检验法"，以试图恢复版权人和公众失衡的利益关系。

关键词：中印俄；技术保护措施；技术措施规则；利益平衡；三步检验法

目次

---

* 唐垚，西南政法大学国际法学院国际法学专业2014级硕士研究生，现任中国深圳华为技术有限公司法务部国际法务专员。

** 本文系由本卷编辑在作者2017年6月硕士学位论文基础上修改而成。

引言

随着无线接入技术的不断发展和智能终端设备的迅速普及，互联网呈现新的态势，移动互联网[①]时代已经拉开帷幕，并以前所未有的速度在印度、俄罗斯和中国等新兴经济体高速发展，"三国"(指中国、印度和俄罗斯三个国家，下文同)移动互联网用户人数在短时间内成倍增长。[②] 移动互联网技术的大规模普及，润物无声地改变着我们的生活，也影响了社会的法律制度，版权[③]制度也不可避免。数字化时代，以字节为形式的作品，不仅打破了传统作品之间利用方式的鸿沟，[④]也使得作品的传播突破了以往时间和空间的束缚。[⑤] 与此同时，移动智能终端的大规模普及极大地方便了公众对作品的利用，只要愿意，使用者就可以随时随地利用作品。为了恢复对作品的控制，版权人纷纷采取技术措施[⑥]的手段。从 20 世纪 90 年代世界知识产权组织(World Intellectual Property Organization ，简称 WIPO)连续通过《世界知识产权组织版权条约》(World Intellectual Property Organization Copyright Treaty，以

---

① 移动互联网(Mobile Internet，简称 MI)是一种通过智能移动终端，采用移动无线通信方式获取业务和服务的新兴业务，将移动通信和互联网二者结合起来成为一体，是互联网的技术、平台、商业模式和应用与移动通信技术结合并实践的活动的总称。

② 《世界知识产权组织版权条约》(World Intellectual Property Organization Copyright Treaty，简称 WCT)通过时，印度互联网用户人数尚不到一千万人，2010 年，这一数字是 1 亿，而截至 2015 年，这一数字已经突破 4 亿，比 2014 年增长 40%，超过美国成为仅次于中国的全球第二大互联网用户国家；2015 年俄罗斯移动设备用户约有 1.2 亿，其中智能手机用户约 1.1 亿，互联网普及率已经超过 70%。具体参见：Avazu Holding：《全球互联网产业研究之俄罗斯篇(一)》，http://www.gamcres.com/685650.html，2017 年 2 月 16 日最后访问；凤凰网：《2016 互联网女皇报告：印度网民增速已超过中国》，http://tech.ifeng.com/a/20160602/41617445_0.shtml#p=1，2016 年 12 月 16 日最后访问。

③ 本文"版权"与"著作权"同义，两个概念的区别和联系可参见郑成思：《知识产权法》，法律出版社 1997 年版，36—38 页。本文为论述方便，采广义"版权"概念，因而涵括"邻接权"的概念。

④ 例如，对传统作品而言，文字作品需要纸张体现，电影需要碟片放映、音乐需要唱片播放，而数字化使得所有的作品均可借助于计算机或智能终端一体展现。

⑤ 数字化作品载体的成本几乎不用考虑，一个标准 T 的移动硬盘可以收纳的作品数量是传统作品形式难以想象的。相对于以往，字节的传播迅捷而便利，数字化作品可以轻松地穿梭在世界的各个角落。

⑥ 技术措施(technological measures，TMs)，也称为技术保护措施(technological protection measures，TPMs)，是指权利人在作品中采取的防止他人非授权的接触、浏览、复制、传播、改编作品的技术手段或装置。

下简称 WCT）和《世界知识产权组织表演和录音制品条约》（World Intellectual Property Organization Performances and Phonograms Treaty，以下简称 WPPT）开始鼓励成员保护技术措施，之后越来越多的国家陆续在立法中设立技术措施规则①，中国、印度和俄罗斯也不例外。

技术措施在一定程度上能够恢复作者对作品的控制，但也引发了一系列问题。例如，为了平衡权利人和社会公众之间的利益，实现版权法鼓励创作和丰富社会作品的目的，各国版权法大都规定有合理使用（fair use）等版权限制制度，允许私人非盈利地利用作品，但是技术措施给合理使用增加了技术壁垒，同时反规避规则又在法律上禁止规避技术措施，增加了公众合理利用作品的难度。此外，版权法对作品的保护期通常是有期限的，但是当作品进入公共领域，设置的技术措施并不会自动消除，这也侵害到了公众的使用空间。本文的理论意义主要有以下两点，第一，本文有别于学术主流以欧美发达国家为研究对象的习惯，而是以中国、印度和俄罗斯为代表的新兴经济体的技术措施规则为研究对象，分析他们在技术措施保护上做出的立法选择，可以丰富对技术措施的理论研究。第二，中国、印度和俄罗斯是金砖国家的成员，金砖国家的概念出现时间不长，对于金砖国家现象的观察和研究还处于起步阶段，研究金砖国家版权法方面的成果更是寥寥，本文希望通过比较中国、印度和俄罗斯版权法中关于技术措施的规定来增强对金砖国家版权法的理论认识。

通过法律保护技术措施，已逐渐成为了各国的共识。但是，在保护程度和保护方式上未形成统一的意见。例如，无论是以美国、欧盟为代表的严格保护模式②，还是以日本和澳大利亚体现出的保护技术措施宽松模式③，即使在发达国家内部，关于技术措施在保护程度上尚且做出了如此迥异的选择，那么对于中国、印度等文化产业落后、经济发展水平参差不齐的广大发展中国家而言，如何在作者和使用者之间、在版权人利益和社会公众利益之间做出抉择更不是一件简单的事情。所以本文的实践意义首先在于通过本文的研究，有助于加深对技术措施规则的理解，为三国立法者厘清技术措施与各国国情之间复杂的关系。其次，我国版权法正面临第三次修改，本文对比研究与中国国情类似的印度和俄罗斯国内技术措施规则，也有利于给版权法技术措施规则的修改提供域外的参考。

---

① 技术措施规则，又称技术保护措施规则，是指各国立法中保护技术措施的法律法规，由于各国主要通过规定禁止他人非授权的规避权利人采取的技术措施，所以也称为反规避规则。

② 欧盟《版权指令》第 6 条第 2 款与 17USC § § 1201(a)(2)和 1201(c)(1)。

③ Teriuo Doi，WIPO Copyright Treaty and Japanese Copyright Law：A Comparative Analysis，186 R.I.D.A. 2000，p. 203. Copyright Amendment(Digital Agenda) Act，Available at ：http://www.dcita.gov.au/Article/0，0-1-2-1-4-13287，00. html.

世界各国立法对技术措施保护程度上不同的选择，也从侧面反映出了学术界对技术措施保护存在热烈的争论。目前，国内研究技术措施成果不多，笔者没有发现对比中印俄技术措施规则的论著。关于技术措施的性质，版权法保护的技术措施需要满足何种要求，技术措施的正当性何在？这个问题一直是争论的焦点，也是本文写作的关键。王迁从 WCT 和 WPPT 两个条约入手，结合了欧盟和美国的立法和判例，分析了技术措施有效的标准，给出了开放性的结论。[①] 王迁还探讨了版权法保护技术措施尤其是接触控制措施的正当性基础，驳斥了接触控制措施的正当性是"保护复制权""保护接触权"和"间接保护版权"的三种说法，提出版权法保护"接触控制措施"[②]的正当性基础是源于接触控制措施所保护利益的正当性，认为版权法不能不加区分地保护接触措施，只有用于保护版权人版权法上的利益技术措施才具有正当性的基础，对于用于其他目的例如捆绑销售的技术措施，版权法就不应当保护。[③] 但是，他对技术措施正当性的看法比较抽象，在司法实践中很难起到指导作用，对技术措施保护的例外和限制一笔带过，没有深入分析，需要我们去探讨。

对于禁止规避技术措施的范围，王迁提出由于"帮助规避行为"[④]违反了版权法的特殊规定，影响了版权人利用技术措施对其合法利益进行的自力保护，使得这种行为具有了可责难性的基础，而不是因为这种行为属于间接侵权才受到法律禁止。[⑤] 但是，王迁的说法仍然比较抽象，在实践生活中难以指导人们去具体地应用，此外版权人的合法利益不仅在学术上，在立法中也缺乏清晰的限定，降低了法律的指导价值，社会公众仍然难以适从。

对于技术措施的限制，冯晓青肯定了技术措施在著作权保护中的作用，提出了技术措施保护会对合理使用形成冲击以及对公共领域的侵蚀。他认为需要对技术措施给予一定程度的限制是基于以下原因，首先，是平衡版权人的利益，其次，他从社会公众对知识和信息的宪法性权利上也认为需要对技术措施加以限制，他从合理使用作品的视角出发探讨了限制技术措施的必要性。[⑥]

对于技术措施的例外，熊琦探讨了技术措施的例外标准和适用范畴，认为在设立标准上，技术措施的例外应以解决市场失灵为前提，确保版权人的经济收益不会遭受重大损失；在适用范畴上，技术措施的例外应考虑数字技术对交

---

① 王迁：《技术措施的有效性标准》，载《电子知识产权》2007 年第 9 期。

② 接触控制措施的具体含义参见第一部分的内容。

③ 王迁：《版权法保护技术措施的正当性》，载《法学研究》2011 年第 4 期。

④ 帮助规避行为，主要是指制造、进口或者向公众提供主要用于避开或者破坏技术措施的装置或者部件，以及为他人避开或者破坏技术措施提供技术服务帮助行为。

⑤ 王迁：《论提供规避技术措施手段的法律性质》，载《法学》2014 年第 10 期。

⑥ 冯晓青：《技术措施与著作权保护探讨》，载《法学研究》2007 年第 4 期。

易成本的影响，严格限制接触层面的规避行为，并将合理使用维持在利用行为的层面；针对通过技术措施限制竞争的行为，可以引入权利滥用条款，弥补技术措施例外在解决市场失灵问题上的不足。[①] 易继明从知识学上对禁止权利滥用原则应当适用知识产权领域进行了理论探讨，提出了应当防止权利人采取过度的技术措施滥用知识产权。[②]

从国际上看，威廉 · F.帕特里在 The Fair Use Privilege in Copyright Law 一文中从使用者特权的角度，分析了版权合理使用的性质与判断标准问题。[③]吉尔伯(Guibault)对三步测试法的历史背景和含义做出了详细的研究，在很大程度上澄清了三步测试法的内涵，因而具有重要的意义。[④] Wendy J. Gorden 从经济分析的角度解释了合理使用的性质，并对合理使用的具体判断问题做了清楚的分析。[⑤] 印度 A. Ashok 评述了 2012 年印度版权法修正案和以往印度版权法对技术保护措施的不同，介绍了修正案规则、带来的变化和影响[⑥]。P. Chakraverty 则通过研究分析案例的方式对印度 2012 年修正案增加的第 65A 和第 65B 节的内容进行了说明。[⑦] Betsy Vinolia Rajasingh 介绍了印度对数字内容作品的保护，包括引进技术措施和权利管理系统，并比较了二者的优劣。[⑧]

技术措施规则是版权扩张的结果，是历史的选择。权利人利用技术措施

---

① 熊琦：《论著作权技术措施的例外》，载《知识产权》2010 年第 6 期。

② 易继明：《禁止权利滥用原则在知识产权领域中的适用》，载《中国法学》2013 第 4 期。

③ W F Patry，The Fair Use Privilege in Copyright law，2ded，Washington D.C.，BNA Books，1995.

④ Guibault L M C R，"Copyright Limitations and Contracts：An Analysis of the Contractual Overridability of Limitations on Copyright"，Iic International Review of Intellectual Property & Competition Law，2002，35(2)：230-232.

⑤ Gordon W J，"Fair Use as Market Failure：A Structural and Economic Analysis of the 'Betamax' Case and Its Predecessors"，Columbia Law Review，1982，82(8)，pp.1600-1657.

⑥ Arathi Ashok ，"Technology Protection Measures and India Copyright (Amendment) Act，2012 ：A Comment"，Journal of Intellectual Property Rights，Vol 17，November 2012，pp. 521-531.

⑦ Prateek Chakraverty，"Effective Applicability of Sections 65A and 65B of Copyright(Amendment) Act，2012 Using Case Study of Digital Watermarks"，Journal of Intellectual Property Rights，Vol. 20，November 2015，pp. 388-397. Betsy Vinolia Rajasingh，India Enacts Laws to Protect Copyright Over Digital Content，Journal of Intellectual Property Law & Practice，2013，8(4)：pp. 265-267.

⑧ Betsy Vinolia Rajasingh，"India Enacts Laws to Protect Copyright Over Digital Content"，Journal of Intellectual Property Law & Practice，2013，8(4)：pp. 265-267.

阻止他人对作品的接触与利用,再通过法律手段防止他人规避技术措施。版权人利用科技和法律的双重力量,重新控制了原来自由的数字网络环境。同时也是因为技术措施,公众利用作品的自由被限缩了。作者和公众利用法律和技术不断博弈、争执不休,法律需要出面终止这种纷乱的局面,重新划清各方利益的界限,再次实现权利人和公众的利益平衡。

技术措施作为版权法上的新鲜事物,仍然有很大的空间值得我们去发掘。近年来移动互联网使得私人复制变得普遍而流行,相应地,技术措施也越来越受到重视,研究技术措施规则内容具有新颖性。以金砖国家中具有代表性的中国、印度和俄罗斯为研究对象,不仅视角独特,而且由于金砖国家概念出现的时间不长,有关金砖国家的法律研究成果不多。本文拟通过比较研究和规范分析的方法研究三国的技术措施规则,以期具有一定的补缺性。

一、技术措施的基本理论

信息社会技术的发展给版权的利用带来巨大的冲击,非付费使用的数量和规模都不再是传统模拟环境可以比拟的,某些情形下非付费使用甚至超过了付费使用,损害了作者的利益和创作的热情,权利人开始采用技术手段来实现对作品的重新控制。然而,正如没有解不开的锁一样,世上也没有攻不破的技术,自技术措施诞生之日起,围绕着作品的规避和反规避技术层出不穷。因此,权利人将目光转向法律,希望在作品的技术长城上再附加上一道"法律的长城"。

事实上,在互联网和数字技术在全世界快速发展和普及之前,保护技术措施的规则已经开始出现在部分国家和地区的立法中了。例如:英国1988年《版权法》出现了保护技术手段规定,美国1992年《家用录音法》[①]规定有对数字录音技术措施的保护。而早在1989年,联合国世界知识产权组织注意到数字化将给传统的版权法制度带来巨大影响,为了满足未来"全球资讯网络"社会的要求,更有效地保护权利人的利益,修改现行版权国际保护规范变得十分必要。[②] 1996年,世界知识产权组织相继通过了两个条约:WCT和WPPT。WCT第11条要求成员方保护技术措施。[③] WPPT第18条做出了相似的规定。[④] WCT第11条被视为世界知识产权组织长期努力的重要成果之一,在

---

① 美国1992年家用录音法(Audio Home Recording Act)保护数字化录音制品和音乐作品上的控制批量复制的管理系统,对于主要目的或效果在于破坏这类管理系统的装置或服务予以制裁。

② 薛虹:《因特网上的版权及有关权利保护》,郑成思:《知识产权文丛(第1卷)》,中国政法大学出版社1999年版,第132、148、146页。

③ 参见《世界知识产权组织版权条约》第11条。

④ 参见《世界知识产权组织表演和录音制品条约》第18条。

世界因特网版权法制建设上是一件具有里程碑意义的大事。[①]

在此之后，世界各国开始陆续进行关于保护技术措施的立法。美国在1998年10月制定了《数字千年版权法》(*Digital Millennium Copyright Act*，简称*DMCA*)。2001年10月中国修改了《著作权法》，增加了技术措施规则的原则性规定。虽然截至2016年10月14日，印度尚未签署WCT和WPPT，但是印度在其2012年《版权法修正案》第65A条中增加了保护技术措施规则的内容。[②] 而早在2006年，俄罗斯联邦《民法典》第1299条规定了保护技术措施的内容。可以说，通过版权法来保护技术措施已经逐渐成为国际共识。

(一)技术措施的含义

技术措施(technological measures)，也称为技术保护措施(technological protect measures，TPMs)。虽然世界各国纷纷出台了禁止规避技术措施的法规，但对于技术措施的定义，目前尚不统一。德国《版权法》第95条给技术措施做出了定义[③]，欧盟2001年《关于协调信息社会中版权和相关权某些方面的指令》(简称"欧盟版权指令")对"技术措施"也给出了确定的含义[④]，而我国2006年《信息网络传播权保护条例》第26条也规定了对技术措施的定义[⑤]。印度2012年《版权法修正案》中没有直接定义技术措施的内容。俄罗斯联邦《民法典》第1299条有对技术措施的定义。[⑥]

---

① 张耕:《略论版权的技术保护措施》，载《现代法学》2004年第2期。

② India Copyright(Amendment) Act, 2012, Clause(1) of Section 65A, "any person who circumvents an effective technological measures applied for the purpose of protecting any of the rights conferred by this Act, with the intention of infringing such rights, shall be punishable with imprisonment which may extend to two years and shall also be liable to fine".

③ [德]M.第雷炳德:《著作权法》，张恩民译，法律出版社2004年版，第575页。

④ 参见欧盟2001年《关于协调信息社会中版权和相关权某些方面的指令》第6条第3款的内容。英文原文为:"For the purposes of this Directive, the expression "technological measures "means any technology, device or component that, in the normal course of its operation, is designed to prevent or restrict acts, in respect of works or other subject-matter, which are not authorized by the right holders of any copyright or any right related to copyright as provided for by law or the sui generis right provided for in Chapter III of Directive 96/9/EC."

⑤ 参见我国《信息网络传播权保护条例》第26条第2款。

⑥ 《俄罗斯联邦民法典》(全译本)，黄道秀译，北京大学出版社2007年版。英文译本不属于俄罗斯官方文本，英文参见:Technical facilities intended for copyright protection are any technologies, technical apparatus or components thereof controlling access to a work, preventing or limiting the carrying out of actions not permitted by the author or other right holder in respect of a work.

根据我国、俄罗斯和印度的相关规则，综合世界各国对技术措施的定义，从功能性的角度，可以将技术措施的定义归纳为：用于防止、限制未经权利人许可浏览、复制、传播利用作品的有效的技术、装置或者部件。这种归纳或许不甚准确，但基本能够说明技术措施的功能，即可用于防止他人未经授权而接触、复制等侵犯权利人的专有权利和其他正当利益。

（二）技术措施的分类保护

根据上文的分析可以看出，技术措施具有宽泛性的含义，可以说技术措施形式多样，凡是用于保护版权的技术手段都可以看作是一种技术措施。权利人可以采取形式多样的技术措施。根据不同的标准，可以对技术措施进行多种分类。本文从各国立法对技术措施区分的通常做法，分为接触控制措施和版权保护措施两类。①

1. 接触控制措施

接触控制措施，也称控制接触的技术措施，是指在正常状态下阻止用户接触作品的技术手段或装置。② 比如常见的是某些网站或软件通常会设置访问密码或非会员不能浏览等限制手段。

接触控制措施之所以在数字时代异军突起，是由于当前版权法的基础正在发生改变。传统版权法以复制为基础，那是因为一方面，在模拟环境中复制易于被发现和计量；另一方面，复制是发行、传播作品的基础，所以复制权也是传统版权法的基础权利。而在数字环境中，复制变得隐蔽而难以计量，作者并不知道也难以发现其作品经过了多少复制和传播。面对网络环境，传统版权法以复制为基础的控制变得越来越力不从心。接触控制措施在网络环境中具有排斥他人非授权浏览、阅读作品的功能。这一功能在数字时代具有十分重要的意义，因为数字时代，获得作品然后接触作品取得作品的内容，是作品的最重要的价值所在；对作品的其他利用，例如发行、复制、播放、传播作品等，也

---

① 这种分类始于美国 DMCA 的规定。美国 DMCA 规定：如果一种技术措施在正常运行过程中，要求经版权人许可应用某种信息、程序或处理过程后，才能接触作品，则这种技术措施能够“有效控制对作品的接触”（即“接触控制措施”）(17USC1201(a)(3)(B))。澳大利亚《版权法》第 10 条定义的第一种技术措施是“一种控制接触的技术保护措施”。美国 DMCA 还规定：如果一种技术措施在正常运行过程中：能防止、制约或者以其他方式限制（他人未经许可）行使版权人依本法所享有的权利，则该技术措施能够“有效保护版权人依本法所享有的权利”（即“版权保护措施”）(17USC12ol(b)(3)(B))。澳大利亚《版权法》第 10 条定义的第二种技术措施是“一种设备、产品、技术或部件（包括计算机程序），其在正常运行过程中，能阻止、抑制或限制版权侵权行为……”，也即“版权保护措施”。欧盟《版权指令》第 6(3)条规定：当权利人通过应用“复制控制机制”对作品的使用进行控制并达到保护目的时，该技术措施为“有效”技术措施，即将“控制使用措施”作为受保护的一类技术措施。

② 李扬：《网络知识产权法》，湖南大学出版社 2002 年版，第 18 页。

必须从接触作品开始。因此，通过控制对作品的接触，在未经许可的情况下，他人接触作品开始变得困难起来，一定程度上减少了侵权行为的发生。

正是由于接触控制措施这一强大的功能，越来越多的权利人开始选择在数字作品中加入这一技术手段，越来越多的国家也开始保护接触控制措施，虽然传统版权法并不限制对作品的访问和接触行为。有鉴于此，有学者提出了可以授予版权人一种新的专有权利——接触权（access right），来重新强化权利人对作品的掌控，减少非授权的私人复制行为对版权的不利影响。①

权利人通过法律和技术的双重手段，在很大程度上恢复对作品的控制。然而，这种严密的控制也导致了对作品所谓的“数字锁定”（digital lock）②，使得合理使用制度名存实亡，公众利用作品的自由空间受到压缩。接触控制措施使得社会公众再难以轻易接触到作品，形成了“进屋合法，而开门非法”的窘迫局面。对此问题，后文将继续探讨。

2. 版权保护措施

版权保护措施，是指用于“防止他人未经许可以复制、传播等方式利用作品，侵犯复制权等版权专有权利的技术手段、装置或部件”。③ 由于版权保护技术措施最主要的作用是控制对作品的复制，所以也称之为复制控制措施。“连续复制管理系统”（The Serial Copy Management System，SCMS），就是一种经典的控制使用作品的版权保护措施。④

控制作品的复制和传播是版权法出现的最初动因。从 17 世纪开始，版权立法活动就慢慢地倾向于保护作者的利益，立足点在于防止“未经作者或所有者之授权，擅自印制、翻印和出版图书……”。⑤ 互联网发展到现在，这一点进一步地体现在了数字技术和移动智能终端的发展和普及上。截至 2015 年，全球移动互联设备数量已经达到了惊人的 150 亿，而根据预测，到 2020 年全球将有 310 亿个互联设备。⑥ 数量如此庞大的智能终端和用户群体，一方面使

---

① Ginsburg J C，From Having Copies to Experiencing Works：the Development of an Access Right in U.S. Copyright Law，Social Science Electronic Publishing，2000，vol. 50(1-4)，pp.113-131.

② Robert Burrell and Allison Coleman，Copyright Exception——The Digital Impact，Cambridge University Press ，2005 ，p.67.

③ 王迁：《著作权法保护技术措施的正当性》，载《法学研究》2011 年第 4 期。

④ SCMS 可以控制对电子文档的复制。通常情况下，没有限制的数字化作品，公众可以自由地复制，而权利人设置 SCMS 后，复制品就无法再继续复制下去，这种手段可以在一定程度上控制对数字化作品的侵权复制行为。

⑤ 冯晓青：《著作权法》，法律出版社 2010 年版，第 18 页。

⑥ 智研咨询集团：《2016—2022 年中国移动终端设备市场运营态势及发展前景预测报告》，中国产业信息网。http://www.chyxx.com/research/201605/415488. html，2016 年 12 月 17 日最后访问。

得侵权复制的后果让权利人变得更加难以承受，另一方面使得权利人更加迫切地需要通过法律保护版权保护措施。因而，版权保护技术措施已逐渐成为国际通行做法，版权保护措施不像控制接触的技术措施那样，仍然存在巨大的争议。

（三）技术措施规则背后的利益博弈

技术措施规则背后体现出各方利益的博弈。严格的技术措施规则体现的是立法者更加倾向于对权利人的保护，而宽松的技术措施规则倾向于维护社会公众的使用空间。保护技术措施的反规避规则是版权人权利扩张的结果，这种扩张若未能很好控制，作者很容易就会侵蚀公众的使用空间，打破版权法维护的利益平衡。

纵观世界各国版权立法，大都有版权合理使用（fair use）条款，或规定为"合理使用"或规定为其他。合理使用规则始终是最具争议的部分。[①] 处在权利与限制的交界处的合理使用的任何扩张或缩小，都可能在某种程度上重塑版权法，甚至触及言论自由等宪法问题。[②] 合理使用制度作为多方博弈的结果，适用范围的界定始终与传播技术的发展相纠结。[③] 移动数字时代，传播技术的巨大发展极大地改变了作品的使用方式，数字技术的发展使得作品在一定程度上突破了载体的束缚，对作品的使用开始从以往"间接占有载体到直接体验内容"的转变。这种趋势随着移动终端用户的大量增加变得越来越普遍，未经许可的利用给权利人带来的经济损失更大。[④] 新技术的发展冲击了原有制度设计下的利益结构。美国最高法院史蒂文斯（Stevens）法官认为，版权法费力地设置了版权人与使用者之间的权利义务关系，这种设置能够鼓励版权人积极创作，同时使得社会公众迅速、便捷而又廉价地欣赏到作品。[⑤]

然而，传统版权法勉力维持的平衡正面临着技术措施规则的挑战。借助于技术的力量和各国法律对技术措施的保护，权利人，主要是出版者，凭借其占据的主导地位，实际上获得了远远超出法律本意提供的保护程度。这种趋势不得不引发人们的担忧：当技术限制替代法律限制时，版权权利设计的控制权就转移到私人手中，他们可以支持也可以抵制对版权的限制，他们通过运用

---

① Dellar v. Samuel Goldwyn. Inc，104 F. 2d 661(2d Cir. 1939)，p662.

② Paul Goldstein，Fair Use in a Changing World，*Journal of the Copyright Society of the U.S.A.*，vol. 50，2003，p.133.

③ 熊琦：《论著作权合理使用制度的适用范围》，载《法学家》2011 年第 1 期。

④ 熊琦：《论著作权合理使用制度的适用范围》，载《法学家》2011 年第 1 期。

⑤ Sony Corp. of Am .v. Universal City Studios，Inc.，464 U. S. 417(1984)，pp.431-432.

编码在书写着自己的知识产权法。[①] 莱斯格(Lessig)也认为,借助于技术措施,权利人所拥有的保护手段变得更加强大,社会公众所拥有的自由度甚至远低于网络时代之前。[②]

(四)小结

保护技术措施规则与保护合理使用空间冲突的背后,体现出了版权人与社会公众之间的复杂的利益斗争。如何在数字时代背景下既保护权利人的正当利益,又能够充分保障公众的使用空间,成为当前各国版权立法中最主要的问题。虽然无论是 WCT 还是 WPPT 对此问题都保持沉默[③],但是各国国内法没有了回避的空间。因此,下文将首先分析中国、印度和俄罗斯有关技术措施的国内规则,去发现他们的应对之策。

二、中印俄版权法中的技术措施规则

作为一种技术手段,技术措施面临的最大挑战就是技术本身。技术的发展日新月异,不存在牢不可破的技术措施。而技术措施一经设计出来,就有新的技术出来,原有的技术措施立马面临落后的境地。在意识到技术措施本身的局限性之后,权利人将求助的目光转向了法律,"希望在他们构筑的'技术长城'之外再构筑一道保护技术的'法律长城'。"[④]

世界知识产权组织于 1996 年达成的两个"互联网条约",即 WCT 和 WPPT 是首次对技术措施加以专门保护的国际条约。此等条约比较宽泛地规定了缔约方保护技术措施的义务。[⑤] 我国和俄罗斯作为两个条约的缔约国,在立法中也较早地出现了有关保护技术措施的规定。印度虽然目前尚未加入两个条约,但其在 2012 年《版权法修正案》中加入了保护技术措施的规则。上文从国际条约和欧美各国对技术措施的规定方面,进行了相对宏观的探讨,下面开始对中印俄三国法中技术措施规则进行具体分析。

---

① 莱斯格教授指出:"编码就是法律"。Lawrence Lessig, *Code and other Laws of Cyberspace*, New York: Basic Books, 1999, p.6.

② Lawrence Lessig, *Code* 2.0, New York: Basic Books, 2006, pp.174-193.

③ Thomas Heide, "Copyright, Contract and the Legal Protection of Technological Measures - Not "the Old Fashioned Way": Providing a Rationale to the "Copyright Exceptions Interface", *Journal of the Copyright Society of the U.S.A.*, 2003 Vol 50, p.167.

④ 薛虹:《数字技术的知识产权保护》,知识产权出版社 2002 年版,第 103 页。

⑤ 王迁:《对技术措施立法保护的比较研究》,载《知识产权》2003 年第 2 期。

(一)中国法中的技术措施规则

实际上,我国立法较早开始了对技术措施的保护。早在1998年,当时的电子工业部为了鼓励我国软件产业的发展,颁布了《软件产品管理暂行办法》,随后到了2000年,信息产业部颁布了保护软件产品的《软件产品管理办法》,其中对技术措施的保护规则,开启了我国法律保护技术措施的历程。但由于法律规范层级有限,此时我国对技术措施所保护的范围仅仅限于软件产品,而且保护的力度也很有限。2001年,为了实现加入世界贸易组织的承诺,同时也为了更好地维护版权人的权益,我国立法修改了原来的《版权法》,新增的第47条第(6)项对技术措施的保护进行了原则性规定,明确禁止直接规避行为。① 在同年12月国务院颁布了《计算机软件保护条例》,第24条第3项使用了相似的措辞。2010年修订《版权法》对技术措施的保护,并没有发生多大的变化,在第48条第(6)项中延续了上述规定。

2006年5月18日,国务院公布《信息网络传播权保护条例》,其第4条明确了对技术措施的保护,禁止直接规避行为和提供设备、服务等的帮助规避行为。② 但是由于是授权立法,不便于超过立法的范围,所以这种保护只限于对信息网络传播权。但是在2014年6月6日国务院《中华人民共和国版权法(修订草案送审稿)》意见稿第78条中,在禁止直接规避行为之外,突破性地禁止提供规避手段、服务的行为。③ 这种变化如果确立,必将加强了我国保护技术措施的力度。

结合上述分析,可以看出,虽然目前我国《版权法》对技术措施的保护只限于禁止直接规避行为,但是可以预见将来对技术措施的保护会与信息网络传播权保护一致。在信息网络传播权方面,我国既禁止直接规避技术措施的行为,还禁止帮助规避行为。④ 这种保护模式的特点:一是由于对技术措施的种类未作区分,无论是控制接触的技术措施还是控制复制的版权保护措施,都禁止规避;二是无论是直接规避的行为还是提供用于规避的技术或者服务的行为,一律予以禁止。在这种模式下,一旦版权人采取了技术措施保护其作品,他就取得了对作品的完全控制权。版权人完全可以通过技术措施,使得版权法规定的合理使用制度等限制和例外形同虚设。

---

① 参见中国2001年《著作权法》第47条第6项。

② 参见中国《信息网络传播权保护条例》第4条。

③ 参见《中华人民共和国版权法(修订草案送审稿)》意见稿第78条,中国政府法制信息网:http://www.chinalaw.gov.cn/article/cazjgg/201406/20140600396188.shtml,2016年12月3日最后访问。

④ 参见:《中华人民共和国信息网络传播权保护条例》第4条。

(二)印度版权法中技术措施规则

印度十分重视版权产业的发展,尤其近年来,其软件产业的发展更是突飞猛进,成了国际市场上的软件大国。此外,印度的电影和音乐产业也发展迅猛,宝莱坞电影产业的年增长率甚至一度超过了印度GDP的年增长率。印度版权产业所取得的成就,与印度政府多年来坚持实施知识产权战略,不断更新、修订其版权法,构建严格的知识产权保护是分不开的。早在2003年,印度国家科技政策就要求,要构建一套完善的、先进的知识产权制度体系,以最大限度地促进印度各类知识产权的创造和保护。① 同时,由于历史原因,印度的立法受到英国法的深刻影响。作为立法后发国家,印度版权立法结合了原来英国的立法,并参考其他国家法律和印度的具体国情,适当修正,使得权利保护观念也通过法律移植在印度得以确立。②

1. 印度保护技术措施的国内背景

虽然从20世纪90年代开始,世界知识产权组织通过两个互联网条约鼓励各国立法保护技术措施。彼时基于印度国内互联网发展较为落后的情况,印度对此的反应不积极。报道显示,近年来印度互联网用户的数量增长速度居全球首列,2015年互联网用户数量突破4亿,超过美国仅次于中国成为全球第二大互联网用户的国家,并且由于印度人口基数巨大,其互联网增长持续性受到普遍看好。③ 对版权保护而言,印度日益庞大的互联网用户通过合理使用等非付费使用不断地冲击和侵蚀版权人的利益。面对新时代技术发展带来的冲击,与其他国家和地区的版权人一样,感受到了压力的印度版权人开始采取技术措施加强对作品的控制,也同样迫切地需要在法律上保护他们采取的技术措施。2012年《版权法修正案》新增的技术措施规则正是响应技术和时代发展的需要,同时修改的合理使用与强制许可制度等共同地体现了印度一贯坚持的知识产权权利保护与作品使用平衡的理念。④ 随着保护技术措施的重要性和紧迫性日益体现,印度保护技术措施的规则反映了全球知识产权保护技术措施的潮流和共识。

2. 印度版权法技术保护措施的内容

印度1957年《版权法》以及1999年《版权法修正案》的一些条款可以解释

---

① 胡涘,王娟娟:《平衡知识产权与公共利益的印度模式》,载《南亚研究季刊》2011年第4期。

② 李耀跃:"印度法制现代化进程中的法律移植",载《南亚研究季刊》2011年第2期。

③ 凤凰网:《2016互联网女皇报告:印度网民增速已超过中国》,http://tech.ifeng.com/a/20160602/41617445_0.shtml#p=20,2016年12月17日最后访问。

④ 王清:《镜鉴印度版权法:中国应当学习什么?》,载《电子知识产权》2013年第4期。

为反规避技术措施规则，规定了“复印板”(plates)[①]的内容。这些规定复印板的设备或装置的目的是“用于或可用于印刷或复制作品”。[②] 由于，复印板只是用于制作作品的复制件，因此根据定义可以看出，印度 1957 年《版权法》以及 1994 年《版权法修正案》只是规定了对复制控制措施的保护，不包括不具有复制功能的接触控制措施的内容。[③]

2012 年印度《版权法修正案》对原版权法合理使用、强制许可、版权的含义、版权的转让等进行了大幅度修改。其中第 38 节规定新增 65A 节就首次专门规定了有关技术措施的规则。新增的第 65A 节位于印度《版权法》第 13 章之犯罪行为，条文的位置清晰地表明了印度版权法保护技术措施的立场。虽然印度 2012 年《版权法修正案》没有直接定义技术措施的内容，也没有像国际上那样按照接触控制措施和复制控制措施将技术措施进行区分。但从条文内容可以看出，并不是所有的技术措施都能够受到印度版权法的保护，印度版权法认可的技术措施必须符合一定的要件，包括“用于保护版权法授予的权利的目的”和“有效性”要件等。[④] 并在新法第 65A 节第 2 分节中具体罗列了不属于侵权行为的情形，包括加密研究、合法调查等七种例外，保护技术措施的例外情形给合理规避技术措施的行为打开了方便之门，一定程度上减轻了版权人滥用权利的可能。印度版权法采取一般保护与例外规定相结合的立法模式，与世界主流国家版权法保护技术措施相一致，也体现了立法者在保护技术措施时的复杂心态：既要保护技术措施，但又不能过度从而损害公众的合理使用空间。

由于印度 2012 年《版权法修正案》重新定义了作者向公众传播的含义，使

---

① See India Copyright Act，1957，Section 2：“plate” includes any stereotype or other plate，stone，block，mould，matrix，transfer，negative，duplicating equipment or other device used or intended to be used for printing or reproducing copies of any work，and any matrix or other appliance by which sound recordings for the acoustic presentation of the work are or are intended to be made.

② See India Copyright Act，1957，Section 58.

③ Arathi Ashok，“Technology Protection Measures and India Copyright (Amendment) Act，2012 ：A Comment”，*Journal of Intellectual Property Rights*，Vol.17，November 2012，p.523.

④ See India Copyright (Amendment) Act，2012，clause (1) of Section 65A ：“any person who circumvents an effective technological measures applied for the purpose of protecting any of the rights conferred by this Act，with the intention of infringing such rights，shall be punishable with imprisonment which may extend to two years and shall also be liable to fine .” 本文第三部分会对印度技术措施的要件进行具体分析。

得传播的背景拓展至了网络。① 这也意味着作者有权将作品向更广泛的公众或特定的公众传播,修正案授予了作者授权或拒绝他人接触特定作品的权利。因此法律保护作者为了控制对作品的接触而采取的技术措施就成了顺理成章的事情。也就是,规避接触控制措施的行为也将会导致法律责任。②

与美国 DMCA 和欧盟版权指令等国际主流做法不同,印度版权法对"规避"(circumvents)一词并没有做出定义,也没有给出具体的指导。因此,根据文义解释原则,"规避"应当是具有实质性的避开、绕过等具有实质性的活动。同时根据字面理解,规避的应当是"有效的"(effective)技术措施,如果技术措施无效,则不承担规避的责任。根据条款的内容,提供设备、装置、服务等帮助他人规避技术措施的,并不承担法律责任。这一规定与美国 DMCA、欧盟版权法指令和我国版权法的规定大相径庭,因此引发了热烈的争议。有学者认为这种规定使得人们在合法规避技术措施的行为成为可能——可以寻求他人的帮助。③ 因为即使满足法律允许规避技术措施的情形,若无法取得他人的帮助,仅凭一己之力避开权利人精心设置的技术措施,那只能是立法者的美好想象,作用有限。

3. 规避技术措施的法律责任

2012 年印度《版权法修正案》中除提供设备、装置或服务帮助他人规避技术措施并不为法律禁止这一规定令人惊讶以外,还规定了所禁止的规避行为需要"以侵权为目的"(intention of infringing rights),同样在国际立法中并不多见。④ "目的"意味着一种引发预期结果的意图或意愿,或者行为人的行为可以预见具有确定性的后果。也就是说,规避技术措施的行为只有在行为人明确具有侵权意图的情况下才具有可责难性。规避行为承担法律后果需要与

---

① See India Copyright (Amendment) Act, 2012, clause (ff) of Section 2: "communication to the public" means making any work or performance available for being n or heard or otherwise enjoyed by the public directly or by any means of display or diffusion other than by issuing physical copies of it, whether simultaneously or at places and times chosen individually, regardless of whether any member of the public actually s, hears or otherwise enjoys the work or performance so made available.

② Arathi Ashok, Technology Protection Measures and India Copyright (Amendment) Act, 2012 : A Comment, *Journal of Intellectual Property Rights*, Vol.17, November 2012, p.526.

③ Ibid.

④ See India Copyright (Amendment) Act, 2012, clause (1) of Section 65A : "any person who circumvents an effective technological measures applied for the purpose of protecting any of the rights conferred by this Act, with the intention of infringing such rights, shall be punishable with imprisonment which may extend to two years and shall also be liable to fine."

侵犯版权联系,不以侵犯版权为目的的规避行为不是印度版权法禁止的对象。而在DMCA中,规避行为和侵犯版权之间并不需要直接的联系,即使没有侵犯版权,仍然有补救的措施。中国和俄罗斯在此的做法与美国一致,并不要求规避行为以侵犯版权为目的。也有学者认为,这种做法可以确保反规避规则不被滥用于市场竞争,更有利于维护竞争秩序。

在法律后果上,印度2012年《版权法修正案》对于故意规避技术措施而侵犯版权的行为规定了非常严厉的处罚,并且只是刑事处罚:最高2年的监禁和罚金。由于作品的种类繁杂以及侵权给作者造成的损失可能不确定,所以修正案对罚金的数额没有限定。回顾印度1957年《版权法》第65节对故意持有复制装置的责任规定,也是规定了最高2年的监禁和罚金刑罚,可以看出,尽管在构成要件上存在差异,但印度立法者却采取了相似的用语和相似的法律后果。

对比印度1957年《版权法》的规定,可以发现旧法对装置的要求是"明知拥有"(knowingly makes or has in his possession),"明知"即能够意识到行为的后果。只要行为人对行为可能导致的后果具有合理的认识,即使行为人并不希望结果发生,仍然需要承担法律后果。在这种情形下,即使没有侵权的意图,仍然可能需要承担法律后果。相较而言,旧法对复制的保护更加严格。印度立法者之所以在对规避行为和装置上给予了不同的对待。复制装置只需能意识到行为的后果就将承担责任,而规避行为则需要有"侵权的意图",那是因为如果规定行为人一旦意识到规避行为的后果可能会侵犯版权就将承担法律责任,那么将导致规避行为会一律承担法律后果,所有的规避行为都有侵犯版权的可能。①

(三)俄罗斯法中的技术措施规则

俄罗斯在国际知识产权保护上,加入了包括WCT在内的一系列知识产权国际公约,立法中既体现了国际公约的要求,也有对欧盟版权指令的借鉴。俄罗斯版权立法采用纳入民法典的立法模式,在民法典中设置了知识产权编。在《俄罗斯联邦民法典》第4部分第7编的标题没有直接适用"知识产权"的概念而是使用了"智力活动成果和个性化标示的权利"。无论是在概念上还是制度的设计上,俄罗斯对传统知识产权制度都进行了激进大胆的改革与创新。②知识产权立法的完全法典化模式(确切地说是完全民法典化的)使得俄罗斯知识产权立法是世界上独一无二的,毫无疑问这种完全法典化模式和立法体例

---

① Arathi Ashok, Technology Protection Measures and India Copyright(Amendment) Act, 2012 : A Comment, *Journal of Intellectual Property Rights*, Vol. 17, November 2012, p.526.

② 孟祥娟:《俄罗斯著作权法》,法律出版社2014年版,第288页。

开创了俄罗斯知识产权立法的新时代。[①]

根据世界银行数据显示，2015 年俄罗斯移动设备用户约有 1.2 亿，其中智能手机用户约 1.1 亿，而俄罗斯目前人口总数约 1.44 亿，其互联网普及率已经超过 70%。[②] 这一数据不仅在新兴经济体以及金砖国家中属于前列，在发达国家中也属于较高的水平。俄罗斯互联网普及率在过去多年远落后于其他欧洲国家（2010 年仅有 37%），归功于移动智能设备的迅速普及，使得俄罗斯几年间互联网用户规模的急剧增加，但是数量庞大的移动互联网用户也带来了对数字作品利用的急剧增加。俄罗斯又是如何平衡数字时代版权人与公众合理使用之间的冲突。下面分析俄罗斯技术措施规则的主要特点和内容。

1. 借鉴国际条约的有关规定

俄罗斯关于版权保护的技术措施的立法，主要借鉴了欧盟版权指令，将其作为基本的方向目标来对相应的规则进行修改，同时反映了 WCT 和 WPPT 的要求[③]，因此有关制止避开版权和邻接权客体的技术保护措施的规则在俄罗斯立法中固定下来。

《俄罗斯联邦民法典》中保护技术措施的规则基本是将 WCT 第 11 条和 WPPT 第 18 条以及反映在欧洲议会和欧盟理事会 2001 年 5 月 22 日第 2001/29/EC 号《信息社会版权指令》中的规定正式移植到了俄罗斯立法中。这使得俄罗斯民法典相当复杂。上述条款规则的解释对于习惯于清晰的法律规则，习惯于正式解释适宜的规则和习惯于适用确定术语的依据的俄罗斯法律人来说是很不一般的任务。[④]

2. 俄罗斯技术保护措施规则的内容

《俄罗斯联邦民法典》第 1299 条规定了技术措施的内容。其第一款对技术保护措施定义为“为控制对作品的接近、预防或者限制实施未经作者或其他权利人许可的行为而设置的技术、技术装置或其组件”。[⑤] 该条文比较清晰地将技术措施区分开来，其中“控制对作品的接近设置的技术、技术装置或其组件”可以认为属于接触控制措施规则，“用为控制对作品的预防或者限制实施未经作者或其他权利人许可的行为而设置的技术、技术装置或其组件”则是使用控制措施规则。

---

① 张建文:《俄罗斯知识产权立法法典化研究》，知识产权出版社 2011 年版，第 55 页。

② Avazu Holding:《全球互联网产业研究之俄罗斯篇(一)》。http://www.gameres.com/685650.html，2016 年 11 月 16 日最后访问。

③ 俄罗斯于 2009 年 2 月 5 日正式成为 WCT、WPPT 的缔约国，http://www.wipo.int/wipolex/en/results_treaty.jsp? col_id =&organizations=WIPO&cat_id=11，2016 年 12 月 16 日最后访问。

④ 转引自孟祥娟:《俄罗斯著作权法》，法律出版社 2014 年版，第 275～276 页。

⑤ 孟祥娟:《俄罗斯著作权法》，法律出版社 2014 年版，第 278 页。

《俄罗斯联邦民法典》第1299条第2款规定了禁止实施的行为。为了保护技术措施的内容,禁止对作品实施两个方面的内容:第一,在未经作者或其他权利人许可授权的情况下,不能规避或消除用于限制使用作品的技术手段,明确禁止了规避技术保护措施的行为;第二,禁止商业性地为他人规避技术措施提供帮助。[①] 从上述规则我们不难看出,俄罗斯技术措施规则不仅禁止直接规避的行为,也严加禁止了商业性地规避或破坏技术措施的行为。虽然对不以营利为目的的非商业的帮助行为网开一面,但是这种不以营利为目的的帮助在实践上并不多见,而且需要协助者承担证明责任。俄罗斯对技术措施的保护程度与欧盟和美国相比,属于较高层阶的保护。[②]

3. 规避技术措施的法律责任

在侵权的情况下,适用的法律责任规定在《俄罗斯联邦民法典》第1299条第3款。作者或者其他权利人有权根据自己的选择按照《俄罗斯联邦民法典》第1301条的规定要求加害人赔偿损失或者支付补偿。也就是,违反技术措施保护的规定与适用侵害专有权的相关规定一样,权利人可以要求专门赔偿。从此规定可以从侧面看出,俄罗斯立法保护技术措施的规则在侵权救济方面,赋予了技术措施与著作专有权同等的地位,虽然俄罗斯立法并没有认可所谓的"技术措施权",但在救济保护中已经初见端倪。在请求保护邻接权的技术保护措施时,权利人有权要求同时适用其他的责任措施,根据《俄罗斯联邦民法典》第1311条规定的侵犯邻接权专有权而要求追索侵权赔偿的责任。

(四)对中印俄版权法中技术措施规则的比较与评价

虽然同是金砖国家成员,但是由于不同的法律和社会背景,中国、印度和俄罗斯版权法对技术措施的规定同中有别。在技术措施的分类和保护上,俄罗斯、印度和中国立法都没有像DMCA那样明确地加以区分,印度甚至未对技术措施加以定义,而是不分接触控制措施还是版权保护措施,一律给予相同的地位予以保护。

但是中印俄在保护程度上又各有特点。其中,印度反规避规则与中国和俄罗斯最大的不同在于,印度将规避技术的行为与侵犯版权联系在一起,主观上具有侵犯版权的意图,客观上侵犯到版权的规避行为才受到法律禁止。而中国和俄罗斯在这一点上与DMCA一致,认为规避行为,至少规避接触控制措施的行为,是否受到禁止并不需要判断结果是否侵权。此外,印度版权法不

---

① 《俄罗斯联邦民法典》(著作权法部分),焦广田译,《十二国著作权法》,清华大学出版社2011年版,第448页。

② 在技术措施的保护程度上,各国立法体现出了不同的水平。例如:日本和澳大利亚立法主要禁止商业性规避行为,对于私人性质的规避网开一面。因此可以说俄罗斯对技术措施属于高水平的保护模式。

禁止第三人提供设备、装置或服务协助他人规避技术措施的行为。而俄罗斯技术措施规则不仅对商业性和公开性地规避或破坏技术措施的行为严加禁止,也禁止直接规避的行为。我国对于直接规避的行为和提供用于规避的技术或者服务的行为,也是一律禁止。

印度版权法的技术保护措施规则的特点使得其在国际上独树一帜。这种做法避开了发达国家因为版权法将规避行为与侵权事实独立所引发的问题。例如:有些公共作品和已经失效进入了公共领域的作品,而技术措施仍然存在,此时由于规避行为的独立性,仍然不能进行规避,不利于社会对作品的利用。在印度学者看来,作为一个文化作品积淀不够的发展中国家,印度没有资本像发达国家一样通过大力度的保护作品增加社会成本来培育文化产业。[①] 印度的选择不无道理,也给我们以启示:作品的保护终究需要与国情保持一致,否则很容易导致过度保护和保护不力,这是每个国家立法者应该重视的问题。印度 2012 年《版权法修正案》第 65A 节没有对“规避”和“有效”做出统一而明确的定义,这会使得在司法实践中引起法律适用的困惑和不一致,这不得不令人稍感遗憾。[②]

(五)小结

尽管导源于不同的历史文化传统,但是科技带来的影响无分国界。中国、俄罗斯和印度三国国内情况各有不同,技术发展和普及情况也有区别,立法为应对数字技术变革给版权带来的冲击,或早或晚,或详细或粗略,都有保护技术措施的规则。在侵权认定上,俄罗斯立法和我国《版权法》都将避开或破坏技术措施的行为列为侵权行为之一,不论行为人的后续行为是否侵犯了权利人的专有权利,避开或破坏技术措施行为本身就已构成侵权。而印度《版权法》对于规避技术措施的行为,立法者则认为“以侵犯版权为目的”的主观要件是侵权成立的必要条件,对于有正当理由的规避行为网开一面。在侵权者违反技术保护措施可能面临的法律后果上,俄罗斯授予了权利人可以要求侵权者赔偿损失或者直接支付补偿,也就是说,适用侵害著作专有权而可以追索专门赔偿的规定。我国立法中对规避技术措施的行为,根据严重性区分不同的情形,违法者可能面临民事责任、行政责任甚至刑事责任。印度立法对侵权行为也规定了包括刑事处罚在内的法律后果,并且这种最高 2 年的监禁刑罚在

---

① Arathi Ashok, “Technology Protection Measures and India Copyright (Amendment) Act, 2012: A Comment”, *Journal of Intellectual Property Rights*, Vol.17, November 2012, p.529.

② Prateek Chakraverty, “Effective Applicability of Sections 65A and 65B of Copyright (Amendment) Act, 2012 using Case Study of Digital Watermarks”, *Journal of Intellectual Property Rights*, Vol.20, November 2015, pp.388-397.

实践中具有较高的适用性。

三、中印俄版权法对技术措施的限制与例外

技术措施正在逐渐成为守卫作品的“数字长城”。利用技术措施，权利人可以把“敌人”御于领土之外。但是对技术措施的保护，隐藏着侵犯合理使用空间、过度保护权利人、打破利益平衡的危险。因此，与版权一样，法律对技术措施的保护不会是绝对的，技术措施规则同样具有例外情形。例如，印度、俄罗斯和我国在制定技术措施的同时，规定了对技术措施保护的限制和例外情形。虽然规定的例外内容不尽相同，但比较研究三国关于技术措施的限制与例外，确定公众可以规避技术措施的情形，可以为我们重塑数字环境下版权的利益平衡提供参考。

（一）中印俄版权法对技术措施的内在限制

中印俄三国立法保护技术措施，给深受数字技术发展影响的权利人带来了曙光，同时打破了传统的版权利益平衡机制。为了避免技术措施给公众使用者带来过大冲击，并不是所有的技术措施都能够受到法律保护，三国的立法者都对技术措施进行了内在限制。由于技术措施存在类似的基础内涵，三国对技术措施的要求大体相似。简单地予以归纳，可以发现在三国技术措施规则中，受到法律保护的技术措施需要符合三个条件：行为人规避目的具有正当性、设置技术措施的主体适当和措施需要有效。只有同时具有以上三个条件的技术措施才能获得三国的法律保护。下面具体分析三个内涵或限制的内容。

1. 技术措施目的正当性

首先，技术措施需要符合目的正当性的要求。印度在其 2012 年《版权法修正案》中规定技术措施时，明确指出了技术措施需要“为保护版权法授予的权利之目的”①。《俄罗斯联邦民法典》规定“版权的技术保护措施是用于控制对作品的接近、预防或者限制实施未经作者或其他权利人许可的行为而设置的技术、技术装置或其组件。”②中国《信息网络传播权保护条例》第 26 条第 2 款对技术措施的含义限定为“用于防止、限制未经权利人许可浏览、欣赏作品、表演、录音录像制品”③。对比上述规则，可以看出，受到法律保护的技术措施

① See India Copyright(Amendment)Act，2012，Section 65A：“applied for the purpose of protecting any of the rights conferred by this Act”.

② 《俄罗斯联邦民法典》（著作权法部分），焦广田译，《十二国著作权法》，清华大学出版社 2011 年版，第 448 页。

③ 参见中国《信息网络传播权保护条例》第 26 条第 2 款。

必须是为保护作品或者与作品有关的权利而采取的，如果它的目的不是为了保护作品或相关的权利，而是其他利益，就不能成为法律保护的对象。[①] 设置技术措施的目的是为了保护合法的版权或邻接权。也就是说，技术措施保护的客体应该是合法的版权或邻接权，并且保护的手段应当具有合理性，最终所达到的效果应是保护权利，而不是为了获得不正当的利益。

2. 受保护的技术措施的主体具有特定性

技术措施应该是由权利人或者法律规定的主体所采取。这里的权利人和其他许可的人，他们为了保护作品或者与作品有关的权利而采取的技术措施应该受到法律保护。我国 2010 年修订的《版权法》第 48 条第(6)项明确规定技术措施由权利人采取。《俄罗斯联邦民法典》第 1299 条第 2 款第 1 项禁止他人"未经作者或其他权利人许可而实施旨在消除通过技术措施确定的对作品使用的限制"[②]；体现出技术措施主体是由作者、其他权利人采取。除此以外，他人对作品采取的技术措施，如果没有经过权利人的同意，这种技术措施不会受到法律的保护，公众可以避开这种技术措施。例如，如果销售商没有经过权利人的同意，对作品附加了控制复制的技术措施，公众可以避开该类技术措施。

3. 受到法律保护的技术措施必须是"有效"的技术措施

我国《信息网络传播权保护条例》在对技术措施的定义中明确规定了这一要件。[③] 印度《版权法修正案》第 65A 节虽然没有对"有效"的含义做出清晰的界定，但也要求技术措施应当"有效"。[④] WCT 和 WPPT 均对技术措施必须"有效(effective)"做出了原则性要求，但都没有给出"有效性"的具体标准。对什么是"有效"的技术措施，通常认为，在正常操作过程中，如果一种技术措施要求输入版权人授权某些信息，或需要某种处理才能实现对作品的访问和

---

① 这种情形在美国已经出现了具体的案例，如在 Lexmark International，Inc. v. Static Control Components，Inc.案中(387F.3d522(6th Cir.2004))，主审法官的判决意见再次强调了这一点。

② 《俄罗斯联邦民法典》(著作权法部分)，焦广田译，《十二国著作权法》，清华大学出版社 2011 年版，第 448 页。

③ 参见中国《信息网络传播权保护条例》第 26 节第 2 款规定："技术措施，是指用于防止、限制未经权利人许可浏览、欣赏作品、表演、录音录像制品的或者通过信息网络向公众提供作品、表演、录音录像制品的有效技术、装置或者部件。"

④ Copyright Act(Amendment)of India，2012，Section 65A："any person who circumvents an *effective* technological measures applied for the purpose of protecting any of the rights conferred by this Act，with the intention of infringing such rights，shall be punishable with imprisonment which may extend to two years and shall also be liable to fine."

使用，这种技术措施就是有效的技术措施。[①] 欧盟《版权指令》也规定，当用户访问某一作品或者邻接权客体时，须在获得权利人授权并运行某一访问代码或程序才能进行时，这类技术措施就是有效的。可以看出，技术措施的有效性是指它在正常运行过程中能够发挥对作品的一定程度的控制功能，而不是指它无法被避开或破坏。

（二）印度版权法保护技术措施的例外规定

对于符合保护条件的技术措施，不是在任何情况下都应该受到保护。各国法律通常规定了不予保护的例外情形，在这些情况下，技术措施不受保护，法律特别规定的行为人可以避开技术措施。例如，美国 DMCA 和欧盟《版权指令》都对技术措施的保护设置了例外。印度 2012 年《版权法修正案》第 65A(2)节规定了 7 种例外的情形。[②] 事实上，允许规避的情形不是绝对的，这种规避不能为本法明文禁止。根据修正案的规定，行为人可以在下列情况下避开技术措施：

1. 不违反版权法下合理使用的例外

印度 2012 年《版权法修正案》第 65A(2)(a)条款特别规定了可以规避技术措施的情况，虽然修正案第 65A(1)条款禁止规避技术措施，但若规避行为及其目的不是"本法明文禁止"，则可以不受第 65A(1)条款的约束。[③] 这里明文禁止的内容主要是指印度 1957 年《版权法》第 51 节规定的内容。第 51 节

---

① 我国法律没有对"有效"一词的含义作出解释，此处的解释借鉴了美国《数字千年版权法》第 1201 节(a)(3)(B)的规定。

② India Copyright(Amendment) Act ,2012,clause(2) of Section 65A:(2) Nothing in sub-section(1) shall prevent any person from—(a) doing anything referred to therein for a purpose not expressly prohibited by this Act: Provided that any person facilitating circumvention by another person of a technological measure for such a purpose shall maintain a complete record of such other person including his name, address and all relevant particulars necessary to identify him and the purpose for which he has been facilitated; or (b) doing anything necessary to conduct encryption research using a lawfully obtained encrypted copy; or(c) conducting any lawful investigation; or(d) doing anything necessary for the purpose of testing the security of a computer system or a computer network with the authorisation of its owner; or(e) operator; or(f) doing anything necessary to circumvent technological measures intended for identification or surveillance of a user; or(g) taking measures necessary in the interest of national security.

③ Arathi Ashok,"Technology Protection Measures and Copyright Exceptions: The Rights of the Common Man in the Developed World", *Ssrn Electronic Journal*, 2011, pp. 128-129.

具体规定了包括非授权复制、出售、出租、进口作品等侵犯版权的表现形式。[1] 第 52 节规定了不认为是侵权的行为，例如：对文学、艺术、音乐、戏剧作品（但不包括电脑程序），为合理使用的复制行为，为个人使用（包括研究、评论和检阅），为实时报道的目的，为立法和司法程序等。[2] 但行为人若是由此协助他人规避技术措施的，应当完整地记录包括被协助者的姓名、地址以及所有相关的可用于确认被协助者及其规避目的的信息。否则，一旦被协助者的规避行为不属于例外情形，行为人就有可能面临承担共同侵权责任的风险。[3] 在印度 2012 年《版权法》修改之前，合理使用的作品范围只包括了文学、音乐、戏剧和艺术作品，不包括电影和录音制品，彼时根据合理使用原则规避用于保护电影的技术措施会导致法律责任，但是随着 2012 年修正案将电影纳入了合理使用的范围，这一情形也已改变。[4]

2. 加密研究的例外

印度 2012 年《版权法修正案》第 65A(2)(b)条款规定了加密研究的例外。利用合法获取的加密复本，为了开展加密研究而进行必要的行为时，可以避开技术措施。这种例外首先必须是根据合法获取的加密复制品。合法获取是规避的前提条件，包括购买权利人销售的或经过权利人授权他人销售所获得的复制品。其次，其目的是开展加密研究。若规避技术措施的目的是为了其他目的则不符合例外的条件。最后，实施的行为必须是必要的行为。“必要的行为”通常的理解是行为不能超出为开展研究所需的范围。[5]

3. 合法调查的例外

2012 年修正案第 65A(2)(c)条款规定，为开展合法的调查可以规避技术措施。合法的调查，首先这种调查必须是有关行政、司法机关等国家机关实施的，私人不是这里允许的主体。其次，合法性要求调查必须遵守相关的行政或司法程序。最后国家机关的行为同样不得违反比例原则的要求。[6]

4. 网络安全测试的例外

2012 年修正案第 65A(2)(d)条款规定，在取得所有人授权的情况下，为了测试电脑系统或网络的安全性，也可以规避技术措施。事实上，若得到了权利人的授权，规避技术措施的行为具有了正当性的前提，而不论其目的为何。本条款

---

① See India Copyright Act,1957,Section 51.

② See India Copyright Act,1957,Section 52.

③ India Copyright(Amendment)Act ,2012,Section 65A(2)(a).

④ Arathi Ashok,“Technology Protection Measures and India Copyright(Amendment) Act,2012 :A Comment”, *Journal of Intellectual Property Rights*, Vol.17, November 2012, p. 523.

⑤ India Copyright(Amendment)Act,2012,Section 65A(2)(b).

⑥ India Copyright(Amendment)Act,2012,Section 65A(2)(c).

规定的这种例外还必须是为了测试电脑系统或电脑网络的安全性的目的。①

5. 运营商例外

2012 年修正案第 65A(2)(e)条款规定了运营商(operator)例外,②即作为网络和通信服务的提供者的运营商,可以在不违反法律禁止的情况下,规避权利人采取的技术措施。运营商作为通信服务的提供者,通常被认为负有一定的义务去保证作品在网络上的合法性,例如在受害人通知运营商网络上作品侵犯了其权利时,运营商就需要去及时地处理以防止后果进一步扩大,此时避开作者采取的技术措施就不可避免。但是,这种规避首先必须由运营商做出,而不是他人或擅自行为的员工,并且通常情况下认为这种规避具有一定的正当性目的,不是为营利或其他,否则这种规避不属于例外情形,仍然具有责难性。

6. 隐私保护的例外

根据 2012 年修正案第 65A(2)(f)条款规定,可以采取必要的措施来规避用于识别或监视用户的技术措施。这一规定可以看作是隐私保护的例外。技术措施应当是具有“防卫性”,不能侵犯用户的合法权益。隐私是受到法律保护的正当利益。如果该技术措施用于“监视”用户的行为涉及了用户的隐私,此时使用者规避该技术措施就具有了正当性。但是,这种规避应当具有一定限度。若一项技术措施中某一部分监视了用户,而其他部分属于正常,并且这一部分是可以单独规避的,则不应当将全部技术措施进行规避。③

7. 国家安全的例外

根据 2012 年修正案第 65A(2)(g)条款规定,为了国家安全的利益,可以采取必要的行为规避技术措施。国家安全是一个国家根本的利益,为了国家安全的需要而规避技术措施是国家利益高于个人利益的体现。同样,这种规避行为必须符合一定的限度。④

(三)中国版权法对技术措施的例外规定

1. 为学校课堂教学或者科学研究的例外

根据我国《信息网络传播权保护条例》第 12 条规定,为学校课堂教学或者科学研究的目的,可以规避技术措施。首先,目的要求,规避技术措施的目的必须是为了课堂教学或者科学研究而需要通过信息网络利用作品、表演或录音录像制品;其次,数量要求,提供的对象必须是少数教学、科研人员,即:这种规避的数量和规模应当是有限的;最后,对作品的限制,规避的作品必须是只

① India Copyright(Amendment)Act,2012,Section 65A(2)(d).

② India Copyright(Amendment)Act,2012,Section 65A(2)(e).

③ India Copyright(Amendment)Act,2012,Section 65A(2)(f).

④ India Copyright(Amendment)Act,2012,Section 65A(2)(g).

有通过信息网络才能获取的作品、表演或录音录像制品。换言之,如果作品、表演或录音录像制品通过正常的市场交易能够比较容易购买或取得,就不能为此而规避。

2. 为盲人利益的例外

我国《信息网络传播权保护条例》第12条规定了为了盲人的利益,可以规避权利人采取的技术措施手段。这种情况下,避开技术措施行为人必须符合以下条件:第一,目的要求。行为人不得以营利为目的,而是为了盲人利益的需要,以盲人能够感知的独特方式向盲人提供。第二,对可以规避作品的要求。可以规避的作品只能是已经发表的文字作品,不能是未发表的作品,不包括非文字作品以及表演和录音录像制品,且这种作品只能通过信息网络获取。

3. 国家机关执行公务的例外

我国《信息网络传播权保护条例》第12条规定,当国家机关依法执行公务时,可以避开保护作品的技术措施。虽然该《条例》对这种规避行为没有做出更多的解释,但是国家机关只有在符合比例原则①的条件下,才可以启动规避。

4. 安全性测试的例外

我国《信息网络传播权保护条例》第12条规定了安全测试的例外。在信息网络上对计算机及其系统或者网络的安全性能进行测试,可以规避权利人对作品采取的技术措施。此处的作品主要是指软件作品。越来越丰富的软件作品给人们带来了更多的便利,却也充斥了网络的各个角落,对网络安全带来了隐患。为了安全测试的需要,允许规避作品中的技术措施就成了必须。这也是中国和印度技术措施例外情形都包含了此项的重要原因。

(四)对三国限制与例外的比较分析与评价

1. 共同性

通过以上分析,我们不难发现,中印俄三国技术措施规则并不是一味地对技术措施加以保护。三国的版权人在作品中采取的技术措施手段首先要符合一定的内在条件才具有保护的可能。三国版权法对技术措施的内在要求是相似的。三国对技术措施的要求虽然措辞并不完全一致,但三国的技术措施大体上只有满足了目的正当、主体适当和措施有效这三个要求,才被认为具有了合法正当性基础。在例外情形上,中国和印度都规定有安全测试的例外和执行公务的例外,体现了立法中私人利益让位于社会利益的共同认识。

2. 差异性

由于中印俄三国对技术措施的理解和认识不完全相同,国内数字化作品

---

① 比例原则是行政法的基本原则,是指行政权力的行使除了有法律依据这一前提外,行政主体还必须选择对人民侵害最小的方式进行。

的发展和应用情况存在差异，具体国情的不同体现在了三国对技术措施的限制上。中国《信息网络传播权保护条例》规定了对技术措施的为盲人利益例外等的四项例外情形。而印度 2012 年《版权法修正案》则规定了包括有加密研究例外的七种例外情形。而俄罗斯版权法没有对技术措施规定具体的例外情形。

3. 评价

中印俄三国对技术措施的限制和例外规定，一定程度上体现了三国对技术措施的认识和一贯看法。由于国内盗版横行，知识产权没有受到足够的重视和保护，中国更加倾向于对版权人的保护，虽然立法也限制技术措施必须符合要求，但对技术措施例外情形仍然十分有限。印度版权立法的社会公众倾向比较明显，对技术措施的限制情形较多。俄罗斯立法保持向欧盟发达国家看齐，对技术措施保护比较严格，在立法中也就没有规定例外情形。

（五）小结

事实上，不只中印俄三国，世界各国立法在建立技术措施法律保护制度的同时，清楚地认识到技术措施以及法律保护的局限性。无论是以金砖国家为代表的新兴经济体，比如印度、中国，还是传统发达国家，如欧盟、美国和日本，都规定了对技术措施规则的限制。这些限制是一个历史存在，并且这些限制不只反映了版权法律制度相关的哲学上的视角或政策，更多地体现出了特定国家国内的历史、文化和政治传统的内容。① 它们是各国根据国内的具体情况，权衡各种利益的结果。这个衡量过程在不同的国家往往具有不同的结果。因此，我们可以看见，在各国的立法中，有关技术措施的限制和例外往往存在着差异。

四、中印俄技术措施规则的优劣分析

综观世界各国版权立法，我们不难看出，版权法是利益博弈的结果，版权法的每一原则和具体规则，都反映了解决相互交织的、复杂的、冲突的私人利益与公众利益的思路和方法，维持着私人利益与公众利益之间大体平衡的状态。技术措施的保护与限制制度的发展过程，突出地体现了数字时代版权领域利益冲突与协调的结果，展现出立法者想要满足新时代下版权人权利扩张的需要，并重新平衡版权人与公众之间利益的意志。

数字技术的发展给作品的创作和传播带来深刻变化，也使得版权法遭遇了近百年来前所未有的挑战。数字时代，“版权迎来了史无前例的私人复制挑

---

① R. Okedui，“ Toward an International Fair Use Doctrine”，*Columbia Journal of Transnational Law*，2000，Vol.39，No.1，p.99.

战，其经济影响比历史中的任何时期都更为深远”①。保护自己的作品，技术措施成了版权人必然的选择。

（一）中印俄技术措施规则顺应了数字时代的要求

版权法从诞生之日起就是保护、鼓励创新之法。一部版权法的发展史就是版权人专有权利不断扩张的历史。从印刷技术到广播电视技术再到如今的互联网技术，每一次复制、传播技术的发展都使得公众对作品的获取、利用变得更加容易也更加频繁，相对的是权利人对作品的控制变得更加薄弱，打破了以往的版权法维持的利益平衡状态。鼓励作品的创作以满足社会对作品的需求、维持权利人和公众之间的利益平衡既是版权法诞生的目的，也是其永恒的主题。既不会因不同时代的不同科技而变得不同，也不会因国别的区别而有差异。因而，无论是创新的欧美强国，还是新兴经济体的印度、俄罗斯和中国，版权法的变革潮流都是一致的，即对作者利益提供更多的保护，以鼓励他们更加积极地去创作、创新，这在知识经济时代的当下显得尤为重要。因此，需要法律认可并保护技术措施。

中印俄三国版权法保护技术措施顺应了数字时代的要求，保障了版权人在数字网络中的权益。目前中、印两国都对技术措施的保护设置了限制，但三国版权法对技术措施的保护，是否为社会公众保留了自由使用的空间，是否能够在数字网络环境下平衡复杂的利益关系，下面简要分析当前中印俄三国技术措施规则就此方面存在的缺陷。

（二）中印俄技术措施规则存在的缺陷

1. 中国和俄罗斯技术措施规则存在的缺陷

结合前文的分析不难发现，《俄罗斯联邦民法典》第 1299 条和我国《著作权法》第 48 条第(6)项、《信息网络传播权保护条例》第 4 条各自分别规定了对技术措施的保护。根据规定我们可以看出，俄罗斯和我国不仅禁止直接规避技术措施的行为，而且禁止为他人规避提供帮助的行为。② 这种情况下，由于对技术措施没有区别对待，一律禁止，这一方面导致了禁止直接的规避行为不仅禁止规避控制复制作品的版权保护技术措施，也禁止了规避接触作品的接触控制技术措施；另一方面，禁止他人为规避提供帮助，将导致降低规避的例外情形的作用。因为，缺乏帮助的情况下，普通的使用者利用例外情形去避开权利人设计的技术措施的能力是值得怀疑的。因此，可以认为，版权人只要采

① Vandenbroucke N, Macaire L, J.-G P, “The Uncertain Future of Fair Use in a Global Information Marketplace”, *Ohio State Law Journal*, 2001, Vol. 90, No. 2, pp. 190-216.

② 参见我国《信息网络传播权保护条例》第 4 条，《俄罗斯联邦民法典》第 1299 条。

取了技术措施手段来保护他的作品，作品就完全处在了他的掌控之下，无形之中就会使得合理使用制度形同虚设。

我们不难发现，中国和俄罗斯在保护技术措施的背后存在一个不可忽视的弊端，即：两国的技术措施规则将导致对作品"锁住"，在正常情况下公众丧失了本来可以通过合理使用等方式利用作品的机会。用户面对版权人完全封闭的作品保护网，公众连接触作品的空间都变得困难，更遑论合理使用了。[①]有学者担忧，技术措施不仅没有能够恢复传统版权法版权人利益与公众利益的平衡状况，反而在一定程度上损害了传统版权法中合理使用的利益平衡功能。[②]

2. 印度技术措施规则中存在的缺陷

将中国、印度和俄罗斯三国版权法中技术措施规则进行一个简单的对比，如果说中国和俄罗斯技术措施保护水平是高水平的话，那么印度的保护水平就是低水平的，如果说中国和俄罗斯技术措施规则是倾向于保护版权人的利益，那么印度的技术措施规则就是倾向保护社会公众。[③] 结合前文第二部分的分析可以看出，印度技术措施规则在将规避行为的认定上结合了保护版权的要求，只有规避行为具有侵犯版权的意图同时侵犯了版权人专有权利的情形下才为印度版权法律禁止。这样的规定使得版权人在规避诉讼中需要承担行为人具有侵权的意图和结果的证明责任，这引起了印度国内版权人的普遍争议。同时印度版权法为规避行为提供了多达七种例外情形，尤其是只要不为印度版权法禁止，都可以依据合理使用原则合法规避技术措施。[④] 这种保护倾向不仅引起了印度国内版权人的普遍不满，有些印度学者也担忧这种低水平的保护模式是否恰当。[⑤]

暂且不论印度对版权人技术措施低水平的保护模式是否恰当，就印度技术措施规则本身而言，其社会公众倾向十分明显。虽然有学者认为印度当前文化资源匮乏，目前应当着重于作品的传播和利用，作者的利益难以兼顾的情形下应当以社会公众为重。[⑥] 这种说法虽然不无道理，但是很难说这种明显的公众利益倾向符合了版权法的利益平衡精神，并且以损害作者的利益为代价并

---

① 姚鹤徽、王太平：《著作权技术保护措施之批判、反思与正确定位》，载《知识产权》2009 年第 6 期。

② 冯晓青、胡梦云：《动态平衡中的版权法》，中国政法大学出版社 2011 年版，第 266 页。

③ Arathi Ashok, "Technology Protection Measures and India Copyright (Amendment) Act, 2012: A Comment", *Journal of Intellectual Property Rights*, Vol. 17, November 2012, p.525.

④ 参见前文第二部分中对印度技术措施规则的介绍。

⑤ Betsy Vinolia Rajasingh, India Enacts Laws to Protect Copyright Over Digital Content, *Journal of Intellectual Property Law & Practice*, 2013, Vol 8(4), pp.265-267.

⑥ See India Copyright Act, 1957, Section 58.

不见得就有利于社会长期利益。此外,印度技术措施规则缺乏灵活性,很难做到在复杂的司法实践中实现良好的运用以平衡版权人和社会公众的利益。

3. 中印俄技术措施规则共同存在的缺陷

中印俄三国法律保护技术措施的本意在于防止他人破解版权人为保护其权利而采取的保护作品的技术手段,实践中三国技术措施规则确实起到了充分保护版权人利益的作用。但是他们面临一个同样的问题,即如何避免对技术措施的过度保护和保护不足的问题,换句话说,就是如何在保护技术措施与保障合理使用之间,版权人与社会公众之间实现技术措施保护的平衡。虽然三国对技术措施设置了一定的限制和例外,①但是无论是倾向于对版权人利益保护的中国和俄罗斯的技术措施规则,还是倾向于社会公众利益的印度技术措施规则,都缺乏一定的灵活性。面对复杂的数字网络环境,当前三国的技术措施规则未能在版权人和社会公众之间实现更好的利益平衡,这是当前中印俄技术措施规则共同存在的缺陷。

(三)小结

虽然为了防止过度保护技术措施,三国的立法者都对技术措施的保护设置了限制和例外情形。但是,这些例外情形相对于合理使用而言,不仅数量上非常有限,没有包含一些重要的合理使用行为;而且,在实践中相关受益人能否利用例外情形,真正避开技术措施也是值得怀疑的。因为我国和俄罗斯均禁止帮助他人规避的行为。在可以合法规避技术措施的例外情况下,使用者能否实现合理使用要受到其规避该种技术措施的能力的限制,对于不具备相应技术能力的使用者就只能望而兴叹了。当法律把使用者实现合理使用的行为的可能性寄托于使用者自身的能力时,将会引起使用者与版权人之间就技术措施展开"军备竞赛"。然而,技术的问题必须跳出技术的环境来思考,只依靠技术是难以解决的。在这场"军备竞赛"中,无论是版权人还是使用者都将付出代价,整个社会因此付出了成本。②

可见,在俄罗斯和中国当前的法律体系下,面对技术措施对合理使用造成的严重影响,有必要采取措施保证使用者的使用行为,以重新平衡数字时代下版权人和公众之间的利益。印度技术措施规则的公众利益保护倾向会导致版权人的利益不能得到充分的维护,影响作者的创作积极性,最终又反过来不利于整个社会文化的发展。虽然中印俄三国版权法保护技术措施顺应了数字时代的要求,保障了版权人在数字网络中的权益,但的确损害了社会公众在数字网络环境下合理使用数字作品的空间。中印俄三国应当增加技术措施规则的

---

① 参见前文第三部分的内容。

② By C. Clark," The answer to the machine is in the machine", in PB Hugenholtz (ed) *The future of copyright in a digital environment*, 2010, pp.139-145.

灵活性，以便更好地保障社会公众的使用空间，实现数字时代版权人与社会公众利益之间新的平衡。

五、中印俄完善版权法中技术措施规则的思考

经过上文的分析，不难发现，目前印度、俄罗斯和中国有关技术措施规则存在的根本问题就是如何平衡版权人和社会公众之间的利益，具体而言，就是如何在保护技术措施的同时，又对其灵活地限制，维护社会公众合理使用的空间。笔者认为需要构建一套兼具确定性和灵活性的保护规则来更好地适应纷繁复杂的网络环境和印度、俄罗斯和中国三国各自的国情。

(一)借鉴欧盟应对技术措施问题采取的方法

1. 欧盟自愿措施与强制提供必要手段相结合的模式

为了减轻技术保护措施对公众合理使用空间的不利影响，欧盟 2001 年《版权指令》建立了一种别具一格的制度来保证社会公众可以采取所允许的合理使用行为。这就是自愿措施与强制提供必要手段相结合的模式。[①] 欧盟《版权指令》这种规定首先鼓励版权人主动采取一些方法，使得社会公众能够利用法律规定的合理使用等制度自由地利用作品。版权人没有主动设置措施的，成员国有义务发出适当措施确保特定的受益人的利益。这种措施以受益方合法地获取了受保护的作品或其他相关客体为前提，而且应当以必需的程度为限。“适当措施”的含义，指令并没有给出具体的解释，因此各个成员国可以根据国内的情况确定范围和方式。为了达到利益平衡的目的，指令“没有在允许规避阶段，而是在制定技术措施的例外阶段就把天平倾向了使用者”[②]。

在这种模式下，欧盟《版权指令》强调要求版权人主动去采取措施。由于它在一定程度上可以避免使用者和第三方的介入，被看作是保证实现合理使用所允许行为成本最低的方法。这一规定也被称作革命性的规定。[③]

---

① 参见欧盟《版权指令》第 6 条第 4 款第 1 项：“尽管第 1 款规定了法律保护，在权利人没有采取自愿措施的情况下，包括权利人与他方之间的协议，成员国应该采取适当的措施确保权利人能使限制和例外的受益人从国内法中规定的有关 5(2)(a)、(2)(c)、(2)(d)、(2)(e)、(3)(a)、(3)(b)、(3)(e)的限制和例外中获得利益，当然限于从限制和例外中获益必需的限度，并且受益人对受保护作品或者其他客体有合法的获取权。”

② Dusollier S, “Exceptions and technological measures in the European copyright directive of 2001 - An empty promise”, *international review of industrial property and copyright law*, 2003, Vol.34, No.1, p.70.

③ Bäsler W, *Technological Protection Measures in the United States, the European Union and Germany: How Much Fair Use Do We Need*, Antennas and Propagation Society International Symposium, 1986, IEEE, pp.37-40.

2. 借鉴欧盟做法引入技术措施的自愿开放与第三方介入相结合的机制

在应对技术措施保护与公众合理使用的冲突时,欧盟《版权指令》创新性的规定可以降低实现合理使用行为的成本。事实上,技术本身能够为这种自愿措施提供有用的手段。伯克和柯恩两位指出,实现合理使用的最佳的方法是强制或提倡发展直接允许使用者合理使用作品内容的权利管理系统。[①] 保证合理使用在数字权利管理环境中适用,需要某种能够允许使用者行使合理的公众访问和再利用特权的技术机制。[②] 杜索里耶提出了"设计合理使用"的方法。[③] 这种方法的可取之处就是鼓励版权人在保护版权时将公众的使用一并考虑进去。比如,版权人可以采取一个高级的技术保护系统(措施),这种系统能够识别出为合理使用的行为,或者向一个第三方的组织提供不加密的作品文本以供公众使用。[④] 如此,版权人可以利用技术手段,在控制接触和控制复制的技术措施中为公众保留使用的空间。再比如,权利人可以做出如下设置:允许使用者自由实施某些行为,例如浏览特定的部分作品、摘录特定数量的字节、允许特定数量的私人复制等。[⑤] 如此,无需寻求特别许可或支付费用,符合条件的公众就可以根据利用的方式自由使用。

实际上,这种为公众保留合理使用空间的技术设置之所以具有可行性,除了法律的规定外,由于有利于版权人的利益他们也存在动力去执行。这是因为,一方面作品的价值在于传播和使用。通过保留合理使用的空间,使得作品能够更加广泛地传播和使用,这有利于实现版权人创作作品的目的和版权人经济利益的实现。另一方面,作品是一种特殊的经验商品,使用者通常无法通过在购买时的触摸、掂量和检视来辨别作品的质量,只有在更深入地了解作品的内容之后,才能辨别和了解它的特质,才能决定是否购买。如果技术措施系统的设计能够允许潜在购买者先行免费接触,取得作品的准确信息,就可能增加对作品的需求。

事实上,版权人与使用者相互依存的而不应该是相互对立的关系。作品的繁荣既离不开作者的创作,也需要读者的阅读和使用,而且读者与作者的身份并不固定,很多作品的创作者又是作品的消费者。不能孤立地看待作者与

---

① Burk D L and Cohen J E,"Fair Use Infrastructure for Rights Management Systems", *Harvard Journal of Law & Technology*,2001,Vol.15,No.1,p.55.

② Ibid.

③ S. Dusollier," Exceptions and technological measures in the European copyright directive of 2001 - An empty promise",*international review of industrial property and copyright law*,2003,34(1),p.70.

④ Ibid.

⑤ 这种技术设置并不存在多大难度,并且在实践中,国内部分网站如:知网、百度学术等针对文字作品已经开始采用,腾讯视频等网站对影视作品也有非付费的部分预览功能。

使用者之间的关系，他们之间具有共同的需要和利益。技术的发展增加了阅读的便利性，借助于手机，越来越多的人开始随时随地地“消费”作品。此时，版权人应该利用版权催生新的收入来源和促进产品的利益和需求，而不是把它作为限制或禁止的工具，只有这样，版权在将来才能最佳地服务于权利人的利益。①

当版权人没有采取自愿措施时，为了保障公众的合理使用空间，就需要第三方的介入。第三方介入的方式和主体，由于各国文化传统的不同可以采取最适合国内环境的方法，或民间独立性的机构组织或政府主导的法院等机构。

(二)引进“三步检验法”增强三国技术措施规则的灵活性

1. 三步检验法的内容

“三步检验法”②，又称“版权限制规则”，是国际条约规定成员国在限制其版权法时适用的方法或标准，由于它被表述为三个步骤，因此被称为三步检验法。三步检验法首次出现在1968年《伯尔尼公约》斯德哥尔摩文本第9条(2)中。③ 自该条作为复制权的例外条件进入国际版权保护的视野中后，随后《TRIPs协定》和世界知识产权组织两个“互联网条约”(WCT、WPPT)都采纳了这种规定。④ 今天，它已经被看作是防止版权限制制度损害作者权利的一种保障，成为检验版权限制和例外的国际标准。⑤ 在国际版权保护实践中，“三步检验法”已经成为各国版权法与有关权限限制制度必须遵循的一个普遍原则。⑥

各国版权法中技术保护措施规则实质上是新时代背景下版权人权利扩张的结果，因此，有必要关注三步检验法对版权人权利范围扩张的作用。三步检验法的适用是一个利益平衡的过程，是不同利益之间角力的结果。需要强调的是，通常认为三步检验法需要累积地适用，即：只有依次全部通过三步检验

---

① Bernhard Posner, *Purpose and Scope of the Green Paper on Copyright and the Challenge of Technology*, in *Copyright and the European Community: the Green Paper on Copyright and the Challenge of Technology*, F.Gotze ed., 1988, quoted from Martin Kretschmer, “Digital Copyright: The End of an Era”, E.I.P.R., 2003, p.333.

② 三步检验法的具体“三步”为：第一步，限于“某些特殊情形”(certain special cases)；第二步，“不与作品的正常利用相冲突”(not to conflict with the normal exploitation of the work)；第三步，“没有不合理地损害权利人的正当利益”(not to unreasonably prejudice the legitimate interests of the right holder)。

③ 参见1968年《伯尔尼公约》第9条(2)。

④ 参见《TRIPs协定》第13条、WCT第10条、WPPT第16条第2款。

⑤ 朱理：《著作权的边界——信息社会著作权的限制与例外研究》，北京大学出版社2011年版，第73页。

⑥ 王清：《著作权限制制度比较研究》，人民出版社2007年版，第76页。

法的要求，这种限制才具有了合法性和正当性的内涵。

2. 利用三步检验法作为一种立法准则的两个功能

由于《伯尔尼公约》《TRIPs 协定》和 WCT 都是以成员为规制对象的国际条约。成员方需要遵守条约规定的义务。俄罗斯和中国是三个条约的成员，印度是《伯尔尼公约》《TRIPs 协定》的缔约国。缔约必守的义务使得成员有义务遵守条约的规定，在制定技术措施保护限制和例外时遵守"三步检验法"的条件。因此，三步检验法是一种立法准则，是各国在制定技术措施例外规则时必须遵循的立法标准。而作为一种立法准则，三步检验法具有的两个功能值得中印俄三国在制定技术保护措施的例外情形时加以考虑。

第一，双重保证功能。三步检验法是各国在对版权规定限制时必须遵守的准则，允许他人合法规避技术措施的例外规则，由于在一定程度上限制了版权人的权益，同样属于版权限制制度的内容。所以，中印俄三国在按照国际条约规定技术措施例外的具体内容时，需要再满足三步检验法的要求，符合具体例外和"三步检验法"的双重限制。

第二，新设例外功能。表面上看，三步检验法的附加保证功能似乎约束了限制和例外的适用，但根据《TRIPs 协定》和 WCT 的规定，只要符合三步检验法的要求，成员方就可以适当地增加新的例外或限制。这就是它的新设例外功能。由于《TRIPs 协定》没有明文禁止成员增加例外或限制，因此，在不违反"三步"的情况下，成员方是可以规定新的例外或限制。[①] 此时，三步检验法实际上成为有条件地创设版权新类型的工具——它通过否定例外来肯定权利。[②] 根据 WCT 关于三步检验法的议定声明[③]，也可以看出，WCT 目前明确规定了符合三步检验法的条件的，可以增加新的例外。

数字时代的当下，印度、俄罗斯和我国既可以根据三步检验法规定新的例外和限制，又可以利用其"附加保证"功能约束对技术措施的限制。通过在版权法中设置符合三步检验法要求的保护技术措施的例外情形，限制版权人的权利范围。由于这种限制符合三步检验法的要求，从而具有了正当性的基础。此外，三国的立法机构可以根据自己的政策目标，针对版权法保护的技术措施规则，运用三步检验法，灵活地发展三国各自的例外与限制制度，以实现鼓励作者创作的同时拓宽公共使用空间的目的。

---

① 张曼:《TRIPS 协议第 13 条"三步检验法"对著作权限制制度的影响》，载《现代法学》2012 年第 3 期。

② Gervais 教授基于权利的效果模式，最先提出了三步检验法的反向运用理论。Daniel Gervais, Towards a New Core International Copyright Norm: the Reverse Three-step Test, *Marquette Intellectual Property Law Review*, Winter, 2005, p.28.

③ 参见 WCT 关于第 10 条的议定声明第一段："这些规定(指第 10 条)应被理解为允许缔约方制定数字网络环境适宜的新的例外与限制"。

(三)小结

中印俄三国法中复杂的技术措施保护规则,体现了数字时代各国立法者在试图重新平衡版权人与社会公众之间利益时艰难的抉择。借鉴欧盟的做法,采取自愿措施和第三方强制性介入相结合的方式,是平衡技术措施和合理使用的成本最低的选择。鼓励中印俄三国版权人发展直接允许使用者合理使用作品内容的权利管理系统,就可以利用技术手段为合理使用保留空间。如果版权人没有提供自愿措施或者提供的自愿措施不足以实现合理使用允许的行为时,中印俄三国的公众使用者再向中立的第三方申请裁决。第三方的裁决为公众的使用空间赋予了法律最后一道的保护。

面对数字作品日益复杂的利用情景和版权保护的复杂困境,中印俄三国的立法者和法官们都需要一种具有灵活性和适应性的指导工具。灵活而又开放的国际性三步检验法是一个不错的选择,其不仅在司法和立法活动中有着广阔的适用性和发展潜力,而且作为国际条约的一个普通原则,与合理使用原则相比,其在一定程度上脱离了一国社会文化传统的束缚,更具有包容性的特征。因此,它能够而且应该成为中国、印度和俄罗斯的法官们在个案中划定技术措施保护与例外的指引工具。在立法中,可以引导立法者适度限制版权人技术措施的过分扩张,及时肯定符合三步检验法条件的例外;同时为了防止侵害权利人的利益,杜绝不合理的例外发生,运用三步检验法,双重要求严格控制例外情形的增加。

结语

随着技术浪潮的推进,无论是发达国家还是发展中国家,版权法保护技术措施已成为各国的共识。为了应对新时代版权人和社会公众之间错综复杂的利益关系,实现版权法的鼓励和保护创作的初衷,中国、印度和俄罗斯等新兴经济体在法律中保护技术措施时增加更大的灵活性,不失为一种良好的解决之道。通过引入"三步检验法",在立法和司法中灵活地确立技术措施的保护或例外;通过鼓励版权人采取自愿措施和第三者强制介入相结合的机制,保证作品在作者和社会之间的流动性,用最低的社会成本来实现版权人和社会公众之间的利益平衡。

Comparative Study on Rules of Technological Protection Measures in Copyright Law among China, India and Russia

TANG Yao

Abstract: China, India and Russia, as members of the BRICS, with the development of mobile Internet technology, popularize their internet in recent years. In the field of copyright, on the one hand, usage and public demands for works have reached unprecedented level, for the reason of the popularization of digital mobile Internet and digital works, which have also stimulated the passion of author. On the other hand, using work freely increasingly erodes the interests of copyrights who desperately seek legal approach to protect their interests. On account of social and copyrighters China, India and Russia successively introduced legislation to protect the technical measures. Different conditions and cultural tradition backgrounds lead technological protection measures rules presenting different characteristics. However, under the background of new era, the rules are still imperfect facing the complicated relationships between author and the public. Neither the rules in China and Russia which tend to protect the interests of the author, nor India's which to user, are lack of flexibility, failed to balance the interests of the relationship between the author and the public. Borders, in order to deal with the influence of science and technology, we can refer to the provisions of the international treaty and the practice of European and American. I recommend herein to adopt a mechanism, which combining voluntary opening and third-party intervention of technical measures to provide a path of interaction between copyrighters and the public, and take the "three-step test method". Thus, the flexibility of the rules of technical measures shall be improved well.

Key words: China, India and Russia; technological protection measures; balance of interests; Three-step Test

✲陈锐锋*

金砖国家足球业自律监管制度研究**

内容摘要：金砖国家随着实力的迅速提升，越来越重视相互间体育领域的交流与合作，鼓励在体育领域拓宽沟通渠道和促进人员交流。足球产业作为朝阳产业，正成为金砖国家调整产业结构、摆脱经济低迷的重要突破口之一。随着金砖国家间各领域合作逐步深化，足球产业的交流与合作必将变得更加密切和频繁。本文采用规范分析、实证分析及比较分析等研究方法，分五个部分从理论和实践角度深入研究金砖国家足球业自律监管制度，将对促进金砖国家间足球产业的合作与发展有重要意义。

关键词：金砖国家；足球业；自律监管；共同规则

目次

---

* 陈锐锋，西南政法大学国际法学院2015级法律硕士（法学）涉外经贸法律实务方向研究生。

** 本文系由本卷编辑在作者2017年6月硕士学位论文基础上修改而成。

引言

近年来,金砖国家迅速发展。凭借广阔的国土面积、丰富的能源资源、迅速崛起的经济,他们以全球新兴经济体的角色受到国际社会的广泛关注,对目前的世界政治与经济格局产生着重大而深远的影响。[①]

金砖国家都非常重视体育行业的交流与合作。从金砖国家领导人第三次会晤成果《三亚宣言》中可以看到,其行动计划积极鼓励五国在体育领域开展合作。[②] 领导人第四次会晤成果《德里宣言》中进一步鼓励金砖国家在体育领域拓宽沟通渠道和促进人员交流。[③] 领导人第八次会晤成果《果阿宣言》提出了为促进各国间体育交流,建立金砖国家体育理事会的倡议。[④] 这个过程说明金砖国家间的贸易越来越密切,体育产业也越来越得到重视,特别是足球产业。

截至 2016 年初,在过去的 12 个月里中国足球产业最显著的变化是投资者的热情不断高涨。这得益于中国政府所提出的振兴足球计划,该计划已提出 50 多个方案以促进中国足球产业的投资与发展,并提出未来的目标是举办足球世界杯。

然而计划是美好的,现实是残酷的。我国足球业现有的监管体制还不足以促进足球业的整体发展,我们必须借鉴足球业发达国家的自律监管制度以发展本国足球产业。古话有云"师以长技以制夷",不无道理。

足球业自律监管,即足球业的参与主体自行管理、自行参与、自行服从,是足球业监管体系中的重要组成部分。其与行政监管既有联系又有所区别。从法理上看,自律监管是主体间自愿达成一种服从监管的契约。纵观足球强国关于足球业的监管,均是以自律监管为主,辅以政府的行政监管。但当前我国的《体育法》中通篇没有"监管"二字,无论是政府监管还是行业自律监管均没有,这

---

① 蔡春林:《金砖国家在世界经济中的地位和作用》,载《经济社会体制比较》2013 年第 1 期。

② 《金砖国家领导人第三次会晤《三亚宣言》》,2011 年 4 月 14 日,http://news.xinhuanet.com/politics/2011-04/14/c_121304907.htm,2017 年 2 月 13 日最后访问。

③ 《金砖国家领导人第四次会晤〈德里宣言〉》,2012 年 3 月 30 日,http://news.xinhuanet.com/world/2012-03/30/c_122906770.htm,2017 年 2 月 13 日最后访问。

④ 《金砖国家领导人第八次会晤〈果阿宣言〉》,2016 年 10 月 17 日,http://news.xinhuanet.com/world/2016-10/17/c_1119727552.htm,2017 年 2 月 13 日最后访问。

是不妥的。在体育业发达国家，都有相应的监管制度。巴西宪法第 217.1 条规定：体育运动实体和协会对其组织和运作有自主权。根据 1993 年 4 月《俄罗斯联邦体育运动立法原则》，俄罗斯联邦对体育业的管理分为社会管理和国家管理两大部分，并特别突出社会管理，比如俄罗斯足球联盟。① 市场经济的有效发展和运行离不开法治，但是这种法治既包括正式的成文法制度，又包括存在于各类组织之间的自律规则，原因在于法律的行业性特征随着社会现代化的发展而逐渐显现。考虑到法律成本的因素，对守法者的自律管理逐渐开始成为法律制度强调的题外之义。在目前的社会规则体系构架中，自律性规则正逐步增多，强制性规则正日趋减少。市场得以有效运作的前提之一是有良好的自律规则发挥作用，能约束市场的规则的有效性和市场主体的信用度。②

如今，国内学者更注重金砖国家间的经济贸易的横向比较研究，对其体育法规横向比较研究较少，对足球业的研究更少。经过搜索知网后发现，本领域的相关研究如下：

(1)专门研究足球业监管的学术论文

尹国全的《中国足球协会自主权的法律规制研究》(2013 年)从中国足球协会的权力行使、法律地位的确定和行业监管等方面对中国足协需要改进的方向进行了探讨，认为：①应明确中国足协行使权力的范围，范围不同，行为性质则不同，应采取的解决争议方式也不同；②对中国足协性质、地位界定不清的问题，通过全国人大制定相关立法予以明确，足协的性质、地位应为法律授权的行业自律组织；③目前中国足协在监管上存在很大的漏洞。但该文只是从外部着手，仅限于关于中国足协的地位、性质以及自主权的研究，没有深入研究自主权应如何实施，如没有研究俱乐部的准入、球员转会和足球代理人等的监管问题。③

刘彬的《中国足球协会法律地位研究》(2005)主要从足球业行业协会自治的经济法角度着手，重点研究了中国足球协会在法律上的地位及其存在的问题，尝试在借鉴体育业发达国家的足球管理体制的基础上提出解决方案并重新定位中国足协的法律地位。但是该文没有深入讨论足协的自治权如何实施。④

---

① 张兴玲：《我国体育法比较研究的现状分析及其体系的构建》，四川大学硕士论文，2007 年，第 39 页。

② 安皓洁：《论我国证券市场的自律监管制度》，对外经济贸易大学硕士论文，2006 年，第 1 页。

③ 尹国全：《中国足球协会自主权的法律规制研究》，延边大学硕士论文，2013 年，第 5 页。

④ 刘彬：《中国足球协会法律地位研究》，西南财经大学硕士论文，2005 年，第 2 页。

(2)专门研究俱乐部准入的学术论文

李燕领的《中超联赛俱乐部准入制度研究》(2011)认为,联赛准入需要多方面审核,俱乐部资格中的财务标准、人事标准与法律标准等因素应纳入审核范围,以确保符合审核条件的俱乐部能进入联赛,获得有效的竞争。该文的主要内容有:①为保证各级联赛的结果的真实性和公平性,禁止俱乐部之间出现相互关联的行为;②进一步调整和完善参加中超联赛的各俱乐部迁移的相关规则;③建立资格争议的监督检查机制和纠纷解决机制等制度;④对俱乐部公司建立退出机制。但该文没有对金砖各国足球俱乐部的具体准入条件进行研究。①

杨波的《体育竞赛市场准入制度研究》(2009)认为:①中国目前的体育竞赛市场准入制度可以分为协会注册制、批准许可制、商事登记制;②体育竞赛市场准入制度存在准入标准不统一、准入主体没有限制等一系列问题。但该文仅研究了中国的情况,没有研究金砖其他国家的相关制度。②

(3)关于运动员转会监管制度的学术论文

周峤的《论足球运动员转会法律制度》(2009)认为:①对足球运动员转会法律制度进行深入研究,能够有效维护职业足球运动员的合法权益、促进其合理流动;②能推动体育产业的发展和法治化建设。该文主要对转会制度概况、转会的相关法律问题、转会主体的法律保护和中国足球运动员转会法律制度的完善进行了较深入的探讨。但该文仅限于球员转会的法律问题,对中国足协如何监管球员转会没有研究。③

郝政文的《对我国职业足球劳动关系的法律思考》(2010)认为,为了调整中国职业足球业的劳动关系、保护运动员的合法权益、达到我国职业足球业中劳动关系的和谐,国家及相关部门必须对足球业中存在的一系列不合理制度进行重新设计,加强相关法律的调整力度,以完善我国的足球业法律体系。但该文仅研究了足球劳动关系,未从足协自律监管的角度研究如何保护运动员权益。④

(4)关于监管经纪人的学术论文

张光辉的《论中国足球黑经纪的法律监管——以白川案为视角》(2013)认为,中国对足球代理人的从业资格缺乏有效的监管,中国足协需制定相应规则完善相关监管制度。但该文没有研究足球代理人的具体从业资格。⑤

---

① 李燕领:《中超联赛俱乐部准入制度研究》,载《体育社会学》2011 年第 33 卷第 1 期。

② 杨波:《体育竞赛市场准入制度研究》,载《成都体育学院学报》2009 年第 5 期。

③ 周峤:《论足球运动员转会法律制度》,西南政法大学硕士论文,2009 年,第 1 页。

④ 郝政文:《对我国职业足球劳动关系的法律思考》,山东大学硕士论文,2010 年,第 2 页。

⑤ 张光辉:《论中国足球黑经纪的法律监管——以白川案为视角》,载《河南工程学院学报》2013 年第 28 卷第 4 期。

国外关于足球业监管的文献不多见，主要者如下：

（1）关于足球业监管的文献有如：Miguel de Arruda 的“Legislação no Futebol Profissional do Brasil：Da lei do Passe aos Agentes FIFA”，[①] Fernando Marinho Mezzadri 的“Sport Policies in Brazil”。[②] 其介绍了体育立法和体育政策的历史沿革，但没有具体介绍这些国家自律监管机构及其职责。

（2）关于俱乐部准入的文献主要是 Farai Razano and Felix Majani 的“Club Licencing in African Football – Are we there yet?”，[③]其简要介绍了国际足联的俱乐部准入规定如何在南非适用，但没有介绍南非俱乐部准入的条件。

本文在国内外现有研究的基础上，主要采用规范分析法、比较分析法和实证分析法等研究方法，以金砖国家足球业自律监管规范为基础深入研究各国自律监管制度。

本文主要研究的内容有金砖国家的足球业自律监管机构及其职能、职业俱乐部准入自律监管制度、运动员转会自律监管制度、代理人自律监管制度和金砖国家间足球业自律监管共同规则建构。

本文力图从两方面创新：(1)指出五国自律监管制度存在的优缺点和各国完善其监管制度的建议；(2)提出构建五国足球业自律监管共同规则的设想。

一、金砖国家足球业自律监管机构及其职能

足球业监管机构是指依法对职业足球的准入、比赛等活动和对职业足球市场活动的参与者实施监督和管理以保障职业足球市场合法运行、维护其秩序的机构。目前足球业的监管体系主要分为两种类型：一是外部监管，如行政监管、法律监管及媒体监督；二是内部监管，即自律(self-supervision)，指：“行业内部的各类参与人员，共同制定具有约束力的规则并适用于其本身行为，从而在行业内部实现自我监管、自我约束，保护行业各项利益、促进其繁荣发展。”[④]从市场角度看，自律是制约政府过度干预、维护市场自由的重要途径。

---

① Miguel de Arruda，“Legislação no Futebol Profissional do Brasil：Da lei do Passe aos Agentes FIFA”，Vinicius Gonçalves Campagnone，2009.

② Fernando Marinho Mezzadri，“Sport Policies in Brazil”，International Journal of Sport Policy and Politics，2016.

③ Farai Razano and Felix Majani，“Club Licencing in African Football – Are we there yet?”，African Sports Law and Business Bullttin，2014.

④ 李贞彩：《金融衍生品交易及监管研究——基于金融危机视角的分析》，山东人民出版社 2014 年版，第 241 页。

自律是法治社会牢固发展的根基，其不仅是市民社会形成的重要推动力量之一，还是社会自治的一种重要形式。①

(一)足球业自律监管机构及其职能

当代体育产业发展迅速，其监管模式主要有三种类型：(1)政府监管模式，即体育产业以政府监管为主、自律监管为辅；(2)自律监管模式，即体育产业主要依靠本身的自我管理和自我约束；(3)综合监管模式，即由国家的立法监管与体育产业的自律监管相结合，由国家严格立法干预与行业内部自我管理相结合。

1. 巴西

巴西属于综合监管模式，主要由两部分构成：(1)1993 年 3 月 24 日颁布的《贝利法》(第 9.615/98 号法律)②是巴西管理体育业的基本法，所有体育运动都需遵守该法；(2)巴西足球协会(Confederação Brasileira de Futebol，简称 CBF，成立于 1914 年 8 月)直接领导和管理巴西的各项足球事务，主要负责国家队的管理、组织各级别的职业足球联赛。③ 巴西的各州或市，设有州足协、市足协。这些地方足协的主要职能是组织管理本地区的职业足球联赛。④ 按巴西有关法律规定，足协接受巴西体育部宏观方面的建议和指导，但两者相互独立且无任何隶属关系；足协作为一个行业协会、行业自治组织，根据巴西联邦宪法规定对其组织和运作拥有自主权。据此，尽管巴西体育部是行政管理机构，但仅有建议和指导的权力。

巴西足协的职责：(1)负责管理巴西男子、女子国家足球队；(2)负责管理巴西的甲、乙、丙、丁各级别的足球联赛；⑤(3)在国家队层面，负责发展青训⑥；(4)在职业联赛层面，负责组织赛事，与俱乐部代表共同商讨联赛管理方案、与俱乐部协商决定电视转播、赛程安排等内容。⑦

---

① 陈浩：《我国职业足球监管制度研究》，北京体育大学博士论文，2008 年，第 3 页。

② 韩勇：《体育法的理论与实践》，北京体育大学出版社 2009 年版，第 264 页。

③ 张兴玲：《我国体育法比较研究的现状分析及其体系的构建》，四川大学硕士论文，2007 年，第 40 页。

④ 耿家先：《中外职业足球管理体制比较研究》，河南师范大学硕士论文，2011 年，第 13 页。

⑤ 《巴西足球协会》，2013 年 5 月 18 日，https://zh.wikipedia.org/wiki/巴西足球协会，2017 年 2 月 13 日最后访问。

⑥ 从 2015 年开始，巴西足协在全国范围内建立了 15 个标准化青训基地，总投入约 1 亿美元。

⑦ 《巴西足协加速职业化改革》，2015 年 8 月 18 日，http://news.xinhuanet.com/sports/2015-08/18/c_128141034.htm，2017 年 2 月 13 日最后访问。

2. 俄罗斯

俄罗斯的足球监管模式属于政府监管。依 1993 年《俄罗斯联邦体育运动立法原则》规定,俄罗斯联邦体育产业的管理由国家管理和社会管理两部分构成,即政府监管为主、自律监管为辅。① 俄罗斯足球联盟(Football Union of Russia,简称 FUR)②是一个公共体育事务机构,基本职责是管理俄罗斯联邦的足球产业并提高与发展该产业的水平。FUR 是监管俄罗斯足球业发展的唯一机构,也是国际足联与欧足联承认的机构。FUR 的执行委员会是其最高权力机构,在该机构下设有竞赛部、金融部、裁判监管部、准入部、法律部、职业足球部和商业部等 20 多个部门。FUR 的任务是发展和提升全俄罗斯联邦的足球水平;组织和安排各种足球体育活动;训练和挑选俄罗斯联邦的国家队球员;提升足球业的综合影响力,让每个人的发展与国家的发展相协调,鼓励健康的运动生活方式。③

FUR 的具体职责包括两个方面。(1)宏观上,对俄联邦的足球业进行全方位治理,包括一切形式的足球业活动;将足球竞技中的教育、人道等价值观通过对足球业的监管和控制传递到整个俄罗斯联邦;拥有在遵守俄联邦法律的前提下自主制定行业内规范的权力。(2)微观上,组织国家一级的所有形式的足球比赛;加强足球业的对外交流,以增加在国际上的影响力;打击足球中任何形式的歧视和暴力。FUR 的最终职责是保护包括俱乐部、教练、运动员和其他足球从业人员在内的所有人的合法权利。④

3. 印度

印度的足球监管模式属于政府监管,其体育业管理、监管的机构由两部分构成,教育系统与非教育系统,它们二者在机构设置和管理职能上存在着相互联系、相互重叠的现象。⑤ 印度足球联盟(All India Football Federation,简称 AIFF),是一个全国性的组织。⑥ AIFF 独立于任何政府组织,禁止政治、宗教、性别、种族、语言、地区等任何形式的歧视。AIFF 的存续是没有时间限制

---

① 张兴玲:《我国体育法比较研究的现状分析及其体系的构建》,四川大学硕士论文,2007 年,第 39 页。

② 其成立于 1912 年 1 月 6 日,并于同年加入了世界足联。

③ "Общая информация",http://www.rfs.ru/rfs/,last visited on 13 Feb.2017.

④ "Цели и задачи Российского футбольного союза",http://www.rfs.ru/rfs/information/general/functions/,last visited on 13 Feb.2017.

⑤ 张吾龙:《印度体育法律法规及政策发展趋势》,载《体育文化导刊》2006 年第 12 期。

⑥ 其依据 1860 年《社团注册法令》成立,注册登记于孟买社团登记处,总部位于新德里的 Dwarka。

的，其是国际足联、亚足联、印度奥林匹克协会的成员。其任务主要有：(1)不断改善和推广足球产业；(2)借助足球运动将统一的教育、文化和人文价值传播到整个印度；(3)每年组织安排国内和国际的竞技比赛；(4)制定相关规则和条例并使其生效，采用适当的方式监督联盟的每一场赛事；(5)确保遵守国际足联、亚足联、联盟章程的规则与条款。① 印度设有体育运动管理委员会和奥林匹克委员会，为了维护国家利益，他们负责监督包括印足球联盟在内的各类单项体育协会的工作。②

印度足球联盟负责规划、规范、协调、发展和监管足球业，在国内外组织、宣传和推广足球活动，并制定行业规章。主要有：不断地改进和普及足球比赛，并在整个印度推广；制定条例和规定，并确保执行；管理与各国足球协会的国际体育关系等。③

4. 中国

中国属于政府监管模式，以政府监管为主辅以自律监管。其特点是：突出政府在足球市场监管中的作用，由政府下属体育部门对足球市场进行统一监管，突出政府监管的重要性，各种自律性组织(如中国足协等)在其中只起协助作用。2015年，国务院制定了《中国足球协会调整改革方案》，明确将中国足协从体育总局中分离出来，体育总局不再拥有具体足球业务的管理权。调整改革后的中国足协既是根据法律授权和政府委托管理全国足球事务、具有公共职能的自律机构，又是承担体育主管部门在足球领域的管理责任的社会组织。④ 中国足球协会(Chinese Football Association，简称CFA)，是唯一代表中国参加国际足联和亚足联的组织，也是中国从事足球运动的组织依照程序自愿结成的全国性、体育类社团法人。中国足协作为独立的法人开展活动，遵守中华人民共和国的宪法、法律、法规和国家政策。同时，其作为是中国奥林匹克委员会和中华全国体育总会的会员单位，还需要遵守他们的章程及有关规定。⑤

中国足协作为全面负责管理足球业的机构，管理各类全国性足球竞赛，制

---

① "General Provisions", https://www.the-aiff.com/gerneral-body.htm, last visited on 13 Feb.2017.

② 张兴玲：《我国体育法比较研究的现状分析及其体系的构建》，四川大学硕士论文，2007年，第29页。

③ "Objectives", https://www.the-aiff.com/gerneral-body.htm, last visited on 13 Feb.2017.

④ 《中国足球协会调整改革方案》(2015年)。

⑤ 《中国足球协会章程》(2014年1月)，第3条。

定全国竞赛制度，研究制定国家足球业发展的规划，宏观上指导职业足球的发展方向，并引导俱乐部的建设和良性发展。足协的内部机构有会员大会、特别会员大会、执行委员会和分支机构，其中会员大会是最高权力机构，有选举或罢免本会的领导人员、确定本会机构的设置等重大事项的决定权。①

5. 南非

南非的足球监管模式属于综合监管，主要由两部分构成：(1)1998 年《南非体育与娱乐法》，其规定了调整体育与娱乐业不平衡状态的各种有效措施，促进体育委员会、娱乐协会及其他机构的协调发展，从而提高体育与娱乐产业的发展；②(2)南非足球协会(South African Football Association ，简称SAFA)。③ 任何成员或任职人员不得对其资产享有任何权利，也不对其义务承担任何责任。作为完全独立的法人具有起诉和以自己名义参加诉讼的权利，存续期限没有限制。④

南非足球协会开展管理、发展、合作和提升足球业的活动，符合国际足联的相关规定。南非足协的职责主要有：(1)不断改善足球业，提升、管理和控制整个足球业，使其符合公平竞赛的精神、文化和人文价值，尤其是通过青少年发展项目加以贯彻；(2)通过精确的界定，以合适的方式组织足球竞赛，若需要，可以授权各个成员组织本地区的联赛；(3)制定规章条例并确保其得以实施；(4)阻止一切可能危及比赛完整性、竞争性或者危害足球协会的行为；(5)监管南非境内的各种形式的足球比赛；(6)处理各种国际足球竞技事务；(7)组织国家级和国际级的比赛。⑤ 南非足球协会作为管理机构致力于通过基础设施和培训举措促进南非足球业的发展，通过与政府进行积极的对话建立一种认可足球产业为国家重要经济产业的伙伴关系，立一个稳定、进步和创新的机构形象，与企业界建立互利关系。

(二)金砖各国足球业自律监管机构及其职能存在的问题

金砖各国的自律监管模式各有其特点和优势，但也都存在许多问题。

一方面，金砖五国的监管模式不同，存在不同的问题。俄罗斯、印度和中国是政府监管模式，其行政色彩十分浓厚。通常他们的政府官员同时兼任行业监管机构的主要领导人，如俄罗斯联邦政府的副主席兼任俄罗斯足球联盟

---

① 《中国足球协会章程》(2014 年 1 月)，第 4 条。

② 李小燕："南非体育立法研究"，湘潭大学硕士论文，2013 年，第 1 页

③ 其符合南非共和国法律并得以注册的私人组织，注册于 1991 年 3 月 23 日。

④ Article 1 of South African Football Association Statutes，1 October 2011.

⑤ Article 2 of South African Football Association Statutes，1 October 2011.

的主席，中国国家体育总局的副局长同时担任中国足球协会的主席。不可否认政府官员兼任行业自律组织的领导在一定程度上有助于促进自律组织开展工作，但是这种模式容易产生过度行政干预，非常不利于自律监管机构树立良好的形象。巴西和南非都是综合监管模式，由国家立法监管与行业自律监管相结合。但是，巴西 1993 年《贝利法》，南非 1998 年《体育与娱乐法》制定的时间都久远，已不能很好地适应快速发展的体育产业，导致立法监管体系缺乏系统性、协调性，进而影响自律监管的实施。

另一方面，金砖五国中俄罗斯和印度设立足球联盟，而其余三国设立足球协会。这与各国的历史传统、国家结构等因素有关，从而存在不同的问题。巴西、俄罗斯和印度是联邦制国家，而中国和南非则是单一制国家。巴西足协属下有 27 个州级足协、联盟。俄罗斯也按照行政区划分为多个州级联盟。印度有 36 个州级联盟。中国则按照省、自治区、直辖市的行政区划分为 34 个省级足球协会。南非足协属下有 50 个地区成员、7 个协会成员和 1 个特别成员。由于联邦国家的一切重大权力均属于中央政府，联邦的地位也高于各组成单位，所以在俄罗斯和印度，除全国性的足球联盟外，各个邦（州）级联盟也会有相应的规则，由此造成全国与地方存在不同，这难免会影响监管的效果。中国和南非的足协虽制定了统一的规则，但也存在该规则可能不适应具体地区的具体情况的问题。巴西最为特殊，设立全国统一的足球协会，这也是其体育管理的历史传统原因造成的。

（三）对金砖各国完善足球业自律监管机构及其职能的思考

金砖国家在国际社会中有着重要的地位，特别是最近几年一直致力于体育产业的发展，尤其是足球产业。因此金砖国家应采取相应的措施完善足球业的自律监管。

俄罗斯、印度和中国有必要厘清政府监管部门与行业自律监管机构之间的关系。除了不断加强和完善自律监管本身的作用，三国应该重视行政机关对足球业的监管。一方面，政府监管部门作为足球业管理机构，充分尊重自律监管机构的独立地位，仅对自律监管机构的管理进行总体上的指导。这既有利于充分发挥自律监管机构自主、灵活的管理特点，也符合自律监管的内在要求。另一方面，政府部门要合理放权，对于该放的事项大胆放，而不该放的则坚决不放。只有实现自律监管和行政监管双管齐下，才能更好地协调和完善足球业监管机构的功能。

巴西和南非宜修订体育基本法，明确足球联盟或足球协会在自律监管中的性质和地位，对其职能进行清晰的划定。俄罗斯和印度在充分发挥联邦成员对具体情况了解的优势基础上，更好地统筹全局。中国和南非则要处理好整体与局部的关系，一方面要继续发挥整体的优势，另一方面要根据具体客观情况制定好符合实际情况的规章。

（四）小结

足球业自律监管机构作为各国指导和管理足球业的组织，对该行业的繁荣、健康发展起着不可替代的作用。金砖各国都设有足球业自律监管机构，并且内部还设置了各种事务部门，分工明确，各司其职。俄罗斯、印度和中国均采用政府监管模式，在管理中要处理好政府监管与行业自律监管之间的关系，政府体育管理部门仅有指导和建议的权力，要确保自律监管机构的相对独立地位。巴西和南非是综合监管模式，要及时修订体育基本法，与本国足球业的发展相符合。足球业作为新兴产业，有着各种纷繁复杂的问题和挑战，各国需学习和接受国际先进理念，融入本国的管理中，设置特色部门，分配具体职能，以细化和完善足球业的监管。

二、金砖国家职业足球俱乐部准入自律监管制度

行业准入监管是足球业监管至关重要的关口，在各项监管中具有举足轻重的地位。市场准入是指“对于进入特定市场的个人、组织和国家的条件和要求”。① 市场准入制度则是指“进入市场的有关公民或法人经国家、政府或行业协会的准许，可从事某项活动的具体标准与程序规范的各种制度的总称”。② 职业体育市场的准入监管既引导和鼓励俱乐部主体进入该市场，又对俱乐部主体进入该市场加以约束。所以，职业体育市场准入制度是指“国家、政府部门、准政府性质的体育行业协会或联盟，为了提高体育市场的竞争意识、完善资源的合理配置以及市场秩序的稳定发展，依据市场经济规律制定的、关于职业体育俱乐部应具备的进入职业体育市场进行经营的资质或条件等规范的总称。”③因此，对俱乐部准入的监管是足球业自律监管制度的重要组成部分。

---

① 张强富：《经济法学》，法律出版社 2005 年版，第 173 页。

② 冯连旗：《人力资源和社会保障法制概述》，东北大学出版社 2014 年版，第 110 页。

③ 李燕领：《我国职业体育市场准入监管的理念建构与功能实现》，载《中国体育科技》2012 年第 48 卷第 2 期。

(一)职业足球俱乐部准入的条件

1. 巴西的规定

巴西体育的基础是职业体育俱乐部。根据巴西《贝利法》的相关规定,任何一个俱乐部都必须以公司的形式成立,可以是股份公司、有限责任公司、基金会或者其他形式的公司。巴西没有专门规定体育俱乐部应有的公司形式,因此只要是法律规定的形式之一即可。另外,为提高国外投资者的投资热情,巴西政府允许外国投资者拥有俱乐部51%的股份。① 巴西俱乐部的准入除了符合巴西足协的准入规则外,还要符合巴西公司法等相关法律法规。根据这些规定,准入的条件为:(1)设立公司;(2)强制聘请法律顾问。在巴西设立公司时,对公司设立经营过程中的事务须向法律顾问进行咨询;(3)公司须有两名以上的股东,法人或自然人均可;(4)投资双方的自主协商,股份比例不限,投资金额不限;②(5)成立公司后,在满足巴西足协规定的条件下于指定期限内提交材料登记注册,经过足协审核批准即完成准入。

2. 俄罗斯的规定

根据《俄罗斯足球联盟俱乐部许可规则》的规定,其准入的条件为:(1)准入的俱乐部必须有青年发展计划及青年队;(2)有达到数量的职业运动员,球员必须经俄罗斯足球联盟注册登记在案且与俱乐部签订纸质劳动合同;(3)俱乐部须每年定期为球员安排体检;(4)在赛季前准入申请人须参加由许可人组织的裁判规则培训会;(5)准入申请人具有可供比赛的场地和符合标准的训练场地;(6)设置秘书处,办公空间不得小于36平方米,设备包括电话、传真、复印、扫描机和可以访问互联网的电脑;(7)设立专门的球迷官员,负责联系球迷和与外界沟通的工作。③

3. 印度的规定

根据印度的俱乐部准入规则规定,依据国家法律和AIFF的规则而成立的属于AIFF或联盟成员的任何法律实体以及与该法律实体有合同关系的任何商业实体,可以申请准入许可证。自然人不得申请准入许可证。具体的准入条件如下:(1)申请人必须具有三个年龄层次的青年队;(2)所有一线队中经

---

① 尚成:《当代巴西足球法律规制介评》,载《北京体育大学学报》2005年第5期。

② 《在巴西注册公司及聘用当地员工的规定》,2002年10月4日,http://br.mofcom.gov.cn/article/ddfg/tzzhch/200210/20021000043171.shtml,2017年2月13日最后访问。

③ 《Российского футбольного союза по лицензированию футбольных клубов в Российской Федерации》(2016).

注册的运动员必须每年体检，体检医院的资质须为政府健康部门所承认；(3)其所属的职业运动员须签订纸质劳动合同；(4)拥有或租赁一个体育场，为接下来的比赛提供场地，该体育场必须符合国家标准和准入标准；(5)体育场功能分区合理，有控制室、观众区和急救室等，有尽可能齐备、完善的训练场地可供常年使用；(6)申请人必须有一定数量的工作人员，有医务人员、安保人员和财务官员等，其中财务官员要具有大学会计或审计专业学位；(7)申请人指定一名法律顾问，全职、兼职均可，负责处理申请活动中的所有法律事项，法律顾问应具有必要的法律资格。①

4. 中国的规定

根据中国《公司法》和中国足协的相关规定，足球俱乐部的准入条件如下：(1)为具有独立法人资格的公司；(2)有俱乐部管理章程，完善组织治理机构，建立健全现代企业先进制度；(3)有必要的办事机构、办公场所及工作人员；(4)有工作人员岗位规范和人事管理制度；(5)任命1名法律人员负责处理准入过程中的法律事务，该法律人员应拥有必要的法律资质；(6)拥有职业球队，并招聘教练员，职业球员数量应当符合中国足协的规定并办理注册手续；(7)中超俱乐部每年投入青少年培训的经费不得少于400万元人民币，中甲俱乐部每年的投入则不得少于200万元人民币；(8)俱乐部必须与其工作人员签订劳动用工合同并依法缴纳社会保险费，包括职业球员、教练员及其他工作人员等；(9)中超俱乐部须保证财务管理符合所有者权益不得低于3000万元人民币，中甲俱乐部则须保证所有者权益不得低于1500万元人民币。还必须有符合国家标准的比赛场和可用于职业球员使用的训练基地。②

5. 南非的规定

根据南非足球俱乐部准入的规定，只有在南非足球协会注册的会员才可以申请俱乐部准入许可证，自然人不得申请。许可证申请人是指为参与国家和国际俱乐部比赛并且对其成员负全部责任的法律实体。具体准入条件有：(1)该法律实体应当有经许可方批准的青年发展方案；(2)有功能分区完备的比赛场，包括控制室、球员休息室和观众区等，并为观众和媒体新闻代表提供设备齐全、安全舒适的场地；(3)有可提供给球员全年使用的训练基地，帮助他们提高技术；(4)须配备必要的工作人员，包括俱乐部的秘书处、总经理和财务官员等。③

① Article 2-8 of Indian Club Licensing Regulations, 2010.

② 《中国足球协会职业联赛俱乐部准入条件和审查办法》(2011年11月)，第2章。

③ Articles 5-8 of SAFA Club Licensing Regulations, South Africa, 2012.

(二)职业足球俱乐部准入的程序

1. 巴西的规定

巴西俱乐部的准入程序为:(1)准入申请人将巴西足协规定的所有材料在规定的期限内准备齐全并提交巴西足协内部的准入审核部门;(2)审核部门内部分为部门审和专家审,部门审仅是形式审,审查准入申请人是否符合准入条件,同时审查其提交的材料是否齐备,若申请人符合条件并材料齐备,将进入实质审。实质审将由专家组进行审核;(3)若形式审和实质审均通过,准入申请人的申请结果将由巴西足协予以公布。①

2. 俄罗斯的规定

俄罗斯联邦政府非常欢迎国内外的投资者参与本国体育产业的经营管理,特别鼓励投资足球产业。投资者在俄罗斯设立俱乐部,除了必须遵守俄联邦民事法典和其他联邦法规外,还须遵循俄足联盟制定的准入程序规定。具体为:(1)填写关于俱乐部准入的全部材料表格,材料表格由经授权的准入管理部门所准备、分发,其中包括标准格式和非标准格式;(2)符合欧足联的许可要求;(3)审批机关检查是否已收到所有文件,若材料文件不完整,可要求准入申请人继续完善;(4)审批机关首先是形式审,在确认所有材料都齐备完整后,分类成多个标准,包括设施、法律、财务等标准,上交给审批机关内部的专家组进行实质审,得出结论报告。审批机关还有权在专家报告的基础上决定材料符合标准还是返还申请人重新准备或进行相关的解释。②

3. 印度的规定

在印度投资足球俱乐部,除俱乐部要符合印度国内的法人形式外,还要符合印度足球联盟准入规则的审批程序。具体为:(1)申请代表人从准入申请人处获得授权后向俱乐部准入委员会提交报告;(2)俱乐部准入委员会从申请代表人处收到报告,对其进行审查。如有必要,可要求申请代表人与俱乐部准入部门的工作人员联系,以进一步澄清;(3)俱乐部准入委员会在决定会议上审阅申请代表人交的报告并作出最终决定。符合条件的予以通过,否则就拒绝;(4)被拒绝通过的,进入申诉程序。准入申请人提出申诉,准备申诉报告并提交给申诉机构,申诉机构决定并通知开庭日期。申诉机构须认真审查材料并

---

① "Como criar um clube de futebol", http://www.ehow.com.br/criar-clube-futebol-como_291262/, last visited on 13 Feb.2017.

② Схема No. 1 Российского футбольного союза по лицензированию футбольных клубов в Российской Федерации, 2016.

听取申诉人的陈述，有权决定准入申请人最终通过与否。①

4. 中国的规定

《中国足球协会职业联赛俱乐部准入条件和审查办法》规定，“参加中超、中甲联赛的足球俱乐部须是具有独立法人资格的公司”②。无论是外资还是内资，只要是符合中国足协的规定具有独立法人资格，就可以投资入股俱乐部。但同时要符合中国足协准入规定的审批程序。(1)申请准入的俱乐部向其所在地中国足协会员单位报送准入申请材料并申请注册，截止日期为每年的 12 月 5 日。(2)如果俱乐部报送的材料不齐全，会员单位自收到该申请之日起 5 个工作日内通知该俱乐部予以补正。如果俱乐部报送的材料已经齐全且符合准入的规定，会员单位应在当年 12 月 31 日前出具同意注册的函。然后会员单位向当地省级体育主管部门提交同意注册函及俱乐部申请材料并办理备案，获得确认函。(3)俱乐部将会员单位同意注册函、准入申请材料和省级体育主管部门确认函一并报送中国足协，截止日期为第二年的 1 月 15 日。(4)中国足协通过实地检查、书面材料审核等形式审查该俱乐部，并于 1 月 31 日前作出是否批准该俱乐部注册、获得参赛资格的决定。对于不予批准注册、未获得参赛资格的申请人，中国足协须书面告知其审查意见并说明理由。③

5. 南非的规定

南非对俱乐部准入未作详细规定，但其流程的核心是审查机关以国际足联规则中所描述的标准(竞技体育标准、办公设施标准、人员行政标准和法律财务标准)审查准入申请人的条件以达到国际足联最低要求。核心流程至少满足以下要求。(1)明确规定并通报提交相关许可证文件的截止日期。准入申请人完成每套标准必须由准入申请人授权且具有相应资质的人员进行。决策过程必须基于两步，包括一次性和上诉的过程。(2)决策机构符合资格标准，满足独立性和保密性的要求。(3)许可人应在相关截止日期前向非洲足球联盟提交持牌俱乐部的名单。非洲足球联盟可根据国际足联的规定要求南非足球协会提交持牌俱乐部的名单。④

(三)金砖各国职业足球俱乐部准入条件与程序存在的问题

对比金砖各国的职业足球俱乐部准入自律监管制度，他们都对俱乐部准

① Article 5.3, Core Steps of Indian Club Licensing Regulations, 2010.

② 《中国足球协会职业联赛俱乐部准入实施细则》(2011 年 12 月)，第 2 章。

③ 《中国足球协会职业联赛俱乐部准入条件和审查办法》(2011 年)，第 9 条至第 14 条。

④ Article 4, Core Steps of SAFA Club Licensing Regulations, South Africa, 2012.

入的条件、批准程序等作了规定，但具体又有所不同。巴西、俄罗斯、印度和南非严格要求俱乐部准入的审批程序，采取批准许可制度，准入申请必须经本国足球业自律监管机构批准，获得许可后方可完成准入。中国则采取注册＋许可的模式，除了自律监管机构批准外，还需在足球协会办理注册作为前置条件，提交材料办理注册，经审查批准后方可准入。

一方面，各国的准入条件各不相同，存在着不同的问题。巴西、俄罗斯、印度和南非的批准许可制度较为严格，准入条件较高，但一定程度上限制了投资者投资足球产业的活力。巴西没有对俱乐部的公司形式进行明确规定，股份公司、有限责任公司、基金会等各种形式均可。在巴西这个足球狂热的国度，足球业非常发达，各种形式均可的规定有利于投资人根据自己的实际情况选择合适的俱乐部形式，这更能促进足球业的发展。但这也给监管机构提出难题，面对各种形式的俱乐部，监管机构必须运用多种形式和方法进行整体监管，监管标准和手段很难统一，这对日益复杂、产业多元化的足球业监管是不小的挑战。而中国和印度都规定必须指定一名法律官员，专门负责申请程序中的法律事务，但没有详细的资质规定，比如必须在体育领域工作至少 1 年以上的法律官员等。总体上，金砖五国的俱乐部准入条件相对完善、公开透明，但各国都对外国人投资本国俱乐部准入的规定比较少或没有规定，相对而言还是一片空白。

另一方面，各国都有关于准入程序的规定但又具体不一。俄罗斯和印度在准入规则中详细规定准入的程序图，具体细分为 22 步，从提交材料、批准机构决定到有争议申诉等全部详细规定在准入规则中，这有利于准入申请人按着程序步骤申请，清晰明确，而其他三国没有如此的规定，不利于准入申请人提交申请。巴西、俄罗斯和中国对程序期限做了详细规定，印度和南非则没有具体的时间期限。后者给自律监管机构的自由裁量提供了很大的空间，导致结果随意性大，准入进度差异大。

(四)对金砖各国完善职业足球俱乐部准入监管制度的思考

金砖各国的准入条件和准入程序相对完善，使得各国在职业俱乐部准入自律监管中可以做到有法可依、有章可循。但是，随着足球业发展的多元化，自律监管准入面临的问题也日益复杂，各国没有相应的退出机制。例如，中国足协出台了各种标准的限制性规定，实施对俱乐部进入联赛的监管，其章程也写入了“退出”,“但是没有建立起良性的俱乐部退出机制”。[①] 其余四国也没

① 李燕领:《中超联赛俱乐部准入制度研究》,载《体育社会学》2011 年第 33 卷第 1 期。

有相应的退出机制。对比欧美体育发达国家，则有如俱乐部托管等形式的退出机制。俱乐部托管是指“遭遇管理困境和经营风险的俱乐部通过契约将自身部分或全部的法人财产在一定条件和期限内委托给能减少经营风险并能解决管理困境的法人或自然人，以达到使委托资产保值增值的目的”。① 金砖国家可借鉴欧美体育产业的退出机制，建立符合自身国情及法律的退出制度，不断完善自律监管体系。

此外，各国对准入主体没有具体严格的限制。相较而言，体育产业发达的国家通常有对准入主体加以限制的规定，如英国对足球俱乐部和电视媒体的相互入股加以限制。俱乐部为了加强自身的宣传，往往想通过投资入股电视媒体。当俱乐部实现挂牌上市时，很多商业电视媒体想出资购买股份，成为俱乐部的股东，希望从电视转播权价格谈判中获得利益。但这涉嫌垄断与兼并，进而妨碍电视转播权的公平竞争。因此英国限制媒体和俱乐部的合并。② 金砖各国可以借鉴此类规定，如将俱乐部的准入主体分为三个类型：(1)完全准入，没有限制；(2)限制准入，在符合条件的情况下可以准入；(3)禁止准入，为反垄断或公共利益等目的禁止其准入。

(五)小结

金砖各国职业俱乐部准入条件和程序各异，但都相对完善。为增强足球市场的活力，需要五国放宽足球俱乐部的准入标准，让更多的投资者可以进入该领域。同时，自律监管机构要不断完善足球业的监管、提高服务质量，充分保障市场参与者的合法权益。准入审批程序要不断完善，关于期限等方面的规定需要更加清晰明确，减少监管机构的自由裁量，尽可能统一准入进度。

三、金砖国家足球运动员转会自律监管制度

金砖各国对足球业自律监管的重要内容之一是对足球运动员转会的监管。

(一)足球运动员转会纠纷案例分析及其存在的问题

1. 巴里奥斯案

近几年，中国足球产业发展迅猛、足球市场十分火爆，各中超俱乐部为提

① 李燕领：《中超联赛俱乐部准入制度研究》，载《体育社会学》2011 年第 33 卷第 1 期。

② 王家宏：《英格兰足球超级联赛俱乐部许可证制度研究》，载《上海体育学院学报》2012 年第 36 卷第 1 期。

升自身实力纷纷引进外援以增强实力，如申花俱乐部先后引进阿内尔卡、德罗巴等大牌球员，恒大引进了巴里奥斯以及孔卡等著名球员。

2012 年 5 月 2 日，恒大俱乐部宣布花费 850 万欧元以一份为期 4 年的工作合同正式签约球员巴里奥斯。但在后来的中超比赛中，他的表现与其身价相去甚远，被许多球迷视为“水货”。2013 年 6 月，世界杯南美洲预选赛开赛，巴里奥斯应召回国参赛，之后便再没返回恒大俱乐部，恒大经过多方努力但一直无法与他及其经纪人取得联系。后来恒大俱乐部才得知其已私下联系其他俱乐部，并与对方商议了转会事宜，其行为已严重违反了中国足协的有关规定和俱乐部的球员管理制度。据此，恒大聘请欧洲专业律师将巴里奥斯的违约情况诉至国际足联。同日，巴里奥斯在其个人官方网站上发布声明，指控恒大俱乐部违反合同约定拖欠自己薪酬，与自己签订的合同中存在弄虚作假的嫌疑。随后，恒大向国际足联提交了双方的邮件、通话记录、双方签订的工作合同复印件、薪酬账目、银行账户凭证以及巴里奥斯的缺训记录等高达 100 多页的证据材料。

2013 年 6 月 26 日，恒大俱乐部正式向国际足联提交申诉状，提出三点要求：(1)根据现有证据材料显示，巴里奥斯的行为已符合国际足联关于违反合同保护期限规定作出处罚的情形，须对其禁赛 6 个月；(2)按照合同约定，巴里奥斯须赔偿恒大俱乐部至少2500万欧元的违约金；(3)根据《国际足联转会规定》第 17 条，为与球员达成转会协议而诱导其违约的任何俱乐部要承担法律责任。私下诱导巴里奥斯违约的第三方俱乐部，其行为严重违反了国际足联的规定，应受到处罚，并应对巴里奥斯无正当理由违约的行为造成的损失承担连带责任。①

《中国足球协会球员身份及转会暂行规定》第 16 条规定：“与原俱乐部存在合同争议且该争议与球员转会相关联的球员不予转会”。本案中，外援巴里奥斯与恒大俱乐部签订书面职业球员合同，其在履行合同过程中应召回国参加世预赛，之后再未回到恒大俱乐部，恒大始终无法与他取得联系，其行为已经严重影响到合同约定的履行，其私下联系俱乐部商议转会的行为已违反了第 16 条的规定，故中国足协没有签发巴里奥斯的国际转会证明，其私下转会行为无效。

2. 刘健案

2013 年 12 月 31 日，刘健与青岛中能的合同到期，身穿 17 号球衣的刘健

① 侯文均：《从德罗巴案审视国际足球合同的稳定性》，山东大学硕士论文，2014 年，第 23 页。

为青岛中能效力了整整12年。2014年1月1日，广州恒大俱乐部在球员转会窗口开启首日官方宣布刘健加盟，并与其签订3年的合同。青岛中能随即在官网发布声明，刘健仍在中能的工作合同期限中。但是刘健本人则声称其与中能的合同于2013年12月31日即已到期，他可以与任何俱乐部签订工作合同。中能俱乐部则表达了三方面的态度：(1)俱乐部与刘健还有合同，不同意他转会；(2)在中能还未降级的时候，刘健本人曾表示过即使球队降级也不会转会到其他球队；(3)希望有关俱乐部不要违反中国足协的相关规定，能够遵守球员的工作合同。

中国足协纪律委员会就该纠纷很快作出了处罚决定。中国足协根据有关当事人的投诉和中国足协仲裁委员会在2014年第017号案中发现的线索展开调查，最终认定青岛中能足球俱乐部在该案中存在伪造资料等违规行为，影响了足球行业的形象。根据《中国足球协会纪律准则》第45条和第66条的规定，中国足协对青岛中能作出如下处罚：(1)罚款人民币40万元；(2)在2014年中国足球协会甲级联赛中，扣除其联赛积分7分。①

3. 德罗巴案

2012年6月20日，德罗巴与上海申花俱乐部签订了为期两年半的合同，并在其个人官方网站上正式宣布加盟上海申花。2013年1月29日，土耳其豪门球队加拉塔萨雷与德罗巴签订了一份为期一年半的合同并宣布其正式加盟球队。1月30日，上海申花在其官方网站发布声明：上海申花足球俱乐部已获悉本俱乐部球员德罗巴加盟土耳其加拉塔萨雷足球俱乐部，并感到非常震惊；2012年7月1日，上海申花足球俱乐部已与德罗巴签署正式工作合同，为期两年半；自德罗巴正式加盟球队以来，申花按照双方所签合同以及国际足联有关规定如实履行义务、承担责任；双方所签合同期限为两年半，德罗巴作为上海申花足球俱乐部的球员依然要履行合同义务。基于球员及有关俱乐部的行为，上海申花足球俱乐部依法保留追究他们责任的权利。而德罗巴回应称，是上海申花拖欠其薪酬在先，违反合同约定。

据土耳其媒体报道，国际足联就德罗巴与上海申花之间的转会纠纷已做出了调解，确定上海申花违反合同义务在先，须在规定期限内向德罗巴支付1200万欧元赔偿金。② 后据西班牙媒体《体育报》报道，位于瑞士洛桑的国际体育仲裁法庭将召集德罗巴和上海申花的代表召开听证会，以解决双方的转会纠

① 《足协公布刘健案处罚：扣青岛中能7分 罚款40万》，2014年8月14日，http://sports.sina.com.cn/b/2014-08-14/13427291696.shtml，2017年2月13日最后访问。

② 《曝申花转会纠纷败诉赔德罗巴1200万欧元》，2013年11月8日，http://news.163.com/13/1118/05/9DUL7JUV00014Q4P.html，2017年2月13日最后访问。

纷。最终,德罗巴与申花达成和解,但和解内容双方均没有公布。不论结果如何,这起纠纷给中国足球业和俱乐部在国际上的形象造成了很大的负面影响。

(二)足球运动员转会的自律监管

转会是指某俱乐部希望通过对运动员及该运动员所属的俱乐部进行协商,达成三方均能够接受的条件,从而和该运动员签约,最终引进该运动员为己效力的行为。狭义上,转会的主体有三方:转入运动员的俱乐部、转出运动员的俱乐部和待转会的运动员。广义上,其主体还有诸如足球协会或联盟等组织。① 运动员转会过程中易发生纠纷,相关主体(包括转会球员、球员原所属俱乐部、新俱乐部以及体育管理机构)之间易因职业球员转会行为而权利义务失衡。② 产生体育纠纷的原因有:(1)社会纠纷在体育领域中的反映,呈现出体育纠纷,如社会道德水平下降反映在体育中则可能呈现为运动员违背体育职业道德,造成运动主体间的矛盾纠纷(运动主体包括运动员和体育管理机构等);(2)随着体育产业的商业化和国际化,在体育运动中因各类主体间利益分配而产生各种矛盾和冲突的现象更加频繁;(3)体育运动的不断变化与创新,刺激了各类体育纠纷的出现。③ 正是由于球员转会纠纷如此频繁,有必要对金砖五国的球员转会自律监管制度进行比较分析,以期完善。

1. 巴西的规定

足球运动员在巴西分为两类:专业的和非专业的。专业的足球运动员被认为是签订正式职业合同,在体育工作中遵守体育活动准则并定期在巴西足协注册成为一个体育实体的人。非专业的足球运动员是指未收取报酬且不是职业足球运动员的体育实体。

球员转会的前提是与职业俱乐部签订工作合同,俱乐部必须有完善的标准合同,而运动员的资质需完备齐全。标准合同内容包括:出生日期,身份证数据,工作许可证,社会保障,年满18周岁,除了出生证明和运动员体检报告书,还应包含医生认证书。在国外专业运动员转会的情况下,合同还有特别条款,包括官方护照号码、相关部门给外国人在巴西工作所颁发的证明文件等。④

---

① 周峤:《论足球运动员转会法律制度》,西南政法大学硕士论文,2009年,第9页。

② 黄玲:《国际职业体育转会纠纷法律规制研究——以欧洲职业足球转会为例》,福州大学硕士论文,2010年,第7页。

③ 郭树理:《外国体育法律制度专题研究》,武汉大学出版社2008年版,第169页。

④ Captitulo Ⅱ-Captitulo Ⅲ, Regulamento Nacional De Registro E Transferência De Atletas De Futebol, Brazil, 2017.

2. 俄罗斯的规定

俄罗斯的足球运动员分为职业球员和业余球员，两者均可参加俄罗斯足球联盟所主持举办的比赛。职业足球运动员，须与职业足球俱乐部签订书面劳动合同，并有政策奖励他们的工作，对有关足球比赛的准备和参与，球员的实际支出超出预算范围的补偿。除职业球员以外，其余均是业余球员。如果对足球运动员的职业或业余身份产生争议，允许当事人向俄罗斯足球联盟委员会申诉以确认其身份。

职业足球俱乐部希望与一名职业球员签订劳动合同的，须在给定时间内与其确定雇佣关系。如果该球员与其他职业足球俱乐部已经有工作合同存在，该俱乐部必须得到原俱乐部的书面通知后才可以与该球员进行转会谈判。职业运动员有权自由谈判和缔结与其他职业足球俱乐部的劳动合同，如果该球员与职业足球俱乐部签订的工作合同已到期或还有六个月到期的，任何俱乐部可与该球员签订工作合同。①

3. 印度的规定

参与足球活动并注册于各邦足球联盟或印度足联盟的球员分为业余球员和专业球员。从未收取任何报酬的球员，除了在他们参加或与足球联盟有关的任何活动过程中产生的实际费用，应被视为业余球员。因参与比赛所产生的旅行和酒店费用以及球员的装备、保险和训练的费用可以报销，不影响球员的业余身份。在各邦足球联盟或印度足球联盟注册为专业的球员应与雇佣他的俱乐部签订书面合同。运动员和俱乐部之间的转会合同或雇佣合同的有效性并不取决于体检或工作许可证的结果。潜在的新球员必须在签订合同之前进行任何必要的调查、研究、测试、体检，或采取任何适当的行动，否则将有义务支付全额的训练补偿金。②

4. 中国的规定

《中国足球协会球员身份及转会暂行规定》规定，在中国足协管理范围内的职业球员的身份确认以及转会应当按照本规定执行。职业球员和业余球员均应按照本规定有组织地参与足球赛事。其第 2 条对职业球员进行了界定，是指“以从事足球活动的收入作为其主要生活来源且年满 18 周岁的，并与职业俱乐部签订书面劳动合同的运动员”。除职业球员以外的球员即为业余球员。涉及转会费的球员转会，需先由球员签字进行确认，再由原俱乐部与新俱

---

① ГЛАВА 2-ГЛАВА 5, РЕГЛАМЕНТ РФС ПО СТАТУСУ И ПЕРЕХОДАМ (ТРАНСФЕРУ) ФУТБОЛИСТОВ, 2016.

② Article 28, AIFF Regulations for the Status and Transfer of Plyers, 2011.

乐部之间签订转会协议。新俱乐部与球员需签订劳动合同,其内容应符合国家的法律法规、规章制度和国际足联、中国足协等有关劳动合同的基本要求。①

5. 南非的规定

南非的足球运动员有业余与职业之分。职业运动员是指与足球俱乐部签订正式劳动合同,并由此获得薪酬的运动员。其他运动员即为业余运动员。两者均须注册,只有注册的运动员才有资格加入南非足球组织。球员的注册意味着必须遵守南非足球协会的相关规定。在某段时间内,球员只能和一家俱乐部签订合同。一旦从球员转出的足协收到转会证明文件,该球员就可以在转入的足协进行注册。除了各种条件和期限外,该转会证明文件是不能被质疑的,且文件内容与原文意思相反的条款均是无效的,但南非足协可以南非足协章程对转会证明文件提出质疑。②

(三)金砖各国足球运动员转会自律监管制度存在的问题

通过前面的对比分析,金砖各国的球员可以分为职业球员与业余球员。现实中,除了职业球员转会外,还存在着业余球员转会的情形。业余球员可以在半职业、业余俱乐部间转会流动。金砖各国自律监管机构都对国内足球运动员转会建立了相关的监管制度,但只对职业球员的转会作出了详细的规定,而缺少对业余球员在俱乐部间流动的监管。因此,各国在不断完善职业球员转会监管的同时,要加强对业余球员转会流动的监管。

转会过程中,无论是俱乐部还是球员必须通过一项具有法律效力的声明,一致声明排除当地普通法院对足球转会纠纷的管辖权,纠纷只能通过自律监管机构设立的内部纠纷解决机构进行处理。但是在转会纠纷中完全排斥司法介入是不现实也是不可取的。转会纠纷不仅涉及当事人的经济利益,还与当事人宪法性权利的行使紧密相关。转会纠纷中所产生的问题极其容易对处于弱势地位的球员造成不良的影响,更有甚者剥夺其工作的宪法性权利。当这些权利被侵犯而无处寻求救助时,司法途径是最有力的手段。同时,根据法律保留原则(其含义是限制公民基本权利的规定必须由法律来制定),任何行业规章都无权对公民基本权利进行限制,公民的基本权利毫无疑问包括司法上的诉讼权,金砖国家足球业自律监管机构通过章程对公民司法上的诉讼权进

---

① 《中国足球协会球员身份及转会暂行规定》(2009年),第3条至第5条。

② Article 2-Article 9 of Regulations on Status and Transfer of Players, South Africa, 2016.

行限制，借以排除司法介入显然是无效的。[①] 总的来说，各国关于球员转会的监管制度较为完善，可以为本国的足球业保驾护航。

(四)对金砖各国完善足球运动员转会自律监管制度的思考

为了减少转会纠纷的发生以及加强转会监管，金砖各国足协或联盟除了在转会监管过程中明确自身的定位和职责外，还要出台相关规定加以完善。

1. 需要加强职业培训。足协或联盟应积极组织业务培训，开设相应的培训课程，改善俱乐部管理人员缺乏足球专业常识的问题，帮助他们充分熟悉本国足协或联盟和国际足联的规章制度，了解足球产业的发展现状及未来趋势。满足实际情况的前提下，以文件的形式确定担任职业足球俱乐部管理工作的人员必须经过本国足协或联盟和国际足联的相关业务培训。

2. 规定专业的代理人必须参与运动员转会全过程，让拥有专业知识、丰富行业资源的专业代理人可以为运动员提供优质的服务，从而为保护球员合法权益做出最大的贡献。

3. 提高足球俱乐部投资人的准入标准。如中国足协通过在资金、场地、梯队建设方面提高标准，提高职业足球俱乐部的准入标准，使真正具备投资实力的高水平投资者能够进入这个领域，推动职业足球联赛的向前发展。[②]

4. 金砖国家需在足协或联盟的职能行使过程中树立服务的观念和培养治理的意识，而不是继续强化权力的观念和管理的思想，在市场经济下赋予俱乐部和运动员更多的意思自治空间。同时，金砖国家可借鉴体育产业发达国家在监管转会过程的有益经验和先进规则。

(五)小结

球员转会涉及自律监管机构、俱乐部以及球员三方，是足球业自律监管中非常重要的一部分，并且在转会的过程中也存在很多问题，因此需重视金砖国家自律监管机构对球员转会的监管。各国对此都进行相应的规定，但总体上还存在众多的缺陷，各国监管制度还不完善，金砖国家宜针对本国实际情况并结合国际体育产业（尤其是足球产业）发达国家的经验，以规制球员转会、减少合同纠纷，进一步促进本国足球业健康发展。

---

① 黄玲：《国际职业体育转会纠纷法律规制研究——以欧洲职业足球转会为例》，福州大学硕士论文，2010年，第23页。

② 郑璐：《中国足球运动员职业合同规范化的思考与建议》，载《西安体育学院学报》2013年第4期。

四、金砖国家足球代理人从业自律监管制度

足球从业人员主要包括足球运动员、足球代理人、足球教练员和其他工作人员。《国际足联代理人规则》对代理人的规定是:"为了维护球员和俱乐部的利益,代表他们与其他球员或俱乐部进行谈判促成交易而从事行纪、居间或者代理等代理业务的顾问。"总的来说足球代理人是指:依法取得执业资格,在足球市场中从事球员代理、转会、包装等有关足球商务活动并按规定比例获取佣金的自然人或法人。[①] 在足球业中,代理人是涉及足球产业最为广泛,且时间最长、次数最多的从业人员。代理人的职业素质在某种程度上是决定足球市场运行是否良好的重要因素。为了大力发展足球产业和提高足球服务行业的质量,对足球代理人资格取得和行为规范的有效监管十分重要。下文主要分析足球业中代理人资格取得与行为规范的监管。

(一)代理人从业资格的取得与行为规范

1. 巴西的规定

关于代理人规定的条款同样适用于希望在巴西充当代理人的男性、女性、外国人和法律实体。巴西的代理人是指作为代表球员、足球教练或俱乐部的任何自然人或法人,为球员的续约、转会与俱乐部进行谈判。有意成为代理人的,须按照规定的方式向巴西足协申请并注册,同时要符合以下条件:(1)提交身份证、社会保险号码和户籍证明等资料复印件;(2)无实施刑事犯罪;(3)在巴西足协注册的代理人须在规定的时间内缴纳保证金 40 万雷亚尔[②]

未经巴西足协注册不得以代理人的身份从事代理活动。代理人在代理活动中必须接受并履行国家法律和国际法律的强制性规定,并保证履行巴西足协的规定。代理人不得做出违反被代理人利益的行为,违反代理协议。[③]

2. 俄罗斯的规定

俄罗斯对代理人的规定为:获得由俄罗斯足球联盟发出的牌照,并按照规则为足球运动员和俱乐部提供服务的人。外籍代理人是指拥有其他国家足球协会发出的牌照,并属于俄罗斯足球联盟管理并经过注册考核的从事球员代理活动的人。在俄罗斯申请牌照的人,必须符合以下条件,才能参加俄罗斯足

---

① 林卫国:《中国足球产业结构与发展对策》,人民体育出版社 2007 年版,第 262 页

② Art. 5 Regulamento Naciona | De Intermediários,2016.

③ Art. 5,Regulamento Naciona | De Intermediários,2016.

球联盟的统一考试:(1)年满18周岁;(2)为俄罗斯联邦公民或在俄罗斯联邦境内居住满两年;(3)有极好的信誉,没有犯罪记录,没有在其他地区足球协会发出的对代理活动禁令的时间内;(4)拥有联邦政府机构认可的学位证书。缺少上述任一条件,不能参加考试。通过统一考试的,从考试之日起6个月内向俄罗斯足球联盟提交文件进行注册,否则必须重新参加考试以获得俄罗斯足球联盟的牌照。获得其他地区足协牌照的外籍代理人须向俄罗斯足球联盟提出申请,并经过考核获得允许方可在俄罗斯国内从事代理活动。未获得其他地区足协牌照的申请人必须通过俄罗斯足球联盟的统一考试才能从事代理活动。①

俄罗斯规定代理人:(1)严格遵守国际足联、欧洲足联、俄罗斯足球联盟的规定和文件,遵守俄罗斯联邦的劳动法和民法等法律的要求,并在任何代理活动中都必须遵守上述规定;(2)在代理活动中不得同时代理双方的利益,只可以代理一方球员或一方俱乐部的利益;(3)须将佣金合同在俄罗斯足联盟进行登记;(4)在代理活动中,时刻保护客户的利益,不得做出违背客户利益的行为。②

3. 印度的规定

印度要求代理人:(1)必须是印度公民或在印度有永久居留权;(2)持有大学学位证书,其学位受印度大学协会或中央政府机构认可;(3)具有无可挑剔的信誉,无刑事判决施加的罚金与徒刑;(4)需参加代理人资格考试,通过后参加印度足球联盟的职业培训,否则不予批准代理人申请。关于外籍代理人的条件,印度没有专门规定,但也要符合上述相关要求。

在印度从事代理活动的可以是自然人或法人。在从事代理活动前必须经过印度足球联盟的认证,并提交一份真实有效的声明,在声明中可表明从事代理活动的行为规范。代理人:(1)必须尊重并遵守国家和国际法律的任何强制性规定,特别是在开展作为代理人活动时与之相关的法律;(2)不得在印度足球联盟内担任任何职位,也不能在可预见的将来担任任何职位;(3)不接受任何俱乐部与转会有关的任何款项,例如转会补偿、培训补偿等;(4)不得参与足球比赛有关的博彩、赌博、彩票和类似活动或交易。③

4. 中国的规定

《中国足球协会球员代理人管理暂行规定》规定,代理人是"指免费或收取费用维护球员或俱乐部利益,为签订合同或达成转会协议而进行谈判的自然

① Статья 5,РЕГЛАМЕНТ РФС ПО АГЕНТСКОЙ ДЕЯТЕЛЬНОСТИ,2013.

② Статья 13,РЕГЛАМЕНТ РФС ПО АГЕНТСКОЙ ДЕЯТЕЛЬНОСТИ,2013.

③ Intermediary Declaration for Natural Persons,India.

人或法人”。代理人向俱乐部介绍球员进行签约或者介绍两家俱乐部签订球员转会协议。自然人作为足球代理人从事球员代理活动应取得中国足协颁发的“足球代理人资格证”。法人作为足球代理人从事球员代理活动，其法人代表或至少一名雇员应取得中国足协颁发的“资格证”。

在中国从事代理活动非常严格，代理人资格证申请人必须拥有中国国籍，且应当符合以下条件：(1)年满 18 周岁并不属于限制、无民事行为能力人；(2)无犯罪记录，未在足球行业的处罚期内；(3)经本人所在地的中国足协会员协会初审合格；(4)未在足球事务机构中或与该机构有关联关系的组织中任职或兼职；(5)签署《足球代理人承诺书》，并遵守中国的法律、国际足联、亚足联以及中国足协的章程和有关规定。

中国足协对申请人是否符合条件有最终审核权，对符合条件者进行培训和资格考试。考试通过者按程序向中国足协递交材料进行注册。考试未通过者，可再次申请参加考试。代理人在执业前需在规定的时间内向中国足协缴纳 20 万元人民币的保证金。足球代理人资格证有效期四年，且须定期参加中国足协组织的业务培训。在中国境内从事球员代理活动的外籍代理人，包括已取得国际足联会员协会的有效代理人资格的代理人和未在其他协会取得有效资格的人员，均须在中国足协注册并获得中国足协颁发的代理人资格证后方可在中国境内进行球员代理活动。没有取得国际足联会员协会有效资格的代理人到中国足协办理注册手续时，还应提交在中国从事球员代理活动的申请函。考试合格后给予注册并颁发资格证书。外籍代理人也实行保证金制度，需缴纳 3 万美元保证金。①

在中国从事代理活动的代理人有以下义务：(1)如实将有关情况向球员或俱乐部介绍，为其保守商业机密；(2)为球员或俱乐部解决与代理活动有关的事宜；(3) 接受政府有关主管部门、体育管理部门和中国足协对其代理活动的监督检查，及时并如实地提供检查所需的相关资料；(4)在同一次代理活动中只能接受一方的委托。代理人不能有以下行为：(1)不得从事超出中国足协相关规定的业务范围；(2)不得通过支付介绍费或诋毁其他代理人等手段招揽业务；(3)不得诱导球员违反正在履行的合同；(4)不得向球员或俱乐部隐瞒与代理活动有关的重要事项；(5)不得采取胁迫、欺诈、贿赂等手段来促成转会。②

5. 南非的规定

南非规定代理人可以是自然人或法人，其在收费或免费的情况下，代表球

① 《中国足球协会球员代理人管理暂行规定》(2016 年 5 月)，第 1 章至第 2 章。

② 《中国足球协会球员代理人管理暂行规定》(2016 年 5 月)，第 36 条至第 37 条。

员和俱乐部进行谈判，以期达成雇佣合同，或在谈判中代表俱乐部，达成转会协议。代理人必须在每次单独参与特定交易时在相关注册系统中注册。除了由球员或俱乐部提供的信息外，南非足协、成员联盟有权进行调查，以确定代理人是否具有无可挑剔的声誉。如果代理人是法人，负责注册交易的成员联盟有权确认该法律实体是否具有无可挑剔的声誉。

南非足协文件中没有对代理人的从业条件和资格取得作出专门的规定，但从相关规定得知，代理人在南非国内从事签约和谈判等代理活动要满足以下条件：(1)获得资格证；(2)必须是南非公民或有南非永久居留权；(3)具备代理和管理的专业知识；(4)代理人在入职前必须经过标准化的技术和职业培训。代理人通过统一的考试并完成职业培训，并在南非足协注册后方可申请代理人资格证。外籍代理人在南非境内从事代理活动必须参加南非足协组织的培训考试，通过考试并完成注册后方可从事代理活动。①

代理人从事代理活动必须：(1)遵守南非足协、非洲足球联盟和国际足联的章程、规则和条例，并确保每个代表球员或俱乐部利益的交易符合上述章程、规则和条例；(2)不能试图诱使已与俱乐部签订合同的球员违反与该俱乐部的合同，在任何特定转会中不得代表双方的利益；(3)遵守球员或俱乐部的普通法信托义务，维护他们的利益。②

(二)金砖各国足球代理人从业自律监管制度存在的问题

金砖国家自律监管机构文件都对代理人的从业资格和行为规范有相关的规定。对代理人的资格，各国都要求具备专业的知识、文凭，并通过本国足协或联盟申请参加考试，最终获得代理人资格，然而各国的规定都还需完善。

俄罗斯规定，若通过考试的申请代理资格的人在参加考试之日起6个月内必须向俄罗斯足球联盟进行登记注册，但对于外籍代理人没有这样的规定。在登记注册程序上，本国代理人与外籍代理人适用不同的标准，这不利于建立统一、平等的程序监管本国、外籍代理人资格的取得。

印度足球联盟对外籍代理人没有任何规定。足球是印度受欢迎的运动并受到政府的重视，近年来足球产业也发展迅猛，因此必须关注到外国人员希望投身印度足球产业的迫切感。

巴西和中国的规定比较完善，但代理人在注册时交纳的保证金数额太低，不利于对代理人活动的监管。

---

① Article 5, Regulations on Working with Intermediaries, South Africa, 2015.

② Article 10, Regulations on Working with Intermediaries, South Africa, 2015.

南非宜尽快出台专门的规定以规制代理人从业条件和资格。

总的来说，金砖各国的规定，不仅考核了代理人的专业能力，还通过登记注册真正把控代理人的职业素养。

（三）对金砖各国完善足球代理人从业自律监管制度的思考

对比金砖国家的监管规定，还有很多需要完善的地方。

1. 监管方式需多元化。除了事前监管外，金砖国家宜实施全过程的监管。欧盟成员国运用监管方式多元化的措施实现了对体育代理人全过程的监管，包括事前、事中及事后监管，各单项体育运动自律监管组织制定并颁布行业的或区域的体育代理人管理规范。金砖国家可以借鉴这样的规定。

2. 金砖国家宜准确识别足球代理人的地位。欧盟体育法专家提到“明确足球代理人的概念是规范管理代理活动的前提，也是研究相关问题的前提”。[①] 金砖国家对代理人行为的规范须以明确代理人地位为前提。

3. 借鉴欧盟成员国，在对体育代理人进行规定时，首先对体育代理人的定义作出明确规定，在更高层面给代理人作出有约束力的定义，自律监管机构再以此作出更详细的定义，以符合本行业的实际情况。

（四）小结

代理人在足球业活动中起着链接纽带的作用，一方面可以代表俱乐部或者球员的利益，另一方面代理人的职业素质的高低决定着这个足球市场经营秩序是否畅顺，所以对代理人的监管至关重要。因此，金砖各国宜更加完善本国的代理人自律监管制度，真正有效地规范代理人资格的取得条件和代理行为。

五、金砖国家间足球业自律监管共同规则的建构

经过以上内容的对比分析，金砖国家对足球业自律监管制度的内容和规定有很多不同，各自不同的规定和不同的实际情况势必加大金砖国家足球业交流与合作的难度，不利于金砖国家间建立统一的足球市场。为了进一步加强五国的合作与发展，建立一套相互认可、共同遵守的自律监管规则，有利于足球业的发展。在这过程中，一方面要充分结合金砖五国国内的实际情况，并以原有先进的制度为基础，另一方面要借鉴五国中良好的自律监管制度。本文以期形成一套为五国共同认可并真正有利于五国足球业发展的共同规则。

---

① 朱文东：《欧盟体育经纪人法律制度研究》，湖南师范大学硕士论文，2011 年，第 49 页。

(一)金砖国家间建构足球业自律监管共同规则的必要性和可行性

1. 建构共同规则的必要性

金砖五国在过去几年,作为迅速崛起的新兴经济体,国内外投资热情高涨、经济发展速度迅猛,他们所展现出的增强国家实力、提高国际竞争力的愿望让世界各国刮目相看。然而,最近各国的经济遭遇到不同程度的衰退,更有甚者呈现负增长。巴西政府宣布国内生产总值下滑,连续两年负增长。俄罗斯遭遇 2014 年金融危机,从此一蹶不振。印度虽国内生产总值连续增长,但经济风险仍然存在。中国贸易在收缩,经济也在收缩。南非经济发展责任依然重大。

足球产业作为朝阳产业,正成为有些国家调整产业结构、摆脱经济低迷的重要突破口之一。足球产业作为第三产业,其发展不仅需要本国的高度重视、大力投入,更需要着重把握国际服务贸易的规律。在某种程度上,国际服务贸易往往与第三产业的对外贸易相关。因此,为促进金砖国家间第三产业的发展,尤其是足球产业的交流与合作,建构一套金砖五国相互认可、共同遵守的足球业自律监管共同规则很有必要。

2. 建构共同规则的可行性

2017 年 9 月,金砖国家领导人第九次会晤将在中国厦门召开,回顾金砖国家近十年的合作发展,取得了丰硕的成果,积累了丰富的经验,在制定共同规则方面具有独特的优势。

(1)根据联合国“人类发展指数”的数据,金砖国家均属于“发展中国家”,都迫切希望在各领域能有更深层次的“南南合作”,制定足球产业自律监管的共同规则,可以为其他产业树立范例,是金砖国家的意愿所在。

(2)金砖国家人口总数占世界总人口的四成,参与体育产业的人员数量庞大,体育市场前景广阔,这为制定足球产业的共同规则提供了市场基础,可以加强和完善本国足球业自律监管,提升足球业发展水平。广阔的体育市场有利于该产业的进一步发展。

(3)金砖国家体育运动历史悠久、设施完善、体育人口众多,特别是作为世界第一流行的足球运动深受五国人民的热爱。这样有利的文化背景、强大的制度支持有助于推动足球产业共同规则的制定。

(二)金砖国家间建构足球业自律监管共同规则应遵循的原则

1. 借鉴其他体育强国自律监管制度

无论是欧洲国家还是美国,从其自律监管制度中很容易发现,自律监管制度更具体有效、更具有可操作性。例如：在体育产业中自律监管规定更加具体完善，行业自律机构设置也相对合理，并能很好地处理与政府的关系。而金砖五国的相关规定则过于抽象化，可操作性不强，使得自律监管机构对足球业的监管达不到预期的效果。因此，金砖五国必须在结合本国具体情况的前提下有原则地借鉴体育强国的相关先进制度经验，以促进本国足球业快速发展。

2. 坚持本国现有先进制度

金砖五国的自律监管制度虽然存在许多缺陷和不足，但也有值得肯定的地方，因为这些自律监管制度都是充分考虑了本国的风土人情与实际情况建立的。相对其他体育产业发达国家的监管体系而言或许落后许多，但非常符合该国的实际情况，因此不能简单地照搬其他体育产业发达国家的制度及经验，强行移植于本国自律监管制度中，否则会适得其反。所以，金砖五国各自先进的自律监管制度必须坚持并不断完善。

3. 建立长效交流制度

金砖各国发挥本国优势制度再借鉴其他国家的先进制度的同时，应该在五国间建立长效的交流机制。一方面，本国内的大专院校开设更多体育管理类、技术专业类的课程，完善各国足球从业人员的职业素质。另一方面，无论是政府间的，还是行业协会间的，五国都应该为工作人员交流提供更多的机会。比如，巴西足协可以每年定期派遣足球领域的管理或技术专家到中国足协对相关的工作人员进行培训，中国足协也可以派出工作人员到巴西足协的工作岗位进行学习。如果这样的交流机制可以在金砖五国间开展并长期有效的进行，这对五国的足球业发展将起到巨大的推动作用。不仅如此，还可以为国际上其他体育产业欠发达的国家树立一个可以借鉴并已取得很好效果的榜样。

(三)金砖国家间足球业自律监管共同规则的具体建构

金砖国家在足球业自律监管上有很多差异，也存在着许多问题。这些问题在将来势必会对五国间的合作造成很多障碍。为了妥善处理好这些问题，金砖五国宜进行友好且具有实质性效果的协调和磋商，争取制定《金砖五国足球业自律监管共同规则》，促进五国更好地发展本国足球产业。《金砖五国足球业自律监管共同规则》可以包括以下几个方面：

1. 在金砖国家足球业自律监管机构方面，需明确自律监管机构在足球产业中的地位和作用。一方面，自律监管机构要不断地完善自己的运行管理。另一方面，政府机构进行协同监管，行业内的具体事务由行业自律组织来管理，而足球产业的发展方向则需要政府有关部门协同把控。政府机构要详细规定好有关部门的职责，可以根据不同的领域设置专门的对口部门，实现一对一的监管。

2. 在金砖国家职业足球俱乐部准入自律监管方面，需明确职业俱乐部准入的条件，必须达到具体、确定以及具有可操作性的标准。在符合准入条件的前提下，欢迎内、外的投资者申请注册登记设立俱乐部。足协或联盟将符合准入条件且注册登记的俱乐部予以公示，使得整个过程阳光透明公开。准入程序需便利于申请人，在准入文件中制定清晰明确的程序图，使申请人有章可循。最后，需明确俱乐部的退出条件、退出程序等。退出条件可以包括：违反法律法规，被注销，俱乐部经营困难等。退出程序为俱乐部必须经过自律监管机构审查同意才可以退出足球市场。

3. 在金砖国家足球运动员转会自律监管方面，需明确一项最根本的原则，即保护转会各方的权益，包括球员、转出俱乐部以及转入俱乐部。如果在转会的过程中发生纠纷，除了自律监管机构内的仲裁部门有权解决外，当地司法部门也应该有权解决此类纠纷。具体程序可以设置为：当发生转会纠纷时，双方当事人首先将纠纷提交给自律监管机构内的仲裁部门解决并作出裁决，并由双方当事人遵守裁决。若有一方不遵守，另一方可将该裁决提交到当地司法部门，由司法部门作出具有强制执行力的法律文书。

4. 在金砖国家足球代理从业人员管理方面，需统一代理人的从业条件，包括形式条件和实质条件。形式条件包括申请登记、通过国家统一考试以及执业前的培训等。实质条件包括国籍、年满 18 周岁、学位文凭等方面。各国对有意从事代理活动的人员进行申请登记管理，然后进行统一的考试，考试通过者参加执业前的培训学习，最终通过考核者方可从事代理活动。还要规范足球代理人的代理行为，明确代理人的权利、义务，以及不得作出的行为。还需明确外籍足球代理人在本国从业的条件及行为规范。

(四)小结

根据以上论述，金砖国家有建立足球业自律监管共同规则的有利条件，各国根据国情和金砖合作发展，有建立共同规则的必要性和可行性。在遵循借鉴其他体育强国自律监管制度、坚持本国现有先进制度和长效交流机制的原则下，综合考虑各方建议，平等协商，求同存异，构建五国认可的、具体的足球业自律监管共同规则。共同规则的建构有利于金砖国家间建立统一的足球市场，进一步加强足球业的融合与发展，最终促进金砖国家足球业共同繁荣。

结语

足球业是世界各国市场发展和国民经济的新兴产业，金砖五国也非常重视足球产业的发展。在足球业中，自律监管是重要的一环。首先监管足球市场准入。其次，完善职业俱乐部准入的条件，提高投资的门槛。再次，监管球员转会的整个流程，提高效益，增强俱乐部的竞技实力。最后，提高足球代理人从业条件，规范其行为，使得足球产业市场有序运行。因此，在体育法学中足球业自律监管制度有着举足轻重的地位。当然，在足球业中除了以上内容外还包括足球教练员、裁判员等自律监管，但由于各种原因，本文没有涉及。

本文从金砖国家足球业自律监管机构、职业俱乐部准入条件及准入程序、足球运动员转会和代理人资格取得四个方面进行对比分析和总结，指出金砖国家足球业自律监管制度中存在的不足，希望能够形成一套各国共同适应并促进五国交流合作与共同发展的足球业自律监管共同规则。

A Study on the Self-supervision Systems of Soccer Industry in BRICS

CHEN Ruifeng

Abstract: With the rapid improvement of national power, the BRICS pay more and more attention to the exchanges and cooperation among them in the field of sports, and encourage the expansion of communication channels and personnel exchanges in the field of sports. As an uprising industry, the soccer industry is becoming one of the important breakthroughs for the BRICS to adjust their industrial structure and get rid of the economic downturn. With the gradual deepening of cooperation in various fields among the BRICS, the exchange and cooperation of the soccer industry will become more close and frequent. This paper adopts the methods of normative analysis, empirical analysis and comparative analysis, and studies the self-supervision system of the BRICS soccer industry from the perspective of theory and practice in five parts, which will be of great significance to promote the cooperation and development of the soccer industry among the BRICS.

Key words: BRICS; soccer industry; self-supervision systems; common rules

✲ 袁　林*

亚欧铁路货物运输统一运单法律功能研究**

内容摘要：亚欧国际铁路货物运输推广使用国际货约/国际货协运单（"统一运单"），我国使用统一运单的效果并不显著。中国推进"一带一路"倡议、亚欧铁路国际物流发展深受统一运单的影响。本文在分析统一运单的优势、特点以及法律功能的基础上，指出统一运单只是形式上的统一，多方面无法与国际其他运输单据相协调，提出了统一运单应赋予收货人独立的给付请求权，并与国际商务惯例、国际贸易术语、跟单信用证统一规则、国际其他运输方式更好的衔接，在适应法律上有突破。建议我国加入国际铁路运输委员会，在制定新的铁路运输法时赋予铁路运单以物权凭证功能，以适应国内与国际各种运输方式的需要、国际商务惯例的要求。

关键词：国际货约/国际货协运单；统一运单；法律功能

* 袁林，中级经济师，重庆交通职业学院报关与国际货运专业负责人。

** 本文系由本卷编辑在作者2018年6月硕士学位论文（指导教师邓瑞平教授）基础上修改而成。

目次

引言

随着"一带一路"经济贸易发展不断深入，亚欧班列已成为亚欧各国进出口货物重要的运输渠道。中欧班列自 2011 年以来开行已达 6000 多列。据 2017 年的统计数据，止于 2017 年 11 月 17 日当年中欧班列开行数量已突破 3000 列，比 2011 年至 2016 年开行数量的总和还多。[①] 亚欧班列分东部、西部、中部三条通道，共铺设了 57 条中欧班列运行线，其中西部通道已由中国连通南亚的越南、新加坡，并从中国的新疆阿拉山口或霍尔果斯出境，东部通道从中国东南沿海省份出发经满洲里出境，中部通道从中国华北平原经二连浩特出境。至 2017 年年底，中欧班列已在我国 34 个城市和境外 12 个国家的 35 个城市运行。[②] 中欧班列带来的经济效益突出，各地区通过开通中欧班列

---

① 佚名:《中欧班列累计开行超 6000 列 成亚欧大陆物流陆路运输骨干通道》,2017 年 12 月 19 日，http://www.mofcom.gov.cn/article/i/jyjl/m/201712/20171202687188.shtml，2017 年 11 月 28 日访问。

② 孙自鹏:《中欧班列"穿针引线"串起沿线经济腾飞》,中国法院网 2017 年 12 月 19 日，https://www.chinacourt.org/article/detail/2017/12/id/3130591.shtml，2017 年 12 月 30 日访问。

拉动经济迅速发展。①

亚欧国家国际贸易量不断增大,亚欧班列开行数量和密度不断增加、物流链不断延伸、辐射范围不断扩大,对国际铁路运单办理质量、办理效率提出了更高的要求。

亚欧大陆铁路线辐射范围广,分别属两大政府间国际铁路组织,即“国际铁路运输政府间组织”(英文简称“OTIF”)和“铁路合作组织”(英文简称“OSJD”,以下简称“铁组”)。它们在各自范围内分别适用《国际铁路货物运输公约》(简称《国际货约》)和《国际铁路货物联运协定》(简称《国际货协》),分别使用国际货约运单(CIM)和国际货协运单(SMGS)。亚欧国际铁路直通运输途经这两个铁路运输组织的成员国,各成员国适用各自的铁路公约标准、运输规则和运单。中欧班列从国际货协国家出发,经过国际货约成员波兰时,需要把 SMGS 运单换成 CIM 换单,导致了费用的增加、时间的延长和手续的烦琐以及失窃的隐患。为推动国际铁路直通运输的发展,OSJD 和 OTIF 成立联合工作组,经过多次协商谈判,达成直通运输统一单据手册的协定,提出使用“国际货约/国际货协运单”(CIM/SMGS consignment note 或 common consignment note,下文简称统一运单)的规定。2006 年 7 月在乌克兰首先进行了统一运单试验运行,效果良好。2012 年我国铁道部通知在阿拉山口、满洲里、二连浩特三个国际铁路口岸试运行统一运单,2017 年 5 月 12 日,国家铁路局发布通知,通过满洲里、绥芬河、二连浩特、阿拉山口、霍尔果斯铁路口岸进出境的中欧集装箱列车可采用 CIM/SMGS 统一运单办理货物运送,由发货人自愿选择。② 试运行过程中,出现有关情况,使我国统一运单的试用效果不明显。

伴随我国推进实施“一带一路”倡议,中欧班列运量不断增大,国际货约/国际货协运单的使用越来越多。但是国际货约/国际货协运单在使用过程中的局限性,对国际货物贸易发展的不利影响显而易见,国际货约/国际货协运

---

① 早在 2011 年 6 月,首趟“渝新欧”班列开通。中欧班列因受自然环境影响小、价格约为航空的五分之一、运行时间约为海运的三分之一,已由最初的每月一列变为后来的每周一班、每天一列。班列发展初期,发往欧洲的列车基本可实现满载出口,但返回国内列车空载进口现象较普遍,导致全程物流成本偏高。2013 年 2 月首趟重庆返程班列开通后,去程满载、返程空载局面逐步改善。如今,“渝新欧”“汉新欧”“蓉新欧”“郑欧”“义新欧”班列已实现双向稳定运行,其中“渝新欧”“郑欧”“义新欧”和“长安号”返程货物满载率都超过 90%。佚名:《中欧班列成国际班列主力军》,载《金融界》2018 年 2 月 27 日,http://finance.jrj.com.cn/2018/02/27074024158389.shtml,2018 年 3 月 1 日访问。

② 国家铁路局:《国家铁路局关于采用国际货约/国际货协运单的通知》,2017 年 5 月 3 日,http://www.nra.gov.cn/jgzf/yxjg/zcfg/201705/t20170503_37684.shtml,2017 年 11 月 15 日访问。

单的法律功能研究是一个比较新的话题,也是一个值得深入探讨的问题。

目前,对中欧国际铁路的研究主要集中在对国际货协、国际货约两大集团在铁路运单及相关法律问题、国际货约/国际货协运单内容、国际铁路联运法律问题、国际铁路联运统一立法工作的研究。但是对国际货约/国际货协运单的法律功能研究较少,兹综述中外文献如下。

国内学者的研究主要体现在以下方面:

关于《国际货约/国际货协运单指导手册》的适用。李敦响(2012 年)[①]指出,从 2012 年 1 月 13 日,铁道部国际合作司在中铁国际多式联运有限公司举办《国际铁路联运协定》附件第 22 号《国际货约/国际货协运单指导手册》说明会,确定中欧班列开始试用国际货约/国际货协运单。康颖丰(2016 年)[②]认为,《指导手册》所编制的国际货约/国际货协运单系国际货协运单和国际货约运单的简单合并;其在两大国际铁路运输组织的各自范围内分别适用不同的运输法规,即在《国际货协》适用范围内采用时,统一运单作为国际货协运单使用,适用《国际货协》规定,在《国际货约》适用范围内采用时,作为国际货约运单使用,适用《国际货约》规定。

关于国际货约/国际货协运单的特点。孙彬(2016 年)[③]认为,该运单实际上是两种运单的物理叠加,其自推出以来未得到广泛推广的原因有二:一是单证填写内容复杂,填写语种增加,填写难度加大;二是使用"统一运单"需获得途经各国和到达国铁路的一致同意,对外商定过程较长,增加了发运前的准备工作,影响了客户的使用积极性。提出了多式联运提单与国际铁路联运运单对接模式、多式联运提单运作机制,以尽快实现国际铁路联运与国际多式联运单证的接轨和现有联运单存在的格式不统一、信息化程度不高、权属复杂不便索赔、不能作为物权凭证、无法用于信用证结汇等问题。唐卫红(2015 年)提出,推行统一的多式联运运单,一次托运、一张单据、一次付款、一次保险,并在报检报关方面实行两头报检报关,中间不再查验和申报的操作。[④]

关于统一铁路法。孙林(2017 年)[⑤]在分析现行国际铁路货物联运法律框架基础上,提出国际铁路联运统一铁路法的建议:运单内容项目应当统一,才

---

① 李敦响:《2012 年:中欧集装箱班列可采用"统一运单"》,载《大陆桥视野》2012 年第 5 期。

② 康颖丰:《亚欧铁路国际联运统一运单应用的探讨》,载《铁道货运》2016 年第 6 期。

③ 孙彬:《中欧班列国际铁路联运采用多式联运提单对策的研究》,载《管理与创新》2016 年第 2 期。

④ 唐卫红:《新丝绸之路经济带的铁路运输研究》,载《现代商业》2015 年第 7 期。

⑤ 孙林:《国际铁路货物联运统一铁路法研究》,载《铁道经济研究》2017 年第 2 期。

能保证运输的统一;运单使用的语言应当协调统一,以保证运输畅通、提高运输效率为原则,尊重当事人协商选择的权利,在规定的语言选项范围内当事人可选择适用合同语言。此项选择可与法律适用选择相协调;运单的填制要进一步细化与明确,允许当事人对运单内容进行增减,但涉及承运人内部运输组织的内容不得随意更改。

关于中国与OTIF合作。权诗琦、张巍(2017年)①认为,中国应加强与OTIF的合作,通过成为OTIF的合作伙伴、观察员等身份加强合作,以促进联运法规、铁路技术、联运运单以及合作机制的联通。

外国学者和有关组织的研究主要体现在以下方面:

关于使用统一的CIM的电子运单。Erik Evtimov(2017年)②认为,国际铁路运输委员会(简称CIT)一直致力于亚欧国际铁路、公路、多式联运的发展,因格鲁吉亚和土耳其边界报关要换铁路运单,为减少国际铁路运输手续,格鲁吉亚(国际货协成员国)已于2017年10月正式成为CIT成员,使用统一的CIM电子运单,将方便两国边境海关手续办理。

关于推广使用电子CIM / SMGS运单。Borna Abramović、Vladislav Zitricky、Vedran Biškup(2016)③认为,斯洛伐克和乌克兰之间的CIM/SMGS案例研究表明,使用电子CIM/SMGS运单,将为两国边境站手续总时间缩短170分钟或66.7%,优化了组织程序。

关于CIM/SMGS法律相互可操作性。Erik Evtimov(2017年)④认为,CIT副秘书长提出"Legal Interoperability CIM/SMGS",但没有提出具体措施。

综上所述,近十余年来关于国际铁路联运有了一定研究并提出了一些非常好的观点,然而这些观点的焦点不同。国际货约/国际货协统一运单的法律功能分析,需要结合国际货协运单、国际货约运单、统一运单的相关规定以及海运、空运等运输方式进行研究。

本文拟用历史分析、比较分析、规范分析和实证分析等研究方法,尝试性研讨亚欧铁路货物运输统一运单的法律功能,国际铁路与海运、空运、公路运输的

---

① 权诗琦、张巍:《中国与国际铁路运输政府间组织合作的思考》,《铁道运输与经济》2017年(第39卷)第9期。

② Erik.Evtimov,"UNESCAP work on intermodal traffic in North-East and Central Asia",CIT-Info,No.4 / December 2017.

③ Borna Abramovi,Vladislav Zitricky,Vedran Biškup,"Organisation of railway freight transport:case study CIM/SMGS between Slovakia and Ukraine",*European Transport Research Review*,2016,p.26.

④ Erik Evtimov,"UNESCAP work on intermodal traffic in North-East and Central Asia",Legal Interoperability CIM/SMGS,CIT,2017.

衔接，统一运单与国际商业惯例的衔接中的法律功能及其问题，并提出相关意见和建议。

一、亚欧铁路货物运输统一运单的基础理论

（一）亚欧铁路货物运输统一运单的定义

为亚欧国际贸易货物提供安全、快捷的国际铁路联运条件，简化货物转运手续、减少换单时间、降低成本，促进国际铁路联运发展，铁联和铁组成立了联合工作组，共同编制了“CIM/SMGS运单”（下文简称统一运单）。

亚欧铁路运输时，《国际货约》和《国际货协》成员国可采用同一种运单格式，即统一运单。使用统一运单时，货物运送全程只办理一次运单手续，途经各国无须重新办理运输票据。

自2006年起，统一运单已逐步推广，范围已扩大到黑海、里海和波罗的海铁路轮渡直通联运以及亚欧铁路联运中，取得了显著的效果。

（二）亚欧铁路货物运输统一运单的历史发展

1.《国际货约》的历史溯源

1890年，欧洲各国的铁路代表为统一铁路货物运输规则，在瑞士Bern商议制定了《国际铁路货物运输规则》，在1934年的伯尔尼会议上，铁路代表重新修订该规则，改称其为《国际铁路货物运输公约》（英文简称CIM①），并于1938年10月1日起开始施行，参加国是以欧洲国家为主的24个成员国。② 1980年5月9日再次对该公约进行了较大修订。③ 当时参加成员有39个国家。④ 1985年5月，在COTIF 1980正式生效的同时，总部设于瑞士伯尔尼的国际铁路联运组织（OTIF）成立，后来OTIF加入国际铁路运输委员会（简称“铁委”，英文缩写CIT）⑤。国际铁路运输委员会是提供国际客运和货运服务

---

① 英文全称为International Convention Concerning the Carriage of Goods by Rail。

② 王德占、王维：《欧洲铁路货物联运发展与问题分析》，载《高端视点》2017年第4期。

③ 修订后英文简称COTIF，全称Convention Concerning International Carriage of Goods by Rail，中文仍为《国际铁路货物运输公约》（《国际货约》），英文简称COTIF 1980。

④ 王德占、王维：《欧洲铁路货物联运发展与问题分析》，载《高端视点》2017年第4期。

⑤ CIT（国际铁路运输委员会），成立于1902年，是提供国际客运和/或货运服务的铁路公司和航运公司组成的协会。https://cit-rail.org/en/organisation/，2017年10月23日访问。

的协会组织，它由216个航运公司和铁路企业组成的联合体，总部设在伯尔尼。欧盟作为区域经济合作组织也加入了铁委。①

铁委是基于法律规章形成的国际铁路运输组织，成员各方均遵守其签署的公约和协定。自2015年7月起，铁委成员国适用国际货约COTIF 1999。②

COTIF 1999是铁委的基本文本，适用于欧洲、马格里布地区和中东。铁委成员国将大部分附录应用于COTIF（CIV 、CIM、RID、CUV、CUI、APTU和ATMF统一规则）。铁委制定并推广按照COTIF进行的示范合同。③

2.《国际货协》的历史溯源

二战过后，由于各国经济发展及世界政治格局变化的需要，《国际铁路旅客联运协定》（简称《国际客协》）和《国际货协》于1951年11月1日缔约。其成员以苏联和东欧国家为主，分别是：保加利亚、波兰、阿尔巴尼亚、民主德国、罗马尼亚、捷克斯洛伐克、匈牙利和苏联8国。④ 后来中国、朝鲜、蒙古于1953年加入该协定。⑤

由于国际铁路联运的发展和国际铁路间科技合作的需要，有必要建立中央政府一级的国际联运管理机构，负责铁路运输领域的合作与协调。1956年6月28日，在保加利亚首都索非亚举行了《国际货协》各国部长会议，议定成立"铁组"，组建各国部长会议，作为《国际货协》各参加国的政府主管组织。随着经济全球化的发展以及与各运输组织接轨的需要，铁组于2015年改组为政府间国际组织（仍简称为铁组）。

铁组官网资料显示，截至2017年，铁组合作参加方共有28个成员国铁路运输主管机关、铁组26个成员国铁路、观察员7个，另有分别来自格鲁吉亚、摩尔多瓦、奥地利、德国、波兰、俄罗斯、哈萨克斯坦、匈牙利、罗马尼亚、乌克兰、爱沙尼亚、拉托维亚、亚美尼亚、捷克、瑞士、斯洛伐克、法国和韩国等40个

① Intergovernmental Organisation for International Carriage by Rail, published on 23 August 2011, http://eur-lex.europa.eu/legal-content/EN/TXT/? uri=legissum:tr0051, last visited on 10 Dec., 2017.

② COIF, Intergovernmental Organisation for International Carriage by Rail, https://www.cit-rail.org/en/rail-transport-law/cotif/, last visited on 10 Dec., 2017.

③ CIT: COTIF, https://www.cit-rail.org/en/rail-transport-law/cotif/, last visited on 10 Dec., 2017.

④ 梁成谷：《国际铁路货物联运法律问题研究》，湖南师范大学硕士论文，2004年，第24～25页。

⑤ 莫世健、陈石：《论国际铁路运输公约对"一带一路"的重要性》，载《山东科技大学学报》2016年第18卷第2期。

国家的铁路运输企业加入铁组。①

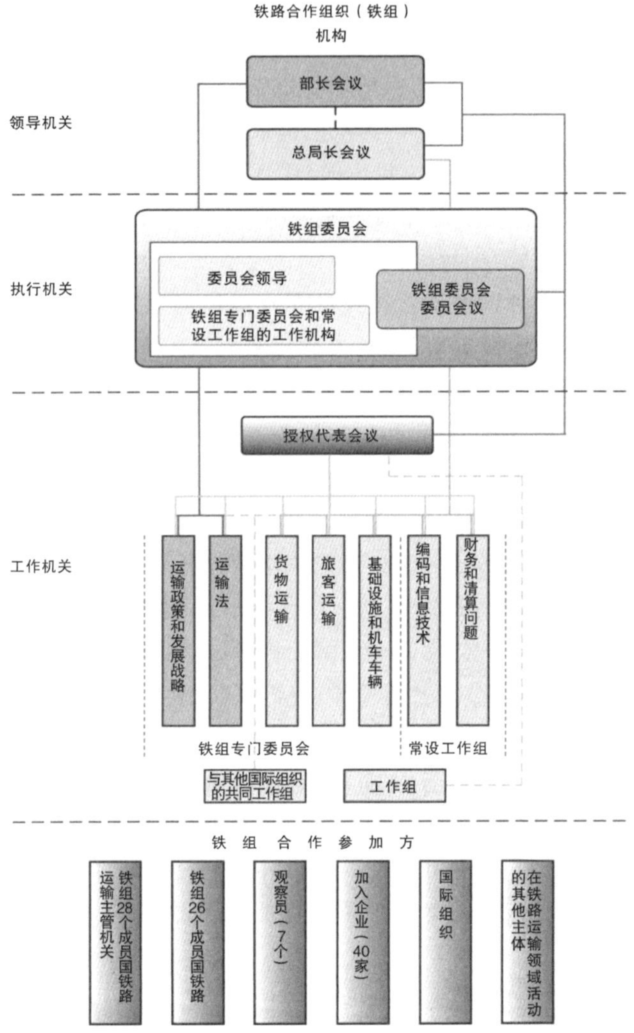

图 1　铁组组织机构图②

为方便国际铁路运输组织协调，共有 13 个国家同时参加了两个国际铁路运输组织，分别是爱沙尼亚、格鲁吉亚、保加利亚、捷克、匈牙利、伊朗、波兰、罗

---

① OSJD：Организации сотрудничества железных дорог（ОСЖД），http://osjd.org/statico/public/ru? STRUCTURE_ID=976，2017 年 12 月 10 日访问。

② OSJD：Организации сотрудничества железных дорог（ОСЖД），http://osjd.org/statico/public/ru? STRUCTURE_ID=976，2017 年 12 月 10 日访问。

马尼亚、拉脱维亚、立陶宛、乌克兰、斯洛伐克与俄罗斯。①

《国际货协》是铁组成员国办理国际铁路货物联运时必须遵循的国际铁路运输协定。它规定了国际铁路货物联运合同、运单、承托双方权利义务责任、索赔争议处理、作为运输工具的非承运人所属车辆的使用,以及六个附件,对参加运输的所有承运人、发货人和收货人都有约束力。

相比欧洲国家的运输条件,铁组成员国间铁路联运具有运距长(8000~10000 km),途经不同气候带(包括严寒地区),列车单向运行途中两次更换轨距(1435 mm/1520 mm/1435 mm)等特点。铁组成立之初,铁组成员国铁路线路总营业里程约 227000 km,而至 2016 年铁路营业里程已达到了281215.8 km,每年可运输货物约 60 亿 t,旅客约 40 亿人次。② 大多数欧亚运输参加国采用的是不同的运输法标准。铁组在成员国范围内提供了国际铁路运输的统一法律标准,如海关手续、运价、运输条件、车辆互用规则、信息工艺保障手段、铁路间财务清算等。

《国际货协》成员国在组织国际铁路联运时,接受《国际货协》的调整,并使用国际货协标准运单(简称《国际货协》运单或 SMGS)。

使用《国际货协》运单发运亚欧铁路直通运输货物时,需换单。例如:渝新欧从重庆出发到达德国杜伊斯堡,班列从新疆阿拉山口出境,途经哈萨克斯坦、俄罗斯、白俄罗斯、波兰,最后到达德国小镇杜伊斯堡。由于中国、德国使用的是标准轨距1435 mm,而哈萨克斯坦、俄罗斯、白俄罗斯、波兰使用的是宽轨1520 mm,货物到达波兰,需要在哈萨克斯坦和波兰两国进行换轨,并在波兰换单(SMGS 更换成 CIM)。换单即按照《国际货约》缮制 CIM 运单,此换单需要一定的费用成本和劳务时间,并增加了单证的风险③。

3. 亚欧铁路货物统一运单出现的原因

亚欧大陆各铁路组织的成员国,在各自范围内分别适用《国际货协》和国际货约》。两个运输条约对铁路运输的规定、承运人责任、发货人与收货人义

① OSJD:Организации сотрудничества железных дорог(ОСЖД),http://osjd.org/statico/public/ru? STRUCTURE_ID=976,2017 年 12 月 10 日访问。

② 国际铁路合作组织官网:“铁组委员会主席致铁路合作组织成立 60 周年”,2011 年 10 月 5 日发布,http://zh.osjd.org/statico/public/zh? STRUCTURE_ID=23,2018 年 1 月 5 日访问。

③ Elena Ilie, CIM/SMGS consignment note simplifies cross-border procedures, Railway Pro, August 10, 2010, https://www.railwaypro.com/wp/cimsmgs-consignment-note-simplifies-cross-border-procedures/, last visited on 5 Dec., 2017.

务、运输单证等方面存在较大不同。欧亚铁路货物运输时存在的主要问题是，铁路货物运输途经该两大铁路法律集团衔接的国家时，必须重新办理另一运输法集团的运输票据。转发运手续烦琐，不仅延长了货物送达时间，增加了运输费用，而且容易造成错误增加、运送时间延误的可能。为解决此问题，需要有一种能通行两个条约成员国的统一格式的铁路运单。2006 年 7 月，铁组和铁委成立的联合工作组经过多次协商，最终议定共同编制统一运单，并在乌克兰试运行。自 2007 年 7 月 1 日起在白俄罗斯、俄罗斯、乌克兰等一些东欧国家正式实施且效果明显。① 为降低国际铁路物流成本，2010 年 8 月我国铁道部在征得海关等联检部门同意后，自 2012 年 1 月 1 日起，对由中国经满洲里、二连浩特、阿拉山口三个口岸到欧洲国家的集装箱列车，试用统一运单。②

2012 年 10 月 31 日，采用统一运单的第一列集装箱试验列车从重庆出发（渝新欧班列）到达德国的杜伊斯堡，取得了圆满成功。2017 年 5 月 12 日，国家铁路局发布通知，经满洲里、阿拉山口、二连、霍尔果斯、绥芬河铁路口岸开行的中欧及返程集装箱列车，可采用统一运单托运，由发货人自愿选择。③ 统一运单标准格式及使用要求按国际货协有关规定办理。使用统一运单，节约了在波德交接换单的时间，并减少了换单时可能产生的误差。虽然货物在国境站换装（波铁是 1520 mm 宽轨，德铁是 1435 mm 准轨④）仍然导致了时间的延长，但是在运输单据上减少了手续和制单、换单费用，使亚欧铁路联运更顺畅。

（三）亚欧铁路货物运输统一运单的内容认知

国际货约运单 CIM 和国际货协运单 SMGS 分别来自于两个不同的国际铁路组织，它们在适用的技术标准、联运法规、通关方式、运单要求、承运人责任等方面均不同，对亚欧国际铁路直通运输协作带来了很大的影响。

---

① Situation on 1 January 2017, cit-rail.org, https://www.cit-rail.org/media/files/public/download/3a_Scope_of_ applicaton_of_CIM-SMGS-CMR_2017-01-01.pdf, last visited on 20 Dec.,2017

② 国家铁路局：《国家铁路局关于采用国际货约/国际货协运单的通知》，http://www.nra.gov.cn/jgzf/yxjg/zcfg/201705/t20170503_37684.shtml，2017 年 11 月 15 日访问。

③ 国家铁路局：《国家铁路局关于采用国际货约/国际货协运单的通知》，http://www.nra.gov.cn/jgzf/yxjg/zcfg/ 201705/t20170503_37684.shtml，2017 年 8 月访问。

④ 蒲开夫：《建设丝绸之路经济带，铁路运输必须先行》，载《大陆桥视野》2017 年 12 月上半月刊。

1.《国际货约》内容剖析①

从承运范围看。《国际货约》适用于按照CIM运单托运的货物运输，并应在至少两个缔约国的领土上运行，运行线路以公约线路表规定为限。公约的这种承运标准，能有效避免问题的出现和适应法律的冲突。公约还界定了其不被适用的情况。如当线路虽然通过另一个国家领土过境，但运输的发运站和到达站位于同一国家，或者当线路由发运国某一铁路独家经营，或双方政府已经达成一致时，公约将不会被适用。

从合同缔结与运单内容来看。运输合同签订的标志是铁路方从发货人那里接收了运单以及运单载明的货物并在运单上加盖发站戳记时。在适用公约时，合同的达成还应该满足三个条件：托运人必须遵守承运人制定的价目表、统一规则以及补充规定；即将进行的运输必须普遍可操作的；即将进行的运输没有不可抗力的阻碍。铁路不会提供承运特殊设备装载、卸载或转运的物品所需的设备。铁路运单在国际铁路货物联运中非常重要，甚至被认为是运输合同。合同的履行要求全部体现在运单之中。

从交货与装载来看。《国际货约》规定，交付货物和装载货物应在发运站进行。若双方约定特殊的货物交接方法，双方需达成一项特别协议，并将交接货物要求的信息显示在运单中。装载货物由铁路或托运人负责。托运人装载货物时注意需符合装载限制规定，并对操作不当使铁路遭受的任何灭失和损坏负责。不同的运输车型（如敞车或棚车）有不同的价目表。托运人应在运单上表明货物件数、包装、重量等信息，并与他自己盖在车辆封签上的描述一致。若货物超过规定装载，铁路方将超载部分卸下不予运输并收取相关操作费用，已运输的停运卸货并征收罚款。托运人随货附上沿途各国海关及行政机关所要求的通关文件，铁路方无义务审核文件是否准确齐备，文件欠缺或不准确由托运人自行负责。但是，由于铁路方的过失，包括丢失或错误使用这些文件等而导致的问题，由铁路方承担，但它的赔偿限度最多不超过货物灭失时所应承担的责任。货物的过境通关申报手续由铁路方代为履行。目的站收货人在付齐目的站铁路方应收的费用后，方可提取货物。目的站铁路方不需要一定将货物交给收货人，如将货物交给海关，或者收货人要求的公共仓库，均视为货物已交付。当货物超过预定交货日期30天后仍未到达，或货物灭失情况已被证实时，收货人向铁路方提出索赔。

① 具体内容见CIM，"Uniform Rules Concerning the Contract of International Carriage of Goods by Rail"（2016年5月1日修订本），https://cit-rail.org/secure-media/files/documentation_de/freight/cim/cim_1999_2010-12-01 _tr-de-en_ rev_ns.pdf? cid=21957，2017年8月访问。

从铁路承运人责任与赔偿来看。从接受运单及货物时起，到交付货物与运单时止，铁路承运人对运输全程中货物的延迟、损害与灭失负责。接续铁路应对接收的货物的全程运输负责直到运达交货地。以下情况铁路方可免除责任：①灭失、损害和延迟是不可抗力原因；②托运方本身的错误或疏忽，或不适装、不适货等错误指示；③货物自身的固有特性。《国际货约》规定，如发生货物损坏、灭失或运送延迟，承运人应负有举证义务。某些特殊情况下可以采取推定方式来确定货物损坏与灭失的原因，这样可减轻铁路方的举证责任，但托运方可以提交相反的证据。

《国际货约》关于延迟的规定。一旦铁路方运输时间超过了自己承诺的特定交货时间，即视为运输延迟，其赔偿以运费的3倍为限。对于逾期30天仍未交货的延迟，赔偿费用将远高于延迟。货物灭失或损害时的索赔规定也明显有利于承运人，铁路的责任限制为毛重短少每公斤不超过50法郎。货物损坏赔偿应不超货物的使用价值，损坏赔偿的计算方法应与货物灭失的方法相同。《国际货约》的责任规定与限制在另有协议时按协议执行。托运人可以对托运货物进行声明价值，如果有声明价值的货物的灭失、损害或延迟是由于铁路方故意造成，他将负全额赔偿责任。如为重大疏忽造成，赔偿限额为上述责任限制的两倍。

关于有权向铁路索赔和起诉主体的规定。《国际货约》规定，运费支付人已支付运费后发起的索赔，可向收取该项金额的铁路提起，或向运输该货物多得款额的铁路提起。现款交货支付的索赔，由发货人向起点站提出。因运输合同引起的对铁路的非运费的其他诉讼，由收货人或发货人提出均可。目的站铁路在没有收到货物或运单的情况下，也可能被提起诉讼。向铁路提起索赔的人，可通过提交有关的运单及其他文件，向该铁路提起书面诉讼，诉讼的要求与索赔一样。公约规定诉讼期限一般为1年。但特殊情况下时效期限为2年。有学者认为，《国际货约》中规定，没有接收到货物和运单的目的地铁路仍可被诉讼的规则过于灵活，会损害那些无辜的铁路的利益。① 笔者认为，这项规定的可取之处在于承认了缔约承运人与实际承运人处于同等法律地位。

从运单来看。发货人应为每批货物及时填写好运单并随货提交给承运人。运单要求应至少两种文字，除了本国官方语文外，应至少包含法文、德文或意大利文的其中之一。笔者认为，制定公约时的欧洲大陆各国并没有统一使用某一种语言，由于英国偏居欧洲西北一隅，因此，法文、德文或意大利文由于历史和政治经济的原因占据重要位置是可以理解的。同一张运单只能办理一车货物，但如同一次托运，货物因为不可分或量多占用超过一车时也可按同一张运单处理。笔者认为，关于同一张运单运载货物的规定体现了《国际货

① 王为：《过境铁路运输的贸易条款分析》，载《大陆桥视野》2010年上半月刊。

约》与国际海运实际操作的一致性。国际海运操作时，只要是同一发货人、同一收货人且同船同航次同一目的地，不管多少个集装箱的货物，均可以只出一份海运提单或海运单。CIM 运单正本随货物流转，加盖戳记运单副本作为铁路发运站接收货物并承诺运输的收据，由发货人存档。运单虽是合同缔结和合同内容的证明，但当发货人负责装货时，铁路方并未真正查验核收货物，只有当铁路方已经查验货物并在运单上批示证明货物信息或重量时，运单才能作为对抗铁路方的有力证据。有学者认为，铁路方核查货物重量和件数的有力证据，是对运单上的内容证明的格式化。铁路方如果对重量和件数不负责任必须在运单上加以注明。这说明运单并非最终证据。笔者认为，这一规定与国际海运操作是一致的，国际海运操作中，由于整箱货多为托运人自行装柜和铅封，承运人并没有实际去核实托运人在该运单上申报的货物信息是否属实，因此承运人会通过不知条款来表明对货物准确信息的保留态度。如果货物由承运人的集装箱货运站拼箱及铅封，则承运人有义务核实货物的实际情况并在海运提单或海运单上清楚显示。

运单要求收货人栏只能填写一个自然人或法人，不得批注“按指示交货”或“交运单副本持有人”。此条表明了《国际货约》运单不可以进行转让，即没有物权凭证的功能。笔者认为，在当时的《国际货约》成员国内的国际铁路联合运输，由于地域范围跨度较小，每次运到期限时间较短，虽然长于国际空运，但比海运短很多。如将运单作为物权凭证，有可能货物的实际运输比制作单证并寄送达收货人的速度更快，这样将导致货物在到达路终点站滞留。相比物权凭证的转让功能带来的利益，让铁路各站点运转通畅更为有利，于此，为方便货物快速交付，运单要求写明收货人名称和地址。

运单中关于运费支付的规定非常明确。托运人已付费用金额的信息应由发站在运单正本和副本内载明。发货人支付了哪些部分的运费，应在运单上载明：“已付运费”或“已付运费包括……”或“已向邻国运价规程开始生效的地点支付运费（包括……费用）”。笔者认为，这一规定具有与国际海运、国际空运方式接轨的先进性，它表明托运人支付运费是可以选择的，可以在运输合同中约定由谁支付运费并在运单中体现出托运人支付运费的具体信息。这一规定同时符合《国际贸易术语解释通则》中不同贸易术语买卖双方在运费方面的义务。比如 FCA 术语规定，托运人（即卖方）将货物交到承运人指定的发运站，并完成在发站发生的手续费和出口国报关手续，即完成交货义务，而不用支付国际运输的运费，运费由买方支付。而 CPT 术语则表明卖方要支付国际运输的运费。CIM 运单在运费支付方面的规定灵活而方便操作，非常可取。同时，国际商务的《跟单信用证统一惯例》中规定，运单中对运费的显示应为 freight prepaid（运费预付）或 freight to collect（运费到付）。在国际贸易全球化发展迅猛的时代背景下,《国际货约》的多条规定与国际商务接轨,使《国际货约》具有真正的生命力。

表 1 consignment note CIM①

sheet no.	Title	Retention of the sheet
1	Original of the consignment note	consignee
2	Invoice	Carrier at the destination
3	Arrival notes/customs	Customs or carrier at the destination
4	Duplicate consignment note	Consignor
5	Duplicate Invoice	Forwarding carrier

从运输路线和运价规程来看。发货人有宽松的运输路线选择权,可在运单内规定运输线路,指明运输途经的国境地点或国境站或运输的交接站。按照发运国的规章或其已适用的国际运价规程规定的费率,计算运费、附加费和其他费用。这些费用通常规定由发货人支付。发货人对运单中应由他填写的内容或声明的准确性负责。

2.《国际货协》内容剖析

《国际货协》自 1951 年生效以来,为适应国际运输的不断发展而多次修订,如 1998 年版、2015 年版、2017 年版。《国际货协》2017 年版共有 4 章 60 条 6 个附件。② 它是各会员国在国际货物铁路联运时必须遵循的运输条约。它规定了协定适用范围、货物运送方法、运送规则、预先商定、危货运送、信息手册以及采用国际货约/国际货协运单办理运送办法,参加国际铁路承运人以及收货方、托运方各自的权利、义务和责任等等,对参加运送的所有铁路承运人、托运方、收货方都有约束力。

《国际货协》第 1 章"总则部分",明确了国际铁路货物运输包括国际铁路直通联运和国际铁路—轮渡直通联运两种③。定义中增加了国际铁路—轮渡

① Borna Abramovi, Vladislav Zitricky, Vedran Bi Vladislav "Organisation of railway freight transport: case study CIM/SMGS between Slovakia and Ukraine", *European Transport Research Review*, Nov.2016, pp.3-6.

② 铁组:《国际货协》,2017 年 7 月 1 日发布,http://zh.osjd.org/doco/public/zh?STRUCTURE_ID=43&layer_id=4581&refererLayerId=4621&id=52&print=0,2017 年 10 月 5 日访问。

③ 铁组:《国际货协》第 2 条,2017 年 7 月 1 日,http://zh.osjd.org/doco/public/zh?STRUCTURE_ID=43&layer_ id=4581&refererLayerId=4621&id=52&print=0,2017 年 10 月 5 日访问。

直通联运，符合欧洲一些国家联运的需要，也为《国际货协》向多式联运的方式扩展打下基础。定义中改变了对铁路运输方的称谓，以前旧版本为各铁路方，现改为缔约承运人与接续承运人，以与其他国际运输方式接轨。办理国家铁路货物联运时，如本协定无规定，则承托双方受国内相关法律的约束。有学者认为，如遇协定未规定而适用各自国内法律法规时，由于各国法律并不统一，如依据发生时的实际情况确定使用某国国内法，会给运输的实际执行带来不确定性和难度。关于运送的预先商定范围，规定发货人和缔约承运人、缔约承运人和接续承运人之间应根据国内法律预先商定或根据约定的办法预先商定。有学者认为，预先商定的优点在于各种货物都可能托运，只需通过预先商定承运各方同意即可，它为扩大货物的运送范围创造了前提，增加了规章的灵活性。由于货协到货约的所有货物均需预先商定，导致手续繁杂，如能限定商定货物的范围，充分利用网络通信技术缩短商定时限，更为可取。

《国际货协》第2章规定了运输合同、运单、运费、交付等内容①。承运人根据运输合同按与发货人商定的经路，收取相关运输费用，将发货人托运的货物运至到站交付收货人。同时，承运人或发货人拥有相应的运输工具和可以实际运输的现实条件，以及完成预先商定的手续。运单是运输合同缔结的凭证；每一接续承运人从接收货物和相应运单时起，即受该运输合同的约束，并履行由此而产生的义务。运输合同的存在和效力不因运单记载失误或运单丢失而受到影响。

运单由发货人填写并连同货物一起交给承运人。运单规定了一式五份及每份的用途。发货人若修改运单，需在运单声明栏写明，并由承运人盖章确认。运单中应记载的内容包括：发货人名称及其通信地址；收货人名称及其通信地址；缔约承运人名称；发送路及发站名称；到达路及到站名称；国境口岸站名称；货物名称及其代码；批号；包装种类；货物件数；货物重量；车辆（集装箱）号码及提供者，发货人在运单上注明的添附文件清单；运费支付记录；封印；重量确定方法；缔结合同的日期，必要时的其他信息。《国际货协》不仅规定了运单的内容，还规定了运单的标准格式供制作使用。

运单语文规定使用铁组语文（中文或俄文中的一种），并且详细规定自越南、中国、朝鲜起运的货物采用中文，自货协其他国家或经其他国家运到越南、中国、朝鲜时使用俄文。经运送参与方商定，运单可采用其他任何语言填写。有学者认为，这样规定比旧版更加灵活，使发货方有更多的选择权。笔者认为，铁路运单的语言使用规定非常重要，它含有运输保护主义和较多的政治色彩，一般言之，运送参加方即承运人、续约承运人由于受国内规定的限制，很难在运单协商

① 铁组：《国际货协》第14—48条，2017年7月1日，http://zh.osjd.org/doco/public/zh? STRUCTURE_ID=44，2017年10月5日访问。

时采取积极的态度，而仍然保留传统的使本国更容易识读与制作的语言，这样无疑不利于国际贸易的发展，也不利于推广使用全球统一的国际商务语文，对国际商务的发展看似有一定的促进性，实际效果仍不明显。运单可采用电子运单形式。

运单填写不正确，如发生在缔结合同前则必须重新填制，在之后则必须修改。发货人对运单中记载内容和声明的正确性负责。如托运人填写运单违反了相关规定，应向承运人支付违约金。托运人办理货物运送时可声明价格，承运人有权按价格声明核收相关杂费。有学者认为，此项规定过于原则化，会使实际工作难以执行，并可能导致收费标准不一的问题。

在容器包装和标记方面，发货人应提供适合运输的包装，并对包装导致的运输安全性负责。由何方装车应按发送国的国内法律规定。笔者认为，装车问题还应结合《国际贸易术语解释通则》的相关规定进行。运输是为国际贸易服务的，应立足于国际商务的基础上，综合考虑贸易与运输的结合性，并为国际商务提供较多的便利。货车施封应不易损坏。从发货人处承运货物，由缔约承运人办理。笔者认为，如果收货人与缔约承运人达成运输协议，则在发货人处的承运人可能是缔约承运人本身或分支机构，也可能是缔约承运人的代理。发货人应将全程海关和行政手续所需资料随附在运单上并对资料的完整性和准确性负责。如由于资料问题导致费用发生时，如费用发生在到达路，则向收货人核收；发生在其他路，均向发货人核收，为灵活处理，也可将此项义务转给第三者履行。在此操作下，发货人应将第三者支付人的信息注明在运单中，且该支付人应与相应承运人签有运费支付协议。此外，上述各项费用的核算均按各铁路国内规章计算。

在装车及重量条款规定方面，《国际货协》规定由何方装车，应按发送国的国内法律规定办理，重量按《货物运送规则》确定。货物承运由缔约承运人办理，强调谁装车谁负责的原则。从发货人处承运货物，由缔约承运人办理。笔者认为，从发货人处承运货物，可由缔约承运人或其代理办理，这样可与国际商务及国际贸易术语接轨。行政手续的履行方面规定，托运人应随附齐全正确的行政手续所需单据，并支付因单据不合要求而导致货物滞留产生的附加运送费用和杂费，以及国内法律规定的违约金。

承运人有权检查发货人是否遵守了运送条件，以及货物与运单记载是否相符。如不符合运送规定，承运人有权向发货人收取所有检查费用。笔者认为，承运人的检查应属于义务而非权利。要接收运单载明的货物，就应先尽到检查义务，在规定的用语上，还应去行政化色彩。

在运输合同变更方面，《国际货协》规定，发货人以及收货人有权向承运人做出有关货物运输变更的指示，从而变更运输合同。发货人向缔约承运人提出变更申请，收货人向交付货物的承运人提出申请。为限制双方对运输变更的权利，货协规定发货人可以申请变更货物的目的或变更收货人。收货人的权限更小些，只可以在到达国范围内变更目的站以及收货人。收货人变更合同后，则需要承担运输合同中发货人的义务。

在货物交付方面，货协规定货物到达目的站后，承运人负有交付货物和运单给收货人的义务。收货人在规定情况下可拒领货物。当交付时虽然封印完好，但有痕迹表明运输工具内的货物可能被触及时；封印短缺、毁损或其记号与运单中的记载不符时等六种情况，收货人可要求承运人参加货物件数、状态或重量的检查。

《国际货协》第 2 章还对货物灭失的推定、运送和交付阻碍、商务记录、运送费用的计算、违约金的支付、承运人的责任及责任范围、承运人之间的清算、承运人之间已付赔偿款额的返还要求、货物灭失或短少的赔偿额、货物毁损（腐坏）的赔偿额、货物重量不足的责任范围、货物运到逾期的赔偿额、赔偿请求、根据运送合同提出要求，司法管辖、时效期间等内容做了明确的规定。

《国际货协》第 3 章是非承运人所属车辆的使用管理规定，第 4 章为附则。《国际货协》还通过六个附件对货物运送规则、危险货物运送规则、货物装载和加固的技术条件、作为运输工具的非承运人所属车辆的运送规则、信息指导手册、国际货约/国际货协运单指导手册进行详细规定。如《国际货协》对国际铁路联运货物运输有遗漏的，适用托运人国内铁路规章的规定。当《国际货协》与现行国内法规有冲突时，以《国际货协》为准。

表 2 《国际货协》运单份数及用途①

第……张	各张名称	各张的领收人	各张用途
1	运单正本	收货人	随同货物至到站
2	运行报单	将货物交付收货人的承运人	随同货物至到站
3	货物交付单	将货物交付收货人的承运人	随同货物至到站
4	运单副本	发货人	运输合同缔结后，交给发货人
5	货物接收单	缔约承运人	缔约承运人留存
6	货物到达通知单	收货人	随同货物至到站
无编号	运行报单（补充联）	承运人	给货物运送途中的承运人（将货物交付收货人的承运人除外）

① 铁组：《国际货协》附件第 1 号《货物运送规则》第 2 章，2017 年 7 月 1 日发布，http://zh.osjd.org/doco/public/zh? STRUCTURE_ID=43&layer_id=4581&refererLayerId=4621&id=52&print=0，2017 年 10 月 5 日访问。

表 3 《国际货协》运单第一联 运单正本正面①

1 运 单 正 本 — Оригинал накладной （给收货人）—（Для получателя）	210×297	29 批号—Отправка № 13×45

45×12 国际货协运单 — Накладная СМГС 缔约承运人—Договорный перевозчик	1 发货人—Отправитель 5×20 23×94 签字—Подпись	2 发站—Станция отправления 5×20 10×94
	4 收货人 Получатель 5×20 23×94	3 发货人的声明—Заявления отравителя 44×94
5 到站 Станция назначения 5×20 15×106		8 车辆由何方提供 Вагон предоставлен / 9 载重量—Грузоподъёмность 10 轴数—Оси / 11 自重—Масса тары / 12 罐车类型—Тип цистерны 6×94

6 国境口岸站—Пограничные станции переходов	7 车辆—Вагон	8	9	10	11	12	换装后—После перегрузки	
	4×45						13 货物重量 Масса груза	14 件数 К-во мест
	4×45	4×8	4×10	4×8	4×15	4×10		
35×65							4×24	4×16

15 货物名称—Наименование груза	16 包装种类 Род упаковки	17 件数 К-во мест	18 重量（公斤） Масса (в кг)	19 封印—Пломбы 数量 К-во	记号 знаки
65×95	65×20	65×20	65×20	5×10	5×35
				20 由何方装车—Погружено 7×45	
				21 确定重量的方法 Способ определения массы 13×45	
10×95	22 承运人—Перевозчики	(区段自/至—участки от/до)		车站代码 (коды станций)	
23 运送费用的支付—Уплата провозных платежей 35×95	9×35	9×50		4.5×20	
24 发货人添附的文件—Документы, приложенные отправителем 34×95	25 与承运人无关的信息，供货合同号码 Информация, не предназначенная для перевозчика, № договора на поставку 20×105				

26 缔结运输合同的日期 Дата заключения договора перевозки 35×47.5	27 到达日期—Дата прибытия 35×47.5	28 办理海关和其他行政手续的记载 Отметки для выполнения таможенных и других административных формальностей 35×105

① 参见铁组：《国际货协》发布，2017 年 7 月 1 日，http://zh.osjd.org/doco/public/zh? STRUCTURE_ID=43&layer_ id=4581&refererLayerId=4621&id=52&print=0，2017 年 10 月 5 日访问。

表 4 《国际货协》运单第一联运单正本背面①

计算运送费用的各项 — Разделы по расчёту провозных платежей					向发货人计算的费用 Расчёты с отправителем		向收货人计算的费用 Расчёты с получателем	
A	37 区段—Участок 自—От 至—До	车站代码 Коды станций	38 里程（公里） Расстояние, км	39 计费重量（公斤） Расчётная масса, кг	44 运价货币 Валюта тарифа	45 支付货币 Валюта платежа	46 运价货币 Валюта тарифа	47 支付货币 Валюта платежа
					48	49	50	51
	40 杂费 Дополнительные сборы				52	53	54	55
	41 运价—Тариф	42 货物代码—Код груза	43 兑换率—Курс пересчёта	共计 Итого: ►	56	57	58	59
Б	37 区段—Участок 自—От 至—До	车站代码 Коды станций	38 里程（公里） Расстояние, км	39 计费重量（公斤） Расчётная масса, кг	44 运价货币 Валюта тарифа	45 支付货币 Валюта платежа	46 运价货币 Валюта тарифа	47 支付货币 Валюта платежа
					48	49	50	51
	40 杂费 Дополнительные сборы				52	53	54	55
	41 运价—Тариф	42 货物代码—Код груза	43 兑换率—Курс пересчёта	共计 Итого: ►	56	57	58	59
В	37 区段—Участок 自—От 至—До	车站代码 Коды станций	38 里程（公里） Расстояние, км	39 计费重量（公斤） Расчётная масса, кг	44 运价货币 Валюта тарифа	45 支付货币 Валюта платежа	46 运价货币 Валюта тарифа	47 支付货币 Валюта платежа
					48	49	50	51
	40 杂费 Дополнительные сборы				52	53	54	55
	41 运价—Тариф	42 货物代码—Код груза	43 兑换率—Курс пересчёта	共计 Итого: ►	56	57	58	59
Г	37 区段—Участок 自—От 至—До	车站代码 Коды станций	38 里程（公里） Расстояние, км	39 计费重量（公斤） Расчётная масса, кг	44 运价货币 Валюта тарифа	45 支付货币 Валюта платежа	46 运价货币 Валюта тарифа	47 支付货币 Валюта платежа
					48	49	50	51
	40 杂费 Дополнительные сборы				52	53	54	55
	41 运价—Тариф	42 货物代码—Код груза	43 兑换率—Курс пересчёта	共计 Итого: ►	56	57	58	59
Д	37 区段—Участок 自—От 至—До	车站代码 Коды станций	38 里程（公里） Расстояние, км	39 计费重量（公斤） Расчётная масса, кг	44 运价货币 Валюта тарифа	45 支付货币 Валюта платежа	46 运价货币 Валюта тарифа	47 支付货币 Валюта платежа
					48	49	50	51
	40 杂费 Дополнительные сборы				52	53	54	55
	41 运价—Тариф	42 货物代码—Код груза	43 兑换率—Курс пересчёта	共计 Итого: ►	56	57	58	59
Е	37 区段—Участок 自—От 至—До	车站代码 Коды станций	38 里程（公里） Расстояние, км	39 计费重量（公斤） Расчётная масса, кг	44 运价货币 Валюта тарифа	45 支付货币 Валюта платежа	46 运价货币 Валюта тарифа	47 支付货币 Валюта платежа
					48	49	50	51
	40 杂费 Дополнительные сборы				52	53	54	55
	41 运价—Тариф	42 货物代码—Код груза	43 兑换率—Курс пересчёта	共计 Итого: ►	56	57	58	59
64 计算和核收运送费用的记载—Отметки для исчисления и взимания провозных платежей				总计 Всего: ►	60	61	62	63
43×128					65 应向发货人补收的费用 Дополнительно взыскать с отправителя за			

① 铁组:《国际铁路货物联运协定》,2017 年 7 月 1 日,http://zh.osjd.org/doco/public/zh? STRUCTURE _ ID = 43&layer _ id = 4581&refererLayerId = 4621&id = 52&print=0,2017 年 10 月 5 日访问。

3. 亚欧铁路货物运输统一运单的内容

《国际货协/国际货约统一运单》正式出现在《国际货协》第6号附件《国际货协/国际货约统一运单指导手册》中。该《指导手册》适用范围较广，对《国际货协》成员及其收发货人、国际铁路运输委员会成员及其客户均具有约束力。该《指导手册》规定，统一运单在国际货约范围内等同于CIM运单，在《国际货协》范围内等同于SMGS运单，并适用于两个集团成员国海关和行政管理要求。统一运单适用于如下货物：同时适用《国际货协》和《国际货约》规定的货物；按统一运单提交运送的货物；本《指导手册》附件1所载的《国际货约》和《国际货协》承运人运送的货物；在转发地点由《国际货约》或《国际货协》承运人运送的货物。在《国际货约》范围内，该《指导手册》的规定仅在其列入对客户有效的文件和承运人之间合作协议中时方可适用。在《国际货协》范围内，该《指导手册》的规定仅在适用本指导手册的国际货协参加者声明的径路上。

统一运单是在国际铁路货物联运时证明《国际货协》和《国际货约》运输合同缔结的文件。统一运单一式六份共112项内容，分为纸质运单和电子运单两种形式，二者具有同等法律效力①。统一运单的语文使用规定为，在同时涉及《国际货协》和《国际货约》的货物运输时，统一运单的语言规定较为复杂，可为两种或三种，分别是俄文、德文（或英文与法文任选一）以及在往/自中华人民共和国运送时，各栏名称另用中文印制。仅与《国际货约》运输合同相关的各栏，用德文、英文或法文三者之一进行填写；仅与《国际货协》运输合同相关的各栏用俄文填写，在往中国运送时，运单可另用中文填写。笔者认为，统一运单的语文不应仅考虑各集团的使用便利，还应结合其他国际运输方式和国际商务的需要。在国际海运和空运中，以及国际商务中，英语是标准语文，统一运单的填制应考虑至少使用一种语言即英语，可再使用发货人国家官方语文作为第二语言。

在费用支付方面，《国际货约》成员作为发货人或收货人仅支付与《国际货约》运输合同相关的费用；而《国际货协》成员为收货人或发货人亦仅支付《国际货协》运输合同相关的运送费用，该运费用可以通知支付人支付，但需在运单中注明支付人。笔者认为，这一运费处理方式非常僵硬，与其他国际运输的运费处理方式完全不一样，可明显看出两个法律集团的法律互通性还需进一步提升。采用了统一运单后，各法律集团有关赔偿规定和责任的规定仍按各自条约，统一运单不改变各法律集团之前的任何法律规定。统一运单办理的运送，若货物发生灭失、短少、损害等问题，应由受理赔偿请求的承运人向赔偿请求人或权利人支付赔偿，而不论其身处哪个法律集团。

---

① 国际货协：《国际货约/国际货协运单指导手册》（2016年7月1日），http://zh.osjd.org/ doco/public/zh? STRUCTURE_ID=43&layer_id=4581&refererLayerId=4621&id=52&print=0，2017年10月15日访问。

《国际货约》和《国际货协》在关于许可和商定方面的规定不完全相同。从《国际货约》成员国发送货物到《国际货协》成员国时，只有几种特殊情况需由参加运送的承运人预先商定，如超长或超重货物、换装联运中使用特种平车运送的货物、超过经路任一铁路装载限界的货物、无包装或包装不充分的货物经不同轨距铁路运送的自轮运转机车车辆等。商定后由转发地点的《国际货协》承运人通报运送许可号码，发货人将许可号码记入统一运单第 7 栏的“发货人声明”中。易腐货物但未装入带温度调节设备车或机械冷藏车的，在与参加运送的《国际货协》承运人预先商定并同意后，发货人应在统一运单第 20 栏“货物名称”中记载：“易腐货物—全程不需保持特殊温度”，并将转发地点的《国际货协》承运人通报的运送许可号码记入统一运单第 7 栏的“发货人声明”中。从适用《国际货协》的国家发送货物到《国际货约》国家时，所有货物均应不晚于运送开始前 7 天商定，《国际货约》规定的特殊货物应不晚于出运开始前一个月商定，商定号码应记入运单第 64 栏 “承运人的声明”。笔者认为，从《国际货协》出发到《国际货约》国的所有货物均需商定会导致运输手续繁杂，运送时效降低，人为增加了各种障碍。在海关手续方面，《国际货协》货物进入欧盟境内之前应保证遵守其现行海关规定和海关安全条款。在 EC 或 EC EFTA 通用货物手续协定各方境内，简化的铁路货物海关手续时，《国际货协》缔约承运人必须在货物到达欧盟境内之前，在统一运单中注明《国际货约》缔约承运人和主要责任人。从《国际货约》国家发送货物时，发货人应将货物账单随附在运单上。

表 5　CIM/SMGS 统一运单份数及作用①

运单各张		运单各张领收人
顺号	名称	
1	运单正本	收货人
2	运单报单	向收货人交付货物的承运人
国际货约 5 国际货协 3	运单副本	发货人
国际货约 4 国际货协 4	货物交付单	国际货约—国际货协联运：向收货人交付货物的承运人 国际货协—国际货约联运：不使用
国际货约 3 国际货协 5	货物到达通知单/海关	国际货约—国际货协联运：收货人/海关 国际货协—国际货约联运：到达承运人/海关
6	货物发送通知单	国际货约—国际货协联运：发送承运人 国际货协—国际货约联运：不使用

① 国际货协：《国际货约/国际货协运单指导手册》(2016 年 7 月 1 日)，http://zh.osjd.org/ doco/public/zh? STRUCTURE_ID = 43&layer_id = 4581&refererLayerId = 4621&id = 52&print = 0，2017 年 10 月 15 日访问。

发货人从《国际货协》发送货物时，还需要编制补充运行报单，给《国际货协》缔约承运人两份；给《国际货协》每个接续承运人各一份。《国际货约》虽然有补充运行报单的规定，但相对较为简单。从《国际货约》成员国发送货物时，发货人不用办理补充运行报关，而由换装或换轮地的《国际货协》承运人使用报行报单复印件即可。笔者认为，如能开发出统一的国际铁路货物联运承运人运输管理系统，将大大简化操作手续，节约成本和时间。

统一运单内容包括：缔约承运人名称、发送路及发站名称；货物名称及其代码；货物包装种类、件数、重量、运输批号、车辆（集装箱）号码；到达路及到站名称；国境口岸站名称；发货人添附的文件清单；运费支付事项；确定货物重量的方法、封印、缔结运输合同的日期。必要时可加列：接续承运人信息、货物声明价格、特别声明。

表 6　统一运单第 1 联　运单正本正面①

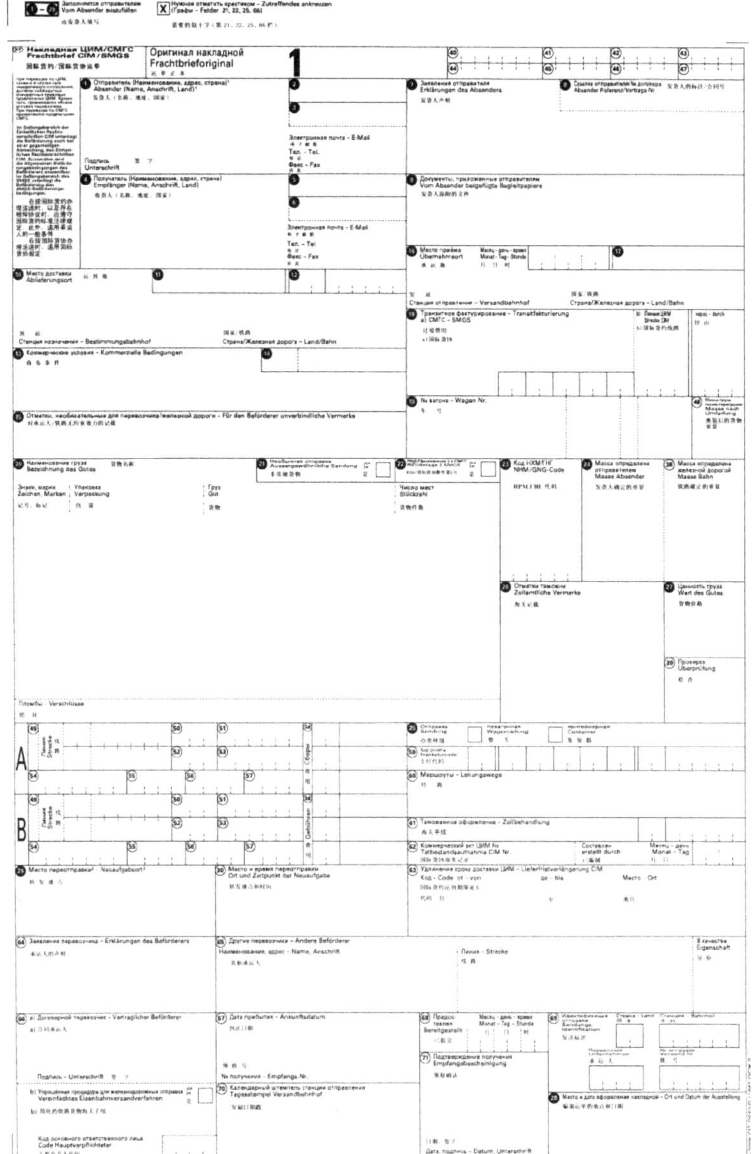

Заполняется отправителем – Vom Absender auszufüllen
由发货人填写
X Нужное отметить крестиком – Zutreffendes ankreuzen (Графы – Felder 21, 22, 25, 66)
需要的划十字（第 21、22、25、66 栏）

Накладная ЦИМ/СМГС
Frachtbrief CIM/SMGS
国际货约/国际货协运单

Оригинал накладной
Frachtbrieforiginal
运单正本

1

1 Отправитель (Наименование, адрес, страна)[1]
Absender (Name, Anschrift, Land)[1]
发货人（名称、地址、国家）
Подпись – Unterschrift 签字
Электронная почта – E-Mail
Тел. – Tel.
Факс – Fax
4 Получатель (Наименование, адрес, страна)
Empfänger (Name, Anschrift, Land)
收货人（名称、地址、国家）
7 Заявления отправителя
Erklärungen des Absenders
发货人声明
8 Ссылка отправителя № договора
Absender Referenz/Vertrags-Nr.
9 Документы, приложенные отправителем
Vom Absender beigefügte Begleitpapiere
发货人添附的文件
10 Место доставки
Ablieferungsort
到达地
Станция назначения – Bestimmungsbahnhof
Страна/Железная дорога – Land/Bahn
13 Коммерческие условия – Kommerzielle Bedingungen
商务条件
15 Отметки, необязательные для перевозчика/железной дороги – Für den Beförderer unverbindliche Vermerke
16 Место приёма
Übernahmeort
Месяц – день – время
Monat – Tag – Stunde
月 日 时
Станция отправления – Versandbahnhof
Страна/Железная дорога – Land/Bahn
18 Транзитное фактурирование – Transitfakturierung
a) СМГС – SMGS
b) Линия ЦИМ
Strecke CIM
через – durch
19 № вагона – Wagen Nr.
车号
48 Масса груза после перегрузки
Masse nach Umladung
20 Наименование груза
Bezeichnung des Gutes
货物名称
Знаки, марки – Zeichen, Marken
Упаковка – Verpackung
Груз – Gut
Число мест – Stückzahl
21 Необычная отправка
Aussergewöhnliche Sendung
22 RID/Приложение 2 к СМГС
RID/Anlage 2 SMGS
23 Код НГМ/ГНГ
NHM/GNG-Code
24 Масса определена отправителем
Masse Absender
35 Масса определена железной дорогой
Masse Bahn
26 Отметки таможни
Zollamtliche Vermerke
海关记载
27 Ценность груза
Wert des Gutes
货物价格
39 Проверка
Überprüfung
Пломбы – Verschlüsse
A
B
Линия – Strecke
Сборы – Gebühren
25 Отправка – Sendung
повагонная – Wagenladung
контейнерная – Container
59 Код оплаты – Frankaturcode
60 Маршруты – Leitungswege
61 Таможенное оформление – Zollbehandlung
62 Коммерческий акт ЦИМ № – Tatbestandsaufnahme CIM Nr.
Составлен – erstellt durch
Месяц – день – Monat – Tag
29 Место переотправки[2] – Neuaufgabeort[2]
30 Место и время переотправки
Ort und Zeitpunkt der Neuaufgabe
63 Удлинение срока доставки ЦИМ – Lieferfristverlängerung CIM
Код – Code　от – von　до – bis　Место – Ort
64 Заявления перевозчика – Erklärungen des Beförderers
65 Другие перевозчики – Andere Beförderer
Наименование, адрес – Name, Anschrift
Линия – Strecke
В качестве – Eigenschaft
66 a) Договорной перевозчик – Vertraglicher Beförderer
Подпись – Unterschrift 签字
b) Упрощённая процедура для железнодорожных отправок
Vereinfachtes Eisenbahnversandverfahren
Код основного ответственного лица
Code Hauptverpflichteter
67 Дата прибытия – Ankunftsdatum
№ получения – Empfangs-Nr.
68 Предоставлен – Bereitgestellt
Месяц – день – время
Monat – Tag – Stunde
69 Идентификация отправки
Sendungs-Identifikation
Страна – Land
Станция – Bahnhof
70 Календарный штемпель станции отправления
Tagesstempel Versandbahnhof
71 Подтверждение получения
Empfangsbescheinigung
Дата, подпись – Datum, Unterschrift
28 Место и дата оформления накладной – Ort und Datum der Ausstellung

---

① 参见铁组:《国际货约/国际货协运单指导手册》(《国际铁路货物联运协定》附件第 6 号),中国铁道出版社,2016 年版第 56 页。

表 7　统一运单第 1 联　运单正本背面①

73 Сообщение – Verkehr 联运

80 № позиции Positions Nr. 类项号码 | **81** Класс Klasse 等级 | **82** Ставка Frachtsatz 费率 | **83** Расчётная масса (кг) Frachtpflichtige Masse (kg) 计算重量（kg）

88 Расчёты с отправителем Kostenabrechnung mit dem Absender 向发货人计算的费用
90 Сумма в Betrag in 款额 | **91** Сумма в Betrag in 款额

89 Расчёты с получателем Kostenabrechnung mit dem Empfänger 向收货人计算的费用
92 Сумма в Betrag in 款额 | **93** Сумма в Betrag in 款额

74 Провозная плата от Fracht von 运费 自
до bis 至
Дополнительные сборы Nebengebühren 杂费
94 | 95 | 96
98 | 99 | 100
84 | 85 | 86 Км – Km | 87 Тариф – Tarif 运价 | Итого Zusammen 共计 | 102 | 103 | 104 | 105

75 Провозная плата от Fracht von 运费 自
до bis 至
80 | 81 | 82 | 83
Дополнительные сборы Nebengebühren 杂费
94 | 96
98 | 100
84 | 85 | 86 Км – Km | 87 Тариф – Tarif 运价 | Итого Zusammen 共计 | 102 | 103 | 104 | 105

76 Провозная плата от Fracht von 运费 自
до bis 至
80 | 81 | 82 | 83
Дополнительные сборы Nebengebühren 杂费
94 | 96
98 | 100
84 | 85 | 86 Км – Km | 87 Тариф – Tarif 运价 | Итого Zusammen 共计 | 102 | 103 | 104 | 105

77 Провозная плата от Fracht von 运费 自
до bis 至
80 | 81 | 82 | 83
Дополнительные сборы Nebengebühren
94 | 96
98 | 100
84 | 85 | 86 Км – Km | 87 Тариф – Tarif 运价 | Итого Zusammen 共计 | 102 | 103 | 104 | 105

110 Курс пересчёта – Umrechnungskurs 兑换率
Дороги отправления – Versandbahn 发送路 | Дороги назначения – Bestimmungsbahn 到达路 | Всего Total 共计 | 106 | 107 | 108 | 109

111 Отметки о расчётах платежей – Vermerke Frachtberechnung 有关计费的记载

107' Всего взыскать с отправителя (прописью) – Insgesamt vom Absender zu erheben (in Worten) 向发货人核收的总额（大写）
Подпись – Unterschrift 签字

109' Всего взыскать с получателя (прописью) – Insgesamt vom Empfänger zu erheben (in Worten) 向收货人核收的总额（大写）
Подпись – Unterschrift 签字

112 Дополнительно взыскать с отправителя – Zusätzlich vom Absender zu erheben 应向发货人补收的费用

1) 从适用国际货约统一法律规定的国家发送时，运单中的发货人即国际货约运输合同的发货人，同时是国际货约运输合同的收货人和国际货协运输合同的发货人。

从适用国际货协的国家发送时，运单中的发货人即国际货协运输合同的发货人，同时是国际货协运输合同的收货人和国际货约运输合同的发货人。

2) 变更国际货约/国际货协运输法规的地点，该转发地点同时是：
国际货约 - 国际货协联运：国际货约规定的运到地和国际货协规定的发站；
国际货协 - 国际货约联运：国际货协规定的到站和国际货约规定的货物承运地。

[1]Sendungen aus Staaten, die die einheitlichen Rechtsvorschriften CIM anwenden: Der Absender im Frachtbrief ist Absender des CIM-Beförderungsvertrags und gleichzeitig Empfänger des CIM-Beförderungsvertrags und Absender des SMGS-Beförderungsvertrags.
Sendungen aus Staaten, die das SMGS anwenden: Der Absender im Frachtbrief ist Absender des SMGS-Beförderungsvertrags und gleichzeitig Empfänger des SMGS-Beförderungsvertrags und Absender des CIM-Beförderungsvertrags.

[2]Ort des Übergangs zwischen den Beförderungsregimen CIM und SMGS.
Dieser Neuaufgabeort ist gleichzeitig
- im Verkehr CIM → SMGS: Ablieferungsort gemäss CIM und Versandbahnhof gemäss SMGS,
- im Verkehr SMGS → CIM: Bestimmungsbahnhof gemäss SMGS und Übernahmeort gemäss CIM.

Оригинал накладной
Frachtbrieforiginal
运单正本 **1**

119 Штемпель станции взвешивания – Stempel des Wiegebahnhofs
Подпись – Unterschrift
过秤站日期戳

① 参见铁组:《国际货约/国际货协运单指导手册》(《国际铁路货物联运协定》附件第6号),中国铁道出版社 2016 年版,第 57 页。

(四)亚欧铁路货物运输统一运单的特点与优势

1. 亚欧铁路货物运输统一运单的特点

统一运单是 OTIF 和 OSJD 多次协商谈判的结果。从运单内容上看,它包含了 CIM 运单和 SMGS 运单的所有内容,只是精减了重复部分,增加了办理转发运手续的内容,调整部分栏目,共有 112 项。[①] 统一运单主要有以下特点:

(1)统一运单的签署表示同时履行了《国际货协》和《国际货约》两种运输合同。统一运单作为海关清关文件和银行交单文件得到了 CIT 和 OSJD 的承认。统一运单内容完备,是国际货协运单和国际货约运单内容的总结。[②]

(2)统一运单语言印制和填写用俄文以及英文、德文或法文中的一种。在往/自中国运送时,各栏名称另用中文印制。根据运输参与方的同意,可自由约定使用的语言。

(3)统一运单中规定承运人有权要求发货人在运送之前支付国际运费。

(4) 统一运单只统一了运单格式,并未改变各自的法律适用条款,也不改变两大运输条约中关于责任、赔偿请求等的相关规定。

(5)从《国际货协》国家出运的货物每票均需与《国际货约》国家承运人进行商定,并将商定的许可号码记录于统一运单中。

(6)统一运单的电子运单形式具有同等法律效果。

(7)统一运单共有 122 个栏目需填制,按照《国际货协/国际货约统一运单指导手册》,统一运单分为必填项目、选填项目和附带条件项目三类。其中必填项目有 42 栏。

(8)统一运单份数较多,但运输过程中还需编制补充运行报单。

2. 亚欧铁路货物运输统一运单的主要优势

统一运单在使用过程中有其明显的优势,表现在:

(1)有利于简化海关手续,为两大铁路运输条约集团进一步开发使用同一海关平台提供了有利条件。

(2)避免了将《国际货协》换单换成《国际货约》运单导致的诸多问题,如减少了翻译错误的可能,减少了文件的繁文缛节,提高了过境换单工作效率,沿

① 参见铁组:《国际货约/国际货协运单指导手册》(《国际铁路货物联运协定》附件第 6 号),中国铁道出版社 2016 年版,第 4～69 页。

② Dr Erik Evtimov, *Common consignment note as way forward for legal challenges in international railway transport*, UNESCAP, Bangkok, 13th March 2015, p. 17.

途节约了约30个小时,也节约了在波兰马拉舍维奇口岸换单费约40欧元①。

(3)方便信用证结算。统一运单虽然不具有物权凭证的功能,但现实工作中由于亚欧班列运费是空运的一半,时间比海运节约至少20多天,这样的优势吸引了一部分使用信用证结算的外贸货源,也开启了信用证结算的通途。

(4)统一运单是将《国际货约》和《国际货协》两大国际铁路条约集团对话和融合的良好的尝试,随着国际铁路联运的飞速发展,两大集团正逐步开始积极合作对话,共同解决国际铁路联运中出现的问题。

3. 亚欧铁路货物运输统一运单存在的问题

统一运单在制定过程中考虑了与CIM运单和SMGS运单的衔接性,在全球国际贸易发展迅猛的今天,国际海陆空铁及多式联运协同发展,国际商务惯例作用日趋重要的形势下,统一运单欠缺灵活便利性,与国际商务、国际海陆空几种运输方式相衔接还欠周密考虑。

统一运单中关于运输费用支付、运费显示记录、收货人栏填制、运单的功能赋予等方面无法与国际其他运输单据相协调。

统一运单往往要求托运人先付运输费用,限制了其与国际贸易术语的衔接性,也限制了国际铁路运输应有的对国际贸易主体的服务意识。

统一运单中还规定,托运人和收货人都有权更改运输合同的内容。这一规定不利于保护正常交易已支付货款的收货人,也不利于保护还未收到货款的发货人,无形中增加了国际贸易双方的风险,导致了信用危机,不利于与国际贸易实务接轨。

4. 亚欧铁路货物运输统一运单的法律功能概要

统一运单的法律功能上与CIM运单和SMGS运单基本相同,主要表现在:

(1)统一运单是承运人接收货物并承诺运输的收据

托运人将货物和运单一起交承运人,承运人确认后,在运单上签字并加盖日期戳,表示已接收运单载明的货物并承运。

(2)统一运单是运输合同的凭证

统一运单为缔结运输合同的凭证,证明了承托双方的运输合同关系。但由于运单的特殊性,承运人丢失运单,或运单中记载的事项不完全或不准确,均不影响运输合同的存在和效力。

---

① 康颖丰:《亚欧铁路国际联运运输法的协调——谈统一运单的推广使用》,载《丝路时评》2016年5期。

(3)统一运单是承运人交付货物的书面凭证

收货人在领取货物的同时一起领取统一运单，并依据统一运单对所收取的货物进行核对，如有异常，可按运单上描述的内容与实物不符提起诉讼。

(五)小结

国际铁路运输中，由于《国际货约》和《国际货协》两大铁路运输条约集团的法律法规不统一，导致国际铁路运输在成本、时效、手续、单据要求等方面存在诸多不同。随着“一带一路”的迅猛发展，亚欧铁路直通联运成为亚欧国家经济发展的动力之源，各国期望亚欧铁路更高效便捷的呼声不断，促成统一运单的最终达成，这是国际铁路直通运输的一大进步。

统一运单作为时代发展的产物，其优点在于减少了换单手续，降低了物流成本、节约了时间，并减少了换单时可能产生的错误。但由于其只是形式上的简单合并，并没有改变运单的适用法律，运单在法律功能上有更多的拓展延伸，也没有考虑到与国际商务、国际贸易术语、跟单信用证统一规则 、国际其他运输方式的更好衔接，其非物权凭证功能使发货人、承运人、货过代理都无权控制货物或指示扣货等若干问题，在一定程度上给国际贸易造成了阻碍，影响了贸易主体对国际铁路运输的选择。因此，探究统一运单的法律功能，不仅可以丰富相关理论研究，而且可以完善和创新国际铁路统一运单法律功能，完善各种运单对于国际贸易的促进作用，促进国际铁路运输管理的理念转变，提高国际物流运输效益，最终为各种运单的法律功能提供科学的规范指引。

二、亚欧铁路货物运输统一运单的运输合同证明功能

作为国际运输单据的一种，国际铁路统一运单与空运单、海运单、公路运单一样，是承运人与托运人之间的托运与承诺运输的活动达成一致的证明，是运输合同的表现形式。各种运输方式的运单具有的基本法律功能是作为运输合同的证明。统一运单建立在《国际货约》运单和《国际货协》运单的基础上，与它们既有相同之处，也有不同之处。

(一)国际货约/国际货协关于本功能的分别规定

《国际货约》规定[①]，发运铁路一旦承运附有运单的货物，即认为已经签订

① 《国际货约》第 8 条。

运输合同。发运站在运单上加盖发站戳记和承运日期，以证明承运。加盖戳记后的运单是运输合同的证明。

《国际货协》关于运单作为运输合同证明功能与《国际货约》相同。《国际货协》规定[①]，运输合同的缔结是从发站承运连同运单的货物时起。承运人接收发货人提交的运单以及运单对应的所有货物，并收到相关运送费用后，应在运单上加盖发站日期戳记。加盖戳记后的运单是运输合同缔结的凭证。

可见，《国际货约》和《国际货协》都认为承运附有运单的货物，即为运输合同已签订。运输时，托运人和承运人之间本身并没有签订运输合同，而是通过询盘、发盘、还盘、接受等托运磋商环节来进行的。在此环节中，托运人与承运人之间通过报价和接受两个具有法律约束力的环节来达成缔约行为。按诺成合同缔结程序，在贸易磋商过程中，承诺一旦生效，合同即成立。虽然托运过程没有书面的合同签订，但由双方的意思表示一致，运输合同即成立。在双方共同认可的基础上，托运人通过填写运单并将运单和货物一起交给承运人，承运人收货并在运单上加盖戳记以证明承运。因此，运单是运输合同的证明。

（二）亚欧铁路货物运输统一运单对本功能的发展

统一运单在形式上统一了 CIM 运单和 SMGS 运单。《国际货协》规定，货物从货协国家出运到欧洲国家，可以采用《国际货协》运单，也可以采用统一运单。由此，货协运单和统一运单在法律功能上没有大的区别。使用统一运单的情况下，由托运人填写统一运单，并将统一运单和货物交给承运人，发货人按发送路国内规章付清托运货物所负担的费用后，承运人在统一运单上加盖戳记。加盖戳记的统一运单即成为缔结运输合同的凭证。

（三）本功能的理论阐释

统一运单证明了运输合同的存在，是运输合同的证明，但它仅是运输合同的初步证明。统一运单作为初步证据，其充分性及有效性已得到法院的认可。但是如果有更为确凿的证据证明时，初步证据可以被推翻。可见，初步证明表达了对所证明事物的基本肯定，初步证据的证据力是相对的，而不是绝对的。

统一运单的初步证据功能，还可以从相关法条看出，即当运单中内容的完整性和准确性不足，以及承运人在运输途中丢失运单，均不会影响运输合同的存在。当托运人和承运人在运单签发之后，以口头或书面另行约定其他内容

---

① 《国际货协》第 7 条。

时，该内容不是运单组成部分，却是合同内容的一部分，当事人依然受该内容的约束。若当事人之间约定不允许变更某些条款，该约定对签发的运单是有约束力的。统一运单是合同的有力凭据，但其并不是承托双方之间的运输合同。运输合同作为诺成合同，实质上在统一运单签发之前已存在。统一运单的运输合同的证明功能主要表现为以下几点：

(1)运输合同属于双务合同的一种，它的成立不以书面记载为其成立要件，是典型的非要式的诺成合同。国际铁路货物运输合同具有诺成性和非要式的特点。这是统一运单具有合同证明功能的必要前提。

(2)运输单据的签发一般是在运输合同订立后进行。托运人在托运货物之前，均需先向承运人了解运费、运输服务、双方权利义务责任等事项后，才决定是否托运。《海牙规则》《汉堡规则》《华沙公约》等规定承运人于装载货物或接管货物时，应发给或接受运输单据。《国际货约》《国际货协》规定由托运人填写运单，并与货物一起交付给承运人。可见运输单据签发是在运输合同之后。运输合同集运价本、订舱单、报价表、代理的声明、托运人承诺等为一体，以口头联系、书面文件和电子邮件、实时聊天工具为载体。因此，统一运单证明了运输合同的存在。

(3)运输单据记载了三方当事人(包括托运人、承运人、收货人)的信息，体现了他们之间的法律关系。国际运输合同的内容遵守国际运输条约的强制性规范，运输单据中一般都根据运输条约内容要求拟定了合同条款或运输合同条件，如海运提单背面的合同条款。因此国际运输合同与运输单据背面合同条款是一致的。国际铁路运输合同的内容和履行与铁路运单紧密关联，联运合同履行的大部分要求均体现在运单内容中。

(四)本功能在实践中的体现与背离

《国际货协》规定统一运单是运输合同的凭证。有学者认为统一运单应是运输合同的证明，也有学者认为国际铁路货物联运单是承托双方缔结的运输合同。在实践操作中，承托双方没有签署任何以运输合同或运输协议命名的协议，双方的约定，均体现在统一运单上，因此，笔者认同统一运单就是承运铁路与托运人之间的运输合同的提法。

首先，统一运单的签发满足合同成立要件。运输合同是承托双方之间设立、变更、终止运输关系的协议。运输合同订立的要件包括：订约主体为双方或多方当事人、当事人对合同的主要条款协商一致、合同的成立必经具有法律约束力的要约和承诺阶段。由于条约下的运价是对外公布的，托运人在咨询以及磋商过后接受承运人的运价，并开始交付运单和货物，而承运人在运单上盖章确认接收货物。因此，统一运单符合合同成立的各项要件。

其次，签字问题。合同是签约双方一致同意的意思表示，同意的表达方式之一为双方在合同上签字确认。统一运单中第一栏是托运人名称、地址及签字，相关栏目有缔约承运人的盖章，具备合同要求的契约双方一致同意的书面意思表示。在海上贸易运输中，海运提单是承运人收到货物后出具货物收据，由托运人将货物收据换成承运人出具的提单，上面仅有承运人的签署，没有托运人的签署，因此，海运提单是运输合同的证明而非运输合同。而航空运输过程中使用的空运单也是由托运人和承运人双方在运单上签字，因此空运单也被认为是空运的运输合同。

再次，运单内容符合合同内容要求。当事人双方约定的合同内容，一般应包括以下条款：当事人的名称或者姓名和住所；标的；数量；质量；价款或者报酬；履行期限、地点和方式；违约责任；解决争议的方法。统一运单内容具有合同要求要素，包括：缔约主体即发货人和承运人名称；运送路线及站点信息；货物品名、包装、件数、重量信息；运费信息；缔结运输合同的日期；双方签字盖章的信息。

(五)本功能对实践做法的矫正

统一运单共一式六份，每份运单正面和背面合计 112 项内容，而成熟的国际海运的做法是海运提单或海运单正面是承托主体信息，运输信息及货物信息等约 22 项，海运单据背面简述适用的法律条款，包括对海运提单中的关键词加以定义和限定的定义条款，对提单适用法律受何种国际公约、协议约束的首要条款、承运人在整个货物运输流程中所应该承担的责任以及所享受的免责事项的管辖权条款、承运人对货物灭失或损害承担赔偿责任期间规定的责任期间条款，责任和豁免条款、绕航和变更航线条款、舱面货与活动物条款、共同海损条款、留置权条款、运费和其他费用条款。这样，海运提单既保证了单据的简洁性，同时承托双方的权利义务通过背面条款进行了明确的界定，具有借鉴意义。

统一运单作为运输合同的凭证，不必显示运输合同的所有内容。而且填制项目太多、填制语言复杂，导致托运人填写时存在困难，不便于发挥国际物流对国际贸易的服务作用，不利于国际铁路运输的发展。统一运单可借鉴海运单据格式，精简填制栏目和语言，并在运单背面规定适用《国际货约》和《国际货协》的简要合同条款。

(六)小结

统一运单与国际海运提单、国际空运单本质上都是运输合同的证明,但是与先进的国际海运单据和空运单据相比,统一运单编制栏目繁杂,语言要求过多,填写时往往因栏目太窄而添加补充页,导致运单页数太多,不够精简,托运人制作时存在困难,不利于托运人对国际铁路运输的选择。为充分发挥亚欧铁路的竞争优势,统一运单精简填制栏目和语言是非常必要的。

三、亚欧铁路货物运输统一运单的铁路方接收货物凭证功能

在国际货物买卖中,卖方(托运人)将货物交给买方指定的承运人或卖方指定的承运人,则意味着货物已经交付,这时,需要由承运人签署运输单据,以示接收到货物。承运人在运单上签字或签署运单,则表明其不仅接收到了货物,而且货物的详情还与运单上所述完全相符。运单作为承运方接收货物的收据,不仅证明收到货物的种类、数量、包装、重量、外表状况、相关标志,还证明了承运人收到货物的时间,向收货人提供了可靠的第三方确认的交货时间信息。

(一)国际货约/国际货协关于本功能的分别规定

《国际货约》规定,如果发货人根据运价规程或与承运人认可的运输协议装货,则铁路方检查货物,并做出货物重量或包数的信息批注,以此作为对铁路收货的证明。发站承运货物时,应在运单上加盖有承运日期的发站戳记,并由铁路在运单副本上加盖日期戳记,证明收到货物和承运日期,并将运单副本退回发货人。

《国际货协》第 2 章第 7 条规定,运输合同已经缔结是从发站承运连同运单的货物时开始的。承运人接收货物并在运单和运单副本上加盖有日期戳记的章,表明确立运输合同关系,并表明承运人接收货物和承运货物的日期。

(二)亚欧铁路货物运输统一运单对本功能的发展

统一运单在《国际货协》地域范围作为《国际货协》运单使用,在《国际货约》地域范围作为《国际货约》运单使用。统一运单规定,承运人收到运单及其列明的全部货物和运费后,应立即在运单及运单副本上加盖发站日期戳记,表明接收了货物和接收货物的日期。因此统一运单同样具有铁路承运人接收货

物凭证的功能。考虑到运单的无纸化发展大方向、无纸化通关需要、跨境大数据平台的应用，为与国际发展相适应，结合《国际货约》和《国际货协》的相关规定，《国际货约/国际货协运单指导手册》还特别提出电子化统一运单的法律功能问题。

《国际货约》第6条规定，货约运单及运单副本可以以电子数据记录的格式进行编制，这些电子数据可以转换成书面文件。记录数据和处理数据的方法应与书面记录具有同等功能，特别是数字运单的证明效力方面。《国际货协》规定，电子运单是纸质运单的电子数据形式，并与纸质运单的数据完全相同。《国际铁路货物联运电子数据交换协定》规定，承运人和收发货人根据合同确定采用书面或电子运单形式，以及电子运单数据交换的方法和种类。

统一运单确定了纸质运单与电子运单具有同等法律效力，均为承运人接收货物的凭证。

(三)本功能的理论阐释

运输单据如海运单、空运单、统一运单是承运人接收并承运货物的收据，说明当发生合同争议或赔偿请求时，运单在承托双方证据之争中起到的突出作用。运输单据的收据功能，分析如下：

1. 运输单据是承运人接管货物时或接受货物之后签发的

从国际海运分析，《海牙规则》《汉堡规则》均规定，承运人在接管或收到货物之时或之后，应按照托运人要求签发海运提单或海运单。而一般买方更愿意接受“已装船提单”，因此，应托运人的要求，货物装船后，承运人应为托运人签发“已装船提单”。如FCA、CPT、CIP贸易术语使用时，货物需交到承运人指定场站，场站签发收到货物的“场站收据”，承运人凭“场站收据”换发“已装船提单”。可见，海运单或海运提单和其他运单一样，均是承运人收到货物的收据。为达成收到货物详情的共识，海运单一般由承运人、托运人、收货人各执一份。调整航空货物运输的《华沙公约》规定，托运人应填写航空货运单，连同货物交给承运人，航空运单上有托运人的签字和承运人的签收。航空运单三份正本各联注明了持有人，并分别交承运人、收货人和托运人。《国际货协》和《国际货约》规定，托运人在托运货物时应正确填写运单，承运人接收到运单和运单指明的货物时，会在运单上加盖印戳以示收货和承运。统一运单一式六联，第一联为运单正本，随同货物一起交收货人，货协第三联(即货约第五联)为运单副本，由托运人保存。由此可知，所有的国际运输公约都规定，承运人在接管货物之时或之后，应签发运输单据给托运人。由此，运输单据最明显的作用就是证明托运人发货的事实和货物的详情。

2. 统一运单是承运人接收货物的收据

当承运人在运单上签署确认，则表示承运人已接收或装运货物，并且承诺在目的地将货物按运单记载内容交付给收货人。海运实践中，承运人收到货物并检查后，会在运单上对货物的表面状况做出批注，但这种批注对托运人、收货人和其他善意第三人具有不同的法律效力。对托运人来说，运单的记载是接收货物的初步证据，如果承运人提供了证据证明该货物与运单记载不符，则该证据起到推翻运单的证据效力作用。但对于其他善意第三人以及收货人而言，运单的记载具有绝对的效力，除非运单写明有效的“不知条款”。如果承运人交付的货物存在损害或短少，应对善意第三人担责。发货人负责装载货物的国际铁路运输中，如果铁路承运人核查了货物的重量和件数并在运单中予以证明时，该运单才为对抗铁路的证据。

3. 变更运输合同需要提供承运收据

《国际货协》规定，发货人变更运输合同时，需对每批货物填写一份运输合同变更书，将申请变更事项记入运单副本的“货物名称”栏内，并将运单副本与申请书同时提交铁路发运站。通过提交运单副本，承运人看到证明确实承运了此批货物的收货签署，才会受理变更事宜。当货物运输在起点站或中途遇到阻碍，承运人需将此情况通知发货人，而发货人在向承运人做出通知书背面指示的同时，应提供运单副本以证明自己的合法身份。否则，通知书背面的指示无效。因此，运输单据是运输公约所规定的法定运输合同的表现形式，它与运输合同及公约规则之间存在内在联系，它是承运人接收货物的收据。

(四)本功能在实践中的体现与背离

运单是承运人接收承运货物的收据，理论上说，承运人接收到多少与运单记载相符的货物，就应该向收货人交付与运单记载相符的货物。由此，承运人应该对货物进行核对，确认实际收到了多少货物，再对这些货物进行承运。CIM 规定了托运人有权要求承运人检查验收货物的义务，而 SMGS 中无此规定。[①] 实际工作中由于货运量大、时效要求问题决定了承运人不可能对所有承运货物进行数量核对，因此，统一运单规定承运人无义务检查验收货物，如确认了货物重量等信息，会在运单中做出标示，此为承运人收到托运货物的准确信息的确认，它不再是初步证据，而是当发货人提起货损货差之诉的最终证据。那么，承运人是否每单货物均做出货物信息的确认？是否每单货物均应

---

① 莫世健、陈石：《论国际铁路运输公约对“一带一路”的重要性》，载《山东科技大学学报》2016 年第 2 期。

该做出货物信息的确认？在运单中是如何表达的？国际铁路承运人的垄断问题、统一运单的格式化合同问题使承运人在运输关系中具有优势地位，运输的权利义务并不平等。

统一运单规定，发货人对运单中记载内容和声明事项的正确性负责。若承运人在运单中记载了发货人的指示，包括变更运单收货人、运送径路、收货地址等，均认为是以发货人的名义行事，是发货人本人的真实意思表达，除非提出相反证据。在缔结运输合同前，如承运人发现运单中的记录不准确或不完备，需要求发货人填制新运单。缔结运输合同以后，承运人如果发现发货人在运单中记载的事项和声明不正确、不确切或不完备且存在托运违禁品、未遵守危险品运送条件、装载超过车辆最大载重量、运送费用额度过低、危及行车安全等情况，则要求发货人支付违约金。关于违约金的数量没有明确规定，导致实际操作中会由铁路部门自行决定，带有行政管理色彩。统一运单规定，装载货物如超过车辆的最大载重量，则违约金是运费的五倍，而不管是否造成危险，或还有其他损失或违约金项目。从这里可以看出，统一运单对发货人和承运人的权利义务分配不均衡，统一运单虽是收据功能，但没有规定承运人的核收货物的义务，反而赋予其许多罚款权利的行政色彩。

国际贸易中对于货物装上运输工具，某些贸易术语下则表示货物已交付给买方，风险进行了转移，因此装车、装上运输工具的规定非常重要。统一运单中关于装车问题，由何方装车应按国内法律的约定。按照国际班轮运输的操作惯例，班轮运输由于固定船期、固定航次、固定费率、固定挂靠港、固定线路、船方负责装卸，因此，装船费用是包含在运费中的，而运费具体由哪方承担，是由买方和卖方在贸易合同中所使用的国际贸易术语来确定的。而亚欧铁路运输也是国际铁路班列，一般称为五定班列，也固定了运费率及装车费等。在这样的情况下，由于相关法律没有考虑到与国际商务的衔接性，装车按国内法律的约定并不明确。如《中华人民共和国合同法》中的运输合同一章，没有提及装运问题，《中华人民共和国铁路法》没有明确装运及装运费的问题，《中华人民共和国海商法》也未做明确规定，致使国际铁路法律与国内相关法律法规衔接不畅。

(五)本功能对实践做法的矫正

国际铁路直通运输、国际铁路多式联运等均需要有协调一致的法律调节。UNESCAP 等机构一直致力于亚欧铁路的研究，认为铁路应协同多种运输方式的发展，如铁海、铁公、铁公空海联运等①。

① Erik, evtimov: "UNESCAP work on intermodal traffic in North-East and Central Asia", CIT Info, No. 4 December 2017, p.2.

统一运单的规定使承运人与托运人之间的权利义务并不对等，使承运人对接收货物应有的检查义务没有明确规定。对比海运、《国际货约》的规定等，承运人有明确的检查义务，但是，承运人由于接收了托运人自己封装的货物而做出“不知条款”的声明是可以被接受的。

统一运单在《国际货协》路段规定运费的义务为各自国境内的运费由各国自行收取的办法。这一办法基于当时苏联与中国交恶的历史困境，不得已而为之①。此做法已不适应国际商务、国际多式联运发展的需要。

由此，在国际铁路货物运输过程中，两大铁路货运条约集团的法律法规应逐步融合互通，取优补劣，在承运人检查义务、装车义务、运费收取规定等方面既结合地区特点，又要与国际海运、空运、公路运输、多式联运、《国际贸易术事解释通则》《UCP600》等规定相协调。

（六）小结

统一运单的收据功能是非常重要的，收据功能不仅应体现在承运人对确已收到货物的声明，还应体现在承运人对收到货物详细信息的确定性，以及对装车、运费的合理规定。该规定应不仅考虑各国防条约特色，还需结合国际商务惯例和多种运输方式进行。

四、亚欧铁路货物运输统一运单的铁路方交付货物凭证功能

承运人接收运输货物并承诺运输后，一般会将运输单据连同货物一起交付给收货人以表示完成运输义务。CIM 和 SMGS、统一运单、海运单、空运单在交货凭证功能方面是相同的，但是各运输单据在与国际贸易接轨方面不完全相同。

（一）国际货约/货协关于本功能的分别规定

《国际货约》规定②，货物到达目的站后，收货人有权要求铁路承运人交付运单和货物，但收货人必须向铁路付清他应付的一切费用和开具收据。运单作为货物基本情况的信息载体，收货人通过核对货物与运单信息是否相符来验证货物是否异常，因此，运单起着交付货物凭证的功能。《国际货约》对交付货物的目的规定比较灵活。铁路方在目的站将货物交到海关监管库或其他公

---

① Shigeru Otsuka，“Central Asian Railways and Europe-Asia Land Bridge：Central Asia's Rail Network and the Eurasian Land Bridge”，*Japan Railway & Transport Review*，2001，pp.42-49.

② 《国际货约》第16条。

共仓库,或海关指定场所,均视为交货。若货物迟于预定交货日期 30 天仍未到达,或已被证明灭失了,收货人可以行使对抗铁路方的任何权利。

《国际货协》规定[①],铁路目的站收到收货人支付的运单相应的所有运送费用后,将货物及运单交给收货人。运输途中由于承运人管理不善、操作不当等过错而使货物质变失去原有用途或部分失去原有用途时,收货人可拒绝领取货物。当承托双方之间有运费结算协议时,当货物虽有短少或其他问题,收货人均应支付运单所载的所有货物的运送费用,再提起索赔。

(二)亚欧铁路货物运输统一运单对本功能的规定

《运单指导手册》规定[②],铁路运输的货物运达指定目的站,承运人应及时通知收货人提货。在收齐应收费用后,承运人应将运单连同货物一起交付给收货人,完成交付义务。

承运人负有妥善保管运输货物的义务。运输过程中,承运人对于托运人原因或自然损耗原因导致货物短少或损害不负责任,对因为搬运、装卸、仓储等操作不当导致货物受损或失效等问题负责。承运人向收货人交付货物时,收货人应进行验收。如果发现货物的封志标识、装载状态、苫盖标记有异状或与货物运单记载不符,应立即以书面形式向承运人提出异议。收货人验收货物如未提出异议,即认为承运人完成交付义务,运输合同履行完毕。

与货物同行的统一运单,是运输合同的证明,表明承托双方存在运输合同关系。交付统一运单并不表明转移货物所有权,只是托运人对收货人履行买卖合同的一个要件,也是承运人向托运人履行运输合同的一个证明。非货物所有权人如通过某种渠道取得统一运单,并不能行使收货人的权利,也不能取得货物所有权。

(三)本功能的理论阐释

国际运输单据是承运人交付货物的证明。该单据在货损货差争议或损害请求时,可以作为双方赔偿的依据。从以下几方面分析:

1. 国际运输单据是承运人交付货物的证明

承运人向收货人交付的货物信息,以统一运单正本记载内容为准。《海牙规则》规定,在将货物交付运输合同规定的有权收货的人之时,若收货人在卸货港没有对货物的损害和灭失向承运人或其代理做出书面通知,应视为承运

---

① 《国际货协》第 26 条。

② 《国际货约/国际货协运单指导手册》(国际铁路货物联运协定附件第 6 号),中国铁道出版社 2016 年版,第 8 页。

人已按照提单规定交付货物。《华沙条约》规定,托运人填写航空运单后,应将运单和货物一起交付承运人。航空运单的正本一式三份,第一份由托运人签字后交给承运人留存,作为记账凭证;第二份由承托双方签字后随货同行,在目的地交付给收货人作为核收货物的依据;第三份由承运人接收货物后签字,交给托运人作为接收货物的依据。《国际货约》第 16 条规定:承运人应在目的站将运单和货物交付收货人。《国际货协》第 26 条规定:货物到达目的站后,承运人必须将铁路运单和货物交付给收货人。

货物到达目的站后,承运人根据运单上收货人的信息,通知收货人付清费用,并按运单记载货物信息将货物交给收货人。

2. 国际运输单据是收货人凭以提出索赔的依据

国际货物运输中,运输单据要求随货一起交给收货人,收货人凭此核对验收货物是否相符,在货物发生灭失、损坏、短少时,凭运输单据向承运人提出索赔。以运单为依据向承运人提出索赔请求,既是对确认收货人身份的要求,也是承运人根据运单作出处理记录的要求。

《国际货约》第 41 条规定,当发生索赔情事时,若发货人提出索赔,他应提交运单副本以及任何可作为证据的文件原件或副件。若不能提交运单副本,应提交相关证明或需经收货人允许。当收货人提出索赔时,在承运人已交付运单的情形下他应提交运单。《国际货协》要求赔偿请求人提出索赔时,应在赔偿请求书上附上赔偿请求的依据文件。所附运单和商务记录应为原件。

渝新欧班列在波兰换轨时 5 个集装箱失窃一案,收货人凭运单正本向到达站提出索赔,要求按统一运单载明的货物信息进行赔偿,说明了统一运单的索赔依据功能。

(四)本功能在实践中的体现与背离

1. 亚欧铁路货物运输统一运单与 Incoterms 2010 的冲突

作为交货单据,统一运单规定托运人付清运送费用后、收货人付清到达国境内运送费用后承运人方可交付货物与运输单据。这一规定与《国际贸易术语解释通则》中根据术语约定买卖双方支付运费的义务相冲突,导致原有的国际贸易惯例无法适用于国际铁路运输。

在长期的国际贸易实践中,买卖双方需约定各自承担的义务、责任、风险、费用等内容。为简化贸易洽商手续且更明确简洁表达这些内容,国际商会《国际贸易术语解释通则 2010 版》(以下简称 Incoterms 2010)起到了很好的示范作用。国际贸易术语又称价格术语,用来表示国际交易条件,说明商品的价格构成内容,是否包括国际运输运费和国际运输保险费用,并明确规分买卖双方在货物交接过程中各自承担的责任、费用和风险。

表 8　Incoterms 2010 国际贸易术语比较①

组别	术语	中文名	交货地点	风险转移界限	签订运输合同及支付运费	保险责任及费用	出口报关责任及费用	进口报关责任及费用	适用运输方式
E 组	EXW	工厂交货(插入指定地点)	车间、仓库、工厂所在地	买方处置货物后	买方	买方	买方	买方	任何运输方式或多式联运
F 组	FCA	货交承运人(插入指定交货地点)	出口国的地点或港口	承运人或运输代理人处置货物后	买方	买方	卖方	买方	任何运输方式或多式联运
	FOB	船上交货(插入指定装运港)	指定的装运港口	货物交到船上时	买方	买方	卖方	买方	海运或内河水运
	FAS	船边交货(插入指定装运港)	指定的装运港口	买方将货物交到船边时	买方	买方	卖方	买方	海运或内河水运
C 组	CFR	成本价运费(插入指定目的港)	指定的装运港口	货物交到船上时	卖方	买方	卖方	买方	海运或内河水运
	CIF	成本、保险费加运费(插入指定目的港)	指定的装运港口	货物交到船上时	卖方	卖方	卖方	买方	海运或内河水运
	CPT	运费付至(插入指定目的地)	国内陆路口岸或港口	在交货地点、买方指定的承运人控制货物后	卖方	买方	卖方	买方	任何运输方式或多式联运
	CIP	运费、保险费付至(插入指定目的地)	国内陆路口岸或港口	在交货地点、买方指定的承运人控制货物后	卖方	卖方	卖方	买方	任何运输方式或多式联运

① 参见中国国际商会:《国际贸易术语解释通则》(2010 年修订本),中国对外经济贸易出版社 2010 年版。

续表

组别	术语	中文名	交货地点	风险转移界限	签订运输合同及支付运费	保险责任及费用	出口报关责任及费用	进口报关责任及费用	适用运输方式
D组	DAP	目的地交货(插入指定目的地)	指定目的地	买方处置货物后	卖方	卖方	卖方	买方	任何运输方式或多式联运
	DAT	运输终端交货(插入指定港口或目的地的运输终端)	指定港口或目的地的运输终端	买方处置货物后	卖方	卖方	卖方	买方	任何运输方式或多式联运
	DDP	完成后交货(插入指定目的地)	进口国国内目的地	买方处置货物后	卖方	卖方	卖方	卖方	任何运输方式或多式联运

国际海上货物运输、国际空运对运费的规定为在运输单据上记录运费预付(freight prepaid)或运费到付(freight to collect)。运费预付表明由卖方先付国际运费。运费到付表明由买方支付国际运费。装运港和目的港发生的费用按惯例由卖方和买方分别承担。

《国际货约》中关于运费的规定是与国际海上货物运输一致的,结合了Incoterms 2010 的规定①。《国际货约》第 17 条规定:运费、关税、附加费、从接运至交货期间发生的其他费用,应由发货人或收货人支付并按照下列规定填写:(1)"已付运费"如他只负责支付运费;(2)"已付运费包括……",如他支付了运费和其他费用;(3)"向×已付运费";(4)"已付各种费用";(5)"所付费用未超过……"。这里可以看出,《国际货约》成员国中由于部分国家的国际海运贸易发达,在制定《国际货约》时考虑到与国际海运、国际商务的接轨性。

《国际货协》中承运人对国际铁路运费的支付的规定没有考虑到国际贸易术语对买卖双方关于运费的约束,而只考虑了承运人的利益,因此由托运人付清出运国和途经国的所有运送费用,收货人付清本国境内的所有运送费用的规定,不适应国际贸易的发展。

2. 亚欧铁路货物统一运单规定仅凭收货人身份证明提取货物的风险

国际海运为适应国际贸易的发展,在规定运输单据收货人时进行了灵活处理。收货人(consignee)一栏的填法有几种:(1)填写收货人的名称和地址及联系方式。在这种情况下,收货人信息非常明确,货到目的港后承运人根据运输单据上的信息通知收货人领取货物即可。在这种填写方式中,承运人需要对前来提取货物的收货人的真实身份进行核对,收货人真伪的风险由承运人承担。(2)填写 To order(凭指示)。在这种情况下,收货人并没有确指,需凭发货人或银行或收货人的指示。承运人在交付货物时,对收货人身份的识别是通过运输单据背面的指示人的具名指示及盖章来确认。此时被冒领货物的可能性极小,对承运人和发货人都有较好的保障。这种写法,还为运输单据的转让、中间商参与交易、银行信用介入提供了较好的空间,为国际商务和国际金融、国际运输的协同发展带来显而易见的好处。(3)空白抬头。这种运输单据谁持有谁就可提取货物,对发货人风险较大,极少使用。

《运单指导手册》中规定,统一运单收货人栏,只能填写收货人名称、通信地址,也可注明电话、传真或电子邮箱。这样的写法,表明在目的地,只能由运单上注明的收货人提取货物。当买方没有履行约定的货款支付手续,卖方即

---

① CIM Consignment Note Manual(GLV-CIM),www.cit-rail.org,2016.7.1,p.6.

托运人需要扣货,或买方拒不收货,卖方需要通知代理收货时均无法操作,导致卖方对货物的实际控制权降低,不利于卖方安全结汇。

3. 亚欧铁路货物统一运单的非物权凭证功能对国际商务的影响

(1)与 UCP600 脱节

统一运单与之前的《国际货协》运单相比,已在第 66 栏明确列明承运人信息与签署,符合 UCP600 对铁路运输单据的要求,有一定进步。在国际贸易中,信用证是开证行有条件的付款承诺,承诺只要卖方提交符合信用证要求的交单文件即可获得货款。它以银行信用来解决买卖双方互不信任的问题。统一运单和《国际货约》运单、《国际货协》运单一样,虽然都是合法的运输单证,但由于缺少物权凭证功能,开证行无法取得货物的实际控制权。在进口商违约的情况下,开证行不能通过扣押运单或处理单据的方式分担风险,卖方亦无法在单据不符未得到货款之前拥有对货物的控制处理权。① 因而开证银行并不愿意接受铁路运单作为结汇用途的货运单证。开立信用证时银行为避免风险,会向买方要求货款的全额押金或提高比例,不利于灵活采用国际信用证结算方式,不利于国际贸易的发展。

(2)不能满足国际商务中间商参与的需要

在国际贸易中,由于国际海运时间较长,买方在这段等待货物的时间里可以再次进行买卖交易。一种情况是,中间贸易商没有自己的仓库,并不会收取买来的货物进仓存放,而是通过转手贸易,将货物再次转卖。另一种情况为,中间商在下订单时已知最后的实际收货人,但作为商业机密中间商不会将实际收货人的信息告知卖方,因此要求卖方在填写运输单据中的收货人时,一般填写凭某某的指示。而统一运单要求收货人栏必须写明具体的收货人名称、地址等信息,显然无法满足此种需要。

(3)允许发货人和收货人更改运单信息对国际商务的影响

《国际货协》第 25 条规定,发货人和收货人均有权向承运人做出变更运输合同及有关货物的指示。发货人应向缔约承运人提出申请变更货物到站和变更收货人,而收货人只能在到达国范围内向交付货物的承运人提出变更货物到站和变更收货人信息。

此规定中,由于发货人是货主,是货物的所有者,拥有物权,按照物权包括占有、使用、收益、处分权的原则,依据运输合同,发货人有权向承运人指示对

① 王武顺:《L/C 下铁路联运单据处理实务探讨》,载《对外经贸实务》2002 年第 5 期。

货物的处理，行使货物的处置权，有权变更运输单据中的收货人和交付地点。但如果从买卖合同的角度，结合国际贸易术语，假如卖方采用的是FCA术语，表示发货人在指定地点货交给承运人时即完成了交货义务，国际运输由买方负责。在此情况下，卖方无权再对运输单据进行可能损害买方利益的变更，而收货人在到达站向承运人提出变更到站或货物收货人。但如果是象征性交货的情况下，收货人需要拥有运输单据才有对货物的控制权，因此不允许对到站或收货人进行变更。以上表明，国际铁路运输单据在面对复杂多变的国际贸易条件时不能很好地适应。按国际铁路运输规定操作，对国际贸易当事人双方的束缚很大，也极大地限制了国际贸易的发展。

(五)本功能对实践做法的矫正

统一运单作为交货凭证功能非常重要，但由于运单的相关条件限制，导致与国际贸易发展不相适应，因此，统一运单宜做如下几方面的调整。

1. 关于运费的规定

运费的规定在结合UCP600、《国际贸易术语解释通则》的基础上，借鉴国际海运、国际空运和《国际货约》的灵活规定进行约定。比如，运输单据中的运费写法可为：freight prepaid，freight to collect，freight payable at……。运费的构成可明确表示为起运站费用＋国际运输费用＋到达站费用，在协定中采用国际贸易术语对费用的划分惯例，承运人和收货发人均受该规定约束。

2. 发挥统一运单的物权凭证功能

国际海运中有两种运输单据，海运提单(Bill of Lading)和海运单(Sea Waybill)，买卖双方可根据需要约定选用一种运输单据，以便于国际结算和中转贸易。国际空运只有一种运输单据即空运单(Air Waybill)。空运单和海运单、铁路运单一样没有物权凭证功能，究其原因是空运的运输速度非常快，其间发生中转贸易的可能性非常小，以及寄送物权凭证的运输单据的时间可能慢于货运时间，凭单提货会导致目的地机场货物积压，周转不畅。而铁路运输在时间上长于空运，短于海运，在此期间，中间商有中转贸易的可能性，以及，在有中间商参与的贸易中，为避免泄露实际收货人的信息，希望能在收货人栏填指示信息。此外，买卖双方在选择信用证结汇方式时，开证行如处理的是物权凭证单据，会因有物权控制权而愿意积极参与，对卖方来说只要没有交单给收货人，则仍然拥有物权，不用担心风云变幻的国际贸易环境。因此，为应对统一运单带来的不便，有学者建议实行两套单证，一套统一运单，另一套由车站向发货人出具符合 L/C 文本要求的运输单据专作交单议付之用。[①]

笔者认为,可以有三种方案解决物权凭证问题。

方案一:统一运单所依据的《国际货协》《国际货约》中以法律形式赋予收货人独立的请求权,如提取货物请求权、索赔请求权,建立第三人利益合同制度[②],各成员国积极重视第三人利益合同制度的重要性,以国内立法形式承认统一运单为物权凭证。

方案二:由承运人签发铁路运单,该运单可以灵活填写收货人栏(consignee),比如按托运人要求可填写为具名收货人名称、地址、联系方式,也可以按托运人要求填写为凭指示(To order)的形式。前一种填法即为现在的统一运单的模式,无物权凭证功能,后一种填法为海运提单的模式,有物权凭证功能。承运人在到达站通知收货人领取货物时,注意看统一运单上面的表达来确定是凭收货人身份证明还是凭运单原件交付货物。这种方式具有先进性,它相当于国际海运中海运单和海运提单的结合,实际海运单和海运提单表格内容完全相同,仅收货人一栏填写有区别。当然,海运单还在单据正面注明不可转让(not negotiable)字样以示区别。

方案三:由货代公司出具一套可转让的联运单据给发货人,货代公司再以自己名义向铁路承运人托运货物,并且在统一运单中写明目的地的代理收货。目的地代理在收到货物后再凭实际收货人所持的可转让联运单据的正本交付货物。在这种情况下,货代公司出具的可转让联运单据起到了物权凭证的作用,既可以向开证行交单议付,也可以满足特殊情况下发货人需要扣货,保持货物所有权的功能。在此情况下,虽然绕开了统一运单功能不足的障碍,但增加了成本、浪费了时间,同时如果货代公司实力不雄厚,由于承运人过失发生货物灭失纠纷时将较难维权。

3. 取消收货人可以更改运单内容的规定

收货人更改运单内容导致的国际贸易风险是很难避免的。为避免收货人更改运单,CIM 规定托运人可在运单中做出收货人栏不得变更的特别声明。为便于操作,借鉴国际商务信用证修改程序做法,即只有开证申请人才有资格向开证行提出修改信用证的申请。在国际铁路运单修改中,不论什么内容,只赋予托运人(即物权所有人)有向承运人做出修改指示的权利,而这种权利还

---

① 王武顺:《L/C 下铁路联运单据处理实务探讨》,载《对外经贸实务》2002 年第 5 期。

② 吴文嫔:《论铁路货物运输合同收货人之法律地位》,载《北京交通大学学报(社会科学版)》2013 年 7 月第 12 卷第 3 期。

应有更好的措施以防止滥用。

(六)小结

统一运单的交付凭证功能还不能完全符合现代社会国际贸易发展的需要。统一运单中对收货人一栏填写的限制使运单欠缺物权凭证功能,收货人有更改运单的权利使国际贸易的风险增加。如果《国际货约》成员国和《国际货协》成员国能借鉴国际海运提单的优势,做好国际物流服务功能,对铁路运单收货人栏、运费栏的填写、收货人更改运单权限的规定与国际贸易接轨,统一运单将能更好发挥其功能,助推国际贸易的发展。

五、亚欧铁路货物运输统一运单的通关功能

截至2018年1月,经过新疆阿拉山口常态化运行的亚欧班列线路有10条,分别是:"渝新欧""蓉新欧""郑新欧""合新欧""汉新欧""粤新欧""义新欧""长安号""兰州号""新丝路号"国际班列,累计已超过4500列,其中2017年累计1970列,同比增长75.4%;货运量89.48万t,同比增长183.2%;运输超过164660个标准箱。[①] 中欧班列运行过程中,沿途各国海关和行政管理部门手续繁杂,不仅使通关时间延长,也增加了国际物流成本。各国际铁路组织都在关注如何提高各国通关效率,并积极开展各种调研活动,提出解决方案。

各国通关过程中,海关、国境站商检、动植检、卫检、边防检查站、对外贸易运输公司、货运代理公司等机构参与其中,在国境站执法和办理通关手续。这些执法部门权力分割细化,彼此相对独立,办理过程中存在效率低、环节多、规定不一致、协调不及时等问题,增加了运输成本,降低了通关效率,也直接影响了国际铁路的市场竞争力。在"渝新欧"班列开始运行时,经过沿线六国和谈,达成沿途通关信息共享、监管互认,运输全程只需一次申报、一次查验、一次放行的决议。但实际操作中,货物途经各国时,仍需各国海关在每票货物统一运单上盖章才能放行,使通关效率提升还有空间。

---

① 热衣乃:《阿拉山口口岸:中欧班列出入境的重要通道》,2018年3月12日,http://www.iyaxin.com/content/201803/12/c223130.html,2018年3月20日访问。

国际铁路运输委员会(简称 CIT)①一直致力于亚欧铁路直通运输、铁海联运、多式联运的调研、协调、政策指导与制订工作。其认为,不管是铁路直通运输还是海铁联运,亚欧铁路途经多国,通关手续仍然是瓶颈问题。在 2017 年 CIT INFO 第四季刊中提出"Promote streamlined customs procedures to simplify cross-border multimodal transport"②。在国际列车途经各国时,各国海关及联检部门在统一运单之运行报单联盖章放行。货物到达到站后,由收货人将统一运单的货物到达通知单联作为报关文件向海关办理报关手续。《统一运单指导手册》的海关手续规定,货物进入欧盟境内前应履行欧盟的海关规定和海关安全条款。《国际货协》国家发送货物到欧盟时,如要采用简化的铁路货物海关手续,则由《国际货协》缔约承运人在统一运单中注明《国际货约》缔约承运人和主要责任人(主体),并提前进行相关信息通知。

由于统一运单的电子运单形式具有同样的法律效果,在此,借鉴中国的国际贸易单一窗口通关政策,通过一套软件系统平台,托运人一次网上无纸化申报,即可完成所有行政部门的相关管理手续,各进出境管理部门可以通过共享的大数据平台,实现通关、联检的系统管理,加快货物通关放行。统一运单可以在电子运单申报表中,设置适合所有通关及行政管理部门需要的信息要素,进行一次申报完成所有手续。在此情况下,建议如下。

(一)各种国际商务单证的格式统一

在国际贸易的交易过程中,大量贸易单证(诸如原产地证明书、海关报关单、许可证、进出境货物报检单、订单和发票、保险单、运输单据等)每天在进行着交换。为了让交易各方能够恰当地理解并接受这些单证中的信息,单证的统一性至关重要。联合国欧洲经济委员会(UNECE)结合国际需求,开发了一系列全球标准和最佳实践,制定了贸易文件标准设计指南,在单证纸张尺寸、页边距、单证设计单(此设计单被写入了国际标准 ISO3535)、贸易数据元素总目、代码表和栏目填制指南等方面进行了规定,并被用来作为所有与

---

① CIT(国际铁路运输委员会),成立于 1902 年,是由 216 个提供国际旅客和/或货运服务的铁路公司和货运公司组成的协会。130 个机构是其会员(其中包括欧盟),80 个组织间接地与 CIT 的准会员联系在一起。俄罗斯也是该协议成员之一。https://cit-rail.org/secure-media/files/members_2018-05-01.pdf? cid=41642,2018 年 1 月 30 日访问。

② Erik,evtimov:"UNESCAP work on intermodal traffic in North-East and Central Asia",CIT Info,No. 4 December 2017,p.2.

UNLK 相一致的单证的基础①。统一格式的国际商务单证使得贸易单证的格式和数据统一于一套通用的标准，帮助了贸易商和管理机构，提高了工作效率。这些标准构成了引入电子单证和无纸化贸易、无纸化通关的重要一步。

(二)各种国际商务语言的统一

虽然统一运单要求可以使用英、德、法、俄等多种语言，但由于运单各栏位置有限，各栏存在装不下相关内容、多种语言操作困难等问题。结合国际商务语言为英语，以及中欧铁路各国官方通用语言为英语的现实，为提高各国通关速度，在制定各国认可的标准单据的格式上，还需简化语言为单一的英语。

(三)各集团组织法律的互通性和协作性

铁组和铁委多年来积极开展合作论坛、研讨并不断进行对话，对运单格式等进行了整合，但是在海关通关及行政管理时效方面仍然受制于各国国内的管理规定，还有值得改进的地方。如沿途国家需明确对于电子关锁、行车记录仪、GPS 等随车电子监控设备的管理要求，避免因装载上述装置而导致查验率和货物扣押率增加；目的地海关提供绿色通关服务，对休息日到达的货物提供正常的通关服务；各国海关宜加入中欧"安智贸"项目试点港口，进一步深化和拓展亚欧班列的"安智贸"工程。

(四)跨境国际贸易单一窗口申报

国际贸易单一窗口即"国际贸易数据系统"(ITDS)，是国际贸易参与方和国际运输参与方在单一窗口递交满足进出口通关过程中各行政部门监管规定的标准资料的平台管理系统。在 EDI 电子系统下，则只需一次性提交各项数据。通过对国际贸易信息的集约化和自动化处理，使各行政管理部门共享国际贸易数据，大大提高了国际贸易的效益。国际贸易单一窗口通关系统在中国已全面推行，贸易商或物流商通过该平台，只需提交一次资料即可办理完报关、转关、出入境检验检疫、产地证申请、联检、银行、外汇管理、运输部门、货运代理等需要的信息。通过大数据平台系统，无纸化申报节约了资源，同时利于各联检部门从同一平台获取信息，保证了信息的真实性和快捷性，节约了办事时间和成本。在全球提倡和实施国际贸易单一窗口管理系统的同时，跨国境

① UNESCAP, Guide for the Design of Aligned Trade forms, for Paperless Trade, 2012, p.36.

的平台系统可以向亚欧铁路集团推广，铁路沿途各国使用同一套软件，同一个平台，同样的资料信息格式，这样既保证了信息的真实性，也可以缩短各国海关及行政管理部门的通关时间，降低时间成本和物流成本。

六、我国铁路货物运输法与亚欧铁路货物运输统一运单法律功能的适应性

我国的铁路运输发展大有前景。《铁路"十三五"发展规划》与《中长期铁路网规划》中提到，截至 2020 年，我国铁路网布局应优化完善，装备水平更上一个台阶，做到先进适用，运输安全持续稳定，运营管理、创新能力、运输能力和服务质量全面提升，市场竞争力和国际影响力明显增强。全国铁路营业里程达到 15 万公里，其中高速铁路 3 万公里，复线率和电气化率分别达到 60％和 70％左右。① 在此规划下，国内铁路的货运能力增强，2018 年中欧班列仅用不到 90 天的时间达到开行数量1000列，比 2017 年所用天数缩短了 45 天，比 2016 年的所用天数缩短了 168 天②，创下历史新高。

由于我国铁道部原有的政企合一的体制，管理权过于集中，铁道部颁发的规范性文件非常繁多。如铁道部对截至 2001 年 12 月的现行 980 件规章和规范性文件进行了全面清理，结果仍继续有效的文件为 611 件③。2013 年我国铁道部实行政企分离后，分别组建行政机构国家铁路局和中国铁路总公司，担当原铁道部的职责。国家铁路局为规范铁路管理法规，从 2017 年 9 月开始对原铁道部颁发的法规文件进行了十余批次的清理，国铁科法[2018]21 号对原铁道部规范性文件做出第十一批清理结果通知，以不断做好"放管服"改革工作。

目前在铁路货物运输方面仍然生效的法律法规包括：《铁路法》（1991 年生效，2015 年修订版）、《铁路货物运输规程》（1991 年生效）、《货物运单和货票填制办法》（1991 年生效）、《货车和集装箱施封拆封的规定》（1991 生效）、《个人物品运输办法》（1991 生效）、《铁路货物运输杂费管理办法》（1991 生效）等等。

---

① 朱茜：《2018 年高铁行业最新政策汇总及解读》，前瞻产业研究院 2018 年 1 月 14 日，https://www.qianzhan.com/analyst/detail/220/180124-dd688207.html.

② 中国铁路总公司新闻中心：《中欧班列 2018 年开行数量突破 1000 列》，2018 年 3 月 30 日，http://www.china-railway.com.cn/xwdt/jrtt/201803/t20180330_70417.html，2018 年 4 月 5 日访问。

③ 铁道部：《铁道部关于公布铁道部规章及规范性文件清理结果的通知》（2003 年 6 月 17 日），2017 年 9 月 25 日访问。

虽然大规模的法规清理工作有了一定成效，但是由于现在执行的铁路相关法律法规仍然是20世纪90年代的产物，已不适应现在日益发展的国内铁路运输和多式联运需求。结合2018年两会代表的呼声，国内铁路法律法规的修订、铁路运单适应时代发展需要是非常迫切的。

(一)我国铁路货物运输法关于货运单据功能的规定

我国现行的《铁路法》2015年修订版，分为总则、铁路运输营业、铁路安全与保护、铁路建设、法律责任、附则六个部分①。

《铁路法》的铁路运输营业章节，涉及铁路货物和旅客运输共有22条规定。此法明确了铁路运输合同是铁路运输企业与托运人、旅客之间权利义务关系的协议。旅客车票、货物运单、包裹票和行李票是合同或者合同的组成部分。托运人有如实填报托运单的义务，铁路运输企业有权核查托运单内容。如核查发现申报与实际不符的，检查费用由托运人承担；在检查过程中，铁路运输企业应妥善保管货物，如有损坏，应照价赔偿。托运人应补交因申报不实而少交的运费和其他费用。货物、包裹、行李到达目的站后，收货人或者旅客应当按规定时限及时领取，并支付托运人未付或者少付的运费和其他费用；若逾期领取，还应交付保管费。

《铁路货物运输规程》第9条规定②，托运人通过铁路运输货物，应与铁路承运人签订货物运输合同。第11条规定，托运人向承运人交付货物时，应向托运车站按批提供货物运单一份；托运人对货物运单中填写内容的真实性负责，如发生错报货物品名、重量情形，托运人应按照规定支付违约金。第34条规定，收货人在目的站提供领货凭证，并在货票第四联上盖章或签字以便提取货物；如领货凭证丢失或未收到时，须由收货人单位出具身份证明文件，个人除了提供本人的身份证外，还需所在的工作单位出具证明文件，并将这些证明文件粘贴在货票第四联上交给目的站。第35条规定，目的站在收齐收货人的手续资料和费用后，将货物和运单一起交给收货人。

由以上可知，在国内铁路货物运输过程中，货物运单被视为合同或者合同的组成部分。铁路承运人仅与托运人发生运输合同关系，并依据托运人填写的货物运单的附联《领货凭证》交付货物。

---

① 《中华人民共和国铁路法》，中国法制出版社2015年版，第5页。

② 《铁路货物运输规程》(1991年)，法律之星网站，2018年3月15日访问。

(二)对我国铁路货物运输法货运单据功能规定的理论与实践分析

《国际货协》和《国际货约》中规定铁路运单是运输合同的证明,而我国《铁路法》明确规定货物运单是运输合同或合同的组成部分。

1. 铁路运单功能的理论分析

(1)我国铁路货物运单的合同功能

《铁路法》出台于计划经济时代,铁路运输由政府公布价格,承托双方并非平等地位,托运人没有进行磋商,没有被认为是合同的环节、书面联系记录等作为合同的组成部分。托运人在委托运输时,通过填制铁路运单,铁路承运人认可运单并在上面盖章签字达成合意,形成合同。

《铁路法》的合同功能表明,双方均受铁路运单的约束,承运人按照铁路运单中约定的时间、地点,将货物交给运单中指定的收货人。收货人在到达站提供《领货凭证》原件或传真件来证明其身份并付清费用、提取货物。如收货人无法提供《领货凭证》,铁路承运人要求收货人提供合法身份证明方可领取货物。

承运人依据运输合同的内容将所托运货物送交指定地点,并通知指定收货人领取。指定的收货人只能是《领货凭证》中指定的收货人。

在欧亚铁路货运中,货物运单中详细记录了收货人的名称和地址。《国际货协》中规定铁路运单是运输合同的证明,因此,收货人由于是运输合同中指定的即将拥有货物所有权的人。自货物送达目的国境站起,收货人作为拥有货物所有权的人,有权对货物的最终交付地点和收货人进行再约定。而国内铁路运单是合同,承运人严格按照铁路运单中注意的事项行事。在“郑州国铁物流快运有限公司与博爱县风驰橡胶制品有限公司铁路货物运输合同纠纷”案中,托运人在运单中注明“货到后,须经托运人同意,方能提货(务必)”,铁路方认为该注明无约束力,未按此要求提前交付货物给收货人,法官认为铁路运单本身就是运输合同,该运单中记载的相关内容均为合同的组成部分,承运人必须遵守。

(2)我国铁路货物运单的承运人接收货物的凭证功能

在托运人办理托运时,需要担交货物运单和对应的货物,承运人根据运单,明确承运人的货物信息,包括品名、数量、包装、重量等。承运人有权对货物进行抽查,以查看是否单货相符。在此意义上,货物运单具有承运人接收货物的凭证功能。

(3)我国铁路货物运单的交付货物的证明功能

铁路运单随货同行,并至日的站一起交付给收货人。收货人根据运单中载明的货物信息进行核对,以检查承运人是否按运单中记载的货物信息进行交付。运单在此时即是承运人交付货物的证明功能。

2. 我国铁路运单的实践局限性

(1)不便于托运人控制货物

在国内贸易中,很多交易并非收货人先全款支付给托运人,因此托运人如不能在收齐货款前控制货物,将面临货与款两空的风险。"郑州国铁物流快运有限公司与博爱县风驰橡胶制品有限公司铁路货物运输合同纠纷"一案中,托运人先收到部分预付定金,双方商定收货人见到"领货凭证"后三天内付款,因此,托运人为控制货物的所有权,在运单中注明"货到后,须经托运人同意,方能提货(务必)",而铁路目的站承运人将运单视为运输合同的证明而疏忽了这句批注,导致未经托运人同意就放货,使托运人遭受收不回货款的损失。

如何避免这种风险?传统操作为托运人在运单中注明托运人的要求,承运人谨遵该要求。笔者认为,赋予国内铁路运输合同的收货人以独立的给付请求权,建立第三人利益的运输合同制度。在此基础上,对铁路运单收货人一栏填写要求改为"凭托运人指示",承运人操作的准确性将大大提高。这样的做法首先是铁路运单作为物权凭证有了法律基础;其次,在运单操作上,由于没有具体显示真正的收货人,承运人在目的站只能听从托运人的指示交货,不易出错;再次这种情况下收货人没有《领货凭证》,也没有得到授权,很难冒领货物;再次,托运人在未收到货款的情况下,可以指示承运人将货物交付指定的代理人,或者将货物退回等,便于控制物权;最后,这种做法与国际海运提单接轨,赋予了铁路运单以物权凭证的功能,不仅使货物买卖交易风险降低,在必要时还可以使用该单进行质押等金融操作。

(2)铁路运单中注明运费金额不便于商业交易

货物贸易实践中,若卖方办理货物运输,他一般会在货物运价中包含了运费,或者在货物报价中分别列出了货物单价和运费,且运费会比实际的运费高。在这样的情况下,铁路运单中承运人填制的实际的货物运费信息不便于显示出来。而作为运输合同的必要条件,理论上运费必须显示,这就导致了铁路运输规定与商业交易的冲突。

(三)我国铁路货物运输法规的相关变革

我国铁路货物运输方面的法律法规较多,除了《铁路法》外,还包括《铁路货物运输规程》《铁路货物运价规则》《铁路鲜活货物运输规则》《铁路超限货物运输规则》《铁路危险货物运输规则》《铁路货物装载加固规则》《铁路集装箱运输办法》等等。这些法律法规对铁路货物运输规定非常详细,对路货物运输起到了积极的规范作用。但是,由于这些法律法规均为20世纪90年代初制定,已不适应"一带一路"战略的发展要求,需要进行相应的变革。

国内水路运输的《海商法》大量借鉴了《海牙规则》《汉堡规则》的相关规定,起到了注重国情并与国际接轨的示范作用。由于《国际贸易术语解释通则》《跟单信用证统一惯例》也可适用于各国国内贸易,我国必须加强国际铁路运输规则体系参与度,加快构建步伐,并结合《国际货约》《国际货协》、国际铁路联运,新加入国家铁路法规和统一运单的相关规定,与海运、空运、陆路运输相协调,融合《国际贸易术语解释通则》《跟单信用证统一惯例》的规定,与国际接轨,制定出完善且有一定时代引领意义的铁路运输法律法规体系。

1.《铁路法》的变革

《铁路法》自1991年制订以来,已分别于2009年和2015年进行了两次修正。修正后的《铁路法》体现了铁道部取消后的职能调整,有一定可取性,但总体上还不适应现在国内运输市场的需求,还需进一步变革。未来《铁路法》应该立足于"一带一路"战略,有前瞻性,并满足国际国内铁路运输、其他各种运输及多式联运的需求,满足国际商业惯例需求。

(1)《铁路法》的总体思路调整

我国现行《铁路法》包括总则、铁路运输营业、铁路建设、铁路安全与保护、法律责任、附件共六部分。未来《铁路法》应体现出立足于时代背景下要求的市场开放功能、铁路运输企业良性竞争的功能、铁路运输的服务功能、市场定价自行调节功能、高铁货运的管理规定等,明确中国铁路总公司和其他铁路运输企业的法律地位和市场竞争机制,构建出具有竞争活力的新法律机制。

(2)《铁路法》对铁路货物运单法律功能的变革

《铁路法》中明确铁路货物运单是铁路运输合同或运输合同的组成部分,这一界定应结合国际海运、空运、铁路联运运单的优点与局限性来考虑,作出更为科学合理的规定。在铁路运输合同中赋予收货人独立的给付请求权,使收货人可以直接向承运人要求给付货物,在货物发生损害时可以以原告身份直接向承运人提起诉讼。为适应时代发展的需要,铁路运单应具备物权凭证的功能和金融质押功能。

我国还应该立足于国际铁路运输的前沿,了解加入CIT的要求,分析加入CIT的优劣,积极申请加入CIT,提高自己在国际铁路运输领域的话语权。

2.《铁路货物运输规程》的变革

《铁路运输规程》虽为1991年制订,但总体上,各项规定非常详细,具有可操作性。其中需要调整变革的问题如下：

(1)关于整车货物的规定

《铁路运输规程》第5条规定整车货物每车为一批。《跟单信用证统一惯例》(简称UCP600)对分批装运具有明确的界定。若货物通过同一运输工具同一航次到达同一目的港,则视为没有分批。考虑到该惯例同样适用于国内,本规程对整车货物的规定宜改为:若货物需分车装运时,只要符合同一运输工具同一航次到达同一目的港的要求,应视为一批货物。

(2)使用集装箱必须为同一箱型规定的调整

《铁路运输规程》第5条规定,集装箱运输的货物,每批必须使用同一箱型。此规定非常不科学。在国际海运中,如托运人托运的货物为90CBM,在不考虑重量的情况下,托运人会根据满箱满载的原则,选用一个40尺高柜和一个20尺小柜装运该批货物。对箱型的选择应从托运人节约运费成本的角度出发,在兼顾运输安全的前提下,应取消每批货物必须使用同一箱型的限制。

(3)承运人义务的加强

《铁路运输规程》第14条规定,在承运人代为保管运输单证过程中遇有遗失时,到站应编制普通记录,予以证明。为体现承托双方同样的法律地位,此处还应增加承运人应对遗失导致的延误后果及损失承担责任。

3.《铁路货物运价规则》的变革

《铁路货物运价规则》2000年版本①,主要用于计算国铁货物,其在内容、形式上均具体明确,具有可操作性。铁道部改革后,中国铁路总公司应与其他铁路运输主体一起,积极参与市场竞争。《铁路货物运价规则》虽然对运输里程、快运和慢运、整车和集装箱、运费和杂费计算等做了全面而细致的规定,但是由国家发展改革委员会对运价进行限定,如发改委在《国家发展改革委关于深化铁路货运价格市场化改革等有关问题的通知》(发改价格[2017]2163号)中规定,铁路集装箱运输货物价格、零担货物运输价格、整车运输的金属制品、工业机械、矿物性建筑材料等12个品类货物运输价格采取市场调节机制,由铁路运输企业依法自主制定。将来应给予铁路运输企业更多的运价自主权,从良性竞争、与各种运输方式竞争与衔接的出发,制定更为科学的运价规则。

(四)小结

我国国内铁路运输法体系还较为滞后,无法满足国际国内铁路运输发展

① 《铁路货物运价规则》(2000年版),法律之星网站,2018年3月3日访问。

的需要以及运输市场竞争的需要，急需完善国内铁路法律规范体系。我国相关部门在考虑加入 CIT、与国际铁路运输法律法规接轨的基础上，赋予铁路运单以物权凭证功能，赋予收货人独立的给付请求权，并结合国内海陆空铁联合运输的需要、国际商务惯例的要求，制定出完善且有一定时代引领意义的铁路运输法律规范体系。

结语

本文以《运单指导手册》为切入点，结合 CIM、SMGS 的功能特点和学者的观点，具体阐述了统一运单的运输合同证明功能、承运人接收货物收据功能、承运人交付货物凭证功能、通关功能以及托运人义务、承运人义务等一系列法律问题，得出以下结论。

第一，统一运单虽然能在不同铁路公约的国家之间使用，但其只是格式上的统一，在适用法律法规方面并未统一，也无更多的法律功能。相比 CIM，统一运单与 SMGS 各栏填写要求更为一致。

第二，统一运单在运费支付、装车方面的规定不能与国际贸易惯例接轨，宜结合国际贸易术语、国际商务惯例、国际海运、空运、多式联运的成熟做法，作更为合理的填制规定。

第三，统一运单欠缺物权证功能，导致不适应国际商务和物流金融的发展，统一运单收货人栏宜参照国际海运提单收货人栏的填写方法，即既可以填具体收货人名称和地址，也可以填凭指示。

第四，统一运单在跨境通关方面仍然存在通关效率低下的问题，宜通过两大公约集团法律互通性的提升、国际贸易单证标准化、通关语言与国际商务接轨、开发启用跨境通关统一大数据平台，通过无纸化一次性申报，限定过境通关时间，提高通关时效。

第五，国内铁路法律法规还不完善，与两个国际铁路货物运输条约不协调，宜修改国内《铁路法》《铁路货物运输规程》《铁路货物运价规则》，制定激发铁路运输主体的市场竞争机制，赋予铁路运单以物权凭证功能，赋予收货人独立的给付请求权，并加入 CIT，综合考虑国际贸易术语、国际贸易惯例、国内多种运输方式以及国际国内运输和贸易的衔接性。

A Research on Legal Functions of CIM/SMGS Consignment Note in Asian-European Railway Goods Transportation

YUAN Lin

Abstract: The promotion of the use of the CIM/SMGS consignment note (Common C/N) in the freight transport of Asia-Europe international railways has not had a significant effect in China. China's "One Belt And One Road" economic development strategy and the development of Asia-Europe railway international logistics are deeply influenced by the Common C/N. Based on the analysis of advantages and characteristics of the Common C/N and the legal function, points out that the Common C/N is only unified in form, cannot be in harmony with the other shipping documents in many respects, puts forward the Common C/N should give the consignee an independent right of claim, and better cohesion with the international business practices, INCOTERMS update version, UCP600 (or update version) and all kinds of international transportation modes, and a breakthrough on the adaptation law. Advise that China should join in the International Rail Transport Committee (CIT), when revising internal railway law, China should add the function of document of title to internal rail waybill, meanwhile meet the needs of the domestic and international transportation modes and business practices.

Key words: CIM/SMG consignment note, CIM/SMG common consignment note, legal functions

✻ 杨彦偲*

中印南传统知识的知识产权保护法律制度比较研究**

内容摘要：中国、印度和南非作为金砖国家的主要成员，有着悠久的文化历史底蕴，但随着传统知识的价值被不断发掘，传统知识被不法盗用、滥用的现象频频发生，在不断向前发展的同时，对传统知识的保护也成了三国的重要议题。目前世界各国关于传统知识的知识产权保护有诸多分歧和争议，不同国家和地区有不同的实践。要构建专门的保护制度，则需要对传统知识的定义、主体、主体的权利义务等问题进行探究。印度和南非对传统知识的知识产权保护已形成了一套较为完善的体系，而我国在这方面尚处起步阶段。本文试图通过比较分析中国、印度和南非现行传统知识知识产权制度的异同，为构建和完善我国传统知识的知识产权保护体系提出建议。

关键词：中国印度南非；传统知识；知识产权保护

目次

---

* 杨彦偲，西南政法大学国际法学院国际法学专业2015级硕士研究生，荷兰鹿特丹伊拉斯姆斯大学商法硕士。

** 本文系由本卷编辑在作者2018年6月硕士学位论文基础上修改而成。

引言

随着金砖国家之间的合作与互通不断深入，作为人类多元文明的重要代表，金砖国家各成员国在深化文明的相互交流与借鉴，促进文化的相互交融与合作上有着基本的共识，对民意合作基础的夯实与巩固怀抱着共同的期待和愿景。中国、印度和南非(以下简称“中印南”)作为金砖国家的重要成员，有着深厚的文化历史底蕴，在不断向前发展的同时，对传统历史文化的保护也成了三国的重要议题。

(一)理论和实践意义

从知识产权的视角分析探讨对传统知识的保护可追溯至20世纪末。随着经济的不断发展，传统知识中蕴含的巨大商机逐渐被人们所发掘，以至传统知识极易成为现代商业中受侵犯的对象。本文以中国、印度和南非这类新兴经济体为研究对象，通过对比研究三国在知识产权领域对传统知识的保护，总结各国制度的优劣，为完善我国传统知识的知识产权保护立法提供有益借鉴，丰富传统知识的知识产权法保护理论，为金砖国家成员间就保护传统知识和非物质文化遗产构建统一的知识产权保护体系提供理论基础。

许多国家和地区都提出并践行将传统知识纳入知识产权法的保护范围，但在保护程度和保护方式上未形成统一意见。中国、印度和南非作为金砖国家的主要成员，拥有悠久的历史底蕴和丰富的传统知识，与此同时作为文化产业落后的发展中国家，传统知识被不法侵犯的情况日渐显露，如何在经济发展中增强对传统知识的保护成为亟待解决的问题。本文通过国别研究，加深对传统知识和传统文化表现形式的理解，总结印度和南非的相关立法和制度，结合我国国情，为我国现阶段建立对传统知识的知识产权保护法提供有益借鉴，有利于从法律层面协调金砖各国之间传统知识的交流与合作，使金砖国家之间的文化合作从宣言落到实处，促进金砖国家整体的可持续发展。

(二)文献综述

1. 国内研究现状

关于传统知识的保护这一命题好似“哥德巴赫猜想”一般的存在。尽管有不胜枚举的专家学者投入心血、为此付出、为此奋斗，但始终找不到一个完美的答案。也正因为此，关于传统知识的保护看似陈旧，但却焕发着生机，历久弥新。[①] 对传统知识的保护既包括对以传统知识为基础而进行创新的产品或作品的保护，也包括对传统知识自身的保护。前者无疑可直接进入现有的知识产权保护法律体系，而后者面临的是现有知识产权法律制度保护障碍问题，至今在学术界尚未找到一个令人满意的解决方案。

现阶段关于传统知识保护的探讨主要集中在以下几个方面：①传统知识的法律定义及法律内涵[②]；②用知识产权法保护传统知识的合理性和可行性[③]；③传统知识知识产权人的界定[④]；④侵犯传统知识知识产权的认定[⑤]；等等。近年来，有关国际组织对传统知识的保护进行了许多有益的实践，这些实践使传统知识的知识产权保护问题在世界范围内得到了重视和推广，如世界知识产权组织成立的"知识产权与遗传资源传统知识和民间文学艺术政府间委员会"。由于国际上尚未形成统一的保护框架，目前各国主要通过国内立法和区域协定来保护传统知识，例如：泰国的《传统泰药知识法》，秘鲁的《关于建立土著人生物资源集体知识保护制度的法律》，太平洋共同体拟定的《保护传统知识和传统文化表现形式的示范法》。如今，约有 50 多个国家通过知识产权法对传统知识进行保护。[⑥]

目前，在知识产权领域，我国尚未建立起针对传统知识保护的法律体系，对于将传统知识纳入知识产权领域保护的可行性这一问题，学界已基本达成共识，但对于如何界定传统知识及其权利主体，传统知识的知识产权保护应采取的模式，仍是国内学界争论的焦点。曹新明（2005 年）从知识产权的基本理论出发，用"权利弱化与利益分享理论"论证了对传统文化进行保护的正当性。将知识产权权利进行弱化，协调知识产权权利主体、知识产权利用者与社会公共利益之间的平衡，使其从原有的"许可权加禁止权"模式转变成一种温和性

① 曹新明、梅术文：《民族民间传统文化保护的法哲学考察——以知识产权基本理论为研究范式》，载《法制与社会发展》2005 年第 2 期。

② Christoph Antons, "What is 'traditional cultural expression'? International definitions and their application in developing Asia," *W.I.P.O.J.*, vol.1, no.1, 2009, p.108.

③ 古祖雪：《论传统知识的可知识产权性》，载《厦门大学学报（哲学社会科学版）》2006 年第 2 期。

④ 张陈果："论我国传统知识专门权利制度的构建——兼论已文献化传统知识的主体界定"，载《政治与法律》2015 年第 1 期。

⑤ 叶盛荣、李旭莲："我国民族民间传统文化保护的立法背景与思考"，载《知识产权》2009 年第 2 期。

⑥ Carlos M. Correa, *Traditional Knowledge and Intellectual Property*, Geneva: Quaker United Nations Office, 2007, p.25.

权利模式。[①] 该理论从法哲学上解答了传统知识的有限性与社会需求增长无限性之间存在的冲突。对于我国应采取何种方式对传统文化进行保护，周安平(2012 年)认为，应从我国传统文化保护实际出发，对传统文化采取分类保护，即“私法保护为主体，公法保护为先导，非政府组织保护为重点，公民保护为基点”的保护方式；[②]孙彩虹(2009 年)认为，我国应实现传统文化的创造性转化，提升传统社区人们的文化价值观念，回归文化主导权；同时政府应特殊立法，明确保护对象，细化保护内容，建立惠益分享机制。[③]

金砖国家作为发展中国家利益的代表也是传统知识资源丰富的国家，对传统知识建立一种有效的保护模式对促进金砖国家经济实现可持续发展的作用不容小觑。由于金砖国家的概念出现时间较短，目前学术界对于金砖国家传统知识的知识产权保护的研究较少，笔者亦未发现分析介绍中印南传统知识的知识产权保护的研究成果。

2. 国外研究现状

从国际上看，目前尚未建立起一个统一的保护传统知识的知识产权体系，除了发达国家与发展中国家的利益分歧之外，Kunal Mahamuni(2006 年)认为，TRIPS 等国际协定中的内容对发展中国家来说也是不利的，建议发展中国家应该建立单独的法律或者在合同法中针对传统知识建立一种“事前同意”的模式。[④] Gopalkrishnan(2012 年)提出，如果每一个国家对于传统知识都建立起一个适当的模式，权利所有人在传统知识被滥用时就能得到有效的救济。印度和南非对于传统知识的知识产权保护体系与我国相比更为完善。印度早在 WTO 成立之初就提议在 WTO 框架内对传统知识进行保护，而南非在《知识产权法修正案》中也已明确用知识产权法的模式对传统知识和传统文化表现形式进行保护，但实施过程中仍有许多问题亟待解决。

印度学者 J Sai Deepak(2008 年)以传统手工艺品为例论述了印度知识产权法对传统知识和传统文化表现形式的保护。他认为，虽然印度针对传统文

---

① 曹新明、梅术文：《民族民间传统文化保护的法哲学考察——以知识产权基本理论为研究范式》，载《法制与社会发展》2005 年第 2 期。

② 周安平、龙冠中：《公法与私法间的抉择——论我国民间文学艺术的知识产权保护》，载《知识产权》2012 年第 2 期。

③ 孙彩虹：《我国民间文学艺术知识产权保护对策探析》，载《河南社会科学》2009 年第 2 期。

④ Kunal Mahamuni，“TRIPs and developing countries：the impact on plant varieties and traditional knowledge，”*Int. T.L.R.*，vol.12，no.6，2006，p.12.

化的保护已经颁布了一些特别法，但目前在知识产权领域对传统文化的保护仍是不健全的；为了使传统文化在经济发展中保持活力与竞争力，应该更好地保护以传统文化为基础进行创作的作品，形成良好的激励机制。① 对于传统文化知识的权利主体，他认为其主体可以为个人或集体，而民间传统文化传承人有权依据惠益分享原则对有关创新成果分享利益。

关于传统知识及传统文化表现形式的定义及其权利所有人，Rosanne Trottier（2010 年）以印度瑜伽为例进行了阐述。Rosanne 认为，瑜伽作为一种外在动作与内心修炼合二为一的产物，并不能算是一种印度传统文化的表现形式，不能认定为传统知识，因而所有与瑜伽具有相同性质的传统知识都应被认定为已进入公共领域而不受知识产权保护。② Rosanne 还认为，瑜伽没有一个明确的知识产权人，没有任何一个人或一个群体能够代表整个瑜伽体系；瑜伽不是一种发明，或者说每一个瑜伽者都是发明者，因为它是瑜伽者在日复一日的练习中结合自己的精神世界而发展的，是一种超越时间和空间的产物。

Patricia Covarrubia（2017 年）③认为，当今从知识产权角度对传统文化进行保护的最大问题是对"传统文化"定义及解释的模糊；对传统文化进行保护的前提是对文化认同以及民间传统生活方式的保护；在知识产权体系中，传统文化可以通过获得著作权、邻接权、地理标志、商标、专利的方式进行保护，但现有的国际公约仍不能很好地对传统文化进行保护，一方面是因为公约本身的局限性，另一方面是因为许多国家并未将公约转化为自己的国内法。

Y. Mupangavanhu（2015 年）④提出非洲应建立一个泛非洲的知识产权组织，但这种类型的组织的一大缺陷在于不能很好地保护传统知识。原因为，西方传统的知识产权法的保护模式是建立在个人财产所有制而不是公共财产所有制的基础上的，他们的目标是在一段特定的时间内授予某个个体禁止他人未经

---

① J Sai Deepak, "Protection of Traditional Handicrafts under Indian Intellectual Property Laws," *Journal of Intellectual Property Right*, vol.13, 2008, pp.197—207.

② Rosanne Trottier, "Intellectual property for mystics? Considerations on protecting traditional wisdom systems," *International Journal of Cultural Property*, vol.17, no.3, 2010, p.13.

③ Patricia Covarrubia and Lisa Albani, "Cultural expressions: the intersection of culture and intellectual creations - Fado as a case study," *Intellectual Property Quarterly*, no.1, 2017, p.58.

④ Y. Mupangavanhu, "African Union rising to the need for continental IP protection? The establishment of the Pan-African Intellectual Property Organization," *Journal of African Law*, vol.59, no.1, 2015, pp.12—18.

其许可使用其受知识产权保护的权利,传统知识当然不满足这种主流要求,所以很长一段时间内传统知识在知识产权领域难以得到认可和保护。

(3)拟创新

本文的拟创新在于研究内容新颖。传统知识的知识产权保护这一问题就好比法学领域的"哥德巴赫猜想",它并不新颖却又时时处于新颖之中。本文视角独特地选择了金砖国家中较具代表性的中国、印度和南非作为研究对象,通过对比三国现行知识产权制度对传统知识的保护,对完善我国传统知识的知识产权保护法律制度提供有益借鉴,从一定程度上弥补了这一领域的研究,也有利于增强金砖国家之间的文化交流与互鉴。

传统知识是人类文明发展积淀的瑰宝,蕴含着巨大的价值,作为发展中国家利益代表的金砖国家拥有丰富的传统知识资源,如何在现代商业的环境中保护传统知识免受非法侵害成为我们亟待解决的一个难题。印度和南非在这方面已经做出了一些积极的探索,本文通过比较中印南关于传统知识知识产权保护的相关法律制度,分析各国制度的优劣,汲取各国先进经验并以此为基础构建我国传统知识的知识产权法保护模式,增强金砖各国之间的文化交流,促进金砖各国的可持续发展。

一、中印南知识产权法对"传统知识"的界定

许多国家和地区都已提出并践行将传统知识纳入知识产权的保护范围。为了构建传统知识的知识产权保护法律制度,对"传统知识"概念进行界定成为首先要解决的问题。然而,目前我国国内和国际社会对于传统知识的概念并没有达成共识,[①]甚至对于是否采用"传统知识"这一名称来概括各地原住民和当地社区创造和拥有的各种知识、表现形式都尚未达成一致[②]。关于这一名称的选择,有的国家采用"传统文化",有的采用"传统文化表现形式",有的采用"传统知识"。本文所称的"传统知识"是包含传统文化和传统文化表现形式整个领域的总称。[③]

---

① David R. Downes, "How Intellectual Property Could Be a Tool to Protect Traditional Knowledge ," *Columbia Journal of Environment Law*, no.25, 2000, p.63.

② 世界知识产权组织(WIPO):《知识产权与遗传资源、传统知识和传统文化表现形式》,2015 年。

③ 依据世界知识产权组织 2015 年《知识产权与遗传资源、传统知识和传统文化表现形式》,传统知识可以被视为包含传统文化和传统文化表现形式的大部分。

(一)“传统知识”的概述

1.“传统知识”的历史沿革

传统知识的知识产权保护问题起源于20世纪中后期。在全球化和市场经济浪潮的席卷下,发展中国家在经济和文化中受到了西方强势经济体的猛烈冲击,逐渐丧失了维护自身利益的话语权,发达国家利用现行知识产权法中关于传统知识的立法空白和自身先进的科学技术肆意盗取发展中国家丰富的传统知识资源。面对如此窘境,发展中国家开始了保护自身文化安全、抵抗文化霸权主义的运动。①

1967年,《保护文学艺术作品伯尔尼公约》修正案第一次提及了“传统文化表现形式”②,但公约并未就如何定义传统文化表现形式进行解释。1992年,联合国环境与发展大会通过的《生物多样性公约》(Convention on Biological Diversity,以下简称CBD),认为保护传统知识在生物多样性的保存和可持续使用中发挥着重要作用。③ 虽然CBD是在与生物多样性有关的背景下对传统知识进行的讨论,这一条款却引发了国际社会对传统知识保护问题更为广泛、更深层次的研究与探讨。

世界知识产权组织(WIPO)就知识产权和传统知识之间的关系进行过多次审议,在该领域政策制定、立法实践和能力建设方面进行了积极的探索④。1982年,WIPO和联合国教科文组织(UNESCO)召开专家组会议,会后形成了《保护民间文学艺术表现形式,反对不正当使用和其他损毁行为的国家法律示范法条》(简称《WIPO-UNESCO示范法条》)⑤,该《示范法条》明确对传统文化表现形式进行保护,并对许多国家的国内立法产生较大影响。⑥ 1999年,在日内瓦举行的“知识产权与传统知识”圆桌会议上⑦,WIPO第一次将“传统知识”作为专

---

① 周安平、龙冠中:《公法与私法间的抉择——论我国民间文学艺术的知识产权保护》,载《知识产权》2012年第2期。

② 在《保护文学艺术作品伯尔尼公约》修正案第15条第4款中明确体现了将对保护传统文化表现形式提供国际保护。

③ Article 8(j), Convention on Biological Diversity,1992.

④ 世界知识产权组织(WIPO):《知识产权与传统文化表现形式、民间文学艺术》,2009年,第3页。

⑤ 世界知识产权组织 & 联合国教科文组织:《WIPO-UNESCO示范法》,1982年。

⑥ *Intergovernmental Committee On Intellectual Property And Genetic Resources, Traditional Knowledge And Folklore*, WIPO,7th ed.,2004,p.11.

⑦ *What is Traditional Knowledge? Why Should It Be Protected? Who Should Protect It?*, WIPO, prepared by Professor Michael Blakeney, Geneva, 1999, p.3 .

业术语进行使用。2000年,WIPO继续沿用这一专业术语,成立了"知识产权与遗传资源、传统知识和民间文学艺术政府间委员会"(Intergovernmental Committee on Intellectual Property and Genetic Resources, Traditional Knowledge and Folklore),该委员会主要就知识产权制度和传统知识的持有者和管理者之间的实际联系展开讨论。[①] WIPO还举办了各式研讨会、讨论会,积极开展与传统知识有关的立法起草、建议、教育和培训工作。

2."传统知识"的含义

传统知识(Traditional Knowledge, TK)作为一个专业术语已得到学界的广泛使用,然而国际社会关于"传统知识"还没有一个被普遍认同的定义。许多国家和国际组织根据自身利益需求尝试性地对此术语进行阐释,其中较具代表性的是《生物多样性公约》和世界知识产权组织给出的定义。

CBD将"传统知识"定义为:土著和地方社区体现传统生活方式而与生物多样性的保护和持久使用相关的知识、创新和做法。[②] 这一定义在以保持生物多样性为主要目标的视角下,着重强调了传统知识的"土著"特征和"群体"特征,在界定上具有一定的局限性。

WIPO作为知识产权的专业机构为"传统知识"的定义做出了实质性的贡献。在其《知识产权与遗传资源、传统知识和传统文化表现形式》中,传统知识被定义为"在一个社区内发展、延续和代代相传的有生命力的知识体系,往往构成社区文化认同或精神认同的一部分"[③]。该文件还列举了一些较有代表性的传统知识,如传统医学知识、传统狩猎技巧以及水利知识。《保护传统文化表现形式和民间文学艺术表现形式的原则和目标修正案》(Revised Objectives and Principles for the Protection of Traditional Cultural Expressions and Expressions of Folklore)中规定,本修正案的主体是任何表达或传播传统文化和传统知识的形式,不论其是有形的或者无形的[④]。根据这一规定,语言的、口头的、音乐的表达,舞蹈、戏剧等表演类型的行为表达,以及像手工艺品制作、乐器制作和建

---

① 所有相关材料可在世界知识产权组织秘书处,或从 http://www.wipo.int/tk/cultural/index.html 获取。

② 韩德培、万鄂湘:《中华人民共和国法库国际法卷》(第二编),人民法院出版社2002年版,第10903页。

③ 世界知识产权组织(WIPO):《知识产权与遗传资源、传统知识和传统文化表现形式》,2015年,第13页。

④ Article 1, *Revised Objectives and Principles for the Protection of Traditional Cultural Expressions and Expressions of Folklore*, WIPO, 2006.

筑形式的创作等有形的形式，都可被视为传统知识。①

与CBD相比，WIPO对“传统知识”的定义要宽泛得多。一方面它突破了CBD将传统知识与土著知识相联系的限制，另一方面它不仅注重了对生物多样性的保持，还兼顾了文化多样性的发展。

3.“传统知识”的特征

与建立在西方社会学理论、近现代哲学和自然科学技术基础上的现代知识相比，传统知识是建立在千百年来的人类社会经验之上，与特定地域和社区相联系的零散知识。总体而言，传统知识应具备以下几点特征。

（1）传统性

基于传统而产生是传统知识区别于现代知识的主要特征。依据文化社会学的观点，从社会历史因素的角度考虑传统自身具有世代传承的特点，具体表现为递相传授的规范制度、世代相传的风俗习惯、生生不息的艺术文学等②。由此可见，传统知识的“传统”并不是由其古老性决定的，而是由其与社区的关系决定的，随着个体和社区的不断变化，传统知识为了适应社会环境对其内容和形式进行不断的调整，是基于传统而不断变化和发展的。

（2）动态性

传统知识是代代相传、不断延续的，传统知识传承的过程也是一个不断积累、不断更新的过程。从时间上看，传统知识并不是一成不变的，随着社区群体生产、生活方式的不断变化时刻进行着自我更新和创造。

（3）公开性

由于传统知识与一定的族群生活密切相关，所以在该族群中这种传统知识是处于公开状态的，往往不会采取专门的保密措施，但是这种公开性是一种“相对公开”即“内部公开”，并不会被特定区域之外的群体广泛知晓。传统知识的公开性并不意味着其可以被视为处于公共领域而失去了“专有性”，更不能因其公开性而否认其新颖性。

（4）整体性

传统知识是群体信仰和知识相结合的整体，一种传统知识往往能映射出特定区域的文化体系。这种整体性主要表现在精神性与实用性的结合，唯有深刻理解了传统知识创造成果的具体内容和规则，才能理解其系统性的本质。③ 这

① Christoph Antons, “What is ‘traditional cultural expression’? International definitions and their application in developing Asia,” *W.I.P.O.J.*, vol.1, no.1, 2009, p.112.

② 赵洪恩、李宝席：《中国传统文化通论》，人民出版社2003年版，第5页。

③ WIPO, *Elements of a Sui generis System for the Protection of Traditional Knowledge and Folklore*, WIPO/GRTKF/IC/3/8, Geneva, 2002.

种整体性不能等同于各种基本元素的简单相加，若忽略各组成部分之间的联系和整体性，一方面将会与传统知识的本质属性相背离，另一方面不利于传统知识的保护和传承。

(二)中印南知识产权法中"传统知识"的内涵

1. 中国知识产权法中"传统知识"的内涵

"传统知识"作为一个术语在我国学术界已经得到普遍的认可，不同的学者针对这一概念曾经给出过各自的定义，但目前为止并没有一个被广泛接受的定义。苏喆认为，可以把民族传统知识和非物质文化遗产看成同义词，这样便于我们从知识产权法的角度来进行分析①；戴琳认为，传统知识与民族民间传统文化的内涵和指向基本相同，即由某一特定民族或特定区域的社区群体世代相传，留存于民间的文化艺术表现形式，这种形式不仅体现了该民族或该区域人群的风俗习惯，还体现了一定的历史渊源；不仅体现了他们的心理特点，还体现了他们赖以生存的自然环境和社会环境，有时甚至体现了宗教信仰等诸多内容。② 2005 年，国务院办公厅颁布了《关于加强我国非物质文化遗产保护工作的意见》及其附件《国家级非物质文化遗产代表作申报评定暂行办法》(简称《暂行办法》)，该《暂行办法》的第 2 条③和第 3 条均将传统知识视为非物质文化遗产的一种表现形式。

我国拥有着悠久的历史和丰富的民族民间传统知识资源。由于各民族、各区域的生活习俗、发展状况各不相同，据此形成的传统知识差别甚远，这些传统知识承载了民族的特殊记忆，是各民族的宝贵财富。面对种类如此繁多的传统知识，我国需要对传统知识进行广义的定义，才能把如此绚烂多彩的传统知识囊括其中。从内容上看，传统知识包括在民间和特定民族间流传的农业、科学、技术、生态、医疗知识，民间文学艺术表达，语言要素以及其他可移动的文化财产。④ 从形式上说，包括有型物理形态和非物质形态。因此，一个广义的定义既需要包括狭义的传统知识，同时需要包括传统文化和传统文化表现形式，只有这样才能更好地满足对传统知识进行保护的需要。

---

① 苏喆：《民间文化传承中的知识产权》，社会科学文献出版社 2012 年版，第 29 页。

② 戴琳：《民族民间传统文化的知识产权保护》，载《云南大学学报(法学版)》2011 年第 5 期。

③ 《国家级非物质文化遗产代表作申报评定暂行办法》第 2 条，原文如下：

> 非物质文化遗产指各族人民世代相承的、与群众生活密切相关的各种传统文化表现形式(如民俗活动、表演艺术、传统知识和技能，以及与之相关的器具、实物、手工制品等)和文化空间。

④ 宋红松：《传统知识与知识产权》，载《电子知识产权》2003 年第 3 期。

2. 印度知识产权法中"传统知识"的内涵

作为四大文明古国之一的印度在其长达四千多年的历史中形成了独具特色、丰富多彩的传统文化和传统知识。印度医药、手工艺品、瑜伽、民间传统艺术等传统知识在国际上久负盛名。印度自身十分重视对其传统知识资源的保护,早在WTO成立之初就提议在WTO框架内对传统知识进行保护。

印度2002年《生物多样性法》(*Biological Diversity Act*)以及2004年《生物多样性条例》(*Biological Diversity Rules*)被视为对遗传资源及相关传统知识进行保护的典范。然而该法案中仅对生物资源进行了定义,尚未提及如何界定传统知识。在国际层面,印度建立了传统知识数据库(Traditional Knowledge Database Library,TKDL),该数据库拥有庞大的数据源,名副其实地成为印度传统知识的图书馆,该数字图书馆详细列举了36,000条传统知识,[①]可以算作是对传统知识进行一个列举式的定义。

3. 南非知识产权法中"传统知识"的内涵

随着当地传统知识被不法盗用的情况日益严峻,南非开始进行了一系列的探索,先后颁行了《生物多样性法》(2004年)、《本土知识体系政策》(2004年)、《知识产权法修正案》(2013年)和《保护、推广、发展和管理本土知识体系法》(2014年)。此系列法律、政策使南非成功实现了对传统知识较为全面、完善的保护。

2004年《本土知识体系政策》将"本土知识体系"定义为一个教育、法律和管理体系相结合的知识体系,体现了本土知识、本土文化表达以及与利用自然资源相关的传统知识。[②] 2013年《知识产权法修正案》引言部分从知识产权的角度对传统知识进行了界定:传统知识包括人类思维所创造出的传统作品、本土符号、传统文化表达和外观设计[③]。总体上,南非将传统知识分为狭义的本土知识、传统文化表达和与自然资源利用相关的本土知识。[④] 该定义与

---

① Namita Balasubramanian,"Extent of Use of TKDL in Patent Offices:Trends and Concerns," *National Law School of India University*,2012,p.5.

② 该概念原文为:"indigenous knowledge systems refers to a combination of knowledge system encompassing educational,legal and governance systems which manifest as indigenous knowledge,indigenous cultural expressions and indigenous knowledge associated with the utilization of natural resources."

③ 该概念原文为:"indigenous knowledge includes works,terms,expressions and designs,which are the outcome of the creative ability of the human mind and in that context has aspects which constitute types of intellectual property."

④ 肖梦婷:《南非本土知识保护的立法研究》,2015年湘潭大学硕士学位论文,第36页。

WIPO 关于传统知识的界定在内涵和外延上大致相同。

(三)中印南知识产权法对“传统知识”界定的比较分析

中国、印度和南非在对传统知识进行定义时比较一致地采用了广义的定义,认为传统知识包括狭义的传统知识、传统文化以及传统文化表现形式等。这种广义的定义有利于将更多的传统知识纳入保护范围,也有利于从知识产权法的角度对其展开保护。

南非相较于其他两国对于传统知识的定义更为具体明确,在相关的法律法规中都对传统知识进行过全面系统的定义,这得益于其较为完善的传统知识保护立法,使相关立法有明确的保护对象,既有效地保护了传统知识,又增强了法律的适用性。印度对于传统知识的保护立法也较为完善,然而没有一部法律明确地给传统知识下过定义,印度传统知识数据库中对传统知识的列举可以被视为较为正式的对于传统知识的定义,然而这样的列举不可能穷尽所有应受保护的传统知识,这既不利于对传统知识提供全面的保护,也不符合成文法的特点。我国亦没有专门针对传统知识的定义,关于保护传统知识的规定也散见于各种法规条例当中。

总体上来看,三国现行法律法规对于传统知识的定义大体上与 WIPO 给出的定义内容较为一致。为了更好地保护传统知识不被非法滥用,建立与完善相应的法律保护体系,当务之急就是明确知识产权法所保护的传统知识的范畴。为此,印度和中国应学习借鉴南非的相关立法经验,在法律中明确阐释“传统知识”的定义。在定义的方式上既要借鉴南非概括式的方式,也要采纳印度列举式的定义方式,采用概括和列举相结合的形式,对传统知识的基础特征、基本表现形式进行概括,对于典型和特殊的传统知识进行列举。

(四)小结

“传统知识”这一术语在国际上已得到普遍认可和广泛使用,然而对于这一术语的具体定义迟迟达不成一致意见。总体上,传统知识主要有四个特征,即传统性、动态性、公开性和整体性。就中国、印度和南非,三国对传统知识的界定与 WIPO 在内涵和外延上基本保持一致,均采用了广义的概念,即将民间文学艺术纳入传统知识的范围。印度对传统知识的定义采取了列举的方式,南非则采取了归纳的方式。为了更好地保护传统知识,明确知识产权法所保护的传统知识,在对其进行定义时,我们可以综合运用列举和归纳两种方式,通过归纳的方式列出传统知识的范围,通过列举的方式进行补充。按照概括和列举相结合的界定方式，我们可将传统知识定义为：在特定区域或特定民族间经过世代传承，与特定社区群体生活密切相关的基于传统的一切知识，包括农业知识、科学知识、技术知识、生态知识、医疗知识、有关遗传资源的知识、民间文学艺术表达等。

二、中印南现行知识产权法对传统知识的保护路径

现行的知识产权法并未将传统知识明确地列为其保护客体，《建立世界知识产权组织公约》将传统知识的保护范围界定为关于文学、艺术和科学作品的权利，关于表演艺术家的演出、录音和广播的权利，关于人们努力在一切领域的发明的权利，关于科学发现的权利，关于工业品式样的权利，关于商标、服务商标和厂商名称及标记的权利，关于制止不正当竞争的权利以及在工业、科学、文学或艺术领域里一切其他来自知识活动的权利①。然而，当传统知识被适合的载体承载或者以特定的方式呈现时，它是符合知识产权相关制度的具体标准的，可以相应地获得知识产权法的保护。

(一)传统知识的著作权保护

学界一般认为著作权对传统知识的保护主要适用于民间文学艺术表达一类的客体，如民间故事、诗歌、舞蹈、乐器等。众所周知，著作权所保护的客体是作品，根据《伯尔尼公约》的规定，受知识产权法保护的"文学艺术作品"是指文学、科学和艺术领域内的一切成果，而不论其表达形式或方式。② 我国《著作权法》也有类似规定，认为作品是以特定形式创作的文学、艺术和自然科学、社会科学、工程技术等作品。③ 根据这些定义，大部分民间文学艺术表达都属于作品，都可以获得著作权的保护。虽然我国著作权法对传统知识的保护只局限在了民间文学艺术领域，但这至少表明了我国运用著作权法为民族民间传统知识提供保护的原则和立场④。南非 2013 年修订的《版权法》明确规定传统作品可享有版权，并详细规定了受版权保护的传统作品需满足的条件。

---

① 韩德培、万鄂湘：《中华人民共和国法库国际法卷》(第二编)，人民法院出版社 2002 年版，第 10289 页。

② 参见 1886 年《保护文学艺术作品伯尔尼公约》第 2 条第 1 款。

③ 参见《中华人民共和国著作权法》(2001 年修正案)第 3 条。

④ 曹新明、梅术文：《民族民间传统文化保护的法哲学考察——以知识产权基本理论为研究范式》，载《法制与社会发展》2005 年第 2 期。

采用著作权的保护模式还有利于保护与民间传统知识相关的遗稿，从而提高著作权人对民间传统知识进行搜集、挖掘和整理的积极性。

然而，著作权的保护模式也存在一定的局限性。首先，著作权法往往要求作品具有“独创性”或“原创性”，但传统知识是经过代代相传、不断延续传递到今日的，有的甚至已经进入了“公有领域”，难以满足“原创性”这一要求，因此不能获得著作权的保护。其次，著作权的保护期是有限的，如《伯尔尼公约》对作品的保护期限是作者的有生之年加上死后五十年①，这样就无法对传统知识提供永久的保护，与传统知识无限延续的特点相冲突。南非在其《知识产权法修正案》中弥补了这一缺陷，规定与传统知识有关的作品一经注册便可获得永久的版权保护。再次，由于目前对于传统知识的知识产权人的认定并未形成一致意见，权利主体可以是个人、社区群体和国家，有时甚至无法确定一个明确的主体，这种情况下就不便于著作权的“作者”行使权利。为了解决这一问题，应广大发展中国家的强烈要求，1971 年《伯尔尼公约》在其巴黎文本中规定满足“无作者作品”条件的作品可由该国指定一个专门的机构代替作者行使权利，但该国应就此事正式通知世界知识产权组织的总干事，然而直到 1996 年 1 月 1 日为止，印度是唯一一个递交这类通知书的成员国②。因此，不是所有传统知识都能获得著作权法的保护的。

(二)传统知识的商标保护

商标是在商品经营活动中为了凸显自身商业形象所使用的具有独特意义和鲜明识别功能的文字及图符。③ 商标权所保护的客体即为特定的商业标记或标注，因此那些和传统知识有关的有特殊标记、标志的商品和服务便可获得商标权法的保护④。与其他知识产权法保护模式相比，商标法不要求保护对象具有创造性或独创性，而是需要具有可识别性、显著性、地源性等，因此传统知识因缺乏创新性而无法满足知识产权法保护条件的问题便迎刃而解了⑤。

---

① Article 7, *Berne Convention for the Protection of Literary and Artistic Works*, 1971.

② 德利娅·利普希克:《著作权与邻接权》，中国对外翻译出版公司、联合国教科文组织，2000 年版，第 66 页。

③ 张西昌:《传统手工艺的知识产权保护研究》，西安美术学院博士学位论文，2013 年，第 116 页。

④ Mary M. Squyres and Nanette Norton, *Trademark Practice Throughout the World*, Clark Boardman Callaghan ,2017, p.25.

⑤ 管育鹰:《知识产权视野中的民间文艺保护体系》，法律出版社 2006 年版，第 120 页。

采用商标法的保护模式还有两个突出的优势:第一,注册商标的续展制度可以为传统知识提供长期的保护。根据印度《商标法》规定,注册商标的保护期限为10年,续展一次可延长10年,续展的次数没有限制,这样就可以实现对商标的长期保护。第二,权利人可申请注册集体商标或证明商标这既符合传统知识群体性的特点,也有利于协调传统知识所属社区群众内部对传统知识的利用关系。商标法的保护模式还有利于促进传统知识的开发和经济效益的实现,最大限度地发挥传统知识的经济价值。① 美国新墨西哥州的印第安部落就成功地运用了商标法实现印第安传统制陶技术的商业化,当地政府专门颁布了《印第安人艺术和手工艺保护法》,以保证当地的陶瓷制品是"真正的印第安人手工艺",并在每个制品上加盖特别图案,这一保护措施使传统印第安手工艺人每年获利八亿多美元。②

中国、印度和南非的商标法都为传统知识提供了一定程度的保护。印度《商标法》规定,任何能与他人相区别的商品或服务标识,包括图表、包装、商品外形和颜色等都可以申请注册商标,因此只要符合这一要求,传统知识便可获得商标法的保护。南非《商标法》详细列出了传统文字或传统表达可获得商标法保护的条件,只要能将本社区群体的商品或服务与其他社区区分开来,该传统文字或表达便可注册为证明商标或集体商标。③ 在我国的司法实践中,传统知识的注册商标申请可类推适用有关地理标志的规定,即可申请证明商标或集体商标。"景德镇陶瓷"和"镇江香醋"都已成功注册成为原产地证明商标。

然而,商标法的保护模式也有一定的局限性,它不能适用于所有类型的传统知识保护。有些传统知识不能以商品的形式展示出来,由于不能被归入商品的分类而无法申请注册商标。而且商标法仅仅是保护特定的标记或标注不被他人使用,并不能有效地对传统知识本身以及它所蕴含的技术进行实质性的保护。

(三)传统知识的专利保护

专利权是知识产权的重要组成部分。现行专利制度对传统知识的保护可以分为两大类,一类是"积极保护",一类是"防御性保护"。积极保护是指传统

---

① 杨萍:《民族民间传统文化的知识产权保护模式新探》,载《云南民族大学学报》2008年第1期。

② David R. Downes, "How Intellectual Property Could Be a Tool to Protect Traditional Knowledge," *Columbia Journal of Envionment Law*, vol.25, 2000, p.271.

③ Article 9, *South Africa Intellectual Property Laws Amendment Act*, 2013.

知识的所有人积极向国家专利主管部门对符合专利法条件的传统知识申请专利,获得专利法保护的行为。对依据传统知识或对传统知识进行改造所提出的新的技术方案可以申请发明,对以传统知识为基础而对产品的形状、构造和组合提出的适于应用的新技术方案可以申请实用新型,对传统的手工艺品的外观和设计可以申请外观设计。防御性保护是指当有人主张一项传统知识的独占专利权时,该传统知识的所有人可以以该主张与专利申请标准不符为由提出复审申请,从而防止他人对传统知识不当占有。① 防御性保护是一种事后的补救方法,印度编制了传统医学知识数据库,便于专利审查员能确定现有医学知识的范围以做出专业的评估,这就是一种典型的防御性保护。

当然,传统知识的持有人也可以通过主张"在先技术"来阻止他人获取该传统知识的专利权。印度就曾进行过成功实践。印度拥有一项古老的传统知识即利用树皮的提取液来杀灭真菌,美国的一家公司却以自己的名义向欧洲专利局申请获得了该项传统知识的专利权,印度以在先技术为由向欧洲专利局提出了异议,并提供了印度农民长期以来一直使用该项技术的证据,最终欧洲专利局撤销了该项专利。② 欧洲专利局的该项决定实际上就是承认了传统知识的在先技术性质。③ 然而在先技术保护措施只是一种临时的保护措施,仅仅阻止了他人对该传统知识获得知识产权,传统知识的持有人并不能因此而获得经济利益。

同样,采用专利法保护的模式对传统知识进行保护也存在一定缺陷。第一,大多数传统知识难以满足专利法对专利的要求。申请专利保护的传统知识需要满足"新颖性""创造性""实用性"这"三性"要求,而许多传统知识是处于公开或半公开的状态,古往今来为众人所知悉,难以满足新颖性的要求。此外,难以证明与现代技术相比,大多数传统技艺在制作技巧、步骤和方法上有突出的特点和实质性的进步,④因此难以满足创造性。第二,申请专利保护需要对传统知识和技术进行充分公开。一方面,由于传统知识的持有者往往是普通群众,他们从上一代传承者那里传承到了该传统知识,他们难以用化学、生物或其他科学的语言来描述该传统知识的真正内涵,这构成了进行技术公

① 南国杰:《论传统知识的知识产权保护》,2007 年山东大学硕士学位论文,第 45 页。

② Janke · Terri, "Minding Culture-Case Studies on Intellectual Property and Traditional Cultural Expressions," prepared for WIPO, 2003, p.90.

③ 南国杰:《论传统知识的知识产权保护》,2007 年山东大学硕士学位论文,第 46 页。

④ 臧小丽:《传统知识的法律保护问题研究》,2006 年中央民族大学博士学位论文,第 39 页。

开的障碍。另一方面，有些传统知识和技术的公开不利于该传统知识的长期发展，如云南白药具有神奇的疗效，但是关于其配方一直处于保密状态。第三，专利的保护有期限。根据我国《专利法》的规定，专利的最长保护期限为申请之日起二十年。① 第四，专利法对一些传统知识做了明确排除。《与贸易有关的知识产权协定》(TRIPS 协定)第 27 条规定，诊断、治疗和外科手术方法，动物和植物品种都不可以申请专利保护。② 我国专利法也有类似规定。这种规定就排除了传统医药知识和与保持生物多样性保护有关的动植物品种的可专利性。

(四)传统知识的商业秘密保护

商业秘密的保护模式适用于那些尚未公开披露、未进入公有领域的传统知识。按照 TRIPs 协定的规定，认定商业秘密需要满足三个条件：①信息是秘密的；②该秘密信息具有商业价值；③权利人对该秘密采取了合理的保密措施。③ 与其他知识产权保护制度相比，采用商业秘密的模式对传统知识进行保护有自身的优势和特点。首先，保护期限没有限制，可以实现对传统知识的长久保护。其次，不需要对技术方案进行充分公开，有利于对一些家传秘方、传统秘方、传统工艺的保护。再次，无须申请和经过特定部门的授权，只要满足商业秘密条件的传统知识都能自动获得相应保护。最后，保护的客体不需要具备"三性"的要求。因此总体上来看，商业秘密的模式下，传统知识能获得较为普遍、操作简单、成本较低的长久保护。

然而，商业秘密保护的障碍在于真正完全处于保密状态的传统知识少之又少，经过数代的传承和发展，大多数传统知识早已处于公开状态，并且一些处于保密状态的传统知识鲜有商业价值，所以很少有传统知识能够达到商业秘密的保护标准。

(五)中印南现行知识产权制度对传统知识保护的比较分析

近年来，我国在传统知识的知识产权保护领域也积极进行探索并取得了有益的成果。按照我国现行知识产权制度的相关规定，只要符合具体的标准，一部分传统知识可依据《著作权法》《商标法》《专利法》以及《反不正当竞争法》的规定获得著作权、商标权、专利权和商业秘密的保护。除了传统的知识产权

① 中国《专利法》(2008 年)，第 42 条。

② 《与贸易有关的知识产权协定》，1994 年，第 27 条第 3 款。

③ 《与贸易有关的知识产权协定》，1994 年，第 39 条。

法，为了更好地对传统知识进行保护，我国还颁布了几部特别法，这些法律主要涉及民间文学艺术和传统医药的保护。如1984年《药品管理法》，1987年《野生药材资源保护管理条例》，1997年《传统工艺美术保护条例》。与此同时，各地方政府也进行了积极探索。云南省和贵州省作为少数民族聚集、传统知识较为丰富的地区，先后于2001年和2002年通过了《云南省民族民间传统文化保护条例》和《贵州省民族民间文化保护条例》。

印度自从1991年经济改革起就大力开展知识产权保护，一直以来保护传统知识，日益浓重的商业利益化知识产权是印度知识产权法的保护重点[①]。现行的知识产权法体系主要包括《著作权法》《商标法》《专利法》《设计法》和《地理标识法》等。为了加强对传统知识的保护，对这些法律屡次进行了修改。以印度《专利法》为例，该法先后在1999年、2002年和2004年进行了三次大幅修订，而修订的主要内容之一是对现有条款做出更好的体现传统知识保护和遗传资源保存的修改、补充。在知识产权法的大框架下，印度还制定了特别法律对印度传统医学知识进行保护，于1961年通过了《印度草医学法案》，2002年为贯彻国际公约制定了《生物多样性法》与《生物多样性实施细则》。总体来看，印度对传统知识的知识产权保护是通过“立法作保障，司法、行政、民间三方积极互动、紧密配合”来实现的，[②]目标是通过制定一系列的政策法规，为传统知识营造一个保护与发展并重的法律环境。然而印度现行法律法规整体上都呈现出防御态势，以消极保护为主，在防止传统知识被不法利用方面虽有较好成效，但一味地被动防御并不能真正解决问题，建立一套适宜的专门立法体系仍为必要。

南非的知识产权法律体系为传统知识提供了较为全面、完善的保护。除了传统的《著作权法》《商标法》《专利法》和《外观设计法》明确有关于保护传统知识的条款外，还颁布了一些专门法律。2004年，先后通过了《生物多样性法》和《本土知识体系政策》，之后围绕《本土知识体系政策》这一纲领性文件颁布了《保护、推广、发展和管理本土知识体系法案》。该法案详细地规定了有关传统知识的保护和管理制度，至此南非已基本形成了专门立法与传统知识产权法相结合的保护模式。2014年，南非政府颁布了《知识产权法修正案》，该修正案又被称为“本土知识法案”，其内容主要是根据传统知识的不同种类和特点将它们划入不同的知识产权体系进行保护。

---

① 李君超：《中印传统医药知识产权保护制度比较研究》，2010年华南理工大学硕士学位论文，第37页。

② 张华敏：《印度传统知识保护现状及其启示》，载《中医中药》2008年第32期。

总体上来看,现有知识产权法确实能够在一定程度上为传统知识提供保护,但由于传统知识自身的特殊性,这种保护作用是相当有限的。中印南三国近年来都在积极探索采取传统知识产权法与特别法相结合的保护模式。印度和南非还修改了现行知识产权法使传统法律能更好地与特别法进行对接。然而印度和中国在保护传统知识的特别立法上还存在欠缺,特别立法主要集中在传统医药知识领域,对于其他传统知识的保护缺乏普遍适用性。对此,应学习南非的先进立法经验,进一步完善特别立法,尤其需完善特别立法所涵盖的传统知识的范围,制定对所有种类的传统知识具有广泛适用性的法律法规。

(六)小结

中国、印度和南非三国均认可了采用知识产权法对传统知识进行保护的合理性。相较于中国,印度和南非在知识产权的立法体系上历史更为久远、保护更为完善。以南非《知识产权法修正案》为代表的南非知识产权法律体系从知识产权的各个领域对本土传统知识进行保护,分别对南非的《表演者保护法》《版权法》《商标法》和《外观设计法》进行了修订,将对本土知识的保护真正落到了实处。[①] 印度虽然没有专门的保护传统知识的知识产权法,但《生物多样性法》《生物多样性细则》和《专利法》三部法律构成了该国对传统知识的保护体系[②]。我国现阶段对传统知识的知识产权保护呈现出内容分散、缺乏完整体系、可操作性差等不足,为此可学习借鉴印度和南非的经验,尽快完善我国针对传统知识的知识产权保护制度。

三、中印南知识产权法中的传统知识产权人

传统知识作为多元文化中的瑰宝是人类社会可持续发展的重要根基。随着科学技术的不断进步和经济的快速发展,传统知识与经济建设和现代化之间产生了碰撞和冲突。对现代科学技术的不当使用威胁着处于弱势地位的传统知识,科技的发展强烈冲击着传统知识的生存空间,而知识产权主体的缺失

① 肖梦婷:《南非本土知识保护的立法研究》,2015年湘潭大学硕士学位论文,第40页。

② 陈晨:《我国传统知识的法律保护研究——以贵州传统知识的法律保护为例》,2013年江西财经大学硕士学位论文,第49页。

使我们难以找到科技发展与传统知识保护之间的平衡点。[①] 缺乏明确主体的传统知识就像"无主物"一般任人掠夺,唯利益是从的市场投机主体滥用、盗用甚至丑化传统知识等恶意侵权行为屡屡发生。面对如此窘境,实务界和学术界对于传统知识的权利归属问题展开了激烈讨论,而要想采用知识产权对传统知识进行保护,确定权利主体成为我们必须要解决的问题。

(一)个人作为传统知识的产权人

"个人主体论"和"集体主体论"是目前学界争论比较大的两种观点。"个体主体论"者认为传统知识的知识产权人是具体的传承人。其中"传承人"是指在具有重要价值的非物质文化遗产的传承过程中,代表某项遗产深厚的民族民间文化传统,掌握杰出的技术、技艺、技能,为社区、群体、族群所公认的有影响力的人。[②]

17、18 世纪的欧洲启蒙运动掀起了反对特权、尊重理性个体智慧劳动的新思潮,[③]构成了知识产权制度的法哲学基础,"个体主义"的私权观在知识产权领域大行其道。将个人视为传统知识的权利主体既符合知识产权法的法哲学基础,也符合知识产权法中对权利主体的特定性要求。毫无疑问,如果没有传承人的保存、传播、维护和创新,传统知识就不会具有生命力,甚至濒临消失。因此,传承人在传承传统知识的过程中体现了较强的创造性。从这一角度来看,传承人可以被视为知识产权的权利主体。在云南省、贵州省和福建省的地方性保护条例中都将传承人作为首要保护的权利主体。[④] 在现实生活中,有些传统知识的传承具有一定的封闭性,即只在很局限的地域和族群内传播,如家传秘方、祖传"绝活",在这种情况下,以明确的传承人作为该传统知识的知识产权人较为简便,也有利于对传统知识进行保护。

然而,并不是所有的传统知识都能确定具体的传承人。许多传统知识几乎处于开放状态,当传承人是不确定的多数人时,权利的归属与分配又成为一

---

① L.T.C. Harms,"A few negative trends in the field of intellectual property rights," *European Intellectual Property Review*,vol.31,no.11,2009,p.545.

② 祁庆富:《论非物质文化遗产保护中的传承及传承人》,民族出版社 2006 年版,第 206 页。

③ René Kuppe, Nutztung von traditionellem Wissen,"Biopiraterie oder legitime Vermarktung," *In Aus Politik und Zeitgeschichte*,vol.62,no.48,2012,p.36 .

④ 张君:《论少数民族传统文化知识产权保护的主体》,2015 年云南大学硕士学位论文,第 32 页。

个难题。针对这种情况，有学者认为以社会群体作为传统知识的知识产权主体更为妥当。

（二）社区群体作为传统知识的产权人

传统知识经过代代相传，融入了不同传承人对其进行的创造，并在长期传承的过程中融入了传承人所属社区的不同文化，因此传统知识具有一定的群体性，该社区群体可以作为传统知识的知识产权主体。特别是在一些难以确定具体创造人、传承人的传统知识中，大多数情况下本社区的居民都可以被视为该传统知识的持有者和传承者，此时社区群体作为权利主体更为适宜。早在罗马法时期，优士丁尼就在《法学阶梯》中提出了四重民事权利主体说，将世俗的物分为大集体所有、中集体所有、小集体所有和私人所有。[①] 这为"集体主体论"提供了合理的法学基础。WIPO 认为传统知识源于集体并为集体所有，因此涉及该传统知识的所有权利和利益都应归属于集体而非某个个体。[②] 澳洲、美洲和太平洋地区普遍主张将"原住民文化社区"作为该地区少数民族传统知识的权利主体。[③]

然而，以社区群体作为传统知识的知识产权人也存在一定的问题。"原住民文化社区"往往是以一定的地域作为划分的，强调的是地域上的空间范围，如僧伽罗居民社区是指主要生活在斯里兰卡的原住民社区，因纽特人居民社区是指分布在北极圈内的原住民社区。当传统知识跨区域传播时，如何认定这一"社区"就会变得缺乏操作性，如在我国这样一个幅员辽阔的国家，各少数民族不单一地聚集于某一特定区域，多数社区也不存在单一的传统知识，各种传统知识广泛交融，由不同民族、不同社区的居民持有和传承。此时我们就无法确定一个具体的社区群体作为权利主体。即使有确定的社区群体，在社区内如何进行利益分配，如何行使管理职权都是需要进一步解决的问题。

（三）国家作为传统知识的产权人

实际上传统知识的权利主体有时是很难确定的，它既不属于特定的个人，也不属于具体的社区群体。针对这种情况，有学者提出了以国家作为传统知

① 徐国栋：《罗马私法要论文本与分析》，科学出版社 2007 年版，第 123 页。

② 世界知识产权组织（WIPO）：《知识产权与遗传资源、传统知识和传统文化表现形式》，2015 年，第 20 页。

③ Kunal Mahamuni，"TRIPs and developing countries：the impact on plant varieties and traditional knowledge，" *Int. T.L.R.*，vol.12，no.6，2006，p.29.

识的知识产权人。按照民法的观点，此时的传统知识可以被视为“无主物”，根据无主物的理论，国家可以作为终极的权利享有者。在立法实践中，一些国家就采取了这种“国家主体论”。如突尼斯《文学艺术产权法》[①]明确规定国家为传统民间艺术的主体，任何以营利为目的的利用都必须经过国家的许可[②]；加纳《著作权法》把加纳共和国视为其国内一切民间文学艺术的原创者，享有作者应享有的权利[③]。以印度尼西亚为代表的一些新兴亚洲国家，为了彻底走出殖民国家的桎梏，在新制定的知识产权法中更是极力推崇“国家主体论”，以更好地从宏观层面实现对本土知识的保护。根据《印度尼西亚著作权法》，一切与传统知识有关的故事、传说、手工艺品、舞蹈和其他形式的作品著作权都归属于国家，非印尼人使用和传播印尼传统知识必须经过当局有关政府部门的许可。[④] 以国家作为权利主体有利于国家在全国范围内统一支配权利，推动传统知识的传播与交流，实现可持续健康发展。

有时国家并不直接作为传统知识的权利人，而是指定专门的机构代表国家行使对传统知识的管理职能并享受相应的权利，于是就出现了“专门机构主体论”。这些专门管理机构有的是由政府直接设定或指定的，如南非政府设立的“本土知识办公室”“本土知识委员会”；有的是游离于政府而独立存在的，如澳大利亚的“国家传统艺术保护联盟”。尽管如此，总体上来看，这些机构都是受国家意志统一支配的。

然而“国家主体论”也存在一定的缺陷。首先，此种模式只适合于单一民族的国家，在多民族、多文化的国家，以国家作为权利主体显得有些不合理。其次，知识产权是一种私权，国家作为一个政治实体在行使权利时难免会掺杂公权色彩，公权力介入的结果有时与保护传统知识的宗旨背道而驰。

（四）中印南传统知识产权人的比较分析

对于传统知识的知识产权人归属，我国法律并没有明确规定。在实践中，各种地方法规和规章制度都尝试性地解决这一问题，特别是在少数民族传统

---

① UNESCO & WIPO, *Tunis Model Law on Copyright for Developing Countries*, 1976.

② Article 6, *Tunisis Law on Literary and Artistic Property*, 1994.

③ Article 5, *Ghana's Copyright Act*, 2005.

④ Christoph Antons, "What is 'traditional cultural expression'? International definitions and their application in developing Asia," *W.I.P.O.J.*, vol.1, no.1, 2009, pp. 103—116.

知识较为聚集的省份，如云南、贵州、青海和内蒙古等。贵州、云南和福建在各自的地方性保护条例中采取了“个体主体论”和“集体主体论”，将传承人个人视为传统知识的主体，但这些规定仅限于一方之地，还需要国家层面的立法来进行进一步保障。以云南省普洱市的拉祜族自治县为例。为了对本民族的传统知识进行保护，该县文化体育和广播电视局牵头设立了民族文化服务中心[①]，统一行使与拉祜族传统文化相关的一切知识产权权利，并以该中心作为“牡帕密帕”商标的权利主体。然而该中心作为一个集体经营性非法人组织是否是当地拉祜族传统知识的适格主体引起了学界的质疑。2014 年，国家版权局发布了《民间文学艺术作品著作权保护条例(征求意见稿)》(以下简称《意见稿》)，该意见稿对权利归属进行了明确，即“民间文学艺术作品的著作权属于特定的民族、族群或社群”[②]。《意见稿》也表明对于使用传统知识的行为，除了著作权人有权收取报酬外，国务院著作权管理部门指定的专门机构也有权收取。[③] 我国台湾地区于 2007 年“原著民族传统知识创作保护条例”基本仿效巴拿马的相关立法，明确规定有关传统知识的权利归属于原著民族社区的个人或团体[④]。因此，“个体主体论”“集体主体论”和“国家主体论”在我国的实践和立法中都有所涉及。

印度在这一问题上也缺乏明确规定，但从其法律规定看，主要采取的是“国家主体论”。印度在其法律中申明国家对其境内的生物资源拥有绝对主权，任何获取本国境内的生物资源及传统知识的行为都需要获得印度主管部门的事先知情同意。[⑤] 2003 年，印度政府专门组建了国家生物多样性总局(National Biodiversity Authority，NBA)作为直接的业务主管部门，负责管理与生物资源和传统知识的获取、审批、许可、惠益分享等有关的一切事务。

从南非的立法内容来看，主要倾向于“专门机构主体论”。《生物多样性法》规定建立了国家生物多样性机构，土要负责对国家的生物遗传资源开展保

---

① 张君：《论少数民族传统文化知识产权保护的主体》，2015 年云南大学硕士学位论文，第 68 页。

② 中国国家版权局：《民间文学艺术作品著作权保护条例(征求意见稿)》，2014 年，第 5 条。

③ 中国国家版权局：《民间文学艺术作品著作权保护条例(征求意见稿)》，2014 年，第 8 条。

④ Chih-Chieh Yang, “A critical perspective on Taiwan's Aboriginal Traditional Knowledge Creation Protection Ordinance,” *Entertainment Law Review*, vol.21, no.6, 2010, p.45.

⑤ 林海燕、成功：《印度生物资源及相关传统知识获取与惠益分享制度的实效分析》，载《贵州师范大学学报》2015 年第 1 期。

护，并规定由国家作为生物多样性的托管人。[①]《知识产权法修正案》建立了国家传统知识信托基金，基金会在传统知识归属于社区群体并且在社区内无法明确分配所获利益时，代社区管理资金，保障社区群体作为权利主体的整体利益。因此，整体上来看，南非在传统知识的知识产权保护中采取的是“国家主体论”和“专门机构主体论”的结合。

印度和南非都在一定程度上确立了“国家主体论”和“专门机构主体论”的地位。这种将公权力主体视为传统知识产权人的模式便于国家有效行使权利，防范他人的不法盗用，特别是针对那些具有珍贵价值或者被认定为具有国家或民族特征的传统知识以及涉及公共卫生、国防科研、粮食供给和国民健康等重大国计民生问题的传统知识[②]。然而这种模式很容易忽视了传承人本应享有的权利，不利于传统知识的创新发展，并且存在较大的实体法瑕疵。我国的实践倾向于将私主体视为传统知识产权人，充分保障传统知识传承人和相关邻接权人的合法利益，符合知识产权法中对权利主体的特定性要求，然而实践中也存在明显的缺陷。因此，我们可以吸收借鉴中印南三国的有益经验，制定多层次的认定方式，在肯定传承人个人作为权利主体的基础上，由国家制定合理的管理制度或设立专门的机构行使权利人的权利义务，代表传承人对传统知识进行保护。

（五）小结

根据以上分析，结合不同学说的利弊和中印南三国的实践，笔者认为“单一认定”的模式不利于传统知识的保护，应采取多层次的方式认定传统知识的知识产权人。第一层次，依据知识产权法的原理，权利主体应当具体化，在能清晰辨认传统知识的传承人时应视该传承人（可能是一人也可能是确定数量的多人）为权利主体。第二层次，当不能确定具体的传承人时，将该传统知识所留存的社区群体视为知识产权人。第三层次，当传统知识出现跨区域、跨民族的流传，不能确定特定传统知识流传于某一社区时，将国家视为权利主体。这种“多层次认定”的方式与联合国教科文组织《保护非物质文化遗产公约》的内容是一致的，[③]即“承认各社区，尤其是土著居民、各群体、有时是个人，在

---

① *South Africa Biodiversity Act* ，National Environmental Management，2004.

② 王鹤云：《保护民族民间传统文化的立法模式思考》，载《知识产权文丛》2004 年第 9 卷，第 271 页。

③ Reddy Sita，“Making Heritage Legible：Who Owns Traditional Medical Knowledge?” *International Journal of Cultural Property*，vol. 13 ，2006，p.172.

非物质文化遗产的产生、保护、延续、发展和再创造方面起到的重要作用，……国家在保护非物质文化遗产的行动中，应努力保证创造、保护这些非物质文化遗产的社区、群体以及个人的最大限度参与，积极地吸收他们参与管理”①。

四、中印南知识产权法中的传统知识产权人权利

按照法哲学的“劳动理论”，人们劳作于无主的或“公有”的资源，则对其劳动成果享有自然的财产权利，而且政府有义务尊重和实现这一权利，②因此对权利主体的权利进行保护具有正当性。为了保护传统知识和传统知识持有人的合法权益，立法需明确传统知识知识产权人的权利内容。WIPO《知识产权与传统文化表现形式/民间文学艺术》中认为，决策人在建立保护传统知识的专门制度时须把“什么样的权利受保护？”这一问题纳入考虑范围③。处于知识产权法保护之下的传统知识产权人在享有传统知识产权法中权利人被赋予的一般权利的同时享有一些特殊的权利。

（一）传统知识产权人的一般权利

1. 使用权

知识产权人对其所持有的传统知识享有专属使用权，权利人有权对传统知识进行创新、使用或进行其他盈利活动。这个意义上的使用权与传统知识产权法中专利权人所享有的使用权在内容上是一致的。权利人的使用权是一种独占性权利，这种独占性便于权利人获得经济回报，因此使用权在一定程度上也可被视为收益权，通过对使用权的行使，权利人可获得独立的经济收益，从而提高他们开发、保护和传播传统知识的积极性，产生结构上的功能。实用性作为衡量传统知识价值的重要标准也是权利主体行使使用权的基础，如中国的中医药传统知识可以治病保健，印度南部 Kani 部落的传统药学知识可以制成克服紧张和疲劳的运动药品。除了自己使用传统知识的特权以外，使用权还包括禁止他人未经许可或以不适当的方式使用该传统知识，这属于对传统知识的一种防御性保护。

---

① 联合国教科文组织：2003 年《保护非物质文化遗产公约》序言。

② 曹新明、梅术文：《民族民间传统文化保护的法哲学考察——以知识产权基本理论为研究范式》，载《法制与社会发展》2005 年第 2 期，第 17 页。

③ WIPO：《知识产权与传统文化表现形式/民间文学艺术》，2009 年，第 12 页。

2. 许可他人使用权

许可他人使用权可以看作是使用权的一种延伸性权利。[①] 权利主体可以通过许可合同或其他方式许可第三人利用传统知识并有权收取使用费、获得相应的报酬和奖励。这种许可权有助于增加传统知识的商业价值,帮助持有人营建商业关系,并从传统知识的商业化中收益,属于对传统知识的积极保护。

3. 精神权利

知识产权法除了对财产性权利进行保护之外,也对非财产性的权利进行保护,其中包括传统知识产权人的精神权利,在精神权利和财产权利的平衡中应更侧重于对精神权利的保护。因为传统知识除了具有重要的文化、经济价值以外,对于权利所有者也有很大的精神价值。在一些传统社区内,精神上带来的伤痛甚至比经济上的损失更加让人难以忍受[②]。实践中,权利人的精神权利集中体现在对名誉权的保护方面,权利人有权防止传统知识受到任何冒犯性、侮辱性、诋毁性、贬低性或歪曲性的使用。太平洋共同体 2002 年《保护传统知识和传统文化表现形式的示范法》明确赋予知识产权人以精神权利。该《示范法》规定,传统知识持有人享有的精神权利是建立在权利主体对传统知识的所有权基础之上的,独立于其他权利并且是永久的和不可转让的。[③]

(二)传统知识产权人的特殊权利

传统知识的不特定性、传统性、动态性等特点使传统知识不同于知识产权法所保护的其他客体,因此其知识产权人应享有一些"特殊权利"。传统知识的集体处分权是目前国际社会达成的一个共识,[④]主要包括事先知情同意权和惠益分享权。承认传统知识的集体性权利与知识产权的"私权"性质之间并无冲突,因为知识产权的"私权"属性不排斥个人以外的其他主体行使知识产权权利[⑤]。

---

① 陈晨:《我国传统知识的法律保护研究——以贵州传统知识的法律保护为例》,江西财经大学硕士学位论文,2013 年,第 49 页。

② 孙彩虹:《我国民间文学艺术知识产权保护对策探析》,载《河南社会科学》2009 年第 2 期。

③ Article 13, Model Law for the Protection of Traditional Knowledge and Expression of Culture,2002.

④ 张陈果:"论我国传统知识专门权利制度的构建——兼论已文献化传统知识的主体界定",载《政治与法律》2015 年第 1 期。

⑤ 杨长海:"非物质文化遗产知识产权保护再思考——以西藏传统文化表现形式为例",载《河北法学》2014 年第 12 期。

1. 事先知情同意权

事先知情同意权最早应用于医疗和国际危险物的管理领域，主要用于处理医患关系。[①] 传统知识产权人享有的事先知情同意权是指第三人在获取和利用权利人所拥有的传统知识前，必须与权利人进行充分交涉，并就适当的条件协商达成一致，权利人还应被充分告知拟议用途可能会产生的结果。[②] 双方当事人达成的协议条款可包括同意使用的范围、使用期限、如何分享使用该传统知识所获的利益等内容。在使用过程中第三人还应与传统知识所有人保持有效及时的沟通，以防他人恶意或不当使用。

目前，事先知情同意权作为传统知识知识产权人的一项基本权利已经在各国际公约和国内法中得到了充分的肯定与运用。《生物多样性公约》（以下简称《公约》）将事先知情同意权视为获取遗传资源的关键前提，《公约》第 15 条规定："遗传资源的取得须经提供这种资源的缔约国事先知情同意，除非该缔约国另有规定"。[③] 这一条款目的在于平衡遗传资源提供者和利用者之间的利益安排。太平洋共同体《保护传统知识和传统文化表现形式的示范法》（以下简称《示范法》）更是用专章规定了事先知情权，直接将该权利等同于传统知识持有人的所有权利，由此突显该权利的重要性。《示范法》第 7 条规定："以下使用传统知识的行为都需要经过传统知识持有人的事先知情同意：(a)复制传统知识和传统文化表现形式；(b)发表传统知识和传统文化表现形式；(c)公开表演或展示传统知识；(d)通过无线电、电视、卫星或其他通信方式对传统知识进行传播；(e)翻译、改编、整理或修改传统知识；(f)通过拍照、摄像或者录音等方式对传统知识的固化；(g)将传统知识上传到网络或通过电子形式向公众传播；(h)创作派生的作品；(i)制作、使用、买卖、进口和出口传统知识；(j)以其他方式使用传统知识。"[④]

2. 惠益分享权

由于传统知识的自身特殊性，如果一味强调权利人的"许可权加禁止权"

---

① Tshimanga Kongolo, "Towards a new fashion of protecting pharmaceutical patents in Africa-legal approach," *International Review of Intellectual Property and Competition Law*, vol.33, no.2, 2002, p.198.

② 世界知识产权组织(WIPO)：《知识产权与遗传资源、传统知识和传统文化表现形式》，2015 年，第 25 页。

③ 1992 年《生物多样性公约》，第 15 条。

④ 译自"Model Law for the Protection of Traditional Knowledge and Expression of Culture"，2002 年，第 7 条。

将很有可能限制他人基于正当理由对传统知识的利用、传播和创新。这无疑与保护和传承传统知识背道而驰。因此，为了使知识产权制度与传统知识实现更好的契合，惠益分享制度应运而生。"利益分享理论"在现代社会被广泛运用于生物基因技术的保护，由威廉·依文和爱德华·弗里曼共同提出，是指一类有形权益必须由其权益开发者和传播者以一定的方式共享①。惠益分享制度实现了知识产权的激励功能，通过权利弱化肯定了权利人的利益分享权，使各方利益达到理性平衡；同时肯定了创新者的创造成果，使其享有的知识产权向更具效益性方面弱化，②平衡好权利人、持有人、利用人和社会之间的利益关系，并实现其最大程度的增加，同时提供了坚实的制度基础，促进知识产权向企业竞争力转化，向社会生产力转化，向国家综合实力转化。③ 惠益分享制度也符合"利益补偿论"的哲学观点，即：要对创作作品发起人的投资和付出做出利益补偿，唯有这样他们才会有动力和热情继续冒险进行投资；如果法律不能保证创作作品发起人获得相应的利益补偿，那么根据自然人的趋利避害天性，将不会再有人愿意冒险进行投资，最终可能导致智力开发市场之源的枯竭。④

对传统知识的保护既包括对传统知识本身的保护，也包括对以传统知识为基础而进行创新的产品或作品的保护，因此对传统知识的商业化利用是不可避免的。许多国家由于缺乏相应的机制，使第三人得以在利用传统知识为自己谋利时免于向知识产权人支付相应的报酬和补偿。如中国国际航空公司利用皮影戏、糖人、剪纸等中国传统知识和传统文化表现形式吸引外国乘客，在自己获利的同时未向权利人支付费用。⑤ 惠益分享制度的建立使知识产权人在自己的权限范围内与开发、使用者通过订立合同的形式，明确双方的权利义务、使用目的、范围以及获取利益后的分享方式与比例，保护权利主体的合

---

① 张君：《论少数民族传统文化知识产权保护的主体》，2015 年云南大学硕士学位论文，第 48 页。

② 戴琳：《民族民间传统文化的知识产权保护》，载《云南大学学报(法学版)》2011 年第 5 期。

③ 曹新明、梅术文：《民族民间传统文化保护的法哲学考察——以知识产权基本理论为研究范式》，载《法制与社会发展》2005 年第 2 期。

④ S. M. Stewart, *International Copyright & Neighboring Rights*, Butterworth & Co. Ltd, 1989, p.8.

⑤ Janke • Terri, "Minding Culture-Case Studies on Intellectual Property and Traditional Cultural Expressions," prepared for WIPO, 2003, p.87.

法权益,体现了使用者与权利主体间利益的公平与平衡。① 知识产权人通过惠益分享权所获得的利益可以是补偿性的支付也可以通过其他非货币的形式实现。

《生物多样化公约》将利用传统知识所获利益的公平、合理分享视为目标之一。2002 年 CBD 缔约方会议通过的《关于获取遗传资源并公正和公平分享通过其利用所产生惠益的波恩准则》(以下简称《波恩准则》)对惠益分享权进行了详细的规定。《波恩准则》将惠益分享定义为"共同商定条件将规定拟议分享的惠益的条件、义务、程序、类型、时间性以及分配办法和机制"②。这表明惠益分享的具体内容与分配方式应当是灵活的,由双方依据实际情况协商而定,既要鼓励对传统知识进行分享利用的行为,也要保证知识产权持有人合理分享所获利益。

实际上,惠益分享的方式也属于知识产权人事先知情同意审核的内容之一,双方当事人可对此进行充分协商。③ 第三人在获得权利主体的同意之前,应列明惠益以及惠益分享的具体安排,将利用传统知识的"准入"与"惠益分享"相联系,既保护了传统知识又鼓励了公平交易。

(三)中印南传统知识产权人权利的比较分析

由于我国缺乏针对传统知识保护的专门立法,对于传统知识持有人权利的规定散见于各种知识产权相关法律中,如《著作权法》《商标法》和《专利法》。地方性法规在这方面尝试性地进行了地方性统一规定。以《贵州省传统知识产权保护条例(草案)》(以下简称《条例》)为例。《条例》明确规定:传统知识持有人对传统知识享有使用权,可对传统知识进行创新和各种形式地开发利用;持有人可以许可第三人使用该传统知识,但该权利不得再次进行转让,并且知识产权人还享有获得报酬和奖励的权利。然而,对于事先知情同意权和惠益分享权的规定基本还属于空白状态。

印度相关法律明确规定传统知识权利主体享有事先知情同意权和惠益分享权。印度在《生物多样性法》中设置了惠益分享的具体制度,规定可强制实

---

① 孙彩虹:《我国民间文学艺术知识产权保护对策探析》,载《河南社会科学》2009 年第 2 期。

② 《生物多样性公约》第 6 次缔约方会议:《关于获取遗传资源并公正和公平分享通过其利用所产生惠益的波恩准则》,2002 年,第 45 条。

③ WIPO Secretariat, *Final Report on National Experiences with the Legal Protection of Expressions of Folklore*, WIPO/GRTKF/IC/3/10.

施利益分享费、特许费或两者皆有或者强制实施包括对源于该权利利用的财政利益进行分享在内的条件①。印度政府还专门成立了"国家生物多样性局",负责对来源于印度境内的一切生物资源授予知识产权,同时行使事前知情同意权,即事先经过该机构的批准同意才能获得印度境内遗传资源的利用权。2004 年,印度环境与森林部依法规范了遗传资源的利益分享标准,并为之制定了专门的行政命令。

南非《生物多样性法》也规定了事前知情权和惠益分享权。该法第 6 章专门规定惠益分享权:申请人在获得生物遗传资源的利用权之前必须向持有人披露所有关于生物开发的信息,在获得持有人知情同意的基础上协议签订惠益共享合同。② 南非法律赋予传统知识产权人的这些权利使传统知识持有人有权决定是否将自己所有的传统知识商业化、如何商业化以及在商业化的过程中如何分配利益。

中印南三国的传统知识产权人在知识产权法体系的保护下都享有传统知识产权法赋予权利主体的一般权利,如署名权、使用权、禁止或许可他人使用的权利。但是,由于在传统知识领域的立法进程不同,印度和南非针对传统知识的自身特点和本国国情已建立起了以惠益分享权和事先知情同意权为代表的集体处分权,在保护和传播发展传统知识的同时,保证权利人能合理分享所获利益。我国宜借鉴印度、南非以及其他国家的先进经验,将惠益分享权和事先知情同意权引入我国的法律体系中,更好地保护传统知识权利人的合法权利。

(四)小结

传统知识在知识产权法的保护下,权利人除了具有传统知识产权法赋予权利主体的一般权利以外,结合传统知识自身的特殊性还享有一些特殊权利。传统知识持有人行使这些权利一方面可以保护传统知识可持续健康发展,不被非法滥用、盗取,另一方面可以维护自身针对传统知识的财产性权利,合理分享传统知识在商业化过程中的所获利益。特别是事前知情同意权和惠益分享权,虽然迄今在保护传统知识的制度中引入这两个权利已普遍达成一致,但

① 陈晨:《我国传统知识的法律保护研究——以贵州传统知识的法律保护为例》,2013 年江西财经大学硕士学位论文,第 46 页。

② 南非 2004 年《生物多样性法》第 82 节,原文如下:

82. the applicant has disclosed all material information relating to the relevant bioprospecting to the stakeholder and on the basis of that disclosure has obtained the prior consent of the stakeholder for the provision of or access to such resources.

各国在具体实施上进程不同。印度和南非目前已建立起一套较完整的机制，其国内法为其他国家提供了较好的先例。作为《生物多样性公约》的最早签约国之一，我国应尽快在立法中构建和完善有关传统知识事先知情同意权、惠益分享权的相关制度。①

五、中印南知识产权法中的传统知识产权人义务

权利与义务总是密不可分的，没有无权利的义务，亦没有无义务的权利，传统知识产权人在享有法律赋予的权利时也必须担负起一定的义务。同样地，由于传统知识的特殊性，传统知识的权利主体除了需承担传统知识产权法所规定的一般义务外还需承担一些特殊义务。

（一）传统知识产权人的一般义务

1. 不得滥用权利的义务

出于对传统知识和传统知识权利人的保护，法律法规授予了权利主体一系列的权利，然而这些权利的行使并不是毫无约束与边界的，权利人应在法律允许的范围内选择合适的方式适当地行使自己的权利，自己权利的行使不能侵犯他人的知识产权和其他合法权益。以限制被许可人的再创新为例，这种行为是对许可权的一种滥用，与知识产权法促进创新和技术进步的宗旨是相违背的。

2. 缴纳年费及相关费用的义务

为了使传统知识获得知识产权保护，权利人往往采取申请专利、注册商标等方式对传统知识进行登记注册。以申请专利保护为例，缴纳专利年费成为专利权人的一项基本义务。所谓年费即是法律规定的为维持专利的有效性而由专利权人在专利期限内逐年向专利主管机关缴纳的费用。除了年费以外，知识产权人还应缴纳专利的申请费、审查费、优先权要求费、裁决费等法律要求支付的其他费用。

（二）传统知识产权人的特殊义务

1. 保护传统知识的义务

按照传统知识产权法的规定，“保护”是指防止未被授权的第三人使用。

---

① 闫海、吴琼：《基于生物遗传资源保护的事先知情同意探析》，载《青岛科技大学学报（社会科学版）》2012年第4期。

结合传统知识自身的特点，此保护还应包含保存与维持的含义。WIPO 认为，传统知识保护的目标是：承认价值、促进尊重、促进传统知识的保存与保护、支持传统知识的体系、遏制不正当和不公平的利用。① 保护传统知识首先需要对传统知识进行确认、文献记录、传播、复兴和发展，以保证它们的自身维持与活力②；其次是防止第三人对传统知识进行权利人所不希望的、未授权的和不适当的利用；再次是不使保存传统知识的行为为不正当或不合法的利用提供便利。

权利人保护传统知识的义务还应包括在专利审查中主动公开传统知识的内容，即积极践行来源披露制度。这将有助于构建一个合理的防御性保护体系，对不当获取和利用传统知识的行为进行有效判定。印度《生物多样性法》规定，国家生物多样性总局主要从两个方面来强制来源披露：第一，印度以外的个体在使用印度传统知识和相关生物资源前的事先知情同意权；第二，任何印度以外的个体根据印度遗传资源、传统知识而发起的专利申请的在先授权。③ 实践中，专利申请人在申请与传统知识有关的专利时需履行来源披露义务，之后专利审查人员根据该来源在数据库中进行检索，从而能够准确、快速地做出是否授予专利的判断。印度来源披露制度与印度传统知识数据图书馆相配合，形成了一套完整的保护体系，成为各国竞相模仿的对象。在国际上还有学者认为，专利申请人应在其请求保护的发明中以某种方式公开所用的或者有其他关联的传统知识，并强制建立相应的传统知识公开义务。④ 但目前发达国家与发展中国家之间由于利益冲突的关系，对于是否应将公开义务作为一个强制性的义务来进行规定尚未达成一致意见。

2. 传承传统知识的义务

传统知识的保护在于传承，没有传承的传统知识是缺乏生命力与活力的，传统知识的知识产权人应担负起对传统知识进行保护的义务，将传统知识的香火永续下去。特别是传统知识的传承人，在享受作为权利主体的一系列权利的同时应以积极的作为方式对传统知识进行传播、传承，培养后继人才。对于下一代传承人的选择，实践中权利人有自主选择的权利，选择对象不限于本社区群体或家族内。在传承的过程中不能有所保留，要做到全面、真实地把传

① 参见 WIPO-IGC2006 年 11 月召开的第 10 次会议提交的 WIPO/GRTKF/IC/7/。

② WIPO：2015 年《知识产权与遗传资源、传统知识和传统文化表现形式》，第 21 页。

③ 彭超：《印度传统知识专利数据库与来源披露义务研究》，2015 年上海交通大学硕士学位论文，第 35 页。

④ WIPO：2015 年《知识产权与遗传资源、传统知识和传统文化表现形式》，第 23 页。

统知识传授给下一代，站在“延续文脉，传承瑰宝”的高度上，以义不容辞的态度倾囊相授。[①] 在培养后继人才的传承过程中，应注意保持传统知识的真实性，不能随意更改、扭曲。随着传统知识市场化的程度越来越高，在利益驱使下，权利人易对传统知识过度开发，肆意更改传统知识的内容使其更好地迎合市场，被市场左右的传统知识就会失去它本身的价值和意义。

(三)中印南传统知识产权人义务的比较分析

我国《非物质文化遗产法》对非物质文化遗产代表性项目的代表性传承人的义务做出了明确规定，具体义务包括：开展传承活动，培养后继人才；妥善保存相关的实物、资料；积极配合文化主管部门或其他相关部门进行非物质文化遗产调查；参与非物质文化遗产的公益性宣传。[②] 对于不履行自己应尽义务的，文化主管部门有权取消其作为传承人的资格，并重新指定新的传承人。各地方政府在《非物质文化遗产法》的指导下也制定了一系列的规章制度。如《贵州省传统知识产权保护条例(草案)》规定了传统知识权利人有按照录入数据库后认定的形式和内容保护、传承传统知识的义务。

印度十分重视对传统知识的传承和保护。印度宪法中将保护本国丰富的传统文化视为每一位公民的基本责任，[③]但其他法律没有对此规定进行延展。印度在保护和传承传统知识方面的实践做得很出众。以印度对瑜伽的保护和传承为例，瑜伽之所以成为印度传统文化与传统知识的代表并在世界范围内广泛传播，与其权利人的保护和传承是分不开的。瑜伽的传承人被称为“古鲁”，古鲁作为导师将瑜伽的思想传授给弟子，传授的方式包括口传心授、行为示范、文本传承等，形成了独特的导师制传承方式。

南非为保护和传承传统知识颁布了一系列的法律，如《保护、推广、发展和管理本土知识体系法案》《本土知识体系政策》和《生物多样性法》等。然而这些法律中多数都是以国家作为保护和传承传统知识的主体进行规定的，对于传承人个人的义务鲜有提及。南非对于权利人义务规定采取以国家制定相关的政策制度作为引导，传承人个人积极配合并执行政策，形成国家立法保护与传承人继承保护相结合的模式。例如，将对传统知识的保护纳入国民教育体系，从国家层面保护好传统知识的生存环境，传承人在其中要配合教育部门做

① 安凌：《我国非物质文化遗产传承人的法律保护研究》，2012 年重庆大学硕士学位论文，第 32 页。

② 中国 2011 年《非物质文化遗产法》，第 31 条。

③ 《印度宪法》第 51 节第 A 分节第 f 项。

好教材编写、教学指导等方面的工作。

在知识产权法体系的保护下，中国、印度和南非三国传统知识产权人在享受权利的同时也需履行相应的义务。中国对于权利人义务的规定较为详细，具体地列出了传统知识产权人应履行的义务，并明确规定了不履行义务的后果，但总体上来看缺乏一定的系统性。对传统知识产权人权利规定较为全面的印度，对于权利人个人的义务却鲜有提及，虽在保护传统知识的实践中逐渐形成了一些约定俗成的义务，但这些义务并未上升到立法的高度，对于权利人没有强制约束力。南非立法相对比较完善，但对于权利人个人义务的规定仍较为模糊。为此，中国、印度和南非应互相借鉴学习、完善立法，明确传统知识产权人应履行的义务，制定相关的约束措施，使传统知识得以更好地延续和发展。

(四)小结

传统知识的权利主体在享受权利的同时必须履行一定的义务。中国和印度虽已意识到保护和传承传统知识的重要意义，但在立法与行政实践中仍比较落后。南非作为对传统知识的保护较为完善的国家，在传统知识产权人义务的规定上主要采取的是国家责任和传承人义务双向扶持的模式，我国对于传统知识的保护虽已有一些进展，但尚未建立起完整的体系，对此可以借鉴南非和发达国家的模式，平衡好国家应承担的责任和传承人应履行的义务之间的关系，国家在宏观上通过立法对保护和传承传统知识进行扶持，传承人对国家负责，在国家立法的框架下履行保护和传承传统知识的义务。只有在国家和传承人的双重努力下，才能更好地完成保护和传承传统知识的使命。

六、印度和南非传统知识的知识产权保护法律制度对中国的启示

与印度和南非一样，我国也是拥有丰富传统知识资源的国家，各民族极具特色的语言、风俗和文化形成了我国特有的传统知识体系。近年来，国内愈发意识到保护传统知识的重要性，学界和实务界也对此进行了积极探索，国家颁行了一些法律文件，如 2008 年在新修改的《专利法》中增加了对遗传资源的保护，2011 年颁布了《非物质文化遗产法》。然而，与对传统知识的保护较为完善的国家相比，我国的保护还处于初级的阶段，尚未形成一个完善的针对传统知识的知识产权保护法律体系。中国、印度和南非在传统知识的知识产权保

护制度方面有许多可以相互借鉴之处。通过上文对中印南三国关于传统知识的知识产权保护法律制度的比较分析，结合我国实情，笔者对构建和完善具有中国特色的传统知识保护体系进行了以下思考。

(一)确立知识产权法与专门法结合的综合保护模式

综合保护模式是指在使用传统知识产权法对传统知识进行保护的同时兼顾专门法的保护。对于我国来说，采用综合保护模式一方面需要对现行知识产权法进行修改，使其符合当前对传统知识的保护需求；另一方面要积极探索和研究，制定专门保护传统知识的特别法。

目前我国知识产权法对传统知识的保护散见于有关法律条文中：《著作权法》提到了对民间文学艺术作品的保护，《商标法》提及了对传统地理标志的保护，《专利法》提到了对与遗传资源相关的传统知识的保护。总体上来看，保护的内容过于零乱且不够全面。借鉴南非《知识产权法修正案》的做法，我国应尽快修订与完善《专利法》《著作权法》和《商标法》等相关立法。以《专利法》为例，专利法中应明确传统知识的专利权申请人以及申请人的权利和义务；对现行专利申请的信息披露制度进行修改，严格传统知识专利权授权的形式要件与实质要件。[①] 然而，通过上文的论述我们可以发现，知识产权法对于传统知识的保护具有一定的局限性，因此对于具有可版权性、可专利权性的传统知识，我们可按照现行知识产权制度对其进行保护，对于其余的传统知识我们应通过“量体裁衣”的方式制定相应的专门法。

专门法的制定是传统知识保护的关键。目前我国在传统知识的专门法保护方面尚处于起步阶段，借鉴南非和印度的经验，我国应尽快制定专门的《传统知识保护法》。在具体立法中应为传统知识提供全面、细致的保护，设立系统化的保护制度，如对传统知识持有人的权利、传统知识使用过程中的争端解决机制、来源披露制度、事先知情同意制度与惠益分享制度等进行明确[②]。

(二)加强政府行政保护和支持力度

政府对传统知识的保存、发展和传承均有至关重要的影响，[③]特别是在保

---

① 杨萍：《民族民间传统文化的知识产权保护模式新探》，载《云南民族大学学报》2008 年第 1 期，第 37 页。

② 肖梦婷：《南非本土知识保护的立法研究》，2015 年湘潭大学硕士学位论文，第 40 页。

③ 李君超：《中印传统医药知识产权保护制度比较研究》，2010 年华南理工大学硕士学位论文，第 38 页。

护传统知识的立法体系尚未健全的情况下，需要政府在宏观层面上对传统知识的保护工作进行管理与指引，充分发挥政府的主导作用，建立以公权保护为主导，私权保护相辅的法律保护体系①。借鉴南非和印度的经验，结合我国的实际情况，政府的管理应包括以下几个方面。

1. 设立专门管理机构

政府应设立一个专门的机构负责保护、传播传统知识并开展日常管理工作，推动相关立法。

2. 建立传统知识数据库

在经历了"姜黄案"②和"纳木树案"③之后，印度国家科学普及局(NISCOM)和印度药品和疗法系统部(ISM&H)合作建立了传统知识数据图书馆(TKDL)④。借鉴印度传统知识数据图书馆，我国应建立一个权威统一且有文献记载的传统知识数据库，这一方面有助于传统知识的文献化，将"口口相传"的传统知识的具体内容以书面文献的方式固定下来，实现传统知识的长久传承；另一方面便于各国专利局对来源于中国传统知识的申请是否授予专利进行判断，保护传统知识不被非法利用，实现防御性保护。

3. 将传统知识保护纳入教育体系

传统知识的传承与发展离不开教育。通过将传统知识纳入教育体系可以提高青年一代对传统知识的认识，培养新一代的传承人。将对我国传统知识保护的观念灌输到下一代，提高他们对传统知识的知识产权意识，使传统知识能够不断地传递下去，充分发挥其重要价值，这种做法也体现了国家对保护传

---

① 谭东丽、曹新明：《当前我国少数民族传统知识的法律保护研究——基于供给侧结构性改革的视角》，载《中国发明与专利》2018年第1期。

② "姜黄案"：美国第5401504号专利最初授权时，一项主要权利要求是"一种能促进病人伤口愈合的方法，主要是对病人使用包含有效剂量姜黄粉末的伤口愈合药物"。专利申请人承认传统医学中姜黄在治疗各种扭伤和发炎症状时的已知用途。专利申请经过审查，审查机构基于当时能找到的信息，认为专利中要求保护的发明具有新颖性。此后此项专利被印度提出异议，并被认定无效，因为进一步的文献(包括古梵语文献)表明要求保护的发明是已知传统知识。美国的专利申请虽被驳回，印度为此也付出了高昂的代价。具体参见：世界知识产权组织(WIPO)：《知识产权与遗传资源、传统知识和传统文化表现形式》，2015年，第23页。

③ "纳木树案"是指印度对欧洲专利局以纳木树为基础的专利提出了异议，并异议成功。具体参见Janke • Terri, "Minding Culture – Case Studies on Intellectual Property and Traditional Cultural Expressions," prepared for WIPO, 2003, p.90.

④ 李君超：《中印传统医药知识产权保护制度比较研究》，2010年华南理工大学硕士学位论文，第23页。

统知识的重视程度。南非政府在其“新课程大纲说明”中高度肯定和强调了传统知识的重要性，并将传统知识进行整合纳入国民教育体系。此外，我们还应逐步将传统知识的教育拓展到学校、研究机构以外的地方，使传统知识教育深深嵌入日常生活中，与终身学习的原则联系起来。

4. 设立专门基金会

借鉴南非“本土知识研究基金”和“本土知识信托基金”的做法，我国应建立传统知识的专门基金会来资助传统知识持有人，鼓励其发展与创新，帮助其进行与传统知识相关的创业活动。① 基金会还有一个重要职能，即代表国家对无法确定知识产权人的传统知识进行托管。

（三）积极推动传统知识的国际知识产权保护

在完善国内立法的基础之上，传统知识的保护必须置于国际层面进行讨论。中国、印度和南非作为发展中的大国，在推进新兴产业国家与发达国家的经济、文化关系中有着举足轻重的地位②。目前，在顶层制度设计方面我国已将传统知识的保护提升至知识产权强国建设的重要战略位置。《深入实施国家知识产权战略行动计划（2014—2020 年）的通知》和《国务院关于新形势下加快知识产权强国建设的若干意见》均将“完善生物遗传资源及与其有关的传统知识、数据库保护等相关法律制度”作为其重要条款。③ 印度和南非作为 CBD 的成员国积极履行自己的义务，并将国际公约落实到自己的国内法中。相比之下，我国在传统知识的国际知识产权保护上还基本处于空白状态。为此，我国应积极尝试制定保护生物资源或生物多样性的法律法规，将 CBD 的“事先知情同意和惠益分享”制度引入我国国内法，实现在国内和国际层面对传统知识的有机保护。

为了实现传统知识的国际知识产权保护，我国首先要重视国际法律、政策的研究，以相关国际公约为基准制定与我国国情相适应的法律法规，积极参与国际会议、关注国际政策走向。其次，加强与其他国家的合作，如加强与印度、南非等金砖国家的合作，加强政府间和民间的合作与交流，寻求共存、形成共

---

① 肖梦婷：《南非本土知识保护的立法研究》，2015 年湘潭大学硕士学位论文，第 39 页。

② 李君超：《中印传统医药知识产权保护制度比较研究》，2010 年华南理工大学硕士学位论文，第 40 页。

③ 谭东丽、曹新明：《当前我国少数民族传统知识的法律保护研究——基于供给侧结构性改革的视角》，载《中国发明与专利》2018 年第 1 期。

识，力争在国际范围内构建统一的传统知识知识产权保护体系[①]。

（四）小结

中国、印度和南非在经济发展程度和社会文化等方面有许多相似性。印度和南非在传统知识的知识产权保护方面起步得较早，目前已建立起了较为完善和先进的保护体系，为许多国家所效仿[②]。当代的中国越来越意识到文化软实力对国家综合实力的影响，因此亟需建立和完善与传统知识有关的知识产权保护法律制度，印度和南非为我国提供了很好的借鉴。完善我国的传统知识知识产权保护制度，首先需要在立法上进行改善，知识产权法与专门立法相结合的综合保护模式最有利于我国传统知识的保护；其次要充分发挥政府的引导作用，适当运用公权力保护传统知识；最后，将传统知识的知识产权保护上升到国际层面，推动传统知识知识产权保护的国际进程。

结语

随着经济的不断发展，传统知识中蕴含的商业价值逐渐被人们发掘。传统知识被不法盗用、滥用的现象频繁发生，引发了各国保护传统知识的浪潮。然而目前国际社会对于如何界定传统知识，如何认定传统知识的产权人以及传统知识产权人的权利与义务并没有清晰的阐释和统一的认识。通过比较分析中印南三国现行立法经验，作者认为对传统知识采取广义的定义更有利于传统知识的保护。国内法应明确传统知识的内涵和外延，明确知识产权法所保护的传统知识的特征。传统知识的知识产权保护还需要建立起一套普通法和特别法相结合的体系，除了提供传统的著作权法、商标法、专利法、商业秘密法的保护，还应结合自身实际情况进行专门立法。对于传统知识知识产权人的认定，应采取多层次的认定模式，充分发挥“个人主体论”“集体主体论”和“国家主体论”的各自优势，确定传统知识的权利归属，明确传统知识产权人的权利和义务。

中国、印度和南非都拥有丰富多彩的传统知识，在经济和政治发展方面具

---

① Adejoke Omolola Oyewunmi, “Sharpening the legal tools to overcome biopiracy in Africa through pro-development implementation of normative international standards: lessons from Brazil, South Africa and India,” *African Journal of International and Comparative Law* , vol.21, no.3, 2013, p.450.

② 张华敏：《印度传统知识保护现状及其启示》，载《中医中药》2008 年第 32 期。

有诸多相似性，印度和南非已在国内系统相继建立起了传统知识的知识产权保护制度，中国的立法尚处于起步阶段。通过对三国在传统知识领域的研究状况和法律实践的比较分析，吸取各国先进经验为我国构建一个具有实用性和科学性的传统知识知识产权保护法律体系提出合理构想：完善相关法律法规，确立知识产权法与专门法结合的综合保护模式；加强政府行政保护，增强政府支持力度，设立专门管理机构、基金会和数据库助力传统知识的保护工作；在不断完善我国传统知识知识产权法保护体系的同时，作为传统知识保有国的各国应加强合作与交流，为传统知识的保护和发展创造有利的国内和国际法律环境。

Comparative Study on the Legal System of Intellectual Property Protection of Traditional Knowledge in China, India and South Africa

YANG Yansi

Abstract: As major members of the BRICS, China, India, and South Africa have a long history of culture. As the value of traditional knowledge (TK) has been recognized and used in these days, misappropriation and misuse of TK occurred frequently. While developing, protection of TK has also become an important issue for these three countries. In fact, there are still many disputes in different counties and areas about protection of TK. If we want to establish a sui system to protect TK, we need to discuss the definition, the subjects and the objects of TK. South Africa and India have already established a comprehensive system to protect TK, however, China is just on the beginning stage. In this paper, the author try to find out the similarities and differences about protection of TK between South Africa and India, in order to construct and consummate the intellectual property system of China to protect TK.

Key Words: China, India and South Africa; Traditional Knowledge; Intellectual Property Protection

✲ 刘彦佑*

印度反黑钱税收法律制度研究**

内容摘要：经济快速发展背景下，"黑钱"的存在和活动问题是世界各国都存在的普遍现象，且都有日益严重的趋向。各国家相继采取各种方法及途径防范和打击海外黑钱逃税者，但成效甚微。如何既避免海外黑钱又能使反黑钱的税收法律制度得到有效实施，印度政府和社会公众急切地需要答案。基于此种需要，印度曾经先后尝试过多种办法，最终决定以法律手段对试图逃税者征收海外黑钱税，于2015年议会制定了《黑钱和课税法》。为了在适应中国国情的前提下制定反黑钱税收法律制度，中国宜借鉴印度的做法，采用自成体系与其他法律制度相辅的方法，以弥补国内法律空缺。

关键词：印度；反黑钱；税收法律制度；启示

目次

---

* 刘彦佑，西南政法大学国际法学院国际法学专业2015级硕士研究生。

** 本文系由本卷编辑在作者2018年6月硕士学位论文基础上修改而成。

引言

随着世界经济的快速发展以及货币的迅速流通，非法资金（黑钱）流失对发展中国家及新兴经济体是一个破坏性的经济问题，减少非法资金的流动是实现可持续发展的目标之一。黑钱产生的原因有很多，不仅有经济上的原因，而且还有行政上的原因以及其他方面的原因。例如：印度国内税制结构中的直接税税率太高，导致印度民众的税收负担大大提高，以至于民众将黑钱转移海外。这是造成偷税漏税的重要原因；印度政府在对其国内经济的监管方面出现了差错，使商品的价值与商品价格之间形成严重脱节，从而滋生出了大量黑钱市场，大大增强了黑钱的流动性；由于印度政府对其国内的经济计划实行的是高积累率和高增长率的模式，赤字财政的政策带来的通货膨胀造成了人为的商品短缺。为了应付不断出现的外汇危机，印度政府大力消减进口、增加出口，使市场供不应求的现象更为紧张；印度国内税收制度的不完善以及税务机关执行力的不得力，也是造成黑钱盛行的重要原因。① 据统计，中国海外黑钱数额位居全球第一，而印度作为经济较为落后的国家，竟成为全球第四黑钱外流国。可以看出，大量数额的黑钱外流问题已经不是单独一个国家的国内经济问题，已然上升成为一个亟需解决的国际问题，需要每个国家严肃对待。当前已经进入法治社会，各个领域的问题大多数已经进入法律自成体系，不仅打破了以传统经济手段解决问题的手段，也使得国家的法律体系突破了以往时间和空间的束缚。黑钱问题入法的普及极大地方便了一国政府对于黑钱外流问题的掌控，同时，对于国内民众而言，也提高了自身的法律意识，便于从根源解决问题。2015 年 3 月 20 日，印度政府将《黑钱和课税法案》提交印度人民法院审议，以打击印度公民的海外黑钱。该法于在 2015 年 5 月 26 日被议会通过，正式名称为《2015 年未披露外国收入与资产（黑钱）和课税法》[*The Black Money*（*Undisclosed Foreign Income and Assents*）*and Imposition of Tax Act*，2015，以下中文简称《黑钱和课税法》]，于 2015 年 10 月 22 日开始实施。该法是印度第一部专门反黑钱和对黑钱进行课税的独立的国内立法。

（一）理论和实践意义

反黑钱税收法律制度的建立在一定程度上能够恢复印度政府对海外黑钱的控制，但也引发了一系列问题。例如，印度政府与印度民众的利益冲突问题，印度政府难以实施监管权问题，等等，在一段时间内难以消除。首先，技术

---

① S. M. Solaiman, "Black money, 'white' owners, and 'blue' tenants in the Bangladesh housing market: Where corruption makes the difference as protectors turn predator", *Journal of Financial Crime*, Vol.41, No.7, 2016, p.48.

上存在难题。有学者认为，由于资金流动的方式不同和通信技术的快速发展的需要，使转移和藏匿黑钱变得更加容易，大量黑钱流向海外的情况数不胜数；其次，由于国家与国家之间法律系统的差异、协调调查成本居高不下、国际合作的不充分以及银行保密法律的缺失，给印度政府打击海外黑钱设立了重重障碍。[①] 本文的理论意义主要有：第一，有别于学术主流以欧美发达国家为研究对象的习惯，而是以印度为代表的新兴经济体反黑钱税收法律制度为研究对象，分析其在反黑钱税收法律制度上做出的立法选择，可以丰富对反黑钱税收法律制度的理论研究。由于中国对于这一领域并没有建立相应的法律制度，因此，以对印度反黑钱法律制度为研究对象，并在适合中国国情的前提下提出相关的域外参考。第二，中国和印度是金砖国家的成员，金砖国家的概念出现的时间不长，对于金砖国家现象的观察和研究还处于初步阶段，研究金砖国家反黑钱税收法律制度方面的成果更是寥寥无几。本文希望通过对印度反黑钱税收法律制度以及对中国的相应域外参考来增强对金砖国家相关法律制度的理论认识。

就实践意义，2010 年从发展中国经济向避税天堂和西方银行的非法资金达8,588亿美元，中国约占一半，给中国经济埋下不稳定因素。从长期看，中国社会、政治和经济都无法承受如此大规模的非法资金外流。[②] 中国意识到贪腐资金带来的不稳定影响，开始着手打击。在中国这样一个海外黑钱稳居全球第一的国家，想要有效解决黑钱问题，除了采取一系列常规行政手段解决外，在法律层面，制定专门的法律来对非法资金试图逃税者进行征税，不失为一项更为有效的预防措施。

(二)中外文献综述

1. 国内研究现状

世界各国立法对黑钱外流问题程度上的选择，反映出了学术界对反黑钱税收法律制度研究存在热烈的争论。刘华(2002 年)[③]详细论证了黑钱来源的几种途径，黑钱毒瘤的几种扩散途径，以及对此问题提出了相应的防治途径，但是在其防治途径中，并没有提出专门立法来防治黑钱的转移和外流，只是提出了一些基础性的建议。如果要想从源头上打击黑钱的外流现象，还需要从立法层面上来解决。

---

① 杜鹃：《印度追讨"黑钱"阻力重重》，载《中国纪检监察报》2016 年 10 月 30 日，第 4 版。

② 马玉芹：《印度流往海外的"黑钱"高达近 5000 亿美元》，载《中国税务报》2011 年 1 月 12 日，第 8 版。

③ 刘华：《论黑钱的产生、转移和防治》，载《武汉交通管理干部学院学报》2002 年(第 4 卷)第 3 期。

楚昙(1985年)[①]阐述了黑钱的存在形式和规模,对黑钱的定义作了详细的介绍,提出了治本的若干建议,如大幅度降低税率,对选举等政治制度实行改革,大规模地取消政府对经济的管制等,但是因这些建议大都要求印度政府对税制结构进行重大变革,而可操作性不高,难以付诸实现。

孙晓勇、马剑(2001年)[②]着重介绍了俄罗斯非法资金(黑钱)外流的现象,洗钱活动愈演愈烈,严重阻碍了俄罗斯经济的正常发展;2001年5月29日,俄罗斯总统签署了俄罗斯第一项反洗钱法案,目的是防止资本大规模外流;提出俄罗斯要想打击非法洗钱,其首要任务就是健全法制。虽然作者提出了立法建议,但是对于怎样立法和需要考虑的因素没有作过多阐述。

2. 国外研究现状

从国际上看,D. R. 潘达赛(1981年)[③]把黑钱按照其来源性质的不同分为两大类,即合法的黑钱和非法的黑钱。第一类是合法的黑钱,具有完全合法且正当的来源性质,如律师或医生行业的自由职业者所获得报酬超过了其免征税款的限额的那部分,由于印度国内的所得税税率较高,如果对其所获得的报酬数额进行诚实申报,则缴纳税款后将所剩无几,因此纳税人隐瞒不报从而将正当收入变成了黑钱;第二类是非法的黑钱,其来源性质本身就是不合法的,如房主出售其名下的住宅时为了赚取更多利益,向买主索取的超过政府规定价格的那一部分,并且对于这一部分的款项既不给买主出具相关收据,又不主动向税务机关如实申报、缴纳税款。但是作者对于黑钱的预防和防治途径并没有作过多论述。

理查德·耶岑加(2017年)[④]指出,印度实施的“废钞令”旨在打击黑钱,显示了印度政府推动税制结构改革的决心,将推动印度经济逐渐步入正轨;印度的黑钱对于印度经济的发展只是其进程中的一项挑战,而印度政府对于海外黑钱的精确掌控也预示着政府对黑钱打击的决心。作者从印度实施的各项改革入手,分析了黑钱给印度经济及其他方面带来的影响,从而提出防治黑钱外流的重要性和紧迫性。但作者对于黑钱的防治和打击途径没有具体的阐述。

基于以上,本文拟采取历史分析、规范分析等研究方法,较全面、深入研究印度反黑钱税收法律制度,并提出中国在反黑钱领的法律走向。

---

① 楚昙:《印度经济中的“黑钱”问题》,载《中国税务报》1985年第1卷第6期,第1页。

② 孙晓勇、马剑:《资本外流阻碍经济发展——俄罗斯重拳打黑钱》,载《环球时报》2001年6月8日,第3版。

③ D. R. Pandasai, “Black Money” , *Indian Economic Times*, Vol.45, No.5, 1981, p.45.

④ Richard Yetsenga”, The Indian Reform from the Perspective of ‘Black Money’”, *Tsinghua Financial Review*, Vol.66, No.1, 2017, p.66.

一、印度反黑钱税收法律制度的历史发展

黑钱的存在和活动一直是印度经济活动中存在的严重问题。以前首席法官 K.N.旺为首的“黑钱”和直接税调查委员会在 1971 年发表的调查报告中甚至把“黑钱”比作“长在国家经济上的瘤”,“如果不及时地把它抑制住,将势必毁掉这个经济”。[①] 关于“黑钱”在印度经济中存在规模的大小,虽然众说纷纭,但是有两点看法还是共同的:第一,“黑钱”在印度经济中不断增长和扩散,其速度超过国民生产总值的增长速度。第二,“黑钱”占印度国民生产总值的比重比世界上许多国家都大。[②]

黑钱的危害早就引起了印度社会各界的广泛关注,印度政府亦然。在印度历史上,曾尝试过不同的方法以应对黑钱产生的严重后果,试图整治黑钱所带来的问题。

(一)“宽大处理”政策

“宽大处理”政策是指如果对自身所持黑钱的数额进行如实申报,将会获得宽大处理的结果。这种政策是印度历史上打击“黑钱”使用最频繁的一种方式。这种政策从 1951 年以来共实施了四次,可以看出印度政府对其的热衷程度。在第一次的坦白申报过程中就取得了良好的效果,有 7 亿卢比的黑钱转为了如实申报。1965 年内实施了两次“宽大处理”政策,自愿申报而进行缴纳税款的黑钱共 19.7 亿卢比。收效成果最大的一次是在 1975 年,如实申报交代出来的黑钱达 68 亿卢比,达到了历史新高,政府从中补收的所得税达到了 23.2 亿卢比。由于当年频繁使用“宽大处理”政策,并且取得了较好的成效,税务当局利用这种政策的威慑形势在国内展开了严厉打击大量黑钱外流的活动。[③]

这种方法的关键在于纳税人的如实申报。印度政府对纳税人发出通知,只要对黑钱的数额进行如实申报,就可以获得宽大处理的结果,否则将会受到更加严厉的处罚。由于大部分黑钱持有人对印度政府严厉打击的惧怕心理,因此纷纷向税务当局如实申报、缴纳税款,以便获得更加宽容的处理结果。在实施这种政策时,印度政府会勒令黑钱持有者向银行兑换小额纸币,这种方式

① IndochJiget:“New Initiatives on Money Laundering”,*Indian Economic Times*, Vol.17,No.5,1981,p.356.

② 刘华:《论黑钱的产生、转移和防治》,载《武汉交通管理干部学院学报》2002 年(第 4 卷)第 3 期。

③ Arrul B. Louis,“Black Money”,*Hindustan Times*,Vol.23,No.3,1981,p.35—47.

可以使部分黑钱作废，以降低印度国内的黑钱数量。[①] 在实施前述方式后，印度政府还会定期搜查民众的财务。实施这种方法虽然可以对黑钱活动有一定的打击力度，但是取得的成效总体较小，很多情况下因缺乏证据而被驳回。在1977年1—4月间共进行过687次搜查，只查获“黑钱”1200万卢比。1978年1—4月，又有377起搜查，只查获“黑钱”2200万卢比。[②]

（二）发行特种持票人公债

在印度发展历史上，在打击黑钱活动的问题上，印度政府除了采取以上措施和方法外，还实施了一种更为简单的方式，以期国内黑钱问题能有所缓解。1981年1月12日印度总统发行了票面额为1万卢比的特种持票人公债，购买这种公债的要求极低，不限制购买的数量，也不追究购买公债的金钱来源是否合法，即印度民众可以持有的黑钱购买这种特种持票人公债，购买者还可以享受印度政府对其他税负方面的豁免，比如所得税、财富税、资本收益税等。该计划在实施开始不久经议会批准成为法令，其规定了许多豁免条款。[③] 这一计划在社会上引起轩然大波，受到了社会各界的广泛批评。有学者指出，这是对逃税者、黑市商、黑钱持有者的最大赦免，把这个法令叫作“不法行为有奖债券令”更为合适。[④]

以上几种措施看似可以打击印度国内的黑钱活动，但实际上治标不治本。因为，不管印度政府设定怎样的优惠利率和优惠条件，相对于黑钱市场，这些优惠条件远远比不上黑钱市场的诱惑，因此缺乏吸引力。[⑤] 印度民众对这些措施的响应只是暂时性的，想要长久地解决黑钱活动带来的问题，还需要印度政府另谋出路。从邻国斯里兰卡1980年5月曾试行过的利率为6%的类似公债的失败经验来看这种办法是不成功的。[⑥] 这些措施不但不能解决大问题，还往往给将来的经济生活带来某些消极的影响，所以必须平衡这些措施所带来的积极面和消极面。

---

① D. Sen,“How to Suppress Black Money” ,*Hindustan Times*,Vol.13,No.3,1992,pp.73—89.

② D. R. Pandasai”,Black Money” ,*Indian Economic Times*,Vol.50,No.5,March.1981,p.50.

③ 例如：不要求债券持有者说明收入的性质和来源；禁止对持有者作法律调查和进行这方面的诉讼或惩处；不准对债券取得者提出关于所得税、财产税、礼品税的法律诉讼；债券转让者不缴纳资本收益税和礼品税；债券本身豁免财产税，等等。

④ IndochJiget,“New Initiatives on Money Laundering”,*Indian Economic Times*,Vol,17,No.5,1981,pp.375—376.

⑤ 刘华：《论黑钱的产生、转移和防治》，载《武汉交通管理干部学院学报》2002年（第4卷）第3期。

⑥ Arrul B. Louis,“Black Money”,*Hindustan Times* ,Vol,23,No.3,1981,pp.53-60.

(三)《黑钱和课税法》的产生

由于这些无法估量的黑钱的衡量标准并不清晰。为了将其引入经济流通中,印度政府还尝试为这些数额庞大的黑钱设定衡量标准。但专家表示,这些措施都是短期的,制定完善的反黑钱税收法才是长久的解决之道。

面对巨额黑钱纷纷寻求国外路径的境况,印度政府采取积极的态度应对此类跨国避税问题。印度政府积极从双边和多边层面进行应对,为了监测本国居民是否利用瑞士银行逃税,印度与瑞士于 2010 年签订了《避免双重征税协定》①。根据此双边条约,印度可以获得瑞士国内的银行信息,以此帮助印度政府找到纳税人逃税的证据。为促进税务信息透明、获得更多的税务信息以帮助印度追回"黑钱",印度于 2012 年批准了《税务事务行政互助多边协定》,以期获得更多国家在逃税事宜上的协助。② 2015 年印度通过历史上第一部反黑钱税收法,即《黑钱和课税法》。根据该法规定,对持有位于印度境外的未披露的资产和收入的持有者,如果其对海外黑钱试图通过其他方式来逃避缴纳税款,最高可判 10 年的监禁,还将被处以应纳税款总额 3 倍的罚金;海外黑钱的持有者要履行按时足额地对个人海外资产收益信息进行申报的义务,如果纳税人申报的个人信息不准确,将会面临 7 年的监禁处罚,并且相关部门可以没收其海外黑钱并对其提起诉讼。从对"黑钱"的相关惩处措施来看,印度政府有打击黑钱的坚定决心。探究该法的出台背景可以发现,该法颁布前印度已经有了惩罚措施——与《黑钱和课税法》几乎无异的《个人所得税法》,但是其中的惩罚措施并未真正兑现,没有人因逃税而被判以最高处罚,印度"黑钱"仍然猖獗。印度政府面临的另一个困境是,不掌握海外"黑钱"的具体数额和分布情况,跨境合作又遇到阻力。因此,《黑钱和课税法》的通过对于海外"黑钱"的打击任重而道远。2016 年 11 月 8 日,印度总理莫迪突然宣布正在流通的面额为 500 卢比及 1000 卢比纸币作废,并出台各种措施限制大额存款。印度政府称,此举旨在打击"黑钱"、洗钱等金融违法行为和腐败现象。印度废钞行动正式启动之后,政府希望对来路不明的存款征税。如果该法案草案通过,海外黑钱逃税将面临更重的惩罚。印度不仅签订双边和多边条约、颁布《黑钱和课税法》应对"黑钱"问题,还积极推行《税基侵蚀和利润转移③问题行动计划》(*Action Plan on Base Erosion and Profit Shifting*)(以下简称《行

---

① 瑞士国会通过了一项与印度签署的避免双重征税协定的修订《黑钱和课税法》,允许印方能够获取其国民在瑞士银行机构中存有的"黑钱"信息,不过根据瑞士法律,修订后的《黑钱和课税法》仍需向瑞士公民公示一百天。

② 毛晓晓:《印度"黑钱"流入"干净"国家》,中国经济网 2013 年 3 月 2 日,第 11 页。

③ 税基侵蚀与利润转移是指一些税收策划策略,利用税收规则中的差异与不协调来使应税利润"消失"或者将利润转移到并没有实际经营活动的地方,从而获得免征税或者低征税的避税行为。

动计划》)的实施。2016 年 10 月,金砖国家领导人第八次会晤会议上,包括印度在内的各国都强调要坚持实施《行动计划》[①],加强跨国合作、重点打击国际避税行为。该《行动计划》是经济与合作组织(OECD)制定的旨在打击国际避税行为的相关计划,包括 15 项内容。2013 年,OECD 正式启动这一项目,但是直到 2016 年 11 月 24 日 OECD 公布《落实租税协定相关措施避免税基侵蚀与利润转移的多边公约》(以下简称为《多边公约》),该计划的 15 项内容才终于逐渐推进完成。

(四)小结

从印度历史上对"黑钱"所采取的种种打击措施,以及到最后进行的大面额废钞和税改,随着打击力度的加大,对海外"黑钱"的打击成效也显著提高。从印度整治黑钱的一系列措施入手,研究了印度采取不同措施的发展和这些措施的功能和影响,指出对反黑钱制定专门法的必要性。

二、印度对"黑钱"的法律定义

由于各个国家之间地域、文化、语言和历史背景的不同,"黑钱"的定义也不同。通过对不同国家对"黑钱"定义的分析,了解其定义要素的共性,并且通过对印度《黑钱和课税法》中"黑钱"定义的对比分析,以此确定"黑钱"在本文中的定义范围。

(一)黑钱的一般法律含义

"黑钱"是指通过非法的手段、途径,进行非法的活动而产生的金钱。[②]

如前述,D. R. 潘达赛把黑钱按照其来源性质的不同分为两大类,即合法的黑钱和非法的黑钱。第一类是合法的黑钱,这类黑钱具有完全合法且正当的来源性质,第二类是非法的黑钱,这类黑钱按其来源性质来说本身就是不合法的。[③]

我国关于黑钱的定义在 1997 年《刑法》中做出了规定,其规定了三种钱是黑钱。从"9・11"以后又增加了一些。但是,实际上对黑钱的范围界定世界上大约有三种:一种是大黑钱,即指所有的违法犯罪所得;一种是小黑钱,即贩毒

---

① 林跃勤、周文:《金砖国家经济社会发展报告(2011)》,社会科学文献出版社 2011 年版,第 54～56 页。

② PK Rao:"Black Money - Factors that Affect its Production",*Indian Economic Times*,Vol,24,NO.6,1981,p.91-99.

③ John B. Taylor; John C. Williams,"A Black Swan in the Money Market",Macroeco ,Vol,37,No.5,2009,pp.7-9.

所得;第三种就是我国的定义范围。我国法律中对“黑钱”定义的规定介于大黑钱和小黑钱之间,没有大黑钱的定义宽泛,也不仅仅指小黑钱,而是规定了介于两者之间的几种情形。这恐怕将来会遇到一些问题。如贪污、挪用、受贿,包括说不清来源的巨额财产,但实际上都是犯罪所得。如果这些排除在“黑钱”大的定义之外,那么在制定反黑钱税收法的过程中将不可避免地遇到一些障碍。①

(二)印度法对黑钱的定义

印度《黑钱和课税法》中的“黑钱”是指未披露的国外收入和资产。《黑钱和课税法》第 1 章节第 2 条第(12)款对“未披露的国外收入和资产”的定义为,系指第 4 节规定的和以第 5 节中规定的方式计算的、被评估人来源于印度境外的未披露收入和位于印度境外的未披露财产的价值的总额。② “位于印度以外的未披露资产”是指被评估者以自己的名义或者他是受益所有人持有的、不能解释该资产的投资来源或者其解释按评估人意见是不满意的位于印度境外的资产(包括在任何实体中的财产利息)。③ 根据《黑钱和课税法》的规定,未披露国外收入和资产总额的范围包括:根据本法的条文规定,以下资产被评估者的任何上年度的全部未披露的国外收入和资产应该被征税:来源于印度以外的收入,在《所得税法》解释 2 规定时间内没有被披露;来源于印度以外的收入;来源于印度以外的未披露资产的价值;按《所得税法》规定,资产被评估者在上年度的全部收入的任何评估或重新评估导致来源于印度以外的收入的任何变化,不应该包括在全部未披露的国外收入;本法规定的包括全部未披露的国外收入和资产的收入应该不构成《所得税法》规定的总收入的一部分。为了计算资产被评估者上年度的全部未披露的任何国外收入和资产,资产被评估者不被允许关于任何支出或减免或任何损失的抵销的扣减金额,以及以被评估税金在本法适用的评估年度之前的《所得税法》规定的任何评估年度和在本法规定任何年度是可征税的或以被征税任何收入的扣减,将从来源于印度以外的未披露资产的价值中扣减,如果资产被评估者提供证据使评估人员采信资产已经从已征税或可征税的收入中获得,视情况而定。关于上述的扣减金额的总数,假设不动产可以是,在财政年度的第一天评估人员有所察觉时承担资产的价值的总数,其比例与可征税或已征税的承担资产成本总数的国外收入相同。

---

① 王和岩:《洗黑钱的“罪与罚”——访北京大学法学教授白建军》,载《中国商界》2002 年第 2 期。

② Section 2, sub-section(12), The Black Money(Undisclosed Foreign Income and Assents)and Imposition of Tax Act, 2015, India.

③ Ibid, Section 2, sub-section(11).

这里,“黑钱”与“洗钱”的概念大有不同。洗钱是指把黑钱进行洗白的过程。根据现今文献,有几种不同的说法。有人认为,这是来自当年迈耶·兰斯基贿赂路易斯安那州州长休伊朗。[①] 还有人认为,当年阿里·卡彭为了将其参加黑社会组织时所获得的黑钱清洗干净,而将这些黑钱混杂在其洗衣店的合法收入中,以此变成合法的钱。[②] 如果以上两种说法都正确的话,不难看出,将黑钱清洗漂白就是“洗钱”,是在现在犯罪意义上的辞源。也有人认为,“洗钱”一词首要的来源是当年的美国“水门”事件,[③]洗钱这一词语真正开始被广泛使用在法律中,是 20 世纪 70 年代的中期,在之后英国学者威廉教授也作出同样的结论。[④] 以上可以看出,“洗钱”这一词的含义,指将可疑或非法来源的黑钱进行转移,使其难以将其可疑或非法来源进行查证。[⑤]

由于广义上的“黑钱”不止包含位于境外的未披露的收入和资产,还包括其他违法犯罪所得,所以在本文中,“黑钱”的定义只是指《黑钱和课税法》中规定的定义,即被评估人来源于印度境外的未披露收入和位于印度境外的未披露财产的价值的总额,而不是指“黑钱”的总称。

(三)小结

对黑钱的定义进行分类,可以看出每种类型之间的区别,不同的黑钱类型所对应的征税类型也不同。印度《黑钱和课税法》的黑钱定义,对我国未来制定相关法律时要素提供了参考。在各国法律和学界对黑钱的不同定义中,印度对黑钱的法律定义具有一定合理性和科学性。

三、印度对黑钱的征税方式

征税人对纳税人的征税方式直接体现了征税主体对征税对象的调控手段。方式的不同,导致了对征税对象的约束方式不同。在印度《黑钱和课税法》中,在不同情形下对纳税人征税的方式的差异,导致所缴纳的税收数额的不同,以至于导致对海外黑钱的打击程度不同。

---

① 邵沙平:《跨国犯罪的洗钱控制》,武汉大学出版社 1998 年版,第 26—27 页。

② 康均心、林亚刚:《国际反洗钱犯罪与中国的刑事立法》,载《中国法学》1997 年第 5 期,第 22 页。

③ 赵案志、杨诚主编:《金胜犯罪比较研究》,法律出版社 2004 年版,第 117—118 页。

④ W. C. Gilmore, *Dirty Money: The Evolution of Money Laundering Counter-Measures*, Council of Europe Press, 1993, p.23.

⑤ 赵秉志、杨程:《金融犯罪比较研究》,法律出版社 2004 年版,第 178 页。

(一)间接征税

在印度税制结构中,其税制比较有特点,即:以间接税为主,直接税所占的比例相对较小。印度的直接税主要包括所得税、公司税、财产税、利息税、土地收入税、印花税等,所以本法规定的黑钱税属于一种直接税。在众多发达国家中,税制结构实行的是以所得税为代表的直接税为主的税制结构,而印度作为低收入发展中国家,实行的税制结构与其他发达国家相反,是以间接税为主的税制结构。以间接税为主,很难调节收入的分配。印度于 1991 年启动了系统性税制改革,以此契机,通过税种和税制要素的调整,使得直接税收入显著增长,进一步优化了以间接税为主的税制结构。①

(二)直接征税

黑钱税是一种财产税,因此也是一种直接税。一般来说,根据私人的所得财产和收入总额的比例和多少,决定了其可以承担的税负水平,直接税的税率是可以据此采用累进结构的;同时,由于直接税采用了累进税率,使其税收的收入的硬性得到相应减少,并且随着税收收入的弹性增强,对国民经济的剧烈波动具有较好的自动抑制作用,一国国内的贫富差距也会得到相应调节。②从世界各国的实际情况来看,大多数国家具有相同的税制结构模式,一般是:以流转税为主;以所得税为主;以财产税为主;以流转税和所得税为双主体;避税港税制模式。③ 不同的税制结构模式决定着税收调节贫富差距的能力,按照调节能力大小排列,依次为:具有最强调节能力的是以所得税或者财产税为主的税制结构模式;以流转税为主的税制结构模式调节能力次之;以避税港税制模式调节能力是最弱的。

(三)小结

对黑钱的征税方式直接影响了一国政府对纳税人的征税态度,直接税税率的采用,使一国的税制结构相对趋于稳定。印度对印度境外的未披露资产和收入的直接持有者或间接持有者征收直接税,不仅是对这些纳税人的一种处罚方式,也是对国民经济的一种调节与平衡。

---

① 陆丰泉:《我国直接税与间接税改革发展趋势研究》,江苏国税网,2007 年 4 月 5 日,http://www.jsgs.gov.cn/art/2007/4/5/art-58-6249.html。

② E. Peters,"The justice of Venice:authorities and liberties in the urban Economy *Choice*",Middletown,Vol.44,No.10,Jun 2007,p.1.

③ 岳树民、李建清:《优化税制结构研究》,中国人民大学出版社 2007 年版,第 104 页。

四、印度对黑钱征税的征税人、纳税人和税率

印度税收制度由于其独特的税制结构特点，在众多发展中国家之间具有良好的代表性。从其历史渊源来看，印度在 1757 年以后逐渐沦为英国殖民地，根据其宗主国的法律结构及其历史的传承，印度税收法律制度的建立和发展深深受到了英国税收法律制度的影响和继承。印度在摆脱英国殖民主义的统治之后，随着其国民经济的发展和完善，其税收法律制度也得到了相应的完善与健全。1886 年，在印度的英国殖民统治者从其本土国家引入了英国的所得税，使印度成为最早实施所得税的发展中国家。[①] 1953 年，印度政府对遗产税[②]进行开征，1958 年在税制结构中又增加了富裕税和赠与税，[③]1962 年对所得税税制进行了调整与修改，[④]1964 年又增加了对超额利润税[⑤]的开征。从 20 世纪 80 年代中后期至现在，世界各国形成了大幅度税制改革的浪潮，印度为了跟随世界税制改革的热潮，在其国内也进行了大范围的税制改革。1986 年在制造环节实施了一种修改过的增值税制度，[⑥]到目前为止，印度税制长期的一系列改革，对其国内的众多税种进行完善，逐渐形成了完备的税制体系。印度税制是以《宪法》的规定为基础建立起来的。根据印度《宪法》规定，没有议会的授权，行政上不能课税。[⑦] 印度课税制度实行三级分级体系，即联邦、邦和地方三级，其税收立法权和征收权因其重要性主要集中在联邦层级。[⑧]

① 印度传承了发达国家英国的所得税，从而使印度成为最早实施所得税的发展中国家。

② 遗产税税率是从应税遗产额的 10 万卢比的 5% 一直到应税遗产额超过 200 万卢比的 85% 的超额累进税率。

③ 净资产累计超过 150 万卢比的所有公司需缴纳 1%的财富税。

④ 在直接税方面，印度的所得税过分偏重再分配功能，个人所得税税率设有 11 个级次，边际税率最高达到 93.5%，导致逃税行为的大量发生。

⑤ 超额利润税亦称“超额利得税”，是一些国家对企业或个人的超额利润征收的一种税，计税依据有两种标准：一种标准是以某一时期的利润额超过前几年的平均利润额部分作为计税依据。

⑥ 印度实行两种增值税：一是联邦增值税；二是邦级增值税。联邦增值税，印度联邦增值税对制造业征收，适用全国范围；邦级增值税，邦级。增值税适用于商业批发和零售业。

⑦ 印度《宪法》第 199 条。

⑧ 宪法规定专由联邦政府课征的税种有：个人所得税、公司所得税、财富税、遗产和赠与税、销售税、消费税、增值税、社会保障税、节省外汇税、注册税、土地和建筑物价值税、支出税、印花税及关税等。各邦征收的税种主要有：交通工具税、土地价值税、农业所得税、职业税等。地方政府征收的税种主要有：土地捐、土地与建筑物税（对租金征收）、土地增值税、广告税、财产转让税（印花税的补充）等。

印度税制有以下特点:(1)国内的税收收入的总额比重较低。由于印度国内经济不发达,并且税收的规模也较小,这就导致了印度国内税收收入与非税收收入合计为 GDP 的 20.6%,而税收收入占财政收入的比重为 50%左右。[①] (2)税制结构以间接税为主。[②] (3)国内税制实行的是三级层级的分级体系。[③]

(一)印度对黑钱征税的征税人

征税人又称征税主体,其在税收征收过程中行使的权利内容是税收征管权。税收征管权包含很多权利,如税收征收权、税收管理权和税收入库权。征税人在对税款进行征收的过程中所实施的行为统称为征税行为,即将法律规定的应收税款及时有效地进行征收,在此之后按时按量足额入库。[④] 如果纳税人未及时缴纳税款,税务机关会通知纳税人在一定的期限内缴纳税款。在这里有学者认为可以设置一个专门的追收管理机构。有学者在国际实践中比较研究了追收管理机构的设置问题,得出的结论是,大多数国家的税务机关和关税部门都隶属于该国家的财政部,但赋予税务机关更大的税收管理自主权是目前国际上的趋势。[⑤]

在印度《黑钱和课税法》的规定中,对纳税人进行征税的征税人是由印度政府设立的税务机关,该税务机关有别于其他税种的征税人,是单独设立的税务当局,以便于更好地管理和控制反黑钱税收事宜。在这部法律中,税务机关除了享有基本的权利和履行相应职责外,还享有一定的自由裁量权,对反黑钱过程中的一些事项可以在《黑钱和课税法》规定的权限内自由裁量、推定课税。这里,推定课税是一把双刃剑。一方面由于在某些情况下核实课征数额确实难以实行,则推定课税可以弥补这方面的缺失,还可以对税收的流失起到防范作用,对税收的征收效率也可以起到促进与提高的作用;另一方面,推定课税也存在着相应的弊端,如给权力的滥用或权力寻租开启了方便的大门,也给纳税人的生产经营活动增加了更多不稳定因素。由于推定课税是建立在一定假定条件之上的,其主观性、行政强制性和自由裁量性很强,因此可能产生更大

---

① 据印度财长公布:印度税收占 GDP 的比重应位于 20%—30%区间。

② 印度的所得税按纳税人区分为个人、印度教联合家庭、合伙企业、公司和其他五类。其中,企业所得税细分为居民企业和非居民企业,居民企业是指在印度注册的企业,或者控制权在印度的企业。印度纳税年度从 4 月 1 日起至次年 3 月 31 日,居民企业就其全球范围内的所得纳税,非居民就其源于印度的所得纳税。

③ 印度自 1935 年始将各税种划分为中央税(联邦税)、地方税(各邦税)、共享税三类。共享税属中央税,由议会规定按一定的比率划分给各邦。

④ 杜莉、徐晔主编:《中国税制(第四版)》,复旦大学出版社 2011 年版,第 154—157 页。

⑤ 章家寿:《税收立法和执法的道德关注——关于"以德治国"的税收思考》,载《涉外税务》2002 年第 7 期。

的负面效应，可能由此影响到税务机关的公信力和权威性。① 推定课税与税收法定主义存在冲突，推定课税由于其并不确定，是建立在一定的假定基础之上的，因此推定课税带有明显的主观性，并且推定课税直接与税务机关和征税人的自由裁量权和自由心证是相联系的，因此这与征税法定主义的精神是严重相悖的。

对于位于印度境外的未披露的国外资产和收入，即黑钱，《黑钱和课税法》规定了对黑钱进行征税的征税主体，并规定了征税主体应该在法律规定的范围内行使权力以及履行职责。《黑钱和课税法》规定，税务机关应该在其权限范围内行使权力和履行职能，税务机关的管辖权应该与任何其他条文规定的命令或指示相同。作为征税主体的税务机关在不同情况下，具有管辖权的税务机关要视情况而定，例如，关于《所得税法》规定的没有收入可征所得税的纳税人，有管辖权的税务机关应该是对纳税人居住或从事其业务或有其主要营业地的地区有管辖权的税务机关。由于管辖权或者任何其他原因的改变，继任税务机关应该继续从事来自前任遗留阶段的程序。② 基于《黑钱和课税法》的目的，税务当局应该拥有与1908年《民事诉讼法典》赋予法院审判以下事项的相同权力，即：侦查与检查；强制任何人出庭，包括金融公司的任何官员和查验宣誓书；强制提交账簿和其他文件；发布委任状。不论在此之前的任何程序都处于悬而未决的状态，《黑钱和课税法》规定的税务机关应该被授予关于上述的权力。《黑钱和课税法》除了对税务主体的权力做出了相关规定，对税务机关应该禁行之事也做出了具体的规定，即在专员等级之下的任何税务当局不应该做出以下的行为：拘留任何账簿或者其他文件，没有记录扣留的原因；在拘留内保留任何该账簿或文件超过了30天的期限，没有获得主要首席专员或首席专员或主要专员或专员的批准。因此，税务机关在权限范围内行使权力之外，还应履行相应的职责。

（二）印度对黑钱征税的纳税人

在任何一部税法中，很重要的一部分是纳税人的权利义务的规定。由于纳税人相对于征税人处于弱势地位，因此，在税法中纳税人的权利义务的规定占据重要地位，印度《黑钱和课税法》依然如此。在《黑钱和课税法》中，当纳税人对税务机关做出的任何罚款有异议或者反对税务机关做出的增加评估或减少偿还数额的修正的指示，都可以向委员会进行上诉，但是必须在满足相应的条件下才可以向委员会上诉。

上诉应该在30天的期限内提出，从评估或罚款的请求通知的送达日开始，或争取被上诉的指示的告知在任何其他情况下规定日期起30天内。《黑

① 刘继虎：《论推定课税的法律规制》，载《中国法学》2015年第1期。

② 克里斯托弗·迈耶：《印度投资剪影》，载《商界（评论）》2013年第9期。

钱和课税法》还规定了如果纳税人即海外黑钱持有者在具备法律规定的条件下进行上诉，委员会可以在期间届满之后并满足以下条件即准许上诉：如果上诉人在该期间内没有提出上诉有充分理由；延期提出上诉没有超过一年的期限。在满足上述条件后，委员会应该对纳税人提起的上诉进行审理和裁决。当委员会认为合适和其指示可能包括增加评估或惩罚的指示时，应该发出该指示，前提条件是：若一个增加评估或惩罚的指示不应该被提出，财产价值已被估定之人即纳税人已经被给予一个合理的机会进行听证。委员会应该为上诉的听证会确定日期和地点，并且应该给予上诉人和反对提出上诉指示的审批人员相同的通知。① 上诉人或其代表人应该具有在听证会上进行听证的权利。但是，《黑钱和课税法》在对纳税人的上诉权利和听证权利做出肯定的同时，对征税人权利范围相应扩大，例如，只要委员会认为这样做是必要或有利的情况下，无论什么时候委员会都可以推迟上诉的听证会。并且在裁决任何上诉之前，当委员会认为合适时，可以进行进一步的质询。在委员会进行程序中，委员会可以由于任何法律或事实问题，命令审批人员对他进行质询和报告。如果委员会相信上诉人的疏忽不具有故意的心理和不合理的情形时，则在听证会中，可以允许上诉人调查上诉的范围。委员会裁决上诉的指示应该以书面形式载明，并且应该声明规定要点、以上的决定及其理由。委员会要尽快在规定期限内对上诉进行审理和裁决，在上诉被提出的财政年度结束起的一年内，该上诉的裁决应尽快作出。《黑钱和课税法》规定，在上诉的裁决中，委员会应该有以下权力，即是：在反对评估指示的上诉中，可以批准、减少、增加或取消评估；在反对指示征收罚款的上诉中，可以批准或取消该指示；当认为合适时，在任何其他案件中，可以决定上诉中出现的问题并且发布指示。从上可以看出，在《黑钱和课税法》中，征税人具有较大的自由裁量权，而纳税人在符合条件下也可以具有调查上诉范围的权利。

纳税人除了具有上述阐述的权利外，也要履行相应的义务。对持有海外黑钱的纳税人，申报是纳税人进行缴纳黑钱税的必备要素，也是纳税人必须要履行的义务之一。根据规定，任何人在《黑钱和课税法》生效的日期之时或之后、在中央政府在《官方公报》上公布的日期之前，可以做出申报，该申报是关于任何未被披露的位于印度以外的资产和开始于 2016 年 4 月 1 日的评估年度之前的任何评估年度中从基于本法规定的应支付税收的收入中所获得的资产，但是不得有以下行为：纳税人不能提供基于《所得税法》第 139 节规定的申报单；在本法生效日期之前不能基于《所得税法》的规定在由他提供的收入的申报单中披露；纳税人通过基于《所得税法》的规定制作申报单或者充分且真实披露评估必需的所有重要事实的疏忽为由逃避评估。在这里存在一个问题，由于申报单是要纳税人即持有海外黑钱者签署姓名的，但是在不同的情形

① 孙培钧：《印度：反腐不力拖累经济》，载《世界知识》2013 第 8 期。

下，纳税人申报的签署问题上不尽相同，因此《黑钱和课税法》规定，在申报者是个人的情况下，由他自己签署；在纳税人不在印度的情况下，由其授权人签署；个人在精神上丧失能力的，由他的监护人或有能力代他签署的其他任何成人成员签署；在申报者是印度完整家族的情况下，由家主签署，家主不在印度或精神上丧失能力的，由纳税人家族的任何其他成人成员签署；在申报者是企业的情况下，由该企业总经理签署，或者在总经理因为任何不可避免的理由不能签署申报或没有总经理的情况下，由该企业的任何主管签署；在申报者是公司的情况下，由该公司的任事股东签署，或者在该任事股东因为任何不可避免的理由不能签署申报或没有任事股东的情况下，由公司的任何不是未成年人的合伙人签署；在申报者是任何其他团体的情况下，由团体的任何成员或团体的主要官员签署；在申报者是任何其他人的情况下，由此人或由有能力代他签署的其他人签署。如果纳税人已经做出资产申报或者其有代表性的财产已经被评估，该纳税人将丧失对其其他财产进行申报的权利，如果做了任何其他申报，该申报被认为无效。从纳税人申报义务来看，对纳税人的要求是极其严苛的，不仅要履行相应的义务，还必须满足相应的形式要求。

(三)印度对黑钱征税的税率

税率一般分为比例税率、累进税率和定额税率。比例税率即对同一征税对象，不分数额大小，规定相同的征税比例。《黑钱和课税法》中规定的对海外黑钱征收的税率就是比例税率，针对位于印度境外的未披露资产和收入的持有者，不分持有者持有的未披露海外资产和收入的数额大小，均以相同的征税比例进行征税。

该法不仅对征税人和纳税人做出了具体的规定，而且对征税的税率也做出了相应的规定。该法第 3 节规定，在 2016 年 4 月 1 日开始或之后，全部未披露国外收入和资产的税收以上年度未披露的收入和资产的 30％的税率征收。本法规定，由于上年度的价值让评估人员发现，来源于印度以外的未披露资产应该征税。《黑钱和课税法》第 60 节规定，尽管在《所得税法》或任何财政法中包含的任何事项，位于印度以外未被披露资产并且基于第 59 节在规定的时间内申报的资产应该在本法生效日以未被披露资产的价值的 30％的比率征税。① 根据该条款，对未如实申报的海外黑钱的试图逃税者征收的税率为 30％，相较于其他税种的税率，对黑钱征收的税率较高。这也凸显了印度对未如实申报的试图逃税者的打击力度。

① Section 60, The Black Money (Undisclosed Foreign Income and Assents) and Imposition of Tax Act, India, 2015.

(四)小结

在一部税法中,征税人、纳税人和税率缺一不可、至关重要。征税人的权力和职责,纳税人的权利和义务,都代表着他们各自的行为范畴,为与不为的界限。税率的大小直接影响了征税人对纳税人的打击力度。通过对印度对黑钱征税的征税人和纳税人的权利和义务的相应情形、每种情形下的征税税率的研讨,以此来分析印度《黑钱和课税法》中规定的要素应该具备哪些特性。

五、印度对违反黑钱税收法律制度的处罚

印度对违反黑钱税收法律制度的处罚方式主要有两种,即罚款和刑事处罚,通过研讨印度处罚违反黑钱税收法律制度的主要种类,分析了两种不同性质的处罚功效。两种处罚方式的不同,体现了不同情形下审批人员对纳税人处罚程度的不同,也体现了印度《黑钱和课税法》对纳税人不同情形下打击黑钱的力度的差异。

(一)罚款

当持有位于印度境外未披露的收入和资产的持有者即纳税人违反了《黑钱和课税法》的相关规定,没有履行法律规定的相应义务,如申报义务、纳税义务等,审批人员可以对该纳税人根据不同的情形处以不同的罚款,以约束该纳税人的行为。

首先,在纳税人不履行缴纳黑钱税的情形下,审批人员可以根据规定计算出应收税款总额。财产价值已被估定之人即纳税人还应该通过罚款的方式,支付税收总额3倍的罚款。其次,根据《所得税法》的规定,如果纳税人不是印度境内一般居民的居民,被要求提供任何以前年度的收入申报单时,以及前一年的任何时间段内,作为持有任何位于印度以外的资产(包括任何实体的财政利息)的受益持有人,或者是任何位于印度以外的资产(包括任何实体的财政利息)的受益人,拥有任何来源于印度以外的收入,并且不能在相关评估年度结束前提供该申报单,审批人员可以对该纳税人通过罚款的方式支付100万卢比的罚款进行监管。

如果纳税人被要求提供《黑钱和课税法》规定的任何之前年度的收入申报单,在该申报单中任何关于位于印度以外的资产(包括任何实体的财政利息),纳税人不能提供任何信息或者提供不准确的详细说明,并且其位于印度以外的资产在前一年度的任何期间内被受益所有人或其他人持有,或者由于纳税人是该资产的受益人,审批人员可以命令该纳税人通过罚款的方式支付100万卢比的罚款。进行税收评估时每个违法的财产价值已被估定之人即纳税人或者被认为违法的财产价值已被估定之人,如果由该财产价值已被估定之人

继续违法，则该纳税人应该有责任支付与税收欠款相同总额的罚款。仅仅根据在该罚款的征收之前纳税人已经支付税收的理由，财产价值已被估定之人即纳税人不应擅自停止履行支付《黑钱和课税法》规定的罚款的责任。如果违反了前述规定的情形，则该纳税人将被处以5万卢比至20万卢比的罚款。如果罚款超过10万卢比并且征收罚款的税务机关级别为所得税官员，或罚款超过50万卢比并且征收罚款的税务机关级别为助理处长或副局长，则征收罚款的命令应该得到联合委员批准。以上所有的处以罚款的事宜，都应向纳税人做出通知。

(二)刑事处罚

印度《黑钱和课税法》在处理纳税人违反该法的处罚规定上，还规定了刑事处罚。当违反了申报和缴纳税收以外的事项，除了处以罚款，还可以在上诉之后，通过法庭的庭审判处以刑事处罚，判以监禁。在不同的情况下，被处以罚金的数额和处以监禁期限也不尽相同。主要规定如下。

第一，如果纳税人不是印度境内一般居民，在前一年期间内的任何时间，作为受益所有人或其他人持有任何位于印度以外的资产(包括任何实体的财政利息)，或者是该资产的受益人或拥有来源于印度以外的收入，以及不能在适当的时间提供基于《黑钱和课税法》规定的要求纳税人提供收入申报单，该纳税人将会被处以6个月至7年期限的严厉监禁和相应的罚金。①

第二，如果纳税人被要求提供《黑钱和课税法》规定的任何之前年度的他的收入申报单，但是该纳税人在前一年期间内的任何时间不能提供该申报单中关于位于印度以外的任何资产(包括任何实体的财政利息)的信息，该资产由纳税人因为作为受益所有人或其他人所持有，则该纳税人将会被处以6个月至7年期限的严厉监禁和相应罚金。从这里可以看出，虽然前述两种情形的要求不同，但所受到的处罚是相同的。

第三，如果纳税人试图任意地以任何方式逃避基于《黑钱和课税法》规定的应支付的或应征收的税收、罚金或利息，则该纳税人将会被处以3年至10年期限的严厉监禁和罚款。

第四，如果纳税人试图任意地以任何方式逃避基于本法规定的税收、罚金或利息的支付，在不损害任何基于本法其他任何规定此纳税人可能应征收的罚金的情况下，则该纳税人将会被处以3个月至3年期限的严厉监禁，并且应该根据法院自由裁量权处以罚金。根据该《黑钱和课税法》的目的，试图任意地以任何方式逃避基于《黑钱和课税法》规定的应支付的或应征收的税收、罚款或利息。如果纳税人已经持有或控制任何包含伪造记录或报表的账簿或其

① Section 19, sub-section(11), The Black Money(Undisclosed Foreign Income and Assents)and Imposition of Tax Act, India, 2015.

他文件(基于本法成为与任何程序有关的账簿或其他文件),或在该账簿或其他文件中做出或使其做出任何伪造记录或报表,或在该账簿或其他文件中任意地删除或使其删除任何相关的记录或报表,或促使存在的任何其他情况,使纳税人有机会逃避任何基于《黑钱和课税法》规定的应支付的或应征收的税收、罚款或利息,并且所产生的影响极大;如果纳税人在基于《黑钱和课税法》规定的证据中进行相应的陈述时,陈述错误内容并且该纳税人知道是错误的账簿或文件,则上述纳税人将会被处以 6 个月至 7 年期限的严厉监禁和相应罚金。

第五,如果纳税人以任何方式教唆或引诱其他人制作或传送错误的关于本法规定的应付税收的账簿或报表或申报书,并且该纳税人知道这种做法违法或者知道是犯罪的,则该纳税人将会被处以 6 个月至 7 年期限的严厉监禁和罚金。在上述两种情形中,所受到的处罚是相同的,虽然情形规定不同,但是都要求有主观的违法心态。在基于《黑钱和课税法》规定的任何犯罪并且要求在由被告表现出的有罪心理状态的起诉中,法院应该推定该心理状态存在,但是这应该是被告证明其没有该心理状态的答辩,该心理状态是关于在该起诉中法律控告其为一种犯罪。[①] "有罪心理状态"包括意识、动机或事实认识或相信事实,或有理由相信事实。

第六,在公司犯下本法规定的犯罪行为的情况下,在犯罪行为发生的时刻,负责公司业务的任何人应对公司犯罪行为负责,而且公司应该由此被认为有罪的,并且应该对该起诉和因此而受到的惩罚负责。如果纳税人证明对所犯罪行没有认识或他已实施所有合适的注意程度来阻止该罪行的发生,则该纳税人不应该据此受到惩罚。在公司已经犯下本法规定的罪行以及被证明已犯的罪行是因为任何主管、经理、秘书或公司的其他职员的同意或默许或者可归咎于他们的疏忽造成的,该主管、经理、秘书或其他职员也应该被认为对该犯罪行为有罪并且应该对起诉和因此受到的惩罚负责。在已成为公司的个人犯下本法规定的罪行并且该罪行的惩罚是在不违反规定前提下施以监禁和罚金的情况下,该公司应该受到罚金的惩罚,涉及的每个人或者涉及的主管、经理、秘书或公司其他职员应该对起诉和根据本法规定而受到的惩罚负责。[②] 在上述中,"公司"指法人团体,并且包括非法人团体、印度完整家族。如果任何人基于规定被判决为犯罪,又基于前述的任何规定被判决为犯罪,该纳税人应该以重犯受到惩罚,将会被处以 3 年至 10 年期限的严厉监禁和 50 万卢比至 1000 万卢比的罚金。可以看出,《黑钱和课税法》对于纳税人两次基于相同原因违反了此法的规定,将会受到更重的处罚。

---

① 冯国泉:《法官自由裁量权的必要性及其道德诉求》,载《道德与文明》2016 年第 1 期。

② Section 24, sub-section(11), The Black Money(Undisclosed Foreign Income and Assents) and Imposition of Tax Act, 2015, India.

(三)小结

对于印度《黑钱和课税法》中规定的违法者的处罚类型,持有未披露国外收入和资产的持有者,未如实申报及及时缴纳税收时,除了处以罚款外,还可能面临起诉判以监禁,并且监禁的时间较长,有时更是罚金和监禁并处。《黑钱和课税法》对于违法者的打击力度是很严厉的,对于我国及其他国家是值得借鉴的。

六、印度反黑钱税收法律制度的优势与不足

印度《黑钱和课税法》自实施以来备受关注,原因之一是这部法律除了具备相应特点和自身具备的优势以外,也存在着些许不足。由于优势与不足的并存几乎是所有法律都存在的现象,因此在我国构建相应的反黑钱税收法律制度时,通过对印度《黑钱和课税法》的优势和不足的分析,可以借鉴其优势,规避其缺陷。

(一)印度反黑钱税收法律制度的优势

1. 对黑钱的独立课税立法

在该法之前,虽然有一些法律对黑钱做出了相应的规定,但这些法律对黑钱的规定是零碎、不全面的,在黑钱课税方面难以继续,造成印度黑钱不断外流。自 2000 年以来,印度每年流向海外的非法资金即黑钱的数额约为 130 亿美元。作为国民经济并不发达的发展中国家,印度流向海外的黑钱数额令人咋舌。印度媒体认为,造成大量非法资金即黑钱外流的原因主要有两个方面:一方面是印度政府的监管不到位,并且监管体系落后;另一方面是印度政府在打击黑钱问题上没有采取强硬坚决的态度,对黑钱外流的现象熟视无睹。而这两方面原因的最根本之处在于没有一个系统的立法。本法是印度第一次对黑钱的专门立法,详细规定了税收的原理、税收管理制度、处罚制度以及犯罪和起诉,对黑钱的犯罪行为给予了严厉的处罚,有效促进了印度的国内经济,对印度立法体系有进一步的完善。

2. 对洗黑钱行为的处罚具体详细

根据本法,对持有位于印度境外未披露资产和收入的持有者,如果其对海外黑钱试图通过其他方式来逃避缴纳税款,最高可判 10 年的监禁,还将被处以应纳税款总额 3 倍的罚款;海外黑钱持有者要履行按时足额申报个人海外资产收益信息的义务,如果纳税人申报的个人信息不准确,将会面临 7 年的监禁,并且相关部门可以没收其海外黑钱并对其提起诉讼。在《黑钱和课税法》获得通过后,印度政府会给居民设立一段期限,以便及时申报个人海外账户和资产。这对于印度居民和印度政府,都是一件具有积极意义的措施。对洗黑钱行为加大处

罚力度的制度设计，以及通过立法来预防和规避印度居民的洗黑钱行为，不仅是印度发行立法体系的一种完善，更是对印度国内经济的一种刺激与调控。

3. 本法更具有强制性

在印度反黑钱的发展历史上，对于黑钱的防范与控制采取了很多措施，如"宽大处理"政策，宣布停止某种大额纸币在市场上的流通，对"黑钱"嫌疑犯进行突然搜查，发行特种持票人公债、实施"钞票新政"。其中"钞票新政"猛烈冲击印度经济活动，在短时间内给印度民众生活和生产经营带来剧烈的冲击与影响。相较于上述各种措施，《黑钱和课税法》更具有强制性，规定更具体、更详细，不仅对个人逃税做出了规定，对公司、企业甚至家族集团未如实申报而逃税做出了相应规定。

在第 4 章中，明确规定了财产价值已被估定者在违法的情况下应该处以相应的罚款。如在进行税收评估时，每个违法的纳税人或者被认为违法的纳税人，以及该纳税人继续违法，应该有责任支付与税收欠款相同总额的罚款。在犯罪与起诉中，持有来源于印度以外的未被披露收入和资产，并且不能提供该收入申报单，应该处以 6 个月至 7 年的严厉监禁和相应的罚金。如果纳税人试图以任何方式逃避本法规定的应支付或应征收的税收、罚款或利息，应该处以 3 年至 10 年的监禁和相应的罚金。如果一个人以任何方式教唆或引诱他人制作或传送应付税收的账簿或报表或申报书，应该处以 6 个月至 7 年的监禁和相应的罚金。由此可以看出，本法加大了对纳税人违法的惩罚力度。对情节恶劣、后果严重的违法犯罪行为，要从重从严惩处。

4. 对逃税者的处罚种类较多

对于应纳税而没有纳税的人，面临的处罚不仅是征税、罚款、起诉和面临监禁，罚金也位列其中。对逃税者的罚款应该在 5 万卢比至 20 万卢比之间。财产价值已被估定之人应该通过罚款的方式支付除税收以外的罚款，数额相等于基于该条计算出的税收的 3 倍的总额。受益所有人或其他人持有任何位于印度以外的资产(包括任何实体的财政利息)，或者是该资产的受益人或拥有来源于印度以外的收入，以及不能在适当的时候提供基于该法第 139 节第(1)款规定的要求提供收入申报单，将会被处以 6 个月至 7 年的严格监禁和相应罚金。

5. 税务机关的权力与责任并存

在该法第 3 章中，明确规定了税务机关的管辖权和具体权力，即：发现和检查；强制任何人出席，包括金融公司的任何官员以及查验其宣誓书；强迫提交账簿和其他文件；发布委任状等，都是税务机关所拥有的权力。还对税务机关的权力应履行的职责也相应做出了规定：在从财政年度结束逾期 2 年之后，没有评估或重新评估的指示应该被进行；在财政年度中，根据第 10 条第(1)款的规定，通知由审批人员发布。对税务机关权力和职责的双重规定，既肯定了税务机关的地位，又没有忽视其职能问题。

(二)印度反黑钱税收法律制度的不足

1. 处罚规定与其他相关法重复

虽然该法对处罚措施进行了详细与具体的规定,但是在印度现行的个人所得税法中规定,居民应将其在印度或全球的收入如实申报。个人所得税法中规定的惩罚措施与该法中规定的处罚措施几乎无异。这里的规定和印度《黑钱和课税法》中规定的纳税人如实申报并没有实质上的区别,因此,《黑钱和课税法》中对某些事项的规定,其实在其他法律中亦有所呈现。即使个人所得税法对海外黑钱的征税问题做了规定,但是印度国内黑钱活动仍然猖獗,由此可以看出《黑钱和课税法》还有待提高和完善。即使《黑钱和课税法》对处罚措施做出了具体详细的规定,这些规定也不一定会被适用,可操作性低。

2. 缺乏对纳税人权利的规定

虽然该法与印度的其他税法相比,内容清晰而详细,并增加了对税收管理制度的规定,但是对税收管理制度进行了冗长的规定,占该法 1/3 条文,而对被纳税人,即财产价值已被估定之人的权利和义务的规定极少。本法不仅详细规定了税务机关的权力,还对上诉法院的权力做出了相应的规定。一方面由于税务机关的自由裁量权过大,导致一些违法者得到庇护的现象时有发生。① 另一方面由于纳税人与政府关系的不对等,公民有纳税的义务,也有监督政府如何使用这些钱的权利,但事实是公民只尽义务,很少能行使权利。② 因此,《黑钱和课税法》应该完善对被纳税人权利方面的规定,真正落实对被纳税人规定其义务时,也赋予其相应的权利。

3. 征税人的职能规定较少

虽然该法第 3 章对征税人即税务机关的相关权力和职能作了规定,但是其大部分是对其权力的具体规定,对其所应承担的职能只是简单概括。税务当局不应该制定任何修正案的规定具有增加未披露国外收入和资产或减少偿还额或因此增加财产价值已被估定之人的义务的作用,否则有关当局已经给予财产价值已被估定之人机会进行听证。在听证会上,要给予被听证人相应的权利。虽然该法对征税人的相关职能作了简要概述,但由于规定得较少,纳税人的权利很难受到有力保护。

(三)小结

对印度实施的《黑钱和课税法》的优势和劣势进行进一步分析,更能从细微之处辨别《黑钱和课税法》产生的实际意义,以便给中国制定相关法律提出域外参考时所提出建议更具有针对性。印度《黑钱和课税法》的优势要传承,

---

① 黄俊杰:《纳税者权利保护》,翰芦图书出版有限公司 2004 年版,第 178—181 页。

② 刘志英:《关于个人所得税制的思考》,载《财政与税务》2003 年第 4 期。

劣势要加以改正。

七、印度反黑钱税收法律制度对中国的启示

税制结构在税收制度中具有决定性的作用，不仅是税收法律制度的核心，更是在调节一国国民经济和贫富差距过程中发挥了关键性职能的税制因素。从世界各国的实际情况看，一般的税制结构模式有：以流转税为主、以所得税为主、以财产税为主、以流转税和所得税为双主体和避税港税制模式。[①] 因为税制结构模式之间存在的差异，各种税收法律制度调节一国国内的贫富差距的能力随之不同，具有最强调节能力的是以所得税或财产税为主的税制结构模式；以流转税为主的税制结构模式调节能力次之；调节能力最弱的是避税港税制模式。[②]

从 1994 年开始，我国进行了大幅度的税收制度改革。我国一直实行的是双主体结构的税制结构模式。但事实上，我国的税制结构模式呈现出明显的不对称状态：所得税的税收收入的规模和比重始终不大，流转税收入超越了所得税收入在国民税收总额中占绝对主导地位，具有绝对优势。[③] 如果所得税收入在国民税收收入总额中所占的比例过低，将会弱化国家宏观调控手段对市场经济的调控政策效应。[④] 由于税率的不同，以超额累进税率为存在形式的所得税，特别是个人所得税，具有明显的“自动稳定性”效应，可以根据不同的情况自动调节税率级别。如在经济高涨、快速发展时期，自动使消费者的应纳税额进入更高的税率级别，从而增加了纳税人的税收负担，使国家的经济迅速降温；反之，当国家的经济处于萧条低迷阶段时，超额累进税率的个人所得税会自动调节消费者的应纳税所得额进入更低的税率层级，从而减少纳税人的税收负担，使国家经济迅速回温。因此以超额累进税率为存在形式的个人所得税，可以根据经济所处的不同时期的状态的差异，自动进行调节，以达到国内经济的相对平衡，呈现出“自动稳定性”效应。[⑤] 在现行的税收制度中，所得税的比重相较于流转税的比重明显偏低，这一事实严重抑制了国家对市场经济的宏观调控效应，降低了国家宏观调控政策实施的效果。反黑钱

---

① 岳树民、李建清：《优化税制结构研究》，中国人民大学出版社 2007 年版，第 104 页。

② 侯作前：《区域税收优惠法律制度：反思与重构——以税收正义和全球税制改革为视角》，载《杭州师范学院学报（社会科学版）》2007 年第 3 期。

③ 余雁刚：《中国税收制度变迁研究》，厦门大学出版社 2005 年版，第 19—21 页。

④ 王应科：《我国建立节约型社会的税收政策选择》，载《税务研究》2006 年第 8 期。

⑤ 侯作前：《从税收法定到税收公平——税法原则的演变》，载《社会科学》2008 年第 11 期。

税与所得税属于同一税种，都是对纳税人的财产直接进行征税，所以，我国还未建立反海外黑钱的法律制度及体系，以至于对于国家经济的宏观调控产生了负面影响。

要想健全我国的法律体系和完善我国税制体系，制订专门的反海外黑钱法、建立反黑钱税收法律制度显得至关重要。

（一）我国构建反黑钱税收法律制度的必要性

根据我国的现有国情和社会环境，加快黑钱税立法和完善反黑钱税收法律制度是深化税收改革、全面加强税收法律制度建设的需要，也是顺应国际上大幅度进行税制改革的国际趋势的需要。由于黑钱税相对于其他税种是一种中性税，因此在制定反黑钱税收法时，要理顺黑钱税立法的内部结构关系和外部结构关系，这对国有经济的发展具有促进作用，并且大大提高了一国居民的生活水平。但是在立法的过程中，不能急于求成，要遵循科学立法和民主立法相结合。在立法策略上，要重视立法精神和指导思想的稳定性，也要重视对黑钱税立法的经验及时做出总结，只有这样才能实现使黑钱税立法成为良法，实现公平合理的和谐税收。

在中国这样一个海外黑钱转移稳居全球第一国家，想要有效解决这个问题，除了采取一些基本的方法解决非法资金流动的问题，在法律层面上，制定一部专门法来对非法资金试图逃税者进行征税，不失为一项更为有效的预防措施。在我国，仅仅依靠经济手段或其他方法来打击黑钱和控制黑钱流动是万万行不通的。由于法律是具有强制性的手段，对法律规定内的事项具有绝对的约束力，因此，如果把未纳入法律之内但亟需纳入法律的事项置于法律规制之下，则对于这方面问题的控制和有效解决将起到决定性的作用。黑钱问题也一样，我国并没有相关法律进行约束，才导致我国流向海外的黑钱有增无减，因此，在适合我国国情和社会环境的前提下，亟需制定专门的反黑钱税法。

（二）我国建构反黑钱税收法律制度宜考虑的主要事项

1. 对黑钱实行税收法定主义

由于税法的“侵益法”特性，税收法定主义被尊崇为税收领域的最高法律原则，即“法不明文不为税”。在税收法定主义原则下，立法机关在自身的立法权限内可以保留税收的制定权，如果在实体法上要成立纳税义务的构成要件事实，则需要由法律予以明确规定，只有当法律将经济活动纳入法律的抽象概念中时，纳税人的纳税义务才由此产生。[①] 由于一切的法律规范都是以现实生活为基础的，无不意外，对各种税收的征收也是以现实生活为基础。在各个

---

① 陈清秀：《税法总论》，元照出版公司2012年版，第45页。

领域由于其生活和生产经营方式的不同特性，因此对社会经济活动从自由裁量到法定也经历了不同的发展进程。一部法律的制定从根本上看，不仅取决于对不同领域的不同社会生活方式和社会活动交易方式的新的认识，而且取决于对各种经济活动法律化时各种法律获得方式的运用。[①] 从税制结构来看，税法是典型的构成性规则，以人的理性认知为基础，是人为设计的结果。在制定税法规范时，立法者的主观思想在很大程度上会对实体条款的制定有所影响。在制定黑钱税规范的过程中，同样是以人的理性认知为基础，然后通过对社会活动的整合人为设计而成。[②] 因此，在对新型交易活动的课税事宜法律化的过程中，也就是从税务当局的自由裁量到依法判定的过程中，人的认知要素具有关键性的作用，"不仅与认识有关，也与决断和权力有关"。[③]

由于没有任何可以遵循指导性规则，因此中国是采用个案裁量的方式，形成一定的先例，以便以后立法者在制定相关规范时有先例遵循和参照，提供一套惯用的制定标准。但是由于遵循先例制定的标准具有很大的模糊性，因此，立法者在制定法律时可以保留相关的要件裁量权。随着案件数量不断增加，制定的标准也随之完善和健全，税务机关可以把了解搜集的信息逐渐转化为行为范例，这样可以降低规范内容的盖然性和不确定性。[④] 从裁量到标准再到严格规则的获取过程也存在更大的偶然性。在制定反黑钱税收法进程中，在税收法定主义的前提下，税务机关应在某些事项中具有一定的自由裁量权，因此，对这些事项可以采取法律保留。

制定一部适合国情和社会环境的反黑钱税法，很重要的环节是为之设定合适的税率，社会能够承担的税负体现了社会能够接受的税率。

首先，一国国内的经济发展水平与速度会影响这个国家的宏观税负水平，其规律就是一个国家的宏观税负水平会随着国内经济发展水平的提高而相应得到提高。因此，发达国家对于发展中国家，其宏观税负水平比发展中国家的宏观税负水平高。[⑤] 从横向比较来看，发达国家与发展中国家的宏观税收负担水平因其国内经济发展的状况的差异而呈现出不同的特点。目前发达国家的税负水平相对较高，基本达到 20%以上，其中不少国家的税负水平甚至超过了 30%，更甚者，丹麦超过 40%。发展中国家的税负水平相较于发达国家

---

① [德]阿图尔·考夫曼:《法律获取的程序——一种理性分析》，雷磊译，中国政法出版社 2015 年版，第 15 页。

② 尹伊君:《社会变迁的法律解释》，商务印书馆 2010 年版，第 309 页。

③ [德]阿图尔·考夫曼:《法律获取的程序——一种理性分析》，雷磊译，中国政法大学出版社 2015 年版，第 55 页。

④ [德]沙弗尔:《"规则"与"标准"在发展中国家的运用——迈向法治征途中的一个重大现实问题》，李成钢译，载《法学评论》2001 年第 2 期。

⑤ 约.斯林孟德著:《优化税制理论与税制优化》，邓力平译，载《税收译丛》1997 年版，第 27～28 页。

普遍较低，基本停留在 10%到 20%之间，也有少数发展中国家的税收负担水平超过了 20%，但税负水平低于 10%的国家也存在。[①] 对于我国而言，由于中国是发展中国家，还处于社会主义初级阶段，国内经济发展还处于“经济新常态”，因此，中国和其他大部分发展中国家一样，其税负水平低于发达国家的税负水平，属于发展中国家的正常水平。从纵向比较来看，自改革开放以来，在这 40 多年的社会发展进程中，中国经济取得了突破性的进展，国家经济持续增长、快速发展，国家的财富也随之大幅度增长，国民承担税负的能力也不断提高。

其次，税负水平的高低不仅跟国家的经济发展有关，还与一国所提供的公共物品和服务水平有联系。从理论上看，古典经济学派认为，国家的职能在于提供诸如国防、警察等基本的公共服务，做好“守夜人”的角色即可，税收收入的规模越小越好；而近代凯恩斯主义则认为，国家在上述基本功能之外，还要弥补由于市场失灵带来的各种问题，需要进行必要的宏观调控，税收收入的规模要相对有所提高。[②] 从现实看，北欧等高福利国家提供从“摇篮”到“坟墓”的生活保障，政府的绝大部分收入用于民生支出，即使宏观税负达到 30%（如芬兰、挪威），甚至 40%（瑞典）也可以认为是合理的。反之，一些发展中国家仅仅提供最基本的公共服务，但宏观税负也达到 30%以上（如塞舌尔、巴巴多斯），显然是不合理的。因此我国在制定反黑钱税法时，不仅要根据我国的经济发展状况来设定税率的高低，更要根据我国投入社会中的公共物品和服务水平的高低，来对黑钱税的税率进行合理设置。在立法过程中，可以根据不同情况设立不同的黑钱税税率，这样可以把需要法律化的经济活动都归纳于法律之下，有法律进行规制。同时，这体现了法律的精神和要旨，不是为一个人或一部分人制定法律，而是服务于所有民众。

我国在借鉴印度《黑钱和课税法》制定相应反黑钱税法时，要明确黑钱税的征税范围。征税范围在税制要素中占据着重要地位，也体现了黑钱税的主要功能。从经济学的角度来看，税收的优化就是寻求一套更为低廉的税收工具来实现税收目标，在特定情况下实现对税收法律制度的有效运用，使纳税人在税收的征税范围内履行自己的缴税义务。在税收针对税收优化的问题上，西方国家作了全面的研究与分析。[③] 庇古和拉姆齐最早奠定了现代最优税制理论的基础，之后最具代表性的流派有以拉弗、吉尔德等为代表的供给学派的税制优化理论和以布坎南为代表的公共选择学派的税制优化理论。[④] 对于政

---

① 秦蕾：《西方税收公平思想对我国税制改革的启示》，载《税务研究》2005 年第 12 期。

② 夏杰长：《世纪之交的世界税制改革的经验、趋势与对策》，载《广东社会科学》2000 年第 7 期。

③ 王应科：《我国建立节约型社会的税收政策选择》，载《税务研究》2006 年第 3 期。

④ 王雍军：《税制优化原理》，中国财政经济出版社 1995 年版，第 230 页。

府而言，在税收监管方面一定要谨慎行事，可以运用税收对市场经济进行宏观调控。政府首先要考虑的是如何通过对税收法律制度改革、完善和对配套设施的健全，明确黑钱税的税收范围，尽量降低黑钱税可能造成的效率损失，使市场受到的干扰最小化。目前，从我国税种结构的安排上看，与新税制优化理论的设想之间还存在一些差距。我国税制结构的缺点主要表现在：征税范围的不全面、税率和减免项目过多，对税收的公平和效率产生了负面影响，因此，在制定反黑钱税法的过程中，要及时调整黑钱税的征税范围，不能有"越位"情形的存在，更不能出现"缺位"的情形，还要实行税制的公平与效率。[①] 由此可见，我国还应该借鉴新税制优化理论的优点，在制定黑钱税法时，要按照"宽税基、低税率"要素对黑钱税进行优化，还要兼顾税制结构的公平与效率。[②] 从黑钱税立法的角度看，在立法过程中要设置合理规范与调整反黑钱税的征税范围，这样可以使黑钱税的征收更有利于适应社会环境的变化，同时设置合理的征税范围对我国的经济具有特殊的调节作用，并且能够助力国家政策，更能适应社会的发展。

2. 建立区域执法机构

基于日益严峻的海外黑钱逃税问题，各国在采取相应的措施加强对海外黑钱的打击力度，但所收成效并不理想，因此国家与国家之间不得不采取一系列的合作措施，以便获得更好的成效。只有国家之间跨区域的合作才能有效地打击黑钱的外流，只有一个长期的合作机制才能震撼海外黑钱持有者逃税。因此，有必要借鉴其他国家的先进经验来弥补自身存在的不足，改善目前对打击黑钱无能为力的现状。为了提高打击海外黑钱的效率，必须建立一个由中国和其他国家的联合区域执法机构，以便于中国和其他国家在打击黑钱方面更好地合作。在跨区域合作的过程中，可以通过协商对反黑钱的工作进行协调和分配，对相关信息进行有效搜集、分析和过滤。由于信息的纷繁复杂，在搜集相关信息之后，有必要建立一个数据库，将所有搜集的资料通过分析整合存放于数据库中，以便后期备用，因此可以通过信息共享建立一个完备综合性信息数据库。在具体的实施过程中，要权责分明，提前准备好相关的法律文件；之后，还需要国家与国家之间就打击黑钱技术方面深入交流，分享其打击海外黑钱的有效手段，以便于其他国家借鉴；最后，如果对海外黑钱进行的逃税涉及其他第三国的利益时，可以授权由该区域执法机构负责与其他国家或国际组织进行协调和交流。

3. 需要考虑的其他因素

对违法行为的处罚应该规定较为严厉的处罚手段。对责任主体的处罚，

---

① 侯作前：《从税收法定到税收公平——税法原则的演变》，载《社会科学》2008 年第 11 期。

② 秦蕾：《西方税收公平思想对我国税制改革的启示》，载《税务研究》2005 年第 7 期。

应该分为对违法的自然人的处罚和对违法的法人的处罚。对于自然人持有海外黑钱未进行申报缴税的情况，应该判定 2 年到 8 年的刑期较为合适；对于法人持有海外黑钱未进行申报缴纳税收的情形，也同样要进行严厉处罚。[①] 对法人犯罪，不仅要科以罚金，同时还可以限制其相应的生产和经营活动，如封闭其经营场所、禁止从事某项业务等，这些也是对法人处以的附加刑，以此来威慑法人的犯罪行为。当这种犯罪为犯罪集团或黑社会所实施，由于犯罪集团和黑社会实施的犯罪大都具有严重的后果，因此对其的处罚也应该有所提高，可经刑期的最低年限和最高年限均增加二分之一。[②] 对于无法人资格的社会团体，除了科以罚金，还可以规定：罚金应由社团共同财产支付，如果该社团没有共同的财产或者共同财产不足以支付罚金时，应该由该社团的全部成员对罚金承担连带责任。不仅要对故意的违法刑法严加处罚，对于过失的违法行为主体亦要进行处罚。

中央政府还可能与任何其他的国家签订协议，对基于法律规定应征税的未被披露外国资产或基于对方国相应有效法律规定的税收规避或逃避的预防或者该规避或逃避案件的调查进行信息交换。国际合作是打击海外黑钱的一种有效方式，加强国与国之间的合作，缔约国际条约，践行国际惯例，对于我国建立一套完整打击海外黑钱的税收法律制度意义重大。[③]

（三）小结

在我国经济转型初期，面临的重要税制改革任务是初步建立符合市场经济要求的税制体系，即引入其他国家税种等。在经济快速发展的今天，我国海外黑钱的数量一直稳居世界第一，在利用传统经济手段打击海外黑钱外，以法律手段打击和惩罚海外黑钱持有人值得考虑与借鉴。

结语

虽然几乎所有国家存在隐藏海外收入和海外资产的试图逃税者，各国相继采取了各种方法及途径来防范和打击海外黑钱逃税者，但收到的成效甚微。印度在采取了各种途径控制海外黑钱逃税后，最终决定以法律手段对试图逃税者进行征收海外黑钱税，于 2015 年颁布了《黑钱和课税法》。中国非法资金

---

① 黄来纪、谢宝朝：《试论澳门预防及遏制清洗黑钱犯罪立法新进展》，载《中国商法年刊》2008 年第 5 期。

② 邹晓勇：《在人民币自由兑换前完善〈反洗钱法〉》，载《统计与计策》2016 年第 10 期。

③ 孙晓勇、马剑：《资本外流阻碍经济发展——俄罗斯重拳打黑钱》，载《环球时报》2001 年第 5 期。

外流的情况十分严峻，在国内法中对此做出了相应的规定，但还没有对此问题做出专门的立法。以印度反黑钱税收法律制度特别是《黑钱和征税法》为借鉴，制订中国反黑钱法，不失为一条要较好的路径。

本文仅是尝试性的探讨，以期抛砖引玉。

A Research on Legal System of Anti-black-money Tax in India

LIU Yanyou

Abstract: Under the environment of rapid economic development, the existence and activity of "black money" is a common phenomenon in all countries of the world, and it has increasingly serious trends. Various countries have adopted various methods and approaches to prevent and crack down on overseas black-money tax evaders, but with little success. How to avoid both the outflow of money and the effective implementation of anti-black-money tax laws and regulations, the Indian government and the public urgently need answers. Based on this need, in order to remedy this malady, India has tried various methods. It finally decided to use legal means to impose tax on overseas black money for those who tried to evade taxation. In 2015, Parliament formulated "Undisclosed Foreign Income and Assents and Imposition of Tax Act, 2015, India." ("Black Money and Taxation Law"). In order to formulate relevant anti-black-money tax legal systems under the premise of adapting to China's national conditions, this paper believes that India's approach should be used and self-contained systems and other legal systems should be used to supplement domestic vacancies.

Keywords: India; Anti-Black-Money; tax legal system; enlightenment

✻黄　燕*

金砖国家高等教育法立法模式研究**

内容摘要：金砖国家(BRICS)合作机制走过了第一个"金色十年"，已经迈入第二个十年。回首第一个十年，金砖国家已经在科技、农业、教育等数十个领域开展了合作。2015年"金砖国家大学联盟"和"金砖国家网络大学"宣告成立。2017年金砖国家签署了《北京教育宣言》，提出继续鼓励和支持金砖国家大学联盟和金砖国家网络大学建设。关注金砖国家的高等教育对探究金砖国家高等教育法立法模式具有重要意义。金砖各国由于不同的历史发展背景、国情，其高等教育法立法呈现出不同的模式。通过探究金砖各国有无制定《高等教育法》及其与高等教育立法之间内在的逻辑联系，可以将金砖各国的立法模式归纳为：统一立法模式、综合立法模式、统一立法兼单校立法模式、综合立法兼单校立法模式。

关键词：金砖国家；高等教育法；立法模式

* 黄燕，西南政法大学国际法学专业2015级硕士研究生。

** 本文系由本卷编辑在作者2018年6月硕士学位论文基础上修改而成。

目次

引言

高等教育作为一国的教育龙头，具有培养社会高级人才、提高公民文化素养、促进知识转化为生产力、促进社会发展进步、增加社会财富的功能。随着金砖国家间的交往日益密切，金砖各国开始寻求更广泛的合作，合作领域日渐拓宽。高等教育合作是国际合作的一条新路径，各国应重视高等教育发展和高等教育立法。

综观国内外文献，国内外学者对金砖国家高等教育法的研究聚焦于具体立法和有关制度，对金砖国家高等教育法的立法模式研究缺乏。基于此，本文拟对金砖各国的高等教育法立法模式及其特点较系统研究，以期对我国高等教育法立法模式未来发展有所裨益。

本文的理论意义在于：(1)契合了各国重视高等教育发展的现实状况。当前世界经济的竞争更多地体现为人才的竞争。大力发展高等教育能够培养社会需要的经济科研人才、促进社会发展、提高国家竞争力。在此背景下，各国十分重视高等教育领域的相关建设，皆采取了一系列措施促进高等教育的发展。例如：更加重视高校建设、注重大学自治、提供优厚条件留住人才、加大财政对教育的支持力度、完善高等教育法律制度等。(2)适应了中国高校对外寻求国际合作的趋势。2010 年中国政府公布了《留学中国计划》，希望吸引更多的人来中国留学。近年来，金砖国家在经济上的联系更为紧密，在其他领域的合作也在加强。中国与俄罗斯、巴西、南非、印度等国互派留学生、成立大学联盟、开展国际科研合作等，已经在高等教育领域进行了不同程度的合作。未来，中国想要融入国际高等教育竞争，将会对外寻求更加积极的合作。(3)填补国内理论研究的空白。国内关于高等教育的文献，大多只研究了高等教育的具体制度，比如高等教育的入学制度、考试制度或拨款制度等。学者们都是从比较细致、微观的角度出发，而本文拟从宏观的角度进行研究，具有一定的抽象性。将总体概览金砖国家高等教育法立法，再进一步抽象成立法模式，对从立法模式的角度把握高等教育法具有理论指导作用，也使得高等教育法的研究更加完整，更具有体系性。

本文的实践意义在于：(1)将对我国高等教育法的完善有着实践的指导意义。通过课题研究了解其他国家的立法模式，再与我国的高等教育法立法模式对比，寻找我国在这方面的优势、劣势，同时借鉴其他国家的先进立法经验，以期在今后的立法实践中，指导我国的高等教育法立法，缩小与教育大国的差距，从而促进我国创建更加良好的高等教育法制环境，提高高等教育法立法水平，最终促进高等教育的积极健康发展。(2)将对中国加强高校对外合作与交流提供理论指导。通过研习其他国家的高等教育法立法，为我国在对外合作交往中与其他国家在教育方面开展深入合作、完善高等教育国际化立法提供理论指导。(3)将对金砖国家、其他非金砖国家在高等教育法立法时起到参考作用。

本文拟采取历史分析法、比较分析法、实证分析法等研究方法，依次研究高等教育法立法模式的含义、世界各国的主要立法模式与金砖国家的立法模式的含义及各国立法模式的特点等相关内容，评析各立法模式的优劣，提出中国可以借鉴的立法模式。

一、高等教育法立法模式的含义与法律意义

著名作家龙应台曾写道："孩子，我要求你读书用功，不是因为我要你跟别人比成绩，而是因为，我希望你将来会拥有选择的权利，选择有意义、有时间的工作，而不是被迫谋生。"

对大多数人来说，教育不仅能给人们选择的机会，还能丰富知识、开启人们的心智、促进精神成长；对一个国家来说，教育能促进一个国家创新能力的提升、生产水平的提高、生产力的发展；对一个民族来说，教育能深刻地影响一个民族的思想厚度、文化素养与精神品质。

(一)高等教育法立法模式的含义

何谓"高等教育"？一般认为，高等教育是互相关联的教育系统中，重要的组成部分，它是培养具有专门知识、技能的人才的教育。[①] 联合国教科文组织

① 在线汉语字典：高等教育，http://xh.5156edu.com/html5/229455.html，2017年11月10日访问。

将其定义为完成中等教育后进行的教育活动，一般指大学、文学院、理工学院和师范学院等机构所提供的教育。①

广义的高等教育法是指规范高等教育发展的所有法律法规，内容包括高校教师、学生和国家的权利、义务等；狭义上的高等教育法仅特指《高等教育法》，它是立法机关颁布的关于高等教育发展的某一部具体法律。② 高等教育法的发展促进了一国高等教育体系的构建，提升了民众的教育水平和国家的文化教育实力。

"模式"是指某种事物的固有形式或可使人照着做的标准样式。③ 对于立法模式学界尚未形成统一的解释。有学者认为，"立法模式是指一个国家制定、修改、废止法律的惯常套路、基本的思维定式和具体的行动序列以及由诸因素决定的，法律确认的立法制度、立法规则。"④也有学者认为，"立法模式是一个国家在一定历史时期内具有相对稳定性的创制法律的惯常风格。"⑤

结合其他研究成果，笔者认为，高等教育法立法模式是指在决策和制定高等教育法律的过程中，立法机关采取的惯常的方法、结构、体例及形态。

(二)探究高等教育法立法模式的法律意义

不同的国家受其历史发展背景、国体、政体等因素的影响产生了不同的立法模式。立法模式在相当程度上决定着立法内容的取舍、立法的价值导向和立法技术的适用等一系列重大问题，它也反映出国家当前的政治、经济、文化水平。探究一国的立法模式是在了解一国的政治、经济文化发展水平以及立法权、立法主体、立法目的、立法内容等的配置。高等教育法背后所包含的法治逻辑是我们研究一国高等教育制度的切入点，研究高等教育法立法模式可以探究其是否能与社会经济、政治相适应，具有重要的法律意义。

---

① 1962年，联合国教科文组织在非洲举行的关于高等教育的国际会议曾提出如下定义："高等教育是由大学、文理学院、理工学院、师范学院等机构实施的各种类型的教育。(1)基本的入学条件是接受完中等教育(普通、技术、职业中等教育或中等师范教育)；(2)通常入学年龄为18岁；(3)修完课程及授予相应的学位、文凭或高等学习证书。"李科浪：《"高等教育"是什么？——对高等教育概念的多维度解读及其意义》，载《教育与考试》2009年第3期。

② 本文所讨论的高等教育法主要指广义的高等教育法。

③ 在线汉语字典：模式，http://xh.5156edu.com/html5/327955.html，2017年11月10日访问。

④ 关保英、张淑芳：《市场经济与立法模式的转换研究》，载《法商研究》1997年第4期。

⑤ 江国华：《立法模式及其类型化研究》，载《公法评论》2007年第4卷。

(三)世界高等教育大国的主要立法模式与金砖国家的立法模式

金砖国家中的南非、巴西、印度都曾是殖民地，其高等教育的发展受宗主国的深刻影响，打上了宗主国深深的烙印。因此有必要对这些宗主国的高等教育法立法模式加以研究。南非和印度的立法模式受英国模式影响，巴西的立法模式先后受拿破仑模式和美国模式影响，中国近现代高等教育及其发展先后受日本模式、美国模式和苏联模式影响。因此本文将选择英国模式、美国模式和日本模式加以研究。

英国的牛津大学、剑桥大学历史悠久，在全球享有极高的声誉，它们的发展离不开高等教育法的立法规范。综观英国高等教育法的立法，其最基本的法律是 1988 年的《教育改革法》。该法被称为英国教育领域的“宪法”，统领着英国关于教育的所有立法，是教育领域的一部综合性的法律。该法中第二部分对继续教育和高等教育作了规范，规定了地方教育局在高等教育和继续教育方面的职能、继续教育机构可以向高等教育机构转化以及首相、枢密院、高等教育机构的权利、义务、账目审计及经费筹措等事项。①

1992 年《继续教育和高等教育法》对继续教育和高等教育都予以规范，高等教育部分集中在第 62—94 条，经多次修改，现在生效的是 2012 年修订后的法律。该法对 1988 年《教育改革法》的部分条款作了补充和修订，将《教育改革法》中关于高等教育和继续教育的部分作了更加详细、细致的规定，是高等教育领域统一的法律。② 2004 年英国通过了《高等教育法》③，该法涉及高等学校学费政策、贫困生资助、贷款制度，同时它倡导建立公平入学机制。④ 虽然它在法律名称上带有“高等教育法”几个字，但是它主要针对学生学费问题进行规范，并不是我们通常所称的包含高等教育基本问题的、全面系统的《高等教育法》。

英国注重大学自治并按不同的大学分别制定了单项的大学法，比如 1925

---

① *Education Reform Act* ，UK，1988.

② *Further and Higher Education Act* ，UK，2012.

③ 2004 年 1 月 27 日，英国下议院对新工党政府提出的《高等教育学费改革草案》进行投票表决，使其成为法律，即《2004 年高等教育法》。该法建立了新的高等学校学费政策、贫困生资助及贷款制度，并将扩大高等教育的参与政策法制化。新华网：“英国下议院通过旨在提高大学收费的高等教育法”，http://news.163.com/2004w01/12444/2004w01_1075242964333.html，2018 年 2 月 1 日访问。

④ *Higher Education Act* ，UK，2004.

年《大学和学院庄园法》、1966 年《苏格兰大学法》、1999 年《伦敦大学法》、2004 年《曼彻斯特大学法》、2004 年《威尔士大学法》以及更早颁布的《牛津大学法》(1854 年)和《剑桥大学法》(1856 年)等。[①] 判例法也是英国法律体系中的渊源,在教育方面英国立法却一反常态,判例极少,在此不作讨论。综观之,英国的高等教育法立法是统一立法兼单校立法模式。

美国发达的高等教育与其良好的高等教育法立法密不可分。1965 年美国颁布了历史上第一部《高等教育法》,现行的《高等教育法》是 2008 年修订后的法律,该法包括大学社区服务及继续教育、高校对图书馆的资助、发展学院、学生资助、教师项目、为本科生提供资助等多方面内容。[②] 2018 年 1 月美国通过了《高等教育法》[③]重新授权的法,最新《高等教育法》于 2018 年 3 月 4 日生效。美国《高等教育法》与其他国家最显著的区别是,它主要在法律里强调政府对高校发展的引导和帮助,与其他国家主要规范高校的宏观方向和运转的原则规范不同。

美国还制定了其他关于高等教育的法律。如 2018 年《高等教育资源与学生资助法》针对教师素质提升、学生援助、机构援助等;2018 年《高等教育设施法》针对增加经费,改善本科和研究生硬件设施;2010 年《图书馆设施法》针对图书馆建设的相关事项。美国教育对法院判例的倚重极大,判例法弥补了成文法中的大量空白,如 1954 年布朗诉讼案确定了受教育平等权,1967 年凯西安诉讼案涉及了大学学术自由权、2003 年密歇根大学入学诉讼案涉及了种族优惠政策等。这些法律和判例都是关于高等教育的法律。因此,美国高等教育法立法模式属于统一立法模式。

与中国同处于亚洲的日本的近代高等教育于明治维新后获得了快速的发展。缺少高等教育法的日本选择在 1947 年《教育基本法》中对高等教育的若

① 刘显娅主编:《英国教育行政法》,中国政法大学出版社 2010 年社,第 131 页。

② *Higher Education Act*, USA, 2008.

③ 《高等教育法》和其他联邦教育法一样,不是永久性的法律,必须及时予以修订。这种修订的专门术语叫再授权,通常是每隔 4—6 年进行一次。据美国教育理事会网站信息,2018 年 1 月,美国众议院教育和劳动力委员会以 23 比 17 的投票批准了《高等教育法》重新授权的法规。根据法规规定取消和减少的项目包括本科生的在校贴息、补充教育机会补助计划、学生贷款计划目前提供的贷款宽恕和其他福利、第三部分的加强机构方案、教师质量伙伴关系补助金。另外,研究生将失去联邦工作研究资格,他们的联邦毕业生贷款将受到限制,这样会迫使研究生以较高的成本借贷,而在私人市场上对他们的保护较少。(来源:美国教育理事会网:Renewing the Higher Education Act, http://www.acenet.edu/advocacy/Pages/Higher-Education-Act.aspx,2018 年 2 月 2 日访问。)

干基本问题做出规定，使该法起到高等教育基本法的作用，高等教育的基本原则都体现在该法中。现行《教育基本法》是 2006 年 12 月 22 日颁布的第 120 号法律，该法修改了 1954 年颁布的《全体教育基本法》(1952 年第 25 号法)，确立了教育和实施的基本目标、理念以及国家和地方政府的职责，对义务教育、学校教育、大学、私立学校、幼儿教育、宗教教育等方面进行了全面规范，是关于所有教育阶段的综合法。[①] 围绕着高等教育，日本还颁布了《教育公务员法》(2016 年修订)、《国家高校公司法》(2016 年)、《国立大学财务与管理法》(2003 年)等法律。由此可以看出，日本的高等教育法立法属于综合立法模式。

前文论述的英、美、日三国分别属于统一立法兼单校立法模式、统一立法模式和综合立法模式。而本文要探究的金砖国家高等教育法立法模式包括了统一立法模式、综合立法模式、统一立法兼单校立法模式、综合立法兼单校立法模式。较之世界高等教育大国的立法模式，金砖国家的立法模式显得更加多元，这与其中部分国家长期受殖民统治，高等教育的发展受宗主国和本国的双重影响有关。

二、中国、俄罗斯的统一立法模式

新中国成立后的一段时间(1949—1957 年)，在中国高校里曾聘请苏联专家指导高校改革，这时候中国高等教育的发展模式是以苏联为榜样的。虽然后来经历了苏联解体，中国也走上“独立自主”的道路开始探索具有中国特色的高等教育发展模式，就此看来俄罗斯和中国的高等教育发展道路好像分道扬镳，但是事实上两国的都是比较典型的统一立法模式。之所以形成这种模式，与两国特定的历史背景、立法传统和高等教育的发展路径有着密切的关系。

(一)统一立法模式的含义

采用统一立法模式的国家把高等教育涉及的基本问题在《高等教育法》里作统一规范，其他法律法规对《高等教育法》涉及的相关领域作细化规范。这种模式下的高等教育法律、法规和规章不仅全面，而且系统。《高等教育法》的内容相对全面，涉及高等教育管理和运行的全部，一般在结构上比较完整、体系上比较系统，能统领高等教育的各个领域，能确定和协调不同管理者的权力

---

① 日本 2006 年《教育基本法》(中译文)，张德伟译:《日本新〈教育基本法〉(全文)》，载《外国教育研究》2009 年第 3 期第 36 卷(总第 225 期)。

关系，能够为高等教育的发展设立较为完整的运行机制和较为科学的发展框架。但是由于全面性所限制，《高等教育法》一般只作原则性规定，具体的实施仍有赖于其他法律法规进一步细化规则。需要注意的是，此处所谈及的统一立法模式并不是以制定《高等教育法》为标准，制定《高等教育法》只是统一立法模式的一个特征，具体判断是否属于该模式应以《高等教育法》与其他高等教育法律法规的逻辑关系为判断标准，即该法涵盖了高等教育的全部问题，且其他高等教育法律法规是《高等教育法》相关制度的细化执行。

（二）统一立法模式的表现形式

1. 俄罗斯的统一立法模式

历史上，俄罗斯的高等教育经历了彼得一世时期的文化教育改革、19 世纪 60 年代产业革命带来的转折和沙皇政府的快速发展时期。苏联解体后，俄罗斯政治、经济体制都发生了翻天覆地的变化，俄罗斯一直在探索适合自己的高等教育发展之路。1992 年俄罗斯颁布了《俄罗斯联邦教育法》（以下简称《教育法》），经过多次修改，现行的是 2012 年 12 月 29 日联邦法律第 273-FZ 号法律。该法第 9 条将教育大纲分为普通教育大纲和职业教育大纲，其中职业教育大纲中的高等职业教育大纲是通常所称的本科教育，大学后职业教育大纲是通常所称的研究生教育，它们都属于高等教育。该法涵盖了俄罗斯所有教育阶段的法律，包括高等职业教育和大学后职业教育，是俄罗斯教育领域的基本法。[①] 在《教育法》改革的基础上，1996 年俄罗斯颁布了《高等和大学后职业教育法》[②]，该法是俄罗斯的《高等教育法》，其内容主要包括：高等学校种类[③]、内部管理[④]及相关权利[⑤]、参与高等教育的相关主体[⑥]、政府对高校的管理[⑦]、学校经费来源[⑧]、高校质量评估[⑨]等。特别注意的是，该法第 6 章用专章

---

① 1992 年《俄罗斯联邦教育法》（中文），李莉：《大学与政府 俄罗斯高等教育与国家崛起》，北京社会科学文献出版社 2012 年版，第 252—292 页。

② 1996 年《俄罗斯联邦高等和大学后职业教育法》（中文），同上注，第 293—324 页。

③ 同上注，第 9 条。

④ 同上注，第 12 条。

⑤ 同上注，第 10、11 条。

⑥ 同上注，第 16—20 条。

⑦ 同上注，第 24—26 条。

⑧ 同上注，第 27—29 条。

⑨ 同上注，第 32 条。

规定了高等学校的国际活动与对外经济活动[①]，表明俄罗斯重视高等教育国际化。综观该法，其几乎包括了高等教育的所有领域，是俄罗斯高等教育的统一立法。

2. 俄罗斯《高等和大学后职业教育法》与其他高等教育法立法之间的关系

俄罗斯《高等和大学后职业教育法》是关于俄罗斯高等教育的统一立法，高等教育的基础问题在该部法律里面均有所体现。其他围绕高等教育的法律法令命令均是对该法里具体条文或原则的深化，如《高等和大学后职业教育法》中第 21 条规定，业务进修的程序、种类和形式在俄罗斯联邦法律中未做规定的部分中由俄罗斯联邦政府规定。该条是关于教学科研人员的培养与业务进修的条款。[②] 2009 年联邦法律第 18-FZ 号《关于修改俄罗斯联邦对联邦大学活动的某些立法行为》中对该条进一步细化，强调高等教育机构应融入世界教育空间，培训和再培训把现代教育技术应用于综合社会能力基础上的职员。又如《高等和大学后职业教育法》中第 23 条规定，承认和认定外国高等及大学后职业教育文凭和学衔证书的对等性。此类证件被相应的国家权力机关认可在俄罗斯联邦境内具有法律效力。[③] 2011 年联邦法律第 385-FZ 号《关于改进教育文件、学位和学术头衔承认程序》规定，承认外国的文件在俄罗斯联邦境内的教育和资格，并对具体的程序做出明确规定。再如《高等和大学后职业教育法》中第 6 章专章规定高等学校的国际活动与对外经济活动，对国际合作的形式、参与国际活动的权利、规则予以规定。2010 年联邦政府第 N220 号法令《吸引一流科学家赴俄罗斯高等教育机构的措施》表示，建立俄罗斯联邦的资助局，国家将支持在俄高等教育机构的科学家进行科学研究。2008 年联邦政府第 521 号法令《关于高等职业教育机构示范条款》对教育机构的教育活动、教育机构的管理、教育机构的学习、教育机构的雇员、教育机构的活动和教育机构的国际和国外经济活动作了统一规范。

由上可以看出，对于《高等教育和大学后职业教育法》里规定的某些条款，需要具体操作执行，还有赖于出台其他相应的法律法令命令，这些都是《高等和大学后职业教育法》中确定的高等教育的某一领域的具体深化和执行。

3. 中国的统一立法模式

新中国建立以来，中国的高教立法分为四个阶段：新中国成立初期、大跃

---

① 1992 年《俄罗斯联邦教育法》(中文)，李莉：《大学与政府 俄罗斯高等教育与国家崛起》，北京社会科学文献出版社 2012 年版，第 252—292 页，第 33 条。

② 同上注，第 21 条。

③ 同上注，第 23 条。

进和调整时期、“文化大革命”时期、改革开放时期。新中国成立后，中国的高等教育改革经历了漫长的探索，在“文化大革命”时期高等教育发展曾一度陷入停滞状态，十一届三中全会后高等教育领域才渐渐开始恢复发展，直到1995年中国才颁布《教育法》。1995年《教育法》包含了所有教育阶段并确定了高等教育由国务院和省、自治区、直辖市人民政府管理的原则。在《教育法》的基础上，1998年颁布的《高等教育法》针对高等教育进行了统一规范，现行《高等教育法》是经2015年修订后的法律。该法主要包括：高等学校的定义[①]、高等教育的目的[②]、高等教育的形式[③]、高等教育学位制度[④]、设立高等学校的审批制度[⑤]、高等学校的职能[⑥]、高等学校的权力机构[⑦]、高等学校的教育经费[⑧]、高校教师和其他教育工作者[⑨]、高等学校的学生[⑩]等，几乎涉及了高等教育领域的所有问题，是关于高等教育的统一立法。

4.《高等教育法》与其他高等教育法立法之间的关系

与俄罗斯《高等教育与大学后职业教育法》同其他高等教育立法之间的关系类似。我国的《高等教育法》与其他高等教育法立法之间也呈现出细化与被细化的关系。如《高等教育法》总则部分规定：国家鼓励企事业组织、社会团体及和公民等其他社会力量举办高等学校。[⑪]《民办教育促进法》(2016年修正)具体规定了申请民办高校的审批、变更、终止程序。《国务院办公厅关于加强民办高校规范管理引导民办高等教育健康发展的通知》《教育部关于进一步做好民办高等教育机构招生工作的意见》分别对民办高校做出了更加具体的规定。又如《高等教育法》规定，对于家庭经济困难的学生，可以申请补助，或者减免学费；国家鼓励高校、企业设立各种形式的奖学金，并对困难学生提供助学贷款和助学金。[⑫]《普通本科高校、高等职业学校国家奖学金管理暂行办

---

① 中国《高等教育法》(2015年修订)，第68条。
② 同上注，第1条。
③ 同上注，第15条。
④ 同上注，第22条。
⑤ 同上注，第29条。
⑥ 同上注，第31—37条。
⑦ 同上注，第40、42条。
⑧ 同上注，第60条。
⑨ 同上注，第45—52条。
⑩ 同上注，第53—59条。
⑪ 同上注，第6条。
⑫ 同上注，第54—55条。

法》《研究生国家奖学金管理暂行办法》《普通高等学校研究生国家奖学金评审办法》《研究生国家助学金管理暂行办法》《普通本科高校、高等职业学校国家助学金管理暂行办法》《关于完善国家助学贷款政策的若干意见》《关于国家助学贷款管理规定(试行)》等进一步细化了相关规则。

因此,中国的高等教育是以《高等教育法》为基本法辅以细化执行的其他法规规章构成了整个高等教育的法律体系,属于统一立法模式。

(三)中国、俄罗斯高等教育法立法模式的特点

虽然中国与俄罗斯的政体不同,但是两国都不约而同地将高等教育法的立法权放在国家层面。中国的《高等教育法》是全国人民代表大会常务委员会根据宪法且结合《教育法》对高等教育基本问题做出的全面的原则性规定,地方的权力机关根据本地的基本情况制定的关于高等教育的地方法规不得与宪法和《高等教育法》相抵触。俄罗斯是联邦制国家,联邦与联邦主体各自在自己的管辖范围内行使立法权限。[①] 联邦各主体应确立并贯彻与俄罗斯联邦教育政策不相抵触的本主体教育政策,俄罗斯联邦《高等和大学后职业教育法》在全境范围内有效。从立法权看,两国的教育立法权都集中在中央,地方立法需要遵从中央立法而不得与中央立法相抵触。

从法律名称看,俄罗斯和中国都有专门针对高等教育的法律。中国有《高等教育法》,俄罗斯有《高等和大学后职业教育法》。

从法律层级看,中国的整个高等教育领域包括法律、行政法规、地方性法规规章、部门规章、相关文件等,如表1[②];俄罗斯关于高等教育的规范性文件分为:法律、政府的法令和命令、其他部委的命令、自治市文件等,如表2[③]。从涉及的领域看,两国都涉及了高等学校设置、招生、学籍管理、专业设置、教育质量保证体系、财务与审计等领域。由此,中国和俄罗斯的高等教育形成了多层次多领域的法律法规规章体系。

---

① 《俄罗斯联邦教育法》(1992年),第28条。

② 中华人民共和国教育部政策法规司:http://www.moe.edu.cn/s78/A02/zfs__left/s5911/,2018年2月3日访问。

③ 俄罗斯教育规范性文件:http://edu.garant.ru/education/law/,2018年2月3日访问。

表 1　中国高等教育领域规范性文件体系

高等教育规范性文件体系	中国
法律	2015 年《高等教育法》、2016 年《民办教育促进法》
行政法规	2004 年《民办教育促进法实施条例》
地方性法规规章	2018 年《郑州市人民政府关于成立引进优质高等教育资源工作领导小组的通知》
部门规章	2014 年《高等学校学术委员会规程》
政党及组织文件	1996 年《中国共产党普通高等学校基层组织工作条例》

表 2　俄罗斯高等教育领域规范性文件体系

高等教育规范性文件体系	俄罗斯
法律	1996 年《高等和大学后职业教育法》
政府的法令和命令	2008 年俄罗斯联邦政府法令《关于批准高等职业教育机构(高等教育机构)示范条例》
部委的命令	2010 年俄罗斯联邦国防部命令《关于批准俄罗斯联邦国防部高等教育军事教育机构入学条件和程序指令》
自治市文件	2004 年莫斯科《关于莫斯科市教育的发展》

从《高等教育法》与其他法律法规规章的关系看,《高等教育法》的规定比较原则、抽象,不具有操作性,需要其他法律法规规章进一步细化规则以便适应实际操作。因此,两国高等教育的良好运行有赖于《高等教育法》和其他法律、行政法规、规章、文件等互相配合。中国的《高等教育法》第 39 条规定①,高校实行党委领导下的校长负责制,高校党委执行党的方针、路线、政策全面领导高校,重要决策须经党委集体研究决定,校长作为学校的法定代表人具体管理学校日常事务的同时受党委的领导。但是关于高校党委的组成人员、具

① 该条规定:

国家举办的高等学校实行中国共产党高等学校基层委员会领导下的校长负责制。中国共产党高等学校基层委员会按照中国共产党章程和有关规定,统一领导学校工作,支持校长独立负责地行使职权,其领导职责主要是:执行中国共产党的路线、方针、政策,坚持社会主义办学方向,领导学校的思想政治工作和德育工作,讨论决定学校内部组织机构的设置和内部组织机构负责人的人选,讨论决定学校的改革、发展和基本管理制度等重大事项,保证以培养人才为中心的各项任务的完成。

体职能、管理和发展等方面的具体事项无法在《高等教育法》这样一部具有高度抽象、概括性的法律中予以规定。所以，中共中央组织部颁布了《中国共产党普通高等学校基层组织工作条例》《关于加强高等学校领导班子建设工作的若干意见》《关于进一步加强直属高等学校领导班子建设的若干意见》等，详述了高校领导干部要深化学习马克思列宁主义、毛泽东思想和邓小平理论等中国特色社会主义理论，对党组织的设置、党组织的职责、党员的教育管理和发展、干部工作等作了进一步阐述。也正是因为这些文件与《高等教育法》相互配合才使得《高等教育法》能够发挥其宏观领导作用。1992 年《关于俄罗斯联邦建立多层次的高等教育的决议》和《俄罗斯联邦高等教育多层次结构暂行条例》、2001 年《俄罗斯高等职业教育机构（高校）类型条例》也是对《俄罗斯联邦高等和大学后职业教育法》某一制度的具体执行和深化。

综上，中国、俄罗斯立法模式的特点主要表现在：有统一的《高等教育法》且高等教育规范性文件层级丰富、内容广泛。这些文件涵盖了与高等教育发展相关的众多领域，形成了多层次多领域的法律法规规章体系；《高等教育法》的运行不是孤立的，它需要其他相应的法律法规规章配合并对其中的原则予以细化。

三、巴西的综合立法模式

《高等教育法》不是判断一国高等教育发展优劣的唯一标准，部分国家由于历史传统、国情、高等教育发展程度和策略等多方面原因，在高等教育领域并没有颁布《高等教育法》。虽然缺乏高教主法，但是这并不代表它们不重视高等教育的发展。这类国家往往有教育基本法，它们会在基本法里辟专章或专节对高等教育作规范。

（一）综合立法模式的含义

综合立法模式是指将各阶段教育中共通的原则、制度加以归纳制定一部教育基本法作为教育立法的统帅而无须制定《高等教育法》。这种立法模式将整个教育系统看作一个整体予以综合规范，有利于各个教育阶段的衔接和协调发展。目前巴西采用了综合立法模式。

（二）综合立法模式的表现形式

1. 巴西的综合立法模式

巴西的高等教育发展饱受葡萄牙殖民困扰，与其他被西班牙殖民的拉美国家相比，其高等教育起步较晚。独立后，巴西开始探索适合本国的高等教育模式，曾先后采用拿破仑模式和美国模式。[①] 法国拿破仑模式强调国家对专业的管理，美国自由模式重视学科中的知识的组合。纵观巴西高等教育史，更形象地可以说是私立高校"沉浮史"，高等教育的整个进程与私立高校发展密切相关。

在私立高校的发展过程中，伴随着巴西《全国教育方针与基础法》(以下简称《基础法》)的几次修订。根据1946年宪法并经过反复争议修改，终于在1961年颁布了《基础法》。该法是巴西历史上第一部教育法，是关于教育的总法，其内容涵盖了基础教育、职业教育、高等教育、特殊教育的相关规定并明确了巴西高等教育的三级管理体制。该法的颁布极大地调动了公、私高校的办学积极性，高校数量逐年增加。后《基础法》[②]历经多次修改，现行的是1996年第9394号法律。该法中第5章第4节专门规范高等教育，明确了高等教育的目的是文化创造和科学精神及思考能力的发挥以及培养大学生进行科学研究、推广文化等；[③]它规划了与高等教育有关的课程和计划[④]、教育机构的形式[⑤]、高校的权利义务及职能[⑥]并确立了国家财政支持国立高校[⑦]等原则。其他章节是关于所有教育的原则性规定，具体包括教育的定义、原则、目的、人们接受教育的权利和义务并对国家教育组织、教育专业人员、教育经费等作了一般性规定。由此，《基础法》是关于所有教育的综合性的法律，巴西属于综合立法模式。

---

① 拿破仑模式认为，高等教育是经国家批准的、进行教学并保证所设专业质量的学校；每所教学机构都是一所专业学院，这些学院因此有权力或特权，根据国家的需要提供教育和授予法律承认的专业证书；所有的学校都得提供同样的教育，因此，学校几乎没有学术自主的余地，教育文凭的价值实际上完全与知识内容相脱离。在这种情况下，没有学校要求进行研究，大学也没有发挥其行政管理的作用。美国模式强调大学要搞科学研究和开设研究生课程。传统的终身教授制被专职教师和研究人员取代；所有专业在进行专业教育前必须先学习两年的基础教育；推行学分制，使学生在课程的选择上具有更大的灵活性；学生可以在不同的系选修自己想学的课程，只要学满了规定的学分，就可以提前毕业。黄志成：《巴西教育》，吉林教育出版社，2000年，第384页。

② 《巴西全国教育方针与基础法》(1996年)(中译文)。黄志成：《巴西教育》，吉林教育出版社2000年版，第384—438页。

③ 同上注，第41条。

④ 同上注，第42条。

⑤ 同上注，第43条。

⑥ 同上注，第51、52、53条。

⑦ 同上注，第54条。

2. 巴西的方面法与《基础法》之间的关系

因为没有统一的《高等教育法》，巴西颁布了许多高等教育的方面法、决议和命令等。方面法是指关于高等教育的权力组织、财政制度、教育评估、教职工、学生等方面的相关法律。这些方面法、决议、命令在《基础法》的基本原则指导下，构建起高等教育的法律体系，共同规范高等教育。如 1995 年第 9131 号法规规定了高等教育厅的相关职责是对高等教育评估过程的结果、课程的评估和与高等教育立法有关的事项等进行分析和发表意见。2002 年第 282 号意见和 2006 年第 5786 号法确定大学和大学中心有自治权。2002 年第 2 号决议规定了本科课程的时间。2006 年第 5773 号法规定了校园认证和课程授权的的相关问题。2007 年第 2 号决议规定了本科课程的付款和期限。2008 年第 11788 号法规定了学生的实习。2008 年第 3913 号法确定了联邦专业、技术和高等教育机构的配额制度。其他关于高等教育的立法有：1999 年第 9870 号法、2005 年第 5622 号法、2006 年 5786 号法、2007 年第 40 号法等。①

(三)巴西高等教育法立法模式的特点

巴西是联邦制国家，联邦教育部、州教育厅、市教育局构成了巴西高等教育的三级管理体制。巴西没有联邦政府集权的教育制度，联邦负责协调全国的教育政策，各州应结合国家教育的指令和规划制定和实施教育政策和规划，各市应结合联邦和州的教育政策的规划组织、维护和发展市教育系统的官方组织和机构。所以，巴西各地的教育立法是由各地自主制定且只在本地区范围内有效。巴西《基础法》第 89 条规定，联邦、各州、联邦区和各市应在本法公布后至多两年的期限内，按照本法律的规定修改各自的教育立法。从立法权看，巴西的教育立法呈现分权化的特点，但是联邦、州、联邦区、市的立法应遵从《基础法》的规定。

从法律名称看，巴西没有以高等教育法命名的法律文件，《基础法》作为教育基本法的同时担负着管理高等教育的职责。

从《基础法》与其他法律的关系看，《基础法》中已专章专节对高等教育制度作了原则性规定，因此巴西没有再颁布《高等教育法》。也因为《基础法》囊括了巴西的基础教育、职业教育、高等教育和特殊教育这几个层次，范围广泛且法律内容庞杂，因此在法律条文里就只能作抽象的、原则的概括，导致巴西

① 巴西教育部：《关于教育的常见问题》，http://portal.mec.gov.br/sesu-secretaria-de-educacao-superior/perguntas-frequentes，2018 年 2 月 3 日访问。

的方面法较多。1999 年第 9870 号法、2005 年第 5622 号法、2006 年第 5786 号法、2007 年第 40 号法、2017 年第 9235 号法等法律分别从高等教育的不同领域规范高等教育且这些法律都是由议会颁布的，与《基础法》属于同位法，各法之间并没有法律位阶之差。

从各法之间的运行看，1999 年第 9870 号法涉及学校年金的总价值，2004 年第 10870 号法确定了高校和本科生课程现场评估费用，2004 年第 10861 号法建立了国家高等教育评估制度。虽然这些法律分别在各自的领域内规范高等教育，但有时这些法律也需要相互协同配合。例如：1995 年第 9131 号法规定维持高等教育机构作为非营利的机构应在每个会计年度编制财务报表并附上财政委员会或类似机构的意见，该法需要 1999 年第 9870 号法（涉及学校年金的总价值）的配合执行，以及第 9131 号法规定保持高等教育机构或基金会组织不能有丰厚的利润，需要 1991 年第 8212 号法（涉及社会保障组织，建立成本计划）的配合执行。

综上，巴西综合立法模式的特点是方面法较多且多与《基础法》属于同一位阶法，各法之间虽独立规范高等教育的相关领域但有时需互相配合。

四、印度的综合立法兼单校立法模式

印度曾是英国的殖民地，初期的印度大学只是把分散在各地的学院联合起来，其性质更加类似于行政机构且主要为巩固英国的殖民统治服务，被统治阶级和上层种姓所垄断。独立后不久印度就成为英联邦成员国。所以，印度高等教育的内部管理体制与外部管理机构都与英国极为相似。

（一）综合立法兼单校立法模式的含义

综合立法模式一般指没有《高等教育法》而依靠教育领域的基本法规范高等教育的立法模式。单校立法模式下，每所大学有其对应的法律。印度的高等教育受英国影响，英国的高等教育采用统一立法兼单校立法模式，而印度则主要以《国家教育政策》为基本法，依靠该法规范高等教育。虽然该基本法以“政策”命名，但是它是由印度议会授权人力资源开发部[①]颁布的教育政策，具有法律效力，不同于一般性政策报告或建议。印度还借鉴了英国的单校立法

---

① 印度人力资源开发部（Ministry of Human Resource Development，India）是印度政府负责人力资源开发的部门。该部分由两个部门构成：（1）学校教育和扫盲部：其中涉及中小学教育，成人教育和扫盲部；（2）高等教育部：涉及大学教育，技术教育，奖学金等。

模式。印度高等教育法立法模式是综合立法模式和单校立法模式的结合。

(二)综合立法兼单校立法模式的表现

1. 印度综合立法模式

印度虽然没有颁布《高等教育法》或《教育法》,但是它颁布的《国家教育政策》可以称得上"教育基本法",印度至今已颁布了四份《国家教育政策》。第一份是1968年的《国家教育政策》,对有关教育的17个问题分别制定了发展指导原则,其内容涉及高等教育、科学教育与研究,它同时提出要加强农业教育和工业教育、提高大学质量、改革考试制度和学制。该政策的颁布是印度独立后教育史上的重要一步。1977—1979年间制定的第二份《国家教育政策》则主要包括"印度高等教育发展:政策框架"。1986年印度制定了第三份《国家教育政策》,该政策确认要大量发展自治学院直到替代附属学院,并提出巩固现有的高等院校、充实其设备,鼓励大学进行科学研究并对开放大学、远程教育、农村大学等问题作了具体说明。1992年印度又修订了《国家教育政策》,该政策对未来十几年的教育发展作了战略部署,提出控制数量、保证质量的发展原则。① 这四份《国家教育政策》分别依据国家经济发展状况制定了适合当前发展的政策,它们不是新法与旧法的废存关系而是相互补充关系。该法是印度的教育基本法,一些宏观的原则性的内容多包含在内,是关于印度教育的综合立法。

2. 印度的《国家教育政策》与其他高等教育法立法之间的关系

与巴西的综合立法模式不同之处在于,印度的《国家教育政策》没有辟专章或专节对高等教育予以规定。整个《国家教育政策》里都是比较宏观概括的描述,只能为教育提供大致的方向和发展思路。因此,印度颁布较多的方面法,从立法层面弥补这一缺憾。如印度比较重要的《大学拨款委员会法》(1956年)②建立了高校财政拨款制度;根据1976年《印度国家图书馆法》成立了印度国家图书馆;根据1970年《医学中央委员会法》、1987年《全印度技术教育委员会法》、1933年《印度医务委员会法》、1993年《全国教育教师委员会法》、1992年《全国少数民族教育机构法》等分别成立了印度医学中央委员会(Central Council of Indian Medicine)、全印技术教育委员会(All Indian Council for Technical Education)、印度医学委员会(Medical Council of India)、印度全国教师

① 王留栓:《亚非拉十国高等教育》,上海学林出版社2001年版,第68~74页。

② 印度《大学拨款委员会法》(1956年)(中文),孙佳:"发展中国家高等教育立法研究",2006年上海交通大学硕士学位论文,第105~111页。

教育委员会(National Council for Teacher Education)、印度全国少数民族委员会(National Commission for Minorities)等机构。

这些法律都遵从了《国家教育政策》确定的大体原则,是对这些原则的具体运用。由此,使得《国家教育政策》确立的原则更能落到实处。

3. 印度的单校立法模式

印度的单校立法模式是指每所大学有其对应的法律,即专属于单个大学(学院)的法律。印度和英国一样采取专属大学(学院)法规范高校建设。笔者梳理了2010—2017年印度颁布的关于大学(学院)的法律,其中2010年有《纳兰达大学法》(*The Nalanda University Act*),2011年有《科学和创新研究学院法》(*The Academy of Scientific and Innovative Research Act*),2013年有《国立拉吉夫甘地国立航空大学法》(*The Rajiv Gandhi National Aviation University Act*),2014年有《拉尼拉克白华中农业大学法》(*The Rani Lakshmi Bai Central Agricultural University Act*)和《规划与建筑学院法》(*The School of Planning and Architecture Act*),2016年有《拉金德拉·普拉萨德中央农业大学法》(*The Dr. Rajendra Prasad Central Agricultural University Act*),2017年有《印度管理学院法》(*The Indian Institutes of Management Act*)。可以看出,近7年以来印度几乎每年都有一部"大学(学院)法",相比英国,印度的"大学(学院)法"数量更多。

以2014年《规划与建筑学院法》为例阐述印度的单校立法模式。该法涵盖了高校的组建、权利与义务、高校内部的权力机构组成和账目审计等事项。高校的权力机构一般包括:董事会、教务委员会、院长、注册官和理事会。董事会是每所学院的总监督,对涉及学院管理和工作政策的事项做出决定;①教务委员是学院的主要学术机构,负责维持本学院的教学、教育和考试的标准;②院长是学术和行政官员,负责执行董事会、教务委员会的决定,管理学校日常事务,其任职由中央政府经巡督员事先批准;③注册官负责保管本学院档案、公章、资金等财产;④理事会的职能是协调学院的所有活动,但是其职能的行使不应损害归属于董事会、教务委员会或者学院其他机构的权力和职能。⑤这种多层次的权力机构组织构成了印度高校的管理体制。其他大学(学院)法

① Sections 15, *The School of Planning and Architecture Act*, India, 2014.

② Ibid, Sections 17.

③ Ibid, Sections 17.

④ Ibid, Sections 20.

⑤ Ibid, Sections 35.

也主要从以上几方面规范大学(学院),由此构成了印度独特的单校立法模式。

(三)印度高等教育法立法模式的特点

印度宪法中明确规定,高等教育由联邦政府和邦政府共同管理,邦政府可以通过立法对邦立大学进行管理,中央联邦政府也可以通过立法管理中央所属大学。历史上曾有一段时间邦政府的权限超过了联邦政府的立法权限。后来,印度政府通过颁布《大学拨款委员会法》成立大学拨款委员会,加强了对全国高校的管理。近年来,印度政府和邦政府不断修改有关法令以便共同承担管理高等教育机构的职能。① 从立法权看,印度的联邦政府和邦政府都有各自职权范围内的教育立法权。

从法律名称看,印度没有以高等教育命名的法律,其主要以《国家教育政策》为高等教育基本法律政策。

从《国家教育政策》与其他法律法规规章的关系看,该政策只对高等教育的办学方向作了抽象的概括,并没有涉及任何实质性的制度设计,规范高等教育完全依靠颁布方面法及其他相应政策、文件等。因此,印度颁布了《大学拨款委员会法》《中央教育机构入学保留法》《印度医务委员会法》《全印技术教育委员会法》等法律和《财务和行政权力规则》《主席和其他成员的薪酬和津贴及其他服务条件规则》等规章以及五年一次的高等教育发展规划等。

从《国家教育政策》的内容看,它包括了幼儿保健和教育、初等教育、中等教育、职业化教育、高等教育等多个教育阶段,是教育领域的综合法。以上是印度综合立法模式所表现出来的特点。

关于单校立法模式,印度表现出以下特点:

其一,单个大学(学院)法只针对某一大学(学院)并且该法律以大学(学院)名字命名。印度的《纳兰达大学法》《国立拉吉夫甘地国立航空大学法》《拉尼拉克白华中农业大学法》分别针对纳兰达大学、国立拉吉夫甘地航空大学、拉尼拉克白华中农业大学。

其二,单个大学法的法律地位特殊,它与其他的初等和中等教育法不同,只在本校范围内有法律效力,相当于学校章程。它与其他教育法没有层次上的关系,只是其内容不得与教育基本法相抵触。此处的教育基本法不是指《国家教育政策》,而是指制定单个大学法和学院法的依据。1961 年《国家技术研

① 忻福良主编:《各国高等教育立法》,上海交通大学出版社 1992 年版,第 267 页。

究院法》[①]是技术研究类学院法的基本法，所有的单个学院法的法律体例与它一致；2009 年《中央大学法》是大学法的基本法，所有的单个大学法的法律体例与它一致。因此，《科学和创新研究学院法》《规划与建筑学院法》《印度管理学院法》等技术类院校的法律是按照《国家技术研究院法》的体例来设置的，即法律条文的内容参照《国家技术研究院法》。同样的，《纳兰达大学法》《国立拉吉夫甘地国立航空大学法》《拉金德拉·普拉萨德中央农业大学法》是按照《中央大学法》的体例来设置的。

综上观之，印度构成了以《大学拨款委员会法》《全印技术委员会法》《印度农业研究委员会法》《印度医务委员会法》等国家法定机构法为主体，辅以一系列大学（学院）法为主的法律体系。这些法定机构充当着政府和高校之间的桥梁机构，政府通过这些法定机构间接管理高校，由法定机构向大学传达政府政策导向，法定机构向高校提供咨询、监督高校质量发展并将从高校收集的建议反馈给政府。

五、南非的统一立法兼单校立法模式

前述提到，南非曾是英国的殖民地，其高等教育发展深受英国模式的影响。英国高等教育法立法模式属于统一立法兼单校立法模式，南非的立法模式与英国相同。

（一）统一立法兼单校立法模式的含义

统一立法模式的基本特征是颁布了《高等教育法》并且高等教育领域会涉及的问题几乎都统一在这部法律里规范。单校立法模式是指，按不同的大学分别制定不同的单校法，该法以大学名称来命名，其效力相当于大学章程，只在该所大学范围内有效。但是与大学章程不同的是，大学法是由议会颁布实施的属于国家立法。南非的高等教育法立法借鉴英国经验，同时结合本国国情，最终形成了别具一格的统一立法兼单校立法模式。这种模式适应了本国特殊的高等教育背景，也集中融合了统一立法模式和单校立法模式的优点。

---

① 1963 年、2007 年、2012 年、2014 年分别进行了修订。

(二)统一立法兼单校立法模式的表现形式

1. 南非的统一立法模式

南非的高等教育与种族隔离教育①紧紧联系在一起,其发展轨迹大致上分为种族隔离教育正式形成期、隔离但平等时期和废除种族隔离教育时期三个历史时期。1994 年黑人总统曼德拉上台后废除了种族隔离制度,高等教育更加倾向公平。

南非《高等教育法》(*Higher Education Act*)②(以下简称《高教法》)于 1997 年颁布,现行的高等教育法是 2016 年修订的。该法主要对高等教育委员会的权责、公立与私立高等教育机构的权责、公立教育机构的管理、财政投入以及质量评估等问题作了相关规定。它与其他国家的高教法相比有三个明显的特点:一是在文本里将高等教育分为公立、私立高等教育分别规范,二是特别注重评估制度,三是对各教育行政管理行为都要求发布"官方公告"。《高教法》颁布后,南非政府随后颁布的法律或政策主要围绕促进教育公平、提高高等教育质量而展开。

2. 南非的《高等教育法》与其他高等教育法立法之间的关系

与中国、俄罗斯的统一立法模式类似。南非在其《高教法》里对管理体制、私立教育、种族教育、资助贫困生、学校的职能等方面都作了原则规定,具体操作执行还需要进一步出台相关法律。如关于管理体制,南非颁布了《南非教育委员会法》(*South African Council for Educators Act*)(2000 年);关于私立教育,南非颁布了《自由州立大学法》(2018 年修订)、《开普敦大学法》(*University of Cape Town Act*)(1999 年)、《德班韦斯特维尔大学修正法》(1997 年)(*University of Durban-Westville Amendment Act*)、《私立高等教育机构注册:完成年度报告指南》(2018 年)等;关于种族教育,南非颁布了《有色人种教育修正法》(*Coloured Persons Education Amendment Act*)(1992 年)、《印度人教育修正法》(*Indians Education Amendment Act*)(1993 年);关于资助贫困学生,颁布了《全国学生金

---

① 南非的种族有黑人、白人、混血有色人种和亚洲人,他们分别建立了自己的教育体系。在黑人内部以部落为基础进行教育,白人孩子充分享受教育权,实行隔离教育;为黑人、有色人、印度人分别建立各自的高等教育机构,规定未经批准其他人种不能进入白人大学;教育经费上也向白人倾斜。(陈晨:"后种族隔离时期南非高等教育公平政策研究",浙江师范大学硕士学位论文,2009 年,第 3 页。)

② 南非《高等教育法》(1997 年)(中文),孙佳:《发展中国家高等教育立法研究》,上海交通大学硕士学位论文,2006 年,附件第 62~77 页。

融援助计划法》(1999年)、《国家学生资助计划法》(*National Student Financial Aid Scheme Act*)(1999年)、《2015年财政和财政委员会修正法4》(*Financial and Fiscal Commission Amendment Act 4 of 2015*)。

与中国统一立法模式的不同之处在于,中国在《高等教育法》下出台的其他相应法律法规,与《高等教育法》多有着上位法和下位法的层级之分。而南非的《高教法》与其他法律法规多属于同位法。

3. 南非的单校立法模式

南非和英国一样也采取专属大学法规范高校。每建立一所高校前,南非政府必然会配套相应的法律。如《自由州立大学法》(2018年修订),《开普敦大学法》(*University of Cape Town Act*)(1999年)、《德班韦斯特维尔大学修正法》(1997年)(*University of Durban-Westville Amendment Act*)、《南部非洲医科大学(私立)修正法》(1997年)[*Medical University of Southern Africa*(*Private*)*Amendment Act*]、《威特沃特斯兰德大学约翰内斯堡(私立)修正法》(1997年)[*University of the Witwatersrand, Johannesburg*(*Private*)*Amendment Act*]、《文达大学(私立)》(1996年)[*University of Venda*(*Private*)*Act*]、《祖鲁兰(私立)大学法》[*University of Zululand*(*Private*)*Act*](1996年)、《南非学校法》(1996年)(*South African Schools Act*)等大学法。以《开普敦大学法》为例具体阐述单校立法模式。

南非开普敦大学成立于1829年,是南非最古老的大学之一,也是昔日对抗种族隔离政策的中心。为适应1997年修改后的《高等教育法》,《开普敦(私立)大学法》[*University of Cape Town* (*private*)*Act*]于1999年修订,该法的目的是促进开普敦大学成为世界级的非洲大学、教育学生应对社会的挑战、使大学的治理与《高教法》一致并受《高教法》指导。[①]《开普敦(私立)大学法》对开普敦大学坐落的位置[②]、校内权力机构设置[③]、学校的权力[④]等作了详细规定。《高教法》规定,每一所高等教育机构内部都必须建立如下的管理体系:校委会、评议会、校长、副校长、学生代表委员会、制度研讨会。校委会一般代表政府开展各类活动[⑤],评议会是最高学术机构[⑥],校长负责教育机构的整体

① Section 2, *University of Cape Town*(*private*)*Act*, South Africa, 1999.

② Ibid, Sections 3.

③ Ibid, Sections 4-12.

④ Ibid, Sections 17-18.

⑤ Section 26, *Higher Education Amendment Act*, South Africa, 2016.

⑥ Ibid, Section 27.

运作和管理，制度研讨会向校委会负责并提出有关建议[①]，大学董事会是最高决策机构，校长由校董事会任命。[②]《开普敦（私立）大学法》按照《高教法》确立的高校组建原则，设有校委会、评议会、校长、副校长、学生代表委员会、制度研讨会。它还规定大学内部设立变革论坛[③]。变革论坛是该大学特有的机构，虽然它不是一个法定机构，但是它由与该大学有关的重要人物的代表组成，是大学直接听取各方意见的通道，在南非大学里具有很大的影响力。南非的其他大学法也根据《高教法》的规定设置学校权力机构，由此构成了南非独特的单校立法模式。

（三）南非高等教育法立法模式的特点

南非的高等教育在整个非洲遥遥领先。南非是联邦共和国，其立法权属于共和国国会，各地方的立法需符合中央的法律。南非的教育立法权由中央掌握，各地方在不违背中央立法的条件下根据地区情况有一定的立法权。

从法律名称看，南非形成了以高等教育命名的《高等教育法》。

从法律载体看，南非有宪法、法律、白皮书、绿皮书、通告、报告等。如1996年南非《宪法》相关条款、1997年《高等教育转型计划：教育白皮书3》、1996年《高等教育转型绿皮书》、2008年《国家资格框架法》、2010年《高等教育和培训战略计划2010—2015年》和2017年《高等教育和培训部2016/2017年度报告》等。由此可得出，南非的高等教育法法律载体丰富多样。

从《高教法》与其他法律的关系看，南非除了颁布《高等教育法》外，在高等教育领域还颁布了1963年《有色人种教育法》、1965年《印第安人教育法》、1998年《文化机构法》、1998年《教育者就业法》、1999年《国家学生资助计划法》、2008年《国家资格框架法》等众多法律。这些法律都是由南非议会制订的，与《高等教育法》属于同位法，《高等教育法》的良好运行需要这些法律予以细化并互相配合。南非《高等教育法》里独立评估人作为重要的制度占据专章，规定独立评估人对高等教育的质量进行评估。但是具体的评估标准、评估程序无法在《高等教育法》里规定，独立评估人在进行质量评估时需要参照《南非质量认证法》以及高等教育质量委员会（HEQC）发布的《院校审核框架》《院校审核原则》和《HEQC审核手册》等具体的规章细化质量认证法的相关规

---

① Ibid, Section 28.

② Ibid, Section 31.

③ Supra note 71, Section 10.

定,指导高等教育质量审核。

从《高等教育法》的内容看,该法几乎涵盖了高等教育领域的所有问题,是关于高等教育的统一立法。以上是关于统一立法模式的特点。

南非的单校立法模式具有如下特点:

其一,大学法具体针对某一所大学并以大学的名称命名。《自由州立大学法》《开普敦大学法》《德班・韦斯特维尔大学修正法》分别针对自由立州立大学、开普敦大学和德班・韦斯特维尔大学。

其二,单个大学法相当于学校章程,只在本校范围内有法律效力,与其他教育法规没有层次上的关系,只是其内容不得与教育基本法相抵触。此处的基本法指 1996 年《南非学校法》,它为南非学校的组织、机构设置、管理等提供了一般的范本,为学校的学习者、教育制定统一的规范、标准。《自由州立大学法》《开普敦大学法》《德班・韦斯特维尔大学修正法》等大学法里规定,大学的治理与《高等教育法》一致并受《高等教育法》指导。在权力机构设置方面,各大学严格按照《高等教育法》中规定的校委会、评议会、校长、副校长、学生代表委员会、制度研讨会的体例展开。

综上,南非立法模式的特点是:法律载体丰富多样,其他高等教育法与《高等教育法》互相配合,规章条例是对《高等教育法》原则的具体细化,各大学法的设置参照《南非学校法》并严格按照《高等教育法》的相关规定。

六、金砖国家高等教育法立法模式评析及对中国的启示

纵观金砖国家的高等教育法立法模式,中国、俄罗斯是统一立法模式,巴西是综合立法模式,南非是统一立法兼单校立法模式,印度是综合立法兼单校立法模式。它们各自的立法模式是各国根据高等教育的发展实际做出的选择,具有不同的优势和劣势。我国的高等教育法立法可以借鉴他国经验并取长补短,更好地规范高等教育法立法以促进高等教育的发展。

(一)统一立法模式之评析

统一立法模式重在"统一",高等教育的基本制度统一规范在《高等教育法》中。该模式下《高等教育法》的立法内容全面、广泛,而后出台的其他高等教育法律法规规章等分别从《高等教育法》中的各制度出发,对高等教育制度予以深化。因此,该模式下的高等教育法全面、系统,有利于统一规范、促进高等教育各个领域的协同发展。

俄罗斯和中国都属于统一立法模式。从前述可知，中国的高等教育法包括法律、行政法规、地方性法规、部门规章、章程、相关文件等，俄罗斯的高等教育法包括法律、政府的法令和命令、其他部委的命令、区域文件等，两国形成了多层次多领域的法律法规规章体系，法律层级丰富。由于《高等教育法》要求全面广泛地涉及高等教育的各领域，立法程序相对复杂，颁布后它会在一段较长的时间内保持稳定性，无国家机关的命令法律不失效，这就避免了法律频繁变化带来的不稳定性削弱法律的效用。

但是，统一立法模式也有其不可避免的缺点。因为这种模式需要在《高等教育法》里将高等教育涉及的各方面涵盖进去，对于立法技术的要求相对较高，立法难度也较大。

(二)综合立法模式之评析

采用综合立法模式的国家一般没有《高等教育法》，而是以教育基本法规范高等教育，该教育基本法是统领所有教育的教育综合法。采用这种模式可以将教育领域通用的原则统一规范在教育基本法里，法律规范集中、简洁、明确、统一，整个教育形成了完善、有机联系的整体。这种立法模式有利于提高高等教育法的系统性、整体性和协调性，防止或减少法律漏洞并且体现立法合力。巴西和印度采用了综合立法模式，巴西《全国教育方针与基础法》和印度的《国家教育政策》把整个教育看作完整的系统，对初级教育、中级教育、高等教育都作了规范。这种模式有利于整个教育系统的协调发展，也易于执法部门统一理解、整体把握、发挥教育法的综合效用。再者，因为不用颁布单独的《高等教育法》，立法部门也可以因此节约立法资源和成本。

该种模式的缺点也是明显的。综合立法模式下所有教育阶段都由教育基本法统一规范。但是各个教育阶段具有不同的特点，应采取不同的措施，因此该种模式导致了法律缺少针对性。而且此种模式下方面法较多，整体显得较为烦琐。

(三)单校立法模式之评析

单校立法模式是印度和南非特有的立法模式，这种模式灵活性、针对性强，有利于执政主体结合当前国内经济发展状况和国际经济形势以及本国高等教育发展阶段，判断评估当前面临的不足与挑战，及时制定相应的法律法规以满足发展的需要。例如，当前技术型人才紧缺，执政主体意识到这一问题之后，可以颁布促进技术学校的法律，给技术学校的教师员工、学生等提供各种优惠政策缓解这一现象。以下以印度为例。如因为国家规划建筑方面的人才紧缺，颁布了 2014 年《规划与建筑学院法》；因为印度是农业大国，广泛需要农业技术人才，颁布了《拉尼拉克白华中农业大学法》（2014 年）、《拉金德拉·普拉萨德华中农业大学法》（2016 年）等法律促进农业技术人才的培养。

印度和南非的单校立法模式还有一个突出的优点，即：事先颁布统一的大学法或学院法针对单个大学法的颁布。这种大学法或学院法为单个大学（学院）法的颁布提供了范本，事先将所有高校通用的规则在大学（学院）法里规定，之后颁布的单个大学（学院）法，可以对照该大学（学院）法里的规定以相同的体例创建单个大学（学院）法。这种做法不仅为单校法的创制提供了良好的范本，有利于规范单个大学法，也使单个大学法的规范具有一致性从而形成了完整的系统。

虽然一所大学一部法律的单校立法模式使得法律非常具有针对性，但是大量类似的单个大学法的颁布会给人烦琐的感觉，同时会占用过多的立法资源。

（四）金砖国家单校立法模式对中国的启示

金砖国家中，除了南非和印度同时采取了结合两种立法模式外，中国、俄罗斯、巴西都只采用了一种立法模式。我国采用的是统一立法模式，结合前文已经分析过的各种立法模式的优劣和我国当前的立法实际，我国已有《教育法》对所有的教育阶段作统一规范，也有《高等教育法》针对高等教育阶段作规范。因此，巴西的综合立法模式不适合我国目前高等教育的发展。而南非、印度采用两种立法模式结合的方式，能有效避免某单一的立法模式带来的劣势，我国可以适当借鉴两国都采用的单校立法模式。

应当注意的是，南非的单校立法基本都是针对私立高校颁布的法律，如《文达大学（私立）》（1996 年）、《祖鲁兰（私立）大学法》（1996 年）、《南部非洲（私人）医科大学修正案》（1997 年）等，这些法律的颁布极大地促进了南非私立高校的发展。一般认为，我国的民办高校和其他国家所称的私立高校性质一致。我国自改革开放后，1994 年《教育法》和 1996 年《职业教育法》以及 1998 年《高等教育法》都规定了国家鼓励兴办民办高校。但是我国目前的高等教育体系主要是以公立大学为主、民办大学为辅，民办高校一直有“低人一等”的感觉，大多数民办高校都集中在专科层次，即使有本科高校也大多是三本院校。2016 年修订的《民办教育促进法》规定，民办学校实行理事会（董事会）负责制，可以聘任和解聘校长、监督办学经费的使用以及学校的合并、分立、终止等重大事项，董事会（理事会）一般不得干涉校长。[①] 这种负责制与公立高校的党委负责制不同，更加注重高校自治，更有利于高校的发展。这向我们传递出一个信号：我国将会加大对民办高校的支持力度！虽然民办高校目前在我国的发展还不如公立大学，但是全国至今已有五所民办高校[②]获得硕士研究生培养资格。可以预见，私立高校会越来越注重提升办学质量，我国或许也会需要相应的民办高校法促进民办高校发展。而我国尚未有《民办高等教育法》，现仅有国务院办公厅 2006 年《关于加强民办高校规范管理引导民办高等教育健康发展的通知》，属于行政法规级别，层级较低。由此，我国或许可以借鉴南非的单校立法模式，针对民办大学颁布相应的大学法以促进民办高校的发展。当然，颁布大学法不仅可以适用于私立高校领域，我国也可以在公立高校领域做尝试。

印度的单校立法模式主要针对紧缺型人才、特殊行业的高等教育颁布法律，我国也可以借鉴印度经验加强关于特殊领域、专业人才的立法以引导高校发展、培养专业人才、为国民经济做贡献。针对单个大学立法，印度人和南非人还事先颁布了统一的大学法或学校法，把具有通用意义的制度在一部法律里事先加以规定，之后颁布的大学法或学校法可直接以该大学法或学院法为范本按照相同的体例展开。我国也可以借鉴这种做法，颁布一部统一的大学法，将所有高校都会有的权力机构制度、拨款制度、审计制度等必要的制度统一规定，之后成立的大学都比照该大学法的相关规定。

综上，我国可以结合南非单校立法模式和印度单校立法模式的特点，采用统一立法兼单校立法模式，为特殊专业、人才紧缺类大学制定具有针对性的大学法，还可以针对私立高校和公立高校颁布统一的大学法。

结语

金砖各国重视高等教育并且颁布了许多法律以促进高等教育发展，在高等教育领域形成了各国独具特色的高等教育法立法模式和高等教育制度。统一立法模式为高等教育发展提供了统一的《高等教育法》，综合立法模式以教

---

① 中国《民办教育促进法》（2016 年），第 20、21、22 条。

② 这五所民办高校是西安的西京学院、长春的吉林华桥外国语学院、石家庄的河北传媒学院、哈尔滨的黑龙江东方学院以及北京的北京城市学院。人民网：2017 中国各城市百强大学排行榜，http://edu.people.com.cn/n1/2017/0327/c409161-29171990.html，2018 年 1 月 2 日访问。

育基本法规范高等教育,单校立法模式分别为不同的大学颁布不同的大学法。这些立法模式各有其优势、劣势,金砖各国根据本国发展实际和立法习惯,或选择某单一的立法模式,或选择两种立法模式相结合。通过分析各种立法模式对高等教育的促进作用,我国不宜采用巴西的综合立法模式,但是可以借鉴单校立法模式的长处,采用统一立法与单校立法相结合的立法模式。

A Research on the Legislative Modes of BRICS' Higher Education Laws

HUANG Yan

Abstract: The BRICS cooperation mechanism has gone through the first "golden decades" and has entered the second decades. Looking back at the first decades of its existence, the BRICS have already cooperated in dozens of fields such as science, technology, agriculture, and education. In 2015, "the BRICS Universities League" and "the BRICS Network University" were established. In 2017, the BRICS signed the "Beijing Education Declaration" and proposed to continue encouraging and supporting the development "the BRICS Universities League" and "the BRICS Network University". Therefore, it is of great significance to pay attention to the higher education of BRICS and explore the legislative modes of BRICS' higher education laws. Due to different historical backgrounds and national conditions, BRICS have different modes of legislative. By exploring whether the BRICS have formulated the *higher education act* and the intrinsic logical connection between them and the legislative of higher education, the BRICS can be classified into: a unified legislative mode, a comprehensive legislative mode, a unified legislative and single-school legislative mode, a comprehensive legislative and single-school legislative mode.

Key words: BRICS; higher education laws; legislative mode

✲ 刘新亚 *

中印南船舶国籍登记制度比较研究**

内容摘要：航运业是推动社会经济发展的重要基础产业之一，中国、印度、南非（简称中印南）作为金砖国家成员国既是拥有绵长海岸线的沿海国家，也是世界重要的国际航运国家。船舶国籍登记制度能够将落后的、陈旧的船舶淘汰出航运市场，从而实现产能的更新换代。通过立法建立起一套行之有效的船舶国籍登记制度，对于一国航运产业的发展具有十分重要的意义。本文采用历史分析法、比较分析法等研究方法，系统、深入地研究了船舶国籍登记的概念、法律意义、发展趋势及主要法律模式并比较研究了中印南船舶国籍登记的实体性与程序性条件，在此基础上总结归纳了三国间船舶国籍登记制度发展的相互启示，进而思考我国可以从哪些方面完善船舶国籍登记制度。

关键词：中国、印度和南非；船舶国籍；登记制度

目次

---

* 刘新亚，西南政法大学法律硕士专业涉外经贸法律实务方向 2015 级硕士研究生，新城控股集团股份有限公司法律事务中心职员。

** 本文系由本卷编辑在作者 2018 年 6 月硕士学位论文基础上修改而成。

引言

2014 年 9 月,国务院颁布了《关于促进海运业健康发展的若干意见》①,以此为标志我国将“海运强国”政策提升至国家战略层面。2017 年 5 月,金砖国家领导人第九次会晤在中国厦门举行,就航运业合作在厦门发布了“金砖五国航运业合作厦门倡议书”②,标志着金砖五国在航运领域的合作开启了崭新的篇章,区域纽带关系将变得更加紧密。本文在中国大力推进“海运强国”战略的背景下,比较研究“金砖国家”成员之中国、印度、南非(以下简称“中印南”)船舶国籍登记制度,以勾勒出三国在船舶国籍登记制度方面的发展与嬗变,并为我国船舶登记制度的不断完善提供了有益借鉴。

本文的理论意义在于通过对船舶国籍登记基础法律理论的研究并对目前世界上存在的船舶国籍登记制度的法律模式进行详细梳理与总结后,归纳出中印南船舶国籍登记制度的法律模式。并从实体性条件和程序要求两方面对中印南船舶国籍登记制度进行分条缕析,对其优劣势进行了详细的评述。为中印南船舶国籍登记制度比较研究与相互启示打下理论基础。

本文的实践意义在于通过比较研究中印南船舶国籍登记制度的异同点及优劣势,并结合目前船舶国籍登记制度发展中存在的一系列亟待改善和解决的突出问题,从法律角度提出问题的解决方法以及对中印南船舶国籍登记制度改革的立法思考。

本文拟采取历史分析法、比较分析法、规范分析法,分析船舶国籍登记制度的世界发展趋势,总结出世界各国船舶国籍登记的主要法律模式,梳理三国船舶国籍登记制度的历史发展,在比较分析三国船舶国籍登记制度的实体性条件和程序要求基础上提出并论证三国船舶国籍登记制度的相互启示。

一、船舶国籍登记的若干基础性理论

涉及船舶登记的内容较多,根据登记事项的不同,除了本文研究讨论的船

① 《关于促进海运业健康发展的若干意见》,http://www.gov.cn/zhengce/content/2014-09/03/content_9062.htm,2017 年 12 月 22 日访问。

② 金砖五国航运业合作在厦发布“倡议书”,http://www.taihainet.com/news/xmnews/szjj/2017-05-19/2011716.html,2017 年 12 月 22 日访问。

舶国籍登记之外，还有船舶抵押权登记、船舶所有权登记、光船租赁登记等。[①] 各类船舶登记在法律意义与性质、法律强制性等方面不尽相同，如船舶国籍登记的意义主要体现在行政法律关系层面上，实行一次性登记且是强制性的；船舶所有权登记的意义主要体现在民事法律关系层面上，实行一次性登记且是非强制性的。[②] 虽然其他船舶登记内容与船舶国籍登记联系紧密，但为厘清本文的研究对象即船舶国籍登记制度而非其他船舶登记制度，特此强调说明。本部分将对船舶国籍登记制度的相关概念与基础法律问题进行阐述与研究，从整体上了解与把握该制度，进而为下文的比较研究打下理论基础。

（一）船舶国籍登记的概念与法律意义

1. 船舶国籍登记的概念

船舶国籍是指船舶与船旗国产生的某种身份法律联系。要取得国籍，船舶必须按照船旗国的船舶登记法律、法规要求进行登记注册并取得国籍证书，才能证明该船舶与船旗国具有了法律上认可的身份关系。取得船籍的船舶可以悬挂该国船旗航行，并与该国产生相应的权利义务。这里船旗国指船舶的国籍国。[③]

通常地，国籍用以指称具有特定种族、文化、语言和意识等方面特性的特定族群，代表了个人同国家间的法律联系。在国内法上，一个人拥有国籍后，基于该法律关系，国籍国与国籍拥有者之间产生了相应的权利义务关系。在国际法上，国籍则引起了国籍国与其他国家之间的权利义务关系。[④] 而将船舶这一海上运输工具授予国籍则是一种拟人化的体现。具体而言，各国政府或海事管理部门为了实现对船舶的管理，普遍对船舶进行拟人化处理。其主要是通过船舶国籍登记制度来调整船舶与船籍国间的关系，赋予船舶以国籍、船名、船龄、船旗和船籍港等，甚至对于船舶制度，这些都类似于法律上的人。[⑤]

授予船舶国籍类似于自然人取得一国国籍，但其本质上存在差异。船舶拟人化处理的法律性质在各国海商法上有着很大差异。英美法系国家的相关

---

① 中国《船舶登记条例》(2014 年修订)。

② 丁国斌：《关于船舶所有权登记与国籍登记的探讨——兼谈船舶国籍登记持证人的确定》，载《中国渔业经济》2010 年第 4 期。

③ 张湘兰、李凤宁：《海商法》)(第二版)，武汉大学出版社 2014 年版，第 22 页。

④ 叶洋恋：《船舶登记法律制度研究》，2013 年 9 月华东政法大学博士学位论文，第 41 页。

⑤ 贾林青：《海商法》，北京大学出版社 2013 年版，第 40 页。

法律、法规赋予经过拟人化处理的船舶以法律人格，其便可以成为海事海商法律关系的诉讼主体，这集中体现在英美等国海事诉讼中的“对物诉讼”上，即船舶可以其自己的名义作为诉讼主体，参与诉讼活动，成为被告。例如，在 Span Terza 案[①]中，因“Span Terza”轮所有人未能按照船舶租赁合同支付租金，“海神”号所有人即向法院申请扣押“Span Terza”轮。这正是基于船舶的拟人化处理，原告只要控制住船舶，其对物诉讼的目的就能较易实现。但是，在大陆法系国家，船舶虽经拟人化处理，具有类似于法律上人的某些特点，但其仍然不具有法律人格，只能以物的形式作为海事法律关系的客体，而非主体。[②] 大陆法系的观点兼顾了船舶人与物的双重属性，将船舶看作是某个国家所特有的并受其本国法律管辖，这样可有效地对船舶进行管理、调配。明确了船舶的归属问题，也就对海上出现的各式各样的法律问题提供了解决依据，明晰了各方的权利与义务。

2. 船舶国籍登记的法律意义

(1)国内法上的意义

在法学理论上，法的具体来源以及所依据的内容被法学家们称作“法的渊源”。有关船舶国籍登记制度的“法的渊源”主要指各国国家机关制定的有关海事海商的各种效力等级不同的规范性文件，从一国国内的法律、法规、条例、规定、办法、决议和指示等规范性文件中可以窥见船舶国籍登记的国内法意义。[③]

具体而言，船舶国籍登记的国内法意义体现在以下方面：一是，船旗国可以保护船舶和船舶权利人的合法权益。由于各船旗国法律规定不同，船舶之上存在的各项权利义务也千差万别，如船舶抵押权，其能否对抗第三人，能否优先受偿均由船旗国的法律决定。无国籍的船舶不会受到有效保护。二是，船舶可以享受来自船旗国的多种优惠政策。目前，由于世界上大部分国家仍然实行航运保护主义政策即采用封闭登记制度法律模式，对国际船舶从事本国沿海及内河运输都有一定的限制，一般只允许国轮从事本国沿海及内河运输，而且只有国轮才能享受到船旗国提供的造船差额补贴及税收优惠等照顾以及来自船旗国与其他国家缔结的双边或多边海运条约中所提供的各种优惠措施。三是，船舶国籍是海事纠纷中确定准据法的重要依据之一。四是，便于船旗国对国轮的监督管理以保障海上安全。[④]

---

① See The Span Terza(No. 2)1984 1 WLR 27.

② See The Span Terza(No. 2)1984 1 WLR 27.，第 41 页。

③ 司玉琢：《海商法》，法律出版社 2012 年版，第 6～7 页。

④ 张湘兰、李凤宁：《海商法》(第二版)，武汉大学出版社 2014 年版，第 22 页。

根据我国法律，中国籍船舶可以享有下列权利：沿海和内河航行权①；领海内渔业权和其他事业权②；本国税收优惠及与我国缔结有条约、海运协定的国家提供的最惠国待遇及其他优惠措施③；必要时的本国海军护航权④等。

（2）国际法上的意义

在船舶国籍登记问题上，各国普遍认同国际公约的相关约定，对悬挂有某国国旗船舶的航行权予以确认，该船舶可以在公海自由航行而不受他国干涉。⑤ 1958年《日内瓦公海公约》第4条⑥、第5条⑦及1982年《联合国海洋法公约》第90条⑧、第91条⑨对船舶国籍登记的国际法意义做出了较为明确的

---

① 中国《海商法》（1992年）第4条规定：

中华人民共和国港口之间的海上运输和拖航，由悬挂中华人民共和国国旗的船舶经营。但是，法律、行政法规另有规定的除外。非经国务院交通主管部门批准，外国籍船舶不得经营中华人民共和国港口之间的海上运输和拖航。

② 中国《渔港水域交通安全管理条例》（2017年修订）第12条规定：

渔业船舶在向渔政渔港监督管理机关申请船舶登记，并取得渔业船舶国籍证书或者渔业船舶登记证书后，方可悬挂中华人民共和国国旗航行。

③ 中国《船舶吨税法》（2017年修订）第3条第1款规定：

中华人民共和国籍的应税船舶，船籍国（地区）与中华人民共和国签订含有相互给予船舶税费最惠国待遇条款的条约或者协定的应税船舶，适用优惠税率。

④ 中国《国防交通法》（2016年）第38条第1款规定：

国家驻外机构和我国从事国际运输业务的企业及其境外机构，应当为我国实施国际救援、海上护航和维护国家海外利益的军事行动的船舶、飞机、车辆和人员的补给、休整提供协助。

⑤ ［日］水上千之：《船舶国籍与方便旗船籍》，全贤淑译，大连海事大学出版社2000年版，第19页。

⑥ 1958年《日内瓦公海公约》第4条规定：

每个国家，不论是否是沿海国，悬挂其旗帜的船舶均有权在公海上行驶。

⑦ 1958年《日内瓦公海公约》第5条规定：

1. 每个国家应确定对船舶给予其国籍、船舶在其领土内登记以及船舶悬挂本国旗帜的权利的条件。船舶具有被授权悬挂其旗帜的国家的国籍。国家和船舶之间必须具有真正的联系，特别是，一国必须对悬挂其国旗的船舶有效地行使行政、技术和社会问题上的管辖和控制。2. 每个国家应向给予悬挂本国旗帜权利的船舶颁发相应的文件。

⑧ 1982年《联合国海洋法公约》第90条规定：

每个国家，不论是沿海国或内陆国，均有权在公海上行驶悬挂其旗帜的船舶。

⑨ 1982年《联合国海洋法公约》第91条"船舶的国籍"规定：

1. 每个国家应确定对船舶给予国籍、船舶在其领土内登记及船舶悬挂该国旗帜的权利的条件。船舶具有权悬挂旗帜所属国家的国籍。国家和船舶之间必须有真正联系。2. 每个国家应向悬挂该国旗帜权利的船舶颁发给予该权利的文件。

规定。

具体而言，船舶国籍登记的国际法意义体现在以下方面：一是，航行于公海的船舶必须拥有特定国籍，无国籍船舶不受国际法保护，任何国家都可对其采取强制措施。不论是沿海国还是内陆国，每一个国家都有权在公海上行驶挂有本国船旗的船舶。二是，原则上船舶只受船旗国的专属管辖，并受该国保护，国际法另有规定除外，但国内法与国际法冲突时优先适用国内法的规定。三是，当船舶遭遇战争或武装冲突，船舶国籍可表明船舶是否具有中立地位，免受攻击与拿捕。①

（二）中印南船舶国籍登记制度的发展历史

1. 中国

从无到有，中国海事海商立法经历了一百多年的历史变迁，时至今日已经发展为由法律、行政法规、部门规章等组成的相对完备的法律体系。最早可追溯至清末的法制改革运动，清末的商事立法是其重要的组成部分。1903 年至 1911 年，在商部的主持下清朝进行了一系列的商事立法活动，形成了以《钦定大清商律》为主，各项商事规则为辅的商事法律体系雏形。光绪三十四年（1908 年），日本法学家志田甲太郎应修订法律馆邀请按照商法典的要求起草《大清商律草案》，其中即有“海船法”一编，这是我国海商法历史上的第一次法律移植，也代表着我国近代海事海商立法走向成熟。虽然宣统元年（1909 年）修订完成了《海船法草案》，却因爆发了辛亥革命而被束之高阁。清朝结束之后，中华民国继承了其法律体系传统。1926 年 11 月 18 日，北洋政府法律编查会发布了《海船法案》，南京国民政府在此基础上后经修订完善于 1929 年 12 月 30 日颁布了《中华民国海商法》。《中华民国海商法》是中国历史上正式颁布的第一部具有真正意义的海商法，在一定程度上推动了中国海事海商领域的发展与壮大。②

1949 年新中国成立之后，由于多种原因，海商法草案的制定几经波折，起草工作一度被迫中断，1982 年起草工作才得以恢复。1992 年 11 月 7 日，第七届全国人民代表大会常务委员会第 28 次会议通过并公布了历经 40 余载才得以完成的《海商法》。除此之外，现行有效的相关法律法规主要有《海上交通安全法》（2016 修订）、《船舶登记条例》（2014 修订）、《船舶登记办法》（2016 年）、

---

① 张湘兰、李凤宁：《海商法》（第二版），武汉大学出版社 2014 年版，第 23 页。

② 朱慧：《百年中国海商法立法之演变》，载《广州航海高等专科学校学报》2010 年第 4 期。

《海事行政许可条件规定》(2017 修订)等。

由于封闭登记制度本身所带来的诸多负面效应,为解决船舶移籍海外等难题,2007 年起我国在上海、天津、大连相继实施了"特案免税"政策,以期吸引出籍中资船舶归国登记,恢复我国在国际航运界的主导地位。[①] 此外,还试点推进了国际船舶登记制度,本文第四部分将对此进行详细研究讨论。

2. 印度

印度原是英国的殖民地,其司法体制的构建深受英国影响,带有很深的英国思想烙印。自从 1795 年开始逐渐沦为英国殖民地后,印度海事海商法律的发展便一直停滞不前,整个 19 世纪印度船舶的注册登记都是根据《英国商船法》[②]的规定进行的。进入 20 世纪之后,印度政府相继颁布了 1923 年《印度商船法》[③]、1938 年《孟买沿海船舶法》[④]、1941 年《印度船舶登记法》[⑤](后于 1950 年进行过一次修订)。1947 年印度独立之后,现行有效的相关法律法规主要由 1947 年《印度航运法》[⑥]、1958 年《商船法》[⑦]、1960 年《商船(印度船舶登记)条例》[⑧]所组成。其中,1958 年《商船法》分别于 2002 年、2003 年及 2014 年经过四次(2014 年修订过两次)修订;1960 年《商船(印度船舶登记)条例》分别于 1966 年、1970 年、1994 年和 1997 年经过四次修订。

作为航运大国的印度,有着丰富的人力资源和巨大的航运市场需求。近些年来,国际航运业竞争进入白热化阶段,然而旧有的印度船舶国籍登记制度由于行政效率低下等原因使得船东们更愿意选择在世界其他登记便利的地方进行船舶国籍登记,导致印度国轮出籍现象愈演愈烈。[⑨] 对此,印度政府不得不采取更加积极主动的应对措施,用更加宽松自由的政策替代一直以来强硬的国家干预措施,给整个印度航运业以及船舶工业带来了新的生机。

---

① 郭兴亮:《上海自贸区下国际船舶登记新政初探》,载《世界海运》2014 年总第 229 期。

② *Merchant Shipping Act*, 1894, U.K.

③ *The Indian Merchant Shipping Act*, 1923, India.

④ *The Bombay Coasting Vessels Act*, 1938, India.

⑤ *The Indian Registration of Ships Act*, 1941, India.

⑥ *Control of Indian Shipping Act*, 1947, India.

⑦ *Merchant Shipping Act*, 1958, India.

⑧ *Merchant Shipping (Registration of Indian Ships) Rules*, 1960, India.

⑨ *DG Shipping Order No. 2 of 2002 Revised guidelines for registration of ships etc.*, Director General of Shipping & ex-officio Additional Secretary Ministry of Shipping, Government of India, May 2, 2002.

3. 南非

1910 年 5 月，英国将开普敦、德兰士瓦省、纳塔尔省和奥兰治自治邦合并，至此南非成为了英国的自治领地。其后南非继续沿用了英国法与罗马—荷兰法相结合的这样一种典型的混合法律体系。直至 1961 年退出英联邦之前，南非仅仅颁布了 1951 年《商船法》①一部海事海商法律，但独立之后的南非海事海商法律发展迅速，相继颁布了 1980 年《海洋倾倒控制法》②、1981 年《海洋交通法》③、1998 年《船舶登记法》④和 2002 年《船舶登记条例》⑤等。

于 2010 年 8 月公布的《南非海运政策草案》⑥指出，南非交通运输部致力于将南非发展成为世界前 35 位的海运大国。然而，南非国有船舶数量仅为 45 艘，其中出籍率高达 91.1%。南非原本是一个海运大国，拥有悠久且繁荣的航海历史，而这一切的转折点便是美国于 1986 年颁布的《全面反种族隔离法》⑦，这对南非航运业产生了直接和戏剧性的影响，主要体现在萨菲航运公司（Safmarine）将其拥有的圣文森特号（St Vincent）、格林纳丁斯号（Grenadines）等国际航运船舶移出南非籍⑧。所以，振兴今日的南非航运业对于南非政府与相关机构而言显得任重而道远。

（三）中印南船舶国籍登记制度的法律模式

1982 年《联合国海洋法公约》第 91 条第 1 款规定了各国有权自行确定以何种条件对船舶进行登记注册、授予船籍、悬挂该国船旗。可见，一国可依主权自行决定是否给予某船舶国籍以及依据何等条件给予船舶国籍。由于各国海运政策及国情千差万别，在取得国籍的条件上也要求迥异。目前从世界范围内来看，船舶国籍登记制度主要可以分为以下两种模式：一是封闭登记制度（Close Registry），如英国、美国、日本、中国等；二是开放登记制度（Open Registry）也称为方便旗制度（Flag of Convenience，FOC），如巴拿马、巴哈马、百慕大、洪都拉斯、马耳他等。目前已宣布为开放登记制度的国家或地区共计

---

① *Merchant Shipping Act*, 1951, South Africa.

② *Dumping at Sea Control Act* 1980, South Africa.

③ *Marine Traffic Act* 1981, South Africa.

④ *Ship Registration Act*, 1998, South Africa.

⑤ *Ship Registration Regulations*, 2002, South Africa.

⑥ *Draft South African Maritime Transport Policy*, 2010, South Africa.

⑦ *Comprehensive Anti-Apartheid Act*, 1986, U.S.A.

⑧ Johan Swart, "The South African Ship Registry: To Bareboat or Not", https://www.lexology.com/library/detail.aspx? g=ab176c41-2540-462b-9e6c-4b0be63cd408, January 5, 2018.

35 个。[①] 故包括中印南在内的所有金砖国家的船舶国籍登记制度皆属于封闭登记制度模式。然而，近年来类似中印南等采用封闭登记制度的国家则发展演变出了与原有登记制度平行的第二船籍登记制度（Second Registry），如挪威、丹麦等。该制度下又分为离岸登记制度（Off-Shore Registry，OSR）和国际船舶登记制度（International Ship Registry，ISR）两种。

虽然目前中印南船舶国籍登记制度为封闭登记法律模式，但由于该登记制度的准入条件过于严格，已经无法满足现代航运业的发展需求。此外，由于该制度自身原因所引发的一系列如国轮出籍、登记费用和船舶税费流失等问题也愈发严峻。为了更好地应对来自开放登记制度国家的竞争与冲击，学习开放登记制度的优势并尝试建立符合各国国情的第二船舶登记制度势在必行。下文将分别对封闭登记制度、开放登记（方便旗）制度和第二船舶登记制度进行详细的介绍及优劣比较分析，从而为中印南船舶国籍登记制度比较研究打下理论基础。

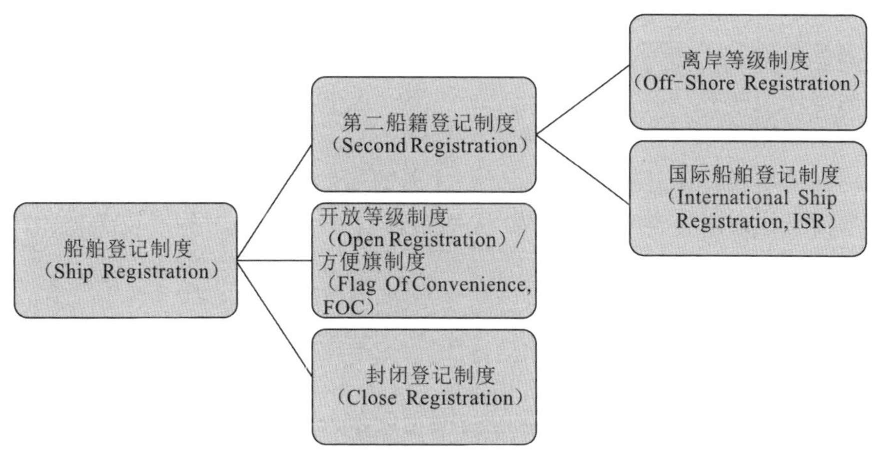

图 1 船舶国籍登记制度分类示意图

1. 封闭登记制度模式

封闭登记制度模式是指对拟登记的船舶提出了较高的准入要求，如要求当所有人为自然人时船舶所有权必须全部为本国人所有，当所有人是法人时则要求本国出资金额不能低于一定比例。船旗国还可以要求拟登记船舶须在

① 国际运输工人联盟（ITF）网站，2017 年 12 月 22 日，http://www.itfseafarers.org/foc-registries.cfm，2018 年 1 月 5 日访问。

国内制造并且只能加入经该国认可的船级社。[①] 上述种种要求皆体现了船旗国与拟登记船舶之间应具有"真正联系"。而"真正联系"原则最早出现在1958 年《日内瓦公海公约》[②]以及 1982 年《联合国海洋法公约》[③]的规定当中。直至 1986 年《联合国船舶登记条件公约》[④]才赋予了"真正联系"原则三项主要内容:①船旗国的船企中须有本国国籍的管理人员或代表;②船旗国应投资参股本国船舶;③应配备一定比例的本国船员在本国船舶上工作。[⑤]

封闭登记制度的优势是可以协助船籍国有效地监督管理本国船舶,确保了海上交通以及航运业的安全高效,从而最大限度降低船舶财产损失和船员伤亡事故的发生,并且在因本国船舶造成的海洋污染事故处理中便于明晰各方权利义务关系。此外,该制度起到了抵挡外籍船舶冲击、侵蚀本国船东经营利益的作用,从而得到了本国政府的大力支持。

然而,封闭登记制度的劣势也显而易见。由于大多数采取封闭登记的国家不允许船舶拥有双重国籍,便使得船东为了规避国内高额的船舶赋税及提高自身的国际竞争力、降低运营成本而选择将船舶移籍海外。这导致国轮队伍规模不断萎缩、原船籍国的税收大量流失的问题日益严峻,削弱了本国在国际航运业的竞争力。

2. 开放登记/方便旗制度模式

在采用开放登记制度的国家登记注册的船舶所悬挂的船旗被称为"方便旗",而悬挂该旗的船舶则被称为"方便旗船"。与封闭登记制度模式相比,该

---

① Rhea Rogers, *Ship Registration: A Critical Analysis*, Sweden: WMU, Malmö, 2010.

② 1958 年《日内瓦公海公约》第 5 条第 1 款规定:

每个国家应确定对船舶给予其国籍、船舶在其领土内登记以及船舶悬挂本国旗帜的权利的条件。船舶具有被授权悬挂其旗帜的国家的国籍。国家和船舶之间必须具有真正的联系,特别是,一国必须对悬挂其国旗的船舶有效地行使行政、技术和社会问题上的管辖和控制。

③ 1982 年《联合国海洋法公约》第 91 条第 1 款规定:

每个国家应确定对船舶给予国籍、船舶在其领土内登记及船舶悬挂该国旗帜的权利的条件。船舶具有其有权悬挂的旗帜所属国家的国籍。国家和船舶之间必须有真正联系。

④ 1986 年《联合国船舶登记条件公约》第 1 条规定:

为了确保或在可能情况下加强一国与悬挂其国旗的船舶之间的真正关系,并为了在船舶所有人和经营人身份的识别和承担责任方面,以及在行政、技术、经济和社会事务方面对这些船舶有效地行使管辖和控制,船旗国须适用本公约所载的条款。

⑤ 白彬:《我国船舶国籍及登记制度改革问题研究》,2011 年 3 月大连海事大学硕士学位论文,第 3 页。

制度模式下对拟登记船舶的准入要求极低。如1970年英国商务部总结出开放登记制度模式的特征主要有：①方便旗船籍国允许非本国国民拥有及控制的船舶在本国登记；②登记的入籍手续简单，只需要到方便旗船籍国设在国外的办事处办理即可，并且船东还可以任意申请变更船籍；③方便旗船籍国不征收船舶经营所得税或者仅征收较少的税费，一般依据船舶吨位的多少征收年费和登记费；④方便旗船籍国允许船舶所有人自由雇佣任何国籍的船员。①

无论对于船东还是登记国，该制度下的规定都具有极大的吸引力。对船东而言，不仅减少了登记费用和管理费用而且降低了在原登记国所要负担的高额赋税及经营成本。此外，原本达不到封闭登记国家技术标准要求的老旧船舶也得以登记注册并投入运营，极大地增加了船东的经营收入。对登记国而言，则在扩大了本国船队规模的同时增加了税收收入、提升了国际竞争力与航运地位。

然而，该制度所造成的不利影响也极为深远。首先，为了逃避高额赋税以及严格的监管措施，大量船舶选择移籍海外。这不仅削弱了原登记国宏观调控和管理能力，造成了财政收入的大量流失，还降低了本国船员的就业率。其次，由于方便旗船往往船况欠佳，随着方便旗船数量的不断增加，海难发生率也明显提高。一旦船舶及船员遇到危险，船旗国往往因为自身经济实力较弱很难为船东及时地提供必要的援助，船东也享受不到原登记国国内法、所参加的国际公约及双边协定的调整与保护。

3. 第二船籍登记制度模式

第二船籍登记制度模式是原采用封闭登记制度模式的国家为了吸引本国及外国船舶前来登记注册而发展出的一种相较于原登记制度更为宽松的船舶登记制度。该登记制度依登记处的不同又分为两种情况：一是离岸登记制度，即在境外设立船舶登记登记处；二是国际船舶登记制度，即在境内设立与原有船舶登记制度平行的专门针对本国国际航运船舶的船舶登记处。目前丹麦、挪威、马恩岛、凯尔盖朗采用的便是第二船籍登记制度模式。

第二船籍登记制度与封闭登记制度相比，不仅在船舶登记准入条件上更为宽松，船东还可以雇佣工资标准较低的外籍船员，而且因为提供了诸多类似开放登记制度的优惠政策，船东享有税收优惠的同时有效地防止了船舶登记注册费的外流，扩大了本国船队的运力规模，提高了本国船队在国际航运业的地位。

虽然该制度弥补了封闭登记制度的不足，但不应忽视随之而来的负面效应。因为其登记标准较为宽松，一些原本登记在封闭登记制度下的主要从事

① Committee of Enquiry into Shipping: Report, London, HMSO, Cmnd 4337, 1970.

国际航运的船舶转而登记在该制度下，架空了传统船舶登记制度的同时侵害了本国船员工作就业的权益。

(四)小结

本部分是比较研究中印南船舶国籍登记制度的基础。本部分从船舶国籍概念出发，解释了授予船舶国籍主要是各国为了对船舶实施专属管辖，分别从国内法和国际法角度阐述了船舶国籍取得的重要意义。世界各国采用了三种船舶国籍登记法律制度模式。分别梳理了中印南三国船舶国籍登记制度的发展历史。中印南三国船舶国籍登记制度法律模式皆为封闭式，陈旧严格的登记制度已经不能适应各国海运业蓬勃发展的需求，其船舶登记制度的改革势在必行。改革的方向之一是借鉴开放登记制度的优点修订现有法律法规或创设第二船籍制度。

二、中印南船舶国籍登记的实体性条件

中印南的船舶国籍登记皆采用封闭登记制度模式，故存在横向比较的理论基础。但由于三国国情不同，在航运政策及具体立法方面又存在着诸多差异。故本部分将在对中印南船舶国籍登记实体性条件比较研究的基础上进行详细的优劣比较分析。

(一)对船舶所有人的要求

1. 中国法的规定

船舶国籍登记中对船舶所有人要求的相关规定散见于国务院的《船舶登记条例》、海事局的《〈船舶登记条例〉实施若干问题说明》、交通运输部的《船舶登记办法》。上述规定中对船舶所有人要求的总体如下：

(a)当船舶所有人为自然人时具体表现为：须拥有中国国籍且在境内有主要营业所或者住所。[①]

---

① 中国《船舶登记条例(2014 年修订)》第 2 条规定，下列船舶应当依照本条例规定进行登记：

(一)在中华人民共和国境内有住所或者主要营业所的中国公民的船舶；(二)依据中华人民共和国法律设立的主要营业所在中华人民共和国境内的企业法人的船舶。但是，在该法人的注册资本中有外商出资的，中方投资人的出资额不得低于50%；(三)中华人民共和国政府公务船舶和事业法人的船舶；(四)中华人民共和国港务监督机构认为应当登记的其他船舶。军事船舶、渔业船舶和体育运动船艇的登记依照有关法规的规定办理。

(b)当船舶所有人为非自然人时具体表现为：中国政府、社团法人、事业法人、其他组织所有或者光船租赁的船舶、军事船舶、渔业船舶和体育运动船艇；光船租赁的或者在自贸区注册的企业法人所有的船舶；依据中国法律设立的主要营业所在中国境内的企业法人，如该法人的注册资本中存在外资(包括港澳)，中资额度大于等于50%。[①] 但仅供本企业内部生产使用，且不从事水路运输经营的浮船坞、趸船的外资额度可以超过50%。[②]

2. 印度法的规定

船舶国籍登记中对船舶所有人要求的相关规定见于1958年《商船法》，其对船舶所有人要求的概括如下。

(a)当船舶所有人为自然人时具体表现为：须拥有印度国籍。[③]

(b)当船舶所有人为非自然人时具体表现为：根据中央或州法案设立的主要营业所在印度境内的公司或其他机构；依据1912年《合作社法》及各州当时有效的相关法律设立的合作社。

3. 南非法的规定

船舶国籍登记中对船舶所有人要求的相关规定见于1998年《船舶登记

---

① 《〈中华人民共和国船舶登记条例〉实施若干问题说明(2004年)》第1条规定：

(一)"中方投资人的出资额不得低于50%"的含义为包括50%在内。就企业法人而言，"出资额"可以是中方法人或自然人的股份之和。对合资企业法人的船舶，在办理所有权登记时，船舶登记机关应当查验合资企业的验资报告，确认"合资额"。境外中资企业在境内投资开办航运企业，其出资额是否计算为中方投资人的出资额，应视具体情况报我局审核后确认。中国公民或法人与外国公民或法人共有的船舶，参照第2条的规定，中方出资额不低于50%的，可予以登记。"中方出资额"不包括港、澳、台资本……。(二)"公务船舶"，是指隶属于政府行政管理部门的，并用于政府行政管理目的的船舶；"军事船舶"，是指军队现役的或在编的，用于执行军事任务或运送军事人员、物资，并不收取运费或其他任何形式报酬的船舶；"体育运动船艇"指隶属于体育管理系统的，并直接用于体育运动比赛或训练的船舶。

② 中国《船舶登记办法(2016年)》第3条规定，下列船舶的登记适用本办法：

(一)在中华人民共和国境内有住所或者主要营业所的中国公民所有或者光船租赁的船舶；(二)依据中华人民共和国法律设立的主要营业所在中华人民共和国境内的企业法人所有或者光船租赁的船舶。但是，在该法人的注册资本中有外商出资的，中方投资人的出资额不得低于百分之五十；(三)外商出资额超过百分之五十的中国企业法人仅供本企业内部生产使用，不从事水路运输经营的趸船、浮船坞。

③ 印度1958年《商船法》第21节规定：

就本法而言，除非由以下三种情况的所有人完全所有，否则将不被视为印度船舶：(a)印度公民；(b)依据中央或邦法案设立的主要营业所在印度的公司或其他机构；(c)依据1912年《合作社法》(1912年2号令)及各州当时有效的相关法律设立的合作社。

法》,上述规定中对船舶所有人要求的概括如下。

(a)当船舶所有人为自然人时具体表现为:南非公民;居住在南非的非南非籍居民。[①]

(b)当船舶所有人为非自然人时具体表现为:法人团体[②];信托。[③]

(二)对船员国籍的要求

1. 中国法的规定

船舶国籍登记中对船员国籍要求的相关规定散见于《船舶登记条例》(以下简称《条例》)。1994 年 1 月,国务院《条例》发布,于 2014 年 7 月修订。其中修订之一是删去《条例》第 7 条第 1 款的内容,导致船舶国籍登记过程中对船员国籍的要求产生了较大变化。上述规定中对船员国籍要求的概括如下。

最初要求中国籍船舶上应当配置有中国籍船员,确需雇佣外籍船员时必须报国务院交通主管部门进行批准审核。[④] 2014 年修订之后的《条例》不再对此做出要求。[⑤]

---

① 南非 1998 年《船舶登记法》第 16 节规定:

除本章另有规定外,下列船舶有权登记:(a)南非国有船舶。(b)除渔船外的下列小型出船舶——(i)由南非居民或南非居民与南非公民共同所有的;(ii)仅由南非居民、南非公民或南非居民和南非公民共同经营的。(c)由南非公民光船租赁的船舶。

② Body corporate: A legal entity (such as an association, company, person, government, government agency, or institution) identified by a particular name. Also called corporation, corporate body or corporate entity. http://www.businessdictionary.com/definition/body-corporate.html, last visited on January 5, 2018.

③ 南非 1998 年《船舶登记法》第 15 节规定:

(1)为了船舶登记而出做以下规定——(a)船舶的财产分为 64 股;(b)在符合附表 1(c)段,第(2)款及第 4 项规定的前提下,注册为船舶所有人的不得超过 64 人;(c)5 人及 5 人以下可以作为共同所有人拥有全部船舶财产或者船舶财产的一股或多股;(d)拥有船舶财产的共同所有人或船舶财产一股或多股的共同所有人,须共同处分其权益;(e)任何只拥有船舶财产一股中部分份额的人不得注册为船舶所有人;(f)法人团体(Body Corporate)以其法团名义登记为船舶所有人;(g)信托以其自身名义登记为船舶所有人。(2)就第(1)款(b)项而言,当船舶财产中的一股或多股是由共同所有人共同拥有时,上述股份视为由一人所有。

④ 中国《船舶登记条例》(1994 年)第 7 条规定:

中国籍船舶上的船员应当由中国公民担任;确需雇用外国籍船员的,应当报国务院交通主管部门批准。中国籍船舶上应持适任证书的船员,必须持有相应的中华人民共和国船员适任证书。

⑤ 中国《船舶登记条例》(2014 年修订)第 7 条规定:

中国籍船舶上应持适任证书的船员,必须持有相应的中华人民共和国船员适任证书。

2. 印度法的规定

船舶国籍登记中对船员国籍要求的相关规定见于1958年《商船法》，对船员国籍要求的总概如下。印度对船员国籍不做任何限制。[①]

3. 南非法的规定

船舶国籍登记中对船员国籍要求的相关规定见于2000年《商船(船员篇)条例》[②]，对船员国籍要求的总体如下：南非对船员国籍不做任何限制。[③]

(三)对船舶的技术性要求

1. 中国法的规定

船舶国籍登记中对船舶技术性要求的相关规定见于《船舶登记工作规程》及《船舶登记条例》。上述规定中对船舶技术性要求的概括如下。

(a)船舶所有人须交验的技术证书：①国际吨位丈量证书；②国际船舶载重线证书；③货船构造安全证书；④货船设备安全证书；⑤乘客定额证书；⑥客船安全证书；⑦货船无线电报安全证书；⑧国际防止油污证书；⑨船舶航行安全证书；⑩其他有关技术证书。[④]

(b)船舶所有人须交验的其他文件：由法定船检机构颁发的船检证书簿。[⑤]

2. 印度法的规定

船舶国籍登记中对船舶技术性要求的相关规定见于1958年《商船法》、1960

---

① 印度1958年《商船法》第116节规定：

印度籍船舶雇佣海外员工。当印度籍船舶需要雇佣海外员工时需要对本法所规定的船长与船员间的就业协议做出以下变通……。

② Merchant Shipping(Seamen's Documents)Regulations，2000，South Africa.

③ 南非2000年《商船(船员篇)条例》第2节第1分节规定：

除第2分节另有规定外，任何人都有权申请船员服务簿，如果其被雇佣于——(a)在境内登记的船舶，或者(b)在境外登记的船舶且其为南非公民或在南非拥有永久居住权的人……。

④ 中国《船舶登记条例》(2014年修订)第15条规定：

船舶所有人申请船舶国籍，除应当交验依照本条例取得的船舶所有权登记证书外，还应当按照船舶航区相应交验下列文件：(一)航行国际航线的船舶，船舶所有人应当根据船舶的种类交验法定的船舶检验机构签发的下列有效船舶技术证书：1. 国际吨位丈量证书；2. 国际船舶载重线证书；3. 货船构造安全证书；4. 货船设备安全证书；5. 乘客定额证书；6. 客船安全证书；7. 货船无线电报安全证书；8. 国际防止油污证书；9. 船舶航行安全证书；10. 其他有关技术证书。(二)国内航行的船舶，船舶所有人应当根据船舶的种类交验法定的船舶检验机构签发的船舶检验证书簿和其他有效船舶技术证书。

⑤ 《船舶登记工作规程》第53节第7分节规定，申请办理船舶国籍，应当提交以下材料：(七)法定的船舶检验机构签发的船舶检验证书簿或其他有效的船舶技术证书。

年《商船(印度船舶登记)条例》,上述规定中对船舶技术性要求的总结如下。

(a)申请人须交验的技术证书:①客船安全证书;②特殊贸易客船安全证书;③特别贸易客船空间证书;④合格的客船安全证书;⑤货船安全施工证书;⑥合格的货船安全施工证书;⑦货船安全设备证书;⑧合格的货船安全设备证书;⑨货船安全无线电电报证书;⑩货船安全无线电电话证书;⑪豁免证书;⑫核动力客船安全证书;⑬核动力货船安全证书。[①]

(b)申请人须交验的其他文件:经验船师检验授予的相关船检证书簿。[②]

3. 南非法的规定

船舶国籍登记中对船舶技术性要求的相关规定见于1998年《船舶登记法》、2002年《船舶登记条例》,上述规定中对船舶技术性要求的总结如下。

(a)申请人须交验的技术证书:①安全建造证书;②安全设备证书;③豁免证书;④无线电证书。[③]

(b)申请人须交验的其他文件:船舶建造证明书,具体内容包括:①船名(如有);②船舶建造商认证;③船舶建成日期;④船舶建造地点;⑤建造商名称与地址;⑥施工人员姓名与住址;⑦船舶移交日期;⑧关于船舶的详细说明。[④]

(四)对实体性条件的比较分析

1. 共性条件

中印南船舶国籍登记实体性条件中的共性要求详见表1。

---

① 印度1958年《商船法》第2节第38分节规定:"安全公约证书"是指(ⅰ)客船安全证书;(ⅰa)特殊贸易客船安全证书;(ⅰb)特别贸易客船空间证书;(ⅱ)合格的客船安全证书;(ⅲ)货船安全施工证书;(ⅳ)合格的货船安全施工证书;(ⅴ)货船安全设备证书;(ⅵ)合格的货船安全设备证书;(ⅶ)货船安全无线电电报证书;(ⅷ)货船安全无线电电话证书;(ⅸ)豁免证书;(ⅹ)核动力客船安全证书;(ⅹⅰ)核动力货船安全证书。

② 印度1960年《商船(印度船舶登记)条例》第5节规定:

应当按照1960年《商船(吨位测量)规则》由验船师进行检测并授予相关船检证书。

③ 南非1998年《船舶登记法》第193节规定:

当符合《建造条例》、《救生设备条例》、《碰撞条例》、《国际海上人命安全公约》等的规定时,主管机关在参考验船师的报告后可以颁发货船安全建造证书、货船安全设备证书、豁免证书、无线电证书。

④ 南非2002年《船舶登记条例》第13节第5分节、第14节规定:根据第(1)分节(b)项(ⅰ)的规定,待登记船舶需满足——(a)当为(b)、(c)项中规定的尚未提前登记的船舶时需要——(ⅰ)提供第十四条规定的船舶建造证明书……。除第2分节另有规定,船舶建造证书须由船舶建造商出具,并列明——(a)船名(如有);(b)船舶建造商认证;(c)船舶建成日期;(d)船舶建造地点;(e)建造商名称与地址;(f)施工人员姓名与住址;(g)船舶移交日期;(h)关于船舶的详细说明。

表 1 共性条件

对船舶所有人的要求	为自然人时:本国公民
	为非自然人时:法人
对船员国籍的要求	对船员国籍不做任何限制
对船舶技术性的要求	技术证书:①货船构造安全证书;②货船设备安全证书;③货船无线电报安全证书
	其他文件:无共性要求

2. 差异性条件

中印南船舶国籍登记制度实体性条件中的差异性要求详见表 2。

(1)对船舶所有人的要求

表 2 差异性条件

中国	为自然人时:还须境内有住所或者主要营业所
	为非自然人时:①还须为依据本国法律设立的主要营业所在境内的企业法人并且中资额度大于等于 50%;②可为中华人民共和国政府、社团法人、事业法人、其他组织
印度	为自然人时:无差异性要求。
	为非自然人时:①依据本国法律设立的主要营业地在印度境内的公司;②依据本国法律设立的主要营业地在境内的其他机构;③依据 1912 年《合作社法》及各邦当时有效的相关法律设立的合作社
南非	为自然人时:非本国国籍的居民
	为非自然人时:①法人;②信托

(2)对船员国籍的要求

表 3 差异性条件

中国	雇用外籍船员时须报国务院交通主管部门进行批准审核
印度	无差异性要求
南非	无差异性要求

(3)对船舶的技术性要求

表 4 差异性条件

中国	技术证书:根据船舶不同情况还需提交:①国际吨位丈量证书;②国际船舶载重线证书;③乘客定额证书;④客船安全证书;⑤国际防止油污证书;⑥船舶航行安全证书;⑦其他有关技术证书
	其他文件:由法定船检机构颁发的船检证书簿
印度	技术证书:根据船舶不同情况还需提交:①客船安全证书;②特殊贸易客船安全证书;③特别贸易客船空间证书;④合格的客船安全证书;⑤合格的货船安全施工证书;⑥合格的货船安全设备证书;⑦货船安全无线电电话证书;⑧豁免证书;⑨核动力客船安全证书;⑩核动力货船安全证书
	其他文件:由法定船舶检验机构颁发的船检证书簿
南非	技术证书:根据船舶不同情况还需提交豁免证书
	其他文件:船舶建造证明书,具体内容包括:①船名(如有);②船舶建造商认证;③船舶建成日期;④船舶建造地点;⑤建造商名称与地址;⑥施工人员姓名与住址;⑦船舶移交日期;⑧关于船舶的详细说明

3. 优劣分析

中印南船舶国籍登记制度实体性条件中的共性条件代表了三国的共同立场,既兼顾了封闭登记制度的严格性又在个别方面(如对船员国籍的要求)突破了原有旧制度的壁垒,为构建更为开放宽松的登记制度做出了有益尝试。以下仅对中印南差异性条件进行优劣比较分析。

(1)中国法的优劣

(a)优势

在对船舶所有人要求方面,中国规定可为依据本国法律设立的主要营业所在境内的企业法人并且中资额度大于等于50%。这一规定的优势在于,在一定程度上贯彻了封闭登记制度的严格要求,不至于因完全放开外资准入比例而削弱国家对本国航运业的管理与控制。但是可以尝试逐渐提高外资准入比例以改变现有制度所存在的固有劣势。

(b)劣势

一是,当船舶所有人为自然人时要求本国公民须在境内有主要营业所或住所,缩小了可登记自然人的范围。

二是,对境内企业法人外资比例的规定严重限制了航运业的发展,不利于学习与积累国外先进的船舶技术与企业管理经验。由于中国国内的造船技术及船舶融资环境欠佳,很多船东选择在海外建造船舶,因此在当地成立的单船公司[①]中外资比例超过50%的情况并不鲜见，这使得由该单船公司拥有的船舶无法在中国境内进行登记注册。故吸引国轮归籍登记急需解决的问题之一是突破对企业法人外资比例的限制。

(2)印度法的优劣

(a)优势

当船舶所有人为自然人时，未对其做出如中国法下的限制性规定。从立法技术上来说，当船舶所有人为非自然人时，将范围扩大到了所有依据本国法律设立的主要营业地在境内的机构。

(b)劣势

在对船舶技术性要求上，印度是三个国家中所需交验技术证书最多的一个国家。过高的技术性要求无形中加大了船舶国籍登记的难度，不利于那些虽未达到技术标准但仍属于适航船舶的登记入籍。

(3)南非法的优劣

(a)优势

当船舶所有人为自然人时，除了本国公民外还可以是非本国国籍的居民，这在中印南三国的规定中最为宽松。当船舶所有人为非自然人时，可为法人或者信托。可以想见，没有对外资准入比例限制的南非将会吸引大量外资船舶入籍登记。

(b)劣势

当船舶所有人为非自然人时，南非并未像中印两国一样要求其必须为依据本国法律设立的且主要营业所在南非境内的机构。单从该条规定内容来看，南非已经与开放登记国家的规定一致，虽然可以吸引外籍船舶前来登记但也对南非船舶管理机构的管理能力提出了更高的要求。

(五)小结

船舶国籍登记的实体性条件往往是船东等在选择登记注册国时着重考虑的因素，它决定了哪些船舶拥有在该国登记的资格以及船舶在该国登记将会面临何种不确定风险，也影响着船舶、航运公司经营过程中所需承担的包括船舶养护费用、船员福利、税费等的支出。船舶在国籍登记前需要满足的实体性条件较多，除本部分列举的在船舶所有人、船员国籍、船舶技术性条件以外，还

---

① 单船公司：又称一船公司或独船公司，是指只拥有一艘船舶来从事海上运输经营活动的船公司。亦即公司登记注册的资产仅为一艘船舶，该类公司均登记为具备独立人格的公司法人。转引自张革：《单船公司的法律制度研究》，2003年9月大连海事大学硕士学位论文，第1页。

有船舶类型、船员配备、船龄等因素，且不同的国家在船舶国籍登记时的侧重点不尽相同，所以本部分仅对实质条件中三个主要的影响因素进行了详细分析并加以横向比较研究。

综合来看，虽然中印南三国皆采用封闭登记制度模式，理论上，在船舶国籍登记准入条件上相较于开放登记制度模式严格，但事实上从中印南三国国内法的规定看都有向开放登记制度模式转变的趋势。如就船员国籍这一因素，中国国内法规定的演变从严格到宽松再到取消限制，不断向更加开放的制度要求靠拢。传统的封闭式登记国家如英国对船员的国籍有着严格明确的规定，英国的船舶国籍登记法律法规中规定，船长、轮机长和大副只能由以下四种人担任：英联邦和爱尔兰共和国公民、1973 年 9 月 1 日前获得资格证书的巴基斯坦人和 1962 年前获得资格证书的南非人。① 然而，中国 1986 年《海船登记规则》第 41 条第 3 款规定，干部船员中船长、轮机长、大管轮、大副、报务员必须是中国公民且中国籍船员不得少于船员总数的 60%，而中国 2014 年修订的《船舶登记条例》则不再对此做出任何规定。同样的，印度与南非在此问题上的立法思想也同中国一样，不对船员国籍做出任何限定。然而，在对船舶所有权方面，中国是三个国家中唯一明确规定了内资比例的国家，这与中国当下的经济政治环境密切相关，反观印度与南非在这方面则显得开放与包容。至于船舶技术性要求，三国皆有意对标国际劳工组织、国际海事组织、国际工人运输联盟等国际组织、联盟制定的标准或者签署的相关国际条约的规定，这为提高本国国际航运地位打下了基础，也有益于提高入籍船舶安全性的准入门槛。

三、中印南船舶国籍登记的程序要求

中印南三国船舶国籍登记的程序要求不尽相同，详尽的登记程序可以保障船舶国籍登记的准确性与完整性却损失了效率与便捷性，漫长的登记过程将导致不确定因素的增加，如国内政策的变动、国际航运业突发事件都是影响船主选择注册地的重要因素。故本部分将在对中印南三国船舶国籍登记的程序要求比较研究的基础上进行详细的优劣比较分析。

（一）申请与受理

1. 中国法的规定

船舶国籍登记中对申请与受理的相关规定见于《船舶登记办法》《船舶登

① 冯俊新：《船舶登记制度比较研究》，2009 年 6 月中国海洋大学硕士学位论文，第 12 页。

记工作规程》。上述规定中对申请与受理的概括如下：由船舶所有人或持有最大份额的共有人进行船舶国籍登记申请①，受理人员根据不同情况对该申请分别做出予以受理、不予受理、告知申请人需要更正或补正的处理。②

2. 印度法的规定

船舶国籍登记中对申请与受理的相关规定见于1958年《商船法》，其对申请与受理的概括如下：由船舶所有人或者共同所有人及其代理人、经公司或合作社授权的个人或者代理人进行申请。③

3. 南非法的规定

船舶国籍登记中对申请与受理的相关规定见于1998年《船舶登记法》，其对申请与受理的总结如下：由船东本人或其代理人进行申请。④

---

① 中国《船舶登记办法》(2016年)第8条规定：

船舶登记应当按照下列程序办理：

(一)申请；

(二)受理。

② 《船舶登记工作规程》(2015年)第29条规定：

受理人员根据下列情况对申请分别做出处理：

(一)申请事项属于本登记机关管辖、申请材料齐全、文书填写完整，复印件与原件一致，船舶已经取得识别号的，应当予以受理，向申请人出具加盖受理专用章的《海事业务受理通知书》，并将相关申请材料送初审人员；

(二)申请事项不属于本登记机关管辖的，应当及时做出不予受理的决定，向申请人出具加盖受理专用章的《海事业务不予受理通知书》，并告知申请人向有管辖权的船舶登记机关申请；

(三)申请材料存在可以当场更正的错误的，应当告知并允许申请人当场更正；

(四)申请材料不齐全或者不符合法定形式的，应当一次性告知申请人需要补正的全部内容，并向申请人出具加盖受理专用章的《海事业务补正通知书》或《海事行政许可补正通知书》。

③ 印度1958年《商船法》第26节规定：

船舶注册的申请应当由以下个人提出：

(a)如果是一人的话，应为船东或者其代理人；

(b)如果是多人的话，应为其中一人、多人或者其代理人；

(c)如果是公司(或者合作社)的话，应为持有书面授权证明的代理人或个人。

④ 南非1998年《船舶登记法》第40节第2分节规定：

船舶登记代理人须为——

(a)如属第16条(b)款(ⅱ)项，则须为船舶经营者或其代表；

(b)如属第16条(c)款，则须为承租人或其代表……。

(二)审查

1. 中国法的规定

船舶国籍登记中对审查的相关规定见于《船舶登记工作规程》以及《船舶登记办法》,其对审查总结如下:

船舶登记实施初审、复审、审批三级审批程序。[①] 在初审过程中,初审人员需要着重审查申请人提交的《船舶建造重要日期确认书》[②]是否与海事管理机构移交的《船舶建造重要日期确认书》一致。这项规定意在为了保障航行与船员安全而避免不符合技术规定的老旧船舶非法获得登记注册的情况发生。[③] 关于船舶国籍登记程序中的审查环节为重中之重,《船舶登记工作规程》中将一般审查程序分为初审、复审和审批环节。[④] 在保障了程序正义的同时却可能降低了登记效率。然而,《船舶登记工作规程》第 43 条规定了除船舶烟囱标志和船旗登记以外的登记事项的办理时限应当在 7 个工作日内完成。从法律规定上提高了行政办事效率,避免了因为审查层级过多而有损效率的情况发生。

2. 印度法的规定

船舶国籍登记中对审查的相关规定见于 1958 年《商船法》,其对审查总结

---

① 中国《船舶登记办法》(2016 年)第 8 条规定:

船舶登记应当按照下列程序办理:

(三)审查。

② 中国《船舶登记工作规程》(2015 年)第 32 条规定:

需要提交《船舶建造重要日期确认书》的,初审人员还应当审查:

(一)申请人提交的《船舶建造重要日期确认书》是否与海事管理机构移交的《船舶建造重要日期确认书》一致;

(二)申请人提交的技术证书中记载的重要日期是否与《船舶建造重要日期确认书》所示相应日期一致。

③ 中国《船舶登记工作规程》(2015 年)第 31 条规定:

初审人员收到受理人员移交的登记申请材料后,应当审查:

(一)申请人是否有权依法提出登记申请;

(二)申请书内容与所附材料是否相一致;

(三)所申请的登记事项及所附的材料是否符合有关规定;

(四)是否符合《船舶登记条例》等有关规定确定的船舶登记条件。

④ 中国《船舶登记工作规程》(2015 年)第 34 条规定:

复审人员收到初审人员移交的申请材料后,应当审查:

(一)申请书的主要内容和审批单,必要时核查申请人所提供的申请材料;

(二)初审意见是否符合有关法律规定的要求。

如下。

在船舶国籍登记程序中的审查环节上，印度未明确列明审查层级及各个具体环节如何接洽的。单从 1958 年《商船法》第 27 节①来看，负责登记审查的人员为登记官(Registrar)，审查的前置程序较多且未规定明确的前置程序时限。但从 1958 年《商船法》第 33 节第(1)分节②看，印度船舶国籍登记程序在审查环节可能需要一个多月的时间，效率极其低下。从 1958 年《商船法》第 33 节第(2)分节规定③可知，印度船舶国籍登记还需要承担来自印度政府的不确定风险，船舶在登记官授予登记证书后仍可能面临来自中央政府的审查，如未通过该审查将会导致已登记的船舶被中央政府没收。

3. 南非法的规定

船舶国籍登记中对审查的相关规定见于 1998 年《船舶登记法》，对审查概要如下。

南非在船舶国籍登记程序中的审查环节上，同样未列明审查层级及需经过的具体程序，但规定了同印度类似的登记官拒绝登记的情况。这实际上为登记申请人申请船舶国籍登记设立了更多的门槛、提高了申请难度，增加了申请失败的风险。④

---

① 印度 1958 年《商船法》第 27 节规定：

登记前的调查与测量——

(1)船东在申请登记前须由验船师进行船舶调查并确定船舶吨位；

(2)验船师须在登记前将调查与测量结果上交给登记官。

② 印度 1958 年《商船法》第 33 节第(1)分节规定：

中央政府对预注册为印籍船舶的问询权——

(1)当中央政府对预登记为印籍的船舶产生任何疑问时有权在不少于 30 日内，要求注册港登记官提供充足证据借以证明其符合登记为印籍船舶。

③ 印度 1958 年《商船法》第 33 节第(2)分节规定：

在中央政府根据第(1)分节确定的时间内，登记官没有提供充足证据以证明其符合登记为印籍船舶的，则该船舶可被没收。

④ 南非 1998 年《船舶登记法》第 18 节第(1)分节规定：

尽管船舶申请了登记注册，但如出现下列情况登记官有权拒绝登记——

(a)当出现不适宜登记的情况——

(i)根据相关规定——

(aa)船舶本身具有安全、风险隐患；

(bb)船员的安全、健康、福利难以保障；

(ii)出于本国及国际商船利益的考量；

(b)未达到对船舶特定的要求；

(c)属于第 56 条第 3 款(d)项的情况。

（三）登记与发证

1. 中国法的规定

船舶国籍登记中对登记与发证的相关规定见于《船舶登记工作规程》《中华人民共和国船舶登记办法》，上述规定中对登记与发证的总结如下。

根据审批意见的不同分别规定了详细的登记与发证流程。[①] 船舶国籍登记程序中关于登记与发证的内容是整个登记过程的最后一环，为了衔接审查阶段的严密程序步骤，如图2所示中国在登记发证阶段尤其是审批意见为同意登记时的程序仍然稍显复杂。

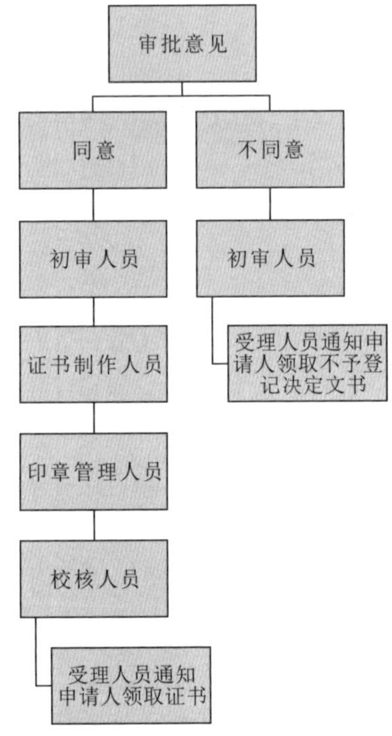

图2　中国船舶国籍登记程序中登记与发证示意图

2. 印度法的规定

船舶国籍登记中对登记与发证的相关规定见于1958年《商船法》。其对

① 中国《船舶登记办法》(2016年)第8条规定：

船舶登记应当按照下列程序办理：

（四）记载于船舶登记簿；

（五）发证。

登记与发证的要求概括如下：未列出应对不同审查结果的处理办法。①

3. 南非法的规定

南非船舶国籍登记中对登记与发证的相关规定见于 1998 年《船舶登记法》，可概括如下：南非在船舶国籍登记程序中对登记与发证的规定与印度类似，规定得较为模糊，仅仅是规定了在船舶完成登记之后签发登记证书。②

（四）对程序要求的比较分析

1. 共性条件

中印南船舶国籍登记制度程序要求中的共性要求详见表 5。

表 5　共性条件

申请与受理	由船舶所有人进行申请
审查	由审查人员进行审查
登记与发证	审查通过后授予相应证书

2. 差异性条件

中印南船舶国籍登记制度程序要求中的差异性条件详见表 6。

（1）申请与受理

表 6　差异性条件

中国	可由持有最大份额的共同所有人进行申请
印度	①可由共同所有人及其代理人进行申请；②可由经公司或合作社授权的代理人进行申请
南非	可由所有人的代理人进行申请

（2）审查

表 7　差异性条件

中国	①审批程序分为初审、复审、终审三个环节；②分别由初审人员、复审人员、审批人员负责审查；③审查时长一般在 7 个工作日内
印度	①由登记官负责审查；②审查时长可能超过一个月；③规定时间内，中央政府享有对已登记船舶的再审及没收权
南非	审查人员有权拒绝登记申请

---

① 1958 年《商船法》第 34 节规定：

授予登记证书。当船舶登记完毕后登记官应授予载有船舶登记簿及船东姓名信息的登记证书。

② 1998 年《船舶登记法》第 23 节规定：

（1）船舶登记完成之后，登记官须签发一份规定格式的船舶登记证书。

（2）第 1 款规定的船舶登记证书须包含登记船舶的详细信息。

(3)登记与发证

表 8 差异性条件

中国	审查不通过的由受理人员通知申请人领取不予登记决定文书
印度	无差异性要求
南非	无差异性要求

3. 优劣分析

中印南船舶国籍登记制度程序要求中的共性条件如表 5 所示,虽然都由申请与受理、审查、登记与发证三个流程组成,但各自又存在一定的差异性。以下仅对中印南差异性条件进行优劣比较分析。

(1)中国法优劣

(a)优势

一是,审查环节方面分为初审、复审和审批程序,审查层级清楚明确。此外,根据《船舶登记工作规程》第 43 条的规定,全部审查程序须在 7 个工作日内完成,保证了审查环节的高效便捷。

二是,登记与发证方面如图 2 所示根据审批意见的不同分为颁发证书与颁发不予登记决定文书两个程序,使得程序流程清楚明确限制了登记机关行政权力滥用的情况发生,也增加了船舶登记申请人对制度透明化的信心。

(b)劣势

在申请与受理方面,当船舶为多人共同所有时,规定只有共同所有人中的最大份额持有人才有资格进行船舶国籍登记申请,限制了申请人的范围。

(2)印度法的优劣

(a)优势

在申请与受理方面,无论是对船舶单独所有还是共同所有,都可由其代理人进行船舶国籍登记申请。

(b)劣势

在审查方面,除登记官拥有审查权外,中央政府还享有对已登记船舶的再审及没收的权力。造成了在印度进行船舶国籍登记存在极大的不确定性,且行政效率低下审查时限甚至长达一个月。

(3)南非法的优劣

(a)优势

同印度类似地规定了可由所有人的代理人进行船舶国籍登记申请,扩大了可登记人员的范围，提高了便利性。

(b)劣势

同印度类似地并未规定明确的审查层级且存在登记官拒绝登记的可能性，提高了船舶国籍登记的不确定性。

(五)小结

船舶国籍登记是由实体性条件和程序要求共同组成的，如第二部分小结所述各国实体性条件的差异较大，这体现了不同国家的国情以及航运政策对立法的影响。而各国程序要求的差异则显得并非那么明显，其流程皆为船舶国籍登记的申请与受理，登记机关对申请的受理、审查、登记与发证。登记流程中的差异主要存在于审查环节。在该环节规则的制定上，不同国家确定了不同的审查层级、审查流程、审查时限、审查权的归属等细致入微的要求，从结果上来看过于复杂的审查层级与流程，过长的审查时限，分散的审查权会导致船舶国籍登记的效率低下以及被拒绝登记所带来的不确定风险的增加。

在审查层级、审查流程、审查时限方面，中国国内法对此的规定最为详细全面。审查层级包括了初审、复审和审批三个环节，针对不同的审批结果又会走两套不同的处理程序，而印度与南非在程序要求方面则较少有详细规定，登记官的自由裁量权较大。此外，在审批环节时限方面中国明确在 7 个工作日内完成所有登记流程，而印度却可能延长至 1 个月。而采取开放式登记制度的巴拿马却可以在 2 至 4 日内完成船舶的登记，也可以通过律所或公司登记机构离岸操作。[①] 由此可见三国在船舶国籍登记的配套规定方面仍缺乏充足的吸引力。至于审查权的归属，中国和南非的审查权由船籍港或船舶建造地的船舶登记机关完全拥有，而印度则在登记机关之外由中央政府享有对已登记船舶剔除登记甚至没收的实权，这对船东等船舶国籍登记申请人来说便是一颗不定时炸弹。即使国内法在船舶国籍登记实质条件上的规定较为宽松、具有吸引力，也会出现本国船舶移籍海外的情况发生，更何谈吸引外籍船舶入籍登记。所以，程序要求和税收优惠、登记注册费等作为船舶国籍登记的配套措施，其便利性无疑会成为船东入籍时考量的重要因素之一。

---

① 叶洋恋:《船舶登记法律制度研究》,2013 年 9 月华东政法大学博士学位论文,第 126 页。

四、中印南船舶国籍登记制度的相互启示

中印南三国同属封闭登记国家，在船舶国籍登记要求方面相较于开放式登记国家严格许多，但因各国国内航运环境及相关政策导向的不同，相较于传统封闭登记国家的制度要求又显得灵活开放许多，尤其是中国在原有制度的基础上正在试点第二船籍制度以及提高相关配套措施的便利性。三国间船舶国籍登记制度的相互启示也为我国登记制度的发展提供了参考与借鉴。

(一)中国船舶国籍登记制度对印度南非的启示

1. 对印度的启示

印度在船舶国籍登记实体性条件要求方面较之中国要开放宽松许多，但从程序要求方面来看，印度的船舶国籍登记程序不够公开透明、耗时极长且存在已登记船舶被移出籍的风险，所以中国在这方面为印度带来了制度修订上的有益启示。中国规定了合理透明的三级审查程序，而且在一般情况下要求登记审查要在 7 个工作日完成，这与印度的可能长达 1 个月的审查时限相比显得更有效率、更具有吸引力。

其实，早在 2001 年印度政府便意识到了由于国内航运法规政策过于保守导致印度船舶很难从国际金融机构获得贷款融资。此外，因为船舶登记手续烦琐，登记效率低下甚至因为存在不符合相关要求而导致已经注册的船舶被勒令停止贸易活动与停航现象的发生，许多印度的船舶公司选择在登记环境更为宽松的境外登记注册，这极不利于本国航运产业的发展壮大。为此，印度在 2002 年航运总局(Directorate General of Shipping，DGS)2 号令中明确规定了登记官在收到船舶登记所需材料后的 3 个工作日内授予永久性船舶登记证书。① 这一规定比挪威卑尔根国际船舶登记处规定的 7 个工作日的审查期限足足缩短了 3 个工作日，接近于采用开放登记制度模式的巴拿马的 2 至 4 个工作日的规定。对一个采用封闭登记制度模式的国家来说，这是一种积极、创新的举措，从船舶国籍登记的配套措施入手，在不改变实体性准入条件的前提下增加了对外资船舶以及出籍国轮来印登记的吸引力。

---

① *DG Shipping Order No. 2 of 2002 Revised guidelines for registration of ships etc.*，DGS Order No. 2 of 2002，India.

2. 对南非的启示

南非在船舶国籍登记程序要求方面类似于印度，都存在审查层级流程不够透明、审查时限过长以及已登记船舶被移出籍的风险，故可参考“对印度的启示”部分内容，这里不再赘述。南非在船舶所有人规定方面有两处规定非常有特色，其一是将船舶的财产分作 64 股，并规定了登记为船舶所有人的数量不得超过 64 人；其二是规定信托可以其自己的名义申请登记为船舶所有人。

自 20 世纪 90 年代末以来，物权法定原则就成了我国民法学界持续讨论的热点问题之一。在物权法立法过程中，我国形成了物权法定严格说、物权法定缓和说和物权法定废弃说三种不同的物权类型学说。而 2007 年《物权法》第 5 条规定：“物权的种类和内容，由法律规定。”这标志着实际上立法者采用了物权法定严格说的立场，但我国有关物权法定原则的学理争辩仍然没有平息。而南非是当今世界上少有的实行物权类型开放原则的国家之一，当事人可以创设新型物权。所以在船舶所有权份额的规定上南非当局拥有一定的自由权，但 64 股的规定限定了享有船舶所有权的人数，不利于南非船舶引入海外战略投资者及获得海外融资。诺顿罗氏环球律师事务所（Norton Rose LLP）的 Peter Lamb 就指出南非目前的法律规定对潜在客户来说不具备任何吸引力，也吸引不到银行或私募基金去投资南非的船舶。①

19 世纪上半叶，自从英国人将信托制度引入南非以来，信托制度在南非落地生根，得到了蓬勃发展。1989 年南非颁布了《信托财产管理法》②，全面规定了信托财产的归属、信托登记、受托人破产、信托财产返还以及法院司法管理等各个方面的内容。③ 故 1998 年《船舶登记法》第 15 条规定了信托可作为船舶的所有人是有其立法基础的。但是从中国的经验来看，倘若一家公司的股东为“三类股东”④之一的信托计划时往往会成为公司上市审核阶段的绊脚石。⑤ 虽然南非的该项规定具有创新性，但可能限制船舶所有人后续的发展。

---

① Peter Lamb，“Creating an attractive Ship's Registry-the draft South African Maritime Policy”，https://www.lexology.com/library/detail.aspx? g = 79773052-1cdc-48e3-87c0-d57c14cd0ce1 ，January 5，2018.

② *Trust Property Control Act*，1989，*South Africa*.

③ 黄泷一：《物权类型开放的得失——来自南非的启示》，载《法治社会》2016 年第 4 期。

④ “三类股东”指契约型私募基金、资产管理计划和信托计划。

⑤ 证监会明确“三类股东”公司 IPO 审核标准，http://www.csrc.gov.cn/shenzhen/xxfw/mtzs/201801/t20180126_333206.htm，2018 年 2 月 2 日访问。

(二)印度南非船舶国籍登记制度对中国的启示

1. 印度船舶国籍登记制度的启示

印度在船舶国籍登记的程序要求方面乏善可陈,在实体性条件的规定上却有可供中国借鉴学习的地方。

对船舶所有人要求方面,印度的法律规定相较于南非而言更贴近于中国的规定,当船舶所有人为自然人时必须为本国国籍公民,这与中国的规定相一致。但是,当船舶所有人为非自然人时,只要是依据中央或洲法案设立的主要营业地在印度的公司、其他机构以及合作社即可,并未像中国一样规定本国资本的持有比例。这样规定可以吸引外资投资本国的航运业,提高外资参与的积极性也可以学习借鉴外国先进的船舶管理理念,提高本国在国际航运界的知名度与国际地位。事实上,早在 2014 年 1 月 27 日中国交通运输部下发的《关于中国(上海)自由贸易试验区试行扩大国际船舶运输和国际船舶管理业务外商投资比例实施办法的公告》中已经规定在自由贸易试验区设立的外资占比超过 49%的中外合资、合作企业,以及实际经营或拥有的船舶,可以经营进出中国港口的国际船舶运输业务。① 此外,在国务院印发的《自由贸易试验区外商投资准入特别管理措施(负面清单)(2017 年版)》中的水上运输项目下规定了国际、国内船舶代理企业外资股比不超过 51%。故通过上述两份政策文件可知,中国已经在自贸区范围内试点更加开放包容的航运管理措施,为将来试点国际船舶登记制度不断尝试探索。

2. 南非船舶国籍登记制度的启示

南非在船舶国籍登记的实质条件要求方面比印度更加开放宽松,这与南非的国情及航运业现状密不可分。从联合国贸易和发展会议公布的数据来看,在南非拥有所有权的船舶当中,外籍船舶占比高达 91%,这说明大量的南非船舶选择出籍登记或者干脆不在本国登记注册。故南非政府及相关主管机关也在不断地进行海事相关法律的调整与修订以期使在南非进行船舶登记变得更有吸引力。

---

① 《交通运输部公告 2014 年第 2 号——关于中国(上海)自由贸易试验区试行扩大国际船舶运输和国际船舶管理业务外商投资比例实施办法的公告》第 1 条规定:

> 经国务院交通运输主管部门批准,在自贸区设立的外商投资比例超过 49%的中外合资、合作企业及其拥有或实际经营的船舶,可经营进出中国港口的国际船舶运输业务。相关要求和办理程序,按照《中华人民共和国国际海运条例》和《中华人民共和国国际海运条例实施细则》有关规定执行。

在对船舶所有人要求方面，当所有人是自然人时，既可以是南非公民也可以是在南非居住的外国人。南非是一个承认双重国籍的国家，故允许船舶所有人为外籍人士的规定不存在国内法障碍。然而，中国 1980 年《国籍法》第 3 条明确规定了不承认中国公民的双重国籍身份。然则考虑到香港、澳门地区的历史背景和实际情况，中国政府在对香港和澳门居民的国籍问题上采取了较为宽松和务实的处理办法。[①] 这些宽松务实的处理办法实际上是对港澳居民双重国籍身份的间接承认。故中国船舶所有人国籍问题上是否可以借鉴南非及本国现有类似经验，有限度地扩大船舶所有人的准入范围是一个值得思考与尝试的方向。

(三)完善中国船舶国籍登记制度的思考

1.“特案免税”政策的内容及实施效果

2007 年以前，中国的船舶国籍登记制度一直沿袭着封闭登记制度模式，即使对相关法律法规进行过一系列的调整与修订，但现实是我国仍有 56% 的国际远洋船舶悬挂方便旗，这主要是受国内融资、税收政策和国籍限制等因素的影响。[②] 因此，为克服我国现行船舶国籍登记制度对航运业发展的掣肘与限制，2007 年 6 月 12 日，交通部颁布了《关于实施中资国际航运船舶特案免税登记政策的公告》，为促进我国航运业健康发展，加强船舶安全监管，扩大国轮船队，维护我国船员权益，在现有船舶登记等制度基础上，决定率先在上海、天津和大连试点“特案免税”政策，支持中资外籍国际航运船舶转为中国国籍并悬挂中国国旗航行。从内容上看，主要规定了符合免税条件的中资外籍国际远洋船舶可以享受免征关税、进口环节增值税等一系列税收优惠。然而，旨在关税和增值税方面做出重大突破，进而吸引中资船舶归籍的“特案免税”政策时效性过短，期限仅有 2 年。作为该项政策的延续与升级，2009 年 6 月，交通部颁布《关于延长中资国际航运船舶特案免税登记政策的公告》将时限进一步延长 2 年。2011 年年底，交通部再次下发《关于在“十二五”期内继续实施中资方便旗船舶特案免税登记政策的公告》，将时限延长至 2015 年 12 月 31 日。2016 年 8 月，财政部、国家税务总局和海关总署共同下发了《关于中资“方便旗”船回国登记进口税收政策问题的通知》，通知规定对 2012 年 12 月

① 李艳:《论双重国籍在我国的有限承认》，2017 年 4 月兰州大学硕士学位论文，第 14 页。

② 张文广:《上海第二船籍港试点的改革模式设想——从上海与新加坡两种登记制度比较谈起》，载《交通与运输》2008 年第 1 期。

31日前已在境外办理船舶登记手续悬挂“方便旗”的中资船舶(中方出资比例不低于50%的船舶),于2016年9月1日至2019年9月1日期间报关进口的,免征关税和进口环节增值税。2017年5月,交通运输部再发《关于明确享受中资“方便旗”船税收优惠政策船舶转挂五星红旗后兼营国内运输管理问题的通知》,突破性地规定符合规定要求享受中资“方便旗”船税收优惠政策的船舶,在特定情形下并经交通运输部批准审核后,可从事国内航运。这一规定是对我国现有船舶登记制度的局部性突破尝试,但因缺少详细具体的实操性规定存在架空原有登记制度的可能性。

从实施效果上看,这项政策没有收获预期成效。根据交通部发布的《关于实施中资国际航运船舶特案免税登记政策的公告》,截至2009年6月,四批共50艘船舶符合“特案免税”登记政策的要求并享受到了规定的税收优惠措施,回国登记后悬挂五星红旗航行。这些归籍的国轮绝大多数为中小型船舶,从平均吨位来看不到4万吨,极少有大吨位的远洋航运船舶因特案免税政策而选择归籍悬挂五星红旗,同时归籍国轮的总吨位不到200万吨,仅为全部中资方便船舶总吨位的1/20。① 究其原因,一是因为“特案免税”政策下的船舶国籍登记程序仍旧延续了现行封闭制度模式的规定,审批环节过多、行政效率不高,这在加重了“特案免税”申请人经济负担的同时还使其不得不承受审批期间船舶无法经营所带来的损失;二是因为仍旧要求入籍船舶贯彻现有船舶登记制度下对船舶的船龄、船舶中资比例、由中国船级社检验等强制且严苛的实体性条件要求,造成了该制度的适用范围仍旧较小。

综上所述,“特案免税”政策是我国在船舶国籍登记制度创新发展道路上的一次有益尝试,虽然由于上述种种原因收效甚微,但这为接下来的制度创新提供了基础与经验。

2.“国际船舶登记制度”的创新与尝试

鉴于“特案免税”政策的种种不足,我国于2009年起开始尝试推行“国际船舶登记制度”。之所以推行“国际船舶登记制度”,一是因为中国是采用封闭登记制度的国家,可以学习借鉴挪威、英国等已经建立“第二船籍登记制度”国家的先进经验与方法;二是因为中国没有海外属地,故无法开展“离岸登记制度”。故我国开始学习挪威、丹麦等国家创设国际船舶登记制度的成功经验,结合我国航运业发展实际情况及需求并针对我国现行的封闭登记制度模式存

① 杨海涛:《国际船舶登记法律制度研究》,2013年6月大连海事大学博士学位论文,第82页。

在的弊端，尝试创设一套符合我国国情的“国际船舶登记制度”来抗衡来自境外开放登记制度国家的冲击，从而吸引国轮回国登记注册恢复我国在国际航运界的主导地位。

(1)洋山保税港“保税船舶登记”

2009 年 4 月，国务院颁布了《关于推进上海加快发展现代服务业和先进制造业、建设国际金融中心和国际航运中心的意见》(以下简称《意见》)。《意见》强调至 2020 年要将上海建设成航运服务功能健全、航运资源高度集聚、现代物流服务高效、航运市场环境优良，兼具全球航运资源配置功能的国际航运中心。为此，国家制定了一系列的建设任务与措施，其中规定对在洋山保税港区内登记注册的从事国际航运业务的船企在经营过程中取得的收入免征营业税。2011 年 12 月，交通运输部海事局发布了《关于同意上海海事局在洋山保税港区开展船舶登记工作的批复》，批准将洋山保税港作为一个新的船籍登记注册港，对登记注册在中国洋山港区的企业从事国际航运业务实行出口退税以及对符合条件要求的拟入籍船舶开展保税登记业务。①

洋山保税港区实施的“保税船舶登记”是对船舶登记注册实行退税保税政策的创新与改革，是在吸取了“特案免税”制度成功经验与失败教训的基础上形成的。虽然洋山保税港区的“保税船舶登记”政策为符合规定要求的船舶提供了一定的税收减免优惠，但该制度仍然显得不够开放、完善，我国船舶登记的外资准入问题尚未得到解决。

(2)东疆保税港“国际船舶登记制度”

2013 年 5 月，为贯彻落实《国务院关于天津北方国际航运中心核心功能区建设方案的批复》和《国家发展和改革委关于印发天津北方国际航运中心核心功能区建设方案的通知》的要求，天津市政府制订了《天津东疆保税港区国际船舶登记制度创新试点方案》(以下简称《天津试点方案》)，并在交通运输部对个别条款修改后批复通过。上述方案对船舶国籍登记制度的改革创新主要体现在下述两个地方：一是要求设立在东疆保税港区船企的注册资本中存在外资的，中方投资人的投资额度不得低于 50%(原《天津试点方案》规定为不得低于 25%)或者为境内外商投资企业在东疆保税港区通过再投资方式设立的企业；二是规定了轮机长、船长等高级船员须为中国籍公民；如确需雇佣外籍高级船员时应当报天津海事局批准同意，但外国籍船员的比例不得超过 30%。

① 常富治、王婕丽、俞勤伟：《中国洋山港：船舶登记制度的创新》，载《航运经纬》2012 年第 5 期。

《天津试点方案》是在国际上通行的“国际船舶登记制度”的基础上进行的借鉴与改良。虽然在外资比例方面仍然显得比较保守，但是天津东疆试点的改革使得我国告别了船舶国籍封闭登记制度模式的时代，向着更加科学、更加开放的船舶登记制度转变，可以说是对我国现有船舶登记制度的一次突破性尝试。《天津试点方案》的实施标志着我国向建立“国际船舶登记制度”又迈近了一步，也为在上海自贸区探索建立“国际船舶登记制度”积累了丰富经验。①

（3）洋山保税港“国际船舶登记制度”

2013 年 9 月，交通运输部和上海市政府共同下发了《关于落实〈中国（上海）自由贸易试验区总体方案〉加快推进上海国际航运中心建设的实施意见》（以下简称《实施意见》），为推进上海自由贸易试验区和上海国际航运中心的建设该规定进行了深层次的变革创新。涉及船舶国籍登记的内容主要包括降低了外商对我国国际航运船舶的投资比例要求，允许外商在上海自贸区建立中外合作经营企业或者中外合资经营企业经营国际船舶运输业务，投资金额可以超过 49％，即允许船舶登记主体的外资比例突破 50％的限制。2014 年 1 月，《中国（上海）自由贸易试验区国际船舶登记制度试点方案》（以下简称《上海试点方案》）②获得交通运输部批复同意，标志着中国（上海）自由贸易试验区正式开展国际船舶登记业务。在外籍船员雇佣审批上面，原来须由交通运输部审核批准的事宜简化为只需向上海海事局备案即可。

《实施意见》与《上海试点方案》在吸收借鉴了《天津试点方案》的基础上做出了更为开放包容且有益的尝试，这不仅符合自由贸易区对外资开放性的规定要求，也扩大了船舶登记的范围，还凸显了自由贸易区的开放性。但是，无论是实施意见还是试点方案都仅仅停留在框架式的构想上，缺乏具体配套法律法规的支撑。然而一项制度的建立与实施需要有相应的法律法规来支撑，唯此才能保障该制度的持久性与稳定性，从而使其获得普遍的遵守与有效的实施，继而切实保障其制度目的与功能的实现。而建立符合我国国情的国际船舶登记法律制度亦离不开相关立法的切实保障，类似《中国国际船舶登记条例/办法》的制定仍然显得十分必要。

3. 我国“国际船舶登记制度”的建议

我国在经历了“特案免税”政策、“保税船舶登记”政策以及尝试推进了“国

① 王淑敏、杨欣、李瑞康：《上海自由贸易区实施“国际船舶登记制度”的法律问题研究》，载《中国海商法研究纬》2015 年第 6 期。

② 吕宏均：《浅谈船舶登记对自贸区建设的重要意义》，载《世界海运》2014 年总第 232 期。

际船舶登记制度”后，尚未将政策层面的内容落实到法律层面。由于政策存在时效性与不稳定性等缺点，使得缺乏了法律保障的“国际船舶登记制度”很难有效地吸引国轮归籍登记注册。本文在借鉴印度南非船舶国籍登记相关法律法规优势的基础上，拟提出一系列在制定《中国国际船舶登记条例/办法》等法律法规过程中可供参考的建议。

为吸引本国船舶归籍登记既需要提供一种覆盖面广、条件宽松的准入制度，又需要兼顾本国已有的封闭登记制度在船舶技术安全等方面的严格要求，故具体建议如下。

(1)对船舶所有人的要求

目前国内的法律对船舶所有人的规定包括了在境内有主要营业所或者住所的中国公民以及依据国内法律设立的主要营业所在境内的企业法人，如该法人的注册资本中有外商投资的，中方投资人的出资额还不得低于50%。首先，关于自然人的国籍，在《中国国际船舶登记条例/办法》制度建立初期仍旧可以保留要求自然人为中国国籍的规定，但可适当放开自然人居所地、主要营业地的要求。其次，关于非自然人的企业法人中外资的规定可以突破50%的限制，目前生效的《关于落实〈中国(上海)自由贸易试验区总体方案〉加快推进上海国际航运中心建设的实施意见》已经允许外资比例超过49%的中外合作经营企业或者中外合资经营企业经营国际船舶运输业务。故应进一步进行开放，如采纳原《天津东疆保税港区国际船舶登记制度创新试点方案》中提出的“中资比例不低于25%”的规定，在各项条件成熟且论证充分的前提下可以借鉴印度和南非的相关规定，即对外资比例不做任何要求。

(2)对船员国籍的要求

2014年修订版的《中华人民共和国船舶登记条例》已经删除了“中国籍船舶上的船员应当由中国公民担任”这条规定，且《中国(上海)自由贸易试验区国际船舶登记制度试点方案》中已将外籍船员的雇佣由报批交通主管部门调整为只需向上海海事局备案。故在总结中国现有法律、政策的制定经验并借鉴印度南非法律相关规定的基础上，应在船员国籍要求方面全面开放，不对船员国籍做任何要求且应提高外籍船员报备的行政效率。

(3)对船舶的技术性要求

中国目前出籍的中资船舶主要是大型船舶，且大多数是新的或者船龄较低的船舶，但也不排除船龄老、技术状况较差的船舶存在。故中国在制定《中国国际船舶登记条例/办法》的时候应该维持或提高船舶技术条件的准入门槛，吸引船龄低、技术状况良好的大型船舶归国登记。

(4)对登记程序的要求

中国在船舶国籍登记程序要求规定方面显得层级过于烦琐且行政效率不高,可以参考2002年印度航运总局2号令中所要求的3个工作日内授予船舶国籍登记证书的规定,提高审批效率,防止因为登记程序冗长给船东造成经济损失的情况发生。

(四)小结

中印南目前现行的船舶登记制度都过于保守,导致了本国船舶更愿意选择在实体性要求较低、税费更优惠的开放登记制度国家或者地区登记注册并悬挂"方便旗"航行。正因如此,三国都有必要对现行船舶登记制度进行修订与创新。鉴于三国船舶登记皆为封闭登记制度模式,故学习借鉴挪威、丹麦等国设立"第二船籍登记制度"显得切实可行。在制度创新的过程中,因三国国情各异,所以船舶国籍登记制度的优势也不尽相同,中国在船舶登记程序上显得层级清晰、较有效率,而印度与南非在船舶登记实质条件上更加开放宽松。在现有的法律法规之外,中国已经开始了一系列的登记制度创新与尝试,尤其是"国际船舶登记制度"已经在国内两个港口试点,相关的立法工作已经有序展开。如何克服封闭登记制度的缺点且寻找到不同登记制度间的利益平衡点是三国政府及相关部门需要不断研究与探索的方向。

结语

无论是中国"海运强国"战略目标的制定还是金砖国家"蓝色经济"合作愿景的展开都昭示着航运业将重新焕发活力。但现有的较为落后的法律法规以及航运政策已经无法满足航运业发展的迫切需求,改革势在必行。

本文以船舶国籍登记制度为视角,首先在研究归纳了船舶国籍登记制度的基础法律理论、主要登记制度模式的基础上对中印南三国间船舶国籍登记制度在实体性条件以及程序要求上的异同进行了比较分析研究。进而,通过对上述船舶国籍登记制度差异化规定的比较研究提出对现有船舶国籍登记制度进行修订与创新的切实可行的建议与方案。

然而,若要有效实现吸引国轮归国入籍,壮大国内航运队伍以及提升国际航运地位的目标,仅仅着眼于对船舶国籍登记制度本身的修订与创新是不够的。例如,"特案免税"政策以及洋山保税港"保税船舶登记"政策都是以"税费改革"为切入点对船舶国籍登记制度进行了一系列调整。航运界关于船舶税费改革的呼声未曾断过，从世界范围来看中国的高税收已经成为阻碍中国海运产业发展的障碍，也是中国船舶选择外移的重要原因之一。由于船舶融资周期长、不确定性因素多等原因一直制约着中国国内船舶融资市场的发展壮大，这也成为中国船舶选择移籍的重要因素。故对船舶国籍登记相关配套制度的进一步研究与具体措施的落地是保证整个制度健康有序运行的基础。

Comparative study on the ship nationality registration system of China, India and South Africa

LIU Xinya

Abstract: Shipping industry is one of the important basic industries for economic and social development, as the members of the BRICS, China, India and South Africa are coastal countries with long coastline while they are the important international shipping countries in the world. Ship nationality registration system can eliminate the outdated, old ships out of the shipping market, in order to achieve the upgrading of production capacity. It will be a great help for the development of a country's shipping industry to establish a set of effective ship nationality registration system through legislation. This paper uses historical analysis, comparative analysis and other research methods to study the concept and legal significance of ship nationality registration system, the world development trend of ship nationality registration system and the main legal models of various countries. By comparative study on substantive conditions and procedure ship nationality registration systems of China, India and South Africa, the article points out the similarities and differences. Finally, combined with the above three parts of the research, summarizes the enlightenment of ship nationality registration system of China to India, South Africa and the enlightenment of ship nationality registration system of India and South Africa to China. And then think about how China can improve the system of ship nationality registration system.

Key words: China, India and South Africa; ship nationality; registration system

✿ 宋小萍*

WTO 欧盟诉俄罗斯农产品制成品关税措施案研究**

内容摘要：经济迅速崛起的中国，关税减让措施对财富和收入的不平等具有一定的影响。本文以 WTO 中欧盟诉俄罗斯农产品制成品关税减让措施案为研究对象，针对欧盟提出的具体诉求分析了俄罗斯实施的关税减让措施与 GATT1994 第 2.1 条款是否相符，提出该案对我国的启示，以便作为农产品进口大国的中国，顺势改变相应的农产品关税条款，做到符合入世承诺和 GATT1994 减让表的规定。

关键词：WTO；农产品制成品；俄罗斯关税措施；减让表；GATT1994 第 2.1 条款

目次

---

* 宋小萍，西南政法大学国际法学院法律硕士（非法学）专业涉外经贸法律实务方面 2015 级研究生。

** 本文系由本卷编辑在作者 2018 年 6 月硕士学位论文基础上修改而成。

引言

2014 年 10 月 31 日，欧盟就俄罗斯联邦（俄罗斯）农产品和制成品的关税措施违反《争端解决法规规则与程序的谅解》（简称 DSU）第 1 和第 4 条、1994 年《关贸总协定》（以下简称 GATT1994）第 22 条和 1994 年《关贸总协定》第 7 条实施协定（海关估价协定）的第 19 条提出与俄罗斯磋商，正式启动 WTO 争端解决程序。2015 年 6 月 8 日，欧盟请求总干事根据争端解决谅解第 8.7 条决定专家组的组成。澳大利亚、巴西、加拿大、智利、中国、哥伦比亚、印度、日本、韩国、摩尔多瓦、挪威、乌克兰和美国要求保留作为第三方介入的权利。①2015 年 6 月 18 日，专家组经总干事指定组成。2016 年 2 月 24 日专家组发布了给当事方的临时报告。2016 年 5 月 8 日专家组发布了最终报告。

从 2014 年 10 月到 2016 年 5 月，历时一年半。欧盟诉俄罗斯农产品制成品关税措施案终于在 WTO 得到一个明确、完整的报告。本案所涉的俄罗斯相关措施其实并不复杂，只是俄罗斯入世较晚，对 WTO 规则和 GATT1994 的条款解读出现误解，俄罗斯对某些进口货物征收的关税与其世贸组织的义务不符，违反了 CATT1994 第 2.1 条的规定。GATT1994/WTO 倡导并致力于推动贸易自由化，自由贸易是其宗旨和工作目标，其最终目标是在全世界范围内建立一个完全统一的自由大市场。实现这一目标的中心环节是进行关税减让。

本文在对俄罗斯相关关税条款分析之后，找出关于农产品制成品关税措施与 GATT1994 第 2.1 条的异点，从中汲取对我国日后与别国协商农产品进出口关税减让条款的教训，在关税减让中应当首先注意认清双方在关税领域的立场和分歧之处，发现其侧重点与敏感领域，这样才能为以后的合作与交流奠定基础。鉴于此，笔者着手对本案的研究。

一、案情简介

（一）案件背景

近年来，俄罗斯不断加强对农业的支持，普京政府甚至将农业与教育、住

① 朱榄叶：《世界贸易组织国际贸易纠纷案例评析（2013—2015）》，法律出版社 2016 年版，第 25 页。

房和医疗一道列为今后四大重点发展领域。[①] 俄罗斯一直不断调整其农业政策，以求促进本国农业和农产品制成品的发展。而鉴于农业是整个国家经济战略发展的基础和重点，俄罗斯出台一系列政策扶持和保护本国农业的发展，如信贷与税收优惠、生产者支持(PSE)和边境高保护措施。这些政策主要是从经济方面对农民、农业合作社等给予一定的优惠和补贴。

俄罗斯经济的发展带动了其国民对高质量和高价值农产品及其制成品需求的提高，国内农产品制成品产量远无法满足需求，不得不大量依赖进口。多年来，俄罗斯的农产品制成品进出口结构相对稳定。随着国力的增强，俄罗斯逐年提高农业支持力度，有力地保障其农业发展和提升农产品制成品的国际竞争力。

"入世"后，俄罗斯有义务削减产生贸易扭曲的国内支持，在 WTO 和 GATT1994 框架内规范和约束其国内农业支持政策。然而，为了保护和刺激本国农业的发展，俄罗斯只能从关税方面下手。俄罗斯农产品制成品关税的从价税率分为 5 大类：20%、15%、10%、5%和 0。平均关税税率是 12.4%，远高于发展中国家的平均税率(10%)，也远高于发达国家的平均税率(5%)。很明显，高关税税率限制了俄罗斯扩大从外国进口。[②]

(二)WTO 争端解决机构对案件的审理进程

2014 年 10 月 31 日，欧盟就俄罗斯农产品制成品关税措施违反《争端解决谅解》第 1 和第 4 条，CATT1994 第 22 条和《GATT1994 第 7 条实施协议》(《海关估价协定》)第 19 条提出磋商请求。乌拉圭和日本、美国、印度尼西亚分别于 2011 年 11 月 6 日和 14 日请求加入磋商。争端解决机构没有收到俄罗斯接受这些请求的通知。

2014 年 11 月 28 日举行了磋商。

2015 年 2 月 26 日，欧盟请求根据 DSU 第 6 条和一般条款成立专家组。[③] 在 2015 年 3 月 10 日的会议上，争端解决机构推迟成立专家组。

2015 年 3 月 25 日举行的会议上，争端解决机构应欧盟请求决定根据

① Wren Stephen K, "Can Russian agriculture compete in the WTO", *Post-Soviet Affairs*, 2007, 28(3).

② 曾寅初、刘君逸、梁筱筱：《俄罗斯加入世界贸易组织对中俄农产品贸易的影响》，载《经济纵横》2012 年第 9 期。

③ Request for the Establishment of a Panel by the European Union, cited with Russia-Tariff Treatment of Certain Agricultural and Manufacturing Products from the European Union, WT/DS485/6, 27 February 2015.

DSU第6条成立专家组。

2015年6月8日，欧盟请求总干事根据DSU第8.7条决定专家组的组成。同日，经总干事指定组成专家组。

2015年12月15日，专家组主席通知了争端解决机构，专家组与当事方协商后，决定在2016年6月中旬向当事方出具最终报告。印度、日本、韩国、澳大利亚、巴西、加拿大、智利、中国、哥伦比亚、摩尔多瓦、挪威、乌克兰和美国要求保留作为第三方介入的权利。

与各当事方磋商后，专家组于2015年6月3日公布了其工作程序①和时间表。2015年6月30日，专家组与各当事方召开了组织会议。

2015年7月27日，欧盟提交了他的第一份书面报告。

2015年8月24日，俄罗斯提交了他的第一份书面报告。

2015年9月2日，收到了来自澳大利亚、加拿大、哥伦比亚、日本、挪威、乌拉圭和美国的第三方意见书。

2015年10月20日，当事双方提交了反驳意见。

2015年11月23日至24日，专家组与当事双方召开了第二次实质性会议。

2016年5月8日，专家组向当事双方发出最终报告。

2016年9月26日，DSB通过了专家组报告。

2016年11月10日，俄罗斯和欧盟通知争端解决机构，其已经就为期7个半月的合理期限达成协议。合理期限将于2017年5月11日截止。②

2017年6月8日，俄罗斯通知争端解决机构，它已通过欧亚经济联盟委员会和欧亚经济委员会理事会的某些决定，在合理期限内执行争端解决机构的建议和裁决。

(三)案件各方的法律争议焦点和基本观点

回顾本案，根据双方所提交的书面报告以及专家组的报告，案件双方的争议焦点主要是围绕俄罗斯关于农产品制成品所实施的关税措施是否符合GATT1994第2.1条的规定。其中，这些受指控的措施可被分为下列三类：第一，俄罗斯征收的从价税率超过其减让表相关约束税率的规定——关于纸

---

① Russia-Tariff Treatment of Certain Agricultural and Manufacturing Products from the European Union, WT/DS485/1, 4 November 2014, See the Panel's Working Procedures in Annex B-1.

② 世界贸易组织官网，http://www.wto.org/english/tratop_e/dispu_e/dispu_status_e.htm，2017年12月17日最后访问。

和纸板制品(第一至第六项措施);第二,俄罗斯征收的组合税率超过其减让表相关从价约束税率的规定——关于棕榈油及其分离品、冰箱和冰柜(第7至第11项措施);第三,俄罗斯系统征收的关税超过约束税率(第12项措施)。

欧盟质疑俄罗斯所实施的上述第1至第11项措施已经违反GATT1994第2.1条,自然地,第12项措施也系统地违反了其减让表的规定。特别是,俄罗斯已经超过其减让表准许的进口关税上限。据此,欧盟向俄罗斯提出请求。相反,俄罗斯认为其减让表中所列的有关约束税率有错误,并试图纠正其减让表中的错误,以及欧盟所宣称的第12项措施并未真实存在,因此其并未违反GATT1994第2.1条。然而事实上,俄罗斯并未对所有受指控的措施提出辩驳。

第三方澳大利亚所争议的事项包括:(1)在专家组请求中确定提出的争议中具体措施的合理要求是什么;(2)GATT1994第2.1条下的法律标准和GATT1994第2.1(b)条款中词语“超过”的含义;(3)GATT1994第2.1(a)条款下临时削减税率的关税是否会超过约束税率;(4)GATT1994下“这样”的请求。澳大利亚认为:为了达到GATT1994第2.1(b)条款的目的,专家组应当考虑词语“超过”的含义,指的是成员国减让表中最小量的增量;违反关税的临时削减并不能消除与GATT1994第2.1(a)条款的不一致。

二、俄罗斯从价税措施与GATT1994第2.1条的相符性

本部分主要从俄罗斯从价税措施的定义及构成分析该案中争议措施和实施税率与GATT1994第2.1条,随后详细论述该措施与GATT1994第2.1(a)、2.1(b)条款是否相符,最后对专家组报告关于从价税措施做出相应的合理性评价。

(一)俄罗斯从价税

从价税,指以征收对象的价格或者金额为计税依据,按照一定比例计征的税收,又称从价计征。[①] 在本案中,欧盟向俄罗斯提出的请求涉及争议中的12项措施,并声称这12项措施中的每一项都与GATT1994第2.1(a)条款和第2.1(b)条款第一句不一致。这12项请求可被划分为三类:第一类涉及俄罗斯的从价税,第二类为组合税、第三类系为统关税变量。

专家组首先评估欧盟的第一类请求,涉及第1至第6项争议措施。欧盟声称,欧亚经济委员会的普通关税要求俄罗斯关于实施的从价税税率措施超过了俄罗斯减让表中的应计从价税;俄罗斯实施的这些关税细目的税率超过

① 张玉卿主编:《WTO法律大辞典》,法律出版社2006年版,第83页。

了相关约束税率，这些措施（税号 4810 22 900 0，4810 29 300 0，4810 92 300 0，4810 19 900 0，和 4810 13 800 9）与 GATT1994 第 2.1(b)条款第一句，与 GATT1994 第 2.1(a)条款不相符。如上所述[①]，第 6 项措施（税号 4810 92 100 0）是实施临时削减税率。据欧盟称，临时关税削减使得第 6 项措施单独与 GATT1994 第 2.1(a)条款不相符。而俄罗斯在最初认为其减让表中的约束税率有错误并试图纠正。

（二）从价税与 GATT1994 第 2.1(a)、2.1(b)条款

1. 争议措施和实施的关税税率

专家组在评估被质疑措施与 GATT1994 第 2.1 条的相符性之前，先说明争议措施和实施关税税率[②]。

据欧盟称，按照经欧亚经济理事会第 54 号决定修正的《共同体共同关税》的要求，俄罗斯关于第 1 和第 3 项措施下进口产品征收的从价税税率为 15%。根据欧亚经济理事会第 9 号决定和欧亚经济理事会第 77 号决定修正的共同体共同关税税率的要求，俄罗斯关于关税细目第 2、第 4 和第 5 项措施下的进口产品征收的从价税税率为 10%。专家组注意到，当事双方对俄罗斯前五项措施实施的从价税税率没有争议。

上述措施是根据欧亚经济联盟所确定的，欧盟认为俄罗斯作为欧亚经济委员会的成员国应对受质疑的措施负责，因为俄罗斯在其《入世工作组报告》承诺确保在欧亚经济联盟通过的措施与俄罗斯在世贸组织的义务相一致。然而，俄罗斯对此并未做出回应。在审议这一问题时，专家组首先注意到《入世工作组报告》，该报告指出俄罗斯有义务根据一般国际法和其国内法，适用《欧亚经济共同体共同海关关税》（简称 CCT）中所载的税率。[③] 专家组还注意到，根据欧盟提交的证据，其中包括一些关于具体进口交易的海关声明，包括在这一争端中根据关税细目进行的交易。这些海关声明表明，在有关关税细目中，俄罗斯已经实施了 CCT 规定的税率。因此，实施的关税税率直接归因于俄罗斯。事实上，俄罗斯已请求专家组考虑一些由欧亚经济联盟随后修改的措施，

---

① Russia-Tariff Treatment of Certain Agricultural and Manufacturing Products from the European Union，WT/DS485R，4 November 2014，para.7. 7.

② 张玉卿主编：《WTO 法律大辞典》，法律出版社 2006 年版，第 587 页。

③ Russia's Working Party Report，para.157 cited with Russia-Tariff Treatment of Certain Agricultural and Manufacturing Products from the European Union，WT/DS485R，4 November 2014，para.7. 45.

并认定这些修正措施符合俄罗斯的世贸组织义务。[①] 在请求专家组认定所提出的措施与世贸组织的义务相一致的情况下，俄罗斯似乎要依赖 CCT 要求俄罗斯实施关税税率，以表明俄罗斯遵守其世贸组织义务。

对第 6 项措施的请求，即俄罗斯就关税细目 4810 92 100 0 所需的从价税税率。欧盟声称，在专家组成立之时，俄罗斯被要求提供关税细目 4810 92 100 0 的应纳税率，这与 GATT1994 第 2.1(a)条款和第 2.1(b)条款第一句所述义务不相符。根据欧亚经济联盟的规定，在专家组成立之时，CCT 规定第 6 项措施的税率为 15%，但当时的关税制度暂时将税率由 15%降至 5%。欧盟认为，2016 年 1 月 1 日的临时关税削减应停止，税率应恢复到 15%；在专家组成立时，第六项措施在两种方式上与第 2.1(a)条款和第 2.1(b)条款第一句不相符。第一，税率的临时削减"不能充分保证遵守"第 2.1(a)条，至少在关税减让期结束时，税率将超过约束税率。在欧盟看来，争议中的临时关税削减给予的待遇低于俄罗斯减让表中规定的欧盟进口待遇。第二，关税细目 4810 92 100 0 下俄罗斯对产品的关税待遇与第 2 条 2.1(b)条款第一句不相符，因此与第 2.1(a)条款也不一致，因为它适用的税率高于俄罗斯减让表中规定的税率，从而导致征收的普通关税超过俄罗斯减让表的规定。

俄罗斯就欧盟根据第 2.1(b)条款第一句提出的请求进行反驳，认为欧盟没有证明该措施的存在。在俄罗斯看来，据世贸组织所称 15%的不一致税率实际上从未应用于关税细目 4810 92 100 0 下进口的产品。因此，俄罗斯认为欧盟所描述的措施"根本不存在"，因此专家组不应对此做出裁决。关于欧盟根据第 2.1(a)条款提出的请求，俄罗斯对欧盟拟议的临时关税削减法律标准提出质疑，并质疑欧盟是否履行了举证责任。

2. 与 GATT1994 第 2.1(b)条款第一句的相符性

GATT1994 第 2.1(b)条款第一句要求，决定一项产品是否超过俄罗斯减让表中"规定并提供的"普通关税，首先必须确定有关的约束税率。专家组必须审查被质疑措施征收的关税税率是否"超过"有关约束税率，从而导致超过减让表规定的征收税率，据此不符合 GATT1994 第 2.1(b)条款第一句。

俄罗斯减让表中的约束从价税税率在所有五条关税细目上均为 5%。关于专家组建立这方面，俄罗斯发起了一个正式的整改及修改其减让表的请求，包括五项关税细目的约束税率。欧盟指出，俄罗斯的减让表草案是由俄罗斯

---

① Russia's second written submission, para.108. cited with Russia-Tariff Treatment of Certain Agricultural and Manufacturing Products from the European Union, WT/DS485R, 4 November 2014, para.7.46.

编写和提交的，最终得到俄罗斯和其他成员国的核查，并在入世之日起成为俄罗斯的减让表；允许俄罗斯在有争议的背景下修改其减让表将减少入世成员的价值和确定性，不仅违反GATT1994的基本目标，也减少了适用协定所规定的权利和义务，是DSU第3.2条明确禁止的行为。① 俄罗斯在随后答复专家组提出的问题时表示，它没有质疑欧盟反对其修改减让表的请求。

就此方面的程序而言，各方对俄罗斯减让表表中实施的关税税率状况没有任何争议。在考虑这个问题时，专家组观察到第1980号决定第2条允许成员采用减让表的真实文本的变化以反映"不改变减让范围的修改或重排"，以及"其他纯粹形式的整改"。第3款规定，任何提议的"变更……应由总干事通知所有缔约方，并应在缔约方3个月内未提出异议的情况下成为一项证明"。在回答专家组的问题时，俄罗斯承认根据其请求在已发布的G/MA/TAR/RS/406② 文件提出修改，欧盟和日本都反对俄罗斯提出的修改。俄罗斯没有就其减让表进一步采取行动。特别是，总干事没有颁发证书。因俄罗斯没有在当前程序范围内质疑欧盟的反对意见，也没有质疑日本的反对意见，专家组确定俄罗斯的减让表保持不变。

在第1至第5项措施中，实施关税税率和约束税率均以从价税的方式表示，俄罗斯是否征收过多关税的决定是明确的。相关的实施和约束税率如下：

关税细目	俄罗斯实施的关税税率	俄罗斯的约束税率③
4810 22 900 0	15%④	5%
4810 29 300 0	10%⑤	5%
4810 92 300 0	15%	5%
4810 13 800 9	10%	5%
4810 19 900 0	10%	5%

① European Union's first written submission, para. 77-78. cited with Russia-Tariff Treatment of Certain Agricultural and Manufacturing Products from the European Union, WT/DS485R, 4 November 2014.

② Communication from the Committee on Market Access, Rectification and Modification of Schedules, Schedule CLXV-The Russian Federation, 1 May 2015, G/MA/TAR/RS/406(Russia's Request for Rectification), Exhibit EU-1.

③ Russia's Schedule, Exhibit EU-9.

④ Section X, Chapter 48 of the CCT, as amended by Decision No. 54 of the Board of the Eurasian Economic Commission, Decision No. 54 of the Board, Exhibit EU-3.

⑤ Decision No. 9, Exhibit EU-4; Section X, Chapter 48 of the CCT, as amended by Decision No. 77 of the Board of the Eurasian Economic Commission, Decision No. 77, Exhibit EU-5.

基于上文所述的原因，专家组认为，所有的第 1 至第 5 项措施适用的从价税税率高于俄罗斯减让表规定的约束从价税税率，由此导致普通关税的征收超过俄罗斯减让表中的规定。因此，俄罗斯实施的关税税率超过其减让表，并与第 2.1(b)条款第一句不相符。

专家组指出各方对以下问题存在分歧，第一，在专家组成立时是否存在第 6 项措施。第二，即使这项措施确实存在，专家组也应就第 85 号决定所修正的措施做出结论，或在专家组成立时就已经存在的结论。专家组按照这一顺序处理这些问题。

专家组很清楚，在专家组成立之日起，根据第 77 号决定的法律构架——一般规则制定永久税率和附带脚注设立临时、较低税率，俄罗斯海关要求适用 5%的临时税率，并申请 15%的税率从 2016 年 1 月 1 日起实施。因此，规则规定未来适用税率(15%)在专家组成立之日起生效，即使该税率尚未适用。在此基础上，专家组认定欧盟提出的措施(即从 2016 年 1 月 1 日起适用的 15%的税率)是在专家组成立之日起存在的。专家组不能同意俄罗斯在专家组成立之日生效的“不存在”的措施。

在审议是否只在第 85 号决定的 CCT 中所载税率修改后做出调查结果，专家组注意到上诉机构一再指出，在一项措施专家组程序中得到修正的情况下，申诉方仍有权就专家组成立时存在的措施寻求和取得调查结果。① 专家组还注意到在智利—价格区间系统中，上诉机构对专家组会议期间修正的措施做出了调查结果。上诉机构解释称，在这种情况下，这样的调查结果是必要的“确保争端的积极解决，并提出足够准确的建议和裁决，以便迅速遵守”的措施。② 专家组还注意到在本争端中申诉方同意，专家组应就修正后的措施做出调查结果。

在目前的争端中，欧盟作为申诉方只请求在专家组成立时存在的措施提出调查结果。关于是否应以目前的形式对第 6 项措施做出调查，专家组认为关于上诉机构对智利—价格区间系统解释的原因，在欧盟没有具体请求的情况下，这样做是不合适的。鉴于上述情况，专家组拒绝俄罗斯根据第 85 号决定确立的税率提出调查结果的请求。

关于临时削减税率至 5%是否可能消除对未来适用 15%税率的不一致。俄罗斯认为专家组正确地认定*欧共体信息技术产品案*中与第 2.1(b)条款第

---

① Appellate Body Reports, EC-Selected Customs Matters, para. 187; China-Raw Materials, para. 360.

② Appellate Body Report, Chile-Price Band System, para. 143.

一句的不一致，因为所提出的措施与世贸组织不一致的税率已暂停。[①] 在俄罗斯看来第 77 号决定中的脚注 14C 同样是临时关税中止，专家组应遵循*欧共体信息技术产品案*在这方面采取的做法。欧盟答复指出，专家组在*欧共体信息技术产品案*中仅限于它自身暂停执行关税情况的调查结果。欧洲断言一旦关税开始以 15%的税率征收，第 6 项措施将违反第 2.1(b)条第一句，因此也将违反第 2.1(a)条。欧洲盟认为没有任何理由不让一个专家组从其成立的有利条件出发，对这种违法行为进行前瞻性的调查。具体地说，欧盟认为对*欧共体信息技术产品案*专家组报告完全支持暂时中止或减少关税提议的全面阅读，与暂停自动到期的第 2.1 条不一致。

俄罗斯认为，临时削减关税可以"消除"与第 2.1(b)条款第一句不一致，将实际适用税率降低至世贸组织的一贯水平。对此，专家组根据*欧共体信息技术产品案*，该争议措施规定的关税超过了减让表所列的规定，但与第 2.1(b)条第一句不一致之处通过临时关税中止而被取消，将适用税率降至有关减让表所约束的税率水平。专家组认为，目前理事会生效的第 179/2009 号条例暂停了某些关税的适用，在某种程度上暂停了征收关税的产品，欧亚经济共同体有义务提供免税待遇的不是[争议]措施实际征收关税超过欧亚经济共同体减让表所规定的关税。因此，关税中止消除了欧亚经济共同体根据第 2.1(b)条第一句所承担义务的不一致性。换言之，对于关税中止，争议措施与 GATT1994 第 2.1(b)项不一致。

申诉方没有请求专家组就*欧共体信息技术产品案*暂停期结束后将适用的任何强制性税率提出调查结果。相反，*欧共体信息技术产品案*专家组的调查结果是针对暂停期间适用的税率进行的。专家组还解释说，"在关税中止不适用的情况下……或中止措施如果被废除或取消"，则将导致该措施以与第 2.1(b)条第一句相抵触的方式征收关税。[②] 这表明，该专家组认为，如果潜在的永久性税率暂停终止，以及税率的适用将对关税的征收超过约束税率，税率的适用将与第 2.1(b)条款第一句不相符。

在此基础上，专家组认为，*欧共体信息技术产品案*关注的是暂停期间适用的税率，而本案关注的是在第 77 号决定脚注 14C 中规定的减税期届满后适用的税率。因此，在*欧共体信息技术产品案*中所采取的方法与专家组对争

---

① Russia's first submission, para. 33, cited with Russia Tariff Treatment of Certain Agricultural and Manufacturing Products, WT/DS485R, 4 November 2014.

② Panel Report, EC-IT Products, para. 7.745.

议中未来适用税率的评估没有直接关系。这种做法未妨碍任何关于未来强制性适用税率的一致性或不一致性的发现。

专家组认为，当适用税率和约束税率均以从价税计算时，俄罗斯是否征收过多关税的决定是直截了当的。比较有关适用税率和约束税率，专家组注意到双方之间没有关于约束税率的争议，即5%。因此，有关适用税率和约束税率如下：

关税细目	俄罗斯在专家组成立日所适用的税率	俄罗斯的约束税率①
4810 92 100 0	5%(2015年12月止)； 15%(2016年1月起)	5%

鉴于上述原因，专家组认为第6项措施(即关于关税细目4810 92 100 0的未来适用税率为15%)是专家组成立之日起存在的一项措施。该措施规定从2016年1月1日起征收从价税率高于俄罗斯减让表所规定的约束从价税率，要求征收超过俄罗斯减让表所规定的普通关税。因此，专家组得出结论，关于专家组成立时所存在的第6项措施，俄罗斯被要求履行超出其减让表中规定的关税，与第2.1(b)条款第一句不相符。

3. 与GATT1994第2.1(a)条款的相符性

对欧盟根据第2.1(a)条款提出的请求，欧盟认为第2.1(b)条款第一句禁止一种特定的行为总是与第2.1(a)条款不相符。虽然第1(a)段禁止对进口的优惠待遇低于成员减让表所规定的，但第1(b)段第一句则禁止对普通关税的征收超过减让表所规定的关税。根据欧亚经济共同体的规定，如果某一产品的关税超过某一成员减让表所规定的，将对该产品的竞争条件产生不利影响，这意味着较少的优惠待遇。欧盟认为，俄罗斯需要征收的关税超过其减让表所规定的，与第2.1(b)条款第一句相悖，也与第2.1(a)条款不相符。俄罗斯没有对欧盟这一主张做出具体答复。

专家组回顾上诉机构的声明：司法经济原则“允许专家组不做多方面的调查，即同一措施与各种条款不一致时，一个或若干不一致的结论足以解决争端”。② 专家组只需要处理那些“必须解决的争议中事项”的请求，而专家组只要不导致对问题的“部分解决”，就可以不对每项请求做出裁决。尽管如此，上

---

① Russia-Tariff Treatment of Certain Agricultural and Manufacturing Products from the European Union, WT/DS485R, 4 November 2014, para.7.764.

② 陈信星：《司法节制原则：争端解决机制的助力器》，载《WTO经济导刊》2006年第10期。

诉机构警告称,“只对部分争议问题的解决,将会是错误的司法经济”,而“为了使争端解决机构做出有效准确的建议或裁决,专家组必须解决那些请求,以便确保那些遵守建议和裁决的成员有效解决争端和他们的利益”。①

因已经得出第1至第5项措施与第2.1(b)条款第一句不相符,为了达到解决这一争端的目的,没有必要就这一结论做出进一步的调查结果,俄罗斯同样表现得与第2.1(a)条款不一致②,专家组行使司法经济并拒绝就此请求做出调查结果。

根据第6项措施提出的单独请求,由间接和直接请求构成。关于间接请求,专家组认为,俄罗斯的行为与GATT1994第2.1(b)条款第一句不一致,因此,可在GATT1994第2.1(a)条款下得出一项不一致的间接调查结果。鉴于此,为了达到解决这一争端的目的,专家组行使司法经济并拒绝就此请求做出调查结果。关于单独请求,其与欧盟根据第2.1(b)条款第一句不一致造成的与第2.1(a)条款间接不一致的请求有所不同。相比之下,这一单独请求涉及这项措施的另一方面——即俄罗斯在2016年1月1日之前必须适用5%的临时税率,因此在这一请求上行使司法经济是不适当的。专家组认为,欧盟没有证明俄罗斯在专家组成立时适用5%的临时税率会造成对竞争的有害影响,是由于缺乏对第2.1条的预见性或不足。因此,专家组得出结论:欧盟没有确定第6项措施所提供的进口待遇少于其减让表所规定的,与第2.1(a)条款不相符并且独立于第2.1(b)条款第一句下的任何不一致。

(三)专家组报告关于从价税措施的合理性

就俄罗斯对上述第1至5项关税细目(即纸和纸板制品)征收10%、15%的进口关税,根据俄罗斯的减让表,其各自的税率不应超过5%。因此,俄罗斯超过了其减让率中规定的约束税率。

在专家组成立时,第6项措施的关税税率以5%的税率为准。然而,根据俄罗斯的立法,这一比率是临时性的,必须进一步提高到15%。专家组注意

---

① Appellate Body Report, Argentina-Import Measures, para. 5.190 (quoting Appellate Body Reports, Canada-Wheat Exports and Grain Imports, para. 133; US-Wool Shirts and Blouses, p. 19, DSR 1997: I, p. 340; US-Tuna II(Mexico), paras. 403-404; US-Upland Cotton, para. 732; Australia-Salmon, para. 223). (footnotes omitted; emphasis original).

② Panel Report, Ukraine-Passenger Cars, para. 7.109. See also Panel Report, US-Upland Cotton, fn 1061.

到，即使限制性措施在诉讼程序中不生效，它也已经"依照法律"存在，而且其与 WTO 一致性的问题可能会受到专家组的审查。

特别是，专家组注意到 GATT1994 第 2.1 条款保护的是竞争条件，而不是贸易量。因此，没有必要提供任何交易和实际进口关税的证据，以证明违反 GATT1994 第 2.1(b)条款第一句。相反，应分析该措施的性质、结构和设计，以及该措施将来能否自动生效的可能性。

专案组认定类推到 GATT1994 第 3.2 条的要求(关于国内税适用于进口产品)，GTATT1994 第 2.1(b)条款禁止 WTO 成员的承诺有丝毫偏差(标准微量不适用)。

在*美国—超级基金*①案中，专家组指出 WTO 争端解决机制的目的是确保国际贸易系统的安全性和可预测性，因此，由 WTO 成员实施的措施，尽管预计在未来生效，也可能构成违反 GATT1994 的规定。虽然有关 15%比率的第 6 条关税细目已取消，从未生效，专家组认定它仍然与第 2.1(b)条款不相符。

虽然专家组裁决第 1 至 5 项措施违反 GATT1994 第 2.1(b)条款，但是其并没有考虑关于第 2.1(a)条款下一缔约方对其他缔约方贸易所给的待遇不得低于本协定所附该缔约方减让表中所列的待遇的请求。

在关系到税率是应用在未来这样的请求(第 6 个关税细目)时，专家组特别指出，15%比率的进口税是可预测的，这项措施的设立并没有导致市场上的竞争进一步地失真，给予不公正待遇。专家组在这方面没有发现任何违反 GATT1994 第 2.1(a)条款的行为。

三、俄罗斯相关组合税措施与 GATT1994 第 2.1 条的相符性

本部分主要从俄罗斯相关组合税措施的构成分析该案中争议措施和实施税率、上限机制与 GATT1994 第 2.1 条是否相符，随后详细论述该措施与 GATT1994 第 2.1(a)、2.1(b)条款的关系，最后对专家组报告关于组合税措施做出相应的合理性评价。

(一)俄罗斯相关组合税

本案所争议的组合关税，指的是俄罗斯在第 7 至 11 项措施(关税细目

---

① That GATT1994 panel addressed the issue in the light of Articles Ⅲ and Ⅺ of the GATT1994 1947, not Article Ⅱ. GATT1994 Panel Report, US – Superfund, para. 5.2.2.

1511 90 190 2 ,1511 90 990 2 ,8418 10 200 1,8418 10 800 1 和 8418 21 100 0)下货物适用的组合税率超过俄罗斯减让表所规定的约束税率。据欧盟称,这些措施与 GATT1994 第 2.1(b)条款第一句不一致,因此与 GATT1994 第 2.1(a)条款也不一致。

(二)组合税与 GATT1994 第 2.1(a)、2.1(b)条款

1. 争议措施和应纳税率

关于第 7、第 8 和第 9 项措施的货物方面,欧盟认为,在专家组成立之时,俄罗斯实施的关税税率结构和设计导致征收的关税超过一定进口价格范围内的约束税率。俄罗斯不反对欧盟对这三项措施的描述。根据所提交的证据,专家组发现俄罗斯在专家组成立之日关于第 7、第 8 和第 9 项措施实施的税率如下:

措施	关税细目	专家组成立之日,俄罗斯实施的关税税率	俄罗斯现行实施的关税税率
第 7 项措施	1511 90 190 2	3%,但不少于 0.09 欧元/千克①	3%,截至 2015 年 9 月 1 日②
第 8 项措施	1511 90 990 2	3%,但不少于 0.09 欧元/千克	3%,截至 2015 年 9 月 1 日
第 9 项措施	8418 10 200 1	16.7%,但不少于 0.13 欧元/升	15%,但不少于 0.13 欧元/升,截至 2015 年 9 月 20 日③

在处理第 7、第 8 和第 9 项措施的同一性和易受挑战性时有两个问题需要讨论。第一个问题涉及俄罗斯声称第 7 项和第 8 项措施在这些程序中已"失效",是否可以构成专家组做出结论的措施。第二个问题涉及专家组应如

① Section II, Chapter 15 of the CCT, as amended by Decision No. 52, Exhibit EU-6, by virtue of Footnote 31C, this rate is applied from 1 September 2015.

② Section II, Chapter 15 of the CCT, as amended by Decision No. 52, Exhibit EU-6 , by virtue of Footnote 31C, this rate was applied between 1 September 2014 and 31 August 2015.

③ Decision No. 54 of the Council was published on 10 September 2015 and entered into force, in accordance with its paragraph 3, on 20 September 2015. European Union's second written submission, para. 84; Russia's response to Panel question No. 95.

何处理在诉讼过程中修正的第 9 项措施。

关于第一个问题，据俄罗斯称，第 7 项和第 8 项措施的税率不仅符合俄罗斯的减让表，而且在 2015 年 9 月 1 日后不具有法律效力，这意味着专家组“没有任何办法来裁定”。欧盟则认为，专家组的职权范围在成立时已确定，专家组应就该日期生效的措施做出调查结果。专家组根据引用的条款和 DSU 第 11 条，需要做一个“客观的评价问题”，并且审视这些已存在的措施，在专家组成立时与 WTO 的一致性。

关于第二个问题，欧盟请求专家组就已存在的第 9 项措施做出：(ⅰ)专家组设立时；(ⅱ)在 2015 年 9 月 1 日和 20 日之间，这一措施的不一致程度是“严重的”；和(ⅲ)经修正，自 2015 年 9 月 20 日起[①]三种情况的调查结果。为了确保这一争端的积极解决，专家组认为，欧盟可能没有必要请求广泛的调查结果。欧盟的第一和第三个请求都涉及对进口产品征收“x%，但不低于每测量单位”税率的要求，该约束关税仅限于 x%(即从价税)。而措施的设计和结构没有改变，但只有数值“x”，因为它的数字在应用和约束税率。因此，根据该设计和结构做出的一项调查结果表明该专家组成立时所存在的措施是否符合第 2.1(b)条款，即使“x”的价值不同。如果专家组发现经修正的第 9 项措施，从价元素与俄罗斯的约束从价税率相等，则与第 2.1(b)条款第一句不相符，更不用说，第 9 项措施在 2015 年 9 月 1 日至 20 日期间与 WTO 不一致，即第 9 措施的从价税元素(16.7%)明显高于相应的约束税率(15%)。

总之，在这些调查结果中，专家组将考虑专家组成立时已存在的第 7 和第 8 项措施。相反，根据欧盟的请求，专家组将审议从 2015 年 9 月 20 日起修正的第 9 项措施。但是，如果得出的结论是经修正的第 9 项措施与俄罗斯根据第 2.1(b)条款第一句所承担的义务不符，为了不让调查结果留白，专家组将返回存在于 2015 年 9 月 1 日至 20 日期间的第 9 项措施。

2. 上限机制

据欧盟称，俄罗斯没有提供任何机制以防止争议中适用的组合关税的从价等值超过俄罗斯的约束关税水平。欧盟认为，在没有上限机制的情况下，有关关税细目下进口的货物将承担超过俄罗斯减让表规定的关税。而俄罗斯认为，世贸组织协议中的任何规定都不要求成员方使用上限或限额等机制。专家组的观点是欧盟本身并没有质疑缺乏上限机制。专家组首先考虑到欧盟关

---

① European Union's second written submission, para. 85. cited with Russia-Tariff Treatment of Certain Agricultural and Manufacturing Products from the European Union, WT/DS485R, 4 November 2014.

于没有关税限额或上限的论点，因为这样做将阻止俄罗斯征收高于其减让表中规定的关税。俄罗斯没有证据表明这样的上限或限额的存在。

3. 与GATT1994第2.1(b)条款第一句的相符性

欧盟提出第7至第9项措施与GATT1994第2.1(b)条款第一句不相符，不只是简单地因为它们的结构和设计不同于俄罗斯减让表中相关约束税率的类型、结构和设计，而是因为它们的类型、机构和设计导致征收的普通关税超过俄罗斯减让表的规定。关于这方面，专家组注意到，根据上诉机构的说法，“适用的关税类型不同于成员减让表中所规定的类型与GATT1994第2.1(b)条款第一句不相符，在一定程度上它导致征收的普通关税超过成员减让表的规定”。[①] 同意各当事方的看法，即成员所适用的某一关税类型或结构不同于该成员减让表所规定的关税类型或结构，其本身并不与第2.1条相抵触。重要的是，所适用的特定关税是否超过了成员减让表中规定的关税。

俄罗斯对欧盟所提出的评析方法不予认可并且认为是有缺陷的，因为它没有考虑到《俄罗斯工作组报告》第313段的方法。专家组注意到，俄罗斯关于第313段提出了一个问题，即专家组如何比较有关实施的关税税率和约束税率，以便评估第7、第8和第9项措施与第2.1(b)条款第一句的一致性。这个问题在逻辑上是先于欧盟是否表明这些措施实际上不一致的问题。因此，专家组将首先考虑第313段是否与专家组对欧盟请求的评估有关，特别是它是否规定了一种方法用于计算组合关税具体元素的从价税等值。

俄罗斯可以在某些交易中超过其关税约束，前提是随着时间的推移，它征收的关税低于其他国家的约束税率。但是，专家组在上面发现第2.1(b)条款第一句不允许这种平衡。在专家组看来，它将不会是恰当的支持第313段如此重大的偏离第2.1(b)条款第一句的一个解释。第313段和第2.1(b)条款第一句皆要求比较，这两个条款在什么是比较，如何进行比较，以及比较的目的方面有很大的区别。这些重大差异表明，第313款作为分析第2.1(b)条款第一句的一部分，不规定或授权在计算从价等值时适用的方法。因此，专家组认为第313段与分析一项适用的组合关税不相关。

俄罗斯实施的在专家组成立时已存在的第7至第11项措施，俄罗斯被要求适用的关税高于进口的约束水平或低于特定盈亏平衡价格(海关价值)。专家组还注意到没有证据表明，俄罗斯适用上限或限额以防止此类关税得到适用。因此，专家组的结论是，在专家组成立时已存在的第7至第11项措施中，

---

① Appellate Body Report，Argentina-Textiles and Apparel，para. 55.

俄罗斯在某些情况下被要求适用的关税超过其附表的规定，与第2.1(b)条款第一句不相符。

4. 与GATT1994第2.1(a)条款的相符性

因为，已经得出俄罗斯的第7至第11项措施与第2.1(b)条款第一句不相符，鉴于此，为了达到解决本争端的目的，没有必要就这一结论做出进一步的调查结果，俄罗斯的行为同样表现得与第2.1(a)条款不一致，专家组行使司法经济并拒绝就此请求做出调查结果。

(三)专家组报告关于相关组合税措施的合理性

俄罗斯承诺对棕榈油及其分离品、冰箱和冰柜征收不高于3%的从价税税率，但俄罗斯对上述产品征收的组合税率，即产品海关价值的百分比(从价率)不能低于每单元的特定数额(从量率)。

征收组合率代替从价税率不能被视为违反GATT1994第2.1条本身。但在这种情况下适用的组合税率(它的从价或特定部分，视情况而定)和从价税率，应该比较减让表中所规定的。换言之，即使在目前的情况下，从价税率(作为组合税率的一部分)为3%，对此种税率的要求不低于0.09欧元/公斤意味着在某些情况下，组合税率可能超过减让表中规定的约束税率。此外，俄罗斯没有采取任何措施，防止将此种组合税率超过其约束限度。

某些税率(关于第7、第8、第10和第11项关税细目)在这些程序的诉讼过程中已被纳入俄罗斯的约束税率。然而，在设立专家组后消除违反行为并不排除迄今为止违反GATT1994第2.1(b)条款的行为。

四、俄罗斯相关系统关税变量措施与GATT1994第2.1条的相符性

本部分主要从本案中争议的措施、措施是否存在以及欧盟提交的证据分析得出系统关税变量措施是否存在的结论，再对专家组报告关于系统关税变量措施做出相应的合理性评价。

(一)系统关税变量与GATT1994第2.1(a)、(b)条款

1. 争议措施

欧盟称，与第1至第11项措施不同，第12项措施不构成俄罗斯对某一关税细目所征收的关税待遇。它是不成文的，它“不是用单独的书面措施来描

述”。欧盟在其专家组请求中也将系统关税变量描述为“一般做法”。① 俄罗斯认为，欧盟“未能确定第 12 项措施的确切内容”，欧盟对系统关税变量的描述未记录措施的范围和内容，需要专家组或俄罗斯来标识特定的关税细目与第 2.1(b)条款第一句不相符。在俄罗斯看来，欧盟对系统关税变量的模糊描述是为了防止专家组发现该措施与俄罗斯 WTO 的义务不相符。

专家组同意俄罗斯的看法，即欧盟在某些方面的描述并不完全清楚。欧盟有时用不同的词语来描述系统关税变量、共同关税率和单独关税细目之间的关系。② 因此定义构成系统关税变量有三个要素：a. 系统适用；b. 某些类型的关税待遇（“关税变量”）；c. 在共同关税率中，或相当数量的单独关税细目。由于欧盟在其专家组请求和所有的书面报告中坚持这三个要素，专家组认为它们构成了定义系统关税变量的特征。它们每个都是系统的责任构成要件，三个中的任何一个都不是系统关税变量，但却是一项不同的措施。专家组首先对系统关税变量的三个要素进行分析。

(1)系统适用。欧盟认为，在其报告中载明系统关税变量的性质，特别是欧盟为第 12 项措施选择的名称，更加突出“系统”一词的重要性。欧盟的书面报告及其对专家组问题的答复都没有对“系统”一词做出明确的定义。事实上，欧盟的声明至少暗示了“系统化”这一术语的三种可能含义：第一，欧盟的一些声明表明系统性无非意味着“关于适用或影响大量关税细目”；第二，其他陈述则显示了相反的情况，即该措施的“系统性”在概念上不同于称它影响大量关税细目的事实；第三，有一些说法表明，“系统”一词意味着某种特定类型的关税待遇以某种行为模式存在。鉴于此，专家组有必要确定“系统性”的含义，这将成为专家组回顾提交支持系统关税变量已存在证据的基础。

欧盟的专家组请求包括“系统”一词，但没有明确定义它。在欧盟没有提供定义的情况下，专家组最初着眼于术语的普通意义，如词典中所表达的意思。《简明牛津英语词典》将“系统化”定义为：（一个文本、展会、活动等）根据系统、计划或有组织的方法进行设置或实施；（人）根据一个系统，定期地和有

① Request for the Establishment of a Panel by the European Union, para 11. cited with Russia-Tariff Treatment of Certain Agricultural and Manufacturing Products from the European Union, WT/DS485/6, 27 February 2015.

② European Union's comments on Russia's response to Panel question No. 31, cited with Russia-Tariff Treatment of Certain Agricultural and Manufacturing Products from the European Union, WT/DS485R, 4 November 2014.

条不紊地,彻底地实施;习惯性的,故意的、有预谋的。[①] 同样,《柯林斯英语词典》把“系统化”定义为“以秩序和计划为特征的,有条理的”。[②] 基于上述考虑,欧盟在术语“系统适用”和“系统责关税变量”中对“系统”的表达不能恰当地解释为“广泛”或“大量”。相反,它的意思是“按照系统、计划或组织的方法或效果来完成”。

(2)某些类型的关税待遇(“关税变量”)。欧盟认为,系统关税变量涉及货物适用的组合税率和无论是约束组合税率或约束从价税率。系统关税变量包括两种不同的关税待遇类型。欧盟本应更清楚地解释在其专家组请求中提及的“两种方式”或纳入了“三种类型”的关税待遇。专家组不同意俄罗斯认为欧盟扩大了第 12 项措施的范围,其中包括一项在欧盟专家组请求中未具体规定的关税待遇。俄罗斯认为,欧盟推出了一个新的、第三类型的作为对系统关税变量的描述。但是这种措辞的差异是文体上的,而不是实质性的。“第三类型”关税待遇只是上述一种关税待遇的另一种形式。

(3)在共同关税率中,或相当数量的单独关税细目。专家组认为,“大量重要的关税细目”并不意味着全部或几乎所有的关税细目,而是一个大的、实质性的或相当多的关税细目。

专家组认为,第 12 项措施基本上可以描述为:共同关税率适用于大量关税细目的两种特定类型的关税待遇。这种现象反映了系统或有组织的方法或效果,是一般性的,而不是仅限于共同关税率的特定部分。本争议措施包括关税待遇特定类型的系统性适用,从而产生一般做法。

2. 措施的存在

专家组回顾欧盟所述的第 12 项措施是一项不成文的措施,认为其存在受到质疑。专家组注意到上诉机构的声明:“必须通过证据和论据来证明措施的构成要件受到质疑,将需要告知申诉人如何描述或刻画这一措施”。[③] 因为专家组已经确定了欧盟上述描述的关键要素,以下审查欧盟提交的支持其描述的证据类型、评估欧盟所述证据是否表明该措施特征要素的存在。

(1)欧盟提交的证据

欧盟提交了三种证据,以支持其提交的第 12 项措施存在。第一,欧盟就

---

① A. Stevenson(ed.), Shorter Oxford English Dictionary, 6th edn., Vol. 2, Oxford University Press, 2007, pp. 3154—3155.

② Collins English Dictionary online, definition of “systematic”, 〈http://www.collinsdictionary.com/dictionary/english/systematic〉, accessed on 12 February 2016.

③ Appellate Body Report, Argentina-Import Measures, para. 5. 108.

第 7 至第 11 项措施提出了适用税率和约束税率,并附有数学解释和说明。这些适用税率中的三(与第 7、第 8 和第 9 项措施有关)种是由单一从价元素和最低特定元素构成的组合税率。欧盟所称的不一致之处是关税的界限,约束从价税率与适用组合税率的从价替代元素相同。这对应于"第一类型"的关税待遇,刻画了系统关税变量。剩下的两个适用税率(与第 10 和第 11 项措施有关)是由多种元素构成的组合税率:第一,直接从价元素;第二,构成替代"从价"元素的"组合"元素,不得低于最低特定元素;第三,要求征收的关税是各种元素在可变元素之下所允许的最低。就这两项适用税率而言,欧盟声称所发生的不一致的税率,是约束组合税率与适用税率的"组合"元素相同。这相当于"第二类型"关税待遇的证据,刻画了系统关税变量。

欧盟为关税细目提出了一个"不符点的说明性清单",表明适用税率包含在共同关税率的 39 条不同关税税目中,在专家组成立之日它们已存在,以及约束税率与这些关税细目相同。这 39 条关税细目分别来自 CCT 五个不同的章节,分别是:第 6 条关税细目来自第 6 章,第 2 条关税细目来自第 39 章,第 1 条关税细目来自第 40 章,第 8 条关税来自第 84 章,第 22 条关税细目来自第 87 章。其中每一项都涉及欧盟所质疑关税待遇的"第一种类型",并对应于欧盟就第 7 至第 9 项措施所述的关税待遇。在说明性清单的 39 条关税细目中,有 3 条是 1511 90 190 2,1511 90 990 2 和 8418 10 200 1。对于这三条关税细目,欧盟在第 7、第 8 和第 9 项措施中已经说明了有关的适用税率和约束税率。因此,说明性清单显示了欧盟描述的第 7 至第 11 项措施中已经提供 36 条关税细目附加的 5 条关税细目的适用税率和约束税率。此外,欧盟没有提交所有与欧亚经济联盟决定在说明性清单建立适用税率的证据。

欧盟提出了贸易统计和有关说明性清单中所列 6 条关税的计算。① 其中 2 条关税细目与第 7 和第 8 项措施有关。统计数字表明,在 6 条关税细目中的每项货物的总价值和净重,都来自欧盟某些原产地的俄罗斯某些地区。欧盟认为,附带计算表明,对这 6 条关税细目下的产品征收的平均海关价值超过了有关的约束关税。专家组认为,类似的证据被*阿根廷纺织品和服装案*中专家组和上诉机构作为补充证据,以做出与第 2.1(b)条第一句不相符的调查结果。

欧盟没有提交其他证据,无论是直接的还是间接的,支持对系统关税变量存在的断言。

---

① Specific cases of discrepancies, customs statistics of foreign trade of Russian Federation, Customs Statistics, Exhibit EU-20.

(2)对证据的评估

欧盟认为系统关税变量不同于所谓的个别情况，是一条不成文的措施。因此，专家组不能轻率地接受欧盟认为它存在的论断。专家组将考虑是否通过欧盟提交的证据表明，系统关税变量按照欧盟的定义实际上存在。根据欧盟的描述，系统关税变量有以下特性的定义："某些类型的关税待遇"，即"大量重要的关税细目"，是"系统地"适用或给予的，从而产生"一般"做法。这些构成欧盟对系统关税变量的定义。因此，每个元素必须在专家组面前证明系统关税变量作为一个主要的不成文的措施而存在。

在审查证据之前，专家组将考虑欧盟提交的证据是否存在相关的关税待遇类型。如果这样做，专家组将着手考虑这种关税待遇是否符合相当数量的关税细目，是否有系统地予以规定，以及是否导致了一般做法。

3. 对于系统关税变量的结论

欧盟认为，系统关税变量是可以在 WTO 争端解决中质疑的一项措施；与 GATT1994 第 2.1(b)条款第一句不相符，因此也与第 2.1(a)条款不相符。欧盟未能证明系统关税变量的存在，尚未建立系统关税变量的存在，专家组不能对这些措施做任何额外的调查结果。专家组得出结论，关于第 12 项措施，欧盟没有证据证明与第 2.1(b)条款第一句不相符；必然地也未能得出与第 2.1(a)条款不相符的结果。

(二)专家组报告关于相关系统关税变量措施的合理性

欧盟并没有争辩关于特定关税细目第 12 项措施以"系统关税变量"形式表现税率的不相符性，但一般的实践应用明显影响关税细目和系统作为一个整体。这种措施的分析需要更高标准的审查，涉及证明"一项措施"系统和具体地适用到大量关税细目，而导致的一般做法(在*美国归零示例案*中处理 GATT1994 条款含义内有争议"措施"的问题)。

专家组裁决，欧盟未能提供充分证据证明在第 2.1(b)条款下的违反行为；特别是，它没有证明关税变量是连接到任何特定的计划或是系统的或为一般的做法，但它将其论点局限于某些关税细目的具体例子，而没有表明其对整个关税系统的影响；没有这些证据，专家组无法确定有争议"措施"的存在，以及因此违反了 GATT1994 的规定。

五、本案对我国的启示

本部分从本案中涉及的法律解释着手，寻找对中国诉欧盟关税减让措施一案的可鉴之处；再在我国农产品制成品与国际贸易之间矛盾不断加剧的国际大环境下，就如何避免贸易摩擦，促进我国农产品制成品发展提出合理确定农产品制成品关税减让范围、优化农产品制成品关税结构、提高关税调节作用等建议。

（一）我国审视农产品制成品关税减让措施与GATT1994第2.1条是否相符

1. 对GATT1994第2.1(b)条款"其他税费"的理解

GATT1994第2.1(b)条款规定："与任何缔约方相关的减让表第一部分中所述的、属其他缔约方领土内的产品，在进口至与该减让表相关的领土时，在遵守该减让表中所列条款、条件或限制的前提下，应免征普通关税中超过其中所列和所规定的部分。此类产品还应免征所有任何种类的其他税费中超过本协定订立之日征收的或超过该日期在该进口领土内已实施的法律直接和强制要求在随后对进口或者有关进口征收的部分。"

针对上述规定，WTO全体成员做出了一项谅解："关于解释《1994年关税与贸易总协定》第2.1(b)条款的谅解。"此谅解规定，"就第2条而言，1994年4月15日是'其他税费'的日期。"因此，"'其他税费'应该以这个日期实施的税费水平记录在减让表中。在之后的每次有关关税减让的再一次谈判或关于一项新的减让谈判中，所涉及关税税号的适用日期应成为这项新的减让并入有关减让表的日期。对于所有约束关税均应记录'其他税费'，这项纪录并未改变这一'其他税费'的法律性质。"GATT1994第2条第1款(b)项的"其他税费"是专对进口征收的税费，关税与其他税费的审查要根据此条款，而且只要不超出其承诺的约束水平，可以歧视性地对不同国家的产品实施。

2. 我国关税减让措施与GATT1994第2.1(a)、2.1(b)条款

我国关税根据不同的角度、目的、标准会有不同的分类。关税可采用的征税标准基本上为从价税与从量税。由于二者各有长短，为了扬长避短，以适应市场需求，相应地衍生出复合税、选择税、季节税、滑准税等。我国的关税减让主要以从价税为主，形式单一，相反，国外税则机构复杂多样。根据2015年关税税率专家组可以看出，仅有40种产品是以从量计征的方式征税，占所有税目的0.48%，关税的平均税率仅为14%。由于农产品制成品是十分特殊的产品，不仅对原材料要求高，对加工技术也要求很高。面对这些状况，单一的从价税很难满足市场的要求，难以发挥关税的保护作用。

在GATT1994下，任一成员方没有遵循任何特定货物归类制度的义务，成员有权在它的关税中按需要采取新的类别或分类别。在进口货物的关税归

类方面，成员方具有广泛的自主决定权。我国的农产品制成品构成的核定与征税措施，是一种将进口货物进行归类的方法，这种归类方法没有改变关税的框架、结构和税率，没有提高任何产品的关税税赋，没有违反 GATT1994 第 2.1(a)和(b)条款的规定。

(二)本案对中国诉欧盟关税减让案的借鉴意义

2015 年 4 月 8 日，中国提出就欧盟影响部分禽肉产品关税减让的措施案(以下简称 DS492 案)正式启动 WTO 争端解决程序。在该案中，我国认为欧盟影响部分禽肉产品关税减让的措施违反 GATT1994 第 1 条、第 2 条和第 13.2 条。该案与欧盟诉俄罗斯农产品制成品关税减让案(以下简称 DS485 案)十分相似，因为二者的争议措施均是包含 GATT1994 第 2 条以及均涉及修改减让表的修改途径。

DS485 案中，欧盟对俄罗斯第 12 项措施证据的提供未能证明该项措施的存在，欧盟仅以书面陈述该项措施的存在。我国应在 DS492 中注意证据的提交与补充，做到证据充分、有理有据。关于 DS485 案的争端解决思路以及相关法律问题的分析和解释对于 DS492 案有着重要的参考意义。

(三)对发展我国农产品制成品的法律思考

2017 年 1 至 11 月我国农产品制成品在国际货物贸易中同比增长 14.1%，环比增长 25.9%，由此农产品制成品问题仍是多边贸易体制发展最为复杂和敏感的问题之一。我国在经济全球化的背景下，应当积极制定相关政策和措施，以避免国家之间的贸易摩擦对我国所造成的不良影响，促进我国农产品制成品产业的发展。顺应农产品制成品的关税减让可以从以下几个方面入手。

1. 合理确定我国农产品制成品关税减让的范围

关税减让使我国农产品制成品市场准入门槛变低，国际贸易摩擦不断扩大，因为我国在农产品制成品关税税率的设置上不是十分合理，大量国外农产品制成品的涌入，对国内农产品制成品市场造成了一定冲击，所以关于我国农产品制成品的关税减让应根据具体情况具体分析。

对于我国具有比较优势的农产品制成品，如劳动密集型农产品制成品已逐渐代替土地密集型农产品制成品变身为具有比较优势的产品。未来一段时间内，我国的劳动密集型农产品制成品仍将在国际市场上具有一定的比较优势，对于这类农产品制成品，我国可以进行相应的关税削减，因为这类产品稍微削减关税不会对国内市场形成实质性冲击，因此可以根据 WTO 和 GATT1994 条款制定减让范围,从而给不具有比较优势的农产品制成品比较大的关税调整空间。尤其是进口规模较小且具有比较优势的农产品制成品,如纸板等,其自身的优势可以迫使国外同类产品退出本国市场,不会对本国市场造成影响,是我国关税减让主要方面。

对于进口规模较大又不太具有比较优势的农产品制成品应进行重点保护,作为敏感产品或者特殊产品尽量少削减或者不削减。如关系我国粮食安全和农民生计的稻谷、棉花等土地密集型产品,由于这些作物在国际上不具有竞争优势,关税太低会受到国外比较优势产品的冲击,因此是我国需要重点保护的产品。对这些产品应采用较高的关税,以达到有效保护有关国计民生的重要农产品制成品。

2. 大力发展先进农业科学技术,提高我国农产品制成品的附加值

在国际统一大市场的背景之下,我国注重引进先进的农业科学技术,国家发展现代农业的政策措施,以促进我国农产品制成品国际竞争力的提高。而且,我国农产品制成品的出口会以其特有的优势,在带动农村劳动力就业、增加农民收入、优化农业产业结构、推进现代农业建设方面发挥重要的作用。

习近平总书记指出:“农业出路在现代化,农业现代化关键在科技进步。专家组必须比以往任何时候都更加重视和依靠农业科技进步,走内涵式发展道路。”习近平总书记的讲话说明当前我国农业面临的诸多困境和挑战,只有从科技创新入手才能找到有效破解途径,也只有紧紧依靠科技创新打造竞争新优势,才能提升我国农业在全球供给体系中的地位。

从长期来看,先进农业科学技术的发展,必然会提高我国农产品制成品的附加值,大幅度提升在海外市场的国际竞争力。这就要求我国在寻求短期内关税保护的同时,不断发展农业科学技术,提高农业的生产力水平,使我国的农业产业发展壮大,这才是我国提升农业竞争力的最根本途径。

3. 优化农产品制成品关税结构

细化农产品制成品进口税目,增加税率设置差异度。针对我国农产品制成品税目较少的问题,我国可以在以后的农产品制成品关税税则的设定中,参考发达国家税则的制定方法标准对农产品制成品分类进一步细化,制定严格的分类标准,从而有效增加农产品制成品进口关税税则号列。在细化进口关税税则的基础上,进一步提升关税税率设置的差异度,针对不同的农产品制成品采用不同的进口关税,而不是像现在一样不同农产品制成品之间的进口关税相差无几。

进一步推进农产品制成品进口关税计征方式多样化。在以后的农产品制成品进口关税优化的进程中,我国可以考虑参照国际上很多国家的做法,对农

产品制成品进口关税多样化计征,而不是仅仅以一种从价税计征。应当将我国关税专家组的研究重点放在从量税、复合税、临时关税、滑准税和季节性关税等,①适时地增加农产品制成品的计税方式,使农产品制成品进口征税具有针对性而不是一刀切。面对国外农产品制成品市场对我国造成的冲击,专家组应当充分利用从量税在数量控制上得天独厚的优势;当然,在从量税的使用过程中,专家组还应当根据情况的不同而选择与从价税、复合税以及季节性关税等结合。通过增加计税方式的多样性,启用一些特殊的关税保护制度,进一步增强税收的弹性和灵活性,也可以借鉴其他国家的关税高峰政策,优化当前的关税高峰的设置,合理地针对不同的农产品制成品设置差别关税税率。②

4. 提高关税调节作用

我国关税的调节作用不明显,归根结底还是关税结构设置的不合理造成的。为了提高我国农产品制成品关税的调节作用,在以后的关税征收过程中,应当根据对不同农产品制成品的不同的保护程度,及时灵活地对进口关税税率进行调整。当然,这种调整要以不违反世界贸易组织《农业协定》关税原则为基础,并且是按照农产品制成品比较优势的原则进行关税税率结构的调整。

在今后的时间里,我国的劳动密集型农产品制成品仍将在国际市场上保持一定的竞争比较优势,对这类农产品制成品,我国可以适当降低进口关税税率,因为对于比较优势的农产品制成品,降低其进口关税,基本不会大幅度增加其进口,但对在比较优势农产品制成品上降低税率,可以在不提升总体关税水平的基础上适当提高不具有比较优势的农产品制成品的进口关税,这对于保护我国不具有比较优势的农产品制成品具有重要意义,对于增加我国农产品制成品关税的调节作用也具有重要意义。收集和评估进口补贴农产品制成品对我国农业所造成的损害性影响,建立健全调查机制,以便对外国补贴进口农产品制成品做出及时和有效的反应。③ 中国在提高关税调节作用的同时,有必要积极参与 WTO 农业谈判和争端解决机制,回击接受巨额补贴、对中国农业和农民造成不利影响的不公平进口。④

---

① 国务院关税税则委员会办公室、中华人民共和国财政部关税司编著:《中国关税——制度、政策与实践》,中国财经经济出版社 2011 年版,第 15 页。

② 岑维廉、钟昌元、王华编著:《关税理论与中国关税制度》,上海人民出版社 2010 年版,第 12 页。

③ 李晓玲:《WTO 框架下的农业补贴纪律》,法律出版社 2008 年版,第 271 页。

④ 农业部软科学委员会课题组编:《加入世贸组织与中国农业》,中国农业出版社 2002 年版,第 236 页。

结语

金砖国家合作10年来，金砖国家的经济与文化交流日益密切，"金砖国家"已成为发展中国家间合作的一块闪亮招牌。本文运用案例分析、对比分析等手段，通过对欧盟诉俄罗斯农产品制成品关税措施案的研究分析，其中作者对比了俄罗斯在本案中所实施的七项措施与GATT1994第2.1条，主要从该争议措施与实际交易中所实施的税率进行对比，从而进一步得出该措施下的货物是否与GATT1994第2.1条相符；从经济与法律两个层面证明我国农产品制成品关税减让的紧迫性，审视我国农产品制成品政策，我国宜根据世贸组织的宗旨和精神，采取相应措施改善和提高我国农产品制成品，促进我国经济的健康发展。当然，由于时间与篇幅限制，本文未能论述我国关税减让措施的利与弊，缺乏对工业品、金属制品、塑料及其制品等产品的关税减让分析，这些在未来予以研究。

A Study on the WTO Russia-Tariff Treatment of Certain Agricultural and Manufacturing Products from the European Union

SONG Xiaoping

Abstract: With the rapidly growing economy, the tariff concession policy has an impact on the inequality of wealth and income. This paper is based on the case that Russia-Tariff Treatment of Certain Agricultural and Manufacturing Products. According to European Union's specific claims, it will deeply analyze the correspondences between Russia's tariff treatment measures and Article 2.1 of the GATT 1994, finally further analyze the enlightenment to China. The main conclusions are as follows: the Panel identified the Russian ad valorem duty and combined duty measures in violation of the Article 2.1 of the GATT1994, for the systematic duty variation, the Panel cannot determine the "measures", therefore it does not violate the provisions of GATT1994.

Key Words: WTO; agricultural and manufacturing products; Russian's tariff treatment; Concession Schedule; Article Ⅱ: Ⅰ of GATT1994

✲ 何美玉*

WTO 美国诉印度太阳能电池和组件措施案研究**

内容摘要：随着传统能源的日益紧张，各国出台了一系列政策和法律来保障可再生能源如太阳能产业的发展，这些政策和法律可能会产生国际贸易争端。2010 年，印度提议将太阳能薄膜技术的国产含量要求提高，美国认为印度尼赫鲁国家太阳能计划中"国内含量要求"的 DCR 措施不符合 WTO 贸易规则，且对美国企业形成了歧视性待遇。现阶段，此类包含"国内含量要求"的措施常因涉嫌违反 WTO 义务而贸易争端不断。本文从 WTO 争端解决下的"美国诉印度太阳能电池案"入手，深入分析印度实施的 DCR 措施与 GATT1994 第 3.4 条款和第 20 条、TRIMs 协定第 2.1 条款的相符性，揭示 DCR 措施合规性的界定和论证，以期为我国未来应对类似贸易摩擦提供一些思路。

关键词：WTO；国民待遇；印度太阳能电池案；国内含量要求；政府采购

目次

---

* 何美玉，西南政法大学国际法学院法律硕士(法学)专业涉及经贸法律实务方向 2016 级研究生。

** 本文系由本卷编辑在作者 2018 年 6 月硕士学位论文基础修改而成。

引言

2013年2月6日和2014年2月10日，美国根据《关于争端解决规则与程序的谅解》（简称DSU）第1条①和第4条②、《1994年关税与贸易总协定》（简称GATT1994）第22条③以及《与贸易有关的投资措施协定》（简称TRIMs协定）第8条④，就印度《尼赫鲁国家太阳能计划》第1期和第2期中规定的本地成分要求向WTO提起与印度的磋商申请。2013年3月20日和2014年3月20日，美国分别与印度就争议事项进行了磋商，但磋商并未达成共识。美国称，印

---

① 该条款规定如下：

本谅解的规则和程序应适用于按照本谅解附录1所列各项协定（本谅解中称“适用协定”）的磋商和争端解决规定所提出的争端。本谅解的规则和程序还应适用于各成员间有关它们在《建立世界贸易组织协定》（本谅解中称“《WTO协定》”）规定和本谅解规定下的权利和义务的磋商和争端解决，此类磋商和争端解决可单独进行，也可与任何其他适用协定结合进行。

② 该条款规定如下：

当一参与磋商的成员以外的成员认为按照GATT1994年第22条第1款，GATS第22条第1款或其他有关协定相应条款规定正在进行的磋商对其有着重要的贸易利益时，该成员可在按照上述条款对该磋商的请求分发之日起的10天内，向参与磋商的各成员和DSB通告其参加该磋商的愿望。只要接到磋商请求的成员同意其所谓的重要利益确实有理有据，则该成员可参与磋商，并应将此情况通知DSB。如果要求参与磋商的请求未被接受，则该提出申请的成员可按照GATT1994第22条第1款或第23条第1款，GATS第22条第1款或第23条第1款或其他有关协议之相应条款提出磋商请求。

③ 该条规定如下：

协商

1. 当一缔约方对影响本协定执行的任何事项向另一缔约方提出要求时，另一缔约方应给予同情的考虑，并应给予适当的机会进行协商。

2. 经一缔约方提出请求，缔约方全体对经本条第1款协商但未达成圆满结论的任何事项，可与另一缔约方或另几个缔约方进行协商。

④ 该条规定如下：

《争端解决谅解》所解释和适用的GATT1994第22条和第23条的各项规定，应适用于按照本协定所产生的磋商和争端解决。

度的相关措施违反了 GATT1994 第 3.4 条①,TRIMs 协定第 2.1 条②。2014 年 4 月 14 日,美国根据 DSU 第 6.2 条③,就印度关于太阳能电池和太阳能电池组件的某些措施向 WTO 争端解决机构提出成立专家组的申请。美国的该项申请于 2014 年 4 月 15 日向 WTO 成员公布。在 2014 年 5 月 23 日召开的 WTO 争端解决机构例会上,WTO 争端解决机构基于美国的第二次申请,就印度关于太阳能电池和太阳能电池组件的部分措施案(DS456,以下简称本案)做出成立专家组的决定。美国强调,其诉求针对的并非是印度的国家太阳能计划(JNNSM),而是印度国家太阳能计划中涉及的国内含量要求,该规定要求优先使用"同类"国内产品,而对进口太阳能电池及太阳能电池组件造成了歧视。巴西、加拿大、中国、欧盟、日本、韩国、马来西亚、挪威、俄罗斯、土耳其作为第三方参与了该案专家组程序。④

2016 年 2 月 24 日,WTO 争端解决机构发布本案的专家组报告。本案争议涉及的 DCR 措施是印度国家太阳能计划第一阶段(第一批)、第一阶段(第二批)以及第二阶段(第一批)提出的本地含量要求。该措施在每一批次均被纳入或以其他方式体现在各类文件中,包括指南和申请选择文件、《电力购买协议》、印度政府机构和太阳能开发商之间单独执行的《电力购买协议》等。专家组认定:①印度的国内成分要求措施(简称 DCR 措施)违反了 TRIMs 协定第 2.1 条、GATT1994 第 3.4 条的规定,且不在 GATT1994 第 3.8(a)条款⑤

---

① 该条规定如下:

一缔约方领土的产品输入另一缔约方领土时,在关于产品的国内销售、兜售、购买、运输、分配或使用的全部法令、规章和规定方面,所享受的待遇应不低于相同的国内产品所享受的待遇。但本款的规定不应妨碍国内差别运输费用的实施,如果实施这种差别运输费用纯系基于运输工具的经济使用而与产品的国别无关。

② 该条规定如下:

在不损害根据 GATT1994 的其他权利和义务的前提下,任一成员方不得实施任何与 GATT1994 第 3 条或第 11 条的规定不符的 TRIMs。

③ 该条规定如下:

设立专家组的请求应以书面形式提出。请求应指出是否已进行磋商。确认争论中的措施并提供一份足以明确陈述问题的起诉的法律根据概要。在申请方请求设立的专家组不具有标准职权范围的情况下,书面请求中应包括特殊职权范围的拟议案文。

④ Report of The Panel, India-Certain Measures Relating to Solar Cells And Solar Modules, WT/DS456/R, 24 February 2016, para.18.

⑤ 该条规定如下:

(1)本条的规定不适用于有关政府机构采办供政府公用、非为商业转售或用以生产供商业上销售的物品的管理法令、规章或规定。

规定的"减损"范围内;②DCR措施不符合GATT1994第20(j)条款[①]或第20(d)条款[②]。同年4月,印度决定对此裁决提起上诉。2016年9月16日,上诉机构公布了其裁决报告。从2013年2月到2016年9月,历经3年半的时间,美国诉印度的太阳能电池措施案终于走完了WTO争端解决程序。

从目前的国际经济形势看,太阳能之类的可再生能源贸易摩擦将会不断增多,通过分析本案的争议焦点和裁决结果,将为WTO争端解决机制下相似案件的解决提供经验,对我国今后也有重要借鉴意义,同时能为各国相关政策措施的制定提供符合WTO规则的思路。

尽管WTO争端解决机构对本案发布了最终裁决,但国内外对本案系统研究甚少。我国与本案的类似案件有如中国诉欧盟可再生能源产业措施案。外国与本案的类似案件有如日本诉加拿大可再生能源产业措施案(简称FIT[③])。[④]

本文拟通过规范分析、比较分析、实证分析法等研究方法,试图研究本案中的实质性问题,提出本案对中国的启示。

一、本案基本情况

(一)案情简介

随着传统能源的日益紧张,全球各国大力发展诸如太阳能之类的可再生能源,出台了一系列政策和法律来保障国内相关产业的发展,这些政策和法律可能极易引发国际贸易争端。各国对国内诸如太阳能之类的可再生能源产业的扶

① 该条规定如下:

在普遍或本地供应短缺的情况下,为获取或分配产品所必须采取的措施;但采取的措施必须符合以下原则:所有缔约国在这些产品的国际供应中都有权占有公平的份额,而且,如采取的措施与本协定的其他规定不符,它应在导致其实施的条件不复存在时,立即予以停止。最迟于1960年6月30日以前,缔约国全体应对本项规定的需要情况进行检查。

② 该条规定如下:

为保证某些与本协定的规定并无抵触的法令或规章的贯彻执行所必需的措施,包括加强海关法令或规章,加强根据本协定第2条第4款和第14条而实施的垄断,保护专利权、商标及版权,以及防止欺骗行为所必需的措施。

③ 全称为Feed-in Tariff。

④ Minister's 2009 FIT Direction, Exhibit JPN-102.

持性措施,[①]可能不符合现在的国际贸易规则,侵犯了其他国家的利益。因此造成了类似的可再生能源产业在 WTO 中国际贸易争端案件频繁发生,如表 1[②]。

表 1

序号	案件编号	案件名称	时间
1	DS419	美国诉中国风电设备补贴案	2010
2	DS412	日本诉加拿大可再生能源产业措施案	2010
3	DS426	欧盟诉加拿大有关 FIT 计划的措施案	2011
4	DS452	中国诉欧盟和某些成员方可再生能源产业措施案	2012

这些案件同本案相类似,皆为可再生能源争端案。印度自 2010 年 1 月实施了 JNNSM 计划[③],其目标是“通过创造尽快在全国扩散的政策条件,使印度成为全球太阳能领先国家”,同意以长期的合同保证率向 SPD[④] 购买电力,并为 SPD 提供其他经济利益。通过 JNNSM 计划,印度计划在 2022 年之前建立 2 万兆瓦并网太阳能发电能力。为了实现这一目标,印度正在分三个独立的“阶段”实施 JNNSM 计划。[⑤]

第一阶段分为两批次:批次 1(2010—2011)和批次 2(2011—2012)。目前正在进行的第二阶段于 2013 年 10 月开始,计划于 2019 年结束。迄今为止,印度已经在第二阶段推出了一批次。在第二阶段(批次 1)期间,印度的目标是产生 750 兆瓦的太阳能发电量。印度计划在 2017 年和 2022 年之间的第三阶段结束时达到 20,000 兆瓦的目标。印度尚未发布任何第三阶段的准则草案或详细计划。[⑥]

在 JNNSM 计划的每个阶段,印度政府都在征求和评估太阳能开发商(简称 SPD)的投标建议,以建立“太阳能发电项目”。印度政府选择某些开发商,然后与这些开发商签订 PPA[⑦]。根据 PPA,印度政府同意以合同保证的长期利率购买太阳能开发商(简称 SPD)的太阳能发电项目产生的电力。印度政府

---

① Yuka Fukunaga, Renewable Energy Trade and Governance, ASIL Proceedings, pp. 381—385.

② WTO 官方网站,https://www.wTo.org/english/res_e/res_e.htm,最后访问日期:2018 年 2 月 26 日。

③ 即印度尼赫鲁国家太阳能计划。

④ 即太阳能开发商。

⑤ Report of The Panel, India - Certain Measures Relating To Solar Cells And Solar Modules, WT/DS456/R, 24 February 2016, para.7. 16.

⑥ Ibid, para.7. 21.

⑦ 即购电协议。

再将电力出售给下游“配电公司”,转售给商业和家庭消费者。根据 JNNSM 计划,电力生产与流通的基本流程如下[①]:

核电方面:核能开发商→印度政府→分配给公共事业→最终消费者。

太阳能电方面:太阳能发电→出售给印度政府→ 印度政府从 SPD 买电并卖给配电公司→从 GOI 购买太阳能电后出售给商业和家庭最终用户。

在运行 JNNSM 计划时,印度利用一系列文书和文件(即 JNNSM 计划)为每个阶段和批次(包括 DCR 措施)列出计划的相关方面。第一阶段(批次 1),第一阶段(批次 2)和第二阶段(批次 1)中的每一批次都由类似的一组关键文件来管理。具体而言,每个阶段的 JNNSM 计划措施包括:①准则文件;②选择请求(“RfS”)文件;③模型 PPA;④单独执行的 PPA。[②]

“第一阶段第一批准则”规定:“对于太阳能光伏项目,基于晶体硅技术的项目将使用印度制造的组件。”“第一阶段第二批准则”规定:“对于 2011—2012 年第二批选择的太阳能光伏项目,所有项目都必须使用印度生产的电池和组件。”“第二阶段指南”规定:“根据 DCR 措施,电厂使用的太阳能电池和组件必须在印度制造。”在每个 RFS 文件中逐字重述 DCR 措施。此外,作为根据 RFS 文件提交的投标申请的一部分,SPD 有义务在“第一阶段”签署后 180 天内为满足适用的 DCR 提供“具体计划”,它们必须遵守第一阶段(批次 1),第一阶段(批次 2)和第二阶段(批次 1)的相关要求。根据该计划有可能有利于签订 PPA,SPD 必须符合必要的国内含量要求。争端中的争议措施还包括将 JNNSM 计划下的 DCR 纳入个别签署的 PPA。每个 PPA 都是基于模型 PPA 执行的,该模型包含来自指南的 DCR 和该阶段和批次的 RFS。每个 PPA 都包含了 DCR 措施。美国认为,根据 JNNSM 计划,印度签署了太阳能开发商(“SPDs”)的电力购买协议,但要签订这些合同并获得其他支持,SPD 必须使用印度制造的太阳能电池和组件(“国内含量要求”或“DCR 措施”)。因此,本案争端各方关注的焦点问题,就是印度的 DCR 措施对进口太阳能电池和组件的处理比对国内太阳能电池和组件的处理不利,因为国产产品在与进口电池和组件相同的条件下不能竞争。因此,美国认为,JNNSM 计划的 DCR 措施,包括单独执行的太阳能项目合同,不符合 GATT1994 第 3.4 条和 TRIMs 协定第 2.1 条规定的印度负担的义务。针对 DCR 措施,美国通过

---

① Report of The Panel, India - Certain Measures Relating To Solar Cells And Solar Modules, WT/DS456/R, 24 February 2016, para.7. 21.

② Report of The Panel, India - Certain Measures Relating To Solar Cells And Solar Modules, WT/DS456/R, 24 February 2016, para.7. 18.

DSB 向印度提出磋商请求。磋商无果后，DSB 组建专家组审理本案。

(二)本案发展始末

2013 年 2 月 6 日和 2014 年 2 月 10 日，美国根据 GATT1994 第 22 条、DSU 第 1 条和第 4 条、TRIMs 协定第 8 条，就印度尼赫鲁国家太阳能计划第 1 阶段和第 2 阶段中规定的本地成分要求向 WTO 提起与印度的磋商申请。

2013 年 3 月 20 日和 2014 年 3 月 20 日，美国分别与印度就争议事项进行了磋商，但磋商未达成共识。

2014 年 4 月 14 日，美国根据 DSU 第 6.2 条，就印度关于太阳能电池和组件的 DCR 措施案(DS456)向 WTO 争端解决机构提出成立专家组的申请。

2014 年 5 月 23 日，在 WTO 争端解决机构例会上，DSB 基于美国的第二次申请，就印度关于太阳能电池和太阳能电池组件的 DCR 措施案(DS456)做出成立专家组的决定。巴西、加拿大、中国、欧盟、日本、韩国、马来西亚、挪威、俄罗斯、土耳其作为第三方参与该案专家组程序。

2016 年 2 月 24 日，WTO 就美国诉印度关于太阳能电池和组件的 DCR 措施发布专家组报告。

2016 年 4 月，印度决定对专家组的裁决提起上诉。

2016 年 9 月 16 日，上诉机构公布了其裁决报告。

(三)双方争议焦点

本案中，从美国提出磋商请求，到专家组公布裁决报告，继而到上诉机构公布最终报告观之，争议焦点可概括为以下方面①。

第一，印度 JNNSM 计划中包含“国内含量要求”的 DCR 措施是否违反 GATT1994 第 3.4 条、TRIMs 协定第 2.1 条中关国民待遇的相关规定。美国认为，JNNSM 计划中的国内含量要求与 GATT1994 第 3.4 条款下的印度国民待遇义务不一致，因为 DCR 的作用是对进口太阳能电池和组件给予“不太有利”的待遇，印度不能通过 GATT1994 第 3.8(a)条款援引“政府采购”的例外来解释这些适用；进口的和国内太阳能电池和组件是“同类产品”；印度对“影响”太阳能电池和组件的“销售”“购买”或“使用”的 SPD 施加“要求”，认为美国提供的进口太阳能电池和组件与印度产的产品相似，JNNSM 方案措施区分进口和国内太阳能电池和组件。

第二，印度包含“国内含量要求”的 DCR 措施是否违反了 GATT1994 第

---

① Report of The Panel，India - Certain Measures Relating To Solar Cells And Solar Modules，WT/DS456/R，24 February 2016，para.7.25.

3 条第 8 款的规定。美国认为,GATT1994 第 3.8(a)条款免除了第 3.4 条规定的国民待遇义务,[①]但是,争端中涉及的 DCR 措施无法获得这项豁免,因为印度根据 PPA 获得电力,而受其影响销售要求的产品,购买或使用太阳能电池和组件;这些产品——电力与太阳能电池和组件并不相同,也不具有竞争关系。换句话说,在印度通过 PPA 在 JNNSM 计划下采购电力的同时,它不采购太阳能电池或组件。因此,第 3.8(a)条款能不能免除对进口太阳能电池或组件的歧视要求具有争议。

第三,DCR 是否必要以确保法律或法规的遵守,是否符合 GATT1994 第 20(d)条款的含义。印度引用的许多文书是广泛的政策文件,不具约束力即它们不是印度在 GATT 第 20(d)条款所指的"遵守"的法律或规定。美国认为,"遵守"是指"履行义务",而不是"确保达到法律和法规的目标"。因此,即使 DCR 措施旨在追求所引用文书所反映的可持续发展目标,但仍然不足以证明 DCR 是"必须遵守"文书本身的必要条件。仅就此而言,印度未能证明为了第 20(d)条款的目的,DCR 必须遵守任何法律或规章。

第四,DCR 措施是否是解决 GATT1994 第 20(j)条款意义范围内太阳能电池和组件短缺问题的"根本"。印度似乎不太在乎太阳能电池和组件的获取能力,而且印度制造的太阳能电池和组件明显缺乏。具体而言,印度认为 DCR 旨在"激励国内制造电池和组件",因此对于解决印度制造的电池和组件明显短缺的问题是"必不可少的"。换句话说,印度自己承认,DCR 是鼓励本地供应(生产)的"必要",而不是"获取"太阳能电池或组件的关键。

二、印度"国内含量要求"的 DCR 措施是否违反了 GATT 1994 第 3.4 条款和 TRIMs 协定第 2.1 条款

国民待遇的一般原则在 GATT1994 第 3.4 条中予以规定,TRIMs 协定第 2.1 条为前者的援引性条款。而与国民待遇义务不一致的"与贸易相关的投资措施"在 TRIMs 协定附件例示清单第 1(a)段[②]得以具体规定,因此,如果 DCR 措施归属前者规定中,就会违反 GATT1994 第 3.4 条和 TRIMs 协定第

---

① William W. Hogan, *Overview of the Electricity System in the Province of Ontario*, Harvard University, 21 December 2011.

② TRIMs 协定附件说明清单第 1(a)段规定如下:

与 GATT 1994 第 3 条第 4 款规定的国民待遇义务不一致的 TRIMs 包括根据国内法律或行政裁定属于强制或可强制执行的措施,或为取得优势地位所必需的措施,且该措施要求:企业购买或使用国内原产品或来源于国内任何渠道的产品,无论对特定产品、产品的数量或价值,或其数量或价值在本地生产中所占的比重是否有具体说明。

2.1 条的相关规定。上诉机构从以下方面分析。

(一)DCR 措施是否要求企业使用或购买印度生产的产品

印度政府制订的尼赫鲁国家太阳能计划专门规定了“国内含量要求”:JNNSM 计划在第一阶段(批次 1)和第一阶段(批次 2)下建立 DCR 和第二阶段(批次 1)的 SPD 订立了某些购电协议。“第一阶段第一批准则”规定:“对于太阳能光伏项目[①],基于晶体硅技术的项目将使用印度制造的组件。”“第一阶段第二批准则”规定:“对于 2011—2012 年第二批选择的太阳能光伏项目,所有项目都必须使用印度生产的电池和组件。”第二阶段指南规定:“根据 DCR 措施,电厂使用的太阳能电池和组件必须在印度制造。”第一阶段和第二阶段的 RFS 文件(据此 SPD 提交投标申请)也表明,适用的 DCR 条款是强制性的。第一阶段(批次 1)RFS 文件特别指出:“对于太阳能光伏项目,基于晶体硅技术的项目将使用印度制造的组件。”第二阶段(批次 1)RFS 文件也特别指出:“对于在 A 部分(375MW)下实施的项目,太阳能发电项目中使用的太阳能电池和组件都必须在印度生产。”下表总结了每个阶段 DCR 措施的要求,下列太阳能电池组件必须在印度生产,必须符合必要的国内含量要求。(见表 2)

表 2

JNNSM 计划国内含量要求		
阶段(批次)	国内含量要求	豁免要求
第一阶段(批次 1)	晶体硅太阳能组件	薄膜太阳能组件 太阳能电池
第一阶段(批次 2)	晶体硅太阳能组件 太阳能电池	薄膜太阳能组件
第二阶段(批次 1)	晶体硅太阳能组件 薄膜太阳能组件 太阳能电池	不得免除国内含量第二阶段的要求

由于 JNNSM 计划要求 SPD 使用太阳能电池和印度原产地组件,以便根据 DCR 计划的这一部分进入 PPA,因此该计划鼓励 SPD 购买在印度制造的太阳能电池和组件。专家组认定,“本土化要求的本质就是激励购买和使用国

① 光伏太阳能网:《中国光伏坠向黑暗:欧盟反倾销将重创千亿出口》,2013 年 6 月 5 日,http://www.solarzoom.com/article-29921-1.html,最后访问日期:2018 年 2 月 26 日。

内产品，从而导致影响使用进口产品的动机”，而且“很可能对制造商有一定的影响”，因为制造商将“需要考虑到使用一定比例的国内产品的要求”。在这种情况下，专家组认为，有关问题清单明确修改了印度市场上国内和进口零部件竞争的条件，有利于国内产品。根据 JNNSM 计划，印度将与选定的 SPD 签订 PPA，条件是他们同意使用国产太阳能电池和组件。选择使用进口太阳能电池和/或组件的 SPD 没有资格参与 DCR 的这部分计划。因此，这样的开发商不能在没有进行使用承诺的情况下按照该计划缔结 PPA。JNNSM 计划的 DCR 措施明确地修改了印度市场上国产和进口太阳能电池和组件之间竞争的条件，转而使用国内设备，损害了美国和其他地方生产的这类设备的生产商的利益。此外，DCR 措施中申请使用进口的电池和/或组件是禁止的，禁止国外厂家向国内供应商提供一些销售机会，明显改变了竞争条件，损害了进口产品。

太阳能发电厂商不得不支持本国产品，而不能是其他国家来源的产品。印度的太阳能产业是新兴产业，技术较为落后，而进口产品物美价廉，很多希望降低太阳能发电成本的电力厂均愿意选择进口产品。但是，所有 SPD 必须使用在印度制造的太阳能电池和组件来满足“国内含量要求”。所以，印度尼赫鲁国家太阳能计划中的 DCR 措施已经构成了要求企业使用或购买生产于其国内太阳能电池和组件的条件。

(二)企业是否必须遵守“国内含量要求”的规定

上诉机构需要从总体能源情况和印度目前面临的挑战中看 DCR 措施：能源赤字，能源需求增加，能源需求依赖化石燃料和进口材料。印度认为，任何依赖进口都会带来与供应方面的脆弱性和波动相关的风险；印度有义务确保以生态可持续的方式为其人口提供能源。因此，需要确保其向可再生能源的转移是以一种不会仅仅依靠进口太阳能发电固有的太阳能电池和组件的方式来实现的。印度希望通过 DCR 措施实现的主要政策目标是：能源安全与可持续发展；生态可持续增长，同时应对气候变化的挑战。能源安全目标的必然结果是需要确保控制国家的能源命运。印度明白，这需要安全的能源产品供应，如太阳能电池和太阳能发电固有的关键组件——太阳能电池组件。如前所述，印度的太阳能光伏装置主要依靠进口的电池和组件。这使印度面临国际供应市场波动的风险。需要政府的干预，以尽量减少对进口电池和组件的依赖，并确保国内抗御任何供应方面的干扰。印度追求其能源安全和生态可持续增长的目标对于提高其对由于依赖进口太阳能电池和太阳能光伏发电不可或缺的组件所带来的不确定性的复原力至关重要。解决这个问题的唯一方法是确保有足够的国内生产能力。供应安全并不意味着它需要在本地制造太阳能电池和组件的所有要求,但要有制造能力,才能有效降低与进口依存度相关的风险。像“太阳能”这样的可再生能源不能像化石燃料一样被储存。因此,从能源安全的角度来看,重要的是一个国家有发展可再生能源的固有能力,以保证其长期供应。印度认为,太阳能制造能力的发展对于确保持续生产太阳能电池和组件以及开发一系列知识和资源以实现这种制造都是必不可少的

因此,印度不得不采取措施来促进国内太阳能电池行业的发展,要求企业必须遵守“国内含量要求 ”的相关规定,正如前文所说,根据 JNNSM 计划,印度将与选定的 SPD 签订 PPA,条件是他们同意使用国产太阳能电池和组件。选择使用进口太阳能电池和/或组件的 SPD 没有资格参与 DCR 的这部分计划。因此,这样的开发商不能在没有进行使用承诺的情况下按照该计划缔结 PPA,也就丧失了印度的国家政策支持,从而在国内市场中丧失竞争力

因此,参与 JNNSM 计划和执行 DCR 措施才会被认为“取得优势地位”。因为未能遵守 DCR 将导致 SPD 未能履行太阳能购电协议中的合同义务,“国内含量要求”会使 DCR 变成“根据国内法律强制执行”的与贸易相关的投资措施。因此印度 JNNSM 计划的 DCR 措施违背了 GATT1994 第 3.4 条和 TRIMs 协定第 2.1 条。

三、DCR 措施是否符合 GATT1994 第 3.8(a)条款的例外规定

如前所述,DCR 措施使得 SPD 购买印度生产的太阳能电池和组件,符合例示清单第 1(a)段规定的禁止性情形,违背了 GATT1994 第 3.4 条和 TRIMs 协定第 2.1 条。上诉机构需要分析的是,在 GATT1994 第 3.8(a)条款中规定了国民待遇原则的例外性情形①——“本条款不适用于政府机构出于政府目的和不以商业转售或用以生产供商业销售为目的进行产品采购的法律、法规和规章”。通过此条款印度对美国的观点进行反驳。例示清单第 1(a)段规定不能排除 GATT1994 第 3.8(a)条款例外性规定的适用,上诉机构有必要去探讨 DCR 是否与 GATT1994 第 3.8(a)条款相符。

---

① 原文表述:The provisions of this Article shall not apply to laws, regulations or requirements governing the procurement by governmental agencies of products purchased for governmental purposes and not with a view to commercial resale or with a view to use in the production of goods for commercial sale.

(一)关于“产品采购的法律、法规或规章”的认定

印度认为,根据 GATT1994 第 3.8(a)条款原英文意思是指“约束、决定采购的政策和法律法规”[①],DCR 使得使用、购买印度太阳能电池和组件成为 SPD 发展的前提,所以,DCR 实际上是依据 JNNSM 计划约束和决定 SPD 购买国内太阳能电池和组件的政策。

欧盟[②]作为本案的第三方,认为印度所采取的措施完全类似于加拿大的 FIT 计划[③]。无论国内含量要求是否涵盖全部或部分用于发电的设备类型,该设备不会与电力竞争。此外,针对印度的问题,欧盟不同意印度的看法,[④]即除采购活动外,第 3.8(a)条款还包括一个单独的可被称为“采购”的措施类别。为了第 3.8(a)条款的适用,需要兼顾采购和购买。为了从第 3.8(a)条款中受益,政府仅仅临时购买某些产品是不够的。除此之外,购买必须在采购环境下进行,即[⑤]法律法规的约束性结构。DCR 不符合 GATT1994 第 3.8(a)条款规定的例外性情形。

上诉机构认为,由于第 3.8(a)条款是针对国民待遇义务的例外性规定,在本案中,电力才是政府采购的标的,有关太阳能电池组件的 DCR 措施与政府购买电力相关,而美国生产的太阳能电池和组件则受到歧视,两者没有竞争关系。因此,上诉机构裁定 DCR 不符合 GATT1994 第 3.8(a)条款的例外规定。

(二)关于“政府采购”的认定

美国和欧盟都认为 GATT1994 第 3.8(a)条款中的“政府采购”(“procurement”)是指政府部门通过金钱获得某些物权的行为,不包括政府使用、消费或收益。印度提出,假设印度只是追求美国所提出的“目的或目标”而不履行重要的公共职能是非常荒谬的,旨在履行的公共职能是确保为其人口提供负担得起的太阳能,并通过确保太阳能电池和作为关键部件的组件的进

① 原文表述:“laws,regulations or requirements governing the procurement”.

② Siemens invests in Solar Inverter Manufacturing in Canada,Siemens Canada,Press Release,3 June 2010,(“Siemens invests in Canada”),Exhibit JPN-112.

③ Daniel Peat,“The Perfect FIT:Lessons for Renewable Energy Subsidies in the World Trade Organization”,1 *LSU J. Energy L. & Resources* 43(2012).

④ Reports of the Appellate Body,European Communities and Certain Member States Measures Affecting Trade in Large Civil Aircraft,WT/DS316/AB/R,1 June 2011.

⑤ Ibid.

口不过分依赖,实现可持续性,生成太阳能。印度关于政府采购中的目的和公共职能的论点如下。

政府采购依靠分别实施第一阶段(第一、二批次)和第二阶段(第一批次)的可行性弥补缺口基金(Viability Gap Funding,VGF)方案,以确保太阳能发电价格降低并为消费者负担得起。明确而具体的公共职能是确保太阳能发电并使之负担得起太阳能发电。这只是由于印度政府在设计和实施第一阶段(第一、二批次)和第二阶段(第一批次)的干预下,通过 VGF 方案[①],才能确保负担得起和生态上的可持续性太阳能供其人口使用。

印度政府正在履行特定的公共职能也很明显,因为它已经专门指定了 NVVN 和 SECI[②] 分别实施第一阶段(第一、二批次)和第二阶段(第一批次)。作为执行机构,这些实体机构正在履行确保能源供应稳定和促进能源安全的公共职能。NVVN 和 SECI 是国有企业,通过实施 JNSSM 使命的第一阶段(第一、二批次)以及第二阶段(第一批次),已经被赋予了执行生产太阳能电力的具体公共职能的任务。

此外,通过实施国内含量要求作为采购过程的一部分来实现确保太阳能发电可持续且不过度依赖于太阳能电池和组件的进口的公共职能,以确保太阳能发电所购买的电力来源于使用国产太阳能电池和组件。

专家组认为,GATT1994 第 3.8(a)条款中"政府采购",是指政府部门通过金钱获得某些物权的行为,不包括政府使用、消费或收益。因此,根据上述探讨,不管出于什么公共职能的目的,本案中 DCR 措施已经涉及 GATT1994 第 3.8(a)条款所提到的"政府采购"行为。

(三)关于"政府目的"的认定

对于如何认定什么是"政府目的"(governmental purposes),争端各方都持有不同的意见。美国认为,印度政府根据 JNNSM 计划购买电力不能被视为"政府机构为政府目的购买"。JNNSM 计划第一阶段和第二阶段国内含量要求措施背后的政府目的是"确保消费者能够获得负担得起的太阳能"[③],印

---

① Report of the Appellate Body,India-Certain Measures Relating To Solar Cells And Solar Modules,AB—2016—3, WT/DS456/AB/R,September 16,2016,para.5. 19.

② 印度的国有企业——印度太阳能公司(SECI)与 NTPC Vidyut Vyapar Nigam Limited(NVVN)。

③ Report of the Appellate Body,India-Certain Measures Relating To Solar Cells And Solar Modules,AB-2016-3,WT/DS456/AB/R,September 16,2016,para.5. 17.

度在其初步请求中提出，美国通过提及 JNNSM 计划而故意扩大专家组的职权范围，而不是特别提到 JNNSM 计划第一和第二阶段的国内含量要求。日本认为，双方似乎没有意见分歧，认为 JNNSM 第一阶段(第一批次)，第一阶段(第二批次)和第二阶段(第一批次)的国内含量要求存在争议。本次提交的“JNNSM 第一阶段和第二阶段的国内含量要求”或简称 DCR 措施用于表达上述共识，“确保太阳能发电不会成为依赖进口的电池和组件”。[①] 而且印度重申了“在应对印度能源安全挑战的同时促进生态可持续增长”。[②] 为了确保消费者能够买得起太阳能电力，印度政府可以为电力公司或消费者提供太阳能供电补贴，不需要购买国产太阳能电池板产生的太阳能电力[③]。同样，为了确保太阳能的发展不依赖进口电池和组件，印度政府可以向这种电池和组件的制造商提供补贴，而且不需要购买太阳能。美国知道印度认为第 3.8(b)条款允许的补贴在经济上是不可行的，因此没有任何措施可以像 DCR 那样有效地达到激励本地制造电池和组件的目标。

上诉机构认为，仅仅声称“政府的目标或宗旨”并不等同于第 3.8(a)条款意义上的“政府目的”。印度称其“采购太阳能……是根据政府在促进生态可持续增长的同时应对印度的能源安全挑战”。但是，印度在其提交的材料中并没有解释为什么促进可持续发展应该被理解为“公共职能”，而不是印度政府的一个重要的“目的或目标”。这是印度的另一个至关重要的遗漏，正如上诉机构所指出的那样：“政府机构本质上是追求政府的目的或目标。”因此，“就目的而言”，对“政府”的补充提及必须超越政府机构购买政策的目的或目标。因此，印度没有证明其采购太阳能是为了第 3.8(a)条款意义上的政府目的。

专家组的结论是：印度不能利用第 3.8(a)条款中的减损的理由为，任何声称的采购是第 3.8(a)条款含义范围内的“商业转售”。上诉机构认为，对第 3.8(a)条款的目的是否为进行“商业转售”的交易，必须考虑到评估整个交易；就买方而言，当“买方寻求自己利益最大化”时，“商业转售”是显而易见的。

上诉机构认为，“为政府目的购买的产品”是指：①政府消费(或使用)的产品；或②“政府向接收人提供的它的公共职能”。从本争端的事实可以清楚地看出，印度政府并不是通过 JNNSM 计划自己从 SPD 采购或使用电力，印度也没有证明政府正在为接受者提供电力来履行印度政府的公共职能。仅仅声称“政

① Report of the Appellate Body, India-Certain Measures Relating To Solar Cells And Solar Modules, AB-2016-3, WT/DS456/AB/R, September 16, 2016, para.5.18.

② Ibid.

③ Ibid, para.5.17.

府的目标或宗旨”并不等同于第3.8(a)条款意义上的“政府目的”。印度在其提交的材料中并没有解释为什么促进可持续发展应该被理解为“公共职能”。

第3.8(a)条款规定必须是“出于政府目的和不以商业转售或用以生产供商业销售为目的”的,而第17.2条①则适用于“为目前或今后政府使用消费以及不为转售或生产供销售而进口产品”的政府购买。两项条款结合来分析,“政府目的”不可能同时是“以商业转售或用以生产供商业销售为目的”。因此,如果印度政府JNNSM计划的DCR措施是以商业转售或用以生产供商业销售为目的,则该印度政府采购行为与GATT1994第3.8(a)条款的例外规定②不符。

(四)关于“以商业转售为目的”的认定

美国认为,印度转售太阳能的许多配电公司(或称DISCOM)是公司化的实体,具有为股东实现利润或回报最大化的诚信义务。事实上,1/4的印度DISCOM是完全私人的企业。因此,DISCOM被视为“买方寻求使自己的利益最大化”。在此基础上,印度向这些实体出售太阳能(从SPD采购)被视为第3.8(a)条款意义上的“商业转售”。由于这个原因,印度也不能利用第3.8(a)条款的规定。

印度解释称,执行这些重要的公共职能是“不以商业转售为目的”。换句话说,在专家组审议的批次设计中,政府并没有考虑或认为交易中有任何商业转售。印度实施JNNSM第一阶段(第一批次)和第二阶段(第二批次)的基础是VGF计划的设计。这些计划涉及政府对政府未分配火电配额的专项分配,以及VGF国家清洁能源基金的资助,使太阳能以极低的成本销售。在没有第一阶段VGF的情况下,太阳能发电的价格将在第一批为12卢比/千瓦时,在第二批次为8.77卢比/千瓦时,相对于实际销售价格来说,在第一阶段达到了4.14美元/千瓦时,达到了4.81美元/千瓦时。在第二阶段,没有VGF的情况下,太阳能可能采购的价格将是8.75卢比/千瓦时,而不是5.45卢比/千瓦时。③ 印度还解释称,任何更高的采购成本都会导致DISCOM向消费者收取更多的费用,从而破坏了确保负担得起的太阳能发电的整体公共职能。

---

① GATT1994第17.2条款规定如下:

本条第1款的规定不适用于政府为目前或今后政府使用消费以及不为转售或生产供销售而进口的产品。每一缔约方应对其他缔约方输入货物的贸易给予公平合理的待遇。

② Marc Benitah, *The Law of Subsidies under the GATT/WTO System*, Kluwer Law International Press, 2001.

③ Report of The Panel, India-Certain Measures Relating to Solar Cells and Solar Modules, WT/DS456/R, 24 February 2016, para.7.12.

印度还强调,*加拿大可再生能源案*争端也没有 VGF[1]。这些方案从根本上改变了政府参与交易的性质和程度,以及交易的经济性,不容忽视。

美国在争端当事方第二次实质性会议上确认,它同意 VGF 计划的描述,但是没有认识到这些计划在为消费者提供可负担得起和昂贵的太阳能电力方面的重要作用。相反,它试图故意对采购过程采取模糊的观点,认为 NVVN 和 SECI 出售 DISCOMs 是一个单独的交易,需要孤立地看待,以评估"商业转售"。上诉机构制定的基本指导原则并不支持这种推理,强调交易需要全面审视。印度解释称,从卖方的角度来看,即 NVVN 和 SECI 的观点,如果他们是由市场力量驱动的独立卖家,他们将无法获得 VGF,这使他们能够履行政府的销售权限,价格大大低于太阳能的现行价格。

在*加拿大可再生能源/并网电价补贴计划案*中上诉机构指出,对于构成"商业转售"的评估,必须从卖方的角度和交易是否旨在为卖方创造利润。本案中,NVVN 和 SECI 都没有利润来作为在第一阶段和第二阶段进行相关交易的动机。事实上,两者都没有提供任何费用或报酬来进行整个招标过程——他们被授权与政府机构一样进行。因此,NVVN 和 SECI 仅仅是通过 VGF 实施确保负担得起的发展太阳能的公共功能的车辆。在设计和实施所考虑的批次[2]时,它们并不是独立的实体,它们可以决定他们所购买和销售的市场价格。

专家组的结论是,印度不能利用第 3.8(a)条款中的减损的另一个理由是,任何声称的采购是第 3.8(a)条款含义范围内的"商业转售"。上诉机构解释称,对于第 3.8(a)条款的目的是否是进行"商业转售"的交易,必须考虑到评估整个交易,当"买方寻求最大化自己的利益"时,就是"商业转售"。

在本案中,印度政府从 SPD 买电,然后卖给配电公司,再分配给公共事业,转售所购电力具有一定的商业性质,其根据 JNNSM 计划中 DCR 措施实施的电力获取行为,构成"以商业转售为目的"。因此,专家组认为 DCR 措施与 GATT1994 第 3.8(a)条款的例外规定不符。

四、DCR 措施是否符合 GATT1994 第 20(d)条款

印度国内法中没有澄清《气候变化国家行动计划》《国家电力政策》和《国家

① 张蔚蔚:《政府采购、利益与补贴——从日、欧诉加拿大可再生能源案看开去》,载《世界贸易组织动态与研究》2013 年第 6 期。

② Siemens invests in Solar Inverter Manufacturing in Canada, Siemens Canada, Press Release, 3 June 2010 ("Siemens invests in Canada"), Exhibit JPN-112.

电力计划》的法律地位。印度认为，这些文书中的每项是第20(d)条款含义范围内的“法律或规章”。在这方面，印度提到了其他案件上诉机构的结论，即“法律或规章的条款”涵盖了构成WTO成员国内法律体系一部分的规则，包括纳入WTO成员的国内法律体系或根据该WTO成员的法律体系产生直接影响的国际协定的规则。但印度未能履行举证责任，表明其他国内的有关条款和文书在其国内法律体系中构成了法律上可执行的行为规则，需要上诉机构去探讨。

（一）关于“法律或规章”的认定

上诉机构对第20(d)条款中的“确保遵守法律或法规”一语中对“法律或法规”这一术语的适当解释进行研究。从“法律”和“规章”一词的普通含义开始，注意到，“法律”一词通常被理解为指“权威实施的行为规则”，而“规定”一词则被定义为“管理行为或实践的规则或原则，特别是由一个当局建立和维持的这种规定”。在*墨西哥软饮料案*税收问题上，上诉机构认为，第20(d)条款中的“法律或规章”是指“构成世贸组织成员国内法律制度一部分的规则，包括来自国际协定已经纳入WTO成员的国内法律体系，或者根据WTO成员的法律制度有直接的效力”。关于第20条(d)条款中的说明性清单，上诉机构认为，第20(d)条款中列举的事项——即海关执法、垄断执法、专利保护、商标和版权，防止欺骗行为——涉及政府对各种经济行为者（如私营公司和国有企业）以及政府机构开展的活动进行监管。第20(d)条款中的说明性列表强调了“法律或规章”涉及的规则管理构成成员国内法律制度一部分的行为或实践的行为和原则。“法律或法规”包含“世贸组织成员政府立法或行政部门通过的规则”。为确定所称规则是否属于“法律或规章”范围，以便评估第20(d)条款，有必要评估有关规则是否已经由有关成员的国内法律体系下的主管部门通过或承认。

上诉机构指出，“当其设计显示确保遵守这些法律或法规下的具体规则、义务或要求时，可以说‘采取措施确保符合法律或法规的规定’”。在这方面，重要的是区分一项措施为确保合规性而制定的具体规则、义务或要求，以及有关“法律或法规”的目标，这可能有助于“阐明”法律规章的具体规则、义务或要求的内容。因此，在评估中确切地说能够确定相关“法律或规章”中包含的具体规则、义务或要求，更可能能够确定是否构成第20(d)条款含义范围内的“法律或规章”时，专家组还应该考虑相关文书规定特定的行为规则或程序的具体程度或精确程度，在一个成员的国内法律体系内采取行动，而不是简单地为可能符合某些目标的行动提供法律依据。需要考虑以下因素：①在成员的国内法律体系内文书的规范程度以及文书运作的程度以制定将被遵守的行为规则或行为过程；②有关规则的具体程度；③该规则是否在法律上可执行；④该规则是否已被具有成员国内法律制度下的必要权力的主管当局采纳或承认；⑤包含成员国内法律体系规则的任何文书的格式和标题；⑥有关规则可能附带的处罚或制裁。

（二）DCR 措施保障遵守的法律本身是否与 GATT“相违背”

在确定了第 20(d)条款下的法律标准之后，上诉机构审议了印度的上诉要求，首先审查专家组分析印度确定的国内文书及其所据规则是否属于第 20(d)条款下的“法律或规章”的范围。上诉机构注意到专家组采取了不同的顺序，其最先考虑印度确定的国际文书是否是“法律或规章”，然后评估是否与 WTO 的规则相违背。

专家组根据第 20(d)条款的规定，认为《国家电力政策》、《国家电力计划》和《国家气候变化行动计划》不构成“法律或法规”。印度辩称，这些公认的“不具约束力”的文书依然是第 20(d)条款所指的印度国内法律体系的“法律”，因为“印度法律框架”既包括“约束性”法律，也包括政策和计划，这提供了“执行行动框架”。印度不同意专家组的意见，认为“确保合规”一语将第 20(d)条款的范围限制为“防止根据相关法律或规章”是“非法”的措施。印度还认为，专家组在审查印度 2003 年《电力法》第 3 节时，与其确定的其他“不具约束力”的文书“孤立”，印度已确定的所有国内文书，共同确定了确保“生态可持续增长”的义务，并且需要采取 DCR 措施以确保遵守这一义务。印度提及的文书“为印度设计实施措施留下灵活性并不意味着它们构成了不需要遵守的目标，或者不需要保证遵守这些义务”。

美国认为，印度确定的国内文书提出了重要甚至“关键”的目标，但这并不构成第 20(d)条款意义上的“法律或规章”。美国声称，根据第 20(d)条款的“确保遵守”意味着“执行”法律和规章规定的义务，而不是“确保”达到法律和规章的目标。

专家组认为，印度的解释表明，根据其国内法律制度，行政部门或立法部门(或两者)酌情采取“实施行动”，将印度的国际义务纳入其国内法律体系。鉴于印度的解释确定印度的国际法义务可能会由印度的某些国内当局采取和实施，表明这些义务对印度没有“直接影响”。专家组在第 20(d)条款案文中或在*墨西哥软饮料税* 案中也没有发现任何可以区分执行立法部门采取的行动与执行行政部门行动的执行情况，以便就第 20(d)条款的目的是否会发现国际协定具有“直接影响”的问题取决于“行政部门而不是立法部门是否采取了实施措施将其纳入国内法律体系”。印度最高法院在行使中央政府建立发电厂执行权的情况下最近裁定，行政部门在此案中的决策权基于可持续发展的试金石及其对生态影响遵循国家和国际环境原则。这种情况下的可持续发展原则是从包括《联合国气候变化框架公约》在内的若干国际环境法文书的规定推导出来的，联合国环境与发展会议上达成的其他公约所达成的原则包括《21 世纪议程》和《生物多样性公约》以及 1997 年里约峰会通过《进一步执行 21 世纪议程方案》在内的各项规定或原则。法院没有考虑这些规定或原则是否合法、是否具有约束力或不具约束力。它只是指出国际环境法的相关性，正如一些法律文书所载，这些法律文书在行使其主权权利时已经遵守。政府制定了印度的相关政策，包括《国家气候变化行动计划》、《国家电力政策》，也正在行使这些权力。尽管最高法院的这些决定和意见可能有助于强调印度为解释印度国内法条款而确定的国际文书和规则的相关性，并指导行使行政决策权，但这不足以证明印度确定的国际文书是构成其国内法律制度的一部分并属于第 20(d)条款下“法律或规章”范围内的规则。如果印度依靠最高法院的这些决定加强其行政部门通过颁布 DCR 措施“执行”或实施印度确定的这些国际文书的观点，那么事实上，行政部门根据有关的国际文书采取行动不足以证明这些国际文书属于第 20(d)条款下“法律或规章”的范围，亦与 WTO 规则相违背。

(三)DCR 措施是否为保障遵守法律规章所“必需”

印度认为，它有义务“在确保生态可持续增长的同时解决印度的能源安全挑战，并确保遵守与气候变化有关的义务”。[①]这项义务“反映在四项国际文书和四项国内文书”中[②]。这两套文书均符合 GATT1994 第 20(d)条款所定义的“法律或规章”。印度声称，其 DCR 措施“保证符合”这些“法律或规章”，因为它们“降低印度的 SPD 对生产太阳能所需的太阳能电池和组件的持续和负担得起的供应”。印度还认为，其 DCR 措施是“必需的”措施，对于确保遵守印度法律和法规为实现生态可持续增长和可持续发展的任务是必要的，并符合第 20 条开头部分的要求，因为它们是激励太阳能电池和组件的本地制造的唯一手段，从而降低风险。印度声称，终止 DCR 措施会击垮国内产业，目前企业已经疲于与产能过剩和由此带来的廉价太阳能电池和组件进口数量增加的状

① Report of the Appellate Body，India-Certain Measures Relating To Solar Cells And Solar Modules，AB—2016—3，WT/DS456/AB/R，footnote 268.

② Ibid.

况进行竞争。中国和美国制造商在印度市场上占有较大的市场份额,而本地企业所占的市场份额仅为10.6%。通过DCR措施,印度的太阳能光伏产业正在快速发展,市场份额正在逐步提升,国内太阳能制造商更有竞争优势。专家组认为,印度没有证明为了达到第20(d)条款的目的,DCR措施是遵守任何法律或法章的必需条件。

印度没有证明其所识别的国内文书的章节和条款在一起规定了"在确保生态可持续增长的同时应对印度的能源安全挑战并确保遵守其与气候变化有关的义务",虽然印度的国内法律体系下可能存在这种义务,但专家组的结论仅限于印度未能证明其所确定的国内文书的章节和条款规定了其所称的义务。上诉机构结论认为,专家组裁决印度没有证明其确定的国际文书属于本争端第20(d)条款下"法律或规章"的范围。因此,上诉机构维持专家组在其报告第7.333段中的结论,即印度没有证明DCR措施是"确保遵守不违反GATT1994规定的法律或规章的措施"。

五、DCR措施是否符合GATT1994第20(j)条款

印度认为,根据GATT1994第20(j)条款,DCR措施是合理的。但是印度尚未证明印度太阳能电池和组件供应短缺。印度承认在国际市场上太阳能电池和组件"有足够的可用性",但没有解释为什么印度无法利用这一供应。此外,印度申辩称,超过90%的太阳能光伏装置依赖进口的太阳能电池和组件,这表明印度可以使用太多太阳能发电产品,而不是"稀缺"或"有限的数量"。简言之,印度未能确立援引第20(j)条款的事实判断,引发争议。

(一)对"供应短缺"的认定

第20(j)条款规定了"对获得或分配一般或本地供应短缺产品至关重要的措施"的一般例外情况。争议中的"产品"是那些必须"供应短缺"的产品。因此必须确定存在"一般或本地供应短缺产品",并且DCR措施对于获得或分配这些产品是"至关重要的"。第20(j)条款下的一般例外所涵盖的措施"应符合所有成员有权公平分享国际供应的这类一般产品",而且成员可以采取与GATT不一致的措施来购买或分配"一般或本地供应短缺"的产品。根据第20(j)条款的这种用语,上诉机构认为,对这一规定,包括"一般或本地供应短缺产品"的适当解释,需要仔细考虑该条款中使用的不同用语如何相互联系,因此应该是整体性的。从"短缺供货产品"一词开始,这种语言通常指的是"只

能以有限的数量,稀缺的产品供应"的产品。上诉机构理解"短缺产品"这个短语,就是指那些"短缺"的产品,即"数量少,数量不足"的产品。法文和西班牙文版本的第20(j)条款分别提到了"pénurie"和"penuria",这些都被英文翻译为"短缺",这种理解得到逐步加强。"供给"被定义为"实际生产和可供购买的任何商品的数量",而且在一般意义上,"供应"这个词与"需求"这个词相关。因此,评估可用产品的"数量"是否存在"不足"或"数量不足"的情况,似乎涉及"供应"和"需求"之间的比较,以便产品可以被认为是当"可用产品"的"数量"不满足该产品的"需求"时,"供应短缺"。

在确定一般产品还是本地供应短缺产品时,应考虑在短缺存在的特定地理区域或市场上生产的产品数量。但是,没有理由不适当考虑在某个特定国家和其他国家生产的产品数量,只要这些数量在相关地理区域是可以购买的。虽然特定地理区域的制造能力或生产增长可能导致在该区域可购买的产品总量增加,但是这样的增加不会使得国内制造商必须将其产品销售给国内买家,而不是通过向国外买家出口他们的产品。对于"一般产品或本地供应短缺"情况的评估,不应只关注"国内"供应的可用性,而应该关注"国外"来源。

专家组应审查特定产品在特定地理区域或市场上"可购买"的程度,以及是否足以满足相关区域或市场的需求。在适当的情况下,这种分析可能不仅要考虑到某一特定产品的国内生产水平和据称"一般或本地供应短缺"产品的性质,还包括相关产品和地域市场等因素,相关市场的潜在价格波动,外国和国内消费者的购买力,以及外国和国内生产者在特定市场中的作用,包括国内生产者在国外销售产品的程度。应适当考虑可能"可用"以满足特定地理区域或市场需求的总进口量。因此,考虑一个产品的国际供应在多大程度上是稳定和可获得的,包括通过检查诸如特定地理区域或市场与生产地点之间的距离以及本地或跨国供应的可靠性链。是否和哪些因素是相关的,将取决于每个案件的特殊性。正如在特定情况下可能有与进口的"可得性"有关的因素一样,尽管存在制造能力,但国内产品在特定国家的所有地区都是不可用的,或者没有足够的数量来满足需求。在所有情况下,应诉方都有责任证明在相关地域市场上国内和国际来源的"可用"供应量不足以满足需求。

(二)对"一般或本地"的认定

上诉机构需要关注一个问题,即产品的"可用"供应量与需求量相比的地理区域或市场的程度。在这方面,第20(j)条款指的是"一般或本地"供应短缺的产品。"本地"的字典定义包括"在特定的地方或邻里,特别是作为整个国家的对象,如镇、县等"和"特定地点"。"一般"这个词被相应地定义为一个(指定的或隐含的)整体的全部或几乎全部,作为一个领土、社区、组织等的完全或几乎是普遍的,不是部分的、特别的本地或部分。因此,这些术语的一般意义表明,"一般或本地"一词指的是一系列产品短缺,可能涵盖本地地区、一个地区内或一个国家内持续超出特定国家边界的短缺。但在第20(j)条款的范围内,上诉机构理解"一般或本地供应短缺产品"这一短语将重点放在成员援引第20(j)条款的领土内存在供应短缺的产品上。这不意味着"一般"供应短缺的情况不能超出该领土的界线,只要在该领土内发生。上诉机构进一步阅读术语"一般"和"本地"以及连接词的"或",以表明没有要求成员证明短缺延伸到其领土的所有部分,但是取决于实际情况,可能足以证明存在这种短缺局面,或局限于其领土的某些部分。①

关于第20(j)条款是否涉及在特定地理区域或市场上可能"可获得"的产品的来源,上诉机构注意到,"一般或本地供应短缺产品"短语前面是"获得或分配"。"获得"一词通常是指"获取某物的行为","分配"被定义为"在整个地区传播或分散的行为"。因此,第20(j)条款考虑采取措施,通过规定"获得或分配"给定产品来解决"供应短缺"的情况。根据其条款,第20(j)条款没有限制在特定国家生产的"国内"产品的潜在供应来源的范围,这些产品可以在某一特定市场上可供"购买"。也不排除来自特定地理区域或市场以外的来源的产品也可能"可用"以满足需求的可能性。②

印度认为,DCR措施符合第20(j)条款的规定,因为它们"需要在能源安全和生态可持续增长的总体目标范围内进行审查,因为购置或分配本国制造的太阳能电池和组件是必不可少的"。印度还认为,根据专家组对第20(j)条款的解释,根据这一规定,进口限制是不合理的。③ 虽然专家组提供了可以根据第20(j)条款提出的非出口措施的说明,④但专家组提供的例子"并没有解决如何在这种情况下对产品实施进口限制的问题"。⑤ 印度建议,根据专家组

---

① 白韫雯、陈冀俍、李莉娜:《气候保护需要有序繁荣的全球光伏市场——论中欧光伏贸易摩擦》,载《绿叶》2012年第12期。

② Ontario's Long-Term Energy Plan,Exhibit CDA—6,Appendix One.

③ Report of the Appellate Body,India-Certain Measures Relating To Solar Cells And Solar Modules,AB—2016—3,WT/DS456/AB/R,September 16,2016,para.5.87.

④ Report of the Panel,India-Certain Measures Relating To Solar Cells And Solar Modules,AB—2016—3 ,WT/DS456/AB/R,para.7.230.

⑤ Report of the Appellate Body,India-Certain Measures Relating To Solar Cells And Solar Modules,AB—2016—3 WT/DS456/AB/R,September 16,2016,para.5.89.

对"一般或本地供应短缺产品"一语的解释，为纠正供应短缺的情况采取的措施只能采取出口限制的形式，因此，专家组对20(j)条款的解释是不正确的。

专家组认为，关于印度"充分国内制造能力"要求的论点，为了评估GATT1994第20(j)条款的含义是否存在"供应短缺"的情况，必须有一个客观的参照点作为客观评估"可用产品"的数量是否存在"缺陷"或"数量不足"的基础。[①] 在这方面，专家组确定："印度对第20(j)条款的另一种解释没有提出任何客观的参照点，作为客观评估产品是否在'供应短缺'的基础上，因为印度没有充分解释在其对第20(j)条款的解释下，构成'缺乏'国内制造能力的数量相当于'短缺'。"[②]专家组还认为，"印度本身没有明确说明根据对该条款的替代解释，为第20(j)条款的目的构成'充分制造能力'，并且"印度认为将由每个有关成员决定什么是'充分'的制造能力，或者评估'充分'制造能力水平的参考点是否会因个案而异，取决于所追求的政策目标。"[③]因此，专家组认定，印度对第20(j)条款的解释是有问题的，因为它不能反映一个客观的参照点，可用于客观评估产品是否短缺。上诉机构维持专家组在其报告第7.265段中的裁决，即在GATT1994第20(j)条款的含义范围内，印度的太阳能电池和组件不是"一般或本地供应短缺的产品"，而且根据GATT1994第20(j)条款DCR措施是不相符的。

六、本案对我国的启示

本案中印度通过JNNSM国家太阳能计划发展太阳能产业的总体战略与其他措施诸如保护环境，可持续发展和能源供应安全等合法目标联系起来，却不小心违反了WTO的贸易规则。我国也出台了一系列政策和法律来促进太阳能产业的发展。对这些政策和法律是否会违反WTO相关贸易规则，本案具有较强的借鉴意义。

(一)我国目前太阳能光伏扶持措施

我国目前正在大力发展太阳能产业，给予太阳能光伏产业不同形式的扶持措施，主要政策措施有：

---

① Report of the Panel, India-Certain Measures Relating To Solar Cells And Solar Modules, AB—2016—3, WT/DS456/AB/R, para.7.205.

② Ibid, para.7.226.

③ Ibid.

1. 直接的专项资金支持

我国出台了“太阳能屋顶计划”和“金太阳示范工程”，给予太阳能产业财政补助。2009 年 3 月，住房和城乡建设部、财政部出台“太阳能屋顶计划”，旨在条件合适的区域建成一批光电建筑应用示范工程。科技部、财政部、国家能源局出台了“金太阳示范工程”，准备一定专项资金支持太阳能产业光伏发电技术的应用，对于不同地区按照一定的比例进行补助。《可再生能源法》的第 6 章规定，国家财政设立专项资金，用于研究与开发包括太阳能在内的可再生能源。

2. 给予政策性优惠贷款

2006 年我国《可再生能源法》规定，对于已经列入国家可再生能源产业发展指导目录、符合信贷条件的包括太阳能在内的可再生能源开发利用项目，银行可以提供有财政贴息的优惠贷款。①

3. 减免税收优惠

我国包括太阳能在内的可再生能源税收优惠主要包括以下几方面：“两免三减半”政策，外商投资企业可从获利年度起 2 年免征企业所得税、3 年减半征收企业所得税；②外商投资企业在特定区域内减免税率③，对于减免税率的企业给予一定期限过渡到正常税率；④若太阳能项目列入可再生能源产业发展指导目录⑤，国家给予税收优惠；⑥加计扣除研发费用的税收。⑦

4. 保障性收购制度

我国实行可再生能源发电全额保障性收购制度，是对可再生能源发电的一种价格支持补贴制度，具有间接性，规定所有电力公司必须购买可再生能源开发商输入国家电网的电力。⑧

GATT1994 年第 3.4 条款规定，“任何缔约方领土的产品进口至任何其他缔约方领土时，……所享受的待遇不得低于同类国内产品所享受的待遇”，其中包括外国产品的待遇低于“部分”国内同类产品的情况，只有这样才能防止成员规避该条的义务。由于我国给予太阳能项目额外资助导致给予进口可

① 中国 2006 年《可再生能源法》第 25 条。

② 中国《外商投资企业和外国企业所得税法》第 8 条规定：“对生产性外商投资企业，经营期在 10 年以上的，可享受‘两免三减半’政策。”

③ 中国 1991 年《外商投资企业和外国企业所得税法》第 7 条。

④ 中国 2008 年《企业所得税法》第 57 条。

⑤ 中国 2006 年《可再生能源法》第 26 条。

⑥ 中国 2008 年《企业所得税法》第 28 条第 2 款。

⑦ 中国 2008 年《企业所得税法》第 30 条。

⑧ 中国 2006 年《可再生能源法》第 14 条。

再生能源的资助金额低于国内生产的同类产品，在一定程度上直接影响和扭曲了进口产品与国内同类产品的竞争条件，造成进口产品所享受待遇低于国内同类可再生能源产品的待遇。所以，这些扶持措施部分违反了 GATT1994 第 3.4 条款的规定，违反了我国政府在 WTO 上述条款中应承担的国民待遇义务。

（二）调整我国与 WTO 规则不相符的扶持措施

1. 减少“最低国内含量要求”的相关规定

在目前的国际经济大环境下，对太阳能之类的可再生能源的补贴或政策支持必然会引发更多的贸易争端[①]。目前，我国也有太阳能光伏领域的贸易争端[②]，需尽早调整国内政策和法律法规来有效减少摩擦。[③] 我国需要重新梳理包括太阳能在内的可再生能源补贴法律和政策体系，现行规章制度的合理性。[④] 本案作为典型案例，DCR 措施规定最低国内含量要求的政策或法律容易被起诉、上诉，且易被 WTO 裁决为不符合 WTO 贸易规则，[⑤]我国需要从源头上减少 WTO 成员间贸易争端的可能性。

我国的太阳能光伏补贴政策大部分比较直接，尽管没有明确规定必须使用国内含量要求的相关产品，但对生产环节的补贴力度非常大，外国产品竞争更容易处于不利的地位。对此，在今后太阳能补贴的法律法规和政策的条文表述中，我国应尽量使资助对象广泛化，尽量增加补贴种类，给予太阳能光伏发电产业间接性支持，避免对生产环节的直接资金资助，加大对研发利用的资金投入。因为这样可以减少与 TRIMS 协定第 2.1 条和 GATT1994 第 3.4 条不符的可能性，尽可能符合国民待遇的相关规定。[⑥]

2. 减少保障性收购制度

在保障性收购制度这种间接的价格支持补贴制度下，电力企业必须支付“固定电价”。这是否符合 GATT1994 第 3.8(a)条款的例外规定有待商榷。

---

① 中国社会科学院研究生院国际能源安全研究中心于 2013 年 12 月 19 日发布的世界能源蓝皮书《世界能源发展报告(2013)》称，政府补贴成为可再生能源产业争端核心。

② 李威：《可再生能源产业的国际贸易争端》，载《电力与能源》2012 年第 2 期。

③ 陈兴华：《〈可再生能源法〉的立法再审视》，载《学术交流》2012 年第 11 期。

④ 龚柏华：《可再生能源产业鼓励措施与 WTO 补贴合规性研究——以免费碳排放配额及交易措施为视角》，载《世界贸易组织动态与研究》2010 年第 6 期。

⑤ 蒋奋：《WTO〈补贴与反补贴措施协定〉中的“利益”问题研究》，2011 年 4 月华东政法大学博士论文。

⑥ 李威：《可再生能源产业的国际贸易争端》，载《电力与能源》2012 年第 2 期。

结合 GATT1994 第 3.8(a)条款和第 17.2 条的表述来看,"政府目的"不可能同时是"以商业转售或用以生产供商业销售为目的"。因此,如果我国政府制定的太阳能补贴措施或法律以商业转售或用以生产供商业销售为目的,则不符合 GATT1994 第 3.8(a)条款的例外规定,该保障性收购制度就容易引起贸易争端,需要及时调整。

结语

印度太阳能电池案给我国光伏产业敲响了警钟。我国的可再生能源补贴法律和政策存在许多不足,加上各国家也在努力发展太阳能产业,扩大相关市场,制定补贴措施,所以极易引发国际贸易争端。我国需要从自身实际出发,梳理太阳能光伏发电产业的相关法律法规和政策,使之严密而有逻辑,措辞应更为严谨,且符合 WTO 的相关贸易规则。避免资助的专向性,加大研发方面的补贴。此外,需要对 WTO 包括太阳能在内的相关可再生能源补贴制度进行深入研究,促进多边谈判,在多边协定中完善我国的法律和政策。

A Study on the WTO Case of USA v. India— Certain Measures Affecting the Solar Cells Sector

HE Meiyu

Abstract: With the growing strain on traditional energy sources, countries all over the world are vigorously developing renewable energy sources such as solar energy and have introduced a series of policies and laws to protect the development of related domestic industries. These policies and laws may create international trade disputes. As early as 2010, India proposed to raise the domestic content requirement for solar film technology. The United States believes that these plans and measures do not comply with the global trade rules. The DCR measure of "domestic content requirements" in India's Nehru National Solar Energy Program is inconsistent with the WTO trade rules, and it forms a discriminatory treatment for American companies. At this stage, however, such measures containing "domestic content requirements" are often caused by trade disputes on the basis of alleged violations of WTO obligations. This paper starts with the" US v. India Solar Cell Case" under the WTO dispute settlement and analyzes in depth the compliance of the

DCR measures implemented by India with Article 3.4 of GATT 1994, Article 20 of GATT 1994, and Article 2.1 of the TRIMs Agreement, revealing the compliance of DCR measures. The definition and demonstration will hopefully provide some solutions for China's response to similar trade frictions.

Keywords: WTO; national treatment; India's Solar Energy Case; domestic content requirement; government procurement